中华民族现代文明
研究阐释工程重大项目

新时代中国文化发展报告

走向全面繁荣的中华民族现代文明

REPORT ON THE DEVELOPMENT OF
CHINA'S CULTURE IN THE NEW ERA

TOWARDS A FULLY PROSPEROUS MODERN CIVILIZATION OF
THE CHINESE NATION

中国社会科学院课题组

社会科学文献出版社
SOCIAL SCIENCES ACADEMIC PRESS (CHINA)

编　委　会

摘　要

　　本书是国内首部全面展示新时代我国文化理论和实践发展成就的研究成果。

　　2023 年 10 月，全国宣传思想文化工作会议明确提出了习近平文化思想。本书认为，习近平文化思想是党的十八大以来我国文化建设领域取得的最重要理论成果，是习近平新时代中国特色社会主义思想的重要组成部分。习近平总书记提出，"把马克思主义基本原理同中国具体实际相结合、同中华优秀传统文化相结合"。"两个结合"，尤其是"第二个结合"，为破解百余年来困扰我国思想理论界的"古今中西之争"提供了科学指南，回答了当代中国文化建设与文明发展的目标和方向问题，是马克思主义文化理论的重大创新成果，也是习近平文化思想走向成熟的重要标志。

　　在习近平文化思想指引下，我国文化建设取得历史性成就：中华文明探源、历史遗产保护与传承等工作成绩斐然，坚定了全民族历史自信和文化自信；文化事业发展、公共文化服务体系建设、文化产业发展和"数字文化中国"建设迈上了新的台阶；人民文化实践取得丰硕成果，充分体现了"以人民为中心"的文化发展宗旨；文明交流互鉴领域取得历史性突破，人类命运共同体理念和"全球文明倡议"是中华文明包容性、和平性的当代体现，为当今人类文明交往提供了全新的道义目标和伦理准则，为构建人类文明新形态作出了中国贡献。

本书还包括四个专题报告。专题报告一《2023 年中国居民文化发展满意度报告》和专题报告三《新时代人民文化实践网络热词热度研究报告》以丰富翔实的调查数据印证了人民群众对新时代文化建设的较高满意度与认可度。专题报告二《中国文化发展评估指标体系研究》为我国文化发展状况提供了探索性的指标测量方案。专题报告四《北京全国文化中心建设发展报告》全方位展示了新时代首都文化建设的创新实践和突出成就。

目录

新时代中国文化发展报告：走向全面繁荣的中华民族现代文明

CONTENTS

专题报告二
中国文化发展评估指标体系研究

铸就中华文化新辉煌
创造人类文明新形态

　　"国家之魂，文以化之，文以铸之"。文明兴则民族兴，文化强则国家强。党的十八大以来，以习近平同志为核心的党中央从全局和战略高度，对宣传思想文化工作作出系统谋划和部署，推动新时代宣传思想文化事业取得历史性成就，意识形态领域形势发生全局性、根本性转变，全党全国各族人民文化自信明显增强、精神面貌更加奋发昂扬。新时代以来，宣传思想文化工作之所以取得历史性成就，最根本的就在于有以习近平同志为核心的党中央领航掌舵，有习近平新时代中国特色社会主义思想科学指引。习近平总书记在新时代文化建设方面的新思想新观点新论断，内涵十分丰富、论述极为深刻，构成了习近平新时代中国特色社会主义思想的文化篇，形成了习近平文化思想。新时代新征程，我们要坚持以习近平新时代中国特色社会主义思想为指导，深入贯彻习近平文化思想，全面贯彻党的二十大精神，聚焦用党的创新理论武装全党、教育人民这个首要政治任务，围绕在新的历史起点上继续推动文化繁荣、建设文化强国、建设中华民族现代文明这一新的文化使命，坚定文化自信，秉持开放包容，坚持守正创新，为全面建设社会主义现代化国家、全面推进中华民族伟大复兴提供坚强思想保证、强大精神力量、有利文化条件。

一　夯实文化强国和中华民族现代文明的根基

文化是人类认识和改造世界的重要成果，文明是人类社会发展进步的显著标志。文化关乎国本国运，文明驱散蒙昧野蛮。习近平总书记指出："在人类历史的漫长进程中，各民族创造了具有自身特点和标识的文明，共同构成人类文明绚丽多彩的百花园。"① 一般说来，一个民族的历史文化越悠久，其文明程度就越高，对本民族和世界的影响也就越大。

中国是人类文化和文明的重要发祥地之一，具有百万年的人类史、一万年的文化史、五千多年的文明史。中国也是最早创立"文化"和"文明"概念及理论的国度。《周易·贲卦》说："刚柔交错，天文也；文明以止，人文也。观乎天文，以察时变；观乎人文，以化成天下。"《周易正义》解释道："观乎人文以化成天下者，言圣人观察人文，则诗书礼乐之谓，当法此教而化成天下也。"《周易·乾卦·文言》云："见龙在田，天下文明。"唐孔颖达注疏："天下文明者，阳气在田，始生万物，故天下有文章而光明也。"《尚书·舜典》曰："浚哲文明，温恭允塞。"所有这些典籍论述都表明中华民族在"自发达、自竞争、自团结"的历史进程中，始终不渝地追求和创造"人文化成""文治教化""光明普照"等意义上的优秀文化成果和社会进步状态。

中华文化源远流长，中华文明博大精深。在漫漫历史长河中，中华民族产生了儒、道、墨、名、法、阴阳、农、杂、兵等各家学说，留下了浩如烟海的历史文化遗产，建造了万里长城、大运河、故宫、布达拉宫、坎儿井等伟大工程，开发和建设了祖国辽阔秀丽的大好河山，发展了门类齐

---

① 《习近平复信希腊学者》，《人民日报》2023 年 2 月 21 日，第 1 版。

全的产业，创造了闻名于世的科技成果，并且在相当长的历史时期里走在世界前列，为人类文明进步作出了不可磨灭的贡献。尤其是我国的典章制度、诗词歌赋、经史子集等都达到当时世界文化发展的高峰；造纸术、火药、印刷术、指南针这四大发明和儒家、道家等学术思想等传到西方，推动了欧洲文艺复兴、启蒙运动等近代社会变革。

文化离不开薪火相传，文明更需要代代守护。中华文化是中华民族生生不息、长盛不衰的文化基因，是我们在世界文化激荡中站稳脚跟的根基。中华文明是世界上唯一绵延不断并以国家形态发展至今的伟大文明，是我们自立于世界民族之林、实现民族复兴的强大支柱。习近平总书记以科学缜密的历史思维和宏阔深邃的世界眼光，从中华优秀传统文化的内在机理和重要元素中，全面揭示出中华文明的突出特性及其决定性意义。习近平总书记明确指出，中华优秀传统文化有很多重要元素——天下为公、天下大同的社会理想，民为邦本、为政以德的治理思想，九州共贯、多元一体的大一统传统，修齐治平、兴亡有责的家国情怀，厚德载物、明德弘道的精神追求，富民厚生、义利兼顾的经济伦理，天人合一、万物并育的生态理念，实事求是、知行合一的哲学思想，执两用中、守中致和的思维方法，讲信修睦、亲仁善邻的交往之道……这些元素共同塑造出中华文明突出的连续性、创新性、统一性、包容性、和平性。[1]习近平总书记强调，中华文明具有突出的连续性，从根本上决定了中华民族必然走自己的路；中华文明具有突出的创新性，从根本上决定了中华民族守正不守旧、尊古不复古的进取精神和不惧新挑战、勇于接受新事物的无畏品格；中华文明具有突出的统一性，从根本上决定了中华民族各民族文化融为一体，即使遭遇重大挫折也牢固凝聚，国家统一永远是中国核心利益的核心；中华文明具有

---

[1]　《赓续历史文脉 谱写当代华章——习近平总书记考察中国国家版本馆和中国历史研究院并出席文化传承发展座谈会纪实》，《人民日报》2023年6月4日，第1版。

突出的包容性，从根本上决定了中华民族交往交流交融的历史取向、中国各宗教信仰多元并存的和谐格局、中华文化对世界文明兼收并蓄的开放胸怀；中华文明具有突出的和平性，从根本上决定了中国始终是世界和平的建设者、全球发展的贡献者、国际秩序的维护者，中国不断追求文明交流互鉴而不搞文化霸权。[①] 这五个突出特性是对中国历史和文化的深刻总结，科学揭示了中华文明深厚的历史底蕴，深刻阐明了中华民族的文化基因所在、精神命脉所系、价值追求所向。

中华民族伟大复兴，离不开文化创新和文明进步。中华文化、中华文明及其孕育的民族精神和时代精神，不仅深刻影响着当代中国的发展进步，深刻影响着当代中国人的精神世界，同时也为人类文明进步提供着源源不断的强大精神动力。习近平总书记强调："只有全面深入了解中华文明的历史，才能更有效地推动中华优秀传统文化创造性转化、创新性发展，更有力地推进中国特色社会主义文化建设，建设中华民族现代文明。"[②] 党的十八大以来，以习近平同志为核心的党中央以高度的文化自觉和文化自信，牢牢掌握党的文化领导权，推动中华优秀传统文化的创造性转化、创新性发展，不断夯实新时代文化建设的根基，努力开拓中华民族现代文明的发展空间。

二 "两个结合"是推动中华文化兴盛和文明转型的必由之路

近代以来，西方国家凭借启蒙运动、科技和产业革命，首先进入资本

---

① 《习近平在文化传承发展座谈会上强调：担负起新的文化使命 努力建设中华民族现代文明》，《人民日报》2023 年 6 月 3 日，第 1 版。

② 《习近平在文化传承发展座谈会上强调：担负起新的文化使命 努力建设中华民族现代文明》，《人民日报》2023 年 6 月 3 日，第 1 版。

主义工业文明时代。它们在促进生产力巨大发展的同时，对内剥削压迫、对外侵略扩张，给世界各国人民带来了深重灾难，"使未开化和半开化的国家从属于文明的国家，使农民的民族从属于资产阶级的民族，使东方从属于西方"[①]。尤其是自鸦片战争以后，由于西方列强的入侵和封建统治的腐败，中国逐渐陷入半殖民地半封建社会的深渊，国家蒙辱、人民蒙难、文明蒙尘，中华民族遭遇亡国灭种的大危机。从太平天国起义到义和团运动，从洋务运动到戊戌变法、辛亥革命，都是当时的中国人为挽救民族危亡而进行的艰苦探索。但无论是返求国粹、"中体西用"以重振中国文化，还是仿效西方、"全盘西化"以再造中华文明，都以失败而告终。从鸦片战争到五四运动前夜，正如毛泽东所说："共计七十多年中，中国人没有什么思想武器可以抗御帝国主义。旧的顽固的封建主义的思想武器打了败仗了，抵不住，宣告破产了。不得已，中国人被迫从帝国主义的老家即西方资产阶级革命时代的武器库中学来了进化论、天赋人权论和资产阶级共和国等项思想武器和政治方案，组织过政党，举行过革命，以为可以外御列强，内建民国。但是这些东西也和封建主义的思想武器一样，软弱得很，又是抵不住，败下阵来，宣告破产了。一九一七年的俄国革命唤醒了中国人，中国人学得了一样新的东西，这就是马克思列宁主义。中国产生了共产党，这是开天辟地的大事变。孙中山也提倡'以俄为师'，主张'联俄联共'。总之是从此以后，中国改换了方向。"[②]

　　十月革命一声炮响，给中国送来了马克思列宁主义，使我们找到了救亡图存、实现民族复兴的理论武器。中国共产党自成立之日起，就高举马克思主义旗帜，以"为世界进文明、为人类造幸福"为己任，在领导革命、

---

① 《马克思恩格斯文集》第二卷，人民出版社，2009，第36页。
② 《毛泽东选集》第四卷，人民出版社，1991，第1514页。

建设和改革的伟大斗争中，把马克思主义基本原理同中国具体实际、同中华优秀传统文化相结合，不断探索建设中华民族新文化、实现中华文明现代转型的道路。

新民主主义革命时期，毛泽东在延安出版的《中国文化》创刊号上发表《新民主主义的政治与新民主主义的文化》，明确提出："我们不但要把一个政治上受压迫、经济上受剥削的中国，变为一个政治上自由和经济上繁荣的中国，而且要把一个被旧文化统治因而愚昧落后的中国，变为一个被新文化统治因而文明先进的中国。""建立中华民族的新文化，这就是我们在文化领域中的目的。"① 经过 28 年艰苦卓绝的斗争，中国共产党领导中国人民建设民族的科学的大众的新民主主义文化，推翻帝国主义、封建主义、官僚资本主义"三座大山"，为建设中华民族现代文明创造了政治前提和社会条件。新中国成立前夕，毛泽东自豪地说："随着经济建设的高潮的到来，不可避免地将要出现一个文化建设的高潮。中国人被人认为不文明的时代已经过去了，我们将以一个具有高度文化的民族出现于世界。"②

新中国成立后，党领导社会主义革命和建设，扫除旧中国留下的贫困和愚昧，热爱党、热爱人民、热爱劳动、热爱科学、热爱社会主义的思想观念深入人心，团结友爱、平等互助的伦理道德蔚然成风。随着社会主义改造基本完成和社会主义制度初步建立，中国社会主义文化开始形成，为建设中华民族现代文明提供了制度保障和物质文化基础。1956 年 8 月，毛泽东会见音乐家协会负责同志，提出要学习外国的文化艺术，洋为中用，古为今用，创造出有"社会主义的内容""有独特的民族风格的""中国自己的"思想文化。③ 1957 年 2 月，毛泽东在《关于正确处理人民内部矛盾

---

① 《毛泽东选集》第二卷，人民出版社，1991，第 663 页。
② 《毛泽东著作选读》下册，人民出版社，1986，第 747、753 页。
③ 《毛泽东著作选读》下册，人民出版社，1986，第 747、753 页。

的问题》讲话中，对"百花齐放""百家争鸣"作了全面论述，并将其确定为"促进我国的社会主义文化繁荣的方针"。① 由于社会主义建设经验不足，并受国际局势紧张的影响和"左"倾的干扰，我国出现反右扩大化甚至"文化大革命"等严重失误。在"狠批封资修""破四旧"（旧思想、旧文化、旧风俗、旧习惯）等因素的影响下，我国文化建设走了弯路、遭受挫折。

改革开放和社会主义现代化建设新时期，党在完成拨乱反正、开辟和拓展中国特色社会主义道路的同时，发展面向现代化、面向世界、面向未来的，民族的科学的大众的社会主义文化，推动物质文明、精神文明和政治文明协调进步，为建设中华民族现代文明提供了充满新的活力的体制机制保证和快速发展的物质文化条件。1980 年 12 月，邓小平在中央工作会议上指出："我们要建设的社会主义国家，不但要有高度的物质文明，而且要有高度的精神文明。"② 党的十二届六中全会通过的《中共中央关于社会主义精神文明建设指导方针的决议》提出：以马克思主义为指导的社会主义精神文明是社会主义社会的重要特征；社会主义精神文明建设的根本任务，是适应社会主义现代化建设的需要，培育有理想、有道德、有文化、有纪律的社会主义公民，提高整个中华民族的思想道德素质和科学文化素质。党的十三届四中全会以后，以江泽民同志为主要代表的中国共产党人，在深化改革、扩大开放、发展社会主义市场经济的历史条件下，在苏东剧变导致世界社会主义出现严重曲折的严峻考验面前，捍卫和发展中国特色社会主义。党的十五大阐明了中国特色社会主义文化的内涵、目标和政策及其与社会主义精神文明的关系，指出："有中国特色社会主义的文化，就

① 《毛泽东著作选读》下册，人民出版社，1986，第 783 页。
② 《邓小平文选》第二卷，人民出版社，1994，第 367 页。

其主要内容来说，同改革开放以来我们一贯倡导的社会主义精神文明是一致的。文化相对于经济、政治而言。精神文明相对于物质文明而言。"[1] 建设有中国特色社会主义文化，就是要以马克思主义为指导，以培育有理想、有道德、有文化、有纪律的公民为目标，发展面向现代化、面向世界、面向未来的，民族的科学的大众的社会主义文化。2000 年，江泽民总结党近八十年的历史，结合人民群众对物质文化生活的新要求和党员干部队伍的重大变化，强调在新的历史条件下代表先进文化的前进方向，"必须始终坚持马克思主义为指导，努力继承和发展中华民族的一切优良的文化传统，努力学习和吸收一切外国的优秀文化成果，从而不断地创造和推进有中国特色社会主义文化，使社会主义物质文明和精神文明协调发展，使社会全面进步"[2]。党的十六大以后，以胡锦涛同志为主要代表的中国共产党人，在全面建设小康社会进程中，坚持以人为本、全面协调可持续发展，推进社会主义核心价值体系建设，促进社会和谐，成功在新形势下坚持和发展了中国特色社会主义。2005 年 12 月，《中共中央、国务院关于深化文化体制改革的若干意见》颁布，明确了文化体制改革的指导思想、原则要求和目标任务，针对市场经济发展引发的问题，强调坚持把社会效益放在首位、努力实现社会效益和经济效益的统一，坚持文化事业和文化产业协调发展。2011 年 10 月，党的十七届六中全会又通过《中共中央关于深化文化体制改革推动社会主义文化大发展大繁荣若干重大问题的决定》，阐明了中国特色社会主义文化发展道路，确立了建设社会主义文化强国的战略目标，制定了推进文化改革发展的指导思想、重要方针、目标任务、政策举措，等等。

　　党的十八大以来，以习近平同志为核心的党中央统筹中华民族伟大复兴战略全局和世界百年未有之大变局，统筹推进"五位一体"总体布局、

---

① 《中国共产党第十五次全国代表大会文件汇编》，人民出版社，1997，第 36 页。

② 江泽民：《论"三个代表"》，中央文献出版社，2001，第 3 页。

协调推进"四个全面"战略布局，在领导人民坚持和发展新时代中国特色社会主义的伟大实践中，实现全面建成小康社会的第一个百年奋斗目标，开启全面建设社会主义现代化国家新征程，推动文化建设取得新的历史性成就，为建设中华民族现代文明提供更为完善的制度保证、更为坚实的物质基础、更为主动的精神力量。习近平总书记在庆祝中国共产党成立100周年大会上指出："我们坚持和发展中国特色社会主义，推动物质文明、政治文明、精神文明、社会文明、生态文明协调发展，创造了中国式现代化新道路，创造了人类文明新形态。"[1] 在新的征程上，我们必须："坚持把马克思主义基本原理同中国具体实际相结合、同中华优秀传统文化相结合，用马克思主义观察时代、把握时代、引领时代，继续发展当代中国马克思主义、21世纪马克思主义！"[2] 习近平总书记在党的二十大报告中进一步指出："只有把马克思主义基本原理同中国具体实际相结合、同中华优秀传统文化相结合，坚持运用辩证唯物主义和历史唯物主义，才能正确回答时代和实践提出的重大问题，才能始终保持马克思主义的蓬勃生机和旺盛活力。"[3] "我们必须坚定历史自信、文化自信……把马克思主义思想精髓同中华优秀传统文化精华贯通起来、同人民群众日用而不觉的共同价值观念融通起来，不断赋予科学理论鲜明的中国特色，不断夯实马克思主义中国化时代化的历史基础和群众基础，让马克思主义在中国牢牢扎根。"[4]

中国式现代化是中华民族旧邦新命的实践形态，必将推动中华文明重焕荣光。中国共产党领导人民创造的人类文明新形态，是从五千多年的中

① 习近平：《在庆祝中国共产党成立100周年大会上的讲话》，人民出版社，2021，第13~14页。
② 习近平：《在庆祝中国共产党成立100周年大会上的讲话》，人民出版社，2021，第13页。
③ 《习近平著作选读》第一卷，人民出版社，2023，第14页。
④ 《习近平著作选读》第一卷，人民出版社，2023，第15页。

华文明中走出来的，是从人类文明交流互鉴中走出来的，更是从马克思主义基本原理同中国具体实际、同中华优秀传统文化的结合中走出来的。中国式现代化，是中国共产党和中国人民坚持不懈奋斗的伟大成果，是中华文化、中华文明不断发展的历史结晶，打破了只有遵循资本主义现代化模式才能实现现代化的神话，拓展了发展中国家走向现代化的途径，为世界上众多渴望独立发展的国家和民族实现现代化提供了新的选择，为解决人类社会发展问题贡献了新的方案，对中国乃至世界的影响都极其深远。中华民族迎来了从站起来、富起来到强起来的伟大飞跃，中华民族伟大复兴进入了不可逆转的历史进程。

旗帜指引方向，道路决定命运。2023 年 6 月 2 日，习近平总书记在文化传承发展座谈会上的重要讲话中全面阐述了"两个结合"的丰富内涵和重大意义，强调在五千多年中华文明深厚基础上开辟和发展中国特色社会主义，把马克思主义基本原理同中国具体实际、同中华优秀传统文化相结合是必由之路。这是我们在探索中国特色社会主义道路中得出的规律性认识，是我们取得成功的最大法宝。习近平总书记深刻指出，"结合"的前提是彼此契合，马克思主义和中华优秀传统文化来源不同，但存在高度的契合性，相互契合才能有机结合。"结合"的结果是相互成就，造就了一个有机统一的新的文化生命体，让马克思主义成为中国的，中华优秀传统文化成为现代的，让经由"结合"而形成的新文化成为中国式现代化的文化形态。"结合"筑牢了道路根基，让中国特色社会主义道路有了更加宏阔深远的历史纵深，拓展了中国特色社会主义道路的文化根基。中国式现代化赋予中华文明以现代力量，中华文明赋予中国式现代化以深厚底蕴。"结合"打开了创新空间，让我们掌握了思想和文化主动，并有力地作用于道路、理论和制度，让我们在更广阔的文化空间中，充分运用中华优秀传统文化的宝贵资源，探索面向未来的理论和制度创新。"结合"巩固了文化主体性，创立新时代中国特色社会主义思想就是这一文化主体性的最有力体现。"有了文化主体性，就有了文化意义上坚定的自我……中国共产党就有了引领时代的强大文化力量，中华民族和中国人民就有了国家认同的坚实文化基础……"① 历史和实践反复证明，"两个结合"是党领导人民创造中华民族新文化、推动中华民族现代文明丰富和发展的正确道路。

三 习近平文化思想是新时代文化繁荣发展的旗帜和灵魂

升平修典，盛世修文。党的十八大以来，以习近平同志为核心的党中央在领导中国人民推进治国理政的实践中，把文化建设摆在全局工作的重要位置，不断深化对文化建设的规律性认识，提出一系列新思想新观点新论断，形成了习近平文化思想，引领全党全社会增进文化自信自强，促进繁荣发展社会主义文化。确立和坚持马克思主义在意识形态领域指导地位的根本制度，牢牢掌握意识形态工作领导权，弘扬以伟大建党精神为源头的中国共产党人精神谱系，坚持以人民为中心的工作导向，建设具有强大凝聚力和引领力的社会主义意识形态，建设社会主义文化强国。用党的创新理论武装全党、教育人民、指导实践，深化马克思主义理论研究和建设，推进中国特色哲学社会科学学科体系、学术体系、话语体系建设，加快建构中国自主的知识体系。提高新闻舆论传播力、引导力、影响力、公信力，弘扬主旋律，传播正能量，巩固壮大奋进新时代的主流思想舆论。推动媒体融合发展，健全互联网领导和管理体制，坚持依法管网治网，营造清朗的网络空间。坚持以人民为中心的创作导向，着力推出更多增强人民精神

---

① 《习近平在文化传承发展座谈会上强调：担负起新的文化使命 努力建设中华民族现代文明》，《人民日报》2023 年 6 月 3 日，第 1 版。

力量的优秀作品。出台《新时代公民道德建设实施纲要》《新时代爱国主义教育实施纲要》等规范性文件，建立健全党和国家功勋荣誉表彰制度，设立烈士纪念日，建设新时代文明实践中心等。隆重庆祝中国人民解放军建军90周年、改革开放40周年、中华人民共和国成立70周年、中国共产党成立100周年，隆重纪念中国人民抗日战争暨世界反法西斯战争胜利70周年、中国人民志愿军抗美援朝出国作战70周年，成功举办北京冬奥会、冬残奥会和世界大学生夏季运动会等。建设中国共产党历史展览馆、中国工艺美术馆、中国非物质文化遗产馆、中国历史研究院、中国国家版本馆，开展长城、大运河、长征、黄河、长江国家文化公园建设，深入实施中华优秀传统文化传承发展工程，实施革命文物保护利用工程（2018~2022年），推进文化惠民工程。随着国家文化数字化战略的深入实施，以数字化、网络化、智能化为主要特征的文化新业态快速发展。尤其是习近平总书记在2018年8月全国宣传思想工作会议上提出"九个坚持"，在党的二十大上对文化建设作出五个方面战略部署，在文化传承发展座谈会上提出"十四个强调"，全面概括了党领导宣传思想文化工作的历史经验和新时代文化建设的实践经验，极大深化了党对社会主义文化建设本质规律的认识。总之，习近平总书记在新时代文化建设方面的新思想新观点新论断，是党领导文化建设实践经验的理论总结，丰富和发展了马克思主义文化理论，构成了习近平新时代中国特色社会主义思想的文化篇，形成了习近平文化思想。

习近平文化思想明体达用、体用贯通，明确了新时代文化建设的路线图和任务书，标志着党对中国特色社会主义文化建设规律的认识达到了新高度，表明我们党的历史自信、文化自信达到了新高度，并在我国社会主义文化建设中展现出真理和实践的伟力。在人类历史长河中，新时代十多年不过是弹指一挥间，但我们在习近平新时代中国特色社会主义思想指导下，在习近平文化思想引领下，我国宣传思想文化工作正本清源、守正创新取得历史性成就，意识形态领域发生全局性、根本性转变，文化事业和文化产业①全面发展，为开创党和国家事业新局面提供了坚强思想保证和强大精神力量。据国家统计局数据，2012 年，我国文化产业总产值 3.96 万亿元。到 2021 年，全国规模以上文化及相关产业企业实现营业收入达到 12 万亿元。我国电影总票房由 2012 年的 173.13 亿元增长到 2019 年的 642.66 亿元。2012 年，全年国内游客 29.57 亿人次，2019 年增长到 60.1 亿人次。"十三五"期间，我国累计建成公共数字文化资源 1274TB，内容涵盖惠农、影视、文化历史、艺术欣赏、科普教育、政务信息和党建时政等方面。截至 2021 年底，全国共有公共图书馆 3215 个、文化馆 3317 个；有线电视实际用户 2.01 亿户，广播节目综合人口覆盖率为 99.5%，电视节目综合人口覆盖率为 99.7%；互联网上网人数 10.32 亿人，其中手机上网人数 10.29 亿人，互联网普及率达到 73.0%。②2021 年，尽管受新冠疫情影响，全国博物馆仍举办展览 3.6 万个、教育活动 32.3 万场，接待观众 7.79 亿人次，策划推出 3000 余个线上展览、1 万余场线上教育活动，网络总浏览量超过 41 亿人次。③2021 年，中国对外文化贸易额首次突破 2000 亿美元；2022 年末，中国被纳入统计范围的各类文化和旅游单位有 31.40 万个，全国文化和旅游事业费 1202.89 亿元，比 2021 年增加 70.01 亿元。④

　　"问渠那得清如许？为有源头活水来。"时代是思想之母，实践是理论

---

① 为表述方便，本书中各章节和各专题报告中有时会用"文化产业"表达"文化及相关产业"。

② 国家统计局：《中华人民共和国 2021 年国民经济和社会发展统计公报》，《人民日报》2022 年 3 月 1 日，第 10 版。

③ 《全国备案博物馆总数达 6183 家 90% 以上实现免费开放》，光明网，2022 年 5 月 18 日，https://culture.gmw.cn/2022-05/18/content_35744766.htm。

④ 更多具体数据见《中华人民共和国文化和旅游部官网 2022 年文化和旅游发展统计公报》，中华人民共和国文化和旅游部官网，2023 年 7 月 13 日，https://zwgk.mct.gov.cn/zfxxgkml/tjxx/202307/t20230713_945922.html。

之源。伟大实践催生科学理论，科学理论又指导伟大实践。党的十八大以来，习近平总书记站在中华民族和中华文明永续传承的战略高度，就传承和弘扬中华优秀传统文化、繁荣与发展社会主义先进文化、建设中华民族现代文明作出了一系列重要论述，为建设社会主义文化强国指明了前进方向。习近平文化思想把马克思主义文化理论同当代中国文化建设具体实践相结合、同中华优秀传统文化相结合，集中体现了中华文化和中国精神的时代精华，为丰富发展马克思主义文化理论作出了原创性贡献，为传承发展中华优秀传统文化作出了历史性贡献，为推动人类文明进步作出了世界性贡献。正是在以习近平同志为核心的党中央的坚强领导下，在习近平新时代中国特色社会主义思想的科学指导下，在习近平文化思想的正确引领下，社会主义核心价值观广泛传播，中华优秀传统文化得到创造性转化、创新性发展，文化事业和文化产业日益繁荣，网络生态持续向好，意识形态领域形势发生全局性、根本性转变，全党全国各族人民文化自信明显增强、精神面貌更加奋发昂扬，正在信心百倍地书写着新时代中国发展的伟大历史。

四　担负新的文化使命，建设中华民族现代文明

　　中华文明积淀着中华民族最深沉的精神追求，是中华民族生生不息、发展壮大的丰厚滋养。2023 年 6 月 2 日，习近平总书记在文化传承发展座谈会上高度凝练地概括了中华文明的突出特性，极其深刻地阐明了"两个结合"特别是"第二个结合"的重大意义，旗帜鲜明地提出了更好担负起新的文化使命的重要要求，对建设中华民族现代文明进行了战略部署。这是中国共产党强烈文化担当和高度文化自信的集中体现，是推进文化传承

发展和繁荣兴盛的根本指针，是建设中华民族现代文明和社会主义文化强国的行动指南。

习近平总书记在文化传承发展座谈会上的重要讲话提出了一系列新思想新观点新论断，进一步丰富和发展了马克思主义文化理论，成为习近平文化思想的重要内容。例如，明确提出"如果不从源远流长的历史连续性来认识中国，就不可能理解古代中国，也不可能理解现代中国，更不可能理解未来中国"；明确提出"在五千多年中华文明深厚基础上开辟和发展中国特色社会主义，把马克思主义基本原理同中国具体实际、同中华优秀传统文化相结合是必由之路"；明确提出"'结合'的结果是互相成就"，"让马克思主义成为中国的，中华优秀传统文化成为现代的，让经由'结合'而形成的新文化成为中国式现代化的文化形态"；明确提出"'结合'巩固了文化主体性，创立新时代中国特色社会主义思想就是这一文化主体性的最有力体现"；明确提出"在新的起点上继续推动文化繁荣、建设文化强国、建设中华民族现代文明，是我们在新时代新的文化使命"；[①]明确提出坚定文化自信，坚持走自己的路，立足中华民族伟大历史实践和当代实践，用中国道理总结好中国经验，把中国经验提升为中国理论，实现精神上的独立自主；明确提出秉持开放包容，坚持马克思主义中国化时代化，传承发展中华优秀传统文化，促进外来文化本土化，不断培育和创造新时代中国特色社会主义文化；明确提出坚持守正创新，以守正创新的正气和锐气，赓续历史文脉、谱写当代华章；等等。这一系列新思想新观点新论断将我们党对文化建设和文明发展规律的认识提升到新高度，为我们在新时代推动文化繁荣、建设文化强国、建设中华民族现代文明指明了前进方向，提供了重要遵循。

[①] 中共中国社会科学院党组:《建设中华民族现代文明的行动指南》,《人民日报》2023 年 6 月 14 日，第 9 版。

习近平总书记在文化传承发展座谈会上的重要讲话，充分体现了中国共产党人对中华文明和中国历史文化的科学认识与深厚情感，充分彰显了中国共产党人的历史自觉和文化自信，凝结着马克思主义的真理力量，蕴含着深厚的思想智慧、丰富的理论内涵和重大的方向指引。从本质上讲，中华民族现代文明，是中国共产党领导的社会主义文明，是植根中华优秀传统文化、具有中华文化主体性的文明，是借鉴吸收人类一切优秀文明成果的文明。这一新型文明既遵循人类文明发展的普遍规律，又具有鲜明的民族特色和时代特征，闪耀着马克思主义真理光辉，体现着科学社会主义先进本质，代表着人类文明进步的发展方向，深刻影响着世界历史进程。

习近平总书记强调，必须始终坚守理论创新的魂和根。"马克思主义中国化时代化这个重大命题本身就决定，我们决不能抛弃马克思主义这个魂脉，决不能抛弃中华优秀传统文化这个根脉。坚守好这个魂和根，是理论创新的基础和前提，理论创新也是为了更好坚守这个魂和根。坚持是为了更好地发展，发展也是为了更好地坚持。理论创新必须讲新话，但不能丢了老祖宗，数典忘祖就等于割断了魂脉和根脉，最终会犯失去魂脉和根脉的颠覆性错误。"[1]

2023 年 10 月 7~8 日，全国宣传思想文化工作会议召开，会上传达了习近平总书记的重要指示。习近平总书记指出，宣传思想文化工作事关党的前途命运，事关国家长治久安，事关民族凝聚力和向心力，是一项极端重要的工作。新时代新征程，世界百年未有之大变局加速演进，中华民族伟大复兴进入关键时期，战略机遇和风险挑战并存，宣传思想文化工作面临新形势新任务，必须要有新气象新作为。要坚持以新时代中国特色社会主义思想为指导，全面贯彻党的二十大精神，聚焦用党的创新理论武装全

---

① 习近平：《开辟马克思主义中国化时代化新境界》，《求是》2023 年第 20 期。

党、教育人民这个首要政治任务，围绕在新的历史起点上继续推动文化繁荣、建设文化强国、建设中华民族现代文明这一新的文化使命，坚定文化自信，秉持开放包容，坚持守正创新，着力加强党对宣传思想文化工作的领导，着力建设具有强大凝聚力和引领力的社会主义意识形态，着力培育和践行社会主义核心价值观，着力提升新闻舆论传播力引导力影响力公信力，着力赓续中华文脉、推动中华优秀传统文化创造性转化和创新性发展，着力推动文化事业和文化产业繁荣发展，着力加强国际传播能力建设、促进文明交流互鉴，充分激发全民族文化创新创造活力，不断巩固全党全国各族人民团结奋斗的共同思想基础，不断提升国家文化软实力和中华文化影响力，为全面建设社会主义现代化国家、全面推进中华民族伟大复兴提供坚强思想保证、强大精神力量、有利文化条件。

这次全国宣传思想文化工作会议正式提出和系统阐述了习近平文化思想，强调要紧紧围绕学习贯彻习近平文化思想，围绕贯彻党的二十大关于文化建设的战略部署，切实增强做好新时代新征程宣传思想文化工作的责任感使命感，在建设社会主义文化强国、建设中华民族现代文明的奋斗和实践中展现新气象新作为。这不仅在党的宣传思想文化事业发展史和中华民族发展史上具有里程碑意义，而且在世界社会主义发展史乃至人类文明发展史上都具有里程碑意义。

深入研究阐释习近平文化思想，为建设文化强国和中华民族现代文明服务，是当前中国哲学社会科学界最重要的使命和任务。为此，中国社会科学院专门成立课题组，撰写《新时代中国文化发展报告：走向全面繁荣的中华民族现代文明》。课题组坚持以习近平新时代中国特色社会主义思想为指导，全面总结党的十八大以来社会主义文化建设的伟大历程，深入研究习近平文化思想对马克思主义文化理论的丰富发展，深入分析中华优秀传统文化的传承与保护、文化事业与文化产业全面繁荣、数字文化中国建设、基层文化与群众文化建设、中华文化走向世界等领域取得的巨大成就，目的在于认识实践创造，把握发展真谛，为走向全面繁荣的中华民族现代文明汇聚智慧和力量。

建设中华民族现代文明，最根本、最重要的就是坚持以习近平新时代中国特色社会主义思想为指导，沿着习近平文化思想指引的方向，推动文化繁荣、建设文化强国，推进中华民族伟大复兴。习近平总书记指出："人类社会每一次跃进，人类文明每一次升华，无不伴随着文化的历史性进步。""没有先进文化的积极引领，没有人民精神世界的极大丰富，没有民族精神力量的不断增强，一个国家、一个民族不可能屹立于世界民族之林。"[①] 我们要站在推进文化强国和建设中华民族现代文明的高度，切实加强习近平文化思想的研究阐释，持续推进中华民族现代文明建设，积极构建中国特色哲学社会科学和中国自主的知识体系，把历史责任和时代使命牢记心中、扛在肩上。我们要深入学习领会、全面贯彻落实习近平文化思想，更加深刻领悟"两个确立"的决定性意义，增强"四个意识"、坚定"四个自信"、做到"两个维护"，更好担负起新的文化使命，努力创造属于我们这个时代的新文化，建设好中华民族现代文明！

---

① 习近平：《在文艺工作座谈会上的讲话》，《人民日报》2015年10月15日，第2版。

第一章

守正创新:
马克思主义文化理论的伟大飞跃

第一章

守正创新:
马克思主义文化理论的伟大飞跃

国家的发展、民族的兴盛,离不开理论的正确指引和文化的有力支撑。党的十八大以来,以习近平同志为核心的党中央统筹中华民族伟大复兴战略全局和世界百年未有之大变局,把文化建设摆在治国理政的突出位置,坚持自信自立、守正创新,提出一系列关于文化建设的新思想新观点新论断,形成了习近平文化思想,实现了马克思主义文化理论的新飞跃,推动社会主义文化建设取得历史性成就,为全面建设社会主义现代化国家、全面推进中华民族伟大复兴提供了强大精神动力。

第一节　习近平文化思想的形成背景

马克思主义创始人在《德意志意识形态》中指出:"一切划时代的体系的真正的内容都是由于产生这些体系的那个时期的需要而形成起来的。所有这些体系都是以本国过去的整个发展为基础的,是以阶级关系的历史形式及其政治的、道德的、哲学的以及其他的后果为基础的。"[1]依据这种唯物

---

[1] 《马克思恩格斯全集》第三卷,人民出版社,1960,第544页。

辩证的历史观，不难发现习近平文化思想集古今中外优秀文化成果之大成，把世界范围内思想文化相互激荡、我国社会思想观念深刻变化之脉搏，开强国建设、民族复兴之新局，集中体现了中国文化和中国精神的时代精华，深刻回答了关于中国特色社会主义文化建设的历史之问、时代之问、未来之问，是马克思主义文化理论中国化时代化的最新成果，是习近平新时代中国特色社会主义思想的重要组成部分。

一　回答时代之问：从容应对思想文化领域的各种风险挑战

当今世界处于百年未有之大变局，是人类社会的大发展大变革大调整时期。我国正在经历广泛而深刻的社会变革，各种思想文化相互交织、相互激荡。中国特色社会主义文化建设面临重要的发展机遇，也必须应对一系列风险挑战。

（一）一些西方国家大搞文化霸权，严重威胁全球文化安全

在世界大变局加速演进的背景下，欧美主要大国为了维持其凭借早发优势而建立起来的霸权地位，将资本主义、社会主义两种社会制度、两种社会意识形态的矛盾和斗争扩大化、绝对化。

1. 各种错误思潮在世界大变局中错综交织

西方国家在世界范围内极力宣扬所谓"普世价值"，推广资本主义制度和价值观，已经使伊拉克、叙利亚、利比亚、阿富汗等诸多国家战火纷飞、政权颠覆、社会动荡。"国际上，西方敌对势力一直把我国发展壮大视为对西方价值观和制度模式的威胁。"[①] 当前，欧美国家已将中国视为其价值

① 中共中央文献研究室编《习近平关于社会主义文化建设论述摘编》，中央文献出版社，2017，第53页。

观的挑战者。某些西方国家常常以所谓的"自由""民主""人权"为借口，抹黑、构陷和打压中国。此外，在国际大变局的影响下，拜金主义、享乐主义、极端个人主义、历史虚无主义等错误思潮也不时出现。这些错误思潮互相交织，通过传统传媒、互联网、文艺产品等传播，威胁我国文化安全。

2. 对中国的大量偏见和误解长期存在

在国际社会理性认识中国发展道路和成就的同时，一些国家对中国的偏见和误解也长期存在。改革开放 40 余年来，随着中国经济的持续健康发展和国际影响力的显著提升，国际社会对中国的关注也在不断加强，人们越来越多地将中国道路、中国模式、中国理论、中国方案作为研究对象。海外中国学研究的兴起，既让中国人看到了外国人眼中的中国，也让外国人逐渐加深了对中国发展道路和发展模式的理性认识，能够客观、历史、多维地观察中国，从而全面、真实、立体地认识中国。然而，西方社会的一些人由于陌生、隔阂和不了解，对中国仍有各种偏见和误解，西方媒体也往往戴着有色眼镜看待中国，"抹黑、丑化、妖魔化中国可谓无所不用其极"[1]。"中国威胁论""中国崩溃论""中国不负责任论"等论调不绝于耳，"技术威胁论""债务陷阱论""新殖民论"等论调不断被炒作，严重损害中国国际形象。

当前，世界范围内各种思想文化交流交融交锋，错误思潮对我国产生了不良影响。加快社会主义文化强国的建设步伐，进一步增强国家文化软实力、提升我国国际话语权，是我们新时代文化建设面临的迫切任务。

---

[1] 《习近平著作选读》第一卷，人民出版社，2023，第 454 页。

（二）民族复兴关键期中国文化建设面临新的机遇和挑战

新时代，我国进入实现中华民族伟大复兴的关键时期，尽管国内外形势环境变化之快，使得文化建设领域的矛盾风险挑战更多更大，但我国文化发展具备着过去难以想象的良好条件，需要我们在危机中育新机、于变局中开新局。

1. 新一轮科技革命和产业变革给文化建设带来的机遇和挑战

纵观历史，每一次科技革命和产业变革都使世界文化发展面貌和格局发生了深刻变化。"现在，我们迎来了世界新一轮科技革命和产业变革同我国转变发展方式的历史性交汇期"[①]，我国文化建设既面临着前所未有的严峻挑战，又面临着千载难逢的发展机遇。一方面，科技和产业变革突飞猛进，科研范式也随之发生深刻变革，学科交叉融合加速，新的学科不断涌现；5G、大数据、云计算、物联网、人工智能等技术不断发展，有助于实现优秀文化资源数字化，创新文化产品形式，提高文化产品质量，推动文化产业深度融合，催生文化新业态，促进文化对外交流传播。另一方面，科技在为人们的文化建设赋能、带来智能文化生活的同时，也正在将人类推进一个"人机物"三元融合的时代，带来了相应的生命伦理挑战。

2. 互联网是文化建设的"最大变量"，也是文化建设的"最大增量"

互联网技术和应用的飞速发展，深刻改变着人们的生活方式。互联网因其传递性、自由性、实时性、交换性、共享性和开放性，使网络空间成为亿万民众共同的精神家园。同时，互联网所具有的隐匿性，也为各种敌对势力散播西化、分化思想言论提供了便利，使网络安全威胁和风险在文化领域日益突出。当前，网络已处于意识形态斗争的最前沿，成为舆

---

① 习近平:《在中国科学院第十九次院士大会、中国工程院第十四次院士大会上的讲话》，人民出版社，2018，第8页。

论斗争的主战场。全媒体时代，传统媒体和新兴媒体、大众化媒体和专业性媒体、主流媒体和商业平台，如何做到守土有责、守土尽责，及时传播准确、权威信息，掌控舆论场主动权和主导权，也是我们当下面临的重大挑战。

3. 中国特色哲学社会科学亟须加快构建

"历史表明，社会大变革的时代，一定是哲学社会科学大发展的时代。"[①] 当代中国正进行着前所未有的中国特色社会主义伟大实践，这必将给理论创新提供强大动力和广阔空间。当前，我们虽然对社会主义的认识、对中国特色社会主义建设规律的把握，已经达到前所未有的新高度，但仍然面临诸多不甚清晰的认知和亟待解决的难题。这些可以预见和难以预见的矛盾风险挑战，是时代提出的新课题，迫切需要从理论上作出新的有力阐释和科学回答。习近平总书记强调，坚持和发展中国特色社会主义，必须高度重视哲学社会科学，结合中国特色社会主义伟大实践，加快构建中国特色哲学社会科学。"要按照立足中国、借鉴国外，挖掘历史、把握当代，关怀人类、面向未来的思路，着力构建中国特色哲学社会科学，在指导思想、学科体系、学术体系、话语体系等方面充分体现中国特色、中国风格、中国气派。"[②] 因此，加快构建中国特色哲学社会科学是新时代哲学社会科学工作者的崇高使命，建构中国自主的知识体系是加快构建中国特色哲学社会科学的题中应有之义。

总之，我国社会主义文化建设既面临千载难逢的历史机遇，又面临不少风险挑战。把握时代变迁，把握机遇挑战，推进文化理论的创新创造，成为习近平文化思想确立和形成的现实背景。

---

① 习近平：《在哲学社会科学工作座谈会上的讲话》，人民出版社，2016，第8页。
② 《习近平著作选读》第一卷，人民出版社，2023，第478页。

二　回答历史之问：破解中华文明现代转化的古今中西之争

习近平总书记指出："中华民族具有 5000 多年连绵不断的文明历史，创造了博大精深的中华文化，为人类文明进步作出了不可磨灭的贡献。"[①] 东西方交往交流取得了很多重要成果，但是，近代以来，由于西方列强的侵略、封建统治的腐朽，中国逐步沦为半殖民地半封建社会，中国人民处在水深火热之中，中华民族面临着亡国灭种的深重危机。毛泽东在《论人民民主专政》中指出："自从一八四〇年鸦片战争失败那时起，先进的中国人，经过千辛万苦，向西方国家寻找真理。洪秀全、康有为、严复和孙中山，代表了在中国共产党出世以前向西方寻找真理的一派人物。那时，求进步的中国人，只要是西方的新道理，什么书也看。向日本、英国、美国、法国、德国派遣留学生之多，达到了惊人的程度。国内废科举，兴学校，好像雨后春笋，努力学习西方。我自己在青年时期，学的也是这些东西。这些是西方资产阶级民主主义的文化，即所谓新学，包括那时的社会学说和自然科学，和中国封建主义的文化即所谓旧学是对立的。学了这些新学的人们，在很长的时期内产生了一种信心，认为这些很可以救中国，除了旧学派，新学派自己表示怀疑的很少。要救国，只有维新，要维新，只有学外国。那时的外国只有西方资本主义国家是进步的，它们成功地建设了资产阶级的现代国家。日本人向西方学习有成效，中国人也想向日本人学。在那时的中国人看来，俄国是落后的，很少人想学俄国。这就是十九世纪四十年代至二十世纪初期中国人学习外国的

---

① 《习近平谈治国理政》第一卷，外文出版社，2018，第 39 页。

情形。"①西方帝国主义的野蛮侵略和中国人民遭受的深重苦难，引起了马克思、恩格斯的高度关注。他们高度肯定中华文明对人类文明进步的贡献，并预言"中国社会主义""中华共和国"将会出现。马克思主义所揭示的人类社会发展规律，是我们认识世界、改造世界的科学真理。1917 年列宁领导的十月革命取得胜利，开启了人类历史的新纪元。

中国共产党具有建设中华民族现代文明的高度历史自觉和文化自信。1919 年五四运动前后，《新青年》《新潮》《东方杂志》《国故》《学衡》等代表着不同思想倾向的杂志展开了文化上的古今中西之争。1920 年 7 月，毛泽东就在《发起文化书社》一文中指出：大家都在"闹新文化"，但并不明白新文化到底是什么，"全中国一样尚没有新文化。全世界一样尚没有新文化。一枝新文化小花，发现在北冰洋岸的俄罗斯"。②可以说，诞生在五四新文化运动浪潮中的早期中国共产党人，具有鲜明的文化立场。"马克思主义、俄国革命等实际上是被他们当作新文化的模样、新的文明形态来学习、追求、实践、创造的。"③随着中国人民和中华民族的伟大觉醒，随着马克思列宁主义同中国工人运动的紧密结合，1921 年，中国共产党诞生了。中国共产党自诞生之日起，就始终坚持以马克思主义理论为指导，不断推进马克思主义中国化时代化。中国共产党的成立，为中国人民开展反帝反封建斗争、实现中华民族伟大复兴提供了核心领导力量，奠定了建设中华民族现代文明的组织领导基础。1923 年的"科学与人生观问题"论战，也是一次新文化运动不同主张的大辩论。1935 年 1 月，萨孟武等 10 位教授联名在《文化建设》上发表《中国本位的文化建设宣言》，引发了"全盘西

---

① 《毛泽东选集》第四卷，人民出版社，1991，第 1469~1470 页。
② 中共中央文献研究室、中共湖南省委《毛泽东早期文稿》编辑组编《毛泽东早期文稿（一九一二年六月—一九二〇年十一月）》，湖南人民出版社，2008，第 449 页。
③ 陈晋：《中国共产党与人类文明新形态》，《光明日报》2022 年 1 月 5 日，第 6 版。

化"与"本位文化"的论战。在中国共产党的有力领导和支持下，在文化上的"古今中西"多次论辩的过程中，马克思主义理论不断深入人心，逐渐占据主导地位。

新中国成立后，我们党始终高举马克思主义伟大旗帜，将马克思主义作为党和国家事业发展的指导思想。党的十八大以来，以习近平同志为核心的党中央坚持把马克思主义基本原理同中国具体实际相结合、同中华优秀传统文化相结合，科学回答古今中西之争的问题，充分运用中华优秀传统文化的宝贵资源，积极吸收人类文明优秀成果，推动社会主义文化强国建设迈出坚实步伐。经过长期努力，今天我们比以往任何一个时代都更有条件破解"古今中西之争"，也比以往任何一个时代都更迫切需要一批熔铸古今、汇通中西的文化成果，让经由"结合"而形成的新文化成为中国式现代化的文化形态。

三 回答未来之问：为当今世界贡献典范性的中华民族现代文明

党的十八大以来，以习近平同志为核心的党中央采取一系列战略性举措，战胜了各种难以想象的风险挑战，如期全面建成小康社会，推动我国迈上全面建设社会主义现代化国家新征程。党的十八届六中全会首次明确习近平总书记的核心地位，正式提出"以习近平同志为核心的党中央"。党的十九大将习近平新时代中国特色社会主义思想写入党章，确立为党的指导思想。十三届全国人大一次会议通过的《中华人民共和国宪法修正案》，把习近平新时代中国特色社会主义思想载入国家根本大法，确立这一思想在国家政治和社会生活中的指导地位。党的十九届六中全会通过的决议明确指出："党确立习近平同志党中央的核心、全党的核心地位，确立习近平新时代中国特色社会主义思想的指导地位，反映了全党全军全国各族人民共同心愿，对新时代党和国家事业发展、对推进中华民族伟大复兴历史进程具有决定性意义。"[①] 这是党的十九届六中全会根据我们党和国家的历史与现实作出的重大政治论断。"两个确立"是我们党在新时代伟大征程中取得的重大政治成果，也是我们党和国家事业取得历史性成就、发生历史性变革的决定性因素。

在文化建设方面，习近平总书记以高度的文化自觉和坚定的文化自信，坚持把马克思主义基本原理同中国具体实际相结合、同中华优秀传统文化相结合，深刻回答了建设中国特色社会主义文化的一系列重大理论和实践问题，为在新的起点上继续推动文化繁荣、建设文化强国、建设中华民族现代文明提供了根本遵循。习近平总书记以马克思主义政治家的历史自信和战略清醒，为传承发展中华优秀传统文化注入固本培元、立根铸魂的思想力量。从河北承德避暑山庄到广东潮州广济桥，从山西平遥古城到河南安阳殷墟，从陕西西安博物院到广西北海合浦汉代文化博物馆……习近平总书记的"文化足迹"遍及全国。在习近平总书记亲自引领推动下，中华文化的"一池春水"被彻底激活，中华优秀传统文化、革命文化和社会主义先进文化融会贯通、澎湃向前，文化强国建设阔步前进；我国物质文明和精神文明建设相互促进、比翼齐飞，国家物质力量和精神力量同步增强，政治文明、社会文明和生态文明建设切实加强，中国特色社会主义事业全面推进；新时代中国不断从中华民族五千多年文明史中汲取智慧力量，在实现民族复兴的伟大征程中，同世界各国携手共绘人类文明壮丽画卷！习近平新时代中国特色社会主义思想博大精深，坚持从中华五千多年文明的积淀中汲取人文精神、道德价值、历史智慧等精华养分，同时赋予中华

---

① 《中共中央关于党的百年奋斗重大成就和历史经验的决议》，人民出版社，2021，第 26 页。

优秀传统文化新的时代内涵和现代表达形式，无愧为中华文化和中国精神的时代精华。①党的十九届六中全会通过的《中共中央关于党的百年奋斗重大成就和历史经验的决议》指出，党准确把握世界范围内思想文化相互激荡、我国社会思想观念深刻变化的趋势，强调意识形态工作是为国家立心、为民族立魂的工作，文化自信是更基础、更广泛、更深厚的自信，坚持以人民为中心的工作导向，举旗帜、聚民心、育新人、兴文化、展形象，牢牢掌握意识形态工作领导权，建设具有强大凝聚力和引领力的社会主义意识形态，建设社会主义文化强国，激发全民族文化创新创造活力。我国意识形态领域形势发生全局性、根本性转变，全党全国各族人民文化自信明显增强，全社会凝聚力和向心力极大提升，为新时代开创党和国家事业新局面提供了坚强思想保证和强大精神力量。②

党的二十大报告指出，推进文化自信自强，铸就社会主义文化新辉煌。"我们要坚持马克思主义在意识形态领域指导地位的根本制度，坚持为人民服务、为社会主义服务，坚持百花齐放、百家争鸣，坚持创造性转化、创新性发展，以社会主义核心价值观为引领，发展社会主义先进文化，弘扬革命文化，传承中华优秀传统文化，满足人民日益增长的精神文化需求，巩固全党全国各族人民团结奋斗的共同思想基础，不断提升国家文化软实力和中华文化影响力。"③在新的起点上继续推动文化繁荣、建设文化强国、建设中华民族现代文明，是我们在新时代新的文化使命。新时代新征程，我们必须坚持以习近平新时代中国特色社会主义思想为指导，学习贯

① 张旭东、林晖、周玮、史竞男、王鹏、徐壮：《为强国建设民族复兴注入不竭精神动力——以习近平同志为核心的党中央引领中华文化创造性转化创新性发展纪实》，《人民日报》2023年6月1日，第1~2版。
② 《中共中央关于党的百年奋斗重大成就和历史经验的决议》，人民出版社，2021，第43~46页。
③ 《习近平著作选读》第一卷，人民出版社，2023，第35~36页。

彻习近平文化思想，深刻领悟"两个确立"的决定性意义，坚定不移地走中国特色社会主义道路，推动文化繁荣、建设文化强国，为当今世界贡献典范性的中华民族现代文明。

第二节　习近平文化思想的基本内涵

习近平文化思想为我们在新的起点上继续推动文化繁荣、建设文化强国、建设中华民族现代文明提供了根本遵循、指明了前进方向。

一　习近平文化思想的创新观点和实践要求

文化自信是更基础、更广泛、更深厚的自信，是更基本、更深沉、更持久的力量。党的十八大以来，习近平总书记统筹世界百年未有之大变局和中华民族伟大复兴战略全局，在领导党和人民推进治国理政的实践中，高度重视并一以贯之推进文化建设。在 2016 年 7 月的庆祝中国共产党成立 95 周年大会上，习近平总书记创造性地提出关于文化自信的重要论断；在 2018 年 8 月的全国宣传思想工作会议上，用"九个坚持"高度概括我们党对宣传思想工作的规律性认识；在 2023 年 6 月的文化传承发展座谈会上，明确了文化建设方面的"十四个强调"，鲜明提出坚持党的文化领导权、深刻理解"两个结合"、担负新的文化使命等重大创新观点，提出建设中华民族现代文明的重大任务。在 2023 年 10 月对宣传思想文化工作作出的重要指示中，习近平总书记强调聚焦用党的创新理论武装全党、教育人民这个首要政治任务，围绕新的历史起点上新的文化使命，推进"七个着力"，坚定文化自信、秉持开放包容、坚持守正创新，为全面建设社会主义现代化国家、全面推进中华民族伟大复兴，提供坚强思想保证、强大精神力量和有利文化条件。各级党委（党组）要把做好宣传思想文化工作作为重大政治责任扛在肩上，确保党中央关于文化建设的决策部署落到实处。各级宣传文化部门要强化政治担当，勇于改革创新，敢于善于斗争，不断开创新时代宣传思想文化工作新局面。习近平总书记关于文化建设发表的这一系列重要讲话和重要指示，以及在纪念孔子诞辰 2565 周年国际学术研讨会暨国际儒学联合会第五届委员大会开幕会上的讲话、在文艺工作座谈会上的讲话、在哲学社会科学工作座谈会上的讲话、在文化传承发展座谈会上的讲话等，都是习近平文化思想的重要文献。要深入把握习近平文化思想的重大创新观点，包括：坚持党的文化领导权是事关党和国家命运的大事；推动物质文明和精神文明协调发展是坚持和发展中国特色社会主义的本质特征；"两个结合"的根本要求拓展了中国特色社会主义文化发展道路；担负新的文化使命彰显了我们党促进中华文化繁荣、创造人类文明新形态的历史担当；坚定文化自信体现了我们党对巩固文化主体性的高度自觉；培育和践行社会主义核心价值观是凝魂聚气、强基固本的基础工程；掌握信息化条件下舆论主导权、广泛凝聚社会共识是巩固壮大主流思想文化的必然要求；以人民为中心的工作导向体现了我们党领导和推动文化建设的鲜明立场；保护历史文化遗产是推动文化传承发展的重要基础；构建中国话语和中国叙事体系体现了我们党提高国家文化软实力、占据国际道义制高点的战略谋划；促进文明交流互鉴彰显了中国共产党人开放包容的胸襟格局；等等。这一系列创新观点全面解答了新时代中国特色社会主义文化的政治保障、地位作用、发展道路、新的使命、基本原则、战略谋划、根本目的、重要基础等重大问题，深化了对中国特色社会主义文化本质规律的认识。

习近平文化思想强调知行合一、明体达用，既有理论观点上的创新突破，又有工作部署上的具体要求。要深入把握习近平文化思想关于新时代文化建设的战略部署，包括：健全用党的创新理论武装全党、教育人民、指导实践工作体系，推动习近平新时代中国特色社会主义思想深入人心；全面落实意识形态工作责任制，发扬斗争精神，增强斗争本领；推动理想信念教育常态化制度化，传承红色基因，赓续红色血脉，广泛开展中国特色社会主义和中国梦宣传教育；要把社会主义核心价值观融入法治建设、融入社会发展、融入日常生活，深入实施公民道德建设工程，做好学校思想政治工作，统筹推动文明培育、文明实践、文明创建；加快构建中国特色哲学社会科学，阐释中国道路，解读中国实践，构建中国理论；坚持导向为魂、移动为先、内容为王、创新为要，打造新型传播平台，建成新型主流媒体，加快构建融为一体、合而为一的全媒体传播格局；健全网络综合治理体系，推动形成良好网络生态，营造风清气正的网络空间；把创作生产优秀作品作为文艺工作的中心环节，推出更多同新时代相匹配的文化精品；深化文化体制改革，健全现代公共文化服务体系，健全现代文化产业体系和市场体系，推进文化和旅游深度融合发展；加强对中华优秀传统文化的挖掘和阐发，让中华文化展现出悠久魅力和时代风采；贯彻落实党中央关于坚持保护第一、加强管理、挖掘价值、有效利用、让文物活起来的工作要求，积极推进文物保护利用和文化遗产保护传承；全面推进中华民族共有精神家园建设，推动各民族树立正确的国家观、历史观、民族观、文化观、宗教观；坚持我国宗教中国化方向，积极引导宗教与社会主义社会相适应；加强国际传播能力建设，构建具有鲜明中国特色的战略传播体系，全面提升国际传播效能；深化文明交流互鉴，推动不同文明相互尊重、和谐共处，营造多元互动、百花齐放的人文交流局面，推动中华文化更好走向世界；不断增强脚力、眼力、脑力、笔力，努力打造一支政治过硬、本领高强、求实创新、能打胜仗的宣传思想工作队伍。担负新的文化使命、建设中华民族现代文明，必须深入贯彻习近平文化思想，将其贯彻落实到文化建设全过程各方面，增强实现中华民族伟大复兴的精神力量和独特优势。

二　习近平文化思想的重大原创性贡献

新时代我国文化发展最突出的标志，是我们党在推进"两个结合"特别是"第二个结合"中形成了习近平文化思想。习近平总书记在庆祝中国共产党成立 100 周年大会上的重要讲话中，首次提出"两个结合"这一重大论断。习近平总书记在文化传承发展座谈会上再次强调，在五千多年中华文明深厚基础上开辟和发展中国特色社会主义，"两个结合"是必由之路。"这是我们在探索中国特色社会主义道路中得出的规律性的认识，是我们取得成功的最大法宝。"[①] 这一重大论断是对中华优秀传统文化的独特定位，对中华民族的突出优势精准破题，筑牢了我们在世界文化激荡中站稳脚跟的根基。

（一）丰富发展了马克思主义文化理论

马克思主义深刻揭示了自然界、人类社会、人类思维发展的普遍规律，为人类社会发展进步指明了方向，极大推进了人类文明进程。习近平总书记指出："马克思主义就是我们党和人民事业不断发展的参天大树之根本，就是我们党和人民不断奋进的万里长河之泉源"，并强调"在坚持以马克思主义为指导这一根本问题上，我们必须坚定不移，任何时候任何情况下都

---

① 《习近平在文化传承发展座谈会上强调：担负起新的文化使命 努力建设中华民族现代文明》，《人民日报》2023 年 6 月 3 日，第 1 版。

不能动摇"。^① 党的二十大报告强调："马克思主义是我们立党立国、兴党兴国的根本指导思想。实践告诉我们，中国共产党为什么能，中国特色社会主义为什么好，归根到底是马克思主义行，是中国化时代化的马克思主义行。拥有马克思主义科学理论指导是我们党坚定信仰信念、把握历史主动的根本所在。"^②100多年来，中国共产党不断推进马克思主义中国化时代化，不断开辟马克思主义中国化时代化新境界，创立了毛泽东思想、邓小平理论，形成了"三个代表"重要思想、科学发展观，创立了习近平新时代中国特色社会主义思想，为党和人民各项事业发展提供了科学理论指导，为丰富和发展马克思主义作出重大原创性贡献。中国共产党之所以能够在革命、建设、改革各个历史时期取得重大成就，能够领导人民完成中国其他政治力量不可能完成的艰巨任务，根本在于掌握了马克思主义科学理论，能够运用马克思主义立场、观点、方法，正确认识问题，科学分析问题，有效解决问题，不断结合新的实践推进理论创新。理论和实践都表明，中国共产党选择马克思主义是完全正确的。

习近平文化思想，是对马克思主义文化理论的坚持和发展。马克思主义不仅给人类提供了"决不同任何迷信、任何反动势力、任何为资产阶级压迫所作的辩护相妥协的完整的世界观"^③，实现了人类思想史上的根本变革，而且对文化在社会生活中的地位和作用及其演变规律、对未来社会文化的本质特征及其与历史文化的批判继承关系等基本问题作出了科学的阐述，为我们建设中国特色社会主义文化奠定了坚实的理论基础。例如，马克思和恩格斯阐明了社会存在和社会意识、物质生产和精神生产的辩证关系，发现地方的和民族的闭关自守被各民族的各方面的相互往来和相互依

① 习近平：《论党的宣传思想工作》，中央文献出版社，2020，第286页。
② 《习近平著作选读》第一卷，人民出版社，2023，第14页。
③ 《列宁选集》（第二卷），人民出版社，1995，第309页。

赖所代替，形成一种世界的文化的历史趋势。列宁论述了落后国家建设社会主义的特殊规律，提出如果无产阶级有可能夺取国家政权，就能为社会主义所需要的文明"创造前提"（即物质基础和文化条件），然后"开始走向社会主义"。[①] 马克思主义经典作家还告诫人们：社会主义文化不是从天上掉下来的，不是离开人类文明的大道在空地上建立起来的，而是在批判地继承人类以往文化遗产的基础上创立起来的。习近平总书记强调坚持马克思主义立场观点方法，结合文化工作的环境、对象、范围、方式等新变化，推进文化自信自强，铸就社会主义文化新辉煌。他明确提出，要深刻认识经济基础对上层建筑的决定作用和上层建筑对经济基础的反作用，既要切实做好经济建设这个中心工作、为意识形态工作提供坚实物质基础，又要切实做好意识形态工作、为经济建设提供有力保障；要坚持不忘本来、吸收外来、面向未来，坚持古为今用、洋为中用，以马克思主义为指导，融通人类一切优秀文明成果，激发全民族文化创新创造活力，不断提升国家文化软实力和中华文化影响力；要坚持以人民为中心，以社会主义核心价值观为引领，发展社会主义先进文化、弘扬革命文化，传承中华优秀传统文化，促进外来文化本土化，满足人民日益增长的文化需求，增强实现中华民族伟大复兴的精神力量；要坚守中华文化立场，弘扬全人类共同价值，深化文明交流互鉴，落实全球文明倡议，形成同我国综合国力和国际地位相匹配的话语权，推动中华文化更好走向世界，丰富世界文明百花园；等等。这一系列文化建设的新理念新思想，都是对马克思主义文化理论的创造性运用和发展。

习近平文化思想基于辩证唯物主义和历史唯物主义基本原理，基于对文化发展和文明演进一般规律的准确把握，坚守人民主体的政治立场，基

---

① 《列宁选集》（第四卷），人民出版社，1995，第 778 页。

于对世界百年未有之大变局的深刻洞察，分析新时代文化传承与发展，文化与政治、经济、社会等之间的关系，清晰厘定我国文化建设的性质方向与目标任务，科学部署建设文化强国的战略步骤与实践路径，不断书写中华文化和中国精神的时代篇章，增强了中国人的文化自信，提升了中华文明的国际地位，开辟了中华民族现代文明新境界。

（二）提出马克思主义与中华优秀传统文化的契合论

中华优秀传统文化是我们党创新理论的"根"，马克思主义是党的创新理论的"魂"，中国特色社会主义既植根于中华文化沃土，得益于中华优秀传统文化的滋养，又开创了马克思主义本土化的新局面，丰富和发展了马克思主义，深化了"两个结合"的广度和深度。尽管马克思主义和中华优秀传统文化来源不同，但并不妨碍二者的高度契合性。马克思主义同中华优秀传统文化由"相互契合"到"有机结合"，能"结合"才能相得益彰、相互成就，孕育出一个有机统一的新的文化生命体，形成中国式现代化的文化形态，并在"结合"的基础上，使中国特色社会主义道路向更加宏阔深远的历史纵深扩展，既确保中国式现代化的中华文明底蕴、文化根基，又充实了马克思主义的文化生命，进一步深化拓展了马克思主义中国化时代化的程度广度与历史空间。

（三）提出"'第二个结合'是又一次的思想解放"的科学论断

习近平总书记在文化传承发展座谈会上的重要讲话中，从"又一次思想解放"的意义来理解"第二个结合"，既指出了"第二个结合"深刻的哲学意蕴，也揭示了"第二个结合"在新时代的巨大历史意义，这一重要论断为拓展中华文化的发展空间、充分运用中华优秀传统文化的宝贵资源，深入挖掘和阐发中华优秀传统文化讲仁爱、重民本、守诚信、崇正义、尚和合、求大同的时代价值，不断推进马克思主义本土化，实现中华优秀传统文化的时代化，探索面向未来的理论和制度创新指明了方向。这个重大论断是我们党对马克思主义中国化时代化历史经验的深刻总结，是对中华文明发展规律的深刻把握，表明我们党在繁荣中华文化、推进理论创新上达到了新高度，表明我们党的文化自信、文明自信达到了新高度，表明我们党在赓续文脉、传承文化及推进中华优秀传统文化的创造性转化、创新性发展方面的自觉性达到了新高度，表明中国共产党对中华优秀传统文化的发展空间、创新路径、传播格局的认识达到了新高度，表明中国共产党找到了让世界更好理解古代中国、理解现代中国、理解未来中国的新路径。

（四）提出塑造中国式现代化的文化形态的重大命题

习近平总书记指出："中国式现代化，深深植根于中华优秀传统文化，体现科学社会主义的先进本质，借鉴吸收一切人类优秀文明成果，代表人类文明进步的发展方向，展现了不同于西方现代化模式的新图景，是一种全新的人类文明形态。"[1] 在文化传承发展座谈会上，习近平总书记指出："'结合'的结果是互相成就，造就了一个有机统一的新的文化生命体，让马克思主义成为中国的，中华优秀传统文化成为现代的，让经由'结合'而形成的新文化成为中国式现代化的文化形态。"[2] 中国式现代化的文化形态既是赋予中华优秀传统文化中富有生命力的优秀因子以新的时代内涵的创新创造的成果，也是将中华民族的伟大精神和丰富智慧更深层次地注入马克思主义的结果。

---

[1] 《习近平在学习贯彻党的二十大精神研讨班开班式上发表重要讲话强调 正确理解和大力推进中国式现代化》，《人民日报》2023 年 2 月 8 日，第 1 版。

[2] 《习近平在文化传承发展座谈会上强调：担负起新的文化使命 努力建设中华民族现代文明》，《人民日报》2023 年 6 月 3 日，第 1 版。

从实质上讲，习近平文化思想系统地解答了在全面深化改革开放、中华民族伟大复兴进入关键时期、世界百年未有之大变局加速演进的历史条件下如何推进文化繁荣、建设文化强国和中华民族现代文明这个时代课题，以一系列新理念新思想新战略丰富和发展了马克思主义文化理论，实现了马克思主义文化理论中国化时代化的又一次飞跃。要正确把握习近平文化思想与马克思主义文化理论的辩证关系，必须全面了解习近平文化思想对马克思主义文化理论的继承和创新、坚持和发展。一方面，习近平文化思想对马克思主义文化理论首先是继承，而且是从立场观点方法即"精髓"到原理的全面的继承。正是这种继承，使习近平文化思想与马克思主义文化理论之间具有内在的联系性和高度的统一性。另一方面，习近平文化思想对马克思主义文化理论有发展，而且发展是主要的和主导的方面。这种发展就性质和意义来说，不是表现在个别的或一般的问题上，而是体现在许多基本问题上；不是一般的理论和实践方面的补充延伸，而是全方位的创新变革；不是单纯的思想观点的量的增加，而是一种理论体系的质的飞跃。正因为习近平文化思想是在新的历史条件下对马克思主义文化理论的坚持、发展和创新，既归属于马克思主义总体系，又具有相对独立性，丰富着马克思主义文化理论的宝库，为马克思主义文化理论作出了巨大的原创性贡献。

三　习近平文化思想在文化建设领域的体现

党的十八大以来，习近平总书记准确把握世界范围内思想文化相互激荡的现实，科学研判我国社会思想观念深刻变化的趋势，不断深化对文化建设的规律性认识，提出了一系列新思想新观点新论断，形成了习近平文化思想，为我国文化建设提供了根本遵循。

（一）坚持用习近平新时代中国特色社会主义思想武装全党、教育人民、指导实践

坚持不懈用习近平新时代中国特色社会主义思想凝心铸魂。要在推动学习贯彻习近平新时代中国特色社会主义思想走深走实上下功夫，特别是要把这一思想的世界观、方法论和贯穿其中的立场观点方法转化为思想武器，不断提高政治判断力、政治领悟力、政治执行力，增强"四个意识"、坚定"四个自信"、做到"两个维护"，始终在思想上政治上行动上同党中央保持高度一致。要教育引导广大党员干部学思想、见行动，提振锐意进取、担当有为的精气神，以满腔热忱奋进新征程、建功新时代。要发扬自我革命精神，增强党的自我净化、自我完善、自我革新、自我提高能力，使我们党始终充满蓬勃生机和旺盛活力，始终成为中国特色社会主义事业的坚强领导核心。

（二）培育和践行社会主义核心价值观

核心价值观，承载着一个民族、一个国家的精神追求，体现着一个社会评判是非曲直的价值标准。党的十八大以来，以习近平同志为核心的党中央采取一系列重大举措，着力培育和践行社会主义核心价值观，倡导富强、民主、文明、和谐，倡导自由、平等、公正、法治，倡导爱国、敬业、诚信、友善，全面提高公民道德素质，培育良好社会风尚。习近平总书记的一系列重要论述，为培育和践行社会主义核心价值观提供了科学行动指南，我国社会主义核心价值观建设深入推进，取得显著成效。

（三）提升新闻舆论传播力、引导力、影响力、公信力

党的新闻舆论工作是党的一项重要工作，是治国理政、定国安邦的大

事。在新的时代条件下，党的新闻舆论工作的职责和使命是高举旗帜、引领导向，围绕中心、服务大局，团结人民、鼓舞士气，成风化人、凝心聚力，澄清谬误、明辨是非，联接中外、沟通世界。要承担起这个职责和使命，必须把政治方向摆在第一位，牢牢坚持党性原则，牢牢坚持马克思主义新闻观，牢牢坚持正确舆论导向，牢牢坚持正面宣传为主。必须从党的工作全局出发把握党的新闻舆论工作，坚持党的领导，坚持正确政治方向，坚持以人民为中心的工作导向，尊重新闻传播规律，创新方法手段，切实提高党的新闻舆论传播力、引导力、影响力、公信力。

（四）培育积极健康、向上向善的网络文化

党的十八大以来，以习近平同志为核心的党中央高度重视网络安全和信息化工作，明确提出网络强国建设的战略目标，统筹推进网络安全和信息化工作，不断推进理论创新和实践创新，作出一系列重大决策、提出一系列重大举措，推动我国网络安全和信息化事业取得重大成就，网络强国建设迈出新步伐。2023 年 7 月 14~15 日，全国网络安全和信息化工作会议召开。习近平总书记对网络安全和信息化工作作出重要指示，指明网信工作的使命任务，提出"十个坚持"重要原则，为新时代新征程做好网信工作指明了前进方向、提供了根本遵循。

（五）高度重视中华文明探源工程

中华文明源远流长、博大精深，是中华民族独特的精神标识，是当代中国文化的根基，是维系全世界华人的精神纽带，也是中国文化创新的宝藏。经过几代学者接续努力，中华文明探源工程等重大工程的研究成果，实证了我国百万年的人类史、一万年的文化史、五千多年的文明史，为世界文明起源研究作出了原创性贡献。中华文明探源工程成绩显著，但仍然

任重而道远，必须继续推进、不断深化。我们要深入了解中华文明五千多年发展史，把中国文明历史研究引向深入，推动全党全社会增强历史自觉、坚定文化自信，坚定不移走中国特色社会主义道路，为全面建设社会主义现代化国家、实现中华民族伟大复兴而团结奋斗。

（六）加强历史文化遗产保护与传承

文物承载灿烂文明，可助力传承历史文化、维系民族精神，要切实加大文物保护力度，推进文物合理适度利用，使文物保护成果更多惠及人民群众；历史文化是城市的灵魂，要本着对历史负责、对人民负责的精神，传承历史文脉，处理好城市改造开发和历史文化遗产保护利用的关系，切实做到在保护中发展、在发展中保护；保护好传统街区，保护好古建筑，保护好文物，对待古建筑、老宅子、老街区要有珍爱之心、尊崇之心；要加强文物保护利用和历史文化遗产保护传承，提高文物研究阐释和展示传播水平，让文物真正活起来；广大考古工作者要增强历史使命感和责任感，发扬严谨求实、艰苦奋斗、敬业奉献的优良传统，继续探索未知、揭示本源，努力建设中国特色、中国风格、中国气派的考古学等。

（七）加强革命文物保护利用，弘扬革命文化，传承红色基因

革命文物承载党和人民英勇奋斗的光荣历史，记载中国革命的伟大历程和感人事迹，是党和国家的宝贵财富，是弘扬革命传统和革命文化、加强社会主义精神文明建设、激发爱国热情、振奋民族精神的生动教材；加强革命文物保护利用、弘扬革命文化、传承红色基因，是全党全社会的共同责任；各级党委和政府要把革命文物保护利用工作列入重要议事日程，加大工作力度，切实把革命文物保护好、管理好、运用好，发挥好革命文物在党史学习教育、革命传统教育、爱国主义教育等方面的重要作用等。

（八）传承中华优秀传统文化

中华优秀传统文化是中华文明的智慧结晶和精华所在，是中华民族的根和魂，是我们在世界文化激荡中站稳脚跟的根基；中华文明具有突出的连续性、创新性、统一性、包容性、和平性，在五千多年中华文明深厚基础上开辟和发展中国特色社会主义，把马克思主义基本原理同中国具体实际、同中华优秀传统文化相结合是必由之路；以"结合"筑牢道路根基、打开创新空间、巩固文化主体性，赋予民族复兴根和魂；要坚持守正创新，推动中华优秀传统文化同社会主义社会相适应，展示中华民族的独特精神标识，更好地构筑中国精神、中国价值、中国力量等。

（九）繁荣发展文化事业和文化产业

要推动公共文化服务标准化、均等化，坚持政府主导、社会参与、重心下移、共建共享，完善公共文化服务体系，提高基本公共文化服务的覆盖率和适用性；实施国家文化数字化战略，健全现代公共文化服务体系，创新实施文化惠民工程；健全现代文化产业体系和市场体系，实施重大文化产业项目带动战略；衡量文化产业发展质量和水平，最重要的不是看经济效益，而是看能不能提供更多既能满足人民文化需求又能增强人民精神力量的文化产品；文化产业和旅游产业密不可分，要坚持以文塑旅、以旅彰文，推动文化和旅游融合发展，让人们在领略自然之美中感悟文化之美、陶冶心灵之美；坚持以人民为中心的创作导向，推出更多增强人民精神力量的优秀作品；等等。

（十）加强文明交流互鉴

文明交流互鉴是推动人类文明进步和世界和平发展的重要动力。中华文化既是历史的也是当代的，既是民族的也是世界的；要坚持多样共存、互鉴共进、合作共享，加强文化交流，倡导文化平等，保护历史文化遗产，推动文化创新，加强文化合作，让人类创造的丰富多彩的文化造福更多民众，让世界更加美好；世界文化和自然遗产是促进不同文明交流互鉴的重要载体，保护好、传承好、利用好这些宝贵财富，是我们的共同责任；博物馆是保护和传承人类文明的重要殿堂，在促进世界文明交流互鉴方面具有特殊作用，要让世界各国博物馆的丰富馆藏都活起来，为共同保护文化多样性、增进各国人民相互了解、促进人类文明进步作出贡献等。

总之，习近平文化思想明确了建设社会主义文化强国的任务要求，对激发全民族文化创新创造活力、增强实现中华民族伟大复兴的精神力量、建设中华民族现代文明具有重大现实意义和深远历史意义。

第三节　习近平文化思想的重大历史意义

理论的生命力在于不断创新，而创新理论是为了指导实践、推动工作。作为马克思主义文化理论与当代中国文化建设实践相结合的最新成果，习近平文化思想对于科学指导新时代文化建设实践、建设社会主义文化强国、全面推进中国式现代化、创造人类文明新形态具有里程碑意义。

一　指引新时代文化建设取得历史性成就

（一）马克思主义在意识形态领域的指导地位更加巩固

新时代，我们党从正本清源入手加强宣传思想文化工作，确立和坚持马克思主义在意识形态领域指导地位的根本制度。党高度重视理论学习和武装，中央政治局多次以马克思主义理论为题开展集体学习，先后学习了历史唯物主义、辩证唯物主义、马克思主义政治经济学的基本原理和方法论，不断重温《共产党宣言》《实践论》《矛盾论》等经典，感悟马克思主义的真理力量，提高理论运用的能力和水平。党和国家推进高校马克思主义学院和马克思主义理论学科的建设，设立本科专业，大幅增加学院和硕博学位点数量，组织编写出版"马克思主义理论研究和建设工程"重点教材，促进了马克思主义的学习研究宣传和理论人才的培养，巩固了马克思主义在意识形态领域的指导地位。

（二）中华优秀传统文化得到广泛传承弘扬

新时代，我们党坚守中华文化立场，坚持创造性转化、创新性发展，赓续中华文脉，推动中华文化现代化，增强了做中国人的骨气和底气。近年来，国风国潮广受欢迎，中华优秀传统文化与年轻人实现双向奔赴。《2022传统文化节目数据报告》显示，传统文化节目的观看约9.5亿人次，其中70%是"90后""00后"；与中华传统文化相关的节目层出不穷，且实现了深度创新，成为学习中华传统文化的窗口。[①] 同时，中华优秀传统文化的普及工作有序开展。中华文化基因在校园传承，中华优秀传统文化图书音像版权资源实现共享，戏曲保护与传承进一步加强。经典诵读、国学讲堂、文化讲坛、专题展览的举办，传统文化主题专栏、节目的制作，中华优秀传统文化的网络传播，使中华诗词、音乐舞蹈、书法绘画等相关知识得到了普及。中华优秀传统文化与互联网、科技融合实现守正创新。《唐宫夜宴》《洛神水赋》《天地之中》《只此青绿》等舞蹈，借助3D和AR技术，

---

① 《优酷发布2022传统文化节目报告》，新华网，2023年2月4日，http://www.xinhuanet.com/tech/20230204/ed736a88aaf94eadb4f2689fa9c239ba/c.html。

让文物遗产、古籍文字绘画走出博物馆、陈列室，在舞台上活了起来。中华优秀传统文化依托更多的传承载体、传播渠道和传习人群，在全社会得到广泛弘扬。

（三）全社会凝聚力和向心力得到提升

新时代，我们党致力于在价值观念、理想信念、道德观念上广泛凝聚共识，努力寻求最大公约数、画出最大同心圆，汇聚起实现民族复兴的磅礴力量。党积极推进对党史、新中国史、改革开放史、社会主义发展史的教育，推进学习教育制度化常态化，不断坚定同心共筑中国梦的理想信念，有效引导了人们在学好"四史"中不忘初心、永担使命。党从中华民族的基因——中华优秀传统文化中汲取思想，构建了与我国经济基础和政治制度相适应的社会主义核心价值观，将国家、社会和公民的精神追求融为一体，有效整合了社会存在的多种多样的价值观念和价值取向，凝聚起了全社会意志和力量。党深入实施公民道德建设工程，深化群众性精神文明创建活动，推进诚信建设和志愿服务制度化，促进了民族精神和时代精神的弘扬，加强了爱国主义、集体主义、社会主义教育，有效引导了人们追求高尚的道德理想，凝聚起了全社会向上向善的力量。

（四）公共文化服务水平大幅提高

新时代，我们党牢牢把握社会主义先进文化前进方向，紧紧围绕举旗帜、聚民心、育新人、兴文化、展形象的使命任务，以社会主义核心价值观为引领，坚持满足人民文化需求和增强人民精神力量相统一，系统推动了公共文化服务运行机制的创新、五大文化惠民工程的深入实施，加快了城乡公共文化服务一体化建设步伐，提高了基本公共文化服务标准化均等化水平。2013~2022年，全国公共图书馆数量以及公共图书馆总藏量逐年递增，人均公共图书藏量也由 0.55 册提高到 0.96 册（见表 1–1）。2022 年，综合性文化服务中心基本实现了对村、社区的全覆盖；全国共建成农家书屋 58.7 万家，累计配送图书超 12 亿册。[①]2023 年 3 月，全国直播卫星户户通累计开通用户数量超过 1.33 亿户。[②]新冠疫情期间，公共文化云建设、博物馆云展览引领公共文化数字化建设，增强了公共文化服务的便利性和普惠性。总的来说，公共文化服务向高品质和多样化升级。

表 1–1　2013~2022 年全国公共图书馆情况			
年份	公共图书馆数量（家）	公共图书馆总藏量（万册）	人均公共图书藏量（册）
2013	3112	74896	0.55
2014	3117	79092	0.58
2015	3139	83844	0.61
2016	3153	90163	0.65
2017	3166	96953	0.7
2018	3176	103716	0.74
2019	3196	111181	0.79
2020	3212	117930	0.84
2021	3215	126178	0.89
2022	3303	135959	0.96

资料来源：国家统计局编《中华人民共和国文化和旅游部 2022 年文化和旅游发展统计公报》，中国统计出版社，2023。

（五）文化产业蓬勃发展

新时代，在党和国家的引领下，"我国文化产业的整体面貌发生了历

---

① 张贺、杨暄：《大江南北　书香浓浓》，《人民日报》2023 年 4 月 24 日，第 6 版。

② 《2023 年 3 月份直播卫星户户通开通用户数量统计图》，国家广播电视总局网站，2023 年 4 月 4 日，https://www.nrta.gov.cn/art/2023/4/4/art_3601_63839.html。

史性变革"[1]。现代文化市场体系和现代文化产业体系进一步完善，促进了文化产业结构的优化升级，提高了文化产业的规模化集约化专业化水平，促进了文化产品和要素在全国范围内的合理流动、文化资源与文化产业的有机融合，扩大和引导了文化消费，提高了文化产业的发展质量和效益。2018~2021 年，全国规模以上文化企业数量逐年增加，无论是营业收入还是营业利润都整体保持增长态势（见表 1–2）。2022 年，文化新业态所带来的营业收入达 50106 亿元，比上年增长 6.7%，占比首次超过全部文化产业营业收入的三成。[2] 展望未来，文化产业发展前景良好，发展势头强劲。

表 1–2　2018~2021 年全国规模以上文化企业的数量与营业状况

单位：家，万元

年份	企业数量	营业收入	营业利润
2018	60460	967990330	77617221
2019	61232	990327719	77234928
2020	63913	1034650504	83562740
2021	68358	1226420843	88919803

资料来源：国家统计局。

（六）中华文化国际影响力大幅提升

新时代，我们党统筹推进公共外交、人文交流和对外文化贸易，加强对外话语体系建设，讲述好中国故事，阐释好中国特色，努力让全世界都

---

[1] 当代中国研究所编著、欧阳雪梅主编《新时代的文化建设》，当代中国出版社，2022，第 130 页。

[2] 《2022 年全国文化及相关产业发展情况报告》，国家统计局网站，2023 年 6 月 29 日，http://www.stats.gov.cn/sj/zxfb/202306/t20230629_1940907.html。

能听到听清听懂中国声音，推动中华文化"走出去"，展现更加可亲可敬的中国形象。党的十八大以来，习近平总书记在对外交往中，以文化为纽带，促进不同文明交流互鉴，提出符合人类共同利益的新发展观、新安全观、新治理观，这些赓续中华文化根脉的中国主张在国际社会得到广泛认同和肯定。2023年是共建"一带一路"倡议提出10周年，已有150多个国家和30多个国际组织加入"共建"大家庭。"人类命运共同体"自提出以来，已多次被写入联合国决议。"文艺是最好的交流方式"①，小说、散文、诗歌、影视、音乐"出海"，都能为外国人了解中国提供独特视角，都能以自身独特魅力吸引人。2021年度，70余个国家的媒体共发布了1.8万篇关于故宫博物院的报道；超2000万海外网民云参观三星堆文物，脸书、推特、优兔等平台发布相关帖文500余篇，网民参与互动近10万次。②2022年，"道文化""武侠""茶艺""熊猫"等中国元素关键词在海外用户评论中被提及超万次；中国原创网络文学作品授权数字出版和实体图书出版涉及日、韩、东南亚等地区，以及美、英、法、俄等欧美多地。③近些年，中华文化在国际社会具有强大的吸引力和影响力，向世界展示着可信、可爱、可敬的中国形象。

总之，在习近平文化思想指引下，新时代中国人民的文化权益得到更好保障、精神世界更加丰富，人们的获得感、幸福感进一步提高，民族自信、文化自信显著增强。让我们在强国建设、民族复兴的新征程上，在世界文化激荡中站稳脚跟，凝聚起实现中华民族伟大复兴的磅礴力量。

---

① 习近平：《在文艺工作座谈会上的讲话》，人民出版社，2015，第15页。
② 《2021年度全国博物馆（展览）海外影响力评估报告》，新华社，2022年5月17日，https://xhpfmapi.xinhuaxmt.com/vh512/app/10811151。
③ 中国社会科学院文学研究所"网络文学发展研究报告"课题组：《2022中国网络文学发展研究报告》，中国社会科学网，2023年4月11日，https://www.cssn.cn/wx/wx_xlzx/202304/t20230411_5619321.shtml。

二　在人类文明发展史上具有里程碑意义

习近平文化思想，坚持辩证唯物主义和历史唯物主义，蕴含着中华优秀传统文化的独特智慧，绽放着马克思主义的真理光芒，体现了科学性与价值性、普遍性与特殊性、历史性与现实性、理论性与实践性的辩证统一，为建设中华民族现代文明提供了根本遵循，为坚定不移走中国特色社会主义文明发展道路、破除"西方中心主义"的迷思，提供了科学方法论，在人类文明发展史上具有里程碑意义。

（一）深化对中华文明发展规律的认识

党的十八大以来，习近平总书记高度重视中华文明历史研究和资源挖掘，以马克思主义的立场观点方法对中华文明的历史形态和现实形态进行科学考察，形成了对中华文明发展规律的深刻认识。

1. 全面总结中华文明的突出特性

文明特性是文明体在长期演进中形成的内在特质，是文明之间价值理念、思维方式等方面差异的集中体现。习近平总书记在文化传承发展座谈会上的讲话中对中华文明的突出特性进行了系统概括，这些突出特性主要表现在五个方面，即连续性、创新性、统一性、包容性、和平性，并强调"中华优秀传统文化有很多重要元素，共同塑造出中华文明的突出特性"[1]。对这些特性的科学提炼，既是从中华民族发展史和中华文明发展史出发，对中华文明进行自视的结果；也是从人类社会发展史和人类文明发展史出发，对不同文明进行对比的结果。这有助于我们以高度的文化自觉和文化主动发展中华文明，也有助于增进世界各国人民对中华文明的认知和理解。

---

[1] 《习近平在文化传承发展座谈会上强调：担负起新的文化使命 努力建设中华民族现代文明》，《人民日报》2023 年 6 月 3 日，第 1 版。

2. 深刻把握中华文明演进的基本逻辑

习近平总书记不仅深刻总结了中华文明的突出特性，而且通过对中华文明历史发展规律的深刻揭示，并基于党成立以来百余年推动和塑造新型文明形态的宝贵经验，从"必由之路"和"最大法宝"的高度阐明了中华文明的现实发展路径和未来演进逻辑，强调"在五千多年中华文明深厚基础上开辟和发展中国特色社会主义，把马克思主义基本原理同中国具体实际、同中华优秀传统文化相结合是必由之路。这是我们在探索中国特色社会主义道路中得出的规律性的认识，是我们取得成功的最大法宝"[①]。这不仅反映了百余年来中华文明发展演进的深层逻辑，而且为推动中华文明与社会主义文明、中华文明历史形态与现代形态的深度融合提供了科学方法论。

3. 有效激发中华文明发展的主体自觉

新时代的中国需要了解世界，世界也需要了解新时代的中国。我们只有展现全面、真实、独特的中国形象和中华文明，才能有效消除当前我国在国际上信息流进流出的"逆差"、中国真实形象和西方主观印象的"反差"、软实力和硬实力之间的"落差"，才能将中华文明的主体性和自觉性转化为强大的软实力。

（二）为建设中华民族现代文明指明发展方向

习近平文化思想从人类文明发展规律、中华文明发展规律、中国特色社会主义文化发展规律的角度，对建设中华民族现代文明作出了全局思考、顶层设计和整体谋划，为建设中华民族现代文明解决了定性、定位、定向问题，为建设具有时代意义和世界意义的文明新形态提供了科学遵循。

[①] 《习近平在文化传承发展座谈会上强调：担负起新的文化使命 努力建设中华民族现代文明》，《人民日报》2023 年 6 月 3 日，第 1 版。

1. 明确中华民族现代文明的本质属性

习近平文化思想强调，我们决不能抛弃马克思主义这个魂脉，决不能抛弃中华优秀传统文化这个根脉。必须把意识形态工作的领导权、管理权、话语权牢牢掌握在手中，任何时候都不能旁落，否则就要犯无可挽回的历史性错误。这为我们在建设中华民族现代文明过程中始终坚持"走自己的路"提供了理论依据和实践依据，为始终坚持马克思主义在意识形态领域的指导地位的根本制度、推动社会主义原则与中华优秀传统文化进行深度结合提供了原则遵循，有助于将马克思主义及其中国化时代化成果的世界观和方法论贯穿到中华民族现代文明建设的全过程、各方面。

2. 明确中华民族现代文明的前进方向

习近平文化思想明确了创造性转化和创新性发展中华优秀传统文化的方式与机制，指明了建设中华民族现代文明的历史方位、时代背景与未来方向。习近平总书记强调，我们要始终坚持文化主体性，坚定文化自信，坚持走自己的路。新时代新征程，伟大社会革命和世界百年变局为我们建设中华民族现代文明提供了广阔空间。我们要立足中华民族伟大历史实践和当代实践，用中国道理总结好中国经验，把中国经验提升为中国理论，实现精神上的独立自主，不断开拓中国特色社会主义文化发展道路。同时，也为不同文明文化在当代中国这一特定时空条件下进行交流交融提供了心理条件和社会基础，有助于推进中华文明对其他文明精华的包容性接纳和自主性转化，从而为中华民族现代文明建设提供丰富的给养。

要把文化自信融入全民族的精神气质与文化品格中，养成昂扬向上的风貌和理性平和的心态。要秉持开放包容，更加积极主动地学习借鉴人类创造的一切优秀文明成果，不断培育和创造新时代中国特色社会主义文化。要以守正创新的正气和锐气，赓续历史文脉、谱写当代华章。

（三）为人类文明进步提供精神指引

中华文明是世界上唯一自古延续至今、从未中断的文明，是一种极具历史贯通性和强大生命力的文明形态。长期以来，中华文明向世界贡献了深刻的思想体系、丰富的科技文化艺术成果、独特的制度创造，深刻影响了世界文明进程，并仍然以独特的方式和结构塑造着人类文明新形态。习近平文化思想作为马克思主义文化理论中国化时代化的最新成果，为解决一些长期性、根本性、紧迫性国际问题提供了新思路、新路径和新方法。

1. 为人类社会文明发展提供新型文明论

习近平文化思想是在以马克思主义关于文明的立场观点方法来审视和解决中华文明发展以及处理中外文明关系等问题中形成的，蕴含着一种新型文明论，进一步丰富和发展了马克思主义文化理论，并且深刻有力地驳斥了"历史终结论""文明冲突论"等错误论调，在世界各国人民中建构出一种符合人类文明演进规律的文明理论和文明发展方案，为人类社会文明发展提供了新的理论范式。

2. 为解决全球性发展难题提供中国方案

人类社会的发展总是在曲折中前进，当今世界更是充满着诸多不确定性和不稳定性，如何建立起更加公正合理的世界格局、如何构建新的全球治理秩序、如何有效解决人类社会普遍面临的难题，成为我们必须重视的时代课题。文化是民族生存和发展的重要力量。2023 年 3 月 15 日，习近平总书记在中国共产党与世界政党高层对话会上的主旨讲话中指出："人类社会创造的各种文明，都闪烁着璀璨光芒，为各国现代化积蓄了厚重底蕴、赋予了鲜明特质，并跨越时空、超越国界，共同为人类社会现代化进程作出了重要贡献。"[①] 习近平文化思想通过对中华文明独特性和发展规律的解

---

① 习近平：《携手同行现代化之路——在中国共产党与世界政党高层对话会上的主旨讲话》，人民出版社，2023，第 7 页。

释，通过对建设中华民族现代文明的战略擘画，通过对构建人类文明新形态的创造性描绘，为中华文明与世界各国文明一道创造新的文明秩序提供了契机和机制，也为人类社会以独特的方式解决全球性发展难题提供了中国方案。

3. 为构建人类文明新形态贡献中国智慧

中华文明绵延数千年，具有深刻而独特的价值体系。习近平文化思想是在深刻总结中国特色社会主义文化建设经验、中华文明突出特性、人类文明发展规律基础上形成的，体现了马克思主义文化理论与中国文化发展具体实际相结合的高度自觉，体现了把马克思主义思想精髓同中华优秀传统文化精华贯通起来、同人民群众日用而不觉的共同价值观念融通起来的理论创新，为建设更加美好的世界作出了具有里程碑意义的贡献，必将在人类发展史上产生持久而深远的影响。

第二章

根深叶茂：
让中华优秀传统文化焕发蓬勃生机

根深叶茂：
让中华优秀传统文化焕发蓬勃生机

　　源浚者才可流长，根深者方得叶茂。习近平总书记提出"两个结合"的重要论断，深化了中国共产党关于中国特色社会主义道路的规律性认识，充分揭示了中国特色社会主义与五千多年中华文明一气贯通的道理。习近平总书记关于"第二个结合"的重要论断，标志着中国共产党对于中华文明发展规律的认识达到了新高度，"进一步巩固了我们的文化主体性，增强了我们建设中华民族现代文明的坚定性和自觉性。文化自信来自文化主体性。有了文化主体性，就有了文化意义上坚定的自我，中国共产党就有了引领时代的强大文化力量，中华民族和中国人民就有了国家认同的坚实文化基础"[①]。习近平总书记关于"第二个结合"的重要论断，为开辟中华文明现代形态、为中华优秀传统文化的创造性转化与创新性发展，提供了理论指引和实践指南。"第二个结合"的提出是习近平文化思想形成的根本性标志。"第二个结合"构成了习近平文化思想的重要主题，也是新时代人民文化实践创造的根本遵循。

[①]　中共中国社会科学院党组：《建设中华民族现代文明的行动指南（深入学习贯彻习近平新时代中国特色社会主义思想）》，《人民日报》2023 年 6 月 14 日，第 9 版。

第一节 "第二个结合"是新时代重大理论创新

在文化传承发展座谈会上的重要讲话中，习近平总书记清晰地界定了"第一个结合"与"第二个结合"，并对"第二个结合"进行重点阐释，凸显了"第二个结合"的首创性意义。习近平总书记的重要讲话概括了"第二个结合"达到的三个"新高度"，强调"第二个结合"是我们党对马克思主义中国化时代化历史经验的深刻总结，是对中华文明发展规律的深刻把握，表明我们党对中国道路、理论、制度的认识达到了新高度，表明我们党的历史自信、文化自信达到了新高度，表明我们党在传承中华优秀传统文化中推进文化创新的自觉性达到了新高度。因此，"第二个结合"是新时代的产物，深刻体现了新时代自信自强的精神风貌。

正如毛泽东思想是马克思主义基本原理与中国具体实际相结合的产物，习近平新时代中国特色社会主义思想是在"第一个结合"基础上进一步实现"第二个结合"的最新成果。习近平总书记在省部级主要领导干部"学习习近平总书记重要讲话精神，迎接党的二十大"专题研讨班上的重要讲话中指出："我们坚持把马克思主义基本原理同中国具体实际相结合、同中华优秀传统文化相结合，形成了新时代中国特色社会主义思想，实现了马克思主义中国化新的飞跃。"[1]这充分说明，"两个结合"是习近平新时代中国特色社会主义思想创立的根本途径，或者说，"第一个结合"基础上的"第二个结合"是形成习近平新时代中国特色社会主义思想的根本途径，也可以说，"第二个结合"是习近平新时代中国特色社会主义思想形

---

[1] 《高举中国特色社会主义伟大旗帜 奋力谱写全面建设社会主义现代化国家崭新篇章》，《人民日报》2022 年 7 月 28 日，第 1 版。

成的重要机理。深入理解"第二个结合"，是全面理解习近平总书记在实践创新基础上推动理论创新的关键，也是深刻把握理论创新系统性内涵的关键。

一 提出"第二个结合"的过程

"第二个结合"这一重大理论创新成果的提出，具有宏大而广阔的时代背景。"第二个结合"是以习近平同志为核心的党中央在适应新环境、应对新挑战、解决新问题、开拓新道路的实践创新过程中，不断进行理论创新而形成的重大成果。

党的十八大以来，中华民族伟大复兴进入关键时期，统筹中华民族伟大复兴战略全局和世界百年未有之大变局，迫切需要我们立足中华文明和中华民族的文化主体性、立足当代中国伟大实践，确立文化自信、历史自信，建设中华民族现代文明。"第二个结合"的提出，是回应时代呼唤的创新成果，是时代发展的历史必然。

1. 新时代对中华优秀传统文化的认识不断深化

2013 年 3 月 17 日，习近平总书记在第十二届全国人民代表大会第一次会议上指出，中国特色社会主义道路"是在对中华民族 5000 多年悠久文明的传承中走出来的"[①]。2014 年 5 月 4 日，习近平总书记在北京大学师生座谈会上指出："中华优秀传统文化已经成为中华民族的基因，植根在中国人内心，潜移默化影响着中国人的思想方式和行为方式。"[②]2014 年 9 月 24 日，

---

① 习近平：《在第十二届全国人民代表大会第一次会议上的讲话》，人民出版社，2013，第 4 页。

② 习近平：《青年要自觉践行社会主义核心价值观——在北京大学师生座谈会上的讲话》，人民出版社，2014，第 7 页。

习近平总书记在出席纪念孔子诞辰 2565 周年国际学术研讨会暨国际儒学联合会第五届会员大会开幕会时指出，"科学对待文化传统。……我们要善于把弘扬优秀传统文化和发展现实文化有机统一起来，紧密结合起来，在继承中发展，在发展中继承。……要坚持古为今用、以古鉴今，坚持有鉴别的对待、有扬弃的继承，而不能搞厚古薄今、以古非今，努力实现传统文化的创造性转化、创新性发展"，"马克思主义基本原理必须同中国具体实际紧密结合起来，应该科学对待民族传统文化"。[1]2017 年 4 月 19 日，习近平总书记在广西考察时指出："要增强文化自信，在传承中华优秀传统文化基础上发展社会主义先进文化，加快建设社会主义文化强国。"[2]2017 年 10 月 18 日，习近平总书记在党的十九大报告中指出："中国共产党从成立之日起，既是中国先进文化的积极引领者和践行者，又是中华优秀传统文化的忠实传承者和弘扬者。"[3]2018 年 3 月 20 日，习近平总书记在第十三届全国人民代表大会第一次会议上指出："我们要以更大的力度、更实的措施加快建设社会主义文化强国，培育和践行社会主义核心价值观，推动中华优秀传统文化创造性转化、创新性发展。"[4]

党的十八大以来，习近平总书记的一系列重要讲话高度肯定了中华优秀传统文化的价值，提出了弘扬中华优秀传统文化的伟大号召，同时还指出了实现中华优秀传统文化创造性转化、创新性发展的根本方向，为"第二个结合"的正式提出奠定了重要基础。

① 习近平：《在纪念孔子诞辰 2565 周年国际学术研讨会暨国际儒学联合会第五届会员大会开幕会上的讲话》，人民出版社，2014，第 11、13 页。
② 《扎实推动经济社会持续健康发展 以优异成绩迎接党的十九大胜利召开》，《人民日报》2017 年 4 月 22 日，第 1 版。
③ 习近平：《决胜全面建成小康社会 夺取新时代中国特色社会主义伟大胜利——在中国共产党第十九次全国代表大会上的报告》，人民出版社，2017，第 44 页。
④ 习近平：《在第十三届全国人民代表大会第一次会议上的讲话》，《求是》2020 年第 10 期。

2. "第二个结合"正式提出的过程

2021 年 3 月 22 日，习近平总书记在考察福建武夷山朱熹园时强调："如果没有中华五千年文明，哪里有什么中国特色？如果不是中国特色，哪有我们今天这么成功的中国特色社会主义道路？我们要特别重视挖掘中华五千年文明中的精华，把弘扬优秀传统文化同马克思主义立场观点方法结合起来，坚定不移走中国特色社会主义道路。"[①] 2021 年 7 月 1 日，习近平总书记在庆祝中国共产党成立 100 周年大会上强调"全面贯彻新时代中国特色社会主义思想，坚持把马克思主义基本原理同中国具体实际相结合、同中华优秀传统文化相结合"[②]，明确提出了"两个结合"。在 2022 年 7 月省部级主要领导干部"学习习近平总书记重要讲话精神，迎接党的十九大"专题研讨班开班式上的重要讲话中，习近平总书记指出，"我们坚持把马克思主义基本原理同中国具体实际相结合、同中华优秀传统文化相结合，形成了新时代中国特色社会主义思想，实现了马克思主义中国化新的飞跃"[③]，将"两个结合"提升到习近平新时代中国特色社会主义思想形成原理的高度。2022 年 10 月，习近平总书记在党的二十大报告中再次强调了"两个结合"的重要性和必要性："只有把马克思主义基本原理同中国具体实际相结合、同中华优秀传统文化相结合，坚持运用辩证唯物主义和历史唯物主义，才能正确回答时代和实践提出的重大问题，才能始终保持马克思主义的蓬勃生机和旺盛活力。"[④]

2023 年 6 月 2 日，习近平总书记在文化传承发展座谈会上着重阐发了

---

① 《"这里的山山水水、一草一木，我深有感情"——记"十四五"开局之际习近平总书记赴福建考察调研》，《人民日报》2021 年 3 月 27 日，第 1 版。

② 习近平：《在庆祝中国共产党成立 100 周年大会上的讲话》，人民出版社，2021，第 13 页。

③ 《高举中国特色社会主义伟大旗帜 奋力谱写全面建设社会主义现代化国家崭新篇章》，《人民日报》2022 年 7 月 28 日，第 1 版。

④ 《习近平著作选读》第一卷，人民出版社，2023，第 14 页。

"第二个结合"的重大意义："在五千多年中华文明深厚基础上开辟和发展中国特色社会主义，把马克思主义基本原理同中国具体实际、同中华优秀传统文化相结合是必由之路。这是我们在探索中国特色社会主义道路中得出的规律性的认识，是我们取得成功的最大法宝。"[①]"第二个结合"这一重大论断深刻阐明了中国特色社会主义道路与五千多年中华文明一气贯通的关系，表明中国共产党对中华优秀传统文化的认识进一步深化，意味着中国共产党理论创新达到了新的高度。

二　提出"第二个结合"的首创性意义

只有准确把握"第二个结合"的首创性意义，才能深刻理解习近平新时代中国特色社会主义思想实现了马克思主义中国化时代化新的飞跃，深刻理解习近平新时代中国特色社会主义思想的内在原理和重大意义，才能自觉将"第二个结合"作为党和人民奋进新征程的行动指南，创造属于我们这个时代的新文化。

（一）"第二个结合"为马克思主义赋予了中国文化生命

"第二个结合"实现了马克思主义基本原理同中华优秀传统文化相结合从自在走向自为的转变，让马克思主义在具有中国形式、中国形态的同时，更具有了中国文化生命。"第二个结合"的时代成果之一，就是创立了具有中国文化生命的当代中国马克思主义——习近平新时代中国特色社会主义思想。

具有中国文化生命的当代中国马克思主义在引领中国特色社会主义事

[①] 《习近平在文化传承发展座谈会上强调：担负起新的文化使命 努力建设中华民族现代文明》，《人民日报》2023 年 6 月 3 日，第 1 版。

业的同时，也成为具有世界意义的 21 世纪马克思主义。"第二个结合"向世界昭示了一条古老文明现代化的新道路，中国式现代化的成功表明现代化与古老文明之间不是割裂对立关系，现代文明是从古老文明中连续生成的。中国特色社会主义开拓的新型发展道路，为广大发展中国家提供了重要启示：世界各国都有着不同的历史源流、民族文化、资源禀赋和社会形态，都应当探寻适合各自实际的独立发展道路，创造出具有自身文明根基的现代文明。

（二）"第二个结合"筑牢了中国特色社会主义的道路根基

习近平总书记指出："'结合'筑牢了道路根基，让中国特色社会主义道路有了更加宏阔深远的历史纵深，拓展了中国特色社会主义道路的文化根基。"[①] 中国特色社会主义植根于中华文化沃土，深受中华优秀传统文化的滋养，中华优秀传统文化是我们党理论创新的根脉。虽然马克思主义和中华优秀传统文化来源不同，但存在高度的契合性。"结合"的前提是彼此契合，只有相互契合才能有机结合。中国共产党人既是马克思主义的坚定信仰者和践行者，又是中华优秀传统文化的忠实继承者和弘扬者，对马克思主义和中华优秀传统文化的高度契合性有着深刻体认。"结合"的结果是互相成就，造就了一个有机统一的新的文化生命体，让马克思主义成为中国的、中华优秀传统文化成为现代的，让经由"结合"而形成的新文化成为中国式现代化的文化形态。"第二个结合"打通了中国特色社会主义道路与中华优秀传统文化的关系，揭示了中华文明道路与中国特色社会主义道路的贯通关系，让中国特色社会主义道路根基更加深厚牢固。

---

① 《习近平在文化传承发展座谈会上强调：担负起新的文化使命 努力建设中华民族现代文明》，《人民日报》2023 年 6 月 3 日，第 1 版。

（三）"第二个结合"打开了新时代理论创新空间，是又一次的思想解放

习近平总书记指出："'结合'打开了创新空间，让我们掌握了思想和文化主动，并有力地作用于道路、理论和制度。更重要的是，'第二个结合'是又一次的思想解放，让我们能够在更广阔的文化空间中，充分运用中华优秀传统文化的宝贵资源，探索面向未来的理论和制度创新。"① "第二个结合"作为"又一次的思想解放"，是针对中华优秀传统文化中宝贵资源的思想解放，让我们可以从中华优秀传统文化的宝库中探索面向未来的理论和制度创新。"又一次的思想解放"更是针对过去将传统和现代对立的形而上学观点的解放，只有克服将传统与现代对立的立场，才能够真正解放思想、不断激活传统、深刻回答时代之问。经过"又一次的思想解放"，传统与现代才能真正建立起连续发展的关系，从古老文明到现代化才是连续发展的文明进程。经过"又一次的思想解放"，现代文明不再是对古老文明的简单否定和消灭，而是对古老文明的赓续发展，是古老文明自我更新的结果。

（四）"第二个结合"体现了习近平新时代中国特色社会主义思想的文化主体性

一方面，文化主体性是文化生命体自我意识的觉醒，是文化生命体成就自身的前提；另一方面，文化主体性又是文化生命体自我意识觉醒的结果，是文化生命体更具生命主动性地继续成长壮大的动力。对文化主体性的重视，是"第二个结合"的核心关切和重大意义所在。

"第二个结合"深刻体现了中华文明的文化主体性。中国共产党坚守的

---

① 《习近平在文化传承发展座谈会上强调：担负起新的文化使命 努力建设中华民族现代文明》，《人民日报》2023年6月3日，第1版。

文化主体性深刻体现了中华文明的文化主体性。中华文明的文化主体性来自中华文明的突出特性，来自中华文明五千多年连续不断的文明历史，来自中华文明革故鼎新、辉光日新的文明创造和历史进步的生命力，来自中华民族即使遭遇重大挫折也牢固凝聚的团结集中的统一性追求，来自中华文化包容和平的精神追求和开放胸怀。中华文明的文化主体性最为深刻地表现为中华民族必然走自己的路的自我决定权。中国共产党的文化主体性深刻体现为对中华文明发展道路连续性的自觉追求，对中国社会发展道路的自我抉择。

"第二个结合"充分彰显了中华民族的文化主体性。文化主体性是中华民族和中国人民的精神支撑，是中华民族和中国人民国家认同的坚实文化基础。文化主体性从根本上决定了中华民族必然走自己的路，决定了中华民族守正不守旧、尊古不复古的进取精神，决定了中华民族不惧新挑战、勇于接受新事物的无畏品格。中国共产党在"结合"中充分彰显了中华民族的文化主体性。中国共产党牢牢把握文化领导权，以马克思主义的真理之光激活了中华民族的文化主体性，开创了中国式现代化的文化形态，在"结合"中形成了新文化，建设起了中华民族的现代文明。中华民族的文化主体性是对中华文明文化主体性的实现和承担。

（五）"第二个结合"为创造中华民族现代文明提供了根本遵循

习近平总书记指出："结合不是拼盘，不是简单的物理反应，而是深刻的化学反应，造就了一个有机统一的新的文化生命体。"[①]在这个新的文化生命体中，中华文明赋予中国式现代化以深厚底蕴，中国式现代化赋予中华文明以现代力量。这个新的文化生命体就是中华民族现代文明。习近平总

---

① 《赓续历史文脉 谱写当代华章——习近平总书记考察中国国家版本馆和中国历史研究院并出席文化传承发展座谈会纪实》，《人民日报》2023 年 6 月 4 日，第 1 版。

书记的重要论述充分说明，中华民族现代文明必定是"两个结合"的科学产物，是马克思主义基本原理同中华优秀传统文化彼此契合、相互成就的产物；是经由"第二个结合"，在更广阔的文化空间中，充分运用中华优秀传统文化的宝贵资源，探索面向未来的理论和制度创新的产物。中华民族现代文明必定是中国特色社会主义创造的文明新形态，是会通古今中西一切文明成果的产物。因此，中华民族现代文明也必定是实现了社会主义、中华文明与现代化融合发展、内在统一的人类文明新形态。

习近平总书记强调："'第二个结合'，是我们党对马克思主义中国化时代化历史经验的深刻总结，是对中华文明发展规律的深刻把握，表明我们党对中国道路、理论、制度的认识达到了新高度，表明我们党的历史自信、文化自信达到了新高度，表明我们党在传承中华优秀传统文化中推进文化创新的自觉性达到了新高度。"[①] 建设中华民族现代文明，是"第二个结合"的目标和宗旨。中华民族现代文明，既是马克思主义中国化时代化的重大成果，也是在遵循中华文明发展规律中获得的现代发展。在"第二个结合"中建设中华民族现代文明，表明我们党对道路、理论、制度的自信达到了文明自觉的高度，是我们党在传承中华优秀传统文化中推动文化创新达到高度自觉的表现。在"第二个结合"中建设中华民族现代文明，就是创造中华文明现代形态，开创中国式现代化的文化形态，创造中国特色社会主义新文化。作为中华文明现代形态的中华民族现代文明，必定是符合中华文明发展规律的现代文明；作为中国式现代化文化形态的中华民族现代文明，必定是具有中华文明底蕴和根基的现代文化，也必定是具有现代化力量的中华文明。作为中国特色社会主义新文化的中华民族现代文明，必定是中华文明与中国特色社会主义一气贯通、与时俱进的新文化。

---

① 《习近平在文化传承发展座谈会上强调：担负起新的文化使命 努力建设中华民族现代文明》，《人民日报》2023年6月3日，第1版。

在"第二个结合"中建设中华民族现代文明，就是建设一种以中华文明为根基的现代文明，它不是与古老文明截然断裂的，而是从古老文明中连续生长出来的。在"第二个结合"中建设中华民族现代文明，就是建设一种符合中华文明发展规律的文明，是中华文明充分发展的产物。在"第二个结合"中建设中华民族现代文明，就是建设一种中华文明与中国特色社会主义一气贯通的新文明，这表明中国特色社会主义不仅是批判资本主义、超越资本主义的社会形态，更是一种与古老文明相结合的社会主义文明形态，中国特色社会主义新文化就是这样一种社会主义文明形态的文化典范。

在"第二个结合"中建设中华民族现代文明，就是要在结合中华文明突出特性中建设中华民族现代文明。"第二个结合"的重点是中华文明突出的特性，这些特性集中体现了中华文明的发展规律。

习近平总书记在文化传承发展座谈会上指出："中华优秀传统文化有很多重要元素，共同塑造出中华文明的突出特性。"[①]中华文明的突出特性是必须遵循的规律性内涵。中华民族现代文明作为中华文明的现代形态，也必须遵循中华文明发展规律，坚持和发展中华文明连续、创新、统一、包容、和平的突出特性。中华民族现代文明必定是发扬中华文明突出特性并赋予这些特性以现代形态的文明。

中华民族现代文明作为超越西方现代文明形态的人类文明新形态，不仅是一种社会主义新文明，同时也将是一种坚持和发展了中华文明突出特性的现代文明。中华文明突出特性的历史形成，表明了一种天下文明的大格局，一种立足世界本身、超越自我中心的文明格局，一种万物并育而不害、道并行而不悖、万物各得其所、不齐而齐的大文明，一种在具体文明之间经由交流交往交融所塑造的新形态的人类文明。

---

① 《习近平在文化传承发展座谈会上强调：担负起新的文化使命 努力建设中华民族现代文明》，《人民日报》2023年6月3日，第1版。

第二节　中华优秀传统文化"两创"的辉煌成就

习近平总书记在文化传承发展座谈会上指出，"'第二个结合'是又一次的思想解放"①。这一重大论断立刻在中国大地上引起了热烈反响。"第二个结合"深刻改变了中国，它让马克思主义成为中国的，让中华优秀传统文化成为现代的，不仅开辟了马克思主义中国化时代化的新境界，也开创了中华优秀传统文化创造性转化、创新性发展（以下简称"两创"）的新局面。

一　"第二个结合"为"两创"提供理论指引

习近平总书记指出："中华文明具有突出的创新性，从根本上决定了中华民族守正不守旧、尊古不复古的进取精神，决定了中华民族不惧新挑战、勇于接受新事物的无畏品格。"②"第二个结合"与中华优秀传统文化的创造性转化和创新性发展具有深刻的逻辑关联。历史证明，中华优秀传统文化必须与马克思主义基本原理相结合才能克服历史虚无主义，才能获得当代生命。在这一意义上可以说，"第二个结合"引领着文化传承发展的方向，而"两创"又为"第二个结合"提供了实现途径。二者的有机统一，为建设中华民族现代文明注入强大力量。

---

① 《习近平在文化传承发展座谈会上强调：担负起新的文化使命 努力建设中华民族现代文明》，《人民日报》2023 年 6 月 3 日，第 1 版。

② 《习近平在文化传承发展座谈会上强调：担负起新的文化使命 努力建设中华民族现代文明》，《人民日报》2023 年 6 月 3 日，第 1 版。

（一）习近平总书记提出"两创"的时代背景及过程

2013 年 12 月 30 日，习近平总书记在十八届中央政治局第十二次集体学习时提出"坚持古为今用、推陈出新，努力实现中华传统美德的创造性转化、创新性发展"[①]。2014 年 9 月 24 日，习近平总书记在纪念孔子诞辰 2565 周年国际学术研讨会暨国际儒学联合会第五届会员大会开幕会上的讲话中进一步提出要"努力实现传统文化的创造性转化、创新性发展，使之与现实文化相融相通"[②]。2014 年 10 月 15 日，习近平总书记在文艺工作座谈会上的讲话中又提出"实现中华文化的创造性转化和创新性发展"[③]。在 2016 年 5 月 17 日哲学社会科学工作座谈会上的讲话中，习近平总书记更提出"要推动中华文明创造性转化、创新性发展，激活其生命力"[④]。创造性转化、创新性发展的适用范围，从最初的传统美德一步步扩大为整体性的中华文明。2017 年，在党的十九大报告中，"两创"更是被提升到与"二为""双百"并列的地位，成为指导中国特色社会主义文化发展的一般性原则，这就是"要坚持为人民服务、为社会主义服务，坚持百花齐放、百家争鸣，坚持创造性转化、创新性发展，不断铸就中华文化新辉煌"[⑤]。"两创"凝聚了批判继承、辩证发展的唯物主义方法论和中国传统哲学中革故鼎新、应物变化的通变精神，它是习近平总书记对于新时代中国特色社会主义文化建设规律的深刻认识和精要提炼，为实现新时代新的文化使命提供了方

---

① 《习近平谈治国理政》第一卷，外文出版社，2018，第 160 页。
② 习近平：《在纪念孔子诞辰 2565 周年国际学术研讨会暨国际儒学联合会第五届会员大会开幕会上的讲话》，人民出版社，2014，第 11 页。
③ 习近平：《在文艺工作座谈会上的讲话》，人民出版社，2015，第 26 页。
④ 习近平：《在哲学社会科学工作座谈会上的讲话》，人民出版社，2016，第 17 页。
⑤ 习近平：《决胜全面建成小康社会 夺取新时代中国特色社会主义伟大胜利——在中国共产党第十九次全国代表大会上的报告》，人民出版社，2017，第 41 页。

法论指引。中华优秀传统文化的创造性转化、创新性发展，就是要按照时代特点和要求，对中华传统文化中仍有借鉴价值的内涵和陈旧的表现形式加以改造，赋予其新的时代内涵和现代表达形式，让中华文化在时代创造中发扬光大，不断铸就新辉煌。

（二）"第二个结合"为"两创"提供了根本原则和发展方向

"第二个结合"作为一场深刻的"化学反应"，指向的是实现中华优秀传统文化的创造性转化和创新性发展，其中包含着"守正创新"的逻辑。党的二十大报告指出："守正才能不迷失方向、不犯颠覆性错误，创新才能把握时代、引领时代。我们要以科学的态度对待科学、以真理的精神追求真理，坚持马克思主义基本原理不动摇，坚持党的全面领导不动摇，坚持中国特色社会主义不动摇。"[①]中华优秀传统文化与马克思主义基本原理既相互区别又相互作用。我们不仅要坚持马克思主义的指导，坚持辩证唯物主义、历史唯物主义，坚持古为今用、推陈出新，摒弃传统中的消极因素，发扬其积极因素，避免走向狭隘的民族主义、复古主义，推动中华优秀传统文化同社会主义社会相适应，使中华优秀传统文化在新的时代条件下释放出更基本、更深沉、更持久的力量；同时也要重视把马克思主义思想精髓同中华优秀传统文化精华贯通起来、同人民群众日用而不觉的共同价值观念融通起来，以中华优秀传统文化中蕴含的智慧结晶同科学社会主义价值观相互激发、相互应和、相互促进，不断谱写马克思主义中国化时代化新篇章。

以"第二个结合"促成的"两创"，以孕育出一个会通古今中西的新的文化生命体为目标，它既是马克思主义中国化时代化的产物，又是中华文明的现

---

① 《习近平著作选读》第一卷，人民出版社，2023，第16~17页。

代形态。这一新的文化生命体，是在中华大地上焕发新生的现代化文明形态，它赓续五千多年的中华文明，继承了生生不息、辉光日新的文化血脉。

二　新时代以来在"两创"中取得的思想理论成就

"第二个结合"为中华优秀传统文化的创造性转化、创新性发展指明了根本方向，中华优秀传统文化的创造性转化、创新性发展则将"第二个结合"所蕴含的根脉与魂脉的理论逻辑具体呈现出来。在"第二个结合"的指引下，"两创"取得了一系列思想理论成就，以下从四个方面集中展示。

（一）立足中国实际和中华学术源流，在马克思主义指导下，建构中国自主的知识体系

新时代以来，习近平新时代中国特色社会主义思想立足中国实际和中华学术源流，提出"加快构建中国特色哲学社会科学，归根结底是建构中国自主的知识体系"的重大论断，指引我们在推动中华优秀传统文化的创造性转化、创新性发展中，建设具有中国特色、中国风格、中国气派的哲学社会科学学科体系、学术体系、话语体系。

在构建中华民族现代文明、实现新的文化使命的新征程上，哲学社会科学具有不可替代的重要地位。人类社会每一次重大跃进，人类文明每一次重大发展，都离不开哲学社会科学的知识变革和思想先导。在 2016 年 5 月 17 日的哲学社会科学工作座谈会上，习近平总书记的讲话鼓舞人心："这是一个需要理论而且一定能够产生理论的时代，这是一个需要思想而且一定能够产生思想的时代。我们不能辜负了这个时代。"[①] 习近平总书记强调，

---

① 习近平：《在哲学社会科学工作座谈会上的讲话》，人民出版社，2016，第 8 页。

要按照立足中国、借鉴国外，挖掘历史、把握当代，关怀人类、面向未来的思路，着力构建中国特色哲学社会科学，在指导思想、学科体系、学术体系、话语体系等方面充分体现出中国特色、中国风格、中国气派。

2022 年 4 月 25 日，习近平总书记在考察中国人民大学时表达了进一步思考："加快构建中国特色哲学社会科学，归根结底是建构中国自主的知识体系。要以中国为观照、以时代为观照，立足中国实际，解决中国问题，不断推动中华优秀传统文化创造性转化、创新性发展，不断推进知识创新、理论创新、方法创新，使中国特色哲学社会科学真正屹立于世界学术之林。"[①] 中国自主的知识体系，强调了中国特色哲学社会科学的主体性和原创性。从西方舶来的知识体系对于近现代中国的现代化无疑有着积极作用，但基于西方世界特定经验的知识体系始终存在与中国实践、中国现实圆凿方枘的矛盾，并不能恰如其分地解释中国经验，也不能切实有效地指导中国实践，更存在以西方理论肢解中国现实、用空理套用一切事实的弊病。习近平总书记指出："西方很多人习惯于把中国看作西方现代化理论视野中的近现代民族国家，没有从五千多年文明史的角度来看中国，这样就难以真正理解中国的过去、现在、未来。"[②] 立足中国实践建构自主的知识体系，要义之一就是要看到"中国"是连续生成的过程总体，从五千多年文明的连续性来把握当下中国的实践，立足中华学术源流，让中国自主的知识体系更好地汲取中华优秀学术传统的养分，在马克思主义指导下，找到能够真正立足中国认识中国、立足世界思考世界的世界观和方法论，为建设中华民族现代文明贡献知识和精神力量。

---

① 《坚持党的领导传承红色基因扎根中国大地 走出一条建设中国特色世界一流大学新路》，《人民日报》2022 年 4 月 26 日，第 1 版。

② 习近平：《把中国文明历史研究引向深入 增强历史自觉坚定文化自信》，《求是》2022 年第 14 期。

中国古人在几千年的历史实践中不断开拓进取、革故鼎新，很早就形成了基于大量本土实践经验的知识体系。孔子整理删述六经，总结三代治道，集夏商周文化大成。董仲舒站在秦汉大一统治理的高度，吸收先秦诸子思想成果，建立海纳百川的儒学体系，深刻塑造了儒学的面貌。以朱熹、王阳明为代表的宋明儒者，面对汉唐以降三教合流趋势，建立了贯通天人的理学体系，深刻改变了中国人的精神世界。中国古人立足于历代实践而开创的知识体系，是以实事求是、虚心实照的中国哲学认识论作为支撑的，这一认识论与马克思主义能动的、革命的反映论观点是高度契合、内在一致的。

习近平总书记向哲学社会科学界提出建构中国自主的知识体系的要求，正是基于马克思主义能动的、革命的反映论的观点与中国哲学实事求是、虚心实照的认识论相结合而形成的理论认识，这一认识是建设中国特色哲学社会科学的理论指南。在习近平新时代中国特色社会主义思想的鼓舞下，新时代以来哲学社会科学界积极响应习近平总书记的号召，立足中国实际，挖掘新材料、发现新问题、提出新观点、构建新理论，努力将论文写在中国大地上，努力用中国道理总结好中国经验，把中国经验升华为中国理论，在中国自主知识体系建构上进行了大量探索，取得了一些具体成果。近年来，知识界立足中华传统学术中诸如仁本、生生、道体、道器、理事、心性、修身、工夫、中道、经史、天下、家国、礼乐、食货、郡县、大一统、中华法系、文书行政等观念，努力提炼出揭示中国道理的标识性概念；立足中华文明发展的实际，努力建构关于中国文明、社会和历史的理论；立足当代中国的伟大实践，努力创造出能够全面深入解释中国现实的科学的中国理论。中国自主的知识体系建设是中国特色社会主义文化建设的关键一环，只有真正获得知识独立，我们才能最终树立起文化主体性；也只有真正具有精神独立意义上的知识体系，当代中国才能最终赢得并巩固独立自主的道路选择权和决定权。哲学社会科学界要牢记习近平总书记的殷殷嘱托，为建设中国特色哲学社会科学凝聚智慧、深入探索。

（二）用大历史观重建中国历史叙事

新时代以来，习近平新时代中国特色社会主义思想运用唯物史观激活了中华文明的"通史"与"通鉴"精神，用大历史观重建中国历史叙事，推动了中华优秀传统文化的创造性转化、创新性发展。

欲知大道，必先为史。一个民族的历史，是一个民族安身立命的家园。中华民族是世界上独一无二的"历史的民族"，是一个善于修史、以史为鉴、以古观今的伟大民族。中国的史学精神萌芽于上古的巫觋传统，在不断理性化的过程中逐步形成鉴往知来、贯通天人、秉笔直书的史官精神。孔子在继承先秦史官文化的基础上，通过删削鲁史旧文而成《春秋》，以微言大义为242年间的春秋史书写注入了思想灵魂，寄托了治世理想，为后世史学传统奠定了经史贯通、理事合一的基调。汉代司马迁继承孔子作《春秋》的史学传统，写成中国史上第一部纪传体通史《史记》，究天人之际，通古今之变，为后世史学开启了一种"通变"的通史撰述传统。北宋司马光撰成上起周威烈王二十三年（公元前403年）、下迄五代后周显德六年（959年）共1362年的皇皇编年体巨著《资治通鉴》，揭明了传统史学鉴于往事、资于治道的"通鉴"精神。中国古人遗留下来的史书浩如烟海，在全世界无可比拟。在几千年漫长的修史活动中，中华民族不断认识自己的过去、当下和未来，形成自身强烈的认同感和归属感，形成了一种厚重而悠长的大历史观。

习近平总书记指出："只有回看走过的路、比较别人的路、远眺前行的路，弄清楚我们从哪儿来、往哪儿去，很多问题才能看得深、把得准。"[①]这

---

① 习近平：《坚持和发展中国特色社会主义要一以贯之》，《求是》2022年第18期。

是习近平总书记新时代大历史观的重要体现。2013年12月26日，习近平总书记在纪念毛泽东同志诞辰120周年座谈会上指出："我们党领导的革命、建设、改革伟大实践，是一个接续奋斗的历史过程，是一项救国、兴国、强国，进而实现中华民族伟大复兴的完整事业。"[①]"接续奋斗"包含着一种新的大历史观，中华民族五千多年的文明史、中国人民近代以来180多年的斗争史、中国共产党100多年的奋斗史、中华人民共和国70多年的发展史，都是人民书写的历史。这既是运用马克思主义唯物史观中"人民群众创造历史"的观点以及联系、辩证、发展的眼光看问题，也是对中华经史之学的"通史"和"通鉴"精神的继承发展，是通过"第二个结合"实现中华优秀传统文化"两创"的思想典范。

大历史观是一把刺向历史虚无主义的利剑。中国共产党成功运用大历史观将党史、新中国史、改革开放史、社会主义发展史、中华民族发展史统一于中华民族伟大复兴的叙事中。在习近平总书记大历史观的引领下，新时代以来全国史学界努力运用大历史观重建中国历史叙事，从民族复兴的伟大事业出发，将中国共产党人接续奋斗的历程一以贯之，从根本上击破了那些以所谓事实或真相的名义瓦解现实的整体性和历史的完整性的历史虚无主义。

2019年中国历史研究院的成立，深刻体现了习近平总书记对于历史研究的关怀和重视。四年来，中国历史研究院认真学习、深刻领会、全面把握习近平总书记致中国社会科学院中国历史研究院成立贺信精神、在文化传承发展座谈会上的重要讲话精神，坚定不移以习近平新时代中国特色社会主义思想为旗帜和灵魂，奋力深化中华文明理论研究，奋力推进马克思主义基本原理同中华优秀传统文化相结合，奋力开创新时代中国史学新局

---

① 习近平：《在纪念毛泽东同志诞辰120周年座谈会上的讲话》，人民出版社，2013，第13页。

面，尤其在继承发扬优良史学传统、为人民做学问、加快构建中国历史学自主知识体系等方面着力。在统筹指导全国历史研究工作、整合资源和力量制定新时代中国历史研究规划、组织实施国家史学重大学术项目、做好中华文明起源的研究和阐释、收藏保护展示考古学成果、团结凝聚全国广大历史研究工作者等方面取得了重要进展，为中国式现代化建设贡献了中国史学界的智慧和力量。

（三）用"文化生命体"意义上的文明观创立人类文明新形态理论

习近平总书记在文化传承发展座谈会上提出了"文化生命体"的概念，这一概念是唯物史观与中华文明的文明观相结合的产物。"文化生命体"意义上的文明观，成为人类文明新形态理论的根基。"文化生命体"意义上的文明观是用马克思主义基本原理激活中华文明的核心价值，对中华优秀传统文化进行的创造性转化、创新性发展。

党的十八大以来，习近平总书记在国内外重要场合多次对"文明"作出重要阐述。2014 年 9 月 24 日，习近平总书记在纪念孔子诞辰 2565 周年国际学术研讨会暨国际儒学联合会第五届会员大会开幕会上的讲话中指出："文明特别是思想文化是一个国家、一个民族的灵魂。无论哪一个国家、哪一个民族，如果不珍惜自己的思想文化，丢掉了思想文化这个灵魂，这个国家、这个民族是立不起来的。"[①]2023 年 6 月 2 日，在文化传承发展座谈会上，习近平总书记对"中华文明"作了更深入更透彻的阐述："'结合'的结果是互相成就，造就了一个有机统一的新的文化生命体，让马克思主义成为中国的，中华优秀传统文化成为现代的，让经由'结合'而形成的新

---

① 习近平：《在纪念孔子诞辰 2565 周年国际学术研讨会暨国际儒学联合会第五届会员大会开幕会上的讲话》，人民出版社，2014，第 9 页。

文化成为中国式现代化的文化形态。"① 用文化生命体来理解文明，意味着从一个更为根源的层面来把握中华文明生生不息、既久且大的文明原理。

"一花独放不是春，百花齐放春满园。"从文化生命体的观点看，和而不同、交流互鉴才是文明共存繁荣之道。习近平总书记强调："文明因交流而多彩，文明因互鉴而丰富。文明交流互鉴，是推动人类文明进步和世界和平发展的重要动力。"② 中华文明正是在长期的交流互鉴中滋养自身、枝繁叶茂、不断壮大。习近平总书记关于文明交流互鉴的重要论述，既以唯物史观，特别是马克思的世界历史理论为指导，又继承发扬了中华民族"和实生物""君子以厚德载物""君子成人之美""万物并育而不相害，道并行而不相悖"等传统价值观，是对西方"文明优越论"以及"文明冲突论"的超越，既彰显了中国开放包容、和平发展的坚定信念，也指出了人类文明进步的发展方向，为世界和平发展凝聚了广泛共识。

从文化生命体的观点看，中华文明具有自我发展、回应挑战、开创新局的文化主体性与旺盛生命力，能够不断开创人类文明的新形态。习近平总书记在 2021 年 7 月 1 日庆祝中国共产党成立 100 周年大会上的讲话中庄严宣告："我们坚持和发展中国特色社会主义，推动物质文明、政治文明、精神文明、社会文明、生态文明协调发展，创造了中国式现代化新道路，创造了人类文明新形态。"③ "人类文明新形态"是五千多年中华文明在以广土众民的规模连续发展的基础上，在马克思主义指导下结出的丰硕果实。这种长久的生命力得益于古老的天道民心价值观、穷则通变的通史精神、实事求是的哲学认识论以及广大中国人民作为历史主体的以天下为己

---

① 《习近平在文化传承发展座谈会上强调：担负起新的文化使命 努力建设中华民族现代文明》，《人民日报》2023 年 6 月 3 日，第 1 版。

② 习近平：《在联合国教科文组织总部的演讲》，《人民日报》2014 年 3 月 28 日，第 3 版。

③ 习近平：《在庆祝中国共产党成立 100 周年大会上的讲话》，人民出版社，2021，第 13~14 页。

任的责任感。这些古老的价值理念与马克思主义基本原理相结合，创造出新中国的政治文明，转化为人民至上理念、接续奋斗精神、能动的革命的反映论以及中国共产党人的使命意识与责任担当，造就了一个有机统一的新的文化生命体。这个新的文化生命体就是中华民族现代文明。它是在克服资本主义现代文明的内在矛盾和根本危机中走出的一条新道路，向人类昭示了一种文明新形态。用文化生命体的文明观重建文明关系和创立人类文明新形态理论，是习近平新时代中国特色社会主义思想经由"第二个结合"实现中华优秀传统文化"两创"的重大理论成就。

（四）立足中国的现代化实践创立中国式现代化理论

新时代以来，习近平新时代中国特色社会主义思想创造性地运用马克思主义真理力量激活中华文明生生不息的内在力量，立足中国实践创立中国式现代化理论，进一步推动了中华优秀传统文化的创造性转化、创新性发展。

"中国式现代化"与"人类文明新形态"是习近平总书记在 2021 年 7月 1 日庆祝中国共产党成立 100 周年大会上的讲话中首次提出的两个重大命题。前者着眼于对中国共产党历史探索的经验总结，后者放眼于人类未来，展示了中国式现代化道路的世界历史意义和人类文明史意义。"中国式现代化"是从中国实际出发提供的"人类文明新形态"的具体内容，"人类文明新形态"则是立足于全人类的未来，宣示中国式现代化的文明内涵。

中国式现代化理论立足中国实际、坚持胸怀天下，对西方式现代化理论实现了根本超越，打破了"现代化 = 西方化"的迷思，改变了公元 1500年以来西方列强所主导的现代世界形成和演进的逻辑。中国式现代化具有丰富的内涵，它是"人口规模巨大的现代化""全体人民共同富裕的现代化""物质文明和精神文明相协调的现代化""人与自然和谐共生的现代化""走和平发展道路的现代化"。

党的二十大报告对"中国式现代化"作了更为全面深入的理论阐述，进一步指出："中国式现代化，是中国共产党领导的社会主义现代化，既有各国现代化的共同特征，更有基于自己国情的中国特色。"①

鸦片战争使旧中国陷入半殖民地半封建社会的黑暗深渊，国家蒙辱、人民蒙难、文明蒙尘。各种救国方案轮番出台，但都没能从根本上改变中国人民和中华民族的悲惨命运。十月革命一声炮响，给中国送来了马克思列宁主义。从此，中国人民谋求民族独立、人民解放和国家富强、人民幸福的斗争就有了主心骨，中国共产党带领中国人民走上了以中国式现代化实现中华民族伟大复兴的康庄大道。历史证明，中国式现代化是我们党领导人民长期探索和实践的重大成果，是符合中国实际、实现中华民族伟大复兴的唯一正确道路。坚持中国共产党领导、坚持中国特色社会主义是中国式现代化的巨大优势。

在文化传承发展座谈会上，习近平总书记从文明历史的大视野对中国式现代化作了更宏阔的阐述，进一步揭示了中国式现代化的文明根基，将中国共产党的百余年奋斗与中华文明五千多年历程接续起来："中国式现代化是赓续古老文明的现代化，而不是消灭古老文明的现代化；是从中华大地长出来的现代化，不是照搬照抄其他国家的现代化；是文明更新的结果，而不是文明断裂的产物。"② 由此，中国式现代化作为一种人类文明新形态的伟大意义就在于，激活了中华文明生生不息的内在力量，激活了中国哲学在常与变之间保持连续统一的原理。中国式现代化是中国共产党创造性地运用马克思主义基本原理，激活了中华文明固有的天道民心、和谐共生、

---

① 《习近平著作选读》第一卷，人民出版社，2023，第 18 页。

② 《赓续历史文脉 谱写当代华章——习近平总书记考察中国国家版本馆和中国历史研究院并出席文化传承发展座谈会纪实》，《人民日报》2023 年 6 月 4 日，第 1 版。

天人合一、保合太和、均平富民等价值理想，激活了中华民族历史主动精神的结果；同时，中国式现代化创造性地解决了传统中国几千年积累下来的弊病，克服了西方式现代化带来的个人主义、工具理性、虚无主义等弊端，开辟出中华文明的新境界和新形态。中国式现代化既以马克思主义现代化理论为直接理论来源，又深深扎根于五千多年中华文明沃土，同时吸收借鉴人类一切优秀文明成果，成为一种超越普遍与特殊二元对立的、立足文明根基的、具有普遍示范性意义的现代化理论体系。

中国式现代化理论是习近平新时代中国特色社会主义思想的重要组成部分，深刻体现了习近平新时代中国特色社会主义思想的世界观和方法论，是自信自强、守正创新精神指引下的思想理论成果，也是经由"第二个结合"实现中华优秀传统文化"两创"的重大理论成就。中国哲学社会科学界从自身学科基础出发，集中开展以中国式现代化为导向的跨学科融合研究；从中国式现代化视域出发，深入探讨国家治理、依法治国、基层治理、人口治理、数字治理、乡村振兴、生态保护、本土文化、经济伦理、国际合作、社会福利等事关国家兴衰的前沿问题，取得了良好的学术成果，为中国式现代化贡献了知识和智慧力量。

三 在伟大的人民文化实践中推动"两创"

新时代以来，中华优秀传统文化逐渐深入中国人的日常工作和生活。习近平总书记指出，要让党的创新理论"飞入寻常百姓家"。中华优秀传统文化在人民文化实践中创新转化，不断走向深入，全方位塑造中华民族现代文明。新时代中国特色社会主义文化建设聚焦人民文化实践，彰显以人民为中心的价值导向，通过人民创造、人民参与、人民共享，满足人民群众日益增长的精神文化需求。

（一）创造符合时代特征的中华优秀传统文化新形式，发挥道德教育功能

习近平总书记强调："坚持马克思主义道德观、坚持社会主义道德观，在去粗取精、去伪存真的基础上，坚持古为今用、推陈出新，努力实现中华传统美德的创造性转化、创新性发展，引导人们向往和追求讲道德、尊道德、守道德的生活，让 13 亿人的每一分子都成为传播中华美德、中华文化的主体。"[①]2018 年 7 月 6 日，习近平总书记主持召开中央全面深化改革委员会第三次会议，审议通过了《关于建设新时代文明实践中心试点工作的指导意见》，首次提出建设新时代文明实践中心的重大部署。作为新时代党的创新理论深入社会基层的基础载体，新时代文明实践中心在神州大地上遍地开花。近年来，各地的新时代文明实践中心组织社会主义"新乡贤"力量，灵活运用中华优秀传统文化资源，创新方式方法，团结群众、引导群众，开展家风家训传承、经典阅读、文化讲坛等活动，以文化人、成风化俗，用社会主义核心价值观对传统伦理道德进行创造性转化、创新性发展，德润基层，德润社会，满足了基层社会伦理建设的需求，提升了人民群众的道德感、幸福感。中华优秀传统文化正在以贴合时代特征的新形式融入人民群众生活，发挥道德化育功能。

中华优秀传统文化注重以文化人，注重道德人格培养，讲求"润物细无声"的道德教育风格。在五千多年中华文明中，文化承担着教化向善、陶冶情操、凝聚人心的重要作用。今天，中国大地上如火如荼地开展着广大人民群众乐于参与、便于参与的文化活动，符合时代特征的中华优秀传统文化新形式发挥着道德教育功能，文化建设事业精彩纷呈、蒸蒸日上。

---

① 《习近平谈治国理政》第一卷，外文出版社，2018，第 160~161 页。

（二）运用新媒体、新平台创造中华优秀传统文化的新美学形态，发挥美育的社会功能

2018 年 8 月 30 日，习近平总书记在给中央美术学院老教授的回信中指出："做好美育工作，要坚持立德树人，扎根时代生活，遵循美育特点，弘扬中华美育精神，让祖国青年一代身心都健康成长。"[①] 中华优秀传统文化认为艺术具有形塑社会伦理、道德风气、政治秩序的重要功能，尤其认为音乐之美"可与政通"，主张以雅乐"同民心而出治道"，注重培育文质彬彬、情理圆融的君子人格。

新时代以来，各种新媒体、新平台的创造性运用更是让中华优秀传统文化获得新的艺术形态，发挥出更好的美育功能。古琴古韵、"汉服潮"、"诗词热"蔚成风尚，各种文创产品、国潮品牌火爆"出圈"。在西安大唐不夜城、长安十二时辰等主题街区，身着唐装汉服的游客如痴如醉，在盛唐文化的沉浸式体验中流连忘返。各种影视作品不仅在内容上找到了传统文化与现实需求的结合点，还在形式载体上锐意创新，用耳目一新的艺术表达形式引导和塑造人民群众的审美趣味。中华优秀传统文化的魅力被时代精神激活，新的美学形式得到了人民群众的喜爱，真正达到了马克思主义思想精髓同中华优秀传统文化精华相贯通、同人民群众日用而不觉的共同价值观念相融通的社会效果。

（三）发挥中华优秀传统文化的礼乐传统，创造适应时代需要的社会主义新礼乐实践

古往今来，任何一个国家的执政权威、价值理念、治国方略都需要通过一套符号象征系统来展现和证明。在古代中国，这套符号系统就是礼乐。

---

① 《习近平书信选集》第一卷，中央文献出版社，2022，第 191 页。

在现代中国，这套符号系统就是在批判继承礼乐传统的基础上而与时代相适应的社会主义新礼乐。礼序乾坤，乐和天地。礼乐系统是无所不包的。国庆阅兵仪式上缓缓通过天安门广场的中国人民解放军方阵，以二十四节气为序曲展现五千多年中华农耕文明积淀的北京冬奥会开幕式，由元旦、春节、元宵节、清明节、劳动节、端午节、建党节、建军节、教师节、中秋节、国庆节等传统与现代节日组合成的当代中国节日体系，用大数据、云计算、人工智能等新技术展现首都中轴线"致中和""大一统"气派的"数字中轴"项目，引发读诗学典热潮的《典籍里的中国》《古韵新声》等一系列文化节目，以及国旗、国徽、国歌、天安门、人民大会堂、人民英雄纪念碑，等等，都属于社会主义新礼乐。

礼乐既是符号象征系统，又是成熟定型的制度秩序。实现政治良序是礼乐文明现代化的关键。习近平总书记指出："我们党坚持和完善中国特色社会主义制度，不断推进国家治理体系和治理能力现代化，形成包括中国特色社会主义根本制度、基本制度、重要制度等在内的一整套制度体系，为中国式现代化稳步前行提供坚强制度保证。"①"第二个结合"使中国特色社会主义的新礼乐文明成为可能，实现中国特色社会主义制度体系与礼乐文明的创造性结合，让礼乐文明在中国特色社会主义事业中获得新的生命。中华传统礼乐文明通过"第二个结合"实现"两创"，为建设中华民族现代文明谱写了新篇章。

（四）挖掘中华优秀传统文化凝聚情感认同的资源，创造出团结全体中华儿女的文化实践

文化的功能之一就是凝聚人心、塑造认同。中国先贤讲求"礼节民心，乐和民声"，用礼乐文化凝聚社会力量。今天，中华优秀传统文化仍然以

---

① 习近平：《中国式现代化是中国共产党领导的社会主义现代化》，《求是》2023 年第 11 期。

日用不觉的方式、以符合时代特征的形式，塑造着中华民族共同体的认同。中华优秀传统文化是构成中华民族多元一体大一统政治格局的文化心理基础，几千年来，中华民族始终坚信大一统是"天地之常经，古今之通义"。通过"第二个结合"实现中华优秀传统文化的"两创"，我们能够广泛凝聚全国各族人民的情感认同，激发中华民族的智慧和力量，形成海内外全体中华儿女万众一心、共襄民族复兴伟业的生动局面。

中华文化是两岸同胞的共同根脉和心灵归属，是形成中华民族凝聚力和认同感的源泉，是实现祖国和平统一的重要基础。习近平总书记在对台工作重要论述中多次指出，两岸同胞要加强文化交流，共同传承中华文化。习近平总书记强调："推动两岸共同弘扬中华文化，促进两岸同胞心灵契合。"[1] 新时代以来，两岸文化界人士合作举办各类交流活动，促进交流互鉴，弘扬中华文化。连续多年举办的"情系中华——两岸文化和旅游联谊行""两岸汉字艺术节""海峡两岸图书交易会""海峡两岸文博会"等品牌活动，对增进两岸同胞的民族认同和心灵契合、深化两岸融合发展发挥了重要作用。

（五）运用中华优秀传统文化的文明历史经验，讲好中国故事

2023 年 4 月 7 日，国家主席习近平在广州市同来访的法国总统马克龙一起欣赏了中国音乐家用唐代古琴演奏的名曲《流水》。习近平主席向法国总统马克龙介绍这首流传上千年的中国古琴曲及其背后关于友谊的动人故事。一个隽永而含蓄的中国故事，让外国友人领略了中国人的和平之声，展现了中华文化的博大精深。新时代以来，我们立足中国大地，致力于讲好中华文明故事，向世界讲清楚中国人的宇宙观、天下观、社会观、道德观，展现中华文明的悠久历史和人文底蕴，促使世界读懂中国、读懂中国

---

[1] 《习近平著作选读》第一卷，人民出版社，2023，第 48 页。

人民、读懂中国共产党、读懂中华民族，向世界展现了可信可爱可敬的中国形象。《朗读者》《国家宝藏》《本草中国》等一大批展现中华优秀传统文化的文化节目，将具有现代创意的中华文化推向海外，加深了中外思想交流和文化理解，取得了良好的对外传播效果。

一个国家的发展兴盛，必然要求文化引领力、凝聚力、塑造力、辐射力的大幅提升。中华文明是世界上唯一以国家形态延续至今、从未中断的文明，向世界贡献了丰富的思想资源、辉煌的科技成就、灿烂的文艺成果、典范的政治文明，深刻影响了世界文明进程。

文运兴则国家兴。今天，通过"第二个结合"实现中华优秀传统文化的"两创"，揭示了我们的文化无比深厚的历史底蕴，展现了我们的道路无比广阔的发展前景，凝聚了我们的民族无比强大的前进动力。

第三节　深刻把握中华文明突出特性，开创中华文明现代形态

习近平总书记对中华文明突出特性的揭示是对中华文明发展规律科学认识的结果。中华文明的突出特性，就是中华文明发展规律的内涵。习近平总书记深刻揭示了中华民族五千多年的文明与中国特色社会主义道路的一气贯通。坚持中国特色社会主义道路，就要遵守中华文明发展规律，就要坚持中华文明的突出特性。不能坚持中华文明特性，就会偏离中华文明的正道，中华文明就不可能连续发展、延绵不断。

一　维护中华文明突出的连续性，树立文化自信、历史自信

习近平总书记深刻认识到文化是一种维持文明连续的根本力量，在中

国特色社会主义道路自信、理论自信、制度自信之外，习近平总书记又提出了文化自信，深刻阐明了文化自信对于道路自信、理论自信、制度自信的根本性意义。习近平新时代中国特色社会主义思想深刻把握中华文明发展的历史规律，以一种深刻的大历史观来全面把握中华民族的发展历程，从连续性的视野来理顺中国共产党的百年奋斗历程与中华文明现代发展之间的内在关联，深刻洞察时代发展大势，充分挖掘和释放中华文明发展进程中积累的强大能量，以"接续奋斗"的连续性历史观从根本上理顺传统文化、社会主义、现代化三者的关系，以历史主动精神奋力开创中国式现代化，不断创造中华文化新辉煌，全面推进中华民族伟大复兴。

（一）"文化自信"来源于对中华文明突出的连续性的深刻把握

习近平总书记指出："我们说要坚定中国特色社会主义道路自信、理论自信、制度自信，说到底是要坚定文化自信。文化自信是更基本、更深沉、更持久的力量。"[①] "文化自信"的提出，是党的十八大以来文明自觉的集中体现。2012 年，党的十八大报告提出全党全国各族人民要坚定道路自信、理论自信、制度自信，在中国共产党成立 100 年时全面建成小康社会、在新中国成立 100 年时建成富强民主文明和谐的社会主义现代化国家。这是我们党对中国特色社会主义道路自信、理论自信、制度自信的最早表述。2016 年，习近平总书记在庆祝中国共产党成立 95 周年大会上的重要讲话中第一次向全党明确提出了坚持"四个自信"的重大战略要求，强调"坚持不忘初心、继续前进，就要坚持中国特色社会主义道路自信、理论自信、制度自信、文化自信"[②]。这是第一次把文化自信与道路自信、理论自信、制

---

① 习近平:《在哲学社会科学工作座谈会上的讲话》，人民出版社，2016，第 17 页。

② 《习近平谈治国理政》第二卷，外文出版社，2017，第 36 页。

度自信并列，重点提出"文化自信"。

新时代，我们要从中华文明突出的连续性出发来坚定文化自信。习近平总书记指出："中华优秀传统文化是中华民族的精神命脉，是涵养社会主义核心价值观的重要源泉，也是我们在世界文化激荡中站稳脚跟的坚实根基。"[①] 这一根本洞见深刻指出了文化的独立性关乎民族的独立性，坚持中国特色社会主义文化发展道路、建设社会主义文化强国是一项为国家立心、为民族立魂的千秋伟业，是"国之大者"，是关系新时代中国特色社会主义建设全局的关键一环。"如果不从源远流长的历史连续性来认识中国，就不可能理解古代中国，也不可能理解现代中国，更不可能理解未来中国。"[②] 中国特色社会主义事业的根基在于文化的自信自立，中华文化之所以能够自信自立，原因在于其以突出的连续性保证道路的独立性、自主性。中华文明的连续性从根本上决定了中华民族必然走自己的发展道路。

（二）以连续性历史观导引出历史自信、凝聚历史主动精神

党的一切伟大成就都是接续奋斗的结果，一切伟大事业都需要在继往开来中推进。《中共中央关于党的百年奋斗重大成就和历史经验的决议》生动体现了党的接续奋斗精神，全面回顾了党的百年恢宏壮丽奋斗历程，深入阐述了党为中国人民、中华民族、马克思主义、人类进步事业作出的卓越贡献，深刻彰显了党在连续性历史观中确立历史自信、掌握历史主动。

对历史进程的认识越全面，对历史规律的把握越深刻，党的历史智慧就越丰富，对前途的掌握就越主动。党中央决定在全党全社会开展党史总结、学习、教育、宣传，强调全党要学史明理、学史增信、学史崇德、学

---

① 习近平：《在文艺工作座谈会上的讲话》，人民出版社，2015，第25页。
② 《习近平在文化传承发展座谈会上强调：担负起新的文化使命 努力建设中华民族现代文明》，《人民日报》2023年6月3日，第1版。

史力行，就是为了增加历史自信、增进团结统一、增强斗争精神。只有深入理解党史、新中国史、改革开放史、社会主义发展史、中华民族发展史，才能用高尚的民族精神、伟大的中国共产党人精神谱系激发起"革命理想高于天"的豪情，培养出能够担当民族复兴大任的时代新人，才能在高度的历史自信和历史主动精神的指引下，把中国发展进步的命运始终牢牢掌握在自己手中。

习近平新时代中国特色社会主义思想就是在连续性历史观的指引之下，以"第二个结合"打开创新空间，在掌握思想的主动中创立的。中国共产党人是马克思主义的坚定信仰者和实践者，也是中华优秀传统文化的忠实传承者和弘扬者，新时代的中国共产党人更加自觉地继承马克思主义的魂脉和中华优秀传统文化的根脉，将坚持和发展马克思主义、继承和弘扬中华优秀传统文化、建设中华民族现代文明作为新的文化使命，这是对中华文明连续性的发扬光大。

二　激发中华文明突出的创新性，开辟理论和实践的新局面

中国共产党的创新精神与中华文明中生生变易、革故鼎新思想相契合。中国共产党继承了中华民族守正不守旧、尊古不复古的进取精神，继承了中华民族不惧新挑战、勇于接受新事物的无畏品格，以"第二个结合"打开了理论和实践创新空间，以习近平新时代中国特色社会主义思想的世界观和方法论推进理论创新，以自我革命精神激活中华民族的创新性，永葆中国共产党的生机与活力。

（一）"第二个结合"打开了理论创新空间

习近平总书记在文化传承发展座谈会上的重要讲话中指出："'结合'打

开了创新空间，让我们掌握了思想和文化主动，并有力地作用于道路、理论和制度。更重要的是，'第二个结合'是又一次的思想解放，让我们能够在更广阔的文化空间中，充分运用中华优秀传统文化的宝贵资源，探索面向未来的理论和制度创新。"①党的十八大以来提出的一系列新思想新观点新论断，深刻认识到道路、理论、制度的自信归根到底是文化自信，特别是提出"第二个结合"，从"具体实际"深入"文明实际"，回答了一系列中国之问、世界之问、人民之问、时代之问，深刻回答了新时代坚持和发展什么样的中国特色社会主义、怎样坚持和发展中国特色社会主义，建设什么样的社会主义现代化强国、怎样建设社会主义现代化强国，建设什么样的长期执政的马克思主义政党、怎样建设长期执政的马克思主义政党等重大时代课题，破解了长期困扰中国的古今中西之间的道路之争问题，提出了建设中华民族现代文明的文化使命。

（二）以习近平新时代中国特色社会主义思想的世界观和方法论推进创新实践

习近平总书记号召我们"不断谱写马克思主义中国化时代化新篇章"，"继续推进实践基础上的理论创新，首先要把握好新时代中国特色社会主义思想的世界观和方法论，坚持好、运用好贯穿其中的立场观点方法"。②"六个必须坚持"是将中华文明的创新原则进行当代转化的生动体现。

"必须坚持人民至上"深刻阐明了人民的创造性实践是理论创新的不竭源泉。这是将中华优秀传统文化中的天道原理、民本思想进行了创造性转化、创新性发展。"必须坚持自信自立"深刻阐明了理论创新必须从中国基

---

① 《习近平在文化传承发展座谈会上强调：担负起新的文化使命 努力建设中华民族现代文明》，《人民日报》2023 年 6 月 3 日，第 1 版。

② 《习近平著作选读》第一卷，人民出版社，2023，第 16 页。

本国情出发，中国的问题必须由中国人自己来解答的根本道理。中国共产党深刻继承独立自主的民族精神，以自信自立激发出建设中国特色社会主义的强大创造力。"必须坚持守正创新"深刻阐明了创新实践要以守正确保不迷失方向、不犯颠覆性错误，要以创新来把握时代、引领时代。这是对中华优秀传统文化中"随时变易以从道"①思想的激活，是将守道的内涵转化为坚持马克思主义基本原理不动摇、坚持党的全面领导不动摇、坚持中国特色社会主义不动摇，而将"变易"的内涵转化为紧跟时代步伐，顺应实践发展。"必须坚持问题导向"深刻阐明了问题意识对于创新的重要性。这是对中华优秀传统文化中的辩证思维的充分激活。中国共产党将阴阳、矛盾原理充分激活，集中体现在对问题意识的重视上，深刻认识到回答并指导解决问题是理论的根本任务，不断提出真正解决问题的新理念新思路新办法。"必须坚持系统观念"深刻阐明了只有用普遍联系的、全面系统的、发展变化的观点观察事物，才能把握事物发展规律而实现创造性的生成活动。系统观念与中华优秀传统文化具有高度的契合性，中国共产党将中华优秀传统文化中的关联性思维、整体性思维、变易思维充分激活，以系统观念为前瞻性思考、全局性谋划、整体性推进党和国家各项事业提供科学思想方法。"必须坚持胸怀天下"深刻阐明了理论创新要有世界眼光，为解决人类面临的共同问题作出贡献。这是对中华优秀传统文化中的天下观念的激活，中国共产党是为人类谋进步、为世界谋大同的党，这来源于对"天无私覆，地无私载"②"万物一体"③观念的深刻继承，让理论创新具有了更深远的指向，体现出更普遍的世界性意义。

---

① （宋）程颢、程颐：《二程集》，王孝鱼点校，中华书局，2004，第689页。

② 《礼记·中庸》。

③ （宋）程颢、程颐：《二程集》，王孝鱼点校，中华书局，2004，第33页。

（三）以自我革命精神激活中华文明的创新性，永葆中国共产党的生机与活力

中国的"革命"一词直接来源于《周易·革卦·象传》："天地革而四时成。汤武革命，顺乎天而应乎人。"革命是在对天时变化、王朝更迭背后最具稳定性的结构——天道和人心——的深刻理解之上所展开的创造性活动，指向的是生生变易、革故鼎新的历史实践。历史的因革本质上是在新的历史境遇中对"平治天下"理想的再次肯定和实现，是以时代变化为依据，再次顺应百姓的需求，开创出新的文明形态。从这一意义上说，革命就不是一种外在的否定性的破坏力量，而是文明的自我演化和更新。

中国共产党的自我革命精神与中华优秀传统文化注重心性修养的工夫论传统相契合。习近平总书记指出："如何跳出历史周期率？党始终在思索、一直在探索。毛泽东同志在延安的窑洞里给出了第一个答案，这就是'让人民来监督政府'；经过百年奋斗特别是党的十八大以来新的实践，党又给出了第二个答案，这就是自我革命。"[①]勇于自我革命是中国共产党区别于其他政党的显著标志。中国共产党之所以能历经百年的变化，始终永葆青春，关键就在于能够顺应时代变化，紧跟时代潮流，克服自身的错误，通过自我革命掌握历史主动。中国共产党坚持全面从严治党的战略方针，提出新时代党的建设总要求，全面推进党的政治建设、思想建设、组织建设、作风建设、纪律建设，把制度建设贯穿其中，深入推进反腐败斗争，落实管党治党政治责任，以伟大自我革命引领伟大社会革命。自我革命要求发挥主动性，以人民的利益否定一己私利，以有价值的、积极向上的态度来否定没有价值的、反动的、消极的态度。自我革命不是两个外在事物的相互

---

① 习近平：《全面从严治党探索出依靠党的自我革命跳出历史周期率的成功路径》，《求是》2023 年第 3 期。

否定，而是一个事物内部的自律自觉，以内在的自主性力量对旧的自我进行革命，以此永葆自身的生机与活力。

三　巩固中华文明突出的统一性，捍卫多元一体的统一国家

中华文明突出的统一性在根本上决定了国家统一永远是中国核心利益的核心，决定了一个坚强统一的国家是各族人民的命运所系。"大一统"的历史传统在当代的发展，体现在以党中央集中统一领导开创出中国特色社会主义的新制度，开创出中华民族多元一体的新格局，体现在坚持大团结大联合，团结一切可以团结的力量的生动实践上。

（一）中国共产党对中华文明统一性政治原则的深刻把握

中国共产党深刻认识到，中国特色社会主义最本质的特征是中国共产党领导，中国特色社会主义制度的最大优势是中国共产党领导，中国共产党是最高政治领导力量。党的领导是全面的、系统的、整体的，保证党的团结统一是党的生命；党中央集中统一领导是党的领导的最高原则，加强和维护党中央集中统一领导是全党共同的政治责任，坚持党的领导首先要旗帜鲜明讲政治、保证全党服从中央。

中国共产党深刻认识到，建立最广泛的统一战线，是党克敌制胜的重要法宝，也是党执政兴国的重要法宝。党始终坚持大团结大联合，团结一切可以团结的力量，调动一切可以调动的积极因素，促进政党关系、民族关系、宗教关系、阶层关系、海内外同胞关系和谐，最大限度凝聚起共同奋斗的力量。只要我们不断巩固和发展各民族大团结、全国人民大团结、全体中华儿女大团结，铸牢中华民族共同体意识，形成海内外全体中华儿女心往一处想、劲往一处使的生动局面，就一定能够汇聚起实现中华民族

伟大复兴的磅礴伟力。

2011 年 9 月，习近平同志在中央党校 2011 年秋季学期开学典礼上的讲话中曾指出中华文明的统一性和大一统传统的积极意义："到了秦汉时期，'大一统'已成为当时政治思想领域中的主流。基于这种认识，各族人民都把维护国家统一看作天经地义、义不容辞的神圣使命与责任。尽管在一些历史时期也曾出现过分裂局面，但统一始终是主流。而且不论分裂的时间有多长、分裂的局面有多严重，最终都会重新走向统一。"[①]坚持中国共产党的领导、维护党中央集中统一领导的最高原则、建立最广泛的统一战线所体现出的统一性政治原则，是对中华文明突出的统一性的继承转化。

（二）在"大一统"的人心根基上创造出中国特色社会主义政治制度

坚持中国共产党的领导不仅是"中国特色社会主义最本质的特征"，同时也是"中国特色社会主义制度的最大优势"，更是中华文明"大一统"传统的创造性转化与创新性发展。历史反复证明，维持统一性，国家才能强盛安定，人民才能幸福安康；反之，国家陷入混乱分裂，老百姓就会遭殃。团结统一是福，分裂动荡是祸，是中国人用血的代价换来的宝贵经验教训。

中国共产党强调要旗帜鲜明地讲政治，就是要从"大一统"这种政治组织形式转化出"总揽全局、协调各方"的领导体系，促进中国特色社会主义物质文明、政治文明、精神文明、社会文明、生态文明建设的协调发展。可以说，"大一统"的文化传统是中国式现代化道路得以成功的文明根源，也是必须坚持中国共产党领导的文明根据。

---

① 习近平：《领导干部要读点历史》，《中共党史研究》2011 年第 10 期。

（三）开创出中华民族多元一体的格局

习近平总书记明确指出："中华文明具有突出的统一性，从根本上决定了中华民族各民族文化融为一体、即使遭遇重大挫折也牢固凝聚，决定了国土不可分、国家不可乱、民族不可散、文明不可断的共同信念，决定了国家统一永远是中国核心利益的核心，决定了一个坚强统一的国家是各族人民的命运所系。"[1]中华民族史就是各民族交往交流交融的历史，就是各民族共同缔造、发展、巩固统一的伟大历史。就国家统一来说，台湾从来就是中国领土不可分割的一部分，台湾问题关乎中国核心利益的核心。就民族团结来说，各民族应铸牢中华民族共同体意识，像石榴籽一样紧紧抱在一起。中华文明的统一性和"大一统"传统，为维护我国统一的多民族国家、维护国家主权和领土完整、实现中华民族大团结奠定了深厚的历史文化根基。

新时代以来，中国共产党将铸牢中华民族共同体意识作为党的民族工作的主线，引导各族人民牢固树立休戚与共、荣辱与共、生死与共、命运与共的共同体理念，构建起维护国家统一和民族团结的坚固思想长城。

四　发扬中华文明突出的包容性，开创民族、宗教、外交新格局

中华文明从来不用单一文化代替多元文化，而是由多元文化汇聚成共同文化，以化解冲突、凝聚共识。中国共产党充分继承了这种包容性，深刻认识到人心是最大的政治，统一战线是凝聚人心、汇聚力量的强大法宝，只有充分激活中华文明突出的包容性，才能在治国理政、对外交往中发挥巨大优势。

---

[1] 《习近平在文化传承发展座谈会上强调：担负起新的文化使命 努力建设中华民族现代文明》，《人民日报》2023年6月3日，第1版。

（一）铸牢中华民族共同体意识，激发团结统一的内生动力

中国共产党激活中华文明突出的包容性，创立和完善民族区域自治制度，坚定不移走中国特色解决民族问题的正确道路，把铸牢中华民族共同体意识作为党的民族工作主线，确立新时代党的治藏方略、治疆方略，巩固和发展平等团结互助和谐的社会主义民族关系，促进各民族共同团结奋斗、共同繁荣发展。

习近平总书记指出："各民族之所以团结融合，多元之所以聚为一体，源自各民族文化上的兼收并蓄、经济上的相互依存、情感上的相互亲近，源自中华民族追求团结统一的内生动力。正因为如此，中华文明才具有无与伦比的包容性和吸纳力，才可久可大、根深叶茂。"[1]中华民族多元一体格局的形成就来源于中华文明突出的包容性，各民族生息繁衍、生存实践中形成的团结统一意识就是在这种包容性的基础上达成的，包容性是统一性的基础。中华民族的发展历史表明，越包容就越能得到认同和维护、越能绵延长久。中华文化认同超越地域乡土、血缘世系、宗教信仰等，把内部差异极大的广土巨族整合成多元一体的中华民族。

（二）积极引导宗教与社会主义社会相适应，构筑各宗教和谐相处的格局

习近平总书记指出："宗教的发展规律在于'和'。任何宗教的生存发展，都必须同所在社会相适应，这是世界宗教发展传播的普遍规律。"[2]"和"所体现的包容性造就了中国各宗教和谐相处的格局。中国历史上各宗教信仰多元并存的和谐格局，其本质就在于各宗教在与中华文化交流碰撞中不

---

① 习近平：《在全国民族团结进步表彰大会上的讲话》，人民出版社，2019，第 7 页。

② 《"广泛凝聚中华民族一切智慧和力量"——以习近平同志为核心的党中央关心统一战线工作纪实》，《人民日报》2022 年 7 月 29 日，第 3 版。

断中国化。宗教同所在社会相适应是宗教生存发展的趋势和规律，各宗教因能够与中华文化相适应而获得了生存空间，中华民族因吸纳了各宗教文化而更加丰富。中国历史上儒家与佛教、道教在相互包容中相互成就、共同发展，各宗教因为充分中国化而获得了经世济民的人间性格，对于古代社会的和谐稳定起到了积极作用。

中国共产党以突出的包容性建立起宗教工作基本方针，全面贯彻宗教信仰自由政策，依法管理宗教事务，坚持独立自主自办原则，坚持我国宗教中国化方向，积极引导宗教与社会主义社会相适应。

（三）全面推进特色大国外交，弘扬全人类共同价值

中国共产党激活了中华文明突出的包容性，中华文化对世界文明兼收并蓄的开放胸怀，是中华文明延绵不绝、不断发展的重要原因。丝绸之路的开辟、佛教的东传、"伊儒会通"、"大航海时代"序幕的拉开、美洲作物的引进、"西学东渐"、新文化运动、马克思主义和社会主义思想传入中国等文明交流互鉴，都深刻改变了中国历史的进程，积淀了以和平合作、开放包容、互学互鉴、互利共赢为核心的精神，为"一带一路"倡议、"人类命运共同体"理念的提出准备了历史基础。

中国共产党推动构建新型国际关系，真诚呼吁世界各国弘扬和平、发展、公平、正义、民主、自由的全人类共同价值，促进各国人民相知相亲，尊重世界文明多样性，以文明交流超越文明隔阂、文明互鉴超越文明冲突、文明共存超越文明优越，共同应对各种全球性挑战，积极构建人类命运共同体，推动建设更加美好的世界。在新的历史起点上，我们需要将中华文明中突出的包容性充分发挥出来，以海纳百川的胸怀对人类文明成果兼收并蓄，以包容性继续推动文化繁荣、建设文化强国、建设中华民族现代文明。

我国积极参与全球治理体系改革和建设，维护以联合国为核心的国际

体系、以国际法为基础的国际秩序、以《联合国宪章》宗旨和原则为基础的国际关系基本准则，维护和践行真正的多边主义，坚决反对单边主义、保护主义、霸权主义、强权政治，积极推动经济全球化朝着更加开放、包容、普惠、平衡、共赢的方向发展。我国建设性参与国际和地区热点问题的政治解决，在气候变化、减贫、反恐、网络安全和维护地区安全等领域发挥积极作用。我国开展抗击新冠疫情国际合作，发起新中国成立以来最大规模的全球紧急人道主义行动，向众多国家特别是发展中国家提供物资援助、医疗支持、疫苗援助与合作，展现出负责任大国形象。

经过持续努力，中国特色大国外交全面推进，构建人类命运共同体成为引领时代潮流和人类前进方向的鲜明旗帜，我国外交在世界大变局中开创新局、在世界乱局中化危为机，我国国际影响力、感召力、塑造力显著提升。

五　彰显中华文明突出的和平性，奠定人类命运共同体的价值根基

中华文化倾向于以有机体来理解个体与他者的关系，"仁者以天地万物为一体，莫非己也"[1]，认为人在自我保存以外，尚有在群体之中自我实现的维度，人的主动性能够创造出超越于个体自我保存的文明形态，强调以他者为重，以道德秩序来理解群己合一的世界，有限的个体要将主动性定位在超越自我保存的广阔的民族、国家、天下的维度之上。中国共产党继承了和平、和睦、和谐这一中华文明五千多年来一直传承的理念，将尚"和"精神用于处理整体与个体关系、人己关系。这种理解成为巩固中华民族共同体、人类命运共同体、人与自然生命共同体的思想基础。

---

[1] （宋）程颢、程颐：《二程集》，王孝鱼点校，中华书局，2004，第 15 页。

（一）将尚"和"精神转化为铸牢中华民族共同体意识的思想基础

中华文化中的"和而不同"概括了中国人的相处之道，强调以"和"而不是"同"来看待世界的差异性：一方面尊重差异，"物之不齐，物之情也"[1]；另一方面包容多样，不主张以表面的"同"来抹平整体内部的差异，个体之间的差异并不是冲突的根源，差异和对立最终朝向的是整体的"和"。这种价值观是古代中国和谐社会传统的来源。对和谐社会的追求使古代中国以较低的政治治理成本、较高的治理效率实现对广土众民的统治，大群之有机体中各部分不仅不是相互对立的，更是相互关联、相互协作、命运与共的，这种关联协作的关系是有机体能够保证持久运行的关键。将命运与共的精神进行当代转化，即体现为中国共产党执政过程中对保持社会长期稳定、人的全面发展、全体人民共同富裕的追求。

中华文明具有突出的和平性。倡导交通成和，反对隔绝闭塞；倡导共生并进，反对强人从己；倡导保合太和，反对弱肉强食。和平性是中华文明的基因。"中国绝不会搞国强必霸，也不认同你输我赢的零和游戏，因为中国人从来没有这种文化基因，也没有这种野心。"[2] 每一种文明都扎根于自己的生存土壤，凝聚着一个国家、一个民族的非凡智慧和精神追求，都有自己存在的价值。以和平性为重要内涵的新时代外交理念强调充分尊重世界文明多样性基础。

习近平总书记明确指出："中华文明具有突出的和平性，从根本上决定了中国始终是世界和平的建设者、全球发展的贡献者、国际秩序的维护者，决定了中国不断追求文明交流互鉴而不搞文化霸权，决定了中国不会把自己的价值观念与政治体制强加于人，决定了中国坚持合作、不搞对抗，决

---

[1] 《孟子·滕文公上》。

[2] 《习近平同希腊总统帕夫洛普洛斯会谈》，《人民日报》2019年11月12日，第1版。

不搞'党同伐异'的小圈子。"①党的十八大以来，我们始终以世界眼光关注人类前途命运，坚持开放、不搞封闭，坚持互利共赢、不搞零和博弈，坚持主持公道、伸张正义。我们坚定站在历史正确的一边、站在人类文明进步的一边，高举和平、发展、合作、共赢旗帜，在坚定维护世界和平与发展中谋求自身发展，又以自身发展更好地维护促进世界和平与发展。

（二）将尚"和"的有机体世界观落实为构建人类命运共同体的伟大实践

中国共产党将讲信修睦、亲仁善邻的理念转化为坚持共商共建共享，推动共建"一带一路"高质量发展，推进一大批共建"一带一路"国家经济发展、民生改善的合作项目实施，建设和平之路、繁荣之路、开放之路、绿色之路、创新之路、文明之路，使共建"一带一路"成为当今世界深受欢迎的国际公共产品和国际合作平台。

中国共产党秉持和平开放的理念，优化区域开放布局，巩固东部沿海地区开放先导地位，提高中西部和东北地区开放水平。加快建设西部陆海新通道。加快建设海南自由贸易港，实施自由贸易试验区提升战略，扩大面向全球的高标准自由贸易区网络。有序推进人民币国际化。深度参与全球产业分工与合作，维护多元稳定的国际经济格局和经贸关系。中国共产党秉持正确义利观和真实亲诚理念，加强同广大发展中国家团结合作，整体合作机制实现全覆盖。

中国共产党深刻认识到，构建人类命运共同体是世界各国人民的前途所在，提出了全球发展倡议、全球安全倡议、全球文明倡议，推动建设新型国际关系，推动构建人类命运共同体，弘扬和平、发展、公平、正义、

---

① 《习近平在文化传承发展座谈会上强调：担负起新的文化使命 努力建设中华民族现代文明》，《人民日报》2023 年 6 月 3 日，第 1 版。

民主、自由的全人类共同价值，引领人类进步潮流。中国共产党将尚"和"的理念转化为坚持对话协商，推动建设一个持久和平的世界；坚持共建共享，推动建设一个普遍安全的世界；坚持合作共赢，推动建设一个共同繁荣的世界；坚持交流互鉴，推动建设一个开放包容的世界；坚持绿色低碳，推动建设一个清洁美丽的世界。

（三）将天人合一、万物一体的观念转化为构建地球生命共同体理念

习近平总书记指出："我们要深怀对自然的敬畏之心，尊重自然、顺应自然、保护自然，构建人与自然和谐共生的地球家园。"[①] 将人与自然视为生命共同体，这种观念与中国文化中的有机体观念相契合，"万物各得其和以生，各得其养以成"[②]。"和""养"的秩序是万物生成的基本前提，人与万物是相互依赖、相互支持的关系，中国共产党将这种观念转化为保护生物多样性以维护地球家园，提出地球生命共同体永续发展的伟大愿景。

党的十八大以来，中国共产党深刻认识到，生态文明建设是关乎中华民族永续发展的根本大计，保护生态环境就是保护生产力，改善生态环境就是发展生产力，决不以牺牲环境为代价换取一时的经济增长。生态文明成为中华民族现代文明的重要内涵。中国共产党提出绿水青山就是金山银山的理念，在生态保护问题上创造性转化了义利观，建立了更为健全的生态文明制度体系，开展了一系列根本性、开创性、长远性工作。新时代以来，美丽中国建设迈出重大步伐，生态保护发生了历史性、转折性、全局性变化，为世界创造了举世瞩目的生态奇迹和绿色发展奇迹，为构建地球生命共同体作出了重大贡献。

---

① 《携起手来，共同构建地球生命共同体——习近平主席在〈生物多样性公约〉第十五次缔约方大会领导人峰会上主旨讲话引发强烈反响》，《人民日报》2021 年 10 月 14 日，第 1 版。

② 《荀子·天论》。

第三章

赓续文脉：
推动中华文化的传承与保护

赓续文脉：
推动中华文化的传承与保护

　　中华文明源远流长，博大精深，灿烂辉煌，是世界上唯一绵延不断且以国家形态发展至今的伟大文明，为建设中华民族现代文明提供了不竭源泉。中华文明多元一体的形成和发展过程，充分展示了中国社会赖以生存发展的价值观和文化基因，是中国特色社会主义道路的历史根源和文化根源，是新时代坚定"四个自信"的深厚根基。中华民族长期发展进程中留下的极其丰富的文化遗产，承载着中华民族的基因和血脉，见证了中华民族过去的不懈奋斗，也深刻影响中华民族当下和未来的发展进步。

　　党的十八大以来，习近平总书记就文化遗产保护传承作出一系列重要论述，为做好新时代新征程文化遗产保护传承工作提供了根本遵循。在习近平总书记领航掌舵下，在习近平新时代中国特色社会主义思想科学指引下，中华文明探源及其早期发展综合研究、"考古中国"、文化遗产和文物保护、中华优秀传统文化传承发展、地方志编修与开发利用、红色文化保护与传承等考古和文化的重大项目，取得了重大进展和重要成果，"延伸了历史轴线，增强了历史信度，丰富了历史内涵，活化了历史场景"[1]，实

---

① 习近平：《建设中国特色中国风格中国气派的考古学 更好认识源远流长博大精深的中华文明》，《求是》2020 年第 23 期。

证了中华民族百万年的人类史、一万年的文化史、五千多年的文明史，展示了中华文明起源和发展的历史脉络，彰显了中华文明的灿烂成就及其对人类文明的重大贡献，在传承文明、赓续文脉方面发挥了重要作用。文化遗产工作取得的历史性成就，增强了广大人民群众的历史认知和文化自信，坚定了实现中华民族伟大复兴的信心和决心，让世界更好地懂得了真实的中国的历史和文化，为推进中华优秀传统文化的创造性转化、创新性发展，建设中华民族现代文明奠定了坚实基础。

第一节 中华文明博大精深、源远流长、从未中断

中华文明历史悠久，灿烂辉煌。但在中国考古学产生以前，我们对中国早期历史和文明的认识只能依靠传世文献记载和传说。中国现代考古学产生之后，特别是最近十余年来的重要考古发现，实证了我国百万年的人类史、一万年的文化史、五千多年的文明史，展现了中华文明起源和发展的脉络、灿烂的成就和对人类文明的重大贡献，揭示出中华文明具有连续性、创新性、统一性、包容性、和平性等突出特性，夯实了中华民族现代文明的深厚根基。

一 百万年人类史见证人类在东方的连续演化

自 1921 年发现北京的周口店遗址以来，中国出土了大量百万年以来的旧石器时代遗存。基于近年来三方面的考古新发现和研究新成果，中国和东亚人类本土演化的"连续进化附带杂交"理论成为中国考古学界的主流认识。

第一是人工制品和人类活动遗存。20 世纪 90 年代以来在河北阳原至山西阳高的泥河湾盆地发现马圈沟等数十处旧石器时代遗址，出土石器、陶片、骨角器等，证明当地距今 170 万 ~1.6 万年持续有人类活动。2002 年以来在河北蔚县盆地发现 4 万 ~2.6 万年前的文化层和人工制品，在下马碑遗址发现 4 万年前的人类使用的赤铁矿颜料。2021 年在山东沂水跋山遗址发现 10 万 ~5 万年前的人工制品、动物化石、疑似用火遗迹和活动面。2021 年在四川稻城皮洛遗址揭露出 7 个连续的文化层，建立了"简单石核石片组合—阿舍利技术体系—小石片石器与小型两面器组合"的旧石器时代文化发展序列。

第二是人类化石，在中国南北方都有大量发现。2007 年和 2014 年两次在河南许昌灵井发现了距今 10 万年左右的人类头骨，2019 年在陕西南郑疥疙洞发现 3 万 ~1.5 万年前的人类下颌骨、牙齿和头骨残块，2021 年在河南鲁山仙人洞发现 3.2 万年和 1.2 万年前的人类头骨，1992~1993 年在贵州盘县发现"大洞人"，2009 年在广西发现"崇左智人"，2004~2006 年在湖北郧西黄龙洞、2011 年在湖南道县福岩洞也都出土人类化石。这些发现表明距今 10 万年前后现代人生存于全国各地。

此外，在湖北十堰学堂梁子，1989~1990 年曾出土 2 具距今 100 万年前后的直立人头骨化石，2021 年新发现 3 号人头骨化石。2023 年在周口店又识别出一块更新世人类顶骨化石。这些处于古人类演化关键节点的化石，为探讨东亚百万年的人类演化史提供了重要证据。

第三是分子生物学的研究成果。2013 年从北京周口店约 4 万年前的"田园洞人"化石上提取的核 DNA 和线粒体 DNA，表明东亚现代人与欧亚古人群有遗传差别。

旧石器时代的人群也有迁徙和交流。2016 年在西藏那曲尼阿底遗址出土的石制品表明，4 万年前人类已登上青藏高原。2019 年新疆吉木乃县通天洞遗址出土的石器表明，4 万年前中亚人群向东迁移。2013 年以来在宁夏灵武水洞沟遗址，确认了该地 4 万年前有欧亚大陆北部的"勒瓦娄哇"石叶制作技术传入，在 3.3 万~2.7 万年前被中国北方的小型石核—石片技术替代。在甘肃夏河白石崖溶洞提取的距今 10 万年和 6 万年的古人类 DNA 显示，当地有南西伯利亚的丹尼索瓦人的 DNA，说明丹尼索瓦人曾长期生活在白石崖溶洞及青藏高原东北部。

中国旧石器时代的人群和文化与外界虽有交流，但并未见大规模的文化替代现象。百万年来，特别是在距今 20 万~5 万年，人类演化链条基本前后相继，石器制作技术和人群的生存方式一脉相承，中国本土人类演化的"连续进化附带杂交"理论得到越来越多的支持。

二　一万年文化史奠定中华文明多元一体的基础

经过现代人的演化和旧石器时代文化的连续发展，在距今 1.1 万年前后，农业在全球气候变暖的环境背景下出现，各地的新石器时代文化开始发展。中国东临大海，西为高山，在这个广袤的范围内有不同的地理单元。因环境不同，各个小区域内又产生、发展出不同的区域文化。

在北方，2001~2006 年，在距今 11000~9000 年的北京东胡林遗址出土了目前世界上最早的栽培粟。距今 10000~8000 年，北京东胡林、上宅和河北武安磁山等遗址出现了最早的黍，河南新郑裴李岗、山东济南月庄、甘肃秦安大地湾等遗址的发现也都表明，粟、黍此时在黄河流域已普遍种植，北方旱作农业兴起。

南方出现了稻作农业。江西万年仙人洞和吊桶环、湖南道县玉蟾岩、浙江浦江上山等遗址出土了距今 1 万年前后的水稻遗存。湖南澧县彭头山、浙江萧山跨湖桥、浙江嵊州小黄山、河南舞阳贾湖等遗址，都出土了 8000

年前的水稻遗存。

农业带来人群的定居和文化的发展，"北粟南稻"的农业格局奠定了中华文明起源的基础。2017年以来，在张家口确认了距今10400~9000年的四台文化，在尚义四台等遗址中楔形石核石器与石锛状器、磨盘、磨棒以及陶器共存，说明当地正从采集狩猎的旧石器时代过渡到定居农业的新石器时代。农业还促进了文化的发展，浙江义乌桥头遗址出土了9000年前的上山文化中期彩陶。

在8000年前，各区域的文化形成鲜明的区域特色，又彼此交流影响，社会开始出现分化，文明的因素在各地萌生。此后，农业发展，村落增加，手工业进步。粟作农业在黄河流域及燕山南北普及，孕育了仰韶文化。在长江下游的河姆渡文化施岙遗址新发现大面积稻田遗迹，遗物上出现种类多样的刻划图像。浙江萧山跨湖桥、余姚河姆渡、江苏常州圩墩、湖北荆州阴湘城等遗址都出土了漆器。稻作农业向北传播到了淮河流域，河南舞阳贾湖遗址的先民种植水稻、饲养家猪、酿酒、制作绿松石器和骨笛。

距今6000~5100年，各区域的文化发展加速。在长江流域发现了这一时期的粟、黍遗存，稻作技术向北传播到了汉水流域和黄河中下游。农业的进一步发展促使人口增加，琢玉、髹漆、建筑技术进步，长江与黄河流域可能都发明了桑蚕养殖与缫丝纺织技术。此时社会分化加剧，出现了权贵阶层和战争，中心性聚落和原始信仰区域中心产生，各区域的文化与社会发展共性增强。

辽河流域的辽宁牛河梁，在50平方千米内发现43个遗址点，出土红山文化的高等级积石冢、神庙、祭坛和精美玉器，2021年以来又发现中心神庙建在9个人工堆筑的巨大台基上，表明这里是红山文化的宗教圣地。

泾河上游的庆阳南佐发现有600多万平方米的遗址和大型夯土台围绕的30万平方米的核心区。在黄河中上游的陕西高陵杨官寨、河南灵宝北阳平和西坡遗址出现数十至百万平方米的中心聚落和大型公共建筑。近年在河南巩义双槐树发现面积 100 多万平方米、带三重环壕的大型聚落，聚落中部有上千平方米的夯土建筑。在长江下游的江苏张家港东山村崧泽文化墓地，大型墓随葬多件玉石钺、玉装饰品及数十件精美陶器。江淮之间的安徽含山凌家滩遗址面积达 160 万平方米，有随葬玉器的大墓。

各区域的文化如同"满天星斗"，彼此互动交流，彩陶、玉器以及具有东方特点的等级表现方式等文明因素广泛传播，"早期中华文化圈"逐渐形成，奠定了多元一体的中华文明的基础。

三　五千多年文明史凸显中华文明的突出特性

距今 5100~4300 年，长江与黄河中下游地区相继进入文明社会。长江下游的良渚兴建了内城面积 300 万平方米、外城面积 630 万平方米的城，城北建有长 10 余公里的水坝。这是同时期世界上规模最大的都邑和水利系统，表明具有组织开展大规模公共建设能力的王权已形成。与此相印证的是，在反山和瑶山都发现了王族墓地。良渚有大规模的稻田、耕作系统和犁耕技术。古城中心的莫角山出土炭化稻谷，估算约 20 万公斤。近年在浙江余姚施岙发现约 8 万平方米的河姆渡文化和良渚文化的稻田遗迹，有经规划的田埂、河道、灌排水口。良渚文化以琢玉为代表的手工业技术高度发达，玉器的生产和产品由贵族控制，玉钺象征军权和王权，玉琮和玉璧用于祭祀。良渚社会、经济、政治、宗教、军事等全面发展，形成了早期国家，进入了文明社会。在其他区域，近年在山东滕州岗上发现大汶口文化墓葬，大墓多有木葬具，出土玉钺和陶礼器。河南南阳黄山的屈家岭文化早期大墓，随葬饰象牙的弓、玉钺和 400 多具猪下颌骨。湖北天门石家河城的面积发展到 120 万平方米，2014~2019 年发掘出居址、作坊、墓地和祭祀场所。在湖南华容七星墩发现"外圆内方"的双城城址。这一时期的区域交流广泛，2019 年以来在广东英德岩山寨遗址出土的玉器、陶器具有长江中游和环太湖地区文化的因素，即反映了新石器时代晚期岭南与其他区域的联系。

各地的早期文明此起彼伏，激荡整合，交流广泛。距今 4300~4100 年，中原的文明发展到新的高度。在黄河中游出现大型都邑，其中的山西襄汾陶寺城的面积达 280 万平方米，有最早的宫城和 8000 平方米的夯土台基。大墓随葬鼍鼓、石磬、玉石钺、彩绘龙纹陶盘等。陶寺遗址出土了我国最早的空腔铜器，陶壶上发现朱书文字。另一座城是陕西神木石峁，这座面积 400 万平方米的山城有瓮城、马面、角楼等防御设施。城内高达数十米的皇城台分多层砌筑，砌石上有雕刻，台顶有大型建筑。从陕北到山西、内蒙古，在河套地区还发现延安芦山峁、府谷寨山、兴县碧村、清水河后城咀等一批石城，北方地区显然出现了拥有强大军事力量的王权国家。

约 4000 年前，环嵩山地区出现了 10 余座城，正位于文献记载的夏人活动的核心区。城址出土铜容器残片、白陶、硬陶、玉璋等体现文化交融和社会发展的遗物。约 200 年后，在河南偃师二里头出现了同时期规模最大的都邑，这也极可能是夏王朝后期的都城。二里头有"择中立宫"的规划理念、成组的青铜容器和玉器。这类礼器及礼仪制度和文化思想广泛影响到其他地区，加速了各地的一体化进程。从此，中华文明进入中原王朝引领的新阶段。

郑州商城是商代早期都城，近年来在内城东南部有一系列考古新发现。首次发现了位于内城的铸铜、制骨作坊及相关壕沟、夯土基址；同时发现有壕沟围合的"街区式"空间，其内有高级贵族墓葬，出土了成组的青铜容器、黄金面饰、玉戈和绿松石饰件等高等级随葬品。河南安阳洹北商城和殷墟是商代中晚期都城。近年来在殷墟新发现道路和聚邑等，表明殷墟是当时世界上最大的都城。2021 年以来，在王陵区新发现陵园围沟以及 460 余座祭祀坑。历年殷墟出土的青铜器、制铜作坊和冶铸遗存，揭示了商王朝青铜冶铸业的庞大规模和文明成就。继 1936 年、1973 年在小屯分别出土 17096 片和 5335 片刻辞甲骨后，1991 年在安阳花园庄东地出土刻辞甲骨 689 片。以甲骨文为代表的汉字成为中华文明的重要成果，它承载了中国文化的概念体系、知识体系与思想观念，强化了中华文明的凝聚力，使文明得以传承和发展。2016 年以来，在殷墟的外围发掘了辛店、陶家营、邵家棚等遗址，它们是洹北商城和殷墟同时期的大型聚落和手工业生产基地。

其他地区也多有重要发现。在北方，2017~2018 年在山西闻喜酒务头墓地发掘 12 座墓葬和 6 座车马坑，青铜器铭文说明此处可能为"匿"族墓地，由此可了解晚商王朝在其西部的经略。南方的湖北黄陂盘龙城可能是商王朝为获取铜矿而在长江沿岸建立的地区中心，2012 年以来新发现的作坊、墓葬等丰富了我们对盘龙城发展格局的认识。1986 年至今在四川广汉三星堆发掘了 8 座商代晚期的祭祀器物坑，出土青铜器、金器、玉石器、象牙等上万件遗物，揭示出一个前所未知的青铜文明，以及成都平原与中原、西北地区和长江中下游的联系。

两周是文明发展的重要阶段。在周人最早活动的陕西周原，历年发现城墙、作坊、青铜器窖藏、贵族居住区、墓葬、甲骨文、社祭建筑等。2014 年以来又发现内外两重城垣和 10 余处水利设施，2017 年出土青铜轮牙马车和制骨作坊，展现了西周社会和文化的面貌。西周封国墓地近年在各地的大量发现，表明当时分封制广泛推行。2011 年以来在随州叶家山、文峰塔、枣树林等地发掘数百座高等级墓葬，出土数千件青铜器和近万字的铭文，实证了曾国从西周到战国的历史。2017 年以来，在陕西澄城刘家洼发现芮国后期的都邑，发掘了包括芮国国君墓在内的大批墓葬，揭示出关中地区东周时期的政治格局和文化交流。西周时期各地的文化趋近统一，比如随州枣树林的曾国墓出土的 2000 多件青铜器就与中原青铜器面貌一致。东周时期列国的都城布局、礼仪和器用制度等也具有更多的一致性。2006~2020 年在甘肃张家川马家塬发掘的战国西戎人墓具有"华夏"特点，2019 年在浙江安吉八亩墩发现的越王墓有规整的环壕式陵园和统一布局的陪葬墓，都体现出中原的礼制文化。

在秦汉以后，集中体现政治、文化一脉相承的是秦汉至明清的都城和陵墓。自西汉长安城开始，王朝的都城无不体现出皇权的至高无上。西汉长安城三分之二的面积为皇宫，宫殿居中、居高。曹魏邺城形成全城中轴线、单一宫城制及规整的空间规划。北魏洛阳城有 320 多个里坊。2012 年发掘的曹魏太极殿是第一座"建中立极"的宫城正殿。隋大兴城、唐长安城开始具有外郭城、皇城、宫城三重结构，太极殿居中，朱雀大街是中轴线，祖庙、社稷和礼制建筑对称分布，里坊、街巷整齐划一。2020 年至今在隋唐洛阳城正平坊发掘出里坊、路网、宅院，实证了隋唐洛阳城的营建规划。2018 年至今在开封发掘的州桥和汴河遗址，则展现出北宋东京的城市风貌。各朝的都城制度一脉相承，元明清时期的北京城，依然保留有早期都城的格局。

秦始皇陵的坟丘、陵园和地下宫殿都有严格建制。2004 年以来发现的西汉景帝阳陵、2017 年以来发掘确认的西汉文帝霸陵、2012 年发现的南昌海昏侯墓、2012 年以来调查的辽显陵和乾陵，以及历年发现的汉代诸侯王墓、北朝大同永固陵与洛阳景陵、唐代关中十八陵、辽祖陵等，虽然时代、民族、等级不同，但都体现了一脉相承的陵墓制度。

考古材料充分证明了中华文明的统一性。2019 年发掘的新疆奇台石城子可能是汉代的疏勒城，近年来持续发掘的吉木萨尔县的北庭故城是唐代的北庭都护府，两座城都出土了汉式遗物。2019~2021 年在尉犁克亚克库克发现的沙堆烽燧，出土 800 多件简牍文书，表明烽燧属唐代安西四镇之一的焉耆镇，证实了唐王朝对西域的管辖和治理。在青海发现一批唐代的吐蕃墓，2018 年以来在都兰热水发掘的等级最高的血渭 1 号墓有祭祀建筑、殉牲坑、"五神殿"的墓室、壁画、彩棺，证明都兰是丝绸之路的重要节点；2019 年在乌兰泉沟发现一座吐蕃王室成员墓，出土鎏金王冠和金杯，汉式的壁画反映了吐蕃贵族的生活。2019 年以来在甘肃武威确认了吐谷浑的陵区，发掘了吐谷浑喜王慕容智墓，揭示了吐谷浑民族归唐以后逐渐融入中原文化。2021~2022 年云南昆明河泊所遗址出土西汉的封泥和简牍，这批西南地区目前出土数量最多的汉代文书资料，记录了西汉中央政府对西南边疆的治理。秦汉统一后形成的强大的文化向心力始终凝聚着不同民族，各族文化融为一体、发展至今。

自信、包容、交流、互鉴是推动中华文明持续发展的重要动力。从考古发现看，外来的文明成果经改造都被内化为自身文化，中华文明的成果也向外广为传播。在秦汉以前的东西方交流中，小麦、大麦、黄牛、绵羊、家马、骆驼、家驴，以及金属、玻璃器制造技术和马车等传入，对中国的经济、社会等产生了重要影响。秦汉以后的中国文化在东西交往、南北融合中不断丰富。东汉时佛教沿丝绸之路传入中国，吐鲁番的吐峪沟石窟，河西走廊的武威天梯山石窟、永靖炳灵寺，以及体现皇权与宗教相结合的北魏云冈、龙门等石窟，都显示出佛教的中国化。粟特人的遗存也多有发现，如西安北朝粟特人安伽墓，石葬具有表现粟特人生活场景和拜火教的图案，墓葬却与汉墓相同。佛教和粟特艺术与中原文化融合，汉唐时期的文化在包容和交流中繁荣。

中国文化不断以和平方式向外传播。比如，中国吸收外来冶铁技术后再创造的生铁技术和由此生产的铁器，于战国晚期输入朝鲜半岛和日本，约在汉代传入东南亚，并在欧亚大陆向西传播。以丝绸、瓷器为代表的中国产品和技术沿陆海两路流向西方。海上丝绸之路从隋唐时期兴起，印度洋和阿拉伯海沿岸的一些港口遗址就出土了唐宋元明时期的瓷器。2019 年清理完毕的广东南海 1 号南宋沉船，出水文物 18 万件，绝大多数为出口瓷器。2021 年在温州发掘的朔门古港遗址，发现水陆城门、码头、沉船、栈道、建筑，出土约 10 吨瓷器残片，揭示出温州是宋元时期的重要港口和海上丝绸之路的重要节点。除技术、物品外，朝鲜半岛、日本的早期都城都仿照唐长安城规划，汉字对东亚和东南亚产生过深远影响。

数千年来，中华文明在经济、政治、生活、思想、文化等各方面，都体现了突出的连续性、创新性、统一性、包容性与和平性。夏商时期，中华文明已经发展成熟。此后，在各个方面延续发展。经济上，农业技术和作物品种不断增加，手工业技术不断进步，商业繁荣，城市扩大，以陆海丝绸之路为代表的对外贸易不断向外延伸，文明形态从早期相对单一的农业文明向农牧文明交融和海洋文明拓展。政治上，经历了周朝的礼乐与分封制度后，到秦朝封建中央集权体制得以确立。此后两千年，皇帝制度一直延续，行政中枢由秦汉的"三公九卿"到隋唐发展为"三省六部"，至明清发展成"内阁 + 六部"，地方行政逐渐弃分封而改行郡县体制，边疆地区逐步由羁縻到任用土官再到改设流官，选官制度上废世卿世禄制而相继实行荐举制、九品中正制、科举制，建立起完善的监察制度，以大一统中央集权为主要趋势的政治文明高度发达。文化上，由先秦诸子到两汉经学、魏晋玄学、隋唐佛学、宋明理学、清代朴学的学术思想，与由《诗经》发轫经由汉赋、唐诗、宋词、元曲、明清小说的文学，为中华民族提供了丰富的精神文化产品。

近代以降，中华文明发展进入了一个凤凰涅槃、浴火重生的重要时期。鸦片战争以后，中国逐渐沦为半殖民地半封建社会，中华民族遭受了前所未有的苦难，国家蒙辱，人民蒙难，文明蒙尘。"在近代中国最危急的时刻，中国共产党人找到了马克思列宁主义，并坚持把马克思列宁主义同中国实际相结合，用马克思主义真理的力量激活了中华民族历经几千年创造的伟大文明，使中华文明再次迸发出强大精神力量。"[①] 中国共产党作为马克思主义的忠诚信仰者和实践者，以及中华优秀传统文化的忠实传承者和弘扬者，团结带领中国人民不断学西方之长，避西方之短，贯通古今，会通中西，走出了一条中国特色社会主义文化发展道路，在实现中华民族伟大复兴、建设中华民族现代文明、创造人类文明新形态的道路上不断开拓前进。

第二节　历史文化遗产和文化积淀具有极高的文明价值

我国一万年的文化史和五千多年的文明史，留下了丰富的文化积淀与历史文化遗产。历史文化遗产构成了中华文明的物质载体，体现了中华文明的历史发展，凝结了中华文明的智慧精华，展现了中华文明的丰富成就。

一　历史文化遗产是中华文明的物质载体

历史文化遗产是文明的印迹。"文明"一词，源出《周易》《尚书》等经典，其语义虽随语境变化而有不同，但普遍被视作人类的进步状态，与"野蛮""蒙昧"相区别。文明既包括物质上的进步，也包括精神上的成就，实际上包含了经济基础和上层建筑两个层面的发展，是人类社会不断发展进步的智慧与结晶。中华文明是中华民族创造出的发达的物质文明和灿烂的精神文明，对世界文明的进步影响深远、贡献巨大。

历史文化遗产是人类在文明进程中留下的具有重大文化价值的遗存，其从存在形态上可以分为物质文化遗产和非物质文化遗产。物质文化遗产

---

① 习近平：《在党史学习教育动员大会上的讲话》，《求是》2021 年第 7 期。

是以物质形态存在的具有重要的历史、艺术和科学价值的遗存，包括考古遗迹、古建筑、碑雕、石窟、壁画、摩崖等在历史文化名城（街区、村镇）、重要的考古遗址、墓葬、工程遗址，以及历史时期留存下来的各种实物、艺术品、文献、手稿、图书资料等。非物质文化遗产则是各种以非物质形态存在的社会实践、观念表述、知识、技能等，包括民俗、民间文学、传统技艺、传统舞蹈、音乐、戏曲、体育、美术等。当然，在一定程度上，物质文化遗产与非物质文化遗产会交叉共存。

文物是历史的化石，承载了文明。从语词的含义来说，"文物"一词出自《左传》，指的就是"礼乐典章制度"，可见"文物"一词今天虽然用以指具体的有历史价值的物质，实则背后承载着历史文化价值。我国悠久的历史中留下的文物非常丰富。第一次全国可移动文物普查成果显示，截至2016年10月31日，普查全国可移动文物共计108154907件/套，按照普查统一标准登录文物完整信息的为64073178件/套，[①]普查期间全国新发现、新认定文物共7084149件/套。[②]截至2022年，我国的国家级非物质文化遗产项目已达到1557项。[③]文明也正是通过各种物质的、非物质的、可移动的或不可移动的历史文化遗产这些特定的载体，才得以呈现。人们看到雅典娜神庙会自然地联想到古希腊文明，看到金字塔会联想到古埃及文明。在中国，深厚的传统文化积淀与历史文化遗产是中华文明的载体。人们看到长城、运河，听到昆曲和京剧，会自然而然地联想到中华文明。都江堰、《农政全书》、内蒙古阿鲁科尔沁草原游牧系统，是农业文明的载体；《清明

---

① 国务院第一次全国可移动文物普查领导小组办公室、国家文物局：《第一次全国可移动文物普查数据公报》，《中国文物报》2017年4月8日，第3版。

② 沈壮海等：《向新而行——十八大以来的文化建设》，山东文艺出版社，2020，第359页。

③ 《中华人民共和国文化和旅游部2022年文化和旅游发展统计公报》，中华人民共和国文化和旅游部网站，2023年7月13日，https://zwgk.mct.gov.cn/zfxxgkml/tjxx/202307/t20230713_945922.html。

上河图》、《南都繁会图》以及各种老字号商铺，是城市生活与商业文明的载体；雕版印刷术、应县释迦塔、赵州桥、《天工开物》，是科技文明的载体；有着中外文化交融特点的敦煌莫高窟、云冈石窟，法门寺地宫出土的20件异域特色的琉璃器，是文明互鉴的载体。

历史文化遗产是文明的载体。但是，单个历史文化遗产只是文明的碎片，文明也不仅仅以历史文化遗产的方式呈现。2014年3月27日，习近平主席在联合国教科文组织总部发表重要演讲时说："对待不同文明，不能只满足于欣赏它们产生的精美物件，更应该去领略其中包含的人文精神；不能只满足于领略它们对以往人们生活的艺术表现，更应该让其中蕴藏的精神鲜活起来。"① 而且，作为文明的载体，历史文化遗产只是静态地、部分地呈现过往的文明，并不能完全等同于文明。器以载道，历史文化遗产审美价值之外的历史、文化、精神等多重价值，需要揭示与挖掘。"让收藏在博物馆里的文物、陈列在广阔大地上的遗产、书写在古籍里的文字都活起来。"② 完整的中华文明史研究，需要对历史文化遗产进行体系化的保护、研究与阐发，需要考古学与历史学相结合，需要在中华民族现代文明建设中继承、延续和发展中华优秀传统文化。

二 丰富的历史文化遗产见证中华文明的历史进程

文物传承历史，历史文化遗产"生动述说着过去"③。历史文化遗产记录历史，从不同的侧面反映了各个历史时期人类的社会活动、社会关系、意

---

① 习近平：《在联合国教科文组织总部的演讲》，《人民日报》2014年3月28日，第3版。

② 习近平：《在联合国教科文组织总部的演讲》，《人民日报》2014年3月28日，第3版。

③ 习近平：《建设中国特色中国风格中国气派的考古学 更好认识源远流长博大精深的中华文明》，《求是》2020年第23期。

识形态以及利用自然、改造自然和当时生态环境的状况。中华文明是人类连续性文明的典范。从文明起源到今天，每个历史时期都留下了丰富的文化遗产，从各个方面体现中华文明的历史发展进程。因此，保护历史文化遗产便是守护过去、守护历史、守护我们的精神家园。

历史文化遗产是中华历史发展的见证，展示了中华文明起源和发展的历史脉络，展现了五千多年不断裂的文化传承。山东大汶口文化的陶器制作，浙江河姆渡文化的水稻种植和蚕桑技术，山西襄汾的陶寺文化，长江下游的良渚文化，西辽河流域红山文化的玉器、祭坛、神祠、城邑等遗址，展现了中华文明早期起源的历史。河南偃师的二里头遗址，其主体很可能是夏文化遗存。商代的殷墟遗址与甲骨文字，商周的青铜器与铭文，反映了中华早期文明的发展。中华文明五千多年的历史，既有汗牛充栋的文献，也有恢宏壮观的重要遗迹、璀璨繁星般的可移动文物。一些重要的历史文化遗产，往往是经历了长时间的历史才得以形成。例如，长城作为中华文明史上最伟大的建筑工程，始建于春秋战国，到秦统一后连成完整的防御系统，又经汉朝、明朝的大规模修筑，最后才形成了绵延总长超过21000公里的"万里长城"。大运河也前后经过战国时期的吴国、隋、唐、元、明等朝代的开凿。苏州古典园林起始于春秋吴国建都姑苏时期，形成于五代，成熟于宋代，兴旺于明代，鼎盛于清代。我国的可移动文物也基本覆盖了全部历史时期。截至2022年，全国共有各类文物机构11340个，全国文物机构的藏品达到了5630.43万件之多。[1]2017年公布的第一次全国可移动文物普查成果显示，我国的可移动文物从旧石器时代至今均有分布。在使用考古学年代和中国历史学年代登录的54727757件可移动文物中，除了

---

[1]《中华人民共和国文化和旅游部2022年文化和旅游发展统计公报》，中华人民共和国文化和旅游部网站，2023年7月13日，https://zwgk.mct.gov.cn/zfxxgkml/tjxx/202307/t20230713_945922.html。

离今天较近的文物易于保存的清代、民国以外，汉、唐、宋等经济、社会、文化发达的朝代保存下来的古代文物明显更多，占比分别达到了 8.61%、6.25% 和 18.12%（见表 3-1）。这也充分表明历史文化遗产是文明的载体，越是有发达的物质文明和精神文明的时代，越能留下丰富的历史文化遗产。

表 3-1　全国可移动文物所处年代结构

单位：件，%

考古学年代和中国历史学年代	可移动文物实际数量	数量占比
合计	54727757	100.00
旧石器时代	114763	0.21
新石器时代	782177	1.43
夏	22432	0.04
商	213491	0.39
周	1406805	2.57
秦	198027	0.36
汉	4710963	8.61
三国	122588	0.22
西晋	45999	0.08
东晋十六国	184951	0.34
南北朝	145697	0.27
隋	62292	0.11
唐	3421490	6.25
五代十国	87656	0.16
宋	9914814	18.12
辽	99918	0.18
西夏	32226	0.06
金	126694	0.23
元	193795	0.35
明	1548018	2.83
清	18424094	33.66
中华民国	9220037	16.85
中华人民共和国	3648830	6.67

注：按可移动文物考古学年代和中国历史学年代统计。

资料来源：国务院第一次全国可移动文物普查领导小组办公室、国家文物局《第一次全国可移动文物普查数据公报》，《中国文物报》2017 年 4 月 8 日，第 3 版。

历史文化遗产也展现了中华文明在经济、政治、文化、社会各方面的成就，从不同侧面反映不同时代的政治、经济、军事、科学技术、文化艺术、宗教信仰、风情习俗。经济方面，我国有种类丰富的农业文化遗产和工业文化遗产。到 2023 年 5 月，我国已拥有世界文化遗产 38 项、文化和自然双遗产 4 项，世界遗产总数 56 项，稳居世界前列。我国的世界文化遗产时间纵跨百万年，东西横亘五千公里，从人类利用自然的杰作到人与自然和谐共生的产物，从单一文化的代表到多元文化融合的成果，从单点小规模遗产到跨区域跨国境的巨型遗产，从古代遗产到现代遗产，从考古遗址到活态遗产，遗产类型复杂多样，文化内涵丰富厚重，生动呈现了中华文明的历史文化价值、中华民族的精神追求与丰富真实的古代中国和现代中国。到 2023 年 5 月，我国已有 19 个传统农业系统被联合国粮农组织认定为全球重要农业文化遗产，总数量居世界之首，[1] 包括浙江青田稻鱼共生系统、云南红河哈尼稻作梯田系统、云南普洱古茶园与茶文化系统、中国南方稻作梯田、山东夏津黄河故道古桑树群、安溪铁观音茶文化系统、内蒙古阿鲁科尔沁草原游牧系统、河北涉县旱作石堰梯田系统等。在全国重点文物保护单位中，有 140 多处工业遗产，像江南机器制造总局、福州船政、旅顺船坞、开滦煤矿等。[2] 工业和信息化部为规范保护工业遗产，还在 2023 年修订出台了《国家工业遗产管理办法》。军事方面，长城、关隘、烽火台、城垣、壕沟、营堡、屯堡、海防筑城等军事防御性遗迹，包括诸如宋元交战的重要遗迹钓鱼城、世界文化遗产贵州遵义海龙囤、明代遗存的各类卫所城堡，都是历史上的军事活动场所。被列入世界文化遗产、世

---

① 中华人民共和国农业农村部新闻办公室：《联合国粮农组织为中国四项全球重要农业文化遗产授牌》，中华人民共和国农业农村部网站，2023 年 5 月 24 日，http://www.gjs.moa.gov.cn/dsbhz/202305/t20230524_6428350.htm。

② 黎启国、郭树志、许召敏：《我国近现代工业遗产时空间格局特征研究——基于全国重点文物保护单位视角》，《南方建筑》2022 年第 7 期。

界自然遗产和世界灌溉工程遗产名录的都江堰，现存年代最早的跨海梁式大石桥泉州洛阳桥，都是反映古代科学技术发展的文化遗产。数量众多的壁画、卷轴画、寺观、祠庙，反映了各个时代的文化艺术、宗教信仰和风土习俗。秦栎阳城和咸阳城遗址、汉魏洛阳城遗址、隋大兴城和唐长安城遗址等城邑考古，揭示了不同时代的都城规划与城市发展。中国古代的农业技术、"四大发明"以及漆器、丝绸、瓷器、生铁和制钢技术，以及其他大量有关科学、技术方面的文物，为天文、地理、冶金、农业、医学、纺织等专门史研究提供了丰富的资料。

历史文化遗产还反映了中华文明的历史传播。从中华文明的核心区黄河流域起，中华文明随着向南方的移民与经济开发，沿着通往西域的经济文化交流的丝绸之路，在范围上沿不同方向延伸，在过程中留下了形形色色的历史文化遗产。例如，在中西交流的"丝绸之路"上，可以看到江南书籍的西域流传，可以从当地的佛教遗存中看到中国元素，包括唐代的佛教遗存、汉地的佛教艺术等。

三 深厚的文化积淀凝结中华文明智慧精华

历史文化遗产凝结着中华文明的智慧精华。从古至今，中国人民用他们的勤劳与智慧，创造了一系列卓越的艺术品和工艺品，留下了诸多宝贵的历史文化遗产，不仅向我们展示了中华民族的历史长河和文化演进，还展现了中华民族的智慧。

2016 年 5 月 17 日，习近平总书记在哲学社会科学工作座谈会上的重要讲话中指出："中华文明历史悠久，从先秦子学、两汉经学、魏晋玄学，到隋唐佛学、儒释道合流、宋明理学，经历了数个学术思想繁荣时期。在漫漫历史长河中，中华民族产生了儒、释、道、墨、名、法、阴阳、农、杂、兵等各家学说，涌现了老子、孔子、庄子、孟子、荀子、韩非子、董仲舒、王充、何晏、王弼、韩愈、周敦颐、程颢、程颐、朱熹、陆九渊、王守仁、李贽、黄宗羲、顾炎武、王夫之、康有为、梁启超、孙中山、鲁迅等一大批思想大家，留下了浩如烟海的文化遗产。"① 这一重要讲话中实质上已经将中华文明中的智慧精华一一点出。这些中华文明的智慧精华，蕴含在古人留下的丰富典籍文献中。《道德经》《论语》《庄子》《孟子》《荀子》《韩非子》，董仲舒的《春秋繁露》，王充的《论衡》，王弼的《老子注》，韩愈诗文集《韩昌黎集》，周敦颐的《通书》，二程的《二程全书》，朱熹的《四书集注》《诗集传》，陆九渊的《象山先生全集》，李贽的《焚书》，黄宗羲的《明夷待访录》，顾炎武的《日知录》，王夫之的《读通鉴论》，等等，是这些中华文明优秀代表人物的智慧结晶。

中华文化积淀着中华民族最深沉的精神追求。历史文化遗产的背后，是中华民族繁衍生息的法则和独特的东方思考方式。中华文明对于大一统、创新、民本、天人合一、万物并育、睦邻友好、诚信的追求，都是中华文明的智慧之光。今天的每一件文物，都是我们与古人对话的通道；每一处遗迹，都是我们理解过往时代及古人智慧精神的场域。2020 年 10 月12 日，习近平总书记在潮州市考察时评价潮州古城东门外始建于南宋时期的广济桥说："广济桥历史上几经重建和修缮，凝聚了不同时期劳动人民的匠心和智慧，具有重要的历史、科学、艺术价值，是潮州历史文化的重要标志。"② 透过一个又一个历史文化遗产，我们可以直观而深切地领悟中华民族的智慧。敦煌莫高窟的彩塑与壁画，展现了中古时期中华民族高度的艺术修养。苏州园林的造园设计，遵循"咫尺之内再造乾坤"的理念，反

① 习近平：《在哲学社会科学工作座谈会上的讲话》，人民出版社，2016，第4~5页。
② 《习近平在广东考察时强调 以更大魄力在更高起点上推进改革开放 在全面建设社会主义现代化国家新征程中走在全国前列创造新的辉煌》，《思想政治工作研究》2020 年第 11 期。

映了中国文化取法自然又超越自然的意境。泉州市舶司遗址和来远驿，彰显的是中华民族亲仁善邻的美好品质。在非物质文化遗产中，最核心的内容就是其所蕴含的中华文化基因。2018 年，习近平总书记在全国宣传思想工作会议上的重要讲话中指出："要把优秀传统文化的精神标识提炼出来、展示出来，把优秀传统文化中具有当代价值、世界意义的文化精髓提炼出来、展示出来。"[①]正因如此，对于历史文化遗产，需要解读其历史、文化艺术价值，注重将蕴藏的文化挖掘出来，使其走入大众视野、走进大众内心。

大量的历史文化遗产还具有艺术价值。早期人类活动中的艺术创作就带有审美意识的萌芽。例如，仰韶文化的彩陶就不仅有写实的图像，还绘有水纹、三角形、漩涡纹等抽象的几何纹。青铜器的造型与纹饰、各个时代的瓷器及其他装饰或美术工艺品，都具有极高的艺术价值。宫殿、庙宇等建筑物在注重实用功能之外，还适应美的要求而形成建筑艺术。

第三节 重大文化工程项目取得辉煌成就

中华文明源远流长、博大精深，是当代中国文化的根基。当前，我国对中华文明起源、形成、早期发展的研究取得了重要成果，但需要继续探索未知、深化认识，需要多学科联合攻关，深化对中华文明形成路径、文明特质和形态等方面的研究。对于历史上留存下来的文物和文化遗产，需要加强保护、利用、传承和阐释。实施中华文明研究和文化遗产保护等方

[①] 《习近平出席全国宣传思想工作会议并发表重要讲话》，《人民日报》2018 年 8 月 22 日。

面的重大文化工程，就是为了更好地赓续文脉、推动中华优秀传统文化的创造性转化和创新性发展，建设中华民族现代文明。

一 "中华文明探源工程"深化对中华文明根脉的认识

"中华文明探源及其早期发展综合研究"（即"中华文明探源工程"）是多学科合作研究中国古代历史与文化的重大科研项目，为国家"十五"和"十一五"科技攻关、"十二五"和"十三五"科技支撑、"十四五"重点研发计划项目。项目由科学技术部立项，国家文物局为组织单位，中国社会科学院考古研究所和北京大学考古文博学院为主要承担单位，国内外数十家单位的数百位学者共同参与。2002 年工程启动预研究，2016 年 12 月工程第四阶段结项，2021 年第五阶段启动。

2022 年 5 月，习近平总书记就深化中华文明探源工程发表重要讲话，指出"经过几代学者接续努力，中华文明探源工程等重大工程的研究成果，实证了我国百万年的人类史、一万年的文化史、五千多年的文明史。中华文明探源工程成绩显著，但仍然任重而道远，必须继续推进、不断深化"[1]。

（一）探源工程的缘起

中华文明的起源和形成是备受国内外学术界关注的重大问题。根据文献，中华民族具有五千多年的文明史。中国考古学诞生以来，考古发现为研究中华文明史提供了丰富的第一手资料。特别是自 20 世纪 80 年代以来的考古材料，为探索中华文明的形成和发展提供了翔实的证据，也表明

---

[1] 习近平：《把中国文明历史研究引向深入 增强历史自觉坚定文化自信》，《求是》2022 年第 14 期。

《尚书》《史记》等古代文献的确包含四五千年前社会发展状况的信息。

但中华文明是否有五千多年的历史，中华文明是如何起源、形成的，具有什么样的内涵和特点？回答这些问题需要系统的研究。这不但要整合考古学研究，更要进行多学科合作，开展包括古代环境、气候、生业、技术、年代等在内的多方面研究，才能获得对中华文明更全面、深入的认识。为此，国家在"夏商周断代工程"之后开始实施"中华文明探源工程"。

（二）探源工程的实施过程

探源工程分预研究和第一至第五阶段。

1. 探源工程预研究（2002~2003 年）

探源工程涵盖的时间长、空间广，参与学科多，内容复杂，组织和实施难度大，因而 2002~2003 年先进行"中华文明探源工程预研究"。

预研究设置了"古史传说和有关夏商时期的文献研究""上古时期的礼制研究""考古遗存的年代测定""考古学文化谱系研究""聚落形态所反映的社会结构""古环境研究""早期金属冶铸技术研究""文字与刻符研究""上古天象与历法研究""中外古代文明起源的比较研究"等 10 个课题，探索出了多学科合作的技术路线和实施方案。各课题取得预期成果，为工程的正式开展奠定了基础。

2. 探源工程第一阶段（2004~2005 年）

2004 年探源工程（第一阶段）"公元前 2500~前 1500 年中原地区文明形态研究"启动。这个时间段是文献记载的五帝时代到商代初年，正是中国古代王权和国家形成与初步发展的时期。中原地区是预研究的区域，考古资料丰富，研究基础好，也是夏、商王朝的诞生地，留有较多的文献记载和古史传说。

第一阶段的参与学科有考古学、历史文献学、天文学、古文字学、人类学、年代学、古植物学、古动物学、古环境学、冶金史、化学成分分析、古人类食谱分析、遥感和遗址物理探测、科技史、计算机科学等，设立了 5 个课题：公元前 2500~ 前 1500 年中原地区的"相关考古学文化分期谱系的精确测年""自然环境研究""聚落形态所反映的社会结构研究""经济、技术发展状况研究""综合与总结——公元前 2500~ 前 1500 年中原地区文明形态研究"。

3. 探源工程第二阶段（2006~2008 年）

第二阶段研究的时间扩展为公元前 3500~ 前 1500 年，空间扩展到黄河上中下游、长江中下游、辽河流域，设置了 4 个课题，即公元前 3500~ 前 1500 年各地区的"考古学文化谱系的精确测年""自然环境的变化""经济技术的发展""社会与精神文化的发展"。

4. 探源工程第三阶段（2010~2013 年）

第三阶段"中华文明探源及其相关文物保护技术研究"，开展了 3 个研究方向 17 个课题的研究。其中，"中华文明起源与早期发展综合研究"方向共设 7 个课题，即公元前 3500~ 前 1500 年黄河、长江及西辽河流域的"考古学文化年代谱系的完善和文明化进程中重大事件的年代学研究""人地关系研究""技术、生业和资源研究""重要都邑性聚落综合研究""重要区域聚落与居民研究""精神文化的发展研究""中华文明形成和早期发展的整体性研究"。

又设立 10 个技术和文物保护类课题："遥感技术在中华文明探源中的应用研究""GIS 技术与 VR 技术在中华文明探源中的应用研究""移动实验室在考古发掘现场应用支撑技术研究""实验考古与考古探测技术可控试验场前期设计及关键技术标准研究""考古发掘现场出土陶质彩绘文物保护关键技术研究""考古发掘现场出土灰化纺织物保护关键技术研究""古代简牍

保护与整理研究""珍贵文物保存环境控制关键技术研究""潮湿环境下考古现场史前土遗址保护关键技术研究""基于三维和沉浸式展示的文物数字展示关键技术研究"。

5. 探源工程第四阶段（2013~2015 年）

第四阶段"中华文明探源及其相关文物保护技术研究（2013~2015年）"，设立"中华文明起源与早期发展综合研究"方向的 6 个课题："公元前 3500~前 1500 年考古学文化谱系的年代研究""中华文明形成过程中的人地关系研究""中华文明形成过程中的资源、技术和生业研究""中华文明起源过程中三大都邑性聚落综合研究""中华文明起源过程中区域聚落与居民研究""中华文明形成和早期发展的整体性研究"。

设立技术和保护类课题 5 个："GIS 技术及 VR 技术在中华文明探源中的应用研究""遥感技术在中华文明探源中的应用研究""考古发掘现场遗存鉴别与保护关键技术研究""出土有机质文物现场提取技术研究与应用示范""潮湿环境土遗址考古现场预防性保护关键技术研发"。

6. 探源工程第五阶段（2021~2024 年）

第五阶段围绕 13 处核心遗址及 10 余处辅助性遗址，开展年代学、古环境学、分子生物学等多学科研究，遗址包括建平牛河梁、兴县碧村、襄汾陶寺、神木石峁、延安芦山峁、新密新砦、偃师二里头、章丘焦家、新津宝墩、大邑高山、广汉三星堆、天门石家河、沙洋城河、澧县鸡叫城与孙家岗、含山凌家滩、余杭良渚、常州寺墩等。

本阶段设 8 个课题："北方长城地带文明进程研究""中原和海岱地区文明进程研究""长江流域文明进程研究""中华文明起源进程中的年代学研究""中华文明起源进程中的古环境和人地关系研究""中华文明起源进程中的生业、资源与技术研究""中华文明起源进程中的古代人群与分子生物学研究""中华文明起源进程的整体性研究"。

（三）探源工程第一至第四阶段成果 [①]

其一，在精确测年基础上初步建立了各地区公元前 3500~ 前 1500 年考古学文化的年代序列，以及各都邑性遗址和考古学文化的绝对年代。

其二，对公元前 3500~ 前 1500 年间各地的自然环境及文明演进有了总体性认识。

其三，对公元前 3500~ 前 1500 年间各地农业和手工业的发展状况，以及经济、资源在文明形成和发展过程中的作用有了较为清晰的认识。

其四，通过对各地区中心性遗址及周围聚落的发掘与研究，揭示了公元前 3500~ 前 1500 年间各地区文化发展、阶层分化的状况，以及文明演进的过程。

其五，对中华文明形成和早期发展有了总体性认识。

（1）距今 5800 年前后，中原、长江中下游等地文明进程加速。辽宁牛河梁、安徽凌家滩、江苏东山村等地的高等级墓葬和规模宏大的祭祀遗存，表明一些地区垄断宗教祭祀和掌握社会控制权的权贵阶层或王权已形成，社会进入古国文明阶段。

（2）距今 5000 年前后，长江中下游一些地方社会率先形成国家，步入文明，典型代表是良渚和石家河文化。

（3）山西陶寺、陕西芦山峁和石峁、四川宝墩等距今 4500 年前后的都邑，表明在长江中下游文明衰落后，黄河中下游和长江上游地区相继出现了早期国家。

（4）夏代后期，二里头复杂的都城规划、具有中轴线布局的宫室制度、以青铜器和玉石器为代表的礼器制度、王权控制的作坊以及文化的广泛传

---

① 王巍、赵辉：《"中华文明探源工程"及其主要收获》，《中国史研究》2022 年第 4 期。

播，标志着王朝文明的形成。

其六，对各区域间的文化互动，以及以中原为中心的中华文明多元一体格局有了总体性认识。距今 4000 年前各地文化多元发展、百花齐放、相互交流，夏商周时期中原的华夏集团崛起并形成核心文化，一体化进程开始。

其七，根据考古材料提出了符合中国实际的文明标准，包括农业和手工业的进步，人口集中并出现城市，社会分化出现贵族阶层和王权，血缘与地缘关系共同维系社会，暴力与战争成为常见的社会现象，形成王权管理的区域性政体和官僚机构等。

（四）探源工程的影响

探源工程成果获得国际学术界的认同和高度评价。2013 年在第一届"世界考古论坛·上海"上，"中华文明探源工程"受到与会近百位世界各国学者的赞扬，高票入选 2011~2012 年世界重大研究成果。在 2015 年的第二届"世界考古论坛·上海"上，世界著名考古学家科林·伦福儒高度评价中国的新石器时代晚期文明，以及探源工程在良渚、石峁、石家河等遗址开展的考古工作，预言未来 10 年将会在世界范围内掀起中国文明研究的高潮。

探源工程对良渚遗址申报世界文化遗产、开展世界范围内的跨文明研究、建设国际先进的 ^{14}C 测年实验室等方面，也都发挥了重要作用。

（五）探源工程第五阶段的进展与收获

探源工程第五阶段开展以来，在相关遗址开展系统的田野考古工作，对各遗址有了更深入的了解。

其一，年代研究：对石峁、碧村和三星堆祭祀器物坑的年代有了新认识，同时尝试采用新的测年技术。

其二，古环境研究：对长江中上游的石家河、城河、宝墩古城，晋陕黄土丘陵的石峁、芦山峁、碧村等遗址的研究表明，人类活动范围、生业、聚落等与自然环境关系密切，具体表现形式有明显差异。各区域的土地资源和气候导致不同的生业类型。

其三，生业研究：在文明起源与早期发展阶段，生业有明显的区域差异并形成不同模式。长江中下游的稻作农业推动社会复杂化并造成区域差异。中原以粟为主的农业生产体系从仰韶晚期到二里头阶段一直较为稳定，也没有明显的等级和聚落差异。以石峁遗址群为核心的北方早期文明，是粟作农业的一种区域性文明模式。与农作物结构的稳定性相反，动物利用模式有更明显的阶段性变化和区域、等级差异。分子生物学和同位素研究揭示了各区域的家养动植物的起源、传播，及其引发的人口、文化、社会变化。对粟黍起源、北方地区农业化、"早期中国"文化圈的形成等问题获得新认识。

其四，手工业生产研究：不同区域文明对资源、技术以及手工业生产的控制存在差异，但良渚、石峁等地的考古材料说明，专门化和规模化生产是各区域社会复杂化的共同特征。同时，对二里头、偃师商城的铜料以及晋南的矿源也有新认识。

二 "考古中国"完善对中华文明形态的认识

"考古中国"是国家文物局于"十三五"期间启动的重大项目，旨在以持续、系统的考古工作加深对中华文明悠久历史和价值的认识，提升考古在文物工作中的基础性地位和作用，推动考古事业发展、中国考古学学科进步和人才队伍建设。

项目的学术目标是，以系统考古调查、发掘和研究为主要手段，鼓励开展多学科、跨学科合作研究，重点实施中国境内人类起源、文明起源、中华文明形成、统一多民族国家建立和发展、中华文明在世界文明史中的重要地位等 5 个关键领域的考古项目，全面、科学地揭示中华文明的历史文化价值和核心特质，探讨人类社会发展规律，促进文明比较研究，以考古学实证中国五千多年文明发展历程，凝聚民族共识，坚定文化自信。

（一）"考古中国"概况

党的十八大以来，党中央高度重视文物考古工作，2018 年 10 月，中共中央办公厅和国务院办公厅印发了《关于加强文物保护利用改革的若干意见》，明确要求"开展考古中国重大研究，实证中华文明延绵不绝、多元一体、兼收并蓄的发展脉络"，将"考古中国"重大项目纳入文物保护利用改革的战略布局。2021 年 10 月，国务院办公厅印发《"十四五"文物保护和科技创新规划》，要求推进"考古中国"重大项目。

2020 年 8 月，国家文物局印发《"考古中国"重大项目申报管理指南（2020 年—2035 年）》，明确了"考古中国"的总体目标、重点任务。

"考古中国"聚焦中国考古事业和考古学学科建设中亟待解决的关键学术问题，重点支持"中华文明发展时空框架建构"和"考古学专题研究"两大方向的研究。前者包含 5 个方向："早期人类和现代人起源""早期社会""文明与早期国家起源""夏商周三代青铜文明与早期王朝国家""统一多民族国家的形成与发展"；后者包括 6 个方向："聚落与城市考古""古代科技与生业模式""古代人地关系""早期精神文化与宗教考古""水下考古""文明比较研究"。每个方向下又设若干重点支持的项目。

"考古中国"启动后，围绕人类起源、农业起源、文明起源、统一多民族国家的形成发展等关键领域，统筹策划并推进了"夏文化研究""中原地区文明化进程研究"等 18 个项目。

截至 2023 年 7 月，"考古中国"批复实施 427 项主动性考古项目，覆盖

24 个省（区、市），93 家考古机构的 110 余支队伍参与。国家文物局共召开 21 期"考古中国"重大项目重要进展工作会，发布了 75 项重要成果。①

（二）"考古中国"的进展与成果

1. 中原地区文明化进程研究项目

该项目以距今 5800~4300 年中原地区的考古学文化为研究对象，探索文化年代、聚落、社会组织、环境、经济等，重点在渑池仰韶、灵宝北阳平和城烟、高陵杨官寨、宜阳苏羊、郑州双槐树、武安赵窑、沁水八里坪、南阳黄山、夏县师村等遗址开展工作。在城烟发现了中原目前时代最早的环壕与垣墙共存的防御体系，在北阳平发现木结构房屋，在仰韶发现大型壕沟和房屋，在双槐树发现三重壕沟、瓮城结构和排房，在黄山发现排房和玉石器作坊，在师村发现围垣聚落，在杨官寨发现环壕聚落与墓地。这些发现表明，中原在约 5800 年前出现社会复杂化和文明化趋势，在约 5300 年前迈入文明社会。

2. 夏文化研究项目

该项目旨在深入研究夏文化的产生背景、社会历史、政治结构、国家体系，以及夏文化在中华文明发展进程中的地位。项目发掘典型遗址，细化考古学文化谱系和年代，通过夏文化核心区域及核心遗址的聚落形态来认识社会。对王城岗、瓦店、二里头等遗址开展聚落考古，多学科合作研究环境、资源、经济、人口等。目前，在陶寺宫城区发现了史前最大的夯土建筑，在蚌埠禹会村发现淮河流域最大的龙山时代城址，在叶县余庄发现大型墓葬，在西安太平遗址发现 100 万平方米的两个环壕聚落，在周口

---

① 国家文物局主编《考古中国重大项目成果（2018~2020）》，文物出版社，2021；《考古中国重大项目成果（2021）》，文物出版社，2022；《考古中国重大项目成果（2022）》，文物出版社，2023。

时庄发现了目前我国年代最早的粮仓，在登封王城岗和禹州瓦店发现大型建筑，在二里头新发现网格状的街区布局。另外，在新密新砦、淮阳朱丘寺、方城八里桥、夏县东下冯、西安老牛坡发现环壕、路网及不同的功能区等。以上发现丰富了对夏文化的整体认识。

3. 河套地区聚落与社会研究项目

该项目以建构河套地区西周以前的考古学文化框架、探索"河套历史文化区"的形成与内涵为目标，围绕古城研究该区域的文明化进程，并与周边文化展开比较。项目对石峁、芦山峁、碧村、后城咀、桥村、周家嘴头等遗址开展工作。在石峁皇城台发现石雕和带石墙的贵族墓地，在寨山古城发现等级分明的墓葬，在后城咀、碧村、天翾湾小石城和崇礼邓槽沟梁遗址都发现了结构相似的城门和瓮城，在周家嘴头和桥村发现手工业遗存。这些发现揭示出河套至北方长城地带龙山晚期文化和社会的面貌。该项目对于多学科、跨区域合作研究也有示范意义。

4. 海岱地区文明化进程研究项目

该项目旨在揭示海岱地区距今 5300~3400 年社会复杂化并最终进入文明的过程与特点，以及海岱地区在中华文明进程中的地位和贡献。项目在章丘焦家与城子崖、滕州岗上、新沂花厅、固镇垓下、滕州西孟庄、茌平教场铺等遗址开展田野考古和多学科研究。焦家的城址与墓地、岗上遗址的大型墓葬和明器化陶器，揭示了当时的社会与生产力发展水平。

5. 长江下游区域文明模式研究项目

该项目旨在进一步认识从崧泽文化到良渚文化阶段的社会复杂化过程，归纳长江下游文明的演进模式，探讨该区域文明的地位与作用。项目重点对良渚古城及外围水利系统、寺墩、福泉山、凌家滩 4 个遗址进行发掘，并对良渚古城所在的 2000 平方千米区域进行了调查和勘探。这些工作深化了对 4 个遗址的了解，以及对长江下游文明模式和区域交流的认识。同时，在余姚施岙遗址发现了目前世界上面积最大、年代最早、证据最充分的稻田遗迹。大部分稻田可早至 6700 年前，从河姆渡文化到良渚文化有清楚的结构变化。这表明发达的稻作农业促进了该区域的文明化进程，对当地的观念和原始宗教产生了巨大影响。

6. 长江中游地区文明进程研究（新石器时代）项目

该项目聚焦距今 5700~4000 年长江中游地区从文明形成到融入华夏的进程，及其在中国文明化进程中的地位和作用。主要内容和任务是对南阳黄山、京山屈家岭、天门石家河、荆门城河、襄阳凤凰咀、澧县鸡叫城、华容七星墩等中心遗址进行发掘与资料整理，对荆门龙王山、石首走马岭、靖安老虎墩等遗址的资料进行整理研究。目前，在城河发现王家塝墓地和人工水系，在鸡叫城出土稻作遗存和大型木建筑，在七星墩发现双重城、壕，在黄山出土玉石器作坊，在石家河发现长江中游规模最大的祭祀场所，在凤凰咀出土体现文化交流的遗存。这些发现揭示了长江中游新石器时代文化发展状况、聚落关系、跨区域交流。

7. 长江中游地区文明进程研究（夏商周时期）项目

该项目聚焦夏商文明对长江中游的影响、楚文化的发展扩张、秦的统一，探讨长江中游从史前到夏商周时期的文明转型和文明融合，主要问题为夏商周时期的考古学文化年代、华夏化进程、资源获取与利用。项目对近 10 处核心遗址与墓地开展年代、方国与诸侯国文化、矿冶遗存等方面的研究。在澧县孙家岗发掘了反映华夏化进程的墓地，在天门石家河、肥西三官庙、黄陂盘龙城发现中原文化因素，在黄陂盘龙城、鲁台山郭元咀、京山苏家垄、石门宝塔、黄石阳新、阜南台家寺、瑞昌铜岭等遗址发现与青铜冶铸相关的遗存。随州义地岗和枣树林墓地，以及信阳城阳城、荆州纪南城、寿县寿春城、淮南武王墩墓的发现，丰富了该区域东周时期的历史研究资料。

8. 川渝地区巴蜀文明进程研究项目

该项目旨在廓清该区域从新石器时代晚期至西汉早中期的文化谱系，探讨该区域的聚落、社会、文明化、华夏化。项目在高山、宝墩、鱼凫村、三星堆、竹瓦街、城坝遗址，以及罗家坝、冬笋坝、小田溪墓地开展考古发掘、资料整理、多学科研究，并对岷江上游、涪江、沱江、嘉陵江流域进行区域系统调查。在高山、宝墩发现墓地，在三星堆发现祭祀区并发掘了 6 座祭祀器物坑，在罗家坝、冬笋坝、小田溪新发掘一批战国墓。这些发现展示了中华文明的丰富内涵。

9. 甘肃吐谷浑墓葬群考古研究项目

该项目针对甘肃武威西南的祁连山北麓的唐代吐谷浑王族墓葬群开展考古调查、发掘、文物保护和研究，了解墓葬的范围、数量、特征、葬俗、内涵，为研究古代丝绸之路、铸牢中华民族共同体意识、实施"一带一路"建设提供学术支撑。现可知墓群分为"大可汗陵""小可汗陵""白杨山"三区，具有"大集中""小分散"的分布特征。已发现吐谷浑王族墓葬 23 处，发掘了吐谷浑喜王慕容智墓等 4 座墓。墓葬以唐代葬制为主，兼有吐谷浑、吐蕃和北方草原文化的因素，反映了吐谷浑与唐的交流、交往和融合。

10. 新疆考古研究项目

该项目的任务是完善新疆考古学文化谱系、促进考古成果转化、加强合作交流，课题包括新疆境内文化起源、史前考古学区系类型与聚落形态、国家管理与文化认同、丝绸之路交通与保障体系、多元宗教及其本土化等。目前在吉木乃县通天洞发现 4.5 万年前的人类活动遗存，在尼勒克县吉仁台沟口和温泉县呼斯塔遗址发现生业形态转化和冶金技术传播的重要材料，在汉西域都护府、唐安西和北庭都护府遗址群持续发掘，在尉犁县克亚克库都克烽燧遗址出土大批文书与木简。这些发现揭示了新疆地区古代文化的起源、交流，以及中原王朝对新疆的管辖。

11. 西藏考古研究项目

该项目的目标是建立旧石器时代晚期到吐蕃时期的考古学文化框架和年代体系，证实元代以来中央政府对西藏的有效治理。重点任务是构建西藏考古学文化体系、丰富早期中华文明研究内容、探索西藏历史时期考古学特性、构建西藏古代文化史。项目围绕"早期人类的起源与迁徙""新石器时代考古学区系类型""早期金属时代考古学文化框架与早期复杂社会的起源""吐蕃遗存考古调查与研究"4 个课题展开。通过日土县夏达错遗址、噶尔县切热遗址、班戈县各听遗址、革吉县梅龙达普项目的田野工作，早期人类起源与迁徙、石器技术传播等研究取得突破。康马县玛不错遗址、札达县格布赛鲁和桑达隆果墓地、乃东区结桑墓地，展现了从史前到金属时代的文化发展和区域联系。拉萨当雄的大型封土墓、曲水县温江多的宫殿和寺院建筑，反映了唐代西藏与中原的文化交流、交往和交融。

此外，2018 年至今还有 40 余项重要的田野发掘被纳入"考古中国"的"其他研究项目"发布。

三　文化遗产和文物保护取得新成就

中华文明博大精深，留下了丰富的文化遗产。习近平总书记十分关心文化遗产和文物保护，强调"让更多文物和文化遗产活起来，营造传承中华文明的浓厚社会氛围。文物和文化遗产承载着中华民族的基因和血脉，是不可再生、不可替代的中华优秀文明资源。我们要积极推进文物保护利用和文化遗产保护传承，挖掘文物和文化遗产的多重价值，传播更多承载中华文化、中国精神的价值符号和文化产品"[①]。

[①]　习近平:《把中国文明历史研究引向深入 增强历史自觉坚定文化自信》,《求是》2022 年第 14 期。

（一）文化遗产和文物保护工作的新局面

党的十八大以来，党中央高度重视文化遗产保护，各地在推进经济社会发展的同时，大力推动基本建设考古，促进考古、文化遗产保护、文博物事业与社会、经济、民生等各方面协同发展。

2020 年 10 月，国家文物局办公室印发《关于开展全国石窟寺专项调查工作的通知》。2021 年 3 月，自然资源部、国家文物局印发《关于在国土空间规划编制和实施中加强历史文化遗产保护管理的指导意见》；9 月，中共中央办公厅、国务院办公厅印发《关于在城乡建设中加强历史文化保护传承的意见》。2022 年 2 月，中共中央宣传部、文化和旅游部、国家文物局印发《关于学习贯彻习近平总书记重要讲话精神 全面加强历史文化遗产保护的通知》。结合其他相关要求和部署，全国开展了各类文化遗产的普查、清查。目前，已完成第三次全国文物普查、第一次全国可移动文物普查，以及长城、石窟寺等专项调查。普查登记不可移动文物 766722 处、国有可移动文物 1.08 亿件 / 套。全国重点文物保护单位 5058 处，博物馆 6565 家。全国公布不可移动革命文物 3.6 万多处，国有馆藏可移动革命文物 100 多万件 / 套。测量历代长城绵延总长超过 21000 公里。截至 2023 年 5 月，中国有世界遗产 56 项，其中世界文化遗产 38 项、文化和自然双遗产 4 项。同时，实施了数千项重大文物保护工程，有序推进长城、大运河、长征、黄河、长江国家文化公园建设，创建国家文物保护利用示范区；不断加强文物价值阐述、宣传、传播；召开全国革命文物工作会议，公布两批 37 个革命文物保护利用片区，覆盖全国 1433 个县区。

（二）文化遗产和文物保护专项取得新成效

在国家文物局的统一领导下，目前全国有 23 个省（区、市）实施了土地利用考古先行的"先考古、后出让"政策。南水北调一期文物保护工程顺利完成，三峡文物保护工作持续推进。雄安新区、北京城市副中心等重大建设工程中的考古项目接续开展。北京、温州大力保护路县故城、朔门古港遗址，传承城市文脉，形成了良好的社会示范效应。河北崇礼太子城遗址成为奥运会历史上场馆建设与文物保护展示相结合的典范，实现了"在保护中发展、在发展中保护"。一些重要类别的文化遗产的保护、利用成果突出。

1. 石窟寺

2020 年 10 月，国家文物局、文化和旅游部印发《关于加强石窟寺等文物开放管理和实行游客承载量公告制度有关工作的通知》，国务院办公厅印发《关于加强石窟寺保护利用工作的指导意见》。2021 年 9 月，国家文物局印发《中国石窟寺考古中长期计划（2021—2035 年）》；11 月，印发《"十四五"石窟寺保护利用专项规划》，系统提出"十四五"期间石窟寺保护利用主要任务的落实方案，包括"石窟中国"保护工程、石窟寺安全防范与应急处理水平提升计划、石窟寺考古报告出版工程、石窟寺保护重点研发计划、石窟寺展示利用提升和拓展、石窟寺保护利用人才培养体系建设。12 月召开的"十四五"石窟寺保护与考古工作会，公布最新调查结果，全国共有石窟寺 2155 处、摩崖造像 3831 处，共计 5986 处。2023 年 8 月召开首届石窟寺保护国际论坛，与会专家聚焦"气候变化背景下的石窟寺保护"主题展开广泛讨论和深入交流，共同分享经典案例，整合框架思路，探讨技术策略，展望未来方向，并发表《气候变化背景下的石窟寺保护大足宣言》。

近年来，莫高窟、云冈石窟、龙门石窟、麦积山石窟、安岳石窟、大足石刻等石窟寺保护工程取得显著成效，重要石窟寺保护状况总体稳定。危岩体加固、水害治理、本体修复等保护技术不断成熟，保护理念不断发展，形成"重视前期实验研究，多学科成果支撑，科学研究贯穿保护工作全过程，动态化设计和施工"的工作方式，在文物保护领域处于先进水平。莫高窟、云冈石窟、龙门石窟等世界遗产接待过多国政要和游客，成为展现中华文明特质、加强国际文化交流的重要平台。2020年以来，全国中小型石窟寺综合调查与测绘工作取得突破性进展。浙江、重庆、河南、陕西等省市开展调查，成果显著。吉林珲春古城村经过7年的考古工作，确认了两座佛教寺院。其中始建于公元5世纪的1号寺是我国发现的第一处高句丽佛寺，也是我国东北地区发现的最早的佛寺遗址。在重庆新发现潼南千佛寺、江津石佛寺，石佛寺于2021年出土数量众多的精美石刻造像，它也是我国南方地区保存最完整的宋代寺院遗址。

此外，由国家文物局指导，北京大学考古文博学院、北京大学宗教考古研究所举办三期"佛教考古与石窟寺研究专题研修班"，国家文物局连续举办两期"全国石窟寺管理人员培训班"，培养了近百名石窟寺考古和管理人员。

2. 长城

2005年国务院批准实施了《长城保护工程（2005—2014年）总体工作方案》，一大批长城墙体、敌楼以及关堡、烽火台等文物本体得到保护修缮，有效改善了长城保护状况和环境景观，一批重要长城段落和著名景点向社会开放，在推动地方经济社会发展中发挥了独特的作用。2006年国务院颁布《长城保护条例》，国家文物局会同国家测绘局组织开展长城资源调查，2012年实施长城资源认定工作并发布认定结论。2014年国家文物局发布《长城保护维修工作指导意见》《长城"四有"工作指导意见》，2016年国家文物局出台《长城执法巡查管理办法》和《长城保护员管理办法》，发布《中国长城保护报告》，2019年经报国务院同意，文化和旅游部、国家文物局联合印发《长城保护总体规划》，中办、国办印发《长城、大运河、长征国家文化公园建设方案》，2020 年国家文物局公布第一批国家级长城重要点段，长城保护逐渐走上科学化、系统化的道路。

3. 海疆与丝路遗产

我国海疆和海上丝绸之路沿线有大量文化遗产。21 世纪以来，曾对"南海一号""碗礁一号"进行水下发掘，此后我国水下考古和水下文化遗产保护事业迅速发展。2022 年，《中华人民共和国水下文物保护管理条例》修订实施。目前，全国已调查确认 241 处水下文物点，北礁沉船遗址等 5 处水下文物被公布为全国重点文物保护单位。广东、山东、福建等省划定水下文物保护区。国家文物局考古研究中心北海基地、南海基地的建设，使我国水下考古设施达到世界先进水平。中国社会科学院考古研究所推动泉州港、扬州港的考古工作，北京大学考古文博学院与福建共同开展泉州安溪下草埔冶铁遗址的发掘与保护，相关遗存反映了宋元时期海洋贸易背景下的商品生产与对外贸易。

水下考古取得重大成果。"南海一号"的水下发掘提取遗物 18 万余件，甲午海战沉舰调查确认致远舰、经远舰、定远舰等，长江口 2 号古船整体打捞入坞。2023 年，国家文物局发布我国深海考古工作重大发现：南海发现明代的"南海西北陆坡一号、二号沉船"，一号沉船文物以陶瓷器为主，散落范围上万平方米，推测数量超过 10 万件；在二号沉船上发现大量原木。我国科研人员在南海 1500 米深度海域布设水下永久测绘基点，标志着我国水下考古迈入深海阶段。随着我国载人深潜器具备全海深工作能力，今后将通过联合实验室开展更多深海考古，逐步探明我国海疆的文化遗产。

4. 大遗址和考古遗址公园

2005 年，我国启动大遗址保护行动，连续出台《关于加强大遗址考古工作的指导意见》《大遗址考古工作要求》《大遗址利用导则（试行）》《国家考古遗址公园管理办法》等，编制大遗址保护利用五年专项规划，逐步形成 150 处大遗址为重点的特色文物保护利用模式。2010 年，启动建设国家考古遗址公园，目前建成 55 家、立项 80 家。55 家公园中，已有 33 家由地方政府颁布了地方性法规，新建和即将竣工开放遗址博物馆超过 50 座；近 5 年实施文物保护工程 290 项，开展考古和科研项目 465 项、学术活动 633 个，出版成果 1045 项，举办社会活动 4733 项、展览活动 367 项，累计游客达 1.46 亿人次，公园建设发展取得阶段性进展。

四　中华优秀传统文化传承发展整体性推进

中华优秀传统文化传承发展工程是动态、开放的系列工程。2017 年 1 月，中共中央办公厅、国务院办公厅印发了《关于实施中华优秀传统文化传承发展工程的意见》，提出要在 2025 年基本形成包括研究阐发、教育普及、保护传承、创新发展、传播交流五个方面在内的中华优秀传统文化传承发展体系。2018 年，由中宣部牵头的中华优秀传统文化传承发展工程部际协调组建立，各成员单位共同研究协调传承发展重大问题，论证、指导重大工程项目实施，形成中华优秀传统文化传承发展全国一盘棋。2021 年，中宣部印发《中华优秀传统文化传承发展工程"十四五"重点项目规划》，规划明确了 23 个重点项目，包括中华文化资源普查工程、国家古籍保护及数字化工程、中华经典诵读工程、中国传统村落保护工程、非物质文化遗产传承发展工程、中华民族音乐传承出版工程、中国民间文学大系出版工程、戏曲传承振兴工程、中国经典民间故事动漫创作工程、中华文化广播电视传播工程、中华老字号保护发展工程、中国传统节日振兴工程、中华文化新媒体传播工程、系列文化经典、革命文物保护利用工程等 15 个原有项目，以及国家文化公园建设工程、黄河文化保护传承弘扬工程、大运河文化保护传承利用工程、中华古文字传承创新工程、农耕文化传承保护工程、中医药文化弘扬工程、城市文化生态修复工程、历史文化名城名镇名村街区和历史建筑保护利用工程等 8 个新设项目。

近年来，各地各部门坚持创造性转化、创新性发展，扎实推进传承发展重点工程项目，传承发展体系逐步构建，传统文化精髓挖掘阐释不断深入，日益融入生产生活和国民教育，全社会传承发展氛围愈加浓厚，精品力作持续涌现，中华优秀传统文化传承发展工作取得一系列进展和成就。

一是深入开展中华优秀传统文化的研究阐释，努力夯实传承发展工作基础。加强中华文化研究阐释工作，深入研究阐释中华优秀传统文化的核心思想理念、中华传统美德、中华人文精神，坚定文化自信、增进国家情怀。围绕中华文明起源发展、中华民族共同体和统一多民族国家形成发展等重大历史问题，深入实施"中华文明探源与早期发展综合研究""考古中国"等重大项目，探索构建中国文化基因理念体系。近几年，国家社科基金各类项目围绕"历史文化""文明探源""文化基因""文化传承""考古发掘报告"等相关研究领域资助千余项课题。基本摸清文化家底，实施中华文化资源普查工程，截至目前，全国现有 76.67 万处不可移动文物、3.6 万多处不可移动革命文物、1.08 亿件 / 套可移动文物，累计完成古籍普查登记数据 270 余万部，发布古籍数字资源达 10.2 万部 / 件；非物质文化遗产普查记录 87 万项非物质文化遗产资源，认定非遗代表性项目 10 万余项，其中国家级非遗代表性项目 1557 项，认定国家级非遗代表性传承人 3068 名；我国有 43 个项目被列入联合国教科文组织非遗名录名册，4 个项目入选全球重要农业文化遗产。全国公布 141 座国家历史文化名城、799 个中国历史文化名镇名村、8155 个中国传统村落，划定 1200 余片历史文化街区，确定 6.19 万处历史建筑。

二是不断赋予中华优秀传统文化新的时代内涵和现代表达方式，推出一批底蕴深厚、涵育人心的优秀作品。从中华文化资源宝库中提炼题材、获取灵感、汲取养分，把中华优秀传统文化的有益思想、艺术价值与时代特点和要求相结合，运用丰富多样的艺术形式进行当代表达、现代转化，一批讲好中国故事、具有广泛影响的电视节目栏目推出，一批体现传统文化内涵的文艺精品和创意文化产品涌现，一批深入研究阐释传统文化精华、普及文化经典的图书佳作出版。纪录片《记住乡愁》《人类的记忆——中国的世界遗产》《中国传统建筑的智慧》《中华老字号》，电视节目《中国诗词大会》《中国考古大会》《中国地名大会》《古韵新春》《唐宫夜宴》《洛神水赋》，舞蹈诗剧《只此青绿》，经典民间故事动画片《大禹治水》《愚公移山》等彰显中华美学风范，引发社会广泛关注。《中国考古大会》（第一季）电视端、融媒体端累计触达 103.4 亿人次，引发考古文化传播与学习热潮。"中华传统文化百部经典"项目已出版《诗经》《论语》《庄子》《史记》等70 种图书。"中国历代绘画大系"项目已出版《先秦汉唐画全集》《宋画全集》《元画全集》《明画全集》《清画全集》60 卷 226 册。

三是持续加大中华优秀传统文化融入生产生活力度，推动中华优秀传统文化日益深入人心。近年来，中华优秀传统文化日益融入时代、走进生活，不断赋彩经济社会，坚定人们的文化自信。中宣部、中央文明办、教育部围绕春节等七大传统节日，深挖节日价值内涵，创新形式载体，开展系列节日文化活动，推动形成新的节日习俗，受到广大青少年追捧，传统节日文化回归主流。中华经典诵读工程有序展开，举办 3 届中华经典诵写讲大赛，制作"中小学语文示范诵读库"，制作 7 期"中华经典资源库"。商务部等 8 部门印发《关于促进老字号创新发展的意见》，连续两年在进博会期间举办中华老字号创新发展大会，连续四年开展"老字号嘉年华"活动，组织各地和大型电商平台举办系列活动。国家中医药管理局等部门联合印发《"十四五"中医药文化弘扬工程实施方案》，组织成立专门课题组，开展中医药文化精神标识研究，推动中医药古籍出版整理，组织"走进名医故里"、中医药健康文化知识大赛、"千名医师讲中医"等文化品牌活动，推出《新时代的中医药》等纪录片，举办"智慧之光——中医药文化展"等精品展览。

四是深化中外文明交流互鉴，中华文化国际影响力和美誉度持续提升。把文化遗产作为文明传播交流的"天然使者"，我国与20多个国家签订文化遗产合作协定。举办出入境文物展览，与共建"一带一路"国家开展援外文物保护修复和联合考古合作。亚洲文明对话大会期间，成功举办"大美亚细亚——亚洲文明展"，来自49个国家的400多件文化瑰宝荟萃一堂，呈现了亚洲和人类文化遗产的独特魅力，促进了文明互学互鉴、共同发展。鼓励支持相关机构在国外主流媒体平台开设中国专栏、中国剧场、中国专区专页等，增进了各国人民对中国文化的认知认同。中宣部组织实施"舞动中国"项目，精心选取《丝路花雨》《我的梦》《国色·十二生肖》等富有中华文化特色和民族气派的舞台剧目，走进世界主流剧院，向海外观众展示中国文化魅力和新时代中国的艺术风采。组织实施"中华之美"海外传播工程，制作了《记住乡愁》国际版、《佳节》等纪录片，推出了《中国汉字》《中国传统医药》等"中华之美"丛书，策划了一系列对外文化交流活动，取得了良好的传播效果。通过中外合拍等方式面向海外制作推出《星空瞰华夏》《与古为友》等多部中华文明主题外宣纪录片。

五 地方志编修首次完成省市县三级全覆盖

中国地方志作为中华文化"没有断流，始终传承下来"的重要载体，是中华优秀传统文化的重要组成部分。地方志以志体的形式记录、诠释中华优秀传统文化，对中华优秀传统文化蕴含的思想观念、价值理念、人文精神和道德规范记述翔实、代有传承。中国地方志生长于中华民族的历史发展与社会进步实践中，是中华民族独特的文化标识，为新时代建设中华民族现代文明过程中确保中国特色、中国风格、中国气派提供了根本保证。

地方志编修从先秦时期就已开始，连绵不断，延续至今。从春秋战国时期的列国史、地理书、舆图，秦汉魏晋南北朝时期的地记，隋唐时期的官修图经、图志，到两宋时期朝廷设立专门机构开展修志，在这上千年间，著述体例基本定型，对地方志性质、功能的认识不断深化。元明清时期，志书体例更加完备，类目更趋规范，内容更为丰富，修志制度进一步完善，进入封建王朝修志的鼎盛时期。民国时期，地方志编修进一步延续，国民政府内政部先后颁布了《修志事例概要》《地方志书纂修办法》《市县文献委员会组织章程》等文件，将地方志书明确分为省志、市志、县志三种，指导各地编修地方志。至今保存下来的宋、元以来的旧志书多达 8000 余种 10 多万卷，约占我国现存古籍的 1/10，是我国珍贵的历史文化遗产。

中国共产党历来高度注重总结历史经验，具有编修和利用地方志的光荣传统。革命战争年代，毛泽东等老一辈无产阶级革命家就千方百计收集、利用方志了解地方情况，指导革命斗争。1941 年，毛泽东同志亲自起草《中共中央关于调查研究的决定》，要求党政军各机关收集县志、府志、省志、家谱，加以研究。新中国成立后，毛泽东、周恩来等中央领导同志就提倡整理和编修地方志。1957 年，国务院科学规划委员会把编写新的地方志列为《十二年哲学社会科学规划方案（草案）》的 12 个重点项目之一，于 1958 年成立了地方志小组，新中国的地方志工作逐步展开。[①]

改革开放后，地方志工作得到进一步重视。1983 年，中国地方志小组经中共中央书记处批准恢复活动，并更名为"中国地方志指导小组"。此

---

① 冀祥德：《依法治志与地方志转型升级》，当代中国出版社，2022，第 511 页。

后，各地普遍建立地方志工作机构，陆续启动首轮社会主义新方志的编纂工作。党中央、国务院先后印发文件，要求加强地方志编修工作。2006 年，国务院颁行《地方志工作条例》，地方志进入依法修志阶段。2015 年 8 月，国务院办公厅印发《全国地方志事业发展规划纲要（2015—2020 年）》，这是我国第一部全国地方志事业规划性文件，确定了依法治志的基本原则。[①]各地地方志工作陆续走上法治轨道，将地方志工作列入政府年度重点工作目标绩效考核，明确本级地方志工作机构的行政权力清单，建立督促检查考核机制，依法加大地方志法规规章的执行力度，逐渐成为各地推进地方志工作的重要方式。这一阶段坚持依法治志、科学规划，全面构建起了志、鉴、史、馆"四驾马车"并驾齐驱，志、鉴、库、馆、网、用、会、刊、研、史"十业并举"的地方志事业发展综合格局的"四梁八柱"，到 2020 年，实现全国地方志从一项工作向一项事业的第一次转型升级。

党的十八大以来，以习近平同志为核心的党中央高度重视地方志工作。习近平总书记具有浓厚的方志情怀，多次对地方志编修工作作出重要指示批示。习近平同志在福建宁德工作时曾强调"要马上了解一个地方的重要情况，就要了解它的历史。了解历史的可靠的方法就是看志，这是我的一个习惯"，指出了地方志的价值所在。他同时强调"修志是一项很有意义的工作，其意义，说通俗一点，就是使我们做一个明白人""修志是一件相当'得志'的事情"，修志工作"要当个事业来办，把它作为社会发展的基础工程，把它作为一种有文化的表现，也作为一种有远见的表现，一定要把这项工作摆在议事日程上"，进一步指出了地方志工作的重要性。[②]2014 年 2 月，习近平总书记在视察首都博物馆时强调，"要高度重视修史修志，让

---

① 冀祥德：《论依法治志》，《中国地方志》2016 年第 5 期。
② 冀祥德：《以"中国之志"资治"中国之治"》，《学习时报》2019 年 12 月 23 日，第 4 版。

文物说话、把历史智慧告诉人们，激发我们的民族自豪感和自信心，坚定全体人民振兴中华、实现中国梦的信心和决心"。2015年7月，习近平总书记在中共中央政治局第二十五次集体学习时指示，地方志要与党史、军史、档案、政协文史资料、社科院、高校等部门和机构一起，对抗战进行系统研究。2020年8月，习近平总书记又对中国扶贫志编纂作出重要批示。[①]

党中央先后出台多个重要政策性文件，对地方志编修工作作出具体部署，提出明确要求。2015年，国务院办公厅印发《全国地方志事业发展规划纲要（2015—2020年）》，对地方志事业发展作出全面顶层设计；2016年，国家"十三五"规划明确要求"加强修史修志"；2017年，中共中央办公厅、国务院办公厅印发《关于实施中华优秀传统文化传承发展工程的意见》，要求"做好地方史志编纂工作"；2018年，《乡村振兴战略规划（2018—2022年）》提出"鼓励乡村史志修编"；2020年第十三届全国人民代表大会常务委员会第二十三次会议颁布《中华人民共和国退役军人保障法》，对将符合有关条件的退役军人的名录和事迹编辑录入地方志作出法律安排，地方志事业蓬勃发展。

在党中央坚强领导下，全国地方志系统坚持以习近平新时代中国特色社会主义思想为指导，凝心聚力，开拓创新，出台了一系列新政策、新规划、新制度，推动各项事业取得显著进展。地方志在国家战略中的地位不断提高，在实现伟大梦想、建设伟大工程、推进伟大事业中的作用日益凸显。

全国地方志系统立足新的历史方位、新的事业定位、新的时代要求，不断解放思想，强化方向引领，推动方志理念与时俱进，积极构建方志文化认同，不断为地方志事业发展注入新动能，同时多措并举推动把地方志

---

① 冀祥德：《用地方志的历史记载方式为伟大的中国扶贫事业著史存史》，《光明日报》2021年7月26日，第6版。

"用起来""立起来""活起来""热起来""强起来"。如围绕国家"四个全面"战略布局，提出地方志"两个一百年"奋斗目标，提出地方志围绕党和国家根本利益、经济社会发展、以人民为中心开拓创新等。积极推动国务院办公厅颁行《全国地方志事业发展规划纲要（2015—2020年）》，第一次在国家层面对地方志事业作出顶层设计并持之以恒地贯彻落实；到2020年底全面实现省、市、县三级地方志书、地方综合年鉴编纂出版全覆盖的"两全目标"，开创了一项世界文化史上的盛举；贯彻落实中央领导同志重要指示批示精神，启动中国扶贫志编纂工程、中国全面小康志编纂工程；建成系统的全国地方志新媒体矩阵等。[①]

截至2023年6月，全国编纂完成省、市、县志书1万多部，编修部门志、行业志、专业志、乡镇村志2万多部，编纂地方综合年鉴3万多部，建成国家、省、市、县方志馆600余家，推广"互联网＋地方志"模式，开通中国国情网、中国地情网，建立省市县三级地情网站近850个、新媒体460多个，建设数字方志馆250多个，网站、数据库、微信平台等建设突飞猛进，建成我国有史以来最大的地方志成果库。

地方志编修工作取得的成就表明，地方志承载了中华优秀传统文化、革命文化、社会主义先进文化，是对中华优秀传统文化的创造性转化、创新性发展，与建设中华民族现代文明紧密相关、不可或缺。

第四节　红色文化保护传承成果丰硕

红色文化主要是指中国共产党带领中国人民在革命、建设、改革过程

---

① 冀祥德：《新时代的地方志》，当代中国出版社，2022，第497页。

中所积累下来的优秀文化，具有鲜明政治属性和时代价值，与中华优秀传统文化一脉相承。新中国成立后，特别是党的十八大以来，在习近平总书记高度重视、亲自指导下，红色文化的保护和传承取得历史性成就，其理论价值和现实意义充分彰显。特别是，在庆祝中国共产党成立100周年大会上，习近平总书记鲜明提出伟大建党精神："一百年前，中国共产党的先驱们创建了中国共产党，形成了坚持真理、坚守理想，践行初心、担当使命，不怕牺牲、英勇斗争，对党忠诚、不负人民的伟大建党精神，这是中国共产党的精神之源。"①2021年9月，党中央批准了中央宣传部梳理的第一批纳入中国共产党人精神谱系的伟大精神，并予以发布。党的二十大把"弘扬伟大建党精神"写进大会主题，强调"弘扬以伟大建党精神为源头的中国共产党人精神谱系"，将"弘扬坚持真理、坚守理想，践行初心、担当使命，不怕牺牲、英勇斗争，对党忠诚、不负人民的伟大建党精神"写入党章。新时代新征程，我们要大力弘扬以伟大建党精神为源头的中国共产党人精神谱系，为全面建设社会主义现代化国家、全面推进中华民族伟大复兴提供强大精神支撑。

一　红色文化是文化强国建设的重要内容

新时代新征程，世界百年未有之大变局加速演进，中华民族伟大复兴进入关键时期，战略机遇和风险挑战并存，国内外形势变化和我国各项事业发展对红色文化提出了更高要求。首先，推进中华民族伟大复兴，需要凝聚起团结奋斗的精神力量。习近平总书记反复强调，中华民族伟大复兴，绝不是轻轻松松、敲锣打鼓就能实现的。在可预见的未来，我们会遇到比

---

① 《习近平著作选读》第二卷，人民出版社，2023，第480页。

以往任何时候都更加错综复杂的问题、都更加严峻的风险挑战，亟须发挥红色文化在唱响主旋律、弘扬正能量、振奋精气神方面的作用，引导广大干部群众提升道德情操、树立良好风尚、增强文化自信，坚定不移地向着中华民族伟大复兴的宏伟目标勇毅前进。其次，我国社会主要矛盾转变，必须更好地满足人民群众的精神需要。新时代，我国社会主要矛盾已经转化为人民日益增长的美好生活需要和不平衡不充分的发展之间的矛盾。人民群众对美好生活的向往，已经超越"柴米油盐"和"衣食住行"等基本范畴，亟须发挥红色文化在提供高质量文化产品和高水平生活服务方面的作用，更好地满足人民日益增长的精神文化需求，不断提高群众的文化修养和生活品位。最后，面对复杂局面，需要举旗亮剑、激浊扬清。当前世界正在经历百年未有之大变局，敌对势力从未放弃歪曲中国共产党的历史、歪曲和改变中国特色社会主义道路的图谋，亟须发挥红色文化在举旗定向方面的作用，批驳错误思想言论，引导人民坚定不移听党话、矢志不渝跟党走，不断巩固党执政的阶级基础、群众基础、社会基础。

习近平总书记着眼中华民族伟大复兴的战略全局和世界百年未有之大变局，高度重视用好红色资源、赓续红色血脉。党的十八大闭幕后，中共中央政治局常委同志集体参观《复兴之路》展览，回顾近代以来中华民族上下求索的艰辛历程。党的十九大闭幕后，中共中央政治局常委同志集体瞻仰上海中共一大会址和嘉兴南湖红船，向全党全国宣示了赓续红色血脉、走好新时代长征路的坚定决心。党的二十大闭幕后，习近平总书记带领中共中央政治局常委瞻仰延安革命纪念地，重温革命战争时期党中央在延安的峥嵘岁月，缅怀老一辈革命家的丰功伟绩，宣示新一届中央领导集体赓续红色血脉、传承奋斗精神，在新的赶考之路上向历史和人民交出新的优异答卷的坚定信念。党的十八大以来，习近平总书记每到一个地方考察，都要瞻仰那里对我们党具有重大历史意义的革命圣地、红色旧址、革命历史纪念场所，从党的一大会址到党的各个重要革命根据地，从土地革命、抗日战争、解放战争纪念地点到社会主义革命和建设、改革开放重要地点等，主要的纪念场所基本上都走到了。每到一地，都重温那一段段峥嵘岁月，回顾党一路走过的艰难历程。

习近平总书记在多个场合就保护和传承红色文化发表了一系列重要讲话。特别是在十九届中共中央政治局进行第三十一次集体学习时，习近平总书记强调各级党组织要充分用好红色资源，教育引导广大党员、干部赓续红色血脉，做到学史明理、学史增信、学史崇德、学史力行；强调红色资源是我们党艰辛而辉煌奋斗历程的见证，是最宝贵的精神财富，一定要用心用情用力保护好、管理好、运用好；强调要赓续红色血脉，把革命先烈流血牺牲打下的红色江山守护好、建设好，努力创造不负革命先辈期望、无愧于历史和人民的新业绩，等等。[①]在习近平总书记的亲切关怀下，红色文化受到前所未有的重视、获得前所未有的发展，红色文化已经成为文化强国建设的重要内容。

第一，红色文化坚定了文化自信。中华民族是世界上古老而伟大的民族，创造了绵延五千多年的灿烂文明，为人类文明进步作出了不可磨灭的贡献。但在鸦片战争以后，由于西方列强入侵和封建统治腐败，中国逐步成为半殖民地半封建社会，中华民族遭受了前所未有的劫难，逐渐丧失了文化自信，甚至出现了"全盘西化"的错误论调。接受马克思主义后，中华民族逐渐从否定中国传统文化的文化自卑中走了出来。在同中国具体实际相结合、同中华优秀传统文化相结合中，马克思主义中国化不断实现新飞跃，指导中国的革命、建设、改革从胜利走向新的胜利。中国特色社会主义建设的巨大成就，宣告了"中国崩溃论"的崩溃、"历史终结论"的终

---

① 习近平：《用好红色资源 赓续红色血脉 努力创造无愧于历史和人民的新业绩》，《求是》2021年第19期。

结，使中国人民的精神由被动变为主动，对中华文化从来没有像今天这样自信。在中国现当代语境中，红色象征了马克思主义以及与马克思主义直接相关的革命、共产党、共产主义等。传播红色文化就是传承马克思主义，赓续红色血脉就是用马克思主义中国化时代化的最新成果武装头脑、指导实践，在党的领导下沿着中国特色社会主义道路坚定不移地走下去。保护和传承红色文化已经成为坚定文化自信、建设具有强大凝聚力和引领力的社会主义意识形态的重要抓手。

第二，红色文化凝聚了社会共识。习近平总书记强调："力量源于团结。中国这么大，不同人会有不同诉求，对同一件事也会有不同看法，这很正常，要通过沟通协商凝聚共识。14亿多中国人心往一处想、劲往一处使，同舟共济、众志成城，就没有干不成的事、迈不过的坎。"[1] 近年来，全国文化工作者坚持以人民为中心，多形式、多内容、多层次地展现红色文化，将红色文化中蕴含的以爱国主义为核心的民族精神、以改革创新为核心的时代精神转化为群众喜闻乐见的文化产品。这一文化上的"供给侧改革"大大拓展了红色文化受众面，使社会主义核心价值观融入不同社会阶层，人民群众普遍感受到"马克思主义行"，从而坚定了对"中国共产党能"和"社会主义好"的信心，求出了反映全国各族人民共同认同的价值观"最大公约数"，画出了亿万人民共同接受的思想"最大同心圆"，汇聚起实现中华民族伟大复兴的磅礴力量。

第三，红色文化改善了舆论环境。习近平总书记指出，思想舆论领域大致有三个地带。第一个是红色地带，主要是主流媒体和网络上正面力量构成的。第二个是黑色地带，主要是网络上和社会上一些负面言论构成的，还包括各种敌对势力制造的舆论。第三个是灰色地带，处于红色地带和黑

---

[1] 《国家主席习近平发表二〇二三年新年贺词》，《人民日报》2023年1月1日，第1版。

色地带之间。① 新时代以来，在党中央坚强领导下，红色文化广泛传播，使得红色地带这一舆论主阵地不断巩固和拓展，黑色地带逐渐缩小，灰色地带加快向红色地带转化，主流舆论的社会影响不断扩大。网络是舆论宣传的重要战场。近年来，随着《一张照片背后的这七年》《为谁辛苦为谁忙》等网络视频热播，以及《快看呐！这是我的军装照》等创意产品的推出，互联网这个最大变量正在变成事业发展的最大增量。

二　红色文化的保护传承赓续革命传统

习近平总书记强调，红色资源是不可再生、不可替代的珍贵资源，保护是首要任务。要本着对历史负责、对人民负责的态度，深入开展红色资源专项调查，加强红色遗址、革命文物保护工作，统筹好抢救性保护和预防性保护、本体保护和周边保护、单点保护和集群保护等。② 党的十八大以来，在党中央集中统一领导下，红色文化传承保护工作不断取得新进展。

第一，建章立制，树起传承保护工作的"四梁八柱"。2018 年，中共中央办公厅和国务院办公厅印发《关于实施革命文物保护利用工程（2018—2022 年）的意见》，要求加大革命文物保护力度："坚持抢救性和预防性保护并重，实施革命旧址维修保护行动计划和馆藏革命文物保护修复计划，加强革命文物安全防范设施建设。加强革命文物保养维护，开展革命文物研究性保护项目。各级政府应及时把新发现的革命文物依法纳入保护范畴，把具有重要价值的革命旧址核定公布为各级文物保护单位。县级政府应落实尚未核定公布为文物保护单位的革命文物保护措施，不得擅

① 习近平：《在全国宣传思想工作会议上的讲话》，载中共中央党史和文献研究院编《习近平关于总体国家安全观论述摘编》，中央文献出版社，2018，第 104 页。

② 习近平：《用好红色资源　赓续红色血脉　努力创造无愧于历史和人民的新业绩》，《求是》2021 年第 19 期。

自迁移、拆除。"① 为贯彻落实上述《意见》精神，各地区各行业共同实施革命文物保护利用工程。2018 年 10 月，国家文物局印发《关于报送革命文物名录的通知》，并指导各地公布全国革命文物名录。2019 年 1 月，国家文物局印发《革命旧址保护利用导则（试行）》，对革命文物旧址的管理、保护、展示、教育等方面进行了规范。2019 年 3 月和 2020 年 6 月，中共中央宣传部等部门先后确定公布了两批革命文物保护利用片区的分县名单。2021 年 10 月，国务院办公厅印发《"十四五"文物保护和科技创新规划》，要求"加强科学保护、系统保护，进一步完善革命文物定期排查、日常养护管理和安全防范制度，实施一批革命旧址维修保护项目、馆藏革命文物保护修复项目和革命文物研究性保护项目。加强整体保护，推进革命文物保护利用片区整体规划、连片保护、统筹展示，发挥示范引领作用。持续改善各级各类不可移动革命文物保存状况"②。2021 年 12 月，国家文物局印发《革命文物保护利用"十四五"专项规划》，提出推进整体保护，要求加强革命旧址保护维修和馆藏革命文物保护修复，全面推进革命文物保护利用片区工作，加强长征文化遗产线路保护，落实革命文物定期风险排查和日常养护管理制度，推动建设革命文物建筑消防系统，筑牢文物安全底线。③ 同时，地方政府也积极行动起来，《福建省红色文化遗存保护条例》《江西省革命文物保护条例》《广东省革命遗址保护条例》《河

---

① 《中共中央办公厅 国务院办公厅印发〈关于实施革命文物保护利用工程（2018—2022 年）的意见〉》，中华人民共和国中央人民政府网站，2018 年 7 月 29 日，https://www.gov.cn/zhengce/2018-07/29/content_5310268.htm。

② 《国务院办公厅关于印发"十四五"文物保护和科技创新规划的通知》，中华人民共和国中央人民政府网站，2021 年 11 月 8 日，https://www.gov.cn/zhengce/content/2021-11/08/content_5649764.htm。

③ 《国家文物局关于印发〈革命文物保护利用"十四五"专项规划〉的通知》，中华人民共和国中央人民政府网站，2021 年 12 月 31 日，https://www.gov.cn/zhengce/zhengceku/2021-12/31/content_5665933.htm。

南省革命文物保护条例》《内蒙古自治区革命文物保护利用条例》《甘肃省红色资源保护传承条例》等相继出台，传承保护红色文化的法规体系逐渐形成。

第二，亮点纷呈，红色文化传承保护工作成绩显著。在党中央坚强领导下，在地方政府大力支持下，革命文物保护利用状况显著改善，红色文化焕发出新的生机活力。江西省原中央苏区革命遗址保护利用工程稳步推进。截至 2017 年，已对外开放 1018 处，占比 69.7%；有复原陈列展示的 199 处，占比 13.6%。[①]福建省龙岩市筹措 2.3 亿元实施了四期古田会议旧址群维修保护工程，全面修缮旧址群中的 11 处全国重点文物保护单位。长汀县投入 4800 多万元，全面维修整治福建省苏维埃政府、中共福建省委旧址等革命旧址。上杭县投入 1000 多万元，维修保护毛泽东才溪乡调查旧址等革命旧址。[②]重庆市登记革命旧址 290 处，革命纪念馆、博物馆 27 家，馆藏革命文物 19998 件/套，基本涵盖新民主主义革命各历史阶段。近年来投入 8360 万元，修缮八路军驻重庆办事处旧址办公大楼、渣滓洞等重点革命文物 40 处，重点革命文物重大险情全面排除。[③]

2022 年，革命文物保护利用工程（2018~2022 年）圆满收官，目前，31 个省份和新疆生产建设兵团已完成两批革命文物名录核定公布。[④]据 2023

---

① 李巧：《全省公共图书馆文化馆和美术馆将实现免费开放》，江西新闻网，2017 年 8 月 14 日，https://jiangxi.jxnews.com.cn/system/2017/08/14/016337738.shtml。

② 池银花：《保护＋利用，让红色基因永续传承》，东南网，2017 年 6 月 10 日，http://ly.fjsen.com/2017-06/10/content_19647408.htm。

③ 重庆市文化委：《我市加强革命文物保护利用成效明显》，重庆考古，2018 年 2 月 7 日，http://m.cqkaogu.com/hangnei/3273.jhtml。

④ 《中华人民共和国文化和旅游部 2022 年文化和旅游发展统计公报》，中华人民共和国文化和旅游部网站，2023 年 7 月 13 日，https://zwgk.mct.gov.cn/zfxxgkml/tjxx/202307/t20230713_945922.html。

年 1 月公布的数据，全国登记的不可移动革命文物 3.6 万多处、国有馆藏可移动革命文物超过 100 万件 / 套。全国革命纪念馆跃升至 1600 余家，全国重点文物保护单位革命旧址开放率达 94%。[①] 近五年来，中央财政累计投入革命文物保护利用经费 41 亿元、省级财政投入 30 亿元；中央财政补助免费开放革命纪念馆 860 家、投入资金 50 亿元。[②] 经过多年不懈努力，革命文物保护利用状况显著改善，保护利用传承体系基本健全，传承发展平台初步形成。

三　红色文化的弘扬传播唱响主旋律

习近平总书记高度重视传承红色文化，强调要增强表现力、传播力、影响力，生动传播红色文化。[③] 近年来，红色文化多渠道、多形态传播，已经走进千家万户，融入百姓生活。

第一，红色影视火爆荧屏。党历来重视通过各种艺术形式传播革命文化。早在 20 世纪 30 年代，党领导的中国左翼戏剧家联盟就创作、排演了大量脍炙人口的优秀剧目，在粉碎国民党反动派所谓"文化围剿"、发动反帝反封建的革命斗争、传播红色文化等方面发挥了重要作用。毛泽东同志发表《在延安文艺座谈会上的讲话》之后，又产生了一大批贴近生活、反映时代、影响广泛的文艺作品，如《吕梁英雄传》《暴风骤雨》《林海雪原》《铁道游击队》等。新中国成立后，这些作品被搬上荧幕，成为影响几代人

---

① 朱宁宁：《革命文物保护利用状况显著改善 全国革命纪念馆跃升至 1600 余家》，《法治日报》2023 年 1 月 10 日，第 7 版。

② 李元梅：《新时代新作为：革命文物工作取得重要进展》，国家文物局网站，2023 年 3 月 31 日，http://www.ncha.gov.cn/art/2023/3/31/art_722_180699.html。

③ 习近平：《用好红色资源 赓续红色血脉 努力创造无愧于历史和人民的新业绩》，《求是》2021 年第 19 期。

的红色影视经典。改革开放后，红色影视的影响力有所下降。党的十八大以来，红色题材的影视作品重新成为荧幕热点。在电影方面，反映革命史的《建党伟业》《建军大业》《建国大业》《长津湖》《长津湖之水门桥》，展现当代军人风采的《战狼》《战狼2》《红海行动》，表现中国负责任大国形象的《流浪地球》《流浪地球2》，讲述普通百姓生活的《我和我的祖国》《我和我的家乡》《我和我的父辈》等，深受观众欢迎，口碑票房双丰收。据中国电影票房—艺恩娱数网的统计数据，截至2023年8月18日，内地票房榜排名前15的影片中，红色题材的电影占了7部[①]，位于榜首的《长津湖》和《战狼2》票房均超过55亿元，彻底改变了此前商业化的"西方大片"长期霸榜、影响中国年轻人价值观的状况。电视剧方面，《觉醒年代》引起了青年人的共鸣，相关文创受到追捧。《历史转折中的邓小平》在第17届华鼎奖评选中被评为"全国观众最喜爱的电视剧作品"。此外，《跨过鸭绿江》《功勋》等也产生了广泛影响。电视专题片方面，《领航》《征程》等通过各种鲜活具体的典型事例，展现了习近平总书记领导人民走过的非凡历程和取得的辉煌成就。舞台剧方面，红色主题文化秀《延安延安》回顾了中国革命史，让观众在艺术享受中领略革命先烈的满腔热血。新时代的红色影视以扣人心弦的故事情节、鲜活立体的人物形象、高超精湛的拍摄技术，艺术地再现了以爱国主义为核心的民族精神、以改革创新为核心的时代精神，满足了观众多层次、多维度的观影需要和审美要求，激励观众感悟红色文化、传承红色基因。

第二，红色旅游方兴未艾。红色旅游是人民群众感受红色文化的直观途径。近年来，党中央高度重视发展红色旅游。2021年，文化和旅游部印发《"十四五"文化和旅游发展规划》，提出大力发展红色旅游，突出爱国

---

① 包括《长津湖》《长津湖之水门桥》《战狼2》《红海行动》《流浪地球》《流浪地球2》《我和我的祖国》。

主义和革命传统教育，提升红色旅游发展水平，推进红色旅游人才队伍建设。①2022 年，国家发展和改革委员会等部门着眼"十四五"时期革命老区红色旅游高质量发展，联合出台《推动革命老区红色旅游高质量发展有关方案》，围绕"加强红色资源保护利用""推进红色旅游品质升级""优化红色旅游发展格局"等三方面部署了 12 项重点任务。②建党百年之际，相关部门精心遴选了百条红色旅游精品线路，开展"百名红色讲解员讲百年党史"宣讲活动，推动红色文化在基层传播。

2004~2019 年，全国红色旅游资源不断扩充，每年参加红色旅游的人次从 1.4 亿增长到了 14.1 亿。③"文旅中国大数据资源库"与文化和旅游部数据中心数据显示，2021 年一季度全国红色旅游总人次比 2019 年同期增长 1028%，2021 年上半年全国红色旅游总人次比 2019 年同期增长 268.8%。游客主动参与红色旅游成新时尚。调查显示，2021 年参与调查者中，41.7%的游客参加红色旅游的次数达到 3 次以上，其中，7.1% 的游客红色旅游的次数超过 5 次，特别是 40% 以上的游客经常、自主选择红色景区参观学习。调查显示，2021 年游客对红色旅游目的地红色文化氛围为满意等级的比例为 94.5%，其中，非常满意和较满意的比例达到 79.1%。④2022 年，全国开展红色旅游融合发展试点建设工作，举办全国大学生红色旅游创意策

---

① 《文化和旅游部关于印发〈"十四五"文化和旅游发展规划〉的通知》，中华人民共和国文化和旅游部网站，2021 年 4 月 29 日，https://zwgk.mct.gov.cn/zfxxgkml/ghjh/202106/t20210602_924956.html。
② 《国家发展改革委、文化和旅游部、国家文物局联合印发推动革命老区红色旅游高质量发展有关方案》，中华人民共和国国家发展和改革委员会网站，2022 年 1 月 30 日，https://www.ndrc.gov.cn/fzggw/jgsj/zys/sjdt/202201/t20220130_1314242.html。
③ 刘佳：《文旅部：2004 年到 2019 年每年参加红色旅游人次从 1.4 亿增长到 14.1 亿》，光明网，2021 年 3 月 23 日，https://m.gmw.cn/baijia/2021-03/23/1302184986.html。
④ 《数据看文旅 | 从全国红色旅游数字地图解析辽宁红色旅游发展》，中传云资讯系统网，2021 年 12 月 31 日，https://www.ccmapp.cn/news/detail?id=b1d483ea-ffd2-45c1-a043-97d8cb239c9e。

划大赛、红色讲解员进校园活动达 1.1 万余场次，覆盖大中小学生 4700 万人次。①

一方面，从分布区域上看，相当一部分红色旅游资源位于经济社会发展相对落后的革命老区，红色旅游的兴起增加了村民收入，有效助力乡村振兴、推进共同富裕。另一方面，富裕起来的村民积极担当红色事迹讲解员、红色遗址保护者、红色文化传播者。总之，近年来红色文化和红色旅游实现了深度融合发展，红色文化丰富了旅游的内涵、提升了旅游的品位，红色旅游带动了文化传播、推动了文化繁荣，"以文塑旅、以旅彰文"的格局基本形成。

第三，对红色文化的研究阐释不断深入。学术界始终将研究阐释红色文化置于重要位置。党的十八大以后，中国红色文化研究会在京召开第一次会员代表大会，成为研究、宣传中国红色文化的全国性学术组织。近年来，哲学社会科学"五路大军"积极开展革命史料的抢救、征集和研究工作，红色文化研究量质齐升。据中国知网的数据，从 2013 年至 2022 年的十年间，以"红色文化"为关键词的论文合计 1.1 万余篇，且呈现逐渐增加的趋势，相关论文从 2013 年的 299 篇增加到 2022 年的 2800 余篇。专著方面，《红色文化学概论》《红色文化十讲》等对红色文化进行了较为系统的研究，《福建红色文化》《江西红色文化》《贵州红色文化资源与地域发展研究》等深入研究了地方红色文化，《红色文化涵育社会主义核心价值观研究》《红色文化与理想信念教育》等剖析了红色文化在社会主义精神文明建设方面的作用。红色文化数据库的快速发展成为近年来的一大亮点。2014年，《红藏：进步期刊总汇（1915—1949）》出版，全书共 428 册 3 亿多

---

① 《中华人民共和国文化和旅游部 2022 年文化和旅游发展统计公报》，中华人民共和国文化和旅游部网站，2023 年 7 月 13 日，https://zwgk.mct.gov.cn/zfxxgkml/tjxx/202307/t20230713_945922.html。

字，收录了 151 种进步期刊。此后，在丛书基础上又推出了同名数据库。2021 年"红色文献数据库"正式上线。数据库包括"红色图书""红色期刊""红色报纸"三大板块。其中包括图书 6300 余种、期刊 100 余种、报纸 70 余种，文献总量超过 100 万页，总容量 200GB。[①] 这些数据库既是近年来学术研究的成果，又为学术界进一步研究阐释红色文化提供了史料支持，还为广大人民群众了解党领导的革命文化提供了便利。哲学社会科学界以革命史研究为中心，深入挖掘红色资源背后的思想内涵，准确把握党的历史发展的主题主线、主流本质，旗帜鲜明地反对和抵制历史虚无主义等错误思潮，成为维护国家意识形态安全的重要环节。

四　红色文化成为思想政治教育鲜明底色

党的十八大以来，习近平总书记高度重视思想政治教育和思想政治理论课教学，主持召开学校思想政治理论课教师座谈会，并在多个场合发表重要讲话，为新时代思政课建设提供了根本遵循。2022 年，教育部、中共中央宣传部等十部门关于印发《全面推进"大思政课"建设的工作方案》的通知中，特别提出充分挖掘地方红色文化，推动党的创新理论和历史融入各学段各门思政课。[②] 红色文化逐渐融入"大思政课"中，传承红色基因已经贯穿到思政教学、思政管理、教材编写等全领域、各环节。

第一，多方面用好校史资源。习近平总书记在中国人民大学考察时强

---

① 《"中国历史文献总库·红色文献数据库"正式上线》，中华人民共和国文化和旅游部网站，2021 年 7 月 19 日，https://www.mct.gov.cn/whzx/zsdw/zggjtsg/202107/t20210719_926501.htm。

② 《教育部等十部门关于印发〈全面推进"大思政课"建设的工作方案〉的通知》，中华人民共和国中央人民政府网站，2022 年 8 月 24 日，https://www.gov.cn/zhengce/zhengceku/2022-08/24/content_5706623.htm。

调："要加强校史资料的挖掘、整理和研究，讲好中国共产党的故事，讲好党创办人民大学的故事，激励广大师生继承优良传统，赓续红色血脉。"①北京大学着力用好校史"基因谱"，梳理 39 处校内红色文物资源，组织学生实地举行专题党日活动，结合革命历史题材影视剧《觉醒年代》《建党伟业》中的校史故事开展课堂教学，思政工作的感染力大大增强。②上海大学深入发掘党史校史中的红色资源，设计出"沉浸式体验红课——五卅运动与上海大学"，建立起当代学子与本校革命前辈之间的情感纽带。③西北农林科技大学扎实推进思政课教学改革，开展"校史校情进课堂"活动，推出"党史＋校史"点亮思政课，让广大青年学子体会学校与时代同步、与国家社会同频共振的信心，体会一代代农科教专家扎根杨凌为保障改善民生矢志不移的决心。④

第二，将理论讲授与社会实践相结合。习近平总书记指出，"思政课不仅应该在课堂上讲，也应该在社会生活中来讲"，"'大思政课'我们要善用之，一定要跟现实结合起来"。⑤2021 年，中共中央宣传部新命名 111 个全国爱国主义教育示范基地，此次命名后，全国爱国主义教育示范基地总数

① 《坚持党的领导传承红色基因扎根中国大地 走出一条建设中国特色世界一流大学新路》，《人民日报》2022 年 4 月 26 日，第 1 版。

② 《用好用活红色校史资源 办好青年党史学习大课堂》，中华人民共和国教育部网站，2021 年 6 月 10 日，http://www.moe.gov.cn/jyb_xwfb/xw_zt/moe_357/2021/2021_zt02/jinzhan/gexiaogeidi/202106/t20210610_537161.html。

③ 吴琼：《发掘党史校史红色资源 开启思政课沉浸式体验——别开生面，独具一格的沉浸式体验"红课"走进嘉定校区思政课堂》，上海大学网站，2023 年 5 月 22 日，https://www.shu.edu.cn/info/1056/307004.htm。

④ 林欣等：《转发："党史＋校史"为思政课教学改革赋能》，西北农林科技大学网站，2023 年 4 月 14 日，https://iipe.nwsuaf.edu.cn/jxgz/bksjy/2ec563070a154a2da3ee1de418ac44d0.htm。

⑤ 杜尚泽：《"'大思政课'我们要善用之"（微镜头·习近平总书记两会"下团组"·两会现场视察）》，《人民日报》（海外版）2021 年 3 月 7 日，第 1 版。

达到 585 个。其中，中国共产党历史展览馆全景式、全方位、全过程、史诗般展现我们党的百年历史、百年奋斗、百年成就，成为首都新的红色地标。近年来，全国爱国主义教育示范基地不断改进展览陈列，优化参观线路，着力讲好中国故事，讲好中国共产党故事，讲好新时代中国特色社会主义故事，进一步发挥对青少年的宣传教育功能。2023 年 8 月，文化和旅游部、教育部等部委联合印发《用好红色资源 培育时代新人 红色旅游助推铸魂育人行动计划（2023—2025 年）》，要求开展红色研学精品课程建设，推动红色文化与日常教学有机融合，将红色文化有效融入青少年思想政治教育工作。[2] 在实践层面，上海市虹口区发挥红色文化积淀深、左翼文化名人曾聚集等优势，创新推动红色资源的保护、传承和发展，编制《虹口"大思政课"学习导览》，打造"红色多伦""文艺之旗""鲁迅小道"等 10 条大思政精品线路，挖掘了中共四大纪念馆、上海鲁迅纪念馆等 106 个大思政课场景，使学生更好地了解发生在虹口的一段段往事，追寻革命先辈的光辉足迹，赓续共产党人红色血脉。[3]

第三，思政课教学方式不断创新。习近平总书记强调："上思政课不能拿着文件宣读，没有生命、干巴巴的。"[4] 课程内容可视化可以增强教学的生动性和吸引力。北京理工大学制作原创纪录片《红色育人路》，通过生动的

① 《中宣部新命名一批全国爱国主义教育示范基地》，中华人民共和国中央人民政府网站，2021 年 6 月 19 日，https://www.gov.cn/xinwen/2021-06/19/content_5619600.htm。

② 《文化和旅游部 教育部 共青团中央 全国妇联 中国关工委关于印发〈用好红色资源 培育时代新人 红色旅游助推铸魂育人行动计划（2023—2025 年）〉的通知》，中华人民共和国文化和旅游部网站，2023 年 8 月 8 日，https://zwgk.mct.gov.cn/zfxxgkml/zykf/202308/t20230808_946543.html。

③ 周楠：《虹口打造 10 条大思政精品线路 106 个场景，用数字赋能大思政课》，上观新闻网，2023 年 6 月 10 日，https://export.shobserver.com/baijiahao/html/621263.html。

④ 杜尚泽：《"'大思政课'我们要善用之"（微镜头·习近平总书记两会"下团组"·两会现场视察）》，《人民日报》（海外版）2021 年 3 月 7 日，第 1 版。

故事和精辟的论述，全面反映了党领导下的中国特色高等教育从延安启程，最终走出一条"红色育人路"的心路历程。① 北京邮电大学根据红色经典作品《永不消逝的电波》改编出舞台剧《寻找李白》，通过剧中李白妻子、儿子、战友等不同时空当事人的回忆，观众看到了李白身上坚定不移的革命信仰。② 随着科技进步，思政课开始与各种高新技术相结合，红色资源的开发利用插上了科技的翅膀。上海市发布"数字赋能大思政课——中共四大纪念馆元宇宙场景展区"，通过引进"元宇宙"科技概念，采用 AR 大空间互动导览，使参观者能够以虚实结合的方式，徜徉在文化历史知识的海洋，感受红色文化和科技带来的双重魅力。③

中华文明源远流长、博大精深，是中华民族独特的精神标识，是当代中国文化的根基，是维系全世界华人的精神纽带，也是中国文化创新的宝藏。④ 中华文明探源及其早期发展综合研究，实证了我国百万年的人类史、一万年的文化史、五千多年的文明史。在漫长的历史进程中，中华民族创造出光辉灿烂的文化，形成了独特的思想体系，走出了一条不同于世界其他国家和地区的发展之路。这既是新时代文化繁荣发展的文脉，也是坚定不移地走中国特色社会主义道路的根脉。浩如烟海的历史文化遗产凝聚着中华民族的智慧，成为我们坚定历史自信和文化自信的底气。文化在传承中发展，在创新中繁荣。近代以来形成的红色文化继承了中华优秀传统文化，又在革命、建设、改革中不断丰富，形成了鲜明的时代特色。各类文

---

① 田建萍：《北理工推出党史学习教育原创纪录片〈红色育人路〉》，全国党媒信息公共平台，2021 年 3 月 31 日，https://www.hubpd.com/c/2021-03-31/993955.shtml。

② 孙竞：《北京邮电大学原创舞台剧〈寻找李白〉首演 缅怀革命烈士李白》，人民网，2021年 5 月 8 日，http://edu.people.com.cn/n1/2021/0508/c1006-32097927.html。

③ 周楠：《虹口打造 10 条大思政精品线路 106 个场景，用数字赋能大思政课》，上观新闻网，2023 年 6 月 10 日，https://export.shobserver.com/baijiahao/html/621263.html。

④ 习近平：《把中国文明历史研究引向深入 增强历史自觉坚定文化自信》，《求是》2022 年第14 期。

化工程的实施，发展了社会主义先进文化，弘扬了革命文化，传承了中华优秀传统文化，使得人民日益增长的精神文化需求不断得到满足，使得全党全国各族人民团结奋斗的共同思想基础进一步巩固，使得中华民族文化自信明显增强、精神面貌更加奋发昂扬。在习近平文化思想指引下，文化事业取得历史性成就、发生历史性变革，为全面建设社会主义现代化国家、全面推进中华民族伟大复兴提供了坚强思想保证、强大精神力量、有利文化条件。

第四章

谱写辉煌：
文化事业与文化产业全面繁荣

谱写辉煌：
文化事业与文化产业全面繁荣

　　党的十八大以来，习近平总书记将文化建设摆在治国理政的突出位置，着力推动文化事业和文化产业繁荣发展。一是坚持"以人民为中心"的文化发展理念，"把人民作为文艺表现的主体，把人民作为文艺审美的鉴赏家和评判者，把为人民服务作为文艺工作者的天职"①，让人民享有更加充实、更为丰富、更高质量的精神文化生活；二是坚持发挥文化的精神力量，推进社会主义精神文明建设，巩固全民族共同团结奋斗的坚定信念，不断增强中华民族伟大复兴的精神力量；三是坚持社会效益第一、社会效益和经济效益相统一的原则，为新时代以来我国文化体制改革、公共文化服务和文化产业发展确定了遵循和统一的评价标准；四是坚持建构中国式现代化的文化形态，建设中华民族现代文明。

　　在习近平文化思想的引领下，党对文化事业的领导全面加强，精神文明建设成效显著，中华民族伟大复兴的精神力量明显增强。文化体制改革取得新一轮突破，文化管理体制走向全面创新，文化事业单位改革开创新局面，国有文化企业改革成就斐然，公共文化服务体系建设跃上新高度，

---

① 《习近平著作选读》第一卷，人民出版社，2023，第289页。

文化产业迈向高质量发展，现代文化市场体系日益健全。文化产业与公共文化服务的相互交融不断深化，文化产业与国民经济和社会发展深度融合成为新时代我国文化发展的突出特征。

第一节　党对文化建设的领导全面加强

坚持党对文化发展的领导是中国特色社会主义的基本制度，也是我国文化建设的重要历史经验。党始终坚持把文化作为革命、建设、改革的重要推动力量。土地革命战争时期，党领导"左联"进行文化斗争。抗日战争时期，党领导中华全国文艺界抗敌协会，运用文艺的力量坚定全民族抗战的信心和决心。毛泽东同志1940年在《新民主主义论》中提出的"民族的科学的大众的文化"这一新民主主义文化纲领，以及1942年《在延安文艺座谈会上的讲话》中提出的"为人民大众服务、为工农兵服务"的文艺方向，成为新民主主义革命时期中国共产党文化工作的指南。新中国成立后，党在社会主义文化建设中发挥着全面领导、指引方向、制定政策的重大作用。改革开放以来，党确立了文艺"为人民服务、为社会主义服务"的"二为"方向和"百花齐放、百家争鸣"的"双百"方针，并根据我国社会主义现代化事业发展的要求，建设社会主义精神文明，建构公共文化服务体系，发展文化产业，推动中国特色社会主义文化繁荣发展，极大增强了我国现代化建设的文化动力，丰富了人民群众的精神世界。

党的十八大以来，以习近平同志为核心的党中央以对党、对国家、对人民高度的责任担当，正本清源、返本开新，从"明确中国特色社会主义最本质的特征是中国共产党领导，中国特色社会主义制度的最大优势是中国共产党领导，党是最高政治领导力量"①这一基本前提出发，全面加强党对一切工作的领导权，为中华民族伟大复兴提供了根本保证。

一　马克思主义在文化建设中的指导地位全面加强

从革命战争年代开始，党在文化领域始终坚持马克思主义的根本指导地位，以马克思主义作为立党立国、兴党兴国的根本指导思想和文化建设的指南。新时代以来，我国深入推动马克思主义中国化时代化，为中国特色社会主义建设各项事业提供了科学的理论指导。习近平总书记指出，"中国共产党为什么能，中国特色社会主义为什么好，归根到底是马克思主义行，是中国化时代化的马克思主义行"②。习近平文化思想作为新时代中国化时代化马克思主义文化理论，为我国文化建设奠定了坚实的理论基础。

二　党对意识形态工作的领导全面加强

"意识形态决定文化前进方向和发展道路。"③习近平总书记指出，"意识形态工作是党的一项极端重要的工作，是为国家立心、为民族立魂的工作"④。加强党对意识形态的全面领导，对于巩固全民族的凝聚力，铸牢中华民族共同体意识，维护国家长治久安，增进全社会对中国共产党和中国特色社会主义的政治认同、思想认同、理论认同和情感认同具有极为重要

① 《习近平著作选读》第二卷，人民出版社，2023，第16页。
② 《习近平著作选读》第一卷，人民出版社，2023，第14页。
③ 《习近平著作选读》第二卷，人民出版社，2023，第34页。
④ 中共中央党史和文献研究院编《习近平关于社会主义精神文明建设论述摘编》，中央文献出版社，2022，第85页。

的意义。习近平总书记反复告诫全党，意识形态工作极端重要，必须牢牢掌握意识形态工作领导权、管理权和话语权。新时代以来，"党着力解决意识形态领域党的领导弱化问题，立破并举、激浊扬清，就意识形态领域许多方向性、战略性问题作出部署，确立和坚持马克思主义在意识形态领域指导地位的根本制度"[①]。党始终把意识形态工作作为工作全局的重中之重，通过提升新闻舆论的传播力、引导力、影响力和公信力，巩固马克思主义在意识形态领域的指导地位。同时，我国建立了意识形态工作责任制，贯彻落实党管宣传、党管意识形态、党管媒体的原则，把党的领导落实到宣传思想工作的方方面面，为文化事业繁荣和文化产业高质量发展提供根本保证。

三　党对中国特色社会主义文化发展方向的引领全面加强

新时代以来，党从中华民族伟大复兴的历史目标和中国式现代化的现实要求出发，对我国文化发展提出了一系列新思想新观点新论断，包括建设社会主义文化强国，坚定历史自信、文化自信，推动中华优秀传统文化创造性转化、创新性发展，繁荣发展文化事业和文化产业，实现全民族物质富裕、精神富有，开创人类文明新形态，开展文明交流互鉴，等等。这些新思想新观点新论断，是习近平文化思想的重要组成部分。习近平总书记在文化传承发展座谈会上指出："在新的起点上继续推动文化繁荣、建设文化强国、建设中华民族现代文明，是我们在新时代新的文化使命。"[②]习近平文化思想为新时代我国文化建设指明了前进方向和奋斗目标，对于

---

① 《中共中央关于党的百年奋斗重大成就和历史经验的决议》，人民出版社，2021，第 44 页。

② 《习近平在文化传承座谈会上强调——担负起新文化使命　努力建设中华民族现代文明》，《人民日报》2023 年 6 月 3 日，第 1 版。

促进我国社会主义文化健康发展，以及建设中华民族现代文明、开创人类文明新形态具有重大意义。

第二节　文化事业发展和文化体制改革取得新突破

党的十八大以来，在习近平文化思想的指引下，我国社会主义精神文明建设成效显著，中华民族伟大复兴的精神力量全面增强。同时，我国深入推进文化体制改革，文化管理体制全面创新，文化事业单位改革开创新局，国有文化企业的经营管理水平和效益显著提升，社会主义文化建设事业迈入新阶段。

一　社会主义精神文明建设成效显著

社会主义精神文明建设是中国特色社会主义的重要特征，也是我国社会主义文化建设的重要组成部分。党的十九大报告提出，"要以培养担当民族复兴大任的时代新人为着眼点，强化教育引导、实践养成、制度保障，发挥社会主义核心价值观对国民教育、精神文明创建、精神文化产品创作生产传播的引领作用，把社会主义核心价值观融入社会发展各方面，转化为人们的情感认同和行为习惯"[①]。党的二十大报告将精神文明建设作为新时代推进文化自信自强、铸就社会主义文化新辉煌的重要任务之一，提出"统筹推动文明培育、文明实践、文明创建，推进城乡精神文明建设融合发展，在全社会弘扬劳动精神、奋斗精神、奉献精神、创造精神、勤俭节约

---

① 《习近平著作选读》第二卷，人民出版社，2023，第35页。

精神，培育时代新风新貌"①。

新时代以来，党坚持以社会主义核心价值观引领文化建设，注重用社会主义先进文化、革命文化、中华优秀传统文化培根铸魂，开展理念信念教育、群众性文明创建活动和文明实践活动，全方位提升全社会思想道德水平和文明水平。

一是设立国家烈士纪念日，建立健全党和国家荣誉功勋表彰制度体系。2014 年，第十二届全国人民代表大会常务委员会第十次会议通过《全国人民代表大会常务委员会关于设立烈士纪念日的决定》，将 9 月 30 日设立为烈士纪念日。2017 年，党和国家功勋荣誉表彰工作委员会发布了《国家功勋荣誉表彰条例》《军队功勋荣誉表彰条例》《中国共产党党内功勋荣誉表彰条例》，这标志着党和国家荣誉功勋表彰制度全面建立。国家烈士纪念日及党和国家荣誉功勋表彰体系为全民族树立了以为国家和民族作出伟大牺牲和无私奉献为最高荣誉的价值标准，对培育全社会团结奋斗、勇于牺牲的精神具有深远的激励作用。

二是持续深入开展群众性精神文明创建活动和未成年人思想道德建设工作先进评选活动。群众性精神文明创建活动和思想道德建设是新时代我国社会主义文化建设的重要组成部分，在推动我国城乡环境优化、基础设施建设水平与社会治理水平提升以及精神文明水平提升等方面发挥着重大作用。党的十八大以来，我国深入开展文明城市、文明村镇、文明单位、文明家庭和文明校园创建活动，以及未成年人思想道德建设工作先进评选活动，掀起了精神文明建设新高潮。

2015 年，中央精神文明建设指导委员会（以下简称"中央文明委"）公布了第四届全国文明城市、文明村镇、文明单位名单，以及第四届全国未

---

① 《习近平著作选读》第一卷，人民出版社，2023，第 37 页。

成年人思想道德建设工作先进城市（区）和第三届先进单位、先进工作者名单。2016 年，中央文明委公布了第一届全国文明家庭名单。2017 年，中央文明委公布了第五届全国文明城市、文明村镇、文明单位名单，第一届全国文明校园名单，以及第五届全国未成年人思想道德建设工作先进城市（区）和第四届先进单位、先进工作者名单。2020 年，中央文明委公布了第六届全国文明城市、文明村镇、文明单位名单，第二届全国文明家庭、文明校园名单，以及第六届全国未成年人思想道德建设工作先进城市（区）和第五届先进单位、先进工作者名单。新时代以来，共评出全国文明城市 256 个，全国文明村镇 4625 个，全国文明单位 7444 个，全国文明家庭 799 户，全国文明校园 1135 所，全国未成年人思想道德建设工作先进城市（区）94 个，全国未成年人思想道德建设先进单位 599 个，全国未成年人思想道德建设先进工作者 399 名。[1]

为深入推进全社会思想道德建设，我国出台实施了《新时代公民道德建设实施纲要》《新时代爱国主义教育实施纲要》《关于新时代加强和改进思想政治工作的意见》等。截至 2022 年 8 月，新时代以来中共中央宣传部先后授予 136 个集体或个人"时代楷模"称号、299 人"全国道德模范"称号，表彰 300 个"最美奋斗者"，发布 736 个"最美人物"，评选出 11585 个"中国好人"。[2] 这些全国精神文明建设和未成年人思想道德建设先进代表，是新时代我国精神文明领域取得丰硕成果的有力见证，对进一步提升我国精神建设文明水平发挥着巨大的引领作用。

除了全国性的群众性精神文明创建活动外，各地从省、市、县到乡镇、

[1] 根据中央文明委 2015~2022 年发布的相关文件统计，中国文明网，http://www.wenming.cn/wmsjk/cjdx_53740/。

[2] 《中共中央宣传部就新时代宣传文化工作举措与成效举行发布会》，中国网，2022 年 8 月 18 日，www.china.com.cn/zhibo/content_78374587.htm。

街道、村庄和居民社区，普遍开展形式多样的群众性精神文明创建活动。例如，创建文明县城、文明集镇、文明家庭、文明小区，开展各类军民、警民、校企精神文明共建活动，等等。全方位群众性精神文明创建活动是新时代我国社会主义文化建设的突出亮点。

三是开展新时代文明实践中心建设，提升全社会精神文明水平。2018年7月，中央全面深化改革委员会第三次会议审议通过了《关于建设新时代文明实践中心试点工作的指导意见》，我国开始了新时代文明实践中心建设。5年来，全国共建成新时代文明实践中心2960个、文明实践所39217个、文明实践站600139个，覆盖全国所有县（市、区、旗）、乡镇（街道）、行政村（社区），并在居民聚集区、机场车站、公园集市、窗口单位等公共场所，设立了数量更多的文明实践点、基地、广场等，全方位、整体性构筑了城乡基层宣传思想文化阵地和力量，做到群众在哪里、文明实践就延伸到哪里，使精神文明建设工作有了更广覆盖面和更高到达率。

新时代文明实践中心立足凝聚群众、引导群众，以文化人、成风化俗，牢牢把握传播新思想、引领新风尚的工作目标，统筹推进学习实践科学理论、宣传宣讲党的政策、培育践行主流价值、丰富活跃文化生活、持续深入移风易俗等各项工作，对全面提升乡村精神文明建设发挥了重大作用。实践中，各地依托新时代文明实践中心阵地，统筹利用城乡公共文化服务和群众宣传教育资源，广泛开展文明实践主题活动和志愿服务，引导动员亿万群众团结友爱奉献、追求美好生活、实现奋斗目标。通过"宣讲＋文艺""宣讲＋服务"传播科学理论，按照"点单—派单—接单—评单"流程为群众提供精准服务，不断厚植人民信仰、增进民生福祉。借助健全道德评议会、红白理事会、禁毒禁赌会，完善村规民约，持续推进农村移风易俗，建设健康文明生活方式。广大乡村通过"优秀传统文化进农家""科学知识进农家""文明风尚进农家""传家训、立家规、扬家风"，以及评选"三好一户""人居环境改善先进户""好邻居""十星级文明户"等各种创新方式，把乡风文明建设落到实处，不断提升乡村文明水平。

从总体上看，新时代我国精神文明建设成效显著，对提升人民文明素质和社会文明程度发挥了重大推动作用，为建构中国式现代化的文化形态和建设中华民族现代文明发挥了重要作用。

二　中华民族伟大复兴的精神力量全面增强

在中华民族伟大复兴的历史进程中，精神力量是我们进行伟大斗争、推进伟大事业、实现伟大梦想的强大武器。中华民族伟大复兴的精神力量表现为为实现中华民族伟大复兴中国梦而团结奋斗的凝聚力；表现为把中华民族团结在一起的爱国主义精神和鞭策中华儿女与时俱进的改革开放精神；表现为对马克思主义的信仰，对中国特色社会主义的信念，对实现中华民族伟大复兴中国梦的信心；表现为敢于斗争、敢于胜利的强大信心；表现为对崇高理想的无悔坚守和为人民牺牲奉献的高尚情操；等等。

党的十八大以来，习近平总书记对以社会主义文化增强中华民族伟大复兴的精神力量的重要性作了深刻的论述。习近平总书记站在统筹中华民族伟大复兴战略全局和世界百年未有之大变局的高度，指出自信自强的精神力量，是我国发展的战略性有利条件："有自信自强的精神力量，中国人民积极性、主动性、创造性进一步激发，志气、骨气、底气空前增强，党心军心民心昂扬振奋。"[①]自信自强，是我们党战胜困难、书写奇迹的重要基因，也是创造历史、开辟未来的强大精神力量。

---

① 习近平：《把提高农业综合生产能力放在更加突出的位置　在推动社会保障事业高质量发展上持续用力》，《人民日报》2022年3月7日，第1版。

围绕增强中华民族伟大复兴的精神力量，党和国家进行了多方面的部署。在文化建设的目标上，坚持把增强人民的精神力量作为文化建设的出发点和核心目标。党的十九大报告指出，"中国特色社会主义文化是激励全党全国各族人民奋勇前进的强大精神力量"[1]。党的二十大报告把"激发全民族文化创新创造活力，增强实现中华民族伟大复兴的精神力量"[2]作为推进社会主义文化建设的重要目标。

在文化建设的基本原则和文艺创作的导向上，坚持以人民为中心的发展思想。以人民为中心，意味着文艺创作不仅要以社会主义先进文化满足人民群众的精神文化需求，更要塑造美好心灵、弘扬社会正气，提升人民的精神力量。习近平总书记指出，"文学艺术的成长离不开人民的滋养，人民中有着一切文学艺术取之不尽、用之不竭的丰沛源泉。文艺要对人民创造历史的伟大进程给予最热情的赞颂，对一切为中华民族伟大复兴奋斗的拼搏者、一切为人民牺牲奉献的英雄们给予最深情的褒扬"[3]。歌颂人民，讴歌时代精神，是以人民为中心的文艺创作观和文化发展理念的根本要求。

在文化产品的评价标准上，坚持正确处理文化产品的社会效益和经济效益的关系。在新时代社会主义文化实践中，坚持反对片面追求经济效益，以低级庸俗趣味迎合市场，以及"娱乐至死"、价值虚无、历史虚无的唯娱乐化倾向。倡导文艺工作者和文艺部门从社会生活、当代人物中挖掘题材，生产表现社会主义先进文化，讴歌真善美，贬斥假恶丑，经得起市场考验、经得起时间检验、经得起人民评判的优秀文化产品。在文化产业的发展导向上，始终坚持把社会效益放在首位、社会效益和经济效益相统一，既遵

① 《习近平著作选读》第二卷，人民出版社，2023，第 14 页。
② 《习近平著作选读》第一卷，人民出版社，2023，第 35 页。
③ 习近平：《在中国文联十一大、中国作协十大开幕式上的讲话》，《人民日报》2021 年 12 月 15 日，第 2 版。

循社会主义先进文化发展规律，又体现社会主义市场经济要求，确保文化产业持续健康发展。习近平总书记明确指出，"同社会效益相比，经济效益是第二位的，当两个效益、两种价值发生矛盾时，经济效益要服从社会效益，市场价值要服从社会价值"①。

以社会主义文化建设增强全民族的精神力量，必须扩大优质文化供给，让人民享有更加充实、更为丰富、更高质量的精神文化生活。党的十八大以来，我国文化部门和广大文艺工作者积极践行以人民为中心的文化发展理念，以增强中国式现代化和中华民族伟大复兴的精神力量为导向，倾情投入、用心创作，创造了大量无愧于时代、无愧于人民的优秀文化作品，取得了社会效益与经济效益双赢、社会价值与经济价值谐振的良好效果。例如，《中国成语大会》《中国诗词大会》《典籍里的中国》《经典咏流传》等文化类电视节目，生动展现了中华文化的永恒魅力，受到各个年龄段人群的喜爱，把中华文化的审美意识和精神追求播撒进千万人民群众的心中，成为新时代优秀文化产品的代表。新时代涌现的大量优秀文化作品丰富了人民群众的精神生活，有力地增强了人民群众投身中华民族伟大复兴的精神力量。近年来，在我国广大青年群体中出现的不盲目追捧国外品牌，乐于买国货、用国货、"晒国货"，消费中华"国字号"品牌产品，热爱中华优秀传统文化的"国潮"现象，正是青年一代全面树立文化自信、增强中华民族伟大复兴精神力量的生动展现。

三　文化体制改革成果突出

文化管理体制是我国社会主义文化事业运行和社会主义文化发展的重

---

① 《习近平著作选读》第一卷，人民出版社，2023，第294页。

要保障。2003年6月至2005年12月，我国从促进文化产业发展和提升公共服务效能的目标出发，进行了文化体制改革试点。此后，文化体制改革在全国展开。

我国文化体制改革围绕重塑文化市场主体、完善市场体系、改善宏观治理、转变政府职能这四项任务，按照区别对待、分类指导、循序渐进、逐步推开的原则有序推进。

重塑文化市场主体，是指推动经营性文化机构脱离事业单位性质，改制转企，建立产权清晰、权责明确、管理科学的现代企业制度，发展成为自主经营、自我发展、自我约束的合格文化市场主体。同时，推动国有文化企业跨地区、跨行业兼并重组，打造骨干企业，培育战略投资者。

完善市场体系，是指加快文化领域的立法进程，完善文化管理的法律法规体系，保障各种所有制的文化企业依法依规公平竞争，培育文化市场中介，发展文化要素市场，促进各类文化要素的市场流通，营造文化企业发展壮大的良好市场环境。

改善宏观治理和转变政府职能包括两个方面：一是根据文化产业和公共文化事业发展的新形势和新要求，提高政府对文化发展各领域的宏观管理和调控能力，将简政放权和加强监管齐推进、相协调；二是进一步理顺文化主管部门和所属事业单位、企业单位之间的关系，推动文化主管部门职能从办文化向管文化转变、从文化微观管理向文化宏观治理转型。

党的十八大之前，我国文化体制改革基本完成了出版、影视制作、发行、广电传输和一般国有文艺院团、首批非时政类报刊出版单位等国有经营性文化单位转企改制。这一阶段的文化体制改革增强了国有文化企业的活力和竞争力，国有文化企业规模化、集约化、专业化水平显著提高，文化产业快速发展，公益性文化单位活力全面增强，公共文化服务体系建设取得重大进展，服务效能显著提升。

党的十八大以来，全面深化改革成为新时代中国特色社会主义建设的重要战略部署，党中央统筹推进经济建设、政治建设、文化建设、社会建设和生态文明建设的"五位一体"总体布局，文化体制改革作为我国全方位改革的重要组成部分，在新的历史方位下得到深入推进。2013 年 8 月，习近平总书记在全国宣传思想工作会议上指出，"要继续推进文化体制改革，推动文化事业全面繁荣和文化产业快速发展，建设社会主义文化强国"[①]。党的十八届三中全会通过的《中共中央关于全面深化改革若干重大问题的决定》提出，"紧紧围绕建设社会主义核心价值体系、社会主义文化强国深化文化体制改革，加快完善文化管理体制和文化生产经营机制，建立健全现代公共文化服务体系、现代文化市场体系，推动社会主义文化大发展大繁荣"[②]。

在习近平文化思想引领下，我国文化领域按照《中共中央关于全面深化改革若干重大问题的决定》《中共中央关于坚持和完善中国特色社会主义制度　推进国家治理体系和治理能力现代化若干重大问题的决定》的要求，以全面解放文化生产力、激发全民族文化创新创造活力、提升国家文化软实力、增强中华民族伟大复兴精神力量为目标，立足于满足人民群众获得感和幸福感，持续深化文化体制改革，推动宏观文化管理体制全面创新。国家出台了一系列政策文件，对推进文化体制改革进行具体部署，其中包括中共中央办公厅、国务院办公厅印发的《深化文化体制改革实施方案》（2014）、《关于加快构建现代公共文化服务体系的意见》（2015）、《关于推动国有文化企业把社会效益放在首位、实现社会效益和经济效益相统一的指导意见》（2015）、《国家"十三五"时期文化发展改革规划纲要》

---

① 《习近平著作选读》第一卷，人民出版社，2023，第 149 页。
② 中共中央文献研究室编《十八大以来重要文献选编》（上），中央文献出版社，2014，第 512~513 页。

180 ┃ 新时代中国文化发展报告：走向全面繁荣的中华民族现代文明

（2017）、《关于深化国有文艺院团改革的意见》（2021）、《"十四五"文化发展规划》（2022），以及文化部等九部门联合印发的《关于支持转企改制国有文艺院团改革发展的指导意见》（2013）、《国务院办公厅关于印发文化体制改革中经营性文化事业单位转制为企业和进一步支持文化企业发展两个规定的通知》（国办发〔2014〕15号，国办发〔2018〕124号），中宣部、文化部等七部门联合印发的《关于深入推进公共文化机构法人治理结构改革的实施方案》（2017），等等。经过十余年的持续努力，新时代我国文化体制改革取得重要突破。

（一）文化管理体制走向全面创新

新时代以来，我国文化宏观管理体制创新取得重大突破。首先是坚持和加强党对宣传思想工作的全面领导，把党的领导落实到国家文化治理各领域各方面各环节。在媒体管理领域，根据数字文化时代媒体格局的新特点，坚持党管媒体原则，着力建设以内容建设为根本、以先进技术为支撑、以创新管理为保障的全媒体传播体系。在互联网文化和信息领域，不断健全网络综合治理体系，全面提高网络治理能力，落实互联网企业信息管理主体责任，营造清朗的网络空间。

其次是深化文化领域行政体制改革，转变政府职能，提高服务效能。文化领域全面推进"放管服"改革，通过简政放权、放管结合、优化服务，减少文化领域的行政审批事项，促进文化市场高效运行，保障市场主体公平竞争。文化和旅游部利用全国文化市场技术监管与服务平台、全国旅游监管服务平台系统开展公共服务，有效提高了文化旅游领域的管理与服务效能。

最后是实行国家文化管理体制改革。新时代以来，为适应文化改革发展的新形势新要求，我国文化宏观管理体制进行了两次重大改革。第一次是 2013 年，根据第十二届全国人民代表大会第一次会议批准的《国务院机构改革和职能转变方案》，国家新闻出版总署（国家版权局）与国家广播电影电视总局合并，组建国务院直属机构"国家新闻出版广电总局"，负责新闻、出版、广播、电影和电视领域的管理工作。第二次是 2018 年，根据中共中央发布的《深化党和国家机构改革方案》，将国家新闻出版广电总局的新闻出版管理职责和电影管理职责划入中宣部，中宣部对外加挂国家新闻出版署（国家版权局）和国家电影局牌子，统一管理全国思想宣传、新闻出版和电影工作；组建国家广播电视总局，作为国务院直属机构；将原文化部和原国家旅游局的职责整合，组建文化和旅游部，负责文化和旅游事务管理。通过此次改革，我国形成了宣传部门、文化和旅游管理部门、广播电视部门等部门共同管理文化建设工作的新格局。

（二）文化事业单位改革开创新局

党的十八大之前的文化体制改革，把文化单位分为公益性文化事业单位和经营性文化产业单位两大类。这一时期文化体制改革的重点是推动适于市场化生存的经营性文化事业单位转企改制，由事业法人转变为企业法人。同时，对于明确为公益性文化事业单位的机构，提供全额公共财政支持，使其成为公共文化服务机构，专注于公共文化服务。新时代以来，在继续推动经营性文化事业单位转企改制、盘活国有文化资产、提升国有文化资产运行效率的同时，我国全面深化文化事业单位改革，在提升公益性文化事业单位的公共文化服务职能方面取得重要突破。

一是文化事业单位改革进一步深化。我国进一步明确了文化事业单位分类，推动公共图书馆、博物馆、文化馆、美术馆等事业单位建立法人治理结构。同时，加大了对党报党刊社、通讯社、电台电视台、时政类报刊社、公益性出版社等主流媒体扶持力度。在加强内部管理的同时，严格实行采编与经营分开，规范经营活动。在坚持出版权、播出权特许经营前提下，允许制作和出版、制作和播出分开。通过分类改革，公益性文化事业单位的经费来源、公益属性得到确认，为建成全覆盖的公共文化服务体系奠定了坚实基础。

二是公共文化服务不断创新，服务水平全面提升。各地文化部门积极推动公共文化服务供给侧结构性改革，增强服务效能，为我国建设标准化、均等化的优质公共文化服务体系提供了有力支撑。公共文化服务的内容实现了从"有没有"到"好不好"的转变，经典诵读、"悦读"分享、大师讲座、艺术沙龙、乡村春晚、"村BA"、"村超"等多样化的公共文化服务创新层出不穷，极大提升了公共文化服务的有效性。近年来，我国公共博物馆纷纷推出数字化展出、创意文博、沉浸式体验等优质服务。各地图书馆创新服务方式，通过城乡一体的总分馆模式，街头图书馆、数字图书服务等方式，提高服务效率。在传媒领域，开展全媒体传播体系建设，并通过"技术＋内容＋创意"建构沉浸式传播新模式，塑造数字技术时代的主流传播舆论新方式和新路径。各地传媒机构还通过融合发展，积极融入国家和当地经济社会发展大局，以镶嵌的方式融入政府治理体系和治理能力现代化的工作中，更好地提供公共文化服务。

三是公共文化服务机构治理水平和服务效能显著提升。各地公共文化服务机构以公益目标为导向，建立内部激励机制和外部监督机制，完善现代管理体制，不断提升决策、监督和保障的科学化、民主化水平。在公共文化服务的内容提供方面充分考虑服务对象的需求，提供"菜单式服务"和"订单式服务"；在公共文化服务机构的决策与管理环节建立了理事会制度，由有关方面代表、专业人士、各界群众参与，对重大决策进行论证和把关。"十四五"期间，我国全面推动公共文化服务机构运营机制创新，开展国有博物馆资产所有权、藏品归属权、开放运营权分置改革试点，公共文化服务进入新一轮全面创新阶段。

（三）国有文化企业改革成就斐然

国有文化企业是我国文化产业发展的"国家队"，在维护国家主流意识形态、弘扬社会主义主旋律等方面发挥着重要的引领作用。2021年全国规模以上文化企业中，国有控股企业有7832家，占11.46%；规模以上国有控股企业营业收入20895.4亿元，占全国规模以上文化企业营业收入的17.04%。[①] 新时代以来，我国国有文化企业改革成就斐然，体现在以下方面。

一是经营性文化事业单位全面转企改制，盘活了国有文化资产。转企改制提高了国有资产运行效率，解决了我国文化领域长期存在的事企不分造成的国有文化机构管理中的"缺位"和"越位"问题，理顺了文化管理体制，为文化市场增添了市场竞争主体，形成了各种所有制文化企业公平竞争的文化市场格局。二是以打造合格市场主体为目标，对国有文化企业进行股份制改造，建立了现代企业制度和产权制度。国有文化企业真正成为自主经营、自我发展、自我约束的合格市场主体。三是提升了国有文化企业的竞争力。我国文化宣传部门立足于做大做优国有文化企业，推动国有文化企业跨地区、跨行业兼并重组，全面盘活了国有文化资产。通过国有文化资产重组，打造了中国出版集团有限公司、紫荆文化集团有限公司、上海世纪出版（集团）有限公司、江苏凤凰出版传媒集团有限公司、广东南方新媒体股份有限公司等一大批自主创新能力较强、有重要文化引领力的国有或国有控股文化企业集团，国有文化企业整体竞争力全面提升。四

---

① 国家统计局社会科技和文化产业统计司、中宣部文化体制改革和发展办公室编《中国文化及相关产业统计年鉴（2022）》，中国统计出版社，2022，第53页。

是国有文化企业坚持以社会效益为引领，走社会效益与经济效益相统一的发展道路。同时，通过出资人制度、主管主办制度等制度设计保障党和国家对国有文化企业重大经营事务决策权。五是强化党对国家文化资产的监管。在国有文化资产管理领域，建立了党委和政府监管有机结合、宣传部门有效主导的国有文化资产管理体制机制，形成了管人管事管资产管导向相统一的文化管理格局。这些改革成就全面提升了我国国有文化企业的市场竞争力，为我国建设多种所有制并存的统一开放、竞争有序的现代文化市场体系奠定了基础。

新时代以来，我国的文化体制改革使文化市场涌现出了大批合格的竞争主体，极大地解放了文化生产力，理顺了我国文化事业单位管理体制，明确了公益性文化事业单位的公共文化服务性质，为建设全面覆盖、标准化、均等化、便利性的现代公共文化服务体系打开了新局面。不仅如此，文化体制改革还撬动了我国文化宏观管理体制的改革，推动我国文化发展领域从建构现代文化市场体系到转变政府职能的一系列连续变革，对我国建设社会主义文化强国产生了深远的影响。

第三节　文艺创作和文化生产全面繁荣

文艺创作和文化生产是社会主义文化繁荣的重要内容，也是中华民族伟大复兴的伟大精神力量。以优秀的文艺作品和文化产品讴歌时代、鼓舞人民是我国文化政策的重要目标。新时代以来，党和国家立足于数字化时代文化生产主体与文化消费主体走向融合、专业化生产与非专业化生产并存的局面，全面加强对文艺工作的领导，鼓励广大文艺工作者坚持以人民为中心的创作导向，繁荣发展新时代社会主义文化，为建设社会主义文化强国作出贡献。

习近平总书记指出，"加强和改进党对文艺工作的领导，要把握住两条：一是要紧紧依靠广大文艺工作者，二是要尊重和遵循文艺规律"①。我国文化领域全面落实习近平总书记重要指示精神，从增进全民族文化自觉和文化自信的高度出发，在政治上充分信任文艺工作者，在创作上充分尊重文艺工作者的个性和劳动，为新时代文艺繁荣发展创造良好的环境与氛围。以中国文学艺术界联合会、中国作家协会为代表的各级专业性人民团体，深入贯彻执行党和国家的文艺政策，通过加强文艺工作者的思想建设、强化行业自律、评选优秀文艺作品和表彰优秀文艺工作者等方式，推动社会主义先进文化内容的创作和学术思想创造，以人民为中心的新时代文艺创造和文化生产走向全面繁荣。

一　文学创作百花齐放

新时代以来，我国文学创作全面繁荣，根据国家统计局公布的我国历年图书出版情况计算，2013~2022年，我国累计出版文学图书超过52.2万种，其中绝大部分为新出版文学类图书。②仅2015~2020年这6年间，我国新出版的文学类图书就超过20.4万种。③从文体来看，新时代以来我国新出版的文学作品包括长篇小说、中篇小说、短篇小说、诗歌、散文、报告文学等各种体裁。以人民为中心，全面展现新时代中国城乡社会生活的壮阔场景，抒写中华民族走向伟大复兴历史进程中人民群众踔厉奋发、追求美好新生活的精神风貌，反映人民群众的喜怒哀乐和中华民族的时代精神，是

① 习近平：《在文艺工作座谈会上的讲话》，《人民日报》2014年10月15日，第1版。
② 资料来源：国家统计局网站，https://data.stats.gov.cn/easyquery.htm?cn=C01。
③ 李朝全：《新时代文学高质量发展刍议》，《文艺报》2023年1月20日，第3版。

新时代我国文学创作的突出特色。

新时代以来，在长篇小说创作领域，共颁发 3 届茅盾文学奖，有 15 部优秀长篇小说获奖。涌现了梁晓声的《人世间》、王蒙的《这边风景》、徐怀中的《牵风记》、金宇澄的《繁花》、杨志军的《雪山大地》、乔叶的《宝水》、刘亮程的《本巴》、孙甘露的《千里江山图》和东西的《回响》等一批思想性和艺术性俱佳的时代力作。

在中篇小说创作领域，王松的《红骆驼》、王凯的《荒野步枪手》、艾伟的《过往》、石一枫的《世间已无陈金芳》、阿来的《蘑菇圈》等优秀作品获得鲁迅文学奖。

在短篇小说创作领域，黄咏梅的《父亲的后视镜》、冯骥才的《俗世奇人》（足本）、刘建东的《无法完成的画像》、张者的《山前该有一棵树》等优秀作品获得鲁迅文学奖。

在报告文学创作领域，有丁晓平的《红船启航》、欧阳黔森的《江山如此多娇》、李春雷的《朋友：习近平与贾大山交往纪事》等优秀作品获得鲁迅文学奖。

在诗歌创作领域，有刘笑伟的《岁月青铜》、陈人杰的《山海间》、汤养宗的《去人间》、杜涯的《落日与朝霞》等优秀作品获得鲁迅文学奖。

在散文创作领域，李修文的《山河袈裟》、宁肯的《北京：城与年》、江子的《回乡记》、李舫的《大春秋》等优秀作品获得鲁迅文学奖。

新时代以来，我国还涌现了数量众多的优秀儿童文学作品和优秀的少数民族文学作品，如获得第九届全国优秀儿童文学奖的《鸟背上的故乡》《千雯之舞》等小说，获得第十届全国优秀儿童文学奖的《布罗镇的邮递员》《水妖喀喀莎》等作品，以及获得第十二届全国少数民族文学创作骏马奖的《西南边》《青色蒙古》等小说。数量众多的各类优秀文学作品是我国文艺工作者勇攀文艺高峰的生动见证，它们共同构成了新时代我国文学创作百花园中的最美花簇，为丰富人民群众精神生活作出了重要贡献。

二 戏剧和演艺创作佳作迭出

新时代以来，我国戏剧和演艺剧目创作佳作迭出，创作者以真情讲好中国故事，以挚情渲染生命诗意，以形象展现时代旋律，向时代和人民奉献了一大批优秀剧本和剧目。

这些时代精品中包括再现三湾改编这一中国共产党历史上重要事件的话剧《三湾，那一夜》，以及展现了时代变革中普通人命运的《家客》，展现青年梅兰芳生命追求的昆曲《梅兰芳·当年梅郎》，蕴含丰富民间情趣和深刻人性洞察的湖南花鼓戏《蔡坤山耕田》，阿来同名小说改编的歌剧《尘埃落定》，以及秦腔《狗儿爷涅槃》、高甲戏《大稻埕》、黄梅戏《大清贤相》、闽剧《生命》、话剧《小平小道》《深海》、儿童剧《山羊不吃天堂草》等中国戏剧奖·曹禺剧本奖获奖作品。同时，新时代以来历届中宣部精神文明建设"五个一工程"优秀作品评选出了《伟大征程——庆祝中国共产党成立100周年大型情景史诗》、话剧《塞罕长歌》《平凡的世界》《谷文昌》《青松岭的好日子》、赣南采茶戏《一个人的长征》、豫剧《焦裕禄》、歌舞剧《情暖天山》、舞剧《五星出东方》、歌剧《红船》等上百部弘扬传承优秀传统文化和革命文化、歌颂时代精神、社会效益与经济效益相统一的优秀剧目。关注现实、反映现实，是新时代以来我国优秀戏剧和剧目创作的鲜明特点，如话剧《龙腾伶仃洋》生动体现了港珠澳三地携手共建港珠澳大桥的历史过程，歌剧《天使日记》立足"抗疫"背景，讲述了医护人员和援鄂医疗队在新冠疫情期间无私付出、保护人民，勇当最美逆行者的感人事迹。

在舞蹈创作方面，涌现了《春会来》《远山不远》《烈火中永生》《肖像》《等》《背面》《阳光下的麦盖提》《姥姥的田》《浪漫草原》《柔情似水》

《瑶山夜语》《移山》等众多优秀作品，类型包括现代舞蹈、当代舞蹈和民族民间舞蹈等。

进入新时代以来，我国商业演艺在总体艺术水平和经济效益方面都取得新的突破。在高投入和各类舞台科技的共同推动下，涌现出了《丽江千古情》《西安千古情》《桂林千古情》《大宋·东京梦华》《长恨歌》《昆仑之约》等一大批取得良好经济和社会效益的旅游演艺精品节目。2023 年 9 月，文化和旅游部发布了"全国旅游演艺精品名录入选项目名单"，包括《拈花一笑》《文成公主》《只有河南·戏剧幻城》《魅力湘西》等在内的 40 个项目入选名单。

三　电影和电视剧生产全面丰收

新时代以来，我国电影和电视节目生产全面丰收，迈向高质量发展新阶段。2013~2022 年的 10 年间，我国共生产电影 8500 部，其中故事片 5975 部，占 70.29%；纪录片 377 部，占 4.44%。[①] 同期，我国生产的影视剧电视节目总时长达 1180119 小时，年均生产 118102 小时。[②]

新时代以来，我国电影创作进入新阶段，无论是制作水平还是创意水平，总体上都跃上了新高度，10 年间我国票房和艺术性、思想性方面都取得突出成就的电影佳作不断涌现。一大批优秀电影故事片受到观众的喜爱和充分肯定，并分别荣获大众电影百花奖、中国电影金鸡奖、中国电影华表奖或精神文明建设"五个一工程"优秀作品奖。如《一代宗师》《烈日灼心》《红海行动》《战狼》《建军大业》《我不是药神》《你好，李焕英》《狼

① 资料来源：国家统计局网站，https://data.stats.gov.cn/easyquery.htm?cn=C01。
② 资料来源：国家统计局网站，https://data.stats.gov.cn/easyquery.htm?cn=C01。

图腾》《湄公河行动》《流浪地球》《守岛人》《长津湖》《一九四二》《辛亥革命》《忠诚与背叛》《钱学森》《万箭穿心》《警察日记》《智取威虎山》《百团大战》《捉妖记》《破风》《解救吾先生》《失孤》《亲爱的》《西游记之大圣归来》《攀登者》《中国机长》《古田军号》《哪吒之魔童降世》《信仰者》《音乐家》《烈火英雄》《黄大年》《穿过寒冬拥抱你》《邓小平小道》《奇迹·笨小孩》《我和我的父辈》《白蛇传·情》《姜子牙》《十八洞村》《战狼2》，等等。这些优秀影片涉及了红色文化、主旋律、优秀传统文化、情感、社会问题、时代楷模、普通劳动者、青春记忆等各种题材，全方位反映了新时代激荡人心的时代脉动。

在这些优秀影片中，《周恩来的四个昼夜》《中国合伙人》《长津湖》等影片，都同时荣获大众电影百花奖、中国电影金鸡奖、中国电影华表奖和精神文明建设"五个一工程"奖。《我和我的祖国》《战狼》《流浪地球》等影片获得上述奖项中的三项大奖，足见这些影片在专业水准、艺术表达、市场认可度和意识形态引领等方面所达到的高度。在国产优秀电影的推动下，近年来我国国产电影的票房不断增长，全面超过进口电影票房，并带动我国电影票房超过其他国家，我国成为全球第一大票房市场。《长津湖》创造的57.75亿元的票房，是我国单部国产电影的最高票房纪录。在各类优秀电影的推动下，我国电影产业正在迈向更高的水平。

新时代以来，我国电视剧创作和生产取得丰硕成果，极大地丰富了电视屏幕和网络平台的优秀内容供给。新时代涌现的优秀电视剧包括《山海情》《觉醒年代》《人世间》《海棠依旧》《彭德怀元帅》《绝命后卫师》《功勋》《最美的青春》《换了人间》《历史转折中的邓小平》《百炼成钢》《对手》《绝密使命》《跨过鸭绿江》《大江大河》《长安十二时辰》《破冰行动》《小欢喜》《共产党人刘少奇》《都挺好》《鸡毛飞上天》《情满四合院》《天下粮田》《初心》《漂亮的李慧珍》《热血军旗》《春风十里·不如你》《春天

里》《十送红军》《马向阳下乡记》《北平无战事》《平凡的世界》《芈月传》
《旋风少女》《王大花的革命生涯》《陆军一号》《焦裕禄》《寻路》《香山叶
正红》《理想照耀中国》《大决战》《岁岁年年柿柿红》《欢乐颂》《安居》
《小别离》《白鹿原》，等等。这些优秀电视剧内容涉及历史题材、中国共
产党人的信仰和追求、新时代的中国家庭生活样态、新时代最美奋斗者等。
它们要么是精神文明建设"五个一工程"优秀作品奖获奖作品，要么是中
国电视剧飞天奖或者中国电视金鹰奖等重要奖项的获奖作品，得到人民群
众和专业评审者的多维度肯定，充分展现了新时代人民群众喜闻乐见的文
化产品所应有的艺术特色和价值追求。

高水准的编剧和精良制作、丰富的中国文化符号和中国气派，使新时
代中国优秀电视剧不仅深得人民群众的喜爱，也使它们成为深受国外观众
喜爱的中国电视剧。新时代以来，《琅琊榜》《鸡毛飞上天》《三生三世十里
桃花》《步步惊心》《山海情》等电视剧通过出口或网络传播，受到海外观
众热烈追捧。"国剧出海"已经成为新时代中国文化"走出去"、向世界展
示可信可爱可敬中国形象的重要窗口。

新时代以来，我国还涌现出了大批优秀的电视纪录片，如《必由之路》
《不朽的马克思》《走进新党章》《红色通缉》《如果国宝会说话（第一、二
季）》《走向光明》《将改革进行到底》《永远在路上》《东方主战场》《使命》
《第三极》《航拍中国（第一季）》《中国出了个毛泽东·东方欲晓》，等等。
它们和优秀电视剧一起，构成了新时代的优质电视内容供给端。

四 美术与音乐作品创作成果丰富

新时代以来，我国优质文化内容的生产和供给是全方位的。在图书、
戏剧和演艺、影视之外，我国美术和音乐作品创作也取得丰富成果。

美术领域的创新成果，突出体现在第十二届、第十三届两届全国美术作品展的获奖作品中。

2014年12月至2015年1月，由中华人民共和国文化部、中国文学艺术界联合会、中国美术家协会共同主办，集中展示此前五年中国美术创作丰硕成果的"第十二届全国美术作品展览暨中国美术奖·创作奖、获奖提名作品展"在中国美术馆举行。

本届全国美术作品展共有4391件入选作品，其中416件获奖提名作品在中国美术馆展出，从中最终评选出160件获奖作品。获奖作品中，彭伟的版画《而立之年》，刘德才的插图《刻在北大荒的土地上》，许海刚的水彩粉画《亮宝节上的人们》，何红舟的油画《桥上的风景》，陈治、武欣的中国画《儿女情长》，中央美术学院、西安美术学院、太原理工大学、北京服装学院联合创作的环境艺术作品"为西部农民生土窑洞改造设计"四校联合公益设计项目，张玉惠的漆画《织情叙意》等7件作品获得金奖。另有153件美术作品分别获得银奖、铜奖或优秀奖。[①]

2019年12月，由中华人民共和国文化和旅游部、中国文学艺术界联合会、中国美术家协会共同主办的"庆祝中华人民共和国成立七十周年——第十三届全国美术作品展览暨第三届中国美术奖、进京作品展"在中国美术馆举行。此次展览共展出中国画、油画、雕塑、版画、水彩（粉）画等美术作品573件，其中获奖作品37件，获提名作品62件，进京作品474件。展览作品主题涉及社会发展、人民生活、脱贫攻坚、生态文明以及构建人类命运共同体等方面。参展的美术作品透射着新时代的新气象、新风貌，是我国美术家们倾注真情描绘时代画卷、抒写人民史诗的时代杰作。本届

[①] 《第十二届全国美术作品展览中国美术奖·创作奖评奖结果》，第十二届全国美术作品展览官方网站，2014年11月24日，https://12qgmz.artron.net/index/show_news.html?Selected=2&id=975。

全国美术作品展评选出了第三届"中国美术奖"获奖作品 37 件。李玉旺的中国画《使命》，曹丹的版画《阳光下的大桥浇筑工》，沙永汇的版画《金秋时代》，焦兴涛的雕塑《烈焰青春》，张烈、孔翠婷的工业设计作品《"飞跃号"磁悬浮列车概念设计》，徐强的工艺美术作品《铸梦》等 9 件作品获得金奖。另外有 28 件美术作品分别获得银奖和铜奖。①

音乐是人民群众文化生活的重要组成部分，新时代以来，我国在音乐创作方面取得多方面成就。在原创音乐领域，2017 年 12 月，由中央人民广播电台、中国唱片总公司及昆明市人民政府主办的第十届中国金唱片奖在昆明举行颁奖典礼。姜丽娜的《故乡的歌》获民族类最佳原创单曲奖，《鸿雁——内蒙古少年合唱团》获少儿类最佳专辑奖，《如花美眷似水流年——昆曲〈牡丹亭〉经典四版本》获戏曲、曲艺类最佳专辑奖，李宗盛的《山丘》获流行类最佳金曲奖，韩磊的《不忘初心·孝行天下》获流行类最佳专辑奖。

在原创歌曲领域，新时代以来，《我们都是追梦人》《和祖国在一起》《蓝天下》《复兴的力量》《一路走来》《点赞新时代》《再一次出发》《小村微信群》《不忘初心》《爱国之恋》《我们从古田再出发》《多想对你说》《走在小康路上》《幸福少年》（组歌）等多首歌唱新时代的主旋律歌曲获得精神文明建设"五个一工程"优秀作品奖。

在交响乐创作等领域，为推动优秀作品和人才不断涌现，文化和旅游部从 2018 年开始实施"时代交响——中国交响乐作品创作扶持计划"，通过每年遴选、委托约定创作等方式，扶持原创交响乐、民族管弦乐作品的创作。关峡受邀约创作了管弦乐曲《花山歌潮》，赵季平受邀约创作了交响合唱《花儿的故事》，郭文景受邀约创作了音乐诗剧《大河》，

① 《第三届"中国美术奖"获奖作品名单》，第十三届全国美术作品展览官方网站，2019 年 12 月 19 日，https://13qgmz.artron.net/index/show_news.html?Selected=2&id=210。

等等。

新时代丰富的优秀美术和音乐原创作品，为我国文艺创作和文化生产走向高质量发展提供了助力。

五　优秀网络文化产品影响巨大

新时代以来，网络创作和传播成为我国广大人民群众进行文化内容生产与消费的重要特征。借助网络平台和智能个人终端带来的巨大便利，我国建立起了全球最大的全民性文化创作和发表平台，成为全球最大的网络游戏生产国和网络文学输出国。在网络游戏领域，我国游戏生产和服务商开发出了《和平精英》《王者荣耀》《原神》等一大批在全球广受欢迎的优秀网络游戏。中国网络游戏已经成为众多国际玩家所钟爱的网络游戏，并且这种影响力还在不断扩大。在网络文学领域，截至 2022 年底，我国已经有超过 16000 种网络文学作品走出国门，海外用户超过 1.5 亿人。《庆余年》《斗破苍穹》《全职高手》《星汉灿烂，幸甚至哉》《宇宙职业选手》等中国网络文学作品受到海外读者钟爱。我国网络文学作品在海外已经成功建立起付费阅读产业模式，2022 年底，海外市场规模超过 30亿元。

借助网络平台，视频和音乐内容传播极为便捷快速，一段原创短视频，一首原创歌曲，极短时间内就可能被点击达到数千万次，甚至上百亿次，为发布者带来巨大的流量收益，这刺激着更多的原创者在互联网平台上发表自己的作品。这种建立在全球网络共享、瞬时海量接收的传播生态基础上的文化生产和传播模式，不但极大提升了人民群众文化消费的选择性和便利性，也为中华民族现代文明和我国文化产品走向世界提供了前所未有的高效途径。在这个意义上，深入研究并掌握人工智能环境下网络文化产品传播的内在规律，趋其利而避其害，建立能够激励更多优秀网络文化产品涌流的文化生产和流通模式、推动我国人民网络文化实践更好地开展，是我国网络文化管理的重要任务。

总体而言，新时代以来，我国文艺创作和文化生产取得了重大成就。正如中共中央宣传部在"中国这十年"系列主题新闻发布会上所指出的："精神文化产品供给质量明显提升，全党全国各族人民文化自信明显增强，全社会凝聚力和向心力极大提升，整个社会意识形态领域形势发生全局性、根本性转变，为新时代开创党和国家事业新局面提供了思想保证、舆论支持、精神动力和文化条件。"①

第四节　公共文化服务建设跃上新高度

公共文化服务是保障人民群众基本文化权利的主要载体，是满足人民对美好生活新期待的重要方式，也是提升社会文明程度和建构中华民族现代文明的内在要求。党的十八大以来，在习近平文化思想的指引下，我国公共文化服务建设跃上了新高度。

一　公共文化服务实现跨越式发展

党的十八大以来，我国公共文化服务实现了跨越式发展，充分彰显了中国特色社会主义制度的优越性。2020 年 10 月，党的十九届五中全会通过的《中共中央关于制定国民经济和社会发展第十四个五年规划和二〇三五

---

① 《中共中央宣传部就新时代宣传文化工作举措与成效举行发布会》，中国网，2022 年 8 月 18 日，www.china.com.cn/zhibo/content_78374587.htm。

年远景目标的建议》，明确提出"我国已转向高质量发展阶段"。2021 年 3 月，文化和旅游部、国家发展改革委、财政部三部委联合印发《关于推动公共文化服务高质量发展的意见》，标志着我国公共文化服务进入高质量发展新阶段。

公共文化服务是指不以营利为目的，为社会提供非竞争性、非排他性的公共文化产品的资源配置活动。我国公共文化服务发展大体经历了公共文化服务体系建设夯实基础阶段（党的十八大之前）、现代公共文化服务体系加速构建阶段（2013~2020 年）和公共文化服务高质量发展新阶段（2021年至今），每个发展阶段都有其基本特征和核心任务。

（一）公共文化服务体系建设夯实基础阶段（党的十八大之前）

2002 年党的十六大报告中已经提出"文化公益事业"概念。2005 年《中共中央关于制定国民经济和社会发展第十一个五年规划的建议》中首次明确提出要"逐步形成覆盖全社会的比较完备的公共文化服务体系"，这是"公共文化服务体系"首次正式出现在国家规划中。

2005 年到 2012 年是公共文化服务体系建设夯实基础阶段，解决的核心问题是"有没有、够不够"。2007 年 8 月，《中共中央办公厅、国务院办公厅关于加强公共文化服务体系建设的若干意见》首次以中央文件形式对公共文化服务体系建设工作进行全国部署。该阶段公共文化服务体系建设以实施包括广播电视村村通工程、全国文化信息资源共享工程、乡镇文化站和基层文化阵地建设工程、农村电影放映工程和农家书屋建设工程等在内的重大公共文化服务工程为抓手，逐步解决了农民群众收听收看广播电视难、看书难、看电影难的问题，基本满足了城镇居民就近便捷享受公共文化服务的需求。

（二）现代公共文化服务体系加速构建阶段（2013~2020 年）

2013 年，党的十八届三中全会首次提出"构建现代公共文化服务体系"的要求。2015 年，中共中央办公厅、国务院办公厅印发的《关于加快构建现代公共文化服务体系的意见》明确提出，"在新的形势下，构建现代公共文化服务体系……是弘扬社会主义核心价值观、建设社会主义文化强国的重大任务"。这标志着我国公共文化服务发展开始进入现代公共文化服务体系建设阶段。

党的十八大以来，我国公共文化服务水平得到了快速提升，但整体效率不高问题仍是公共文化服务发展的瓶颈。《中国公共文化服务发展指数报告（2019）》对 2014~2016 年全国 31 个省（区、市）的公共文化服务绩效水平的测评结果显示，全国绩效均值仍处于 60 分以下（100 分满分），绩效排名第一的省份得分也仅为 70 分左右。[①] 这表明，"提质增效"是构建现代公共文化服务体系的核心任务。

持续深化公共文化服务供给侧结构性改革是建立健全现代公共文化服务体系、实现公共文化服务提质增效的重要举措。在解决了"有没有、够不够"的问题之后，公共文化服务"需求侧"已升级为"人民日益增长的美好生活需要"。为满足人们越来越多元的精神文化需求，该阶段供给侧结构性改革的核心任务是通过完善公共文化设施免费开放的保障机制提升公共文化服务效能；建立群众文化需求反馈机制，及时准确了解和掌握群众文化需求；创新公共文化产品供给机制，开展"菜单式""订单式"服务。在"十四五"之前，我国通过实施供给侧结构性改革基本破解了公共文化服务的"效率"瓶颈问题。

---

① 傅才武、彭雷霆主编《中国公共文化服务发展指数报告（2019）》，社会科学文献出版社，2019，第 37~38 页。

（三）公共文化服务高质量发展新阶段（2021 年至今）

"十四五"开启了我国全面建设社会主义现代化国家、迈向第二个百年奋斗目标的新征程。《中共中央关于制定国民经济和社会发展第十四个五年规划和二〇三五年远景目标的建议》《关于推动公共文化服务高质量发展的意见》《"十四五"公共文化服务体系建设规划》《"十四五"文化和旅游发展规划》等系列政策文件，对公共文化服务高质量发展作出部署安排。

在上述政策文件中，明确提出了推动城乡一体化建设、拓展城乡公共文化空间、创新实施文化惠民工程、深化公共文化服务"八化"发展（标准化、均等化、品牌化、社会化、特色化、数字化、网络化、智能化）等高质量发展新要求。

公共文化服务要实现高质量发展，内在要求其重心从主体转向对象。在现代公共文化服务体系建设阶段，"提质增效"主要围绕如何提高主体的行政绩效；在公共文化服务高质量发展新阶段，其核心问题是如何不断提高公共文化服务对象的满意度、增强人民群众文化获得感幸福感。坚持以人民为中心的公共文化服务建设理念体现了中国共产党的理想信念、性质宗旨、初心使命。

二　公共文化服务政策体系更加成熟完备

公共文化服务政策是国家为保障人民公平享受公共文化权益而制定的有关服务供给及体系建设的法律法规、规划计划及办法措施等的总称。经过新时代以来的政策体系建设，我国基本成熟的公共文化服务政策体系实现全面升级，更加完备。

（一）层级更加清晰

2016 年 12 月，第十二届全国人大常委会审议通过了《中华人民共和国公共文化服务保障法》，从法律层面规定了各级人民政府承担公共文化服务工作的职责。我国公共文化服务政策体系主要涵盖中央、省市、区县三个层级。

第一，国家层级公共文化政策制定主体主要包括中共中央、国务院、全国人民代表大会，以及中宣部、文化和旅游部等中央部委，这一层级制定颁布全国性政策法规。

第二，省市层级公共文化政策制定主体包括省（区、市）以及地市级的党委、人大、政府及其职能部门，其所出台的公共文化服务相关政策旨在落实中央层级公共文化服务政策精神、结合实际制定本地区公共文化服务发展方略和实施标准。

第三，区县层级公共文化政策制定主体同时也是公共文化服务政策的具体实施主体，主要包括区县级宣传、文化、广电主管部门，其所制定的主要是公共文化服务实施细则、流程规范等。从整体上来看，我国公共文化政策体系层级清晰、职责明确、协调有序。

（二）辐射更加广泛

党的十八大以来，特别是党的十九届五中全会首次明确提出"到 2035 年建成社会主义文化强国"的战略目标以后，文化建设在我国国家战略体系中的地位不断提升，建设社会主义文化强国已成为全面建设社会主义现代化国家、实现中华民族伟大复兴的重要支撑。在此背景下，我国公共文化服务内容更加丰富，政策体系辐射范围也加速扩大。2012~2023 年，中央层级公共文化政策制定主体密集出台相关政策，通过梳理其官方网站或数据库共取得政策文本 73 份，经分析得出如下结果。

从政策制定主体层面来看，在 73 份文件样本中，文化和旅游部（含原文化部）仍为公共文化服务政策的主要制定主体，由其单独或联合其他主体发布的文件数量多达 58 份，占比接近 80%。由 2 个或多个政策制定主体联合发布的文件总数达 23 份，占比已接近 1/3。在这 23 份文件中又有 11 份文件为 3 个或更多政策制定主体联合发布，占比已接近 1/2。

从政策发布时间层面来看，多主体发布的政策文件占比在逐年提高。2017 年之前，在 40 份文件中有 12 份为多主体发布的政策，占比为 30%；2017 年之后，在 33 份文件中就有 11 份为多主体发布的政策，占比增长到 33.33%。这表明，公共文化服务政策的辐射范围在加速扩大。

从文本内容层面来看，文件内容呈现涵盖面广、领域跨度大、内容延展多等基本特征，从微观的管理规范、示范区建设到中观的公共文化服务供给机制、非物质文化遗产保护再到宏观的公共文化服务数字化、标准化、均等化、法制化等全部公共文化服务相关领域均有涉及。

（三）专项政策上下贯通

专项政策旨在解决公共文化服务具体领域中的重点难点热点问题，是增强人民群众文化获得感、幸福感的直接有效手段。以公共图书馆专项政策为例，2013~2023 年，全国人大常委会、文化和旅游部（包括原文化部）、教育部、财政部等机构共出台 21 项相关政策，这些政策共同构成上下贯通的专项政策体系。

在顶层设计层面，2017 年 11 月，第十二届全国人民代表大会常务委员会第三十次会议审议通过《中华人民共和国公共图书馆法》，这是我国首部图书馆专门法，为推动公共图书馆事业持续健康发展提供了根本的法律保障。

在发展规划层面，2013 年 1 月和 2017 年 7 月，文化部分别印发《全国公共图书馆事业发展"十二五"规划》和《"十三五"时期全国公共图书馆事业发展规划》；2021 年 6 月文化和旅游部印发的《"十四五"公共文化服务体系建设规划》提出"建设以人为中心的图书馆"目标定位。这些规划为在我国经济社会发展不同阶段的公共图书馆建设提供了基本政策方向。

在标准规范层面，大部分文件与公共图书馆建设标准和流程规范相关。2015 年 8 月，住房和城乡建设部发布行业标准《图书馆建筑设计规范》；2016 年 3 月，文化部发布文化行业标准《社区图书馆服务规范》；2019 年 3 月，文化和旅游部发布文化行业标准《信息与文献　公共图书馆影响力评估的方法和流程》等。公共图书馆专项政策的发展在我国公共文化服务政策体系中具有广泛的代表性。这表明，我国已经建立起水平覆盖范围广、垂直延伸程度深的公共文化服务政策体系。

（四）理论支撑更加有力

成熟完备的公共文化服务政策体系需要前瞻性、战略性、系统性的理论研究作支撑。课题组以"中国知网"数据库为基础，以"公共文化服务"为关键词，选择 CSSCI、北大核心、AMI 与 EI 期刊为文献来源，对 2012 年 1 月 1 日到 2023 年 6 月 30 日之间发表的文献进行梳理，共得出 4183 条检索结果，借助系列数字化分析工具得出如下结论。

第一，样本文献相关主题词基本覆盖公共文化服务全部领域。借助共现聚类与可视化工具对样本文献进行关系建构和知识图谱生成，以"公共文化服务"为最大节点，其关联范围已经扩展到文化创意产业、社会组织、用户体验、文化贫困、文化共同体、社会治理、对策研究、制度建设、评估标准、管理机制、服务效率等多个边界维度（见图 4-1）。

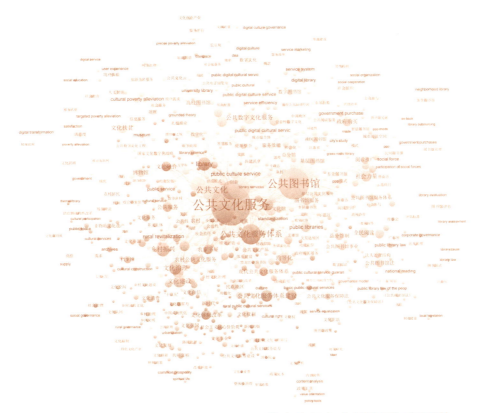

图 4-1　2012~2023 年中国知网公共文化服务文献数据知识图谱

第二，样本文献中出现频率较高的主题与当前我国公共文化服务领域发展的重点难点热点问题高度吻合。图中节点面积越大，与之相关的文献数量越多；节点颜色接近的主题关联度相对较高，形成聚类。由图 4-1 可见，当前研究关注的热点包括公共图书馆、公共文化服务体系、均等化、公共数字文化服务、农村公共文化服务、政府购买、文旅融合、文化治理、全民阅读和博物馆等。

第三，样本文献中同类主题词之间已经形成明确关联路径，这表明相关研究基本形成体系化。以公共图书馆关联主题词链为例，与之属于同类的主题词包括总分馆制、公共图书馆服务体系、公共图书馆法、法人治理结构、社会力量、图书馆政策等。从整体上来看，公共文化服务领域的理论研究覆盖领域全面、结合实践紧密、建构体系完整。总之，我国已形成多层级覆盖、广范围辐射、深领域渗透和强理论支撑的更加成熟完备的公共文化服务政策体系。

三　公共文化服务建设成果丰硕

党的十八大以来，我国公共文化服务发展进入快车道，公共文化服务建设全面升级。课题组数据统计团队提供的《国家公共文化服务机构热度指数报告》显示，包括故宫、中国国家博物馆、首都博物馆、陕西博物馆、南京博物院、苏州博物馆、中国工艺美术馆、国家图书馆、首都图书馆在内的多个国家公共文化服务机构热度指数始终保持高速攀升态势。故宫热度从 2012 年的 32.71 直升至 2023 年的 292.36，年平均增速为 22.03%；国家图书馆热度从 2012 年的 28.03 升至 2023 年的 193.59，年平均增速为 19.21%。这是我国公共文化服务不断实现"人民对美好生活的向往"的有力证明。

（一）财政保障机制完备健全、协调有力

完备健全的财政保障机制是实现公共文化服务高质量发展、推动公共文化服务标准化均等化的重要前提。党的十八大以来，我国公共文化服务财政制度改革创新的步伐持续加快，全面建成保基本、调结构、明权责的公共文化服务财政保障体制。

第一，2012~2022 年，全国文化和旅游事业费投入总量及人均文化和旅游事业费均稳步增长，有力保障了我国基本公共文化服务的快速发展。根据我国现行统计制度，公共文化投入范畴包括公共文化、体育、传媒等领域基础设施建设，各类公共文化产品投入以及相关公共文化服务投入

等内容，其中文化事业费投入是影响基本公共文化服务发展的重要因素。2012~2022 年，全国文化和旅游事业费由 480.10 亿元增长到 1202.89 亿元，平均每年增加 72.279 亿元（见图 4-2）；人均文化和旅游事业费由 35.46 元增长至 85.20 元，平均每年增加 4.974 元（见图 4-3）。

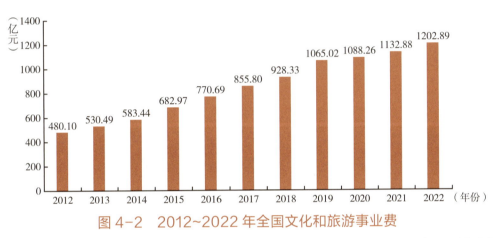

图 4-2　2012~2022 年全国文化和旅游事业费

资料来源：历年《中国文化文物统计年鉴》《中国旅游统计年鉴》《中国文化文物和旅游统计年鉴》。

图 4-3　2012~2022 年全国人均文化和旅游事业费

资料来源：《中华人民共和国文化和旅游部 2022 年文化和旅游发展统计公报》。

第二，我国通过公共文化服务财政制度改革创新，基本解决了公共文化服务财政投入结构不均衡问题。长期以来，我国公共文化服务财政投入存在城乡、区域、省域之间的不均衡问题，农村地区文化和旅游事业费远低于城市地区，中西部地区财政投入低于东部地区。1995 年，我国县及县以下文化和旅游事业费仅占全国总量的 26.8%，仅为县以上文化和旅游事业费的 36.6%；2022 年，该比例已分别上升为 54.8% 和 121.2%；2022 年，东部地区文化和旅游事业费占 45.1%，与 2021 年相比，比重下降了 1.4 个百分点；中部地区和西部地区文化和旅游事业费比重则分别提高了 0.2 个和 1.5 个百分点（见表 4-1）。

表 4-1 1995~2022 年全国文化和旅游事业费按城乡和区域分布情况

单位：亿元，%

	项目	1995 年	2000 年	2005 年	2010 年	2015 年	2020 年	2021 年	2022 年
总量	全国	33.4	63.2	133.8	323.1	682.9	1088.3	1132.9	1202.9
	#县以上	24.4	46.3	98.1	206.7	352.8	501.0	506.4	544.3
	县及县以下	9.0	16.9	35.7	116.4	330.1	587.3	626.5	658.6
	#东部地区	13.4	28.9	64.4	143.4	287.9	491.6	526.4	542.5
	中部地区	9.5	15.1	30.6	78.7	164.3	269.8	283.4	302.6
	西部地区	8.3	13.7	27.6	85.8	193.9	301.6	292.6	328.1
所占比重	全国	100.0	100.0	100.0	100.0	100.0	100.0	100.0	100.0
	#县以上	73.2	73.4	73.3	64.0	51.7	46.0	44.7	45.2
	县及县以下	26.8	26.7	26.7	36.0	48.3	54.0	55.3	54.8
	#东部地区	40.2	45.7	48.1	44.4	42.1	45.1	46.5	45.1
	中部地区	28.6	23.8	22.9	24.3	24.1	24.8	25.0	25.2
	西部地区	24.9	21.7	20.6	26.6	28.4	27.7	25.8	27.3

资料来源：《中华人民共和国文化和旅游部 2022 年文化和旅游发展统计公报》。

第三，中央与地方财政事权和支出责任划分精细化、科学化、清晰化，有效保障了公共文化财政投入水平与国家经济社会发展阶段相适应。2016 年 8 月，国务院印发《关于推进中央与地方财政事权和支出责任划分改革的指导意见》，提出包括公共文化在内的基本公共服务要明确各承担主体职责的改革思路。2020 年 6 月，国务院办公厅印发《公共文化领域中央与地方财政事权和支出责任划分改革方案》，该项方案除进一步提出要建立权责清晰、财力协调、区域均衡的中央和地方财政关系之外，还提出可以根据城乡、区域、省域经济社会发展不同阶段以及相关条件成熟情况，适时优化调整财政事权事项，进一步规范支出责任。上述保障机制为公共文化服务高质量发展奠定了坚实的财政投入基础。

（二）设施网络实现城乡基层全覆盖、线上线下新融合

《中华人民共和国公共文化服务保障法》明确规定，公共文化设施是指用于提供公共文化服务的建筑物、场地和设备。党的十八大以来，我国公共文化设施网络加速优化升级，目前已建成覆盖国家、省、市、县、乡、村（社区）六级的公共文化服务设施网络，丰富充实了人民群众的精神文化生活。

在设施规模数量方面，根据《中国文化及相关产业统计年鉴（2022）》数据，截至 2021 年底，全国共有广播电视播出机构 2542 个，全国广播和电视综合人口覆盖率均已超过 99%；公共图书馆 3215 个、文化馆 3316 个，全国 95% 左右的县（市、区）基本建成图书馆文化馆总分馆制，分馆总数达 9.6 万个；乡镇（街道）文化站 40215 个，覆盖率高达 104.3%；博物馆 6188 个；村级（基层）综合性文化服务中心 57.54 万个、农家书屋 58 万家等。

在民众参与度方面，全国范围内兴起的博物馆热是广大人民群众积极参与公共文化活动的标志性事件。根据 2006~2020 年《中国统计年鉴》和《文化和旅游发展统计公报》数据，2005 年博物馆参观者仅为 11819 万人次，2015 年增加至 78112 万人次，2018 年突破 10 亿人次大关，到 2019 年达到 112225 万人次，年平均增长 7171.86 万人次。2012~2019 年是高速增长期，平均每年增长 7974.86 万人次（见图 4-4）。

图 4-4　2005~2019 年我国博物馆参观人次统计

资料来源：2006~2020 年《中国统计年鉴》和 2018~2022 年《文化和旅游发展统计公报》。

　　在公共文化资源共享方面，自 2002 年开始，文化部、财政部共同组织实施"全国文化信息资源共享工程"，在国家图书馆建立全国文化信息资源共享工程国家中心，在各省（区、市）建立分中心，借助现代高新技术手段，整合中华优秀传统文化和全国各类文化信息资源，通过网络实现公共文化资源共建共享。

　　2022 年 5 月，中共中央办公厅、国务院办公厅联合印发了《关于推进实施国家文化数字化战略的意见》，其中明确提出到"十四五"时期末，基本建成文化数字化基础设施和服务平台，形成线上线下融合互动、立体覆盖的文化服务供给体系，并重点建成国家文化大数据体系，使中华文化数字化成果全民共享甚至全球共享。随着基层公共数字文化服务网络持续完善，我国线上线下融合发展的新型公共文化服务设施体系将不断拓展。

（三）公共文化服务标准化均等化全面推进

　　党的十八大以来，我国公共文化服务标准化均等化全面推进，有效缩小了城乡和区域间的文化鸿沟，极大提升了人民群众的获得感和幸福感。

1. 政策保障有力

　　2021 年 3 月，国家发展改革委、中央宣传部、文化和旅游部等 20 个部门联合印发《国家基本公共服务标准（2021 年版）》，对公共文化设施免费开放、送戏曲下乡、收听广播、观看电视、观赏电影、读书看报和少数民族文化服务七方面基本公共文化服务内容的标准进行了规定。《文化和旅游部　国家发展改革委　财政部关于推动公共文化服务高质量发展的意见》重申要落实国家基本公共服务标准。

2. 监管落实到位

基本公共文化服务均等化是指全体公民均可便捷获得大致均等的基本公共文化服务，其核心是促进机会均等，重点是保障人民群众公平享有公共文化服务的机会。这要求在落实基本公共文化服务标准的过程中不仅要关注"结果"，同时要重视"过程"。当前，除借助传统公共文化服务质量监测体系之外，我国还通过建设公共文化大数据平台，对线上公共文化资源与线下公共文化活动服务的点击量、访问量、参与度、满意度等进行大数据采集与分析，基本实现了对公共文化服务均等化水平的实时监测和管理。

3. 技术赋能提效

自 2018 年中央经济工作会议首次提出"新型基础设施建设"概念之后，我国信息基础设施和融合基础设施建设取得了令人瞩目的成就。根据《中国文化及相关产业统计年鉴（2022）》数据，截至 2021 年底，我国已建成移动电话基站 996.3 万个，光缆线路长度 5480.8 万公里，互联网宽带接入端口 101784.7 万个。新型基础设施建设创新了"互联网 +"公共文化服务模式，带动了"互联网 + 公共文化"跨越式发展，进一步推动了基本公共文化服务标准化、均等化进程。

（四）公共文化服务供给更加精准高效

全面建成小康社会以后，我国人民群众的精神文化需求呈现增长快、层次多、范围广的典型特征。党的十八大以来，我国大力推动公共文化服务供给侧结构性改革，精准对接人民群众多样文化需求的能力和公共文化供给内容的质量全面提升。

1. 创新公共文化服务供给模式：从"填鸭式"到"点单式"

长期以来，由于决策主体相对单一、缺少有效的反馈机制等原因，我国公共文化服务特别是农村（基层）公共文化服务供给与人民群众文化需求之间存在脱节错位问题。在习近平文化思想的指引下，各地以满足人民群众文化需求为导向，探索建立各类公共文化服务供需对接平台，比如，上海市徐汇区文化馆的订单—评单系统和浙江省农村文化大礼堂菜单推送项目等，有效破解了公共文化服务供给中供需脱节的问题。

2. 丰富公共文化服务供给主体

推动公共文化服务社会化发展是文化领域供给侧结构性改革的重要方面。《"十四五"公共文化服务体系建设规划》明确提出，要深入推进政府购买公共文化服务、创新社会力量参与公共文化服务方式并不断提升文化志愿服务水平。仅以文化类社会组织的增长情况为例，根据 2013~2022 年《中国文化及相关产业统计年鉴》数据，全国文化类社会组织数量已从 2012 年的 35808 个增加到 2021 年的 76635 个，增加了 114%。不同的供给主体可以避免同质化、低内涵的公共文化产品供给，让更多优质文化产品不断丰富人民群众的精神文化生活。

3. 优化公共文化服务供给平台

2019 年 4 月，文化和旅游部办公厅印发了《公共数字文化工程融合创新发展实施方案》，提出要构建标准统一、互联互通的公共数字文化服务平台。在国家层面统筹推进国家文化大数据体系、全国智慧图书馆体系和公共文化云建设等公共数字文化的建设工程；地方各级政府可依据自身特点利用新技术与新媒体，基于互联网、广播电视网和移动通信网提供多层次、多样化、个性化的公共数字文化服务。目前，我国已建成覆盖城乡、便捷高效的公共数字文化服务平台网络，公共文化服务供给更加精准有效。

总之，党的十八大以来，我国公共文化服务领域取得的巨大成就离不开习近平文化思想的指引，充分彰显了社会主义制度的优越性和中国式现代化道路选择的正确性。

四　公共文化服务创新格局全面形成

高质量发展新阶段对公共文化服务建设提出了新要求。为满足人民精神文化需求和增强人民精神力量，我国公共文化服务已形成全面创新格局，为推进文化自信自强、建设社会主义文化强国奠定了坚实基础。

（一）"国家公共文化服务体系示范区（项目）"建设引领文化发展创新热潮

"国家公共文化服务体系示范区（项目）"是我国公共文化服务体系建设的重要工程，也是推动公共文化服务创新发展的重要抓手。党的十八大以后特别是2035年建成社会主义文化强国目标提出以来，"国家公共文化服务体系示范区（项目）"建设工作迈上了新台阶，其创新示范引领效应获得了极大增强。

2010年，文化部、财政部印发的《关于开展国家公共文化服务体系示范区（项目）创建工作的通知》明确提出，各地要通过结合当地实际，按照公益性、均等性、基本性、便利性的要求，积极探索创建网络健全、结构合理、发展均衡、运行有效的公共文化服务体系示范区，培育具有创新性、带动性、导向性、科学性的公共文化服务体系项目。截至2021年，我国已形成了4批共120个示范区和177个示范项目。

各示范区与示范项目不断推陈出新，以点带面促进中国特色社会主义文化发展。第一批名单中的成都市持续在公共文化设施上加大投入，翻新建成多个地标式公共文化建筑，并积极发展公共文化绩效服务平台，以人民满意度为标准，倒逼文化管理体制改革。

第二批名单中的襄阳市大力实施"文化立市"战略，建设"文化襄阳"，积极探索"襄阳模式"，如设立文化服务"三员队伍"，建设城市"区域文化联盟"，大力发展城市文化软实力。

第三批名单中的白银市以"母亲河——黄河"为核心，打造"嵌入式"研学活动与黄河风情旅游节等文化品牌，展现中华民族以母亲河为起点的文化发展脉络。

第四批名单中的威海市紧抓"数字化"提升公共文化服务水平，打通文旅融合的堵点痛点，将公共文化服务纳入智慧城市建设的统一进程中。今天，争创"国家公共文化服务体系示范区（项目）"已成为全国各地城市精神文明建设和城市品牌打造的新亮点。

（二）公共文化服务数字化、网络化、智能化持续激活创新潜力

党的十八大以来，我国文化数字化建设迎来了发展机遇期，公共文化服务数字化、网络化、智能化全面升级，文化计算成为数字智能时代的文化数字化新动能。党的二十大报告提出，要实施国家文化数字化战略，健全现代公共文化服务体系，创新实施文化惠民工程。在党的二十大精神的指引下，全国范围内掀起了文化数字化创新热潮。

自2016年起，中国数字文化集团有限公司实施"声海拾珍·重听经典"珍贵历史音频资源数字化传承推广项目，采用最先进的模拟信号转数字信号技术，通过转录、转制、4K修复，将大量20世纪80~90年代用录像带保存的经典舞台艺术作品等影像资料完成数字化转储工作，使珍贵的历史文化遗产得以更好地保存和传播。

数字文化体验中心（馆）通过大数据、5G、VR、AR、MR 等新技术应用，促进文化、旅游与科技相融合，推进文化和旅游资源的数字化可视化表达，形成更多沉浸式、可感知、可体验、可互动的文化和旅游产品及服务。中国国家博物馆的首位数智人"艾雯雯"作为一名虚拟数智人与馆藏文物产生"神奇感应"，获得了让"文物活起来"的独特能力。卡塔尔世界杯期间，挥舞着金箍棒的木偶"孙悟空"、威风凛凛的"门神"、身段灵巧的"戏曲唱将"，这些漳州布袋木偶戏、漳州木版年画、闽南高甲戏等非物质文化遗产，在数字技术的助力下成为世界瞩目的"新明星"。

今天，在习近平文化思想的指引下，我国公共文化服务发展已经跃上新台阶，不仅为满足人民日益增长的美好生活需要提供更加便利、更加优质的公共文化服务，更重要的是能够充分激发人民的文化创造力。

第五节　文化产业迈向高质量发展

新时代以来，我国文化产业持续快速发展，各项成绩表现亮眼，现代文化市场体系日益健全，文化与科技深度融合推动文化产业不断迈向高质量发展，文化产业与公共文化服务的相互交融不断深化。文化产业已经成为推动我国社会主义文化全面繁荣的强大引擎。

一　文化产业发展成绩喜人

新时代以来，我国文化产业总体保持了较快增长速度。从 2012 年至 2021 年，我国文化产业增加值从 18071 亿元增加到 52385 亿元，总量增长 1.90 倍，同期我国国内生产总值（GDP）从 486983.3 亿元增加到 1095771.2

亿元，总量增长 1.25 倍。[①] 同期，我国文化产业增加值占 GDP 的比重从 3.36% 增加到 4.56%（见图 4-5），文化产业年均增速显著高于 GDP 的年均增速（见图 4-6）。这表明我国文化产业发展动力强劲，增长潜力巨大。

图 4-5　2012~2021 年我国文化产业增加值占 GDP 的比重变化

资料来源：国家统计局社会科技和文化产业统计司、中宣部文化体制改革和发展办公室编《中国文化及相关产业统计年鉴（2022）》，中国统计出版社，2022，第 25 页；以及国家统计局 2022 年发布的相关数据。

图 4-6　2012~2021 年我国文化产业增加值增速与同期 GDP 增速比较

资料来源：国家统计局编《中国统计年鉴（2022）》，中国统计出版社，2022，第 62 页；国家统计局社会科技和文化产业统计司、中宣部文化体制改革和发展办公室编《中国文化及相关产业统计年鉴（2022）》，中国统计出版社，2022，第 25 页；以及国家统计局 2022 年公布的相关数据。2012~2021 年历年文化产业增加值增速由计算得出。

---

① 国家统计局社会科技和文化产业统计司、中宣部文化体制改革和发展办公室编《中国文化及相关产业统计年鉴（2022）》，中国统计出版社，2022，第 25 页；国家统计局编《中国统计年鉴（2022）》，中国统计出版社，2022，第 60 页；国家统计局公布的 2021 年全国文化及相关产业占 GDP 比重。

我国文化产业在快速增长的同时，呈现以下鲜明特征。

（一）文化产业若干领域的产出世界领先，文化市场供给丰富

以 2019 年为例，根据国家统计局的数据，当年我国出版图书 505979 种，其中初版图书 224762 种；出版期刊 10171 种、报纸 1851 种；全国生产完成并获得"国产电视剧发行许可证"的剧目 254 部 10646 集[①]；当年全国拥有电影院线 50 条，院线内影院 12408 家，银幕 69787 块，全年电影票房收入 642.7 亿元。2019 年我国游戏市场收入达 2308.8 亿元，用户规模 6.4 亿人[②]；全年备案动画片 472 部，总时长达 188186.5 分钟。强大的文化生产能力极大丰富了人民群众精神文化生活的选择性，也使我国在文化产品产出方面走在世界前列，为我国到 2035 年全面建成社会主义文化强国创造了有利条件。2022 年 8 月，中宣部在回顾党的十八大以来我国文化发展成就时指出："中国成为图书、电视剧、动漫等领域世界第一生产大国，电影市场规模屡创纪录、银幕数和票房收入跃居全球第一。"[③]

（二）文化产业创造大量就业岗位，贡献突出

根据国家统计局发布的第四次全国经济普查结果，截至 2018 年末，我国文化产业从业人员达 2789.3 万人，其中文化法人单位从业人员 2055.8 万人，占全国二、三产法人单位从业人员的 5.4%；文化个体经营户从业人员 733.5 万人，占全国个体经营户从业人员的 4.9%。与 2013 年末相比，文化

---

① 《国家广电总局办公厅关于 2019 年第四季度暨全年全国国产电视剧发行许可情况的通告》，国家广播电视总局网站，2020 年 2 月 6 日，http://www.nrta.gov.cn/art/2020/2/6/art_113_49820.html。

② 中国音像与数字出版协会游戏出版工作委员会、国际数据公司：《2019 年中国游戏产业报告》，中国书籍出版社，2019。

③ 《中共中央宣传部就新时代宣传文化工作举措与成效举行发布会》，中国网，2022 年 8 月 18 日，http://www.china.com.cn/zhibo/content_78374587.htm。

产业从业人员总量增长了 30.8%，其中文化法人单位从业人员增长 16.8%，文化个体经营户从业人员增长近 1 倍。[①]2020 年以来，受新冠疫情影响，我国文化产业从业人员总量有所下降。2021 年，我国文化及相关产业法人单位共有从业人员 1946.99 万人。文化产业已经成为市场规模巨大、对促进就业和国民经济增长发挥着重要推动作用的产业门类。

（三）多种所有制市场主体并存，开放竞争的市场环境初步形成

截至 2021 年，我国有文化及相关产业规模以上法人单位 68358 家，资产总计 29.75 万亿元。其中，内资企业 63881 家，占全国规模以上文化企业总量的 93.45%；港澳台商投资企业 2586 家，占总量的 3.78%；外商投资企业 1891 家，占 2.77%。按企业控股情况分，2021 年全国规模以上文化企业中，国有控股企业 7832 家，占 11.46%；集体控股企业 646 家，占 0.95%；私人控股企业 55655 家，占 81.42%；港澳台商控股企业 2410 家，占 3.53%；外商控股企业 1623 家，占 2.37%。[②]

从营业收入看，2021 年上述规模以上文化企业共实现营业收入 12.26 万亿元，其中国有控股企业营业收入 20895.40 亿元，占 17.04%；集体控股企业营业收入 1477.22 亿元，占 1.2%；私人控股企业营业收入 68080.29 亿元，占 55.51%；港澳台商控股企业营业收入 20213.38 亿元，占 16.48%；外商控股企业营业收入 11460.38 亿元，占 9.34%；其他类型控股企业营业收入 515.42 亿元，占 0.42%。[③]

[①] 《文化产业实现规模效益双提升——第四次全国经济普查系列报告之五》，国家统计局网站，2019 年 12 月 6 日，http://www.stats.gov.cn/xxgk/sjfb/zxfb2020/201912/t20191205_1767558.html。

[②] 国家统计局社会科技和文化产业统计司、中宣部文化体制改革和发展办公室编《中国文化及相关产业统计年鉴（2022）》，中国统计出版社，2022，第 53 页。

[③] 国家统计局社会科技和文化产业统计司、中宣部文化体制改革和发展办公室编《中国文化及相关产业统计年鉴（2022）》，中国统计出版社，2022，第 53 页。

（四）市场主体数量增长迅速，产业蓬勃发展

除规模以上企业外，我国文化市场还有大量的小微文化企业，以及依托文化平台企业进行消费及内容创作的专业内容生产者和用户内容生产者。用户生产内容（UGC）、专业生产内容（PGC）、机构生产内容（OGC）和专业个人生产内容（PUGC）共同创造了网络视听平台海量内容。

根据相关数据，2021年2~12月，仅抖音平台上，娱乐相关视频月均创作量就超过5423万条，月均发布娱乐相关视频作者数超过1829万人，相比2020年2~12月，发布娱乐内容视频人数增速达43%。[①]

由互联网平台企业、大型企业、中小微企业和海量个人产销者（prosumer）构成的广义上的文化市场主体，竞争有序，以强大的创造性力量，推动我国文化及相关产业蓬勃发展。

（五）文化产业新业态增长迅速，数字文化产业贡献突出

在良好的互联网及移动互联网基础条件支持下，我国数字文化产业规模快速增长。根据国家统计局发布的数据，2018年、2019年、2020年、2021年、2022年，全国规模以上文化企业营业收入中，文化新业态特征较为明显的16个行业小类[②]实现营业收入分别为2.1万亿元[③]、19868亿元、31425亿元、39623亿元和43860亿元，分别比上年增长22.40%、21.20%、

---

① 《不止于乐——2022巨量引擎娱乐营销白皮书》，巨量引擎网，2022年4月24日，https://trendinsight.oceanengine.com/arithmetic-report/detail/689?source=bgyq421。

② 根据国家统计局的定义，新业态特征明显的16个行业小类是：广播电视集成播控，互联网搜索服务，互联网其他信息服务，数字出版，其他文化艺术业，动漫、游戏数字内容服务，互联网游戏服务，多媒体、游戏动漫和数字出版软件开发，增值电信文化服务，其他文化数字内容服务，互联网广告服务，互联网文化娱乐平台，版权和文化软件服务，娱乐用智能无人飞行器制造，可穿戴智能文化设备制造，其他智能文化消费设备制造。

③ 国家统计局发布的2018年相关数据为2.1万亿元。

22.10%、18.90% 和 5.30%；而同期全国全部规模以上文化及相关产业企业营业收入增速分别为 5.49%、7.00%、2.20%、16.00% 和 0.90%。文化新业态特征较为明显的 16 个行业小类的增长速度明显高于全部规模以上文化及相关产业企业增速（见图 4-7）。2023 年上半年，文化新业态特征较为明显的 16 个行业小类实现营业收入 23588 亿元，比上年同期增长 15.0%，高于全部规模以上文化企业 7.7 个百分点。[①] 文化新业态特征较为明显的 16 个行业小类基本上属于数字文化产业范畴或与数字文化产业高度融合。从投融资的角度看，"2020~2021 年，我国数字文化产业融资规模达到 3861.29 亿元，占同期文化产业融资规模的 59.66%"[②]。这表明数字文化产业已经成为中国文化及相关产业中增速最快的产业门类。

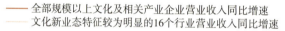

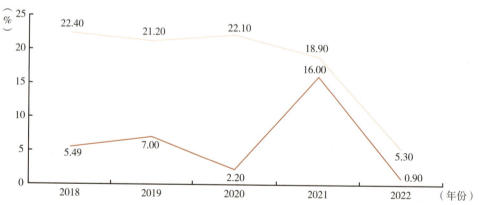

图 4-7　2018~2022 年我国全部规模以上文化及相关产业企业营业收入与文化新业态特征较为明显的 16 个行业营业收入同比增速比较

① 《2023 年上半年全国规模以上文化及相关产业企业营业收入增长 7.3%》，国家统计局网站，2023 年 7 月 30 日，http://www.stats.gov.cn/sj/zxfb/202307/t20230728_1941597.html。

② 刘德良、张玉聪：《2021 年数字文化产业投融资：占据高位，引领文化金融发展》，载杨涛、金巍主编《中国文化金融发展报告（2022）》，社会科学文献出版社，2022，第 153 页。

近年来，我国数字文化出海取得了可喜成绩，成为我国文化内容产品"走出去"的亮点。这主要体现在网络游戏、网络文学等领域。2014年至2021年，我国自主研发游戏海外市场实际年收入从30.76亿美元增长到180.13亿美元，年均增长率达28.72%。[①] 近年来，中国出海游戏在用户下载量、使用时长和付费额度三方面均保持增长态势。2021年，中国自主研发游戏海外市场的国家和地区数进一步增加。[②]

网络文学是中国数字出海的重要领域。近年来，中国网络文学海外用户增长呈现生态化的趋势，从以往主要通过平台输出国内作品的内容出海模式，逐渐转变为输出创作、运营的生态出海模式。网络文学在海外形成本土化运营模式，海外原创者成为中国网络文学平台的新生力量。[③]

在快速增长的海外用户规模和市场规模推动下，我国一些优秀数字文化企业积极布局平台出海，将自身品牌与平台向海外用户延伸。在短视频行业，有快手海外版Kwai等；在网络文学行业，有起点国际Webnovel和掌阅海外版iReader；在数字音乐行业，有腾讯音乐流媒体海外平台JOOX和全民K歌国际版WeSing；在影视行业，有爱奇艺iQIYI和腾讯视频海外版WeTV；等等。我国企业主导制定的若干手机动漫标准、数字艺术显示标准等也被确立为国际标准。我国文化企业正经历从输出产品到输出平台、输出规则，从输出文化消费设备到输出文化内容的重大转变。

---

① 根据中国音数协游戏工委（GPC）、中国游戏产业研究院编写的《2021年中国游戏产业报告》提供的数据计算得出，http://www.cgigc.com.cn/details.html?id=08da81c5-2a72-479d-8d26-30520876480f&tp=report。

② 《2021年中国游戏产业报告》，游戏产业网，2022年8月19日，http://www.cgigc.com.cn/details.html?id=08da81c5-2a72-479d-8d26-30520876480f&tp=report。

③ 中国互联网络信息中心（CNNIC）：第49次《中国互联网络发展状况统计报告》，https://www.cnnic.net.cn/NMediaFile/old_attach/P020220721404263787858.pdf。

二 现代文化市场体系日益健全

现代文化市场体系是文化创新发展的基础环境，也是文化产业发展壮大、国际竞争力不断提升的必要条件。改革开放以来，我国对市场经济内在规律与特征不断深入认识与掌握，为现代文化市场的建设提供了理论依据，而中国特色社会主义市场经济制度则为文化市场运行提供了制度基础。2006 年，中共中央、国务院发布的《关于深化文化体制改革的若干意见》提出深化文化体制改革的目标之一是形成统一、开放、竞争、有序的文化市场体系，更大限度地发挥市场在文化资源配置中的基础性作用，标志着建构现代文化市场的目标首次进入我国国家政策文件中。新时代以来，我国文化建设领域高度重视现代文化市场体系建构，现代文化市场体系日益健全。

（一）全面建构统一开放、运行高效、竞争有序的现代文化市场体系

建设现代文化市场体系作为重要的文化发展目标，贯穿新时代我国文化改革发展的进程。新时代以来，随着文化市场的规模持续扩大与质量不断提升，我国对文化市场的运行规律和现代文化市场体系建设的目标内涵的认识也不断清晰。2013 年，党的十八届三中全会对建立健全现代文化市场体系提出更为明确的目标，要求完善文化市场准入和退出机制，鼓励各类市场主体公平竞争、优胜劣汰，促进文化资源在全国范围内流动。同时，继续推进国有经营性文化单位转企改制，加快公司制、股份制改造；对按规定转制的重要国有传媒企业探索实行特殊管理股制度；推动文化企业跨地区、跨行业、跨所有制兼并重组，提高文化产业规模化、集约化、专业化水平。2017 年，《国家"十三五"时期文化发展改革规划纲要》提出，要实现现代文化产业体系和现代文化市场体系更加完善，使文化市场的积极

作用进一步发挥。同年，党的十九大报告提出，健全现代文化产业体系和市场体系，创新生产经营机制，完善文化经济政策，培育新型文化业态。2019年，《中共中央关于坚持和完善中国特色社会主义制度 推进国家治理体系和治理能力现代化若干重大问题的决定》提出，健全现代文化产业体系和市场体系，完善以高质量发展为导向的文化经济政策。2022年，《"十四五"文化发展规划》提出，建设高标准文化市场体系，加快构建统一开放、高效规范、竞争有序的文化市场，并从健全文化市场体系基础制度、清理破除文化市场准入隐性壁垒、健全文化要素市场运行机制等维度对现代文化市场体系的建设目标进行了擘画，形成了我国建设现代文化市场体系以来最为清晰完善的目标论述。党的二十大报告也明确提出：健全现代文化产业体系和市场体系，实施重大文化产业项目带动战略。

在持续的政策推动下，我国文化市场在基本市场制度建设、要素市场建设、流通体系建设、监管体系建设、信用体系建设等方面不断取得突破，统一开放、运行高效、竞争有序的现代文化市场体系初步建成。

（二）文化立法进程加速，文化市场法治环境不断优化

良好的法治环境是建立健全现代文化市场体系的基础。长期以来，由于高位阶的文化法律不足，我国文化领域大量使用由不同层级政府部门制定的"条例""规定""意见""实施办法"等行政法规来进行文化管理，这在一定程度上造成行政权力代替法律权威、执法标准弹性过大、法规的长期性稳定性不足等问题。

党的十八大以来，以习近平同志为核心的党中央高度重视文化立法工作。党的十八届四中全会通过的《中共中央关于全面推进依法治国若干重大问题的决定》，明确提出"建立健全坚持社会主义先进文化前进方向、遵循文化发展规律、有利于激发文化创造活力、保障人民基本文化权益的文

化法律制度"①。由此，我国加大了文化立法的力度，先后制定颁布了《中华人民共和国公共文化服务保障法》（2016）、《中华人民共和国网络安全法》（2016）、《中华人民共和国电影产业促进法》（2016）、《中华人民共和国公共图书馆法》（2017）、《中华人民共和国国歌法》（2017）、《中华人民共和国英雄烈士保护法》（2018）等法律，并起草了"中华人民共和国文化产业促进法"草案，向社会广泛征集意见。加上全国人大早先已经颁布的《中华人民共和国广告法》《中华人民共和国文物保护法》《中华人民共和国档案法》《中华人民共和国著作权法》《中华人民共和国国旗法》《中华人民共和国国徽法》《中华人民共和国国家通用语言文字法》《中华人民共和国非物质文化遗产法》等法律，我国文化法律体系初成规模，进一步优化了现代文化市场体系建设的法律环境。

（三）以发展文化产业为抓手，创新文化市场政策体系

新时代以来，我国在现代文化市场体系的建构过程中，高度重视培育产权、版权、技术、信息、资本等要素市场，为文化产业繁荣发展打造基本的制度环境。同时，我国坚持以发展文化产业为抓手，通过打造文化产业政策体系，推动现代文化市场体系建构。新时代以来，我国文化产业政策体系加速完善，形成了文化旅游融合发展政策体系、文化贸易政策体系、文化财政政策体系、文化税收政策体系、文化土地政策体系、文化科技政策体系、文化金融政策体系等政策系统，为我国文化产业快速发展和现代文化市场体系的建构创造了良好环境。

以文化金融政策创新为例，文化金融是文化企业做大做强、文化市场出清过剩资源和低效要素的重要工具。新时代以来，围绕促进文化产业发

---

① 中共中央文献研究室编《十八大以来重要文献选编》（中），中央文献出版社，2016，第163页。

展的目标，我国文化金融政策不断创新，形成了由各级政府部门推动设立的文化产业投资基金、银行体系文化产业专项信贷、股票市场融资、文化企业债券和票据、风险投资、私募股权基金、版权质押融资、信托融资、众筹融资等方式组成的文化金融体系。各地还通过建立文化金融服务中心、举办文化产业投融资峰会等方式，推动金融机构与文化企业充分对接，提高金融机构服务文化企业的效率。

我国文化事业单位在改革过程中，坚持充分利用金融手段扶持文化企业发展。2014 年发布的《国务院办公厅关于印发文化体制改革中经营性文化事业单位转制为企业和进一步支持文化企业发展两个规定的通知》提出：鼓励和引导社会资本以多种形式投资文化产业，参与国有经营性文化事业单位转企改制，允许以控股形式参与国有影视制作机构、文艺院团改制经营，在投资核准、银行贷款、土地使用、税收优惠、上市融资、发行债券、对外贸易等方面给予支持。2021 年，新冠疫情期间，文化和旅游部、国家开发银行发布了《关于进一步加大开发性金融支持文化产业和旅游产业高质量发展的意见》，文化和旅游部、中国人民银行和中国银行保险监督管理委员会发布了《关于抓好金融政策落实进一步支持演出企业和旅行社等市场主体纾困发展的通知》，从国家层面以金融方式支持文化产业和旅游业发展，纾解演艺业、旅游业的阶段性困难，推动相关产业健康发展。2022 年7 月，商务部、中宣部等 27 个部门联合印发《关于推进对外文化贸易高质量发展的意见》，要求加大对文化贸易企业的金融支持，其中包括：鼓励金融机构创新金融产品和服务，开发更多与文化贸易特点相适应的信贷产品、贷款模式，推广知识产权质押融资、供应链融资、订单融资等业务，支持境内银行按照风险可控、商业可持续原则开展境外人民币贷款业务，积极支持符合条件的文化贸易企业上市融资，等等。2023 年 6 月，文化和旅游部办公厅、中国银行联合印发《关于金融支持乡村旅游高质量发展的通知》，根据相关安排，中国银行加大信贷投放、推进产品创新，以信贷资金支持乡村旅游高质量发展，助力全面推进乡村振兴。

新时代以来，文化金融政策创新对我国文化产业发展发挥了极大促进作用。根据中国文化金融数据库（CCFD）提供的数据，截至 2021 年底，我国上市（IPO）文化企业累计达到 408 家，首次上市融资规模累计达到 4240.82 亿元，其中 2021 年新增的上市文化企业共 43 家；2021 年，仅我国数字文化产业融资规模就达到 2344.64 亿元；银行是文化金融重要的资金来源，截至 2021 年末，包括开发性金融机构、政策性银行、国有大型银行在内的 30 家银行文化产业贷款余额达 16499.23 亿元。[1]2012~2022 年，我国文化产业私募股权投资总规模约 1.3 万亿元。[2]金融政策创新已经成为我国文化产业进一步发展壮大、全面提升竞争力的重要支撑条件。

文化产业政策体系创新，一方面直接为文化企业发展壮大提供了成长环境，另一方面也拓展和丰富了文化市场要素体系，实现了发展文化产业与建构现代文化市场体系的协同推进，这是我国现代文化市场体系建构的重要经验。

（四）完善文化市场监管体系，开展文化市场治理

市场监管是维护文化市场公平竞争、促进文化市场健康发展的基本手段。我国文化市场监管以法律监管和行政监管为主要形式，辅以信用监管等。文化市场监管的主要目标包括：保障国家文化利益、守护公共良俗，保护未成年人，保护国家重要文化资源，维护文化市场公平竞争秩序，促进文化市场机制的自我完善，等等。

---

[1] 杨涛、金巍主编《中国文化金融发展报告（2022）》，社会科学文献出版社，2022，第 11 页，第 12 页，第 153 页。

[2] 金巍：《以文化金融力量助力文化强国建设》，《经济》2023 年第 7 期。

文化市场监管体系是我国现代文化市场体系的基础性配置。我国文化市场监管体系由文化管理部门、文化法规体系、文化市场监管设施、文化执法系统等要素组成。党的十八大以来，我国文化市场综合执法体系坚持深化改革，优化执法方式，提高执法队伍执法能力。2016年4月，中共中央办公厅、国务院办公厅发布《关于进一步深化文化市场综合执法改革的意见》，对深化文化市场综合执法作出新部署，中央层面建立了由中宣部、文化部、全国"扫黄打非"办、教育部等10个成员单位组成的全国文化市场管理工作联席会议制度，协调指导各地文化市场综合执法。2018年11月，中共中央办公厅、国务院办公厅印发《关于深化文化市场综合行政执法改革的指导意见》后，各地成立文化市场综合执法监督机构，统一行使文化、文物、出版、广播电视、电影、旅游市场行政执法职责，文化市场监管由一支力量统一监督、统一执法，形成运行高效、责任明确的文化市场综合执法机制。2020年底，全国文化市场综合执法队伍被正式纳入中央统一着装序列，文化市场执法过程更为规范。

近年来，我国不断创新文化市场监管，有效维护了健康、公平的市场秩序。2018年，文化和旅游部市场管理司修订出台了《全国文化市场黑名单管理办法》，制定了《旅游市场黑名单管理办法（试行）》，建立起"黑名单 + 备忘录"的信用监管格局。2021年8月发布的《国家新闻出版署关于进一步严格管理切实防止未成年人沉迷网络游戏的通知》，从严格限制向未成年人提供网络游戏服务的时间、严格落实网络游戏用户账号实名注册和登录要求等多个方面，进一步加强了对未成年人的保护。2021年11月，文化和旅游部办公厅发布的《关于加强网络文化市场未成年人保护工作的意见》，通过切实强化用户识别、严格保护个人信息、坚决阻断有害内容、有效规范"金钱打赏"方式，对未成年人进行保护。

为打造风清气正的文化环境，近年来我国文艺界清理整顿畸形"饭圈"

文化，制定了文化市场从业者自律公约，动态出清文化市场中的负面因素和不良倾向，促进文化市场健康发展。

惩戒市场主体违法行为是我国文化市场治理的重要内容。2018 年下半年至 2019 年上半年，我国税务部门开展了对影视公司、个人工作室等影视行业上下游公司的税收核查，要求相关企业、艺人个人工作室对 2016~2018 年的税务进行自行检查，将这期间总收入的 70% 按照个人劳务计算应缴税金，依法缴纳税金及滞纳金，维护了国家利益和市场公平。

三　文化与科技深度融合持续向好

推动文化与科技深度融合，以科技创新引领文化产业提质增效，是新时代我国文化产业发展的基本路径。新时代以来，我国积极推广舞台技术、网络技术、数字技术、虚拟技术、仿真技术、语言文字技术、声音技术、图形图像技术、动漫制作技术和新材料技术，鼓励企业用现代科技创新激活传统文化行业，催生新的文化业态。随着 4G 技术全面普及和 5G 技术广泛应用，以及大数据技术、虚拟现实技术（VR）、增强现实技术（AR）、混合现实技术（MR）、人工智能（AI）等科技的快速发展，我国文化产业发展逐渐由依靠投资扩大产能和规模的外延式发展，迈入与文化科技、数字技术密切融合的内生性科技驱动发展阶段。

在文化产业业态创新方面，我国出现了一批运用云计算、虚拟现实技术、增强现实技术、人工智能等数字科技提供沉浸式虚拟体验服务的演艺、游戏等文化消费业态。数字技术与展陈服务、定制设计服务、电商直播带货、工业旅游等产业结合，孕育出了越来越多的文化产业新业态。

在政策引导方面，新时代以来，我国出台的《国家创新驱动发展战略纲要》《国家"十三五"时期文化改革发展规划纲要》《"十四五"文化发展规划》《关于推进实施国家文化数字化战略的意见》《国务院关于推进文化创意和设计服务与相关产业融合发展的若干意见》以及科技部、中央宣传部等 6 部委联合发布的《关于促进文化和科技深度融合的指导意见》等政策文件，都强调把先进科技作为文化产业发展的战略支撑，对建立健全文化科技融合创新体系进行了布局。在全面提升文化科技发展水平的国家战略引领下，我国通过建设国家级文化和科技融合示范基地、实施国家文化科技创新工程和国家数字文化建设工程等方式，提升文化企业科技创新投入水平和科技创新能力，提高文化核心技术装备制造水平，全面打造面向数字时代和数字文化产业的新型文化科技体系。

建设国家级文化和科技融合示范基地是我国推动文化和科技融合发展的国家示范工程。2012 年，科技部、中宣部会同相关部门认定了首批国家文化和科技融合示范基地。至 2021 年，我国认定了四批共 85 家国家文化和科技融合示范基地。2022 年 4 月，科技部、中宣部联合发布了前三批 55 家国家文化和科技融合示范基地绩效评价结果，其中有 6 家优秀、41 家合格。[1] 这些示范基地以多层次、开放式创新，在互联网科技、数字文化科技、扩展现实技术、智能穿戴技术等方向开展文化产业技术研发及集成应用，对推动我国文化科技发展进步和文化产业生态培育发挥了重要作用。

新时代以来，我国科技型文化企业快速成长，腾讯、阿里巴巴、字节跳动、百度、哔哩哔哩、抖音、快手等一大批平台型数字文化公司和互联网科技公司，以强大的市场竞争力，培育出庞大的消费群体，创造了可观的收入规模，在全国乃至全球的影响力不断提升。

---

[1] 《科技部办公厅　中央宣传部办公厅关于国家文化和科技融合示范基地绩效评价结果的通知》，中华人民共和国科学技术部网站，2022 年 4 月 7 日，https://www.most.gov.cn/xxgk/xinxifenlei/fdzdgknr/qtwj/qtwj2022/202204/t20220407_180111.html。

通过不懈努力，近年来，科技创新在我国文化产业发展中的战略支撑作用逐步显现。根据国家统计局公布的数据，2022 年，我国规模以上文化企业投入研究与试验发展（R&D）经费 1529 亿元，比上年增长 6.4%；规模以上文化企业 R&D 经费占营业收入的比重为 1.24%，比上年提高 0.07 个百分点。重视文化科技研发，以技术创新引领企业竞争力提升，建立企业成长的科技"护城河"，已经成为越来越多优秀文化企业的共识。自主文化科技成果的不断累积正在孕育越来越多卓越的文化企业。

四　文化产业与公共文化服务的相互交融不断深化

新时代以来，我国文化产业与公共文化服务相互交融不断深化。这种交融突出体现在三个方面。

一是文化产业与公共文化服务建立了统一的价值评判准则。把社会效益放在第一位成为统领我国文化产业与公共文化服务发展的根本遵循。二者在发展的价值目标上实现了交融，共同服务于满足人民群众的精神文化需求、增强中华民族伟大复兴的精神力量、建设社会主义文化强国的目标。

二是公共文化服务提供方式的创新推动文化产业与公共文化服务相互交融。从文化产品生产与消费的角度，公共文化服务部门具有文化生产和文化消费的双重属性。从文化生产的角度来看，公共文化服务部门生产文化产品（如文化演艺活动）并以公益方式向社会提供文化服务。但从文化市场的角度来看，公共文化服务体系中有大量成分属于文化消费：公共文化服务部门的文化设施、设备和文化产品是文化产业部门生产的；公共文化服务部门采用市场化方式向社会提供公共文化服务时，它使用公共财政资金从市场购买文化产品和文化服务用于公共文化服务，这使公共文化服务部门成为文化市场消费主体。文化产业的繁荣发展为公共文化服务高质量发展提供了坚实基础，公共文化服务则通过涵养全社会的文化创造力和文化消费潜力反哺文化产业的发展。随着我国统一开放、运行高效、竞争有序的现代文化市场体系的不断完善和公共文化服务提供方式的不断创新，文化产业和公共文化服务在文化市场中的相互渗透将更加深入。

三是数字文化科技发展推动文化产业与公共文化服务相互融合。当前，数字文化产业已经成为文化产业中增长最快、规模效应日益凸显的部门，并引领文化消费和公共文化服务加速向数字化转型。文化科技的持续突破和国家数字文化战略的实施，正在深刻改变文化生产与消费的方式，为文化产业和公共文化服务注入新的内涵。公共数字资源以及公共文化数据要素的普惠性跨行业跨领域开放共享、数字文化平台企业日益突出的公共属性，以及由产销者所代表的数字文化产业消费主体与生产主体高度融合的发展趋势，都使文化产业与公共文化服务的参与主体、目标受众、发展路径等方面的边界开始模糊，促使二者之间相互融合不断深化。

文化产业与公共文化服务之间不断深化的相互影响，正在带来一种新型的文化生产—消费格局，这种格局要求我们重新认识文化产业与公共文化服务之间的边界与联系，进而以更为科学的方式推动数字文化时代我国文化产业与公共文化服务繁荣发展。

第六节　文化产业对国民经济和社会发展的系统性效应凸显

文化体制改革以来，我国文化产业的发展大体可以分为前后两个阶段。第一，规模性扩张阶段：我国文化产业在此阶段实现了产业收入的大幅增长，但是相对粗放的发展模式也造成了资源浪费和效能降低。第二，高质量发展阶段：党的十八大以来，受益于文化科技的不断融合与供给侧改革的进一步深入，我国文化产业致力于构建提质增效的发展模式，进入高质量发展阶段。

文化产业的高质量发展对国民经济和社会发展表现出双重效应：一方面，文化产业高质量发展成果是增长性、可量化的，作为国民经济新的增长点，文化产业尤其是文化新业态对经济增长的贡献度逐步提高；另一方面，文化产业对国民经济和社会发展形成整体性、系统性的驱动效应，这种影响包括对关联产业的驱动性带动效应、对国民经济增长方式的结构性调整效应和对民众生活水平的系统性提升效应。

新时代文化产业对国民经济和社会发展的系统性效应具体表现在：其一，新兴文化服务业的提升，促使第三产业的比重不断提高，推动了国民经济结构的优化转型；其二，文化产业具有生产性服务功能，为关联产业带来文化附加值和创造力，形成产业发展的外溢效应，在文化旅游融合发展、文化产业对传统制造业的提质增效升级等领域表现得尤为明显；其三，作为典型的朝阳产业、绿色产业，文化产业的优化升级、提质增效为"美丽中国"建设注入文化动力；其四，文化产业对人民生活方式的变革有着直接、深刻的影响，一方面提供了灵活就业，优化了就业结构和就业模式，另一方面增强了人民群众的获得感、满足感，促进了我国消费结构的转型升级。

一　文旅融合创新发展助力产业双向赋能

新时代以来，随着文化产业和旅游业在产业资源、市场主体、技术需求等方面的相互渗透程度日益加深，文旅融合发展的趋势愈加明显。

2018年，原文化部和原国家旅游局职责完成整合，文化和旅游部正式设立，明确了将文旅融合发展作为长期战略发展方向。2021年颁布的《中华人民共和国国民经济和社会发展第十四个五年规划和2035年远景目标纲要》提出，要"推动文化和旅游融合发展"[①]，标志着我国进入文旅深度融合发展的新阶段。党的二十大以后，在"以文塑旅、以旅彰文"要求的指导下，我国文旅融合发展呈现前所未有的活跃态势。

（一）文旅融合发展，创新旅游业态不断涌现

文化产业和旅游业的融合发展是产业资源、产品形态和产业链体系的深度融合，最终落地于产业融合场景的实现。近年来，我国文旅融合深度推进，旅游产品的创新发展和文化赋能效果明显，文化主题公园、文化旅游节庆活动不断涌现，旅游演艺、非遗工坊蓬勃发展，文化产业和旅游业成为国民经济增长的新动力。

1. 文化主题公园建设成为旅游业新增长点

作为我国大力发展的文旅融合新业态，文化主题公园在丰富旅游消费场景、孵化文化 IP 价值、保育历史文脉资源等方面具有突出优势。迪士尼乐园、环球影城等国际品牌被引入后，我国文化主题公园市场迎来爆发式增长，本土的方特、长隆、欢乐谷等品牌也进入高速增长期。截至 2019 年，我国文化主题公园的市场规模已经达到人民币 400 亿元，成为全球第二大文化主题公园市场。[②]

近年来，越来越多具有传统文化、地方文化特色的主题公园引起市场关注，如西安大唐芙蓉园、开封清明上河园等都迎来了巨大的游客增量；随着增强现实、虚拟现实等数字化技术被大量引入文化主题公园的运营服务，线上云游、数字人导览等产业新业态也在不断涌现，为产业增长创造

[①] 《中华人民共和国国民经济和社会发展第十四个五年规划和 2035 年远景目标纲要》，中华人民共和国中央人民政府网站，2021 年 3 月 13 日，https://www.gov.cn/xinwen/2021-03/13/content_5592681.htm。

[②] Euromonitor data, "TEA/AECOM 2020 Theme Index and Museum Index: Global Attractions Attendance Report," Themed Entertainment Association (TEA) and AECOM.

了巨大空间。预计到 2025 年，我国文化主题公园市场将超过 900 亿元。[①]

2. 文旅夜间经济提振旅游消费

2019 年，由国务院办公厅印发的《关于加快发展流通促进商业消费的意见》首次提出加大投入，打造夜间消费场景和集聚区，鼓励特色商业与文化、旅游紧密结合，发展夜间经济。[②] 随后成都、广州、杭州、北京等城市纷纷跟进出台了一系列扶持政策，成为打造夜间经济模式、提振夜间消费的有力保障。

文旅融合发展为夜间经济创造了丰富的内容场景，旅游景区、公共文化服务设施、主题公园和文化街区的夜间开放运营提供了夜间消费的新选择。2021 年 7 月 5 日，文化和旅游部办公厅发布《关于开展第一批国家级夜间文化和旅游消费集聚区建设工作的通知》，明确提出发展夜间文旅经济要"符合文化和旅游发展方向、文化内涵丰富、地域特色突出、文化和旅游消费规模较大、消费质量和水平较高"，并在此前两年中分两批遴选出200 余个具有典型示范和引领带动作用的国家级夜间文化和旅游消费集聚区，为文旅夜间经济的持续发展指明了方向。

3. 旅游演艺创新助力旅游业体验升级

近年来，我国文化演艺行业与旅游业融合趋势明显加速：一方面，沉浸式演出改变了传统舞台的观演模式，成为旅游演艺的主要形态，西安大唐不夜城、南京夫子庙步行街等凭借富有地方文化特质的演艺作品在社交平台上获得了可观的热度；另一方面，演唱会、音乐节等演艺项目的火热进一步带动了区域旅游的快速发展，出现了"只有河南·戏剧幻城"等基

[①] Guang Chen, Zi Chen, Stene Saxon, and Jackey Yu, "China's Theme Parks Face a New Era," McKinsey, 2022, p. 2.

[②] 《国务院办公厅印发〈关于加快发展流通促进商业消费的意见〉》，中华人民共和国中央人民政府网站，2019 年 8 月 27 日，https://www.gov.cn/xinwen/2019-08/27/content_5425015.htm。

于沉浸式演出产品打造的热门旅游目的地，进一步拓宽了文化演艺与旅游融合的可能模式。

2023 年春节，全国旅游演艺观演人次同比增长 184%，"五一"期间观演人次同比增长 360%[①]，助力众多景区展现出更加丰富的"旅游新资源"，使传统景区焕发新生机，"跟着演出去旅行"也开始成为新趋势。

（二）文旅融合发展水平不断提升

文化产业与旅游业的融合是两个产业链的整体性融合，要评价我国文旅融合发展的综合水平，就需要评估文化产业和旅游业的整体环节。本着数据可获得性、代表性、关联性原则，根据《2009 年联合国教科文组织文化统计框架》提出的"文化圈"理论[②]，可以构建出文化产业系统和旅游业系统间的耦合发展评价指标体系（见表 4–2）。

表 4–2　文化产业与旅游业发展指标

子系统	要素层	指标层	属性	子系统	要素层	指标层	属性
文化产业（U1）	创造要素	文化制造从业人员数量	+	旅游业（U2）	创造要素	旅行社从业人员数量	+
		文化批发零售从业人员数量	+			星级饭店从业人员数量	+
		文化服务从业人员数量	+			景区从业人员数量	+
	生产传播要素	文化制造从业人员数量	+		生产传播要素	旅行社数量	+
		文化批发零售从业人员数量	+			星级饭店数量	+
		文化服务从业人员数量	+			A 级景区数量	+
	接受要素	文化资源丰度	+		接受要素	旅游资源丰度	+
	消费要素	文化产业营收	+		消费要素	旅游总收入	+

---

① 中国演出行业协会、腾讯位置服务：《"春天里"的新文旅——后疫情时代文旅发展大数据报告》，2023 年 5 月 19 日，第 1 页。

② UIF Statistics, "The 2009 UNESCO Framework for Cultural Statistics (FCS)," 18 September 2009, p.12.

根据指标体系进行无量纲化处理，将得到文化产业的综合发展指数 U1
和旅游业的综合发展指数 U2；代入耦合协调度模型，可以得到文化产业
与旅游业融合发展的耦合度（C）、协调度（T）与耦合协调度（D）的得
分。根据计算结果，2013~2021 年我国文化旅游融合发展耦合协调度情况见
表 4-3。

表 4-3　2013~2021 年我国文化旅游融合发展耦合协调度情况

年份	耦合度 C 值	协调度 T 值	耦合协调度 D 值	协调等级	耦合协调程度
2013	1	0.01	0.1	2	严重失调
2014	0.995	0.307	0.553	6	勉强协调
2015	0.999	0.421	0.649	7	初级协调
2016	0.996	0.539	0.733	8	中级协调
2017	0.995	0.663	0.812	9	良好协调
2018	0.998	0.756	0.869	9	良好协调
2019	0.99	0.868	0.927	10	优质协调
2020	0.998	0.703	0.837	9	良好协调
2021	0.959	0.770	0.859	9	良好协调

资料来源：2014~2022 年历年《中国统计年鉴》《中国文化及相关产业统计年鉴》《中国旅游统计年鉴》《中国文化文物和旅游统计年鉴》，文化和旅游部历年《文化和旅游发展统计公报》。

虽然文化产业与旅游业有一定的耦合关系，产业资源间关联性、共需
性较强，但我国的文旅融合发展仍然经历了一个融合质量由低到高的过程，
2019 年实现两个产业的优质协调。受新冠疫情影响，文旅融合发展在 2020
年稍有回落，在 2021 年有所恢复（见图 4-8）。

图 4-8　2013~2021 年文旅融合协调度发展趋势

（三）文旅融合发展成就日益凸显

1. 激发产业动能，实现旅游升级

文化产业与旅游业的深度融合，可以帮助旅游业打破传统路径依赖，实现创新体系的动态升级，具体表现在：第一，边界不断扩展，"旅游 +"业态不断涌现，红色旅游、乡村旅游、冰雪旅游不仅提供了新的经济增长点，更在推动区域协调发展、服务精神文明建设、激发大众消费潜力等方面表现出外延型增长效应；第二，规模不断增长，2012 年以来，我国旅游收入年均增长 10.6% 左右，2019 年达到 6.63 万亿元，增加值 4.5 万亿元，占 GDP 比重为 4.56%[①]；第三，质量持续提高，旅游集团数量持续增长，旅游与科技融合发展步入快车道，旅游企业现代治理体系日趋完善。

2. 活化文化资源，服务文化传承

在文旅融合发展的过程中，旅游成为文化产业的目标产品，繁荣发展的旅游业成为文化资源市场化转型的载体。一方面，以文化为目标的旅游产品赋予文化资源以商品属性，文物、古迹、非遗等文化遗产得以进入市场实现

---

① 《中共中央宣传部"中国这十年"系列主题新闻发布会：旅游快速发展　文化服务提升　文艺气象一新》，中华人民共和国文化和旅游部网站，2022 年 8 月 19 日，https://www.mct. gov.cn/whzx/whyw/202208/t20220819_935431.htm。

营收；另一方面，文旅融合发展为文化资源衍生价值的开发创造条件，以文化符号为原型的文创产品开发使文化资源"火起来""活起来"成为可能。

3. 入出境旅游规模不断增大

文旅融合，为讲好中国故事、传播中国文化创造了一条新的路径。新时代以来，随着我国综合国力和世界影响力、吸引力的不断增强，入境游市场始终保持稳步增长态势，从2012年的2719.16万人次增长为2019年的4911.36万人次，增长了80.62%。亲身来到中国，以旅游的方式体验中国文化，成为国际友人认识中国、了解中国最直接有效的方式；吸引海外民众来华旅游，也成为突破国际舆论"信息茧房"、助推中华优秀文化走向世界的有效途径。

二　文化创意产业助力制造业竞争力提升

（一）传统制造业创意附加值不断提升

在过去20多年的时间里，全球范围内技术创新经历了爆发式增长，但是随着机器学习、人工智能、物联网、5G通信等底层核心技术日渐成熟，智能化革命成果在过去几年开始进入大规模商用阶段，全球创新型企业的技术投资逐渐涌入产业下游，向新潮科技、新兴场景、新增需求等应用端转移，技术增长趋势开始放缓。

与此同时，全球专利申请的头部企业开始进入对技术类专利的"清库存"阶段，以应对第四次产业革命增长的消化期，原本在技术专利持有数量上占据绝对优势的龙头企业，已经开始不同程度地放缓技术研发相关投入，并控制自身持有的专利数量。[1]

新型平台企业由对先进技术储备的依赖，开始转向对产品和用户体验

---

[1]　世界知识产权组织（WIPO）、美国康奈尔大学欧洲工商管理商学院：《2018年全球创新指数》，2018年7月10日。

生态系统的构建，市场价值链中创新焦点开始后移，企业开始寻找更加多元的创新动力，社交网络、产品设计、用户体验等要素逐渐成为创新型企业新的增长利器。

（二）文化创意驱动传统制造业转型升级

在此背景下，我国文化产业发展的生产性服务价值开始全面发挥作用，为传统制造业的转型升级提供文化驱动力。

1. 传统制造业纷纷谋求"＋文化"转型

近年来，传统制造业的竞争模式开始从硬件技术竞赛逐渐转向文化创意主导的差异化竞争，创意设计、文化审美等要素开始成为一些传统制造业品牌的核心竞争力。一方面，传统制造业品牌寻求通过产品设计和品牌文化获得消费决策优势；另一方面，游戏动漫、文博衍生等文化类 IP 授权服务发展迅速，被授权商集中于玩具、服饰、纪念品等传统制造业领域，文化赋能成为制造业寻求品牌升级的主要途径。

2. 创意文化催生制造业新增长点

过去几年，我国授权商品零售市场突破 1000 亿元大关，并继续保持正向增长（见图 4-9），品牌授权企业数量、授权 IP 数量等指标全面上扬。

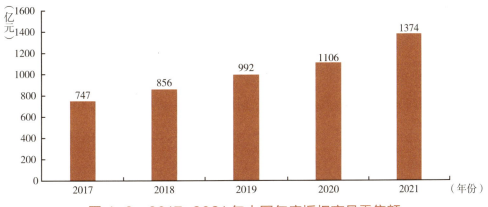

图 4-9　2017~2021 年中国年度授权商品零售额

资料来源：国际授权业协会《2022 中国品牌授权行业发展白皮书》。

依托文化 IP 开发设计产品的服务型企业成为制造业链条的重要组成部分，一批如泡泡玛特、洛可可等把产品设计作为核心投入的制造业企业不断涌现，成为拉动传统制造业转型升级的新增长点。

3. 创意驱动型品牌行业不断上移

文化附加值的提升使传统制造业中创意驱动型品牌所处层级逐渐上移，从劳动密集型的服装、家具行业向技术密集型的家电、数码等高端制造业转移。制造业新锐企业对文化创意的重视与投入，催生出一系列"网红"品牌，对传统头部企业形成挑战，在一定程度上影响了我国制造业的产业格局。

（三）从"中国制造"走向"中国创造"

"大而不强"一直是我国制造业亟待解决的重要问题，随着近年来国际国内形势发生根本性变化，全球产业重组和贸易分工导致制造业"增量"市场红利逐渐消失，我国制造业不得不开始面对更加激烈的"存量"竞争。

在此背景下，文化产业的生产性服务功能开始为我国传统制造业转型升级创造有利条件，以创意设计赋能传统产业，以高文化附加值推动产品贸易结构优化，从而进一步提升我国制造业产品的国际竞争力和可持续性。

伴随制造业产业结构的转型和升级，我国外贸逐步由原始设备制造商（OEM）向原始设计制造商（ODM）和代工厂经营自有品牌（OBM）转变，加工贸易占比逐年下降，产业链更长、增值率更高的一般贸易占比逐年上升，中国品牌在海外的认可度和消费者购买意愿不断提升，"中国制造"正在逐步走上向"中国创造"转变的道路（见图 4-10）。

图 4-10　2010~2022 年我国贸易产品贸易结构变化

资料来源：中国海关总署。

三　文化产业高质量发展为美丽中国建设赋能

（一）文化产业高质量发展为美丽中国建设注入文化动力

习近平总书记在全国生态环境保护大会上指出，"建设美丽中国是全面建设社会主义现代化国家的重要目标"，系统部署了全面推进美丽中国建设的战略任务和重大举措，强调"把建设美丽中国摆在强国建设、民族复兴的突出位置"，要求"以高品质生态环境支撑高质量发展，加快推进人与自然和谐共生的现代化"。①

文化产业高质量发展对美丽中国建设的意义，主要表现在"内涵增长"和"外延要求"两个层面。

1. 文化产业的高质量发展为美丽中国建设提供内涵动能

文化产业具有低污染或无污染、低消耗、高效益的突出特点。新时代以来，文化产业的生产性服务功能作用于关联产业的整体转型，服务于

---

① 习近平：《全面推进美丽中国建设　加快推进人与自然和谐共生的现代化》，《人民日报》2023 年 7 月 19 日，第 1 版。

"五位一体"总体布局的统筹推进，为我国绿色生产生活方式的逐步形成提供保障。

2. 文化产业的高质量发展是美丽中国建设的外延要求

美丽中国的内涵在长期实践中得到不断丰富，不再局限于生态领域，而是涉及国家治理与百姓生活、乡村建设与城市发展、产业转型与消费升级的方方面面，完成了与我国文化建设的有机结合和良性互动。可以说，文化之美是美丽中国建设的重要维度；文化产业高质量发展，是充盈美丽中国的文化内涵、营造美丽中国的文化氛围、提升美丽中国的建设成果、将"美丽中国"升级为"美好中国"的必由之路。

（二）乡村文化发展促进美丽乡村建设

美丽乡村建设是一个系统工程，具有长期性、复杂性、全面性特点。党的十八大以来，我国美丽乡村建设取得了巨大成就，一大批各具特色的美丽乡村正引领乡村振兴走向深入。面向 2035 年，要实现"产业兴旺、生态宜居、乡风文明、治理有效、生活富裕"[①]的总要求，就需要从中华优秀传统文化中汲取营养和智慧，结合新时代乡村特点进行有益的探索和实践。

1. 文化产业发展为乡村产业振兴提供强大驱动力

2022 年，文化和旅游部等 6 部门联合印发《关于推动文化产业赋能乡村振兴的意见》（以下简称《意见》），对文化产业赋能乡村振兴的指导思想、总体要求、发展目标、重点领域和政策举措进行了全面系统的阐述。《意见》明确了创意设计、美术产业、演出产业、音乐产业、手工艺、数字

---

① 《习近平著作选读》第二卷，人民出版社，2023，第 26 页。

文化、其他文化产业和文旅融合 8 个文化产业赋能乡村振兴的重点领域。[①]

文化创意产业进入乡村，有效发挥市场资源配置机制作用，基于对乡村特有文化资源的传承、保护与转化利用，形成了乡村文旅、非遗文创、乡村直播等丰富多样的乡村文化产业形态。2022 年，淘宝天猫平台年成交过亿元的非遗产业增长到 18 个，同比增长 29%。[②]

同时，文化产业与乡村振兴的融合实践，如"青田范式"、"碧山工销社"模式、"葛家村艺术试验"等乡建经典实践案例，丰富了乡村产业的文化内涵，为我国乡村振兴战略的实施提供了强大的驱动力。

2. 中华优秀传统文化为乡村治理提供精神内涵

在"城乡融合中国"发展的大背景下，美丽乡村建设应关注的不仅是乡村空间或生产生活的"外部秩序"变化，更应是社会"心灵秩序"的变化。"心灵秩序"是"文明之所以为文明"的根本特性。[③]而心灵秩序建构回应了乡村社会重建教化的需求，未来乡村文明秩序建构应该深入心灵秩序层面。

将中华优秀传统文化应用于探讨乡村治理问题，将美好生活想象与诊断治疗意识结合起来，从我国传统乡村文明中发掘萃取"教化教养"元素，对其进行"创造性转化和创新性发展"，可以让乡村基层治理内生出新的精神性内涵，进而创造中国乡村文明新形态，最终滋养出对接历史传统、适应现代生活、提高群体修养的新的乡村文明。

---

① 《文化和旅游部、教育部、自然资源部、农业农村部、国家乡村振兴局、国家开发银行印发〈关于推动文化产业赋能乡村振兴的意见〉》，中华人民共和国中央人民政府网站，2022 年 4 月 7 日，https://www.gov.cn/xinwen/2022-04/07/content_5683907.htm。

② 文旅产业指数实验室：《2022 非物质文化遗产消费创新报告》，阿里研究院，2022 年 10 月，第 18 页。

③ 李河：《中国乡村文明的百年变迁——从"乡土中国"到"城乡融合中国"》，国家行政学院出版社，2022，第 6 页。

（三）城市文化建设为城市更新全面赋能

从《国家新型城镇化规划（2014—2020年）》首次提出"注重人文城市建设"和"把城市建设成为历史底蕴厚重、时代特色鲜明的人文魅力空间"①，到新一轮《国家新型城镇化规划（2021—2035年）》把建设人文城市作为城市更新的目标之一，其最终目标是以城市为载体，以人文城市建设为路径，全面提升我国城市软实力，开创和塑造"中国式城市文明新形态"，成为以中国式现代化开创人类文明新形态的重要组成部分。因此，我国城市文化建设在城市更新策略中发挥着重要作用。

1. 文化产业高质量发展满足了城市软实力提升的基本要求

建设人文城市，开创"中国式城市文明新形态"，意味着中华民族要为世界贡献一种新的文明典范。为适应新时代城市发展的新要求，提升城市软实力成为新时代我国城市建设的重要任务。

"城市软实力"是一个城市主流价值观、发展模式、生活方式、治理水平、法治建设、文明素养、自然生态和人文生态以及城市治理能力等要素产生的合力，在效应层面表现为城市内部凝聚力、动员力与城市对外感召力、吸引力、影响力的总和，是建设人文城市、推动城市更新的核心动力。新时代以来，通过文化产业高质量发展，我国城市软实力建设实现了综合性提升：第一，文化产业充分发挥生产性服务功能，整合行业资源、优化产业结构、助力城市推进经济转型升级；第二，文化产业有效提升城市居民的获得感和幸福感，推动城市文明建设和居民素质提升；第三，随着互联网技术的迅猛发展，文化产业助力城市建设打破"在地"物理界限，构建"平行城市"形象，全面提升了城市"媒体化生存能力"和"智能化

---

① 《国家新型城镇化规划（2014—2020年）》，中华人民共和国中央人民政府网站，2014年3月16日，https://www.gov.cn/zhengce/2014-03/16/content_2640075.htm。

治理能力"。

2. 文化产业高质量发展助力城市更新水平全面提升

推进城市更新，建设人文城市，就要把城市建设成为有历史记忆、文化脉络、地域风貌、民族特点的人文魅力空间。文化产业的高质量发展顺应了"以人民为中心"的城市建设宗旨，为我国城市更新水平的提升和人文城市建设成果的凸显提供助力。

第一，文化产业能够充分挖掘城市文脉要素，利用城市特有的文化资源，打造城市符号的突出文化标识。新时代以来，北京"设计之都"、南京"文学之都"、成都"休闲之都"等城市文化品牌的打造已经取得了令人瞩目的成绩，为提升我国城市的国际影响力和竞争力作出了重要贡献。

第二，文化产业能够活化城市存量空间、促进城市更新升级。在城市快速发展的进程中，文化产业赋能城市更新取得了长足的进展，利用老旧厂房打造新型城市文化空间，培育文化产业集聚区，已经成为我国城市更新的宝贵经验。据统计，截至 2023 年 4 月 15 日，我国文化产业园区数量已经达到 3401 家[①]，成为我国城市更新的重要抓手。

四　文化消费创新升级助力国民生活方式升级

文化产业的产品最终主要用于消费，而文化消费行为同时也可能是文化内容创作和产品生产的起点。文化产业的闭合环形结构使产业的变化能够更直接地反映到消费环节，而消费的升级也可以反过来快速影响到产业的所有链条。新时代以来，我国文化产业的快速增长和结构性调整带动了

---

① 《产业 ｜ 祁述裕：我国文化产业园区发展现状和趋势》，文旅中国百家号，2023 年 6 月 12 日，https://baijiahao.baidu.com/s?id=1768464120841448202&wfr=spider&for=pc。

文化消费的创新升级，对我国消费潜力的释放作出了重要贡献，并深刻影响了国民生活方式的变化升级。

（一）创新文化业态，激发消费活力

新时代以来，随着消费水平的逐步提升，我国居民消费结构的升级也在加快步伐。2012~2021年，我国人均可支配收入实现翻倍增长[①]，其中文化、娱乐、旅游等服务性消费支出总体呈增长态势，在2021年已经突破1万元（见图4-11）。

图 4-11　2016~2021 年我国人均消费支出结构

资料来源：国家统计局。

从需求侧来说，新生代消费者的消费生活方式发生了变化，更加注重新奇、时尚、有探索性的商品；就供给侧而言，企业不断地通过品牌、模

---

① 《居民收入水平较快增长　生活质量取得显著提高——党的十八大以来经济社会发展成就系列报告之十九》，国家统计局网站，2022年10月11日，http://www.stats.gov.cn/sj/sjjd/202302/t20230202_1896697.html。

式、产品创新应对新的消费趋势。[①] 文化及相关产业的高质量发展和文化新业态的不断涌现，有力地推动了直播电商、即时零售、个性化生产、柔性化定制等消费新模式的孵化，促进了体验经济、夜间经济等消费新场景的逐步成熟，为生活服务消费的数字化转型作出了突出贡献。创新经济已成为激发消费潜能的重要因素。

（二）创新文化消费改变生活方式

文化消费创新不断提供新的消费方式和内容，满足和引导人们的消费需求，从而改变人们的生活方式。

1. 提高生活品质

随着科技的发展，文化消费的方式也在不断创新。以大数据和云计算等数字化技术为基础的创新文化消费，为用户提供了更加丰富的个性化服务内容，以更优质的内容满足了人民精神文化需求。党的十八大以来，我国数字文化消费水平、消费层次和消费能级持续攀升，定制化消费、体验式消费、互动式消费场景不断迭代，极大提升了居民生活品质。

2. 引领审美趋向

创新文化消费可以通过艺术形式、设计风格等，引导推动人们的审美观念和消费习惯发生变化。随着我国文化产业高质量发展的持续推进，宏观环境下的文化繁荣同时也带动了我国传统文化创新相关内容的快速发展，国潮产品引领新的消费文化风潮，有力推动了传统文化、传统工艺与现代化时尚生活的有机结合，国货品牌影响力得到根本性提升（见图4-12）。

[①] 樊中华、高志苗：《上海开年看信心：如何以"创新消费"促动国内大循环？》，中国新闻网，2023年2月25日，http://www.chinanews.com.cn/cj/2023/02-25/9960562.shtml。

图 4-12　消费者在多数品类上倾向购买国货品牌

资料来源：环球舆情调查中心。

（三）文化消费创新成为提升民众获得感的关键环节

在文化产业高质量发展的背景下，推动文化产业转型升级、促进新型文化消费成为增强人民群众文化获得感的重要举措。

第一，从消费需求看，文化生产和文化消费的直接同一性决定了文化消费创新本身即服务于受众获得感和满意度提升的需求。

第二，从消费场景看，文化消费创新将不同的文化消费资源和要素重新组合起来，促进了新业态、新产品、新服务的发展，比如云旅游、云演出等，为消费者提供了前所未有的文化产品服务和消费体验，丰富了文化消费的商业模式。

第三，从消费形式看，文化消费创新依托于数字技术的发展，能够打破地域、时间和经济的限制，将线上消费场景和线下消费体验有机融合，扩大了文化消费的参与人群，提升了文化消费服务的均等化水平。

新时代以来，文化产业高质量发展对国民经济和社会发展的系统性效应集中体现了文化产业的生产性服务价值，该效应溢出了巨大的社会发展红利，展现出其在产业结构调整、社会发展赋能、消费结构升级等方面的整体性作用。文化产业系统化效应的凸显，既是由其自身生产性服务特征决定的，也是由我国新时代文化建设的新使命、新要求决定的，更是由我们党"六个必须坚持"的世界观和方法论决定的。随着这一系统化效应的不断深化，文化产业也必将展现出更加强劲的发展动能，成为坚定文化自信、实现文化自强、建设社会主义文化强国的重要抓手。

我国文化产业正在加速数字化转型，推动中国特色社会主义文化建设，必须充分重视文化科技及数字文化产业对我国文化发展带来的全方位变革性影响，加快数字文化产业和数字文化科技发展，打造数字文化生态，建设面向数字文化时代的现代文化产业体系和公共文化服务体系，为2035年全面建成社会主义文化强国铸牢根基。

第五章

科技赋能：
建设高水平的数字文化中国

科技赋能：
建设高水平的数字文化中国

　　重视和加强文化数字化建设是习近平文化思想的重要组成部分。担负起新的文化使命，不断推动数字文化建设，探索数字文明新形态，是数字时代我国文化建设的重要方向。文化数字化正在深刻改变我国文化建设的总体格局和产业生态，在构建中华文明现代形态历史进程中的重要性日益凸显。到 2035 年建成文化强国的远大目标必然蕴含着"数字文化中国"建设的伟大愿景。对文化数字化建设的高度重视充分体现了习近平文化思想的前瞻性和创新性。

　　在习近平文化思想的指引下，我国数字文化建设从政策到实践都取得了丰硕成果。数字化推动文化遗产"活起来、火起来"，中华文化实现数字化全景呈现。数字文化新业态持续涌现并快速发展，成为文化产业的中坚力量。同时，数字文化建设激发了人民群众的文化创新创造活力，提升了人们的获得感和幸福感。

　　面向 2035 年，文化数字化产业必将进一步提升我国数字文化产业的核心竞争力和国际市场地位，进一步提升我国文化软实力，实现中华文化的全景呈现和全民共享。一个伟大繁荣的数字文化中国正在路上。

第一节　数字文化中国：迈向数字文明新时代

当今世界正经历百年未有之大变局，以信息技术和数据为核心要素的数字经济正逐步成为全球新一轮科技革命和产业变革的重要驱动力。在全球数字经济加速发展的大背景下，人类数字文明新时代已然到来。在构建数字文明新形态、建设数字中国伟大征程中，文化数字化已成为塑造新时代文化建设的必然要求。充分发挥数字化在国民经济发展中的驱动作用和引领作用，抢占发展制高点，赢得发展主动权，已成为我国当前和未来长期发展的重点。作为数字中国战略的重要组成部分，数字文化建设在中华民族伟大复兴进程中发挥着关键作用，为引领国家经济社会发展浪潮、创造中华民族现代文明、提升中华民族凝聚力和国际影响力等提供了重要参照和关键动能。

一　前瞻创新：面向数字文化新形态

创新性发展、战略性布局和前瞻性视野是国家在新的历史起点上继续推动文化繁荣、建设文化强国、建设中华民族现代文明的重要路径和必要选择，也是新时代文化建设对文化数字化建设提出的时代命题。作为新时代文化建设的重要组成部分，文化数字化建设是技术手段更是文化产业发展方向，是构建数字文明新形态的重要内容。作为 2035 年实现国家数字化发展水平进入世界前列、数字中国建设取得重大成就目标的重要支撑，文化数字化深刻改变着社会主义先进文化建设的总体格局，在文化产业生态重塑和国民经济发展进程中表现出显著的创新性和前瞻性。

（一）抢占数字文明时代文化创新发展制高点

《中华人民共和国国民经济和社会发展第十四个五年规划和 2035 年远景目标纲要》指出，要在"十四五"期间推动高质量发展，立足新发展阶段、贯彻新发展理念、构建新发展格局。新时代以来，伴随着数字技术在文化领域的广泛应用，国内文化产业发展生态环境发生了巨变。

数字技术的进步深刻塑造了文化经济发展的路径，多源推动，渐次提升，催生出崭新的数字文化经济浪潮。在过去 20 多年间，数字经济与知识经济、信息经济以及互联网经济等领域交织融合，形成了复杂的发展格局。数字经济在本质上代表了数字技术从技术范式角度对信息经济的深化与提升。随着现实世界向数字世界的广泛迁徙，数字经济正引领着经济学研究范式的演变，也进一步挑战着传统工业经济时代的理论框架。同时，数字技术的蓬勃发展对文化经济的演进轨迹也产生了深刻影响，呈现多种资源交汇融合与渐次推进的趋势。这一趋势逐渐催生了全新的文化经济浪潮，即数字文化经济浪潮。这一浪潮的兴起标志着文化经济领域正经历根本性的变革，数字技术不仅为文化的创造、传播与消费提供了全新的途径，也为文化产业的发展与演进创造了丰富的机遇、带来了挑战。在这一浪潮中，数字技术充当了重要的驱动力，推动着社会文化向更为多元、数字化和创新驱动的方向迈进。

（二）全球各国迎接数字文明时代的机遇与挑战

为顺应全球数字文明新时代的发展需求，世界各国纷纷将发展数字经济、促进数字技术与社会发展的全面融合作为推动本国经济发展、重塑核心竞争力的重要战略举措。中国信息通信研究院发布的《全球数字经济白皮书（2023 年）》[①] 显示，2022 年美国、中国、德国、日本、韩国 5 个世界

---

① 中国信息通信研究院：《全球数字经济白皮书（2023 年）》，2023 年 7 月 5 日。

主要国家的数字经济总量为 31 万亿美元，占 GDP 的比重为 58%，数字经济增速高于 GDP 增速 5.4 个百分点。2016~2022 年，美国、中国数字经济增长持续领跑，数字经济规模分别增加 6.5 万亿美元、4.1 万亿美元；中国数字经济年均复合增长 14.2%，增速是同期美、中、德、日、韩 5 国数字经济总体年均复合增速的 1.6 倍。

全球各国加快推动数字经济重点领域发展，在数字技术与产业、产业数字化、数据要素等领域积极抢抓发展机遇，世界数字时代发展格局日趋形成。美国作为最早推动信息化和数字化的国家之一，以 1993 年颁布的"国家信息高速公路"战略为发端，始终将信息产业列为国家的重要产业之一，先后出台了《21 世纪信息技术计划》、《数字政府战略》、《国防部数字工程战略》、《全球数字经济大战略》和《全民互联网计划》等政策和战略计划，保障了其信息化技术在战略和实施层面的高速有序发展，积极寻求建立在数据和互联网开放基础上的更深层次的全球化市场，持续巩固其作为全球信息技术和数字技术主要倡导者和推动者的竞争地位。英国面对传统工业转型压力和数字经济大潮冲击，以数字政府建设引领数字化发展，通过《数字经济战略（2015—2018）》、《数字发展战略》和《英国数字战略》等系列政策的颁布，持续完善数字经济整体布局。此外，欧盟国家围绕数字治理规则亦不断开展探索，为打造统一的数字化生态持续努力，如德国依托强大的制造业优势，在全球制造业数字化转型领域占据一席之地，等等。

我国立足产业基础和市场活力强化创新，历经几十年的发展进步，政策体系不断完善，伴随着《"十三五"国家战略性新兴产业发展规划》、《文化部关于推动数字文化产业创新发展的指导意见》、《文化和旅游部关于推动数字文化产业高质量发展的意见》和《数字中国建设整体布局规划》等政策的渐次出台，数字产业在贸易全球化进程中的影响力逐步扩大，关键核心技术及产业的新发展格局逐步形成，我国数字经济正逐步向跨越式发展迈进，数字经济大国地位逐步稳固。

进入数字时代以来，数字技术和数字经济已经逐步成为世界科技革命和产业变革的先导，也是新一轮国际竞争重点领域。在数字文明时代到来之际，深刻把握数字理念、数字手段在促进国家社会发展中的重要作用，将数字化发展置于国家战略的高度，深刻发展数字经济、发展数字技术、开展各领域数字融合以及培育数字文化，无疑是各个国家长期繁荣和可持续发展的首要战略选择。

（三）数字化深刻影响着现代文明的内涵与时代特征

中国作为一个具有五千多年文明史的大国，又是一个正在全面建设社会主义现代化国家的现代文明国家，开创了中国式现代化，创造了人类文明新形态。中国式现代化的文化形态，是马克思主义基本原理同中国具体实际相结合、同中华优秀传统文化相结合的产物。

1. 数字化生产与创新进程加速

数字化生产和创新已经成为数字文明时代的显著特征。在数字技术的支持下，制造业向智能制造迈进，服务业逐渐数字化，生产过程逐步实现智能化和自动化。数字化转型提高了生产效率和质量，催生了全新的商业模式，如共享经济、平台经济等；同时，数字技术推动了创新的边界不断扩展，引发人工智能、区块链、虚拟现实等领域的突破性创新。

2. 文化产业发展革新速度不断提升

数字文明时代背景下，文化产业新业态不断涌现，推动传统业态升级发展，文化创新产品传播日益广泛。以数字化、网络化、智能化为主要特征的文化新业态快速发展，深刻改变了当今文化的生产、传播和消费方式，成为推动文化产业高质量发展的重要支撑，逐步成为助力文化产业转型升级和结构优化的新动力。在这一过程中，数字技术不仅改变了经济和生产方式，还直接影响到人们的社会互动、文化传承和价值观念，促使文明从依赖自然资源和人力劳动的阶段，逐步发展到依赖高度智能化、数字化技术的阶段。

3. 国际交流交往互鉴日益紧密

数字化时代极大地促进了国际交流与合作。互联网和数字技术打破了以往的多种时空障碍，使跨国界的交流变得更加频繁、便捷。人们可以通过社交媒体、在线会议等方式进行即时互动，促进了文化、商务、学术等领域的跨国界合作。这种国际交往的紧密程度在学术研究中引起了有关全球化、跨文化沟通等议题的深入讨论。

4. 数据驱动的决策与个性化服务

数字化时代的另一个显著特征是数据的广泛应用。大数据和数据分析技术使决策制定变得更加精确和智能化。企业、政府等可以基于数据分析进行资源优化、市场预测等，个性化服务也得以实现，满足了个体消费者的特定需求。这种数据驱动的决策和个性化服务也引发了关于数据隐私、安全性以及公平性等问题的讨论。

二　数字文化：中华民族现代文明的战略方向

在习近平文化思想的引领下，我国构建了从思想到实践的数字化现代文明发展大格局，彰显了数字文化建设对国家治理实践的重要作用，开辟了中华文明现代形态的新方向。

（一）数字文化是中华文化创新发展的重要阵地

党的十八大以来，以习近平同志为核心的党中央高度重视数字文化在国家经济社会发展中的重要作用，并始终将文化建设置于工作全局的突出位置；在多次会议中强调了数字文化建设在中国式现代化进程中所具有的重要意义，对文化建设的认识日益深化，提出了一系列新思想新观点新论断，从时间脉络的连贯性、释义范围的广泛性和理论深度的递进性等多个维度全面描绘出中华文明现代形态的数字画像。这些举措为新时代坚守和推进中国特色社会主义、开创党和国家事业发展新局面提供了政策指引和理论依据。

党的十八大以来，基于对世界技术革命规律的深刻把握和产业变革先机的全面分析，国家政策层面围绕网络强国战略、大数据战略、数字经济发展、数字政府建设、数字化改革等提出了一系列战略性、前瞻性、创造性的重要判断。2016 年，十八届中央政治局第三十六次集体学习时强调了"为世界经济发展增添新动能，迫切需要我们加快数字经济发展"[①]，确定了做大做强数字经济、拓展经济发展新空间的发展侧重点。同年，在二十国集团领导人杭州峰会上，发展问题被置于全球宏观政策框架的突出位置，会议首次提出了关于在全球范围内协同发展数字经济的倡议。2017 年，加快建设数字中国，构建以数据为关键要素的数字经济，推动实体经济和数字经济融合发展的议题在十九届中央政治局第二次集体学习时被反复强调。同年 1 月，中共中央办公厅、国务院办公厅印发《关于实施中华优秀传统文化传承发展工程的意见》，第一次以中央文件形式推动网络文学、网络音乐、网络剧、微电影等传承发展中华优秀传统文化。2018 年，中央经济工作会议确定了加快 5G、人工智能、工业互联网等新型基础设施建设的工作重点。2021 年，习近平主席在致世界互联网大会乌镇峰会的贺信中，明确提出，"要激发数字经济活力，增强数字政府效能，优化数字社会环境，构

---

① 新华社：《习近平向第五届世界互联网大会致贺信》，《解放军报》2018 年 11 月 8 日，第 1 版。

建数字合作格局，筑牢数字安全屏障，让数字文明造福各国人民"①。2023年6月2日，习近平总书记在文化传承发展座谈会上再次指出，"在新的起点上继续推动文化繁荣、建设文化强国、建设中华民族现代文明，是我们在新时代新的文化使命"②。

上述关于推进数字经济、数字文化发展的系列重要论断，为从国家政策层面对数字化在助推历史发展进程、重组全球要素资源、重塑全球经济结构、打造国家文明生态、改变全球竞争格局中发挥关键作用提供了科学指引。相关政策文件不断推陈出新，共同构建起从思想提炼理论、以理论指导实践的数字化现代文明发展大格局。

（二）数字文化是数字中国战略的重要支撑

党的二十大报告指出，要加快建设网络强国、数字中国。2023年中共中央、国务院印发的《数字中国建设整体布局规划》作为国家数字发展整体性战略规划，按照夯实基础、赋能全局、强化能力、优化环境的战略路径，明确了数字中国建设"2522"③的整体框架，从党和国家事业发展全局的战略高度作出了全面部署，明确提出要深入实施国家文化数字化战略，加快发展新型文化企业、文化业态、文化消费模式，打造自信繁荣的数字

---

① 习近平：《不断做强做优做大我国数字经济》，《求是》2022年第2期。
② 《习近平在文化传承发展座谈会上强调：担负起新的文化使命 努力建设中华民族现代文明》，《人民日报》2023年6月3日，第1版。
③ 其中第一个"2"指的是"夯实数字中国建设基础"的2项内容，包括打通数字基础大动脉、畅通数字资源大循环；"5"指的是"全面赋能经济社会发展"的5项内容，包括做强做优做大数字经济、发展高效协同的数字政务、打造自信繁荣的数字文化、构建普惠便捷的数字社会、建设绿色智慧的数字生态文明；第二个"2"指的是"强化数字中国关键能力"的2项内容，包括构筑自立自强的数字技术创新体系、筑牢可信可控的数字安全屏障；第三个"2"指的是"优化数字发展环境"的2项内容，包括建设公平规范的数字治理生态、构建开放共赢的数字领域开放国际合作格局。

文化。该规划强调了数字文化在数字中国体系建设中的重要作用，从国家文化数字化战略的高度将其作为构筑国家竞争新优势的有力支撑。

数字文化也是文化强国发展战略在数字中国建设中的重要实践。党的十九届五中全会站在党和国家事业发展全局高度，明确提出到 2035 年建成文化强国。这是党的十七届六中全会提出建设社会主义文化强国以来，党中央首次明确建成文化强国的具体时间表，部署了未来文化建设的重点任务应着眼于"提高社会文明程度，加强网络文明建设"，"全面繁荣新闻出版、广播影视等……推动公共文化数字化建设"以及"实施文化产业数字化战略"。[①] 上述举措不仅将发展数字文化提升到国家战略的高度，而且更加明确了现阶段文化发展的重点领域，完成了从理论引领到实践指导数字中国切实推行的深刻转向。

（三）数字文化助力打造现代化创新型文化大国新形象

实施国家文化数字化战略是党中央立足新的历史方位，顺应文化数字化发展趋势，面向现代化、面向世界、面向未来提出的文化发展战略，对于推进文化自信自强、重塑文化大国形象具有极其重要的意义。

1. 数字文化助力中华优秀传统文化的当代表达

中华优秀传统文化作为中华文明的智慧结晶，是中华民族的根和魂，也是中华民族在世界文化激荡中站稳脚跟的根基。随着数字技术的不断发展，传统文化的时代化表达方式日益多元，中华文化传播更加广泛深入。一方面，通过先进适用技术的集成运用，中华文化的传播力、吸引力、感染力不断提升。另一方面，利用信息数字技术高速、泛在、智能、融合的特点，文化在对外人文交流中进一步发挥了沁润和渗透作用，可信可爱可

---

① 习近平:《不断做强做优做大我国数字经济》,《求是》2022 年第 2 期。

敬的中国形象不断丰盈。

2. 数字文化满足人民对精神文化生活的新需求

党和国家始终坚持以人民为中心，坚持把社会效益放在首位，坚持文化数字化为人民、文化数字化成果由人民共享；把满足人民的精神文化需求作为文化数字化发展的出发点和落脚点，积极调动人民在文化数字化建设中的主体作用，依靠人民群众的智慧和力量，推动文化数字化发展。同时，党和国家坚持通过数字化手段推动城乡公共文化服务一体化发展，尤其着眼于困难群体的公共数字文化服务内容，提升服务效能，极大增强了群众的获得感、幸福感、安全感，充分满足了人民精神文化生活的新期待。

3. 数字文化进一步提升中华文化的国际竞争力、传播力、影响力

实施文化数字化战略、发展数字文化产业对于我国打造更加适合于全球化文明生态的对外形象起到了重要作用。首先，文化数字化战略通过数字化手段，为我国与不同国家和地区之间的文化交流提供了更加便捷高效的渠道。以数字中国文化发展战略为引领的文化数字化不断促进着我国本土文化与世界其他文化的互动和碰撞，为文明的融通搭建了桥梁。其次，数字文化建设为文化交流融合创造了便利条件。近年来，优秀的数字文化作品和创意产品已经成为中国文化的重要输出成果，推动中国在全球创意产业中发挥更大的影响力，为全球提供了新颖独特的文化体验。最后，作为数字化时代的重要参与者和引领者，中国通过数字文化建设表现出的创新、开放和包容精神，已在国际上获得了更多的认可和尊重。优秀的数字文化作品和文化交流对话活动有效地提升了中国的国际形象，让国际社会更多地了解和认同中国的文化价值观和文明成就。中国在国际舞台上展现出更加鲜明、自信的文化形象，为构建人类命运共同体和推动文明进步作出了积极贡献。

三 政策驱动：数字文化迈向新征程

党的十八大以来，习近平总书记科学分析互联网发展和信息化变革的趋势，形成了关于网络强国的重要思想，深刻回答了一系列方向性、根本性、全局性、战略性重大问题，并强调没有信息化就没有现代化，坚持信息化是新型"四化"即新型工业化、信息化、城镇化、农业现代化同步发展的加速器和催化剂，坚持发挥信息化的驱动引领作用。这些重要论述深刻阐明了信息化数字化在党和国家事业发展全局中的战略性、引领性作用。依循政策规范数字化发展路径，依靠政策破除制约数字生产力释放的体制机制障碍，依托政策引导加快转变与数字时代不符的思想观念，发挥数字化政策在引领社会发展过程中的驱动作用，是加速推进中国式现代化的题中应有之义。

党的十八大以来，数字文化相关政策出台的频次不断提升，各级政府机构开始针对全产业链构建与高质量发展密集推出相关政策，现代化数字文化政策体系日益完善，数字文化发展进入快车道。

（一）建立多元共治的现代化数字文化政策体系

数字文化的发展与产业政策的变迁相互关联、相辅相成，表现出时间进展上的非同步性和发展阶段上的强相关性。随着数字文化建设的逐步深入，我国相关政府管理部门加强协调合作，合力推动数字文化的发展。早期政策文本的颁布主要集中在信息产业部、文化部以及公安部等核心部门，之后随着产业发展，政策主体逐步增多，联合发布政策的机构包括文化和旅游部、国家开发银行、中央文明办、信息产业部、公安部、教育部、财政部等30余个部门。特别是针对一些专门细分领域，工业和信息化部、科学技术部、国家税务总局、国家统计局、国务院知识产权战略实施工作部际联席会议办公室等机构，也纷纷通过单独发布政策来管理和促进我国数字文化建设。在政策执行力方面，规范性文件数量逐年增多，指导性措施得到进一步细化。多部门协同、多领域合作、强力度推进，充分调动多元社会主体协同共治，进一步通过相关政策引导多元社会主体有序参与到现代化国家治理的文化发展制度框架中。

（二）数字文化顶层设计推动社会文化结构性转变

技术创新特别是数字信息技术的创新在文化领域的大规模应用，推动了中国文化市场的消费结构变化，从而引发了整个国家文化行业的结构升级。《关于推进实施国家文化数字化战略的意见》《文化和旅游部关于推动数字文化产业高质量发展的意见》等系列文件的出台，进一步规范了国家文化产业和数字经济融合发展路径，从中央层面政策积极引导，到地方层面有序规划、扶持、引导，发展文化新业态的顶层战略蓝图和实施路线图渐渐明晰，数字文化不断推动传统文化产业发生结构性转变。

（三）政策有力驱动数字文化产业高速发展

伴随着数字文化的产业化进程不断推进，国内数字文化政策的引导能力呈现一种逐步渗透至微观领域和不断下沉至垂直领域的趋势，深刻反映出各级政府对于数字文化产业发展"精耕细作，长远布局"的基本政策规划与积极态度。同时，国家和地方政府越来越关注数字文化产业发展环节中的直接诉求与具体需求，各级政策的落脚点逐渐从"引导引领"转变为"实践实战"，通过系列政策的推行直接作用于数字文化实际发展过程中的前沿问题、关键问题和核心问题，实现了对新业态、新模式和新产业从顶层到实践、从细分到下沉的全面贯通。微观领域方面，近几年出台的政策基本覆盖了包括数字游戏、互动娱乐、影视动漫、立体影像、数字教育、数字出版、数字典藏、数字表演、网络服务、内容软件等在内的全领域产业内容。垂直领域方面，针对特定产业和领域的独特需求与挑战，制定了一系列精准的政策措施，如在数字游戏领域，政府在加大监管力度的同时，出台了相关政策鼓励自主研发和创新，为丰富人民群众的健康文明生活提供了文化支持。

（四）政策引导文化与科技融合的全链条贯通

习近平总书记强调："文化和科技融合，既催生了新的文化业态、延伸了文化产业链，又集聚了大量创新人才，是朝阳产业，大有前途。"[1]文化和科技融合作为文化自信和科技自立自强的重要支撑，已成为现代化进程中提升我国经济发展效能的重要引擎。一方面，不断推出的激励性政策加强了对科研机构和高新技术企业资金投入方面的引导与扶持，通过提供税收优惠、知识产权保护和吸引科技人才等具体措施，数字文化产业创新链条得到不断强化；另一方面，通过政策调控支持传统产业融合数字技术，推动数字化升级，鼓励新兴数字产业在传统文化领域不断发力、寻求新的结合点，查缺补漏，据此实现数字文化产业发展链条的持续更新和完善，可以有效缓解国内面临的传统文化产业转型升级和新兴数字产业培育的双重发展压力。国家在宏观战略框架中，通过文化政策不断引导数字文化产业向周边领域、国际领域和未来领域伸出触角，推进中国数字文化与国家未来重大战略结合的频度、精度和深度逐步提升，强化国际交流互鉴，鼓励企业参与相关国际合作，促进中国数字文化产业的国际化，提升中国数字文化产品的传播力和影响力，以期实现文化与科技融合的全链条贯通，助推新时代中国式现代化文化的快速发展。

---

[1] 《习近平在湖南考察时强调：在推动高质量发展上闯出新路子 谱写新时代中国特色社会主义湖南新篇章》，《人民日报》2020年9月19日，第1版。

第二节 数字化呈现让文化遗产"活起来、火起来"

我国是文化资源大国，文化遗产是中华民族历史文化成就的重要标志，也是赓续中华民族文脉、铸就社会主义文化新辉煌的重要载体。数字技术为文化遗产实现创造性转化、创新性发展提供了重要契机。用数字手段复原文明碎片，让中华文化被数字记录铭刻，让数千年的文明在数字世界中共存、共创、共同成长。

党的十八大以来，文博行业从数字化走向深度数字化，初步构建起文博"全链条、全系统、全方位"的数字化图景，文物凭借数字化手段火爆全网络。

目前，我国已经建立了系统化的文化遗产数字化保护、监测、管理、活化利用、传播体系。

一 数字技术助力历史文化遗产保护

历史文化遗产常因自然或人为因素损坏甚至损毁，数字化能够有效延长其"生命周期"。据第三次全国文物普查登记结果，全国共登记不可移动文物 766722 处，但其保存现状不容乐观，保存状况较差的占 17.77%，保存状况差的占 8.43%，两类相加超过总数的 1/4。在此形势下，提升文物保护效能，避免人为破坏、自然耗损与文物自身形变，迫在眉睫。①

---

① 璩静、左元峰：《第三次全国文物普查全面完成查清文物近 77 万处》，中华人民共和国中央人民政府网站，2011 年 12 月 29 日，https://www.gov.cn/jrzg/2011-12/29/content_2033527.htm。

（一）数字技术为历史文化遗产预防性保护提供技术手段

借助 3D 数据，研究人员可以毫发无损地研究、分析文化遗址和文物，继而制定干预保护措施。例如，中国在考古领域广泛应用红外线热成像和激光扫描等技术，以非破坏性的方式获取考古遗址和文物信息。在对秦始皇兵马俑考古遗址的研究中，红外线热成像技术被应用于探测土墓壁、人物像和陶俑的内部结构。通过测量红外线辐射的分布情况和温度差异，可以识别出隐藏在土墓壁内部的结构和空间，帮助研究人员了解其构造和保存状态。

通过 AI 技术对大气环境、古建病害、展厅温湿度、观众流量等方面的高效监测和动态分析，将神经网络算法、交互动态图像设计、数字三维可视化等技术融入历史文化遗产保护修复和智能生成中，可以为既有破损提供科学性系统性修复方案，也为预防性保护撑起科技保护伞。

敦煌研究院通过防病害算法和远程会诊技术，避免了壁画残损、颜料脱落等情况，不少文化遗址通过虚拟方式拼接、复制、修复被毁坏的文物，全方位多视角展现了文物的昔日风貌，彰显了数字化在历史文化遗产保护上的积极价值。

北京中轴线是中国现存规模最恢宏、保存最完整的城市中轴线。作为《中国世界文化遗产预备名单》的项目，北京中轴线数字化保护颇受关注。近年来，北京中轴线数字化保护的探索实践，一方面通过数字扫描技术，更清晰地掌握了北京中轴线文物本体的"健康状况"，为文物保护修缮的精细化提供了支撑和依据；另一方面建立了北京世界文化遗产监测中心，通过数字测绘、三维扫描等手段，留存文物保护修缮全过程资料，为科研和展示积累了丰富的"数字资产"。[①]

---

① 《专家共话数字化赋能文化遗产保护与传承》，北京市文物局网站，2022 年 11 月 11 日，http://wwj.beijing.gov.cn/bjww/362679/362680/642963/325981966/index.html。

（二）数字技术使得历史文化遗产在数字世界永存

凭借数据采集、三维数字化存档等技术，文物可以全新方式得到永久保存。同时，数字化存档之后进行数字化研究，还可以让文物研究减少因暴露或触碰可能导致的文物损坏。

早在 2001 年，国家文物局、财政部就共同主导"文物调查及数据库管理系统建设"项目（以下简称"文物调查项目"），以摸清馆藏文物家底、提高文物管理水平为基本目标，以调查馆藏珍贵文物资源、采集文物基础信息为基本形式，以数字化的影像采集技术、数据存储技术和网络技术为基本手段推进这项文化遗产领域的数字化基础工程。该项目自 2001 年启动，2011 年 6 月圆满结项。

在数据采集成果方面，"文物调查项目"共完成 1660275 件 / 套馆藏珍贵文物数据采集，其中，一级文物 48006 件 / 套，二、三级文物 1612269 件 / 套，拍摄照片 3869025 张，录入文本信息 3.05 亿字，数据总量 15.16TB。此外，还采集馆藏一般文物数据 137 万余条，建立了国家、省、收藏单位三级分布式文物信息存储体系。[①]

"十三五"以来，通过全国不可移动文物普查、全国可移动文物普查、"互联网＋中华文明"行动计划、智慧博物馆建设等一系列重点工程和探索实践，全国文物资源数据库建设有序推进。截至 2020 年，全国完成了 76.7 万处不可移动文物和 1.08 亿件 / 套国有可移动文物的普查登记工作，馆藏文物数据资源总量已超过 140TB。[②]

[①] 《录宝辑珍千百万　十年辛苦不寻常——"文物调查及数据库管理系统建设"项目纪实》，中国文物信息咨询中心网站，http://www.cchicc.org.cn/cchicc_tabid_107/tabid/109/InfoID/148/Default.aspx.html。

[②] 《国家文物局关于政协十三届全国委员会第三次会议第 4567 号（文化宣传类 321 号）提案答复的函》，国家文物局网站，2020 年 11 月 2 日，http://www.ncha.gov.cn/art/2020/11/2/art_2237_44145.html。

2023 年 5 月，故宫博物院发布了"数字故宫"建设成果。发布会上，故宫"数字文物库"向社会最新公布 2 万件数字文物影像，"数字文物库"文物总数超过 10 万件。同年 5 月 18 日国际博物馆日，"故宫·腾讯联合创新实验室"正式落成。该实验室位于故宫博物院内，总占地面积约 450 平方米，包括"办公区"和"影像采集工作区"两大功能区域，现已初步具备超高清二维数字影像、三维文物数据、虚实融合视音频采集等文物多维数据一体化采集能力。

二 数字还原与虚拟再现赋予文化遗产新生命

数字孪生技术、人工智能技术、虚拟交互技术、云渲染技术等数字技术与文博系统的融合发生着巨大变化，数字技术在文博系统的应用呈现高度集成、加速深化的态势，数字还原、虚拟再现成为数字技术集成应用的一大方向。数字还原将实物实景以 1∶1 的方式在数字世界中还原，为文化遗产的管理赋予了技术手段，同时也使人们可以在虚拟世界中体验历史文化。虚拟再现则打造出数字化的"实物实景"，让人们体验到曾经的文化瑰宝，让历史文献资料里的繁华图景以高科技形式呈现出来。

2022 年，龙门石窟景区启动了智慧文旅数字孪生平台建设，采用前沿数字孪生技术和人工智能技术，利用渲染引擎、交互引擎、实时光影、数字还原等技术对龙门石窟景区周边 31.7 平方公里地形地貌、交通路网、文化遗存、山田林河、生态植被进行中精度还原，对周边村落进行三维建模；采用激光点云技术，对石窟区进行中精度扫描和对象化建模，真实还原其外观和纹理；对奉先寺卢舍那大佛等佛像进行结构精度 1 毫米、纹理精度 1 毫米高精度还原，达到信息留存保护、可制作仿品的目的。平台充分利用数字孪生、云计算、物联网、大数据、人工智能、虚拟现实等技术，让优秀文化和文化遗产"活"起来。利用激光点云结合倾斜摄影等技术，打造了一个人人可以随时随地参观的数字化龙门石窟，并选择龙门石窟体量较大、气势恢宏、具有展示价值的整体洞窟，对造像进行 1 毫米级精度的三维模型数据采集，快速高效实现 360 度全方位、高精度、高保真度复原呈现，以"科技 + 文化"的形式，让游客能裸眼全方位观赏到洞窟 3D 模式的高清景象，并能近距离感受石窟形制、精美造像和千余年来风化造成的细微痕迹。

长城是文化遗产数字化保护传承方面的范本，2021 年 7 月，长城在联合国教科文组织第 44 届世界遗产大会上被评为"世界遗产保护管理示范案例"，被认为给各国开展巨型线性文化遗产和系列遗产保护贡献了卓有成效的中国经验和中国智慧。

2022 年 11 月，由中国文物保护基金会和腾讯共同打造的"数字长城"正式上线，借助腾讯在数字技术特别是游戏技术上的优势，利用渲染、建模、交互、PCG 生成、云游戏等技术能力，不仅在云端 1∶1 还原了一段 1 公里长的数字长城，而且充分借鉴了游戏的操作模式和激励机制，不管是双轮盘的基本操作模式，还是攀登长城时的脚步音效，都让用户更能够获得沉浸式体验。这也是全球首次通过数字技术实现最大规模文化遗产毫米级高精度、沉浸交互式的数字还原，其也成为国家文化数字化战略成果的标杆。[①]

虚拟技术让曾经存在的历史实物实景以虚拟方式呈现，让历史文献资料中的记载变成虚拟世界中的物和景，创造出"身临其境、身在其时"的数字游览体验。科技让人们仿佛穿越历史长河，在虚拟世界中感受曾经的文化场景。

---

① 《数字技术焕发文博行业新生机》，央博官网，2022 年 8 月 22 日，https://yangbo.cctv.com/2022/08/22/ARTIzkMFL6TWaErQZlHRfee9220822.shtml。

例如，北京圆明园数字科技文化有限公司借助虚拟现实、三维仿真等技术对圆明园内正大光明殿、谐趣园、海晏堂、上下天光等遗址进行复原，通过三维全景图真实再现了圆明园昔日繁华，并配有语音讲解，讲述景点历史文化。《正大光明全景图》将正大光明殿进行虚拟再现，全景图页面下方的场景选择有"复原场景·庭院""复原场景·室内""遗址场景·庭院""遗址场景·室内"四个选项，用户可以根据不同场景选择了解正大光明殿的历史，边听讲解边游览圆明园正大光明殿复原景区，重新感受正大光明殿的庭院建筑以及室内陈列的繁华景象，同时通过复原场景和遗址场景的对比，全面了解圆明园的历史与变迁。

三 虚拟沉浸式交互技术推动观光方式革命

文博数字化改变了文博的展览形态和中华文化的体验模式，传统的实物实景式参观游览，在数字时代变为虚拟沉浸式交互体验，人们不仅能观看，还能通过数字化手段与文博文物进行互动，增强了中华历史文化的呈现力、传播力，也让大众对中华历史文化产生了亲近感和参与感。

虚拟沉浸式交互体验依托虚拟现实、增强现实、全息投影、多点触控等现代化数字技术，对文物藏品内容进行三维建模，复原相关历史场景，开发基于博物馆馆藏资源的文化体验项目，游客在沉浸式投影巨幕、虚拟现实头盔等智能化装备的辅助下，可以进入三维动态的沉浸式交互体验空间，在虚拟环境中进行如同真实世界中的各种活动，置身于设计师营造的艺术氛围中进行交互式体验，实现与文物的互动。

2014 年成立的敦煌莫高窟数字展示中心利用当代先进的信息技术和展示手段，通过全方位、立体化的虚拟洞窟场景对莫高窟进行展示，如中心球幕影院播放的《梦幻佛宫》是敦煌莫高窟经典洞窟虚拟漫游电影，采用

8K 影院系统等最新技术，带给游客"人在画中游"的沉浸式体验。

故宫的数字展厅也打造出虚拟沉浸式交互体验。2012 年，故宫数字展厅首次落户首都国际机场；2015 年，端门数字馆上线，作为古代建筑、馆藏文物与数字技术相结合的新型数字展厅，"数字之门"拉近了年代久远难以展出的文物珍品与观众的距离。在这里，通过大型高沉浸式投影屏幕、体感捕捉设备、可触摸屏等，观众可以走进虚拟世界中的故宫，依托 AI、VR、语音图像识别等多种先进技术，沉浸式地游览故宫。此外，故宫还开放 VR 演播厅来播放故宫题材的虚拟现实影片等，如 2018 年故宫博物院推出的第七部 VR 作品《御花园》，利用三维特效真实呈现了御花园的全貌，结合史料研究创造性地还原了这里曾经的植物、动物、假山、建筑构成的生态系统，在虚拟现实的世界里再现了一个生机蓬勃的皇家园林。

"'看见'圆明园"数字体验展览，通过实体搭建与 AR、VR、数字影片等多种数字虚拟体验的巧妙组合，借助先进的数字展示设备和手段，实现历史场景再现、沉浸式的虚拟游览，体验建筑物"生长"过程等新奇有趣的活动。"发现·养心殿——主题数字体验展"以雍正皇帝在养心殿的一天为主题，在原有数字资源的基础上，结合专家学术研究成果，运用 AI、VR、语音图像识别等多种先进技术，复原养心殿主要建筑空间与陈设场景，开发出"召见大臣""批阅奏折""鉴赏珍玩""亲制御膳"等项目，观众可借助各种智能化装备，在数字世界里体验"养心殿的一天"，全方位了解养心殿的建筑功能和清代宫廷生活知识。

四 云展览开启中华文化传播新模式

"云游博物馆"成为新潮流。云展览、云直播、云讲座等成为文博数字化发展新亮点。国家文物局统计数据显示，继 2020 年各地博物馆推出 2000

余项网上展览之后，2021 年度博物馆线上展览的数量增加到 3000 余个。国际博物馆协会报告显示，2021 年全球采用线上展示藏品、展览和直播的博物馆比 2020 年增长 15% 以上。[①]

云展览、云直播借助虚拟现实、三维全景等数字技术把更多的文物、展览、展厅、文博产品与服务"搬"到云端，通过新媒体渠道以更新颖和生动形象的形式展示出来，通过手机小屏链接亿万观众，弘扬中华文化，增强文化自信。游客可以借助智能手机设备，通过移动端手机 App、小程序、H5 界面等，在线参观博物馆展览。博物馆数字移动展览的兴起打破了传统博物馆的时空限制，有效拓展了博物馆游客承载力，增强了博物馆与观众的互动性。

早在 2001 年，故宫博物院在对外发布的官方网站上，即开展了线上展示文物信息的工作。此后随着对新技术的应用不断加强，故宫博物院依托官网逐渐把线下展览数字化，利用三维、全景等技术把线下展览搬上官网，搭建在线虚拟展厅，让全球各地游客都能在线实现 360 度全景观展。

2019 年，故宫博物院加快数字化建设进程，一次性上新了 7 款数字化产品，依托官网平台的有"故宫名画记""数字文物库""数字多宝阁""全景故宫"。如"数字多宝阁"利用高精度的三维数据全方位立体式地展示文物的细节和全貌，观众在官网上就能全角度地观看文物藏品。此外，基于智能手机的数字展示产品有"紫禁城 600"、"玩转故宫 2.0"和"故宫：口袋宫匠"。其中"玩转故宫 2.0"小程序涵盖建筑点位收藏、在线虚拟游览、提前发现精选推荐等内容，并有 AI 导览助手提供导览问询一站式服务。这些数字化产品打破时空限制，从不同的角度展示和传播故宫文化，让人们能够随时随地了解故宫。

---

① 中国文物交流中心等：《2022 文博数字化报告——文博全链条数字化的探索与实践》，2022 年 8 月。

从 20 世纪 90 年代开始，敦煌艺术研究院先后与中外多所高校合作，研究敦煌石窟数字化的关键技术。经过 20 多年的不懈努力，"数字敦煌"资源库于 2016 年正式上线，面向全球免费开放 30 个精品洞窟的高清数字化图像及全景漫游。用户可以在浏览欣赏精美石窟艺术的同时查阅相关文献资料，随意检索感兴趣的内容以及应用 VR 互动，了解整个洞窟的空间结构和主体内容。

2017 年，腾讯和敦煌研究院签订战略合作协议并启动了"数字丝路"计划，双方通过游戏、动漫、旅游、音乐、云、AR/VR 技术等六大维度展开合作，深入推进保护、传承、活化敦煌的传统文化，并先后推出了"敦煌诗巾""云游敦煌"等数字化文创产品，让游客真正实现在手机上"云游"敦煌。

2020 年受新冠疫情影响，莫高窟从 1 月 24 日起暂停开放，随后敦煌研究院与腾讯联合发布了"云游敦煌"小程序，把千年壁画一举"搬"至拥有 10 亿级用户的微信和 QQ 小程序上。"云游敦煌"上线仅两个月，在线接待游客超 1200 万人次，相当于莫高窟 2019 年接待量 216 万人次的 5.6 倍，被业内誉为"现象级旅游产品"。①

此外，腾讯根据敦煌文化 IP 创作了"敦煌动画剧"，利用科技实现了让壁画"活过来"，为游客提供了另外一种"云游"敦煌的方式。"敦煌动画剧"包括《神鹿与告密者》《太子出海寻珠记》《谁才是乐队 C 位》等 5 部作品，均以莫高窟经典壁画为原型，每集不超过 5 分钟。动画短剧的拍摄手法是把壁画数字图拆分为多个片层，再以类似"皮影"的方式使其运动，辅以特效和景深，同时保留敦煌壁画最有特点的"黑面"角色、斑驳矿物颜色肌理、平面无透视空间等"原味"。动画作品上线几日就吸粉破百万人，"千年壁画，声动上映"一时成为网络话题焦点。

---

① 《"云游敦煌"："科技＋文化"构建"智慧文旅"新模式》，掌上敦煌客户端百家号，2020 年 6 月 15 日，https://baijiahao.baidu.com/s?id=1669558334693511273&wfr=spider&for=pc。

五　数字文博文创成为"两创"新动能

文博数字化在传承方面走向了内容形态多元化和产品载体丰富化，数字文博文创领域的创新产品形态持续涌现。通过数字化文创产品，大众能够以数字方式拥有和收藏文化遗产，使其从"只能看"到"亲密相伴"，让中华文化愈加深入人心。

数字文博文创的产品形态持续创新，涌现出数字文创实物商品如 AR 旅游纪念品、文博数字藏品等新产品形态。

AR 旅游纪念品是以传统旅游纪念品为载体，利用 AR 等技术手段将旅游景区的各类文化资源进行可视化展示，把虚拟内容与真实场景进行适配，使游客能够在旅游过程中通过终端设备获得交互的虚拟文化旅游信息。目前最为常见的 AR 旅游纪念品是 AR 明信片，在传统明信片的基础上叠加 AR 技术，通过智能手机 AR 扫描，展示更多的景点信息和图像，通过更有趣的形式，让游客加深对旅游景点的记忆。西湖博物馆推出"西湖十景——断桥残雪"AR 明信片，在传统明信片的基础上通过 AR 技术叠加语音和动画功能，游客扫码下载西湖博物馆 App 之后，用手机扫描明信片上的"断桥残雪"，就会看到断桥上许仙和白娘子相会的动画场景，还可以与该场景进行问答互动。

第三节　数字化、网络化、智能化促进产业升级

党的十八大以来，我国数字技术在文化领域的应用呈现明显的加速特征和叠加效应，4G/5G 通信技术、人工智能、大数据、区块链、虚拟现实/增强现实等技术以交集叠加形式与文化各领域快速融合，数字技术的创新

应用持续深入，传统文化业态通过数字化提质增效，数字文化新业态不断涌现，以智能手机为消费终端的移动数字文化消费成为主流，数字音乐、手机游戏、数字阅读、短视频直播、在线数字展览、虚拟主播等领域迅速发展形成庞大的产业集群。在这种情况下，我国文化产业从初步数字化走向深度数字化，产业链和价值链发生巨大变革，产业的结构和范畴都超出以往，展现出从产业规模扩张到高质量发展的跃升。

一　文化领域数字技术应用走向深度数字化

（一）集成性技术平台发展成熟，技术融合呈现深度加速特征

数字技术是一个包含多种技术领域的集群，单一技术单一企业已经难以支撑高度集成化和复合型的技术应用，技术集成平台应运而生，为文化企业提供了丰富的技术工具，提高了文化企业的技术应用能力。

BAT（百度、阿里巴巴、腾讯）、小米、华为、科大讯飞、搜狗、浪潮、影普科技等科技型企业，通过搭建人工智能技术平台、大数据平台、云计算平台、动作捕捉技术平台、云 VR 平台等公共技术平台，为文化产业领域提供技术解决方案。例如，搜狗通过搜狗 AI 开放平台，借助人工智能技术，为游戏、媒体、广告娱乐等领域企业提供技术支持，为新华社打造全球首个 AI 合成主播；为《天龙八部》《诛仙》等游戏提供语音转写，支持实时语音、语音消息、语音转文字等多种功能，并针对不同游戏场景进行优化，保障最佳游戏语音体验；还通过语音识别、机器翻译、自然语言处理等 AI 技术，快速生成双语字幕，助力优质内容传播。[①]

2019 年，科技部等六部门发布《关于促进文化和科技深度融合的指导

---

① 新元新经济智库：《北上深杭成前沿文化科技核心城市，文化科技平台发展迅速》，网易，2020 年 1 月 21 日，https://www.163.com/dy/article/F3EOAILM0534B7B6.html。

意见》，指出"加强文化共性关键技术研发"，加强智能科学、体验科学等基础研究，开展语言及视听认知表达、跨媒体内容识别与分析、情感分析等智能基础理论与方法研究，开展人机交互、混合现实等关键技术开发，推动类人视觉、听觉、语言、思维等智能技术在文化领域的创新应用。加强文化创作、生产、传播和消费等环节共性关键技术研究，开展文化资源分类与标识、数字化采集与管理、多媒体内容知识化加工处理、VR/AR 虚拟制作、基于数据智能的自适配生产、智能创作等文化生产技术研发。同时，开展文化产品多渠道发布、多网络分发、多终端呈现等文化传播技术研发。

我国数字技术的研发走向深水区，从技术应用型创新走向基础性技术和关键性核心技术研发，逐步建立起良好的研发体系。

一项调查显示，2019 年中国在人工智能论文的质量方面跃升至世界第一，明显超越排名第二的美国。该调查研究了过去 10 年世界各国人工智能论文的数量与质量，发现人工智能的全球论文数量从 2012 年的 2.5 万篇增加到 2021 年的 13.5 万篇。来自中国的论文数量尤其引人注意，2021 年中国人工智能论文数量约是美国的 2 倍，为 4.3 万篇。在论文质量上，中国也占据优势。该调查显示，以"被引用数"进入前 10% 的论文数量作为论文质量指标，2012 年美国满足指标的论文共有 629 篇，位居世界第一，而中国共有 425 篇，位居世界第二。此后，中国迅猛追赶，并于 2019 年超过美国，位居世界第一。2021 年，全球被引用最多的论文中，中国有 7410 篇，比美国多出 70% 左右。[①]

（二）数字技术与文化产业全面融合

数字技术在文化产业各行业部门的应用已经全面深化，每一个行业领

---

① 王颖：《最新调查：AI 研究领域中国论文数量和质量超美国，成为冠军》，环球网，2023 年 1 月 17 日，https://m.huanqiu.com/article/4BJi3YaBOM5。

域均对不同类别的数字技术有着不同程度的应用，整体上具有全面性、复合性、集成性等特征。

按照数字技术对原行业生产模式变革的程度、内容数字化呈现和传播的强度、产业链受数字技术影响的深度等三个维度，通过专家集体讨论，我们推导出数字技术与文化产业各行业融合深度经纬图（见图5-1）。

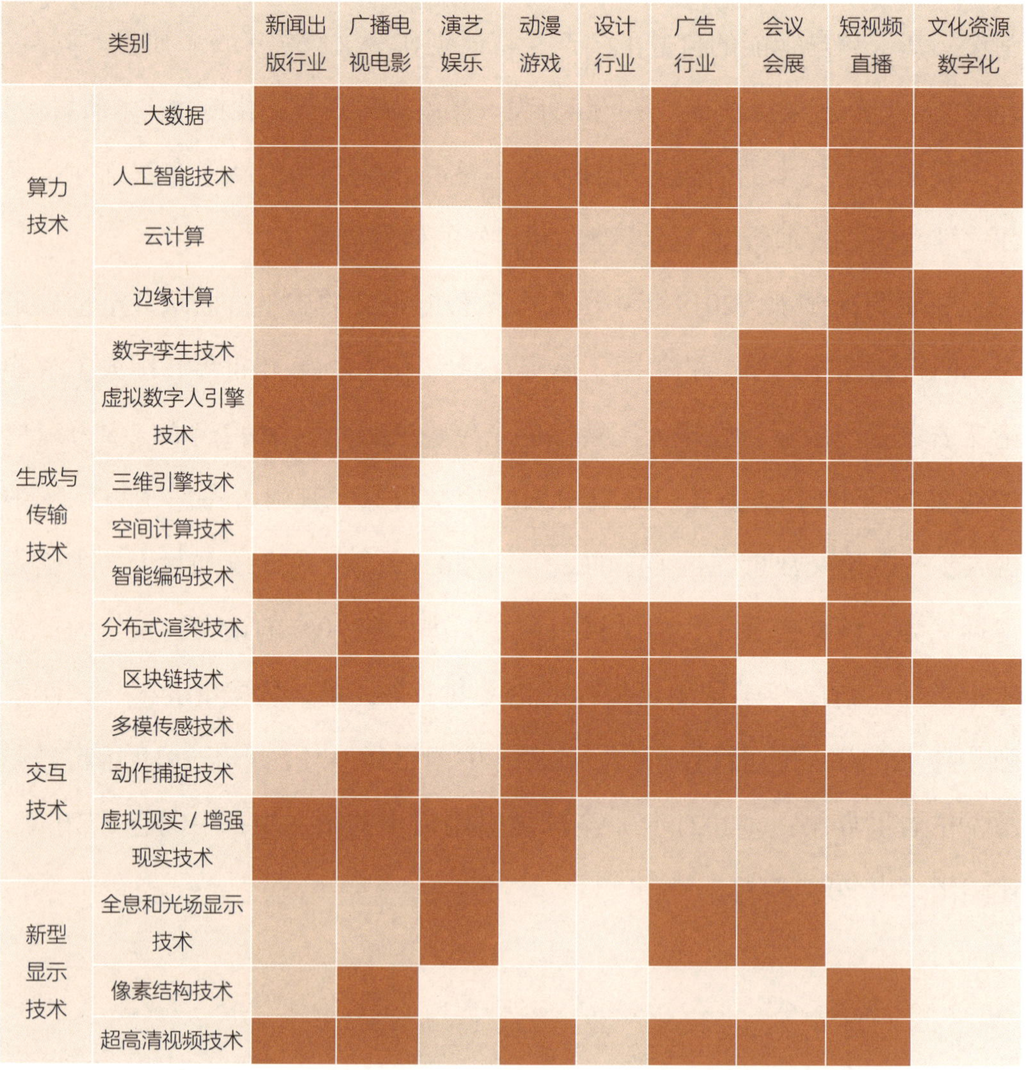

类别		新闻出版行业	广播电视电影	演艺娱乐	动漫游戏	设计行业	广告行业	会议会展	短视频直播	文化资源数字化
算力技术	大数据									
	人工智能技术									
	云计算									
	边缘计算									
生成与传输技术	数字孪生技术									
	虚拟数字人引擎技术									
	三维引擎技术									
	空间计算技术									
	智能编码技术									
	分布式渲染技术									
	区块链技术									
交互技术	多模传感技术									
	动作捕捉技术									
	虚拟现实/增强现实技术									
新型显示技术	全息和光场显示技术									
	像素结构技术									
	超高清视频技术									

图 5-1 数字技术与文化产业各行业融合深度经纬图

注：深红色代表深度融合，浅红色代表中度融合，白色代表轻度融合。

资料来源：课题组整理。以下若无特别说明，图表来源均为课题组整理。

从图 5-1 可以发现三个特点。第一，广播电视电影、动漫游戏、广告行业、会议会展、短视频直播等行业数字技术应用复合性、集成性最高，业态创新活力也相对高于其他行业。第二，算力是基础设施的重要支撑，算力技术涉及行业部门最多。第三，人工智能技术、三维引擎技术、分布式渲染技术、区块链技术、虚拟数字人引擎技术、超高清视频技术等与文化产业各行业融合更为广泛，对文化产业提升作用会更大。

二 传统文化业态数字化转型加速推进

传统文化业态的改造与提升是文化产业数字化发展的核心方向之一，新闻出版行业、广播电视行业、文化艺术行业、展览展示行业、创意设计行业等行业部门运用数字技术改造自身的创作、生产、传播等环节，创造性推出数字形态的文化产品和文化服务，产业链发生了巨大的变革，产业运作模式和商业模式持续创新，在数字化的大潮中发展质量不断提升。

（一）全链条、全流程：数字化深入文化产业每一个环节

传统文化业态数字化走向全面化、全链条化和全流程化。一是文化内容产品数字化；二是作业模式和流程数字化，拥有数字化生产制作工具和数字化流程管理软件；三是在原有渠道之外增加了数字化的传播渠道。

以电影产业为例，从剧本创作到拍摄前期、从拍摄中期到后期制作、从宣发到放映，均发生了巨大的变革。剧本创作阶段，利用人工智能技术、大数据技术可以对剧本进行辅助性创作、智能角色分析和故事吸引力分析，为剧本创作者提供创作思路，提高创作效率。拍摄前期，利用虚拟片场的虚拟预演模式，可以在虚拟世界中进行实时拍摄排演，避免实景拍摄时出

现各种场景道具问题，提高效率、减少浪费。拍摄期间，使用制片管理软件代替人工进行全部拍摄计划、人员、物料、设备、资金等管理，使项目运作流程更加顺畅。同时，拍摄中所使用的设备也基本是数字设备。后期制作中则采用了很多 CG（Computer Graphics，计算机动画）、数字特效、云渲染等技术。宣发阶段使用人工智能技术生成海报、短视频等物料，运用大数据计划进行网络投放数据分析，从而制定和调整网络宣发计划。电影放映环节，采用多人脑电技术进行观众情绪分析，并通过在线票务平台销售电影票。另外，数字文化产业的发展也使电影的放映渠道多元化，走向网络视频平台、短视频平台和互联网电视（见图 5-2）。

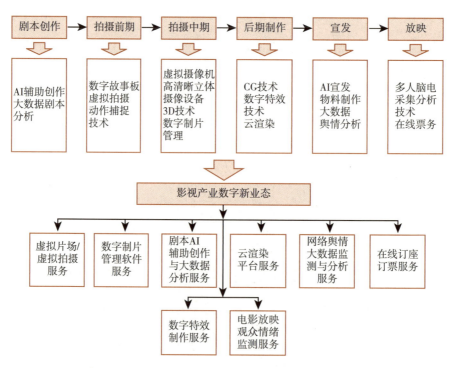

图 5-2　电影产业全链条、全流程数字化示意

（二）广播电视行业数字化业务收入占比超过 71%

2022 年，全国广播电视行业总收入 11475.18 亿元（不含财政补贴收入），对收入按照数字化业务收入和非数字化业务收入进行分类，可以得出结论：广播电视行业的数字化业务收入占全部收入的比例超过 71%，表明广播电视行业数字化产业体系构建已经完成（见图 5-3）。

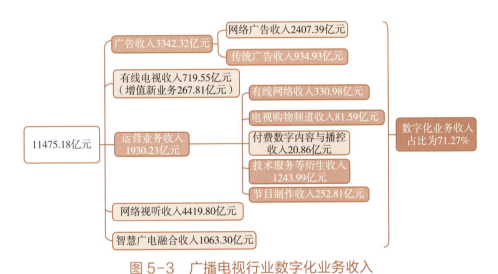

图 5-3　广播电视行业数字化业务收入

资料来源：国家广播电视总局，课题组整理。

（三）各行业部门数字化呈现加速态势

从多个行业部门、行业协会或研究机构发布的报告和数据来看，文化产业各行业部门的数字化改造和提升处于加速状态，在党的十八大以后呈现巨大活力。

中国会展经济研究会等发布的《中国会展主办机构数字化调研报告（2023）》显示，中国会展行业数字化转型升级处于转折点，75% 的会展主办机构实现了数字化收入。2022 年参与调研的机构近 60%（高于 2021 年的 40%）主要从线上会议、商务配对、在线对接以及数字化产品和服务中获得数字化收入。参与调研企业各类数字化收入占总收入的 75%，高于 2021 年的 61%。

雅昌艺术家服务中心发布的《Hiscox 2022 在线艺术品交易》报告显示，在线艺术品交易在 12 个月内销售总额达 30.27 亿美元，同比增长 24%。

艾媒咨询数据显示，2020 年文玩电商行业用户规模达 6085 万人，交易规模达 1630 亿元，预计 2023 年整体用户规模将突破 1 亿人次，交易规模超过 5000 亿元。目前，文玩电商行业已形成了"直播＋竞拍＋鉴定＋社群"的商业模式，不仅解决了用户在购买、鉴定等场景下的痛点，同时整合了行业资源，大大完善了文玩收藏平台的生态圈，有效激发了文玩市场的发展活力。

在传统书／报刊领域，2021 年，互联网期刊、电子图书、数字报纸的总收入为 101.17 亿元，相较于 2020 年的 94.03 亿元，增幅为 7.59%，高于 2020 年 5.56% 的增长幅度，也高于 2019 年 4% 的增长幅度。

三　数字文化产业成为文化产业核心力量

数字时代，文化业态发生巨大的变化，以数字化、网络化、智能化为特征的文化新业态持续涌现，在文化产业发展中成为最大的亮点之一。

（一）数字技术催生新业态、新模式和新产业

文化产业数字技术的创新应用持续催生出越来越多的文化新业态，文化新业态商业化探索确立了新型商业模式，产业链上下游的形成催生了企业群体及新产业。

典型的互联网文娱平台数字技术与产业发展呈现循环模式：推出创作者工具吸引种子用户；小规模内容吸引初期消费者群体和兴趣创作者群体；强化内容分发能力带来中等规模内容创作群体和消费群体，初步确立商业

模式；海量消费群体浏览，内容创作群体层级化，专业内容创作机构涌现，商业变现多元化，变现能力快速提升；发展需求推动数字技术进一步优化和创新。

从图5-4可以看出，每一项或每一次重大的数字技术创新，就如同一个齿轮，带动着后面的齿轮转动，从而最终形成新的产业领域。

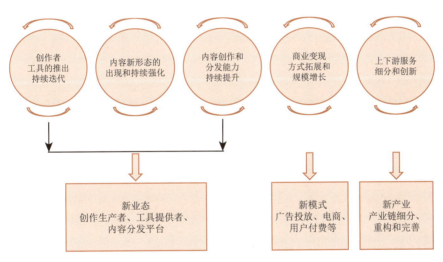

图 5-4　数字技术与文化产业新业态、新模式、新产业齿轮效应示意

互联网文娱平台是数字技术复合集成式应用的典型，一个通常的互联网文娱平台的数字技术工具如图5-5所示。

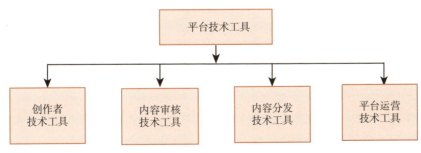

图 5-5　互联网文娱平台数字技术工具构成示意

数字技术在互联网文娱平台的应用产生了五个作用。

第一，数字技术工具使原本复杂专业的工作走向简单易用的大众化创作模式，产生大规模用户创作群体和海量内容。微信公众号在线图文编辑工具的推出催生了庞大的自媒体创作群体，在线拍摄和制作剪辑工具使得每一个人都可以用手机拍摄和上传个人短视频，直播技术工具推动人人做主播时代的到来。拍摄视频、视频剪辑、特效制作等原本均属于经过专业化学习才具备的能力，数字技术工具使这些事情变得大众化、简单化、方便化，内容创作生产群体数量量级式增加，内容量级远远超过传统文化领域。

第二，内容创作生产模式从线下走向线上，数字化的素材库、资源库和特效增强了内容创作能力和表现力。数字文化平台一方面为创作生产者提供了创作工具，实现了多元化的功能，使用户轻松完成文字格式调整、图片处理、视频裁剪、自动字幕、一键生成、视觉特效等工作；另一方面建立了音乐、图片、视频等数字素材库以及版式库，从技术和数据两个方面推动个人用户的创作。

第三，大数据技术使内容实现精准分发、自动推送，个性化消费成为趋势。大数据和算法时代到来后，内容分发已经不是简单的渠道随意推送，而是精准地识别用户爱好、精准地为用户推荐其所喜爱的内容。大数据技术使同一款软件对每个人的界面和内容呈现完全不同。

第四，数字技术持续提升消费者体验，不断催生出新型沉浸式、交互式数字文化消费场景。数字技术在视觉、听觉上持续提升消费者的体验感，沉浸式、交互式、虚实融合的数字文化消费场景不断涌现。

第五，数字技术持续提升平台商业化能力，智能广告投放和智能营销为客户创造更大价值。

（二）数字产业链持续演变带来文化产业结构巨变

随着文化新业态的快速发展和不断增加，数字文化产业成为文化产业的重要组成部分，文化产业整体结构发生了巨变。

2021 年，国家统计局发布了《数字经济及其核心产业统计分类（2021）》，明确了对数字经济的定义和统计范围。数字经济是指以数据资源作为关键生产要素、以现代信息网络作为重要载体、以信息通信技术的有效使用作为效率提升和经济结构优化的重要推动力的一系列经济活动。该分类将数字经济产业范围确定为：数字产品制造业、数字产品服务业、数字技术应用业、数字要素驱动业、数字化效率提升业等 5 个大类。其中，数字经济核心产业是指为产业数字化发展提供数字技术、产品、服务、基础设施和解决方案，以及完全依赖于数字技术、数据要素的各类经济活动。

数字文化产业是以文化资源数据要素为关键性生产要素而开展的内容创作、生产、传播、相关服务等一系列经济活动，以及传统文化业态利用数字技术进行数字化内容生产、传播、服务的经济活动的集合（见图 5-6）。

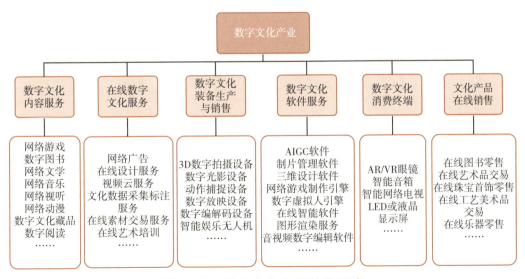

图 5-6　数字文化产业结构示意

从产业结构上分析，数字文化产业包括数字内容的创作生产与传播，为生产和传播服务而开发的数字文化软件，在线文化数字化服务如在线设计服务，生产和传播所需要的数字文化装备，消费者数字化阅读或浏览的数字化消费终端以及文化产品的网络销售等。

因此，本书将数字文化产业从结构上分为六大类：数字文化内容服务、在线数字文化服务、数字文化装备生产与销售、数字文化软件服务、数字文化消费终端、文化产品在线销售。

数字文化内容服务包括网络游戏、数字图书、网络文学、网络音乐、网络视听、网络动漫、数字文化藏品、数字阅读等。

在线数字文化服务包括网络广告、在线设计服务、视频云服务、文化数据采集标注服务、在线素材交易服务、在线艺术培训等。

数字文化装备生产与销售包括 3D 数字拍摄设备、数字光影设备、动作捕捉设备、数字放映设备、数字编解码设备、智能娱乐无人机的生产与销售等。

数字文化软件服务包括 AIGC 软件、制片管理软件、三维设计软件、网络游戏制作引擎、数字虚拟人引擎、在线智能软件、图形渲染服务、音视频数字编辑软件等。

数字文化消费终端包括 AR/VR 眼镜、智能音箱、智能网络电视、LED 或液晶显示屏等。

文化产品在线销售包括在线图书零售、在线艺术品交易、在线珠宝首饰零售、在线工艺美术品交易、在线乐器零售等。

在学术界，文化及相关产业可以划分为核心层、外围层、相关层三个层次，数字文化产业也可以按照这三个层次划分：核心层是指以文化数据要素为关键生产要素所涉及的数字音乐、网络动漫、网络影视、网络游戏、数字阅读等；外围层指的是以内容在线生产传播和在线提供文化服务为特征的产业集合；相关层包括数字文化装备、数字文化消费终端和文化产品在线销售（见图5-7）。

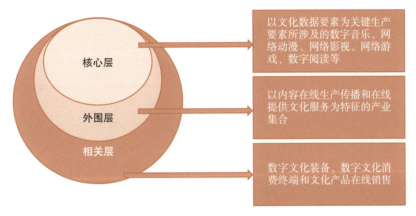

图 5-7　数字文化产业的三个层次

以文化数据要素为关键生产要素所涉及的数字音乐、网络动漫、网络影视、网络游戏、数字阅读等

以内容在线生产传播和在线提供文化服务为特征的产业集合

数字文化装备、数字文化消费终端和文化产品在线销售

（三）数字文化产业营收规模在文化产业占比超过 40%

随着数字技术在文化产业应用的深入，数字文化新业态持续出现，文化产业的数字化趋向全面化和系统化，国家统计局定义的文化新业态 16 个小类已经无法说明数字文化产业的整体产业规模。

课题组针对文化及相关产业的 146 个小类进行一一扫描，按照数字文化产业的概念和分类进行梳理，整理出未包括在国家统计局文化新业态 16 个行业小类中的数字文化产业细分领域（见表 5-1）。

根据国家统计局发布的数据，2022 年，我国文化产业实现营业收入 165502 亿元，文化新业态特征较为明显的 16 个行业小类实现营业收入 50106 亿元，未被纳入 16 个行业小类的数字文化产业细分领域的营收规模约 18600 亿元，以数字为特征的数字文化产业规模约为 68634 亿元，占全部文化产业营业收入的 41.47%，超过 16 个行业小类占比（30.28%）11 个百分点以上。

表 5-1　数字文化产业未被纳入文化新业态 16 个行业小类的细分领域

单位：亿元

行业类别	细分领域	2022 年营收规模
数字文化内容服务	数字藏品	30
	数字阅读	463.5
数字文化服务	数字展陈服务	约 200
	在线图片音视频素材交易	约 10
	在线地图服务	83.1
	在线导览服务	约 20
	在线艺术培训	约 200
	在线设计制作服务	约 200
	在线票务	1500
	线下数字化沉浸式体验娱乐	约 200
	室内室外联网广告	630
	虚拟数字人服务	1074.9
数字文化软件服务	内容生成式人工智能软件	约 200
	云服务（视频）	660
	数字版权管理	76.3
	智慧广电融合业务	1063.3
	文化素材数据采集存储	约 50
数字文化装备	液晶广告机	262
	LED 显示屏	1264
数字文化消费终端	智能电视	1123
	智能音箱	75.3
文化产品在线销售	在线乐器零售	300
	在线工艺美术品销售	约 4000
	在线图书零售	737.9
	在线艺术品交易	约 200
	在线珠宝首饰零售	2350
	在线文玩电商	1630
合计		约 18600

资料来源：相关行业管理部门、行业协会、研究机构，课题组整理。

这显示出我国数字文化产业已经成为文化及相关产业中极为重要的组成部分，文化产业结构已经发生重大变化，文化产业数字化、网络化和智能化发展取得了巨大成就。

四　数字文化产业智能化走在国际前沿

人工智能是 21 世纪的三大尖端领域之一。智能型文化产业较为集中地体现在人工智能软件 / 平台、人工智能视觉识别系统、人工智能可穿戴设备、人工智能游戏操控平台、人工智能虚拟现实、人工智能精准营销、人工智能电商零售、人工智能影视、人工智能创作 / 翻译等 9 类应用中。

2022 年，内容创作生产成为人工智能技术最重要和最热门的应用方向，AIGC（Artificial Intelligence Generated Content，内容生成式人工智能）改变着数字文化内容创作的原有模式，成为继 UGC（User Generated Content，用户生成内容）、PGC（Professional Generated Content，专业生产内容）之后的新型数字文化内容创作生产方式，数字文化产业进入深度智能化时代。

AIGC 已经可以自动生成文字、图片、音频、视频，甚至 3D 模型和代码，应用领域极为广泛，包括话题解析、新闻撰写、营销文案、地图导航语言、视频制作、问答系统、电影、游戏等。我国在 AIGC 技术研发、应用等方面站在了国际前沿。

根据调研机构 XYZ-Research 整理，2021 年末，中国人工智能行业专利公开数量达 6200 项，比 2020 年增加了 2500 项左右，增速接近 70%，2022 年人工智能专利公开数量继续保持上升态势，超过 8500 项，较 2021 年增长约 37%。[1]

2022 年底，基于大语言训练模型的聊天机器人程序（ChatGPT）上线，

---

[1]　北京研精毕智信息咨询有限公司:《全球及中国 AIGC 行业发展分析报告》，北京研精毕智信息咨询有限公司网站，2023 年 6 月 8 日，https://www.xyz-research.com/uploads/20230608/e0e397b13c25a48fc3c788e482862fc1.pdf。

2023 年 1 月底，ChatGPT 的月活用户突破 1 亿人，成为史上增长最快的消费者应用。ChatGPT 的应用场景包括：开发聊天机器人，也可以编写和调试计算机程序，还可以进行文学、媒体相关领域的创作，包括创作音乐、电视剧、童话故事、诗歌和歌词等。

我国在大语言训练模型的研发和应用上也走上了快车道，已经进入产业化阶段，大型科技公司、互联网企业、研究机构等都在大力进行相关技术的研究与开发，并且建立了相应的研究团队和实验室。作为互联网企业龙头的阿里和百度分别于 2023 年 4 月和 3 月推出"通义千问"和"文心一言"，加入国内大语言模型赛道。

除此之外，华为云推出"盘古"系列的 NLP（自然语言处理）大模型、CV（机器视觉）大模型、科学计算大模型。昆仑万维与奇点智源合作自研的国产大语言模型——"天工" 3.5 于 2023 年 4 月 17 日启动邀请测试。商汤科技推出的大语言模型被命名为"商量 SenseChat"。

根据 Gartner 预计，2022 年 AIGC 占全球数字数据量的比重为 1%，到 2025 年，这一比例将提升至 10%。[①] 其应用领域广泛，如软件编程、医药研发、精准营销、影视娱乐等，涉及行业的广度和深度远超从前。

随着 AIGC 技术的不断成熟、应用逐渐普及，AIGC 生成的内容总量将快速增长。根据国海证券的推测，图片生成领域的内容数量占比将有可能达到 65%，数字音乐占比将有可能达到 60%，短视频占比有可能达到 40%，网络直播占比有可能达到 35%。[②]

---

① 《行业报告：2023 年 H1 全球 AIGC 行业半年报》，腾讯网，2023 年 7 月 18 日，https://new.qq.com/rain/a/20230718A0352700。

② 杨仁文、马川琪：《Web 3.0 系列专题研究之一：AIGC：内容生产力的革命》，东方财富网，2022 年 12 月 22 日，https://data.eastmoney.com/report/zw_industry.jshtml?infocode=AP202212221581291365。

（一）AIGC 成为文化创意的重要灵感工具

AIGC 能给游戏策划创意提供思路，提高游戏内玩家与 NPC（非玩家角色）交互性，丰富玩家游戏体验。比如，网易推出的国内首个游戏版ChatGPT——逆水寒 GPT。游戏中 NPC 的对话文字、表情、语音均由 AI 自动生成，玩家能够与智能 NPC 自由生成对话（打字或语音聊天），并且基于对话内容，NPC 能够自主给出逻辑上合理的行为反馈。这些反馈能够启发策划人员产生有关后续剧情发展的创意。其中 NPC 有记住过往对话的能力，使各个 NPC 之间互相影响、互相对话，在此过程中，不同玩家与 NPC 的对话均能够产生蝴蝶效应，给予玩家十分具有代入感的游戏体验。

AIGC 技术的应用能极大压缩影视产业链中概念策划和剧本开发的工作量，并为剧本创作者提供灵感。对于内部开发的原创剧本，智能检索有助于从现实和网络中提取热点题材以预测市场偏好、启发创作，输入设定理念和关键词后智能生成剧本框架作为二度修改的基础，能有效缩短创作周期；对于采购 IP，AIGC 技术可在 IP 初步筛选评估和文本转写上节省大量工时。此外，AIGC 还可用于预告片和海报制作。

（二）AIGC 大幅降低内容生产成本

根据 2023 年网易游戏开发者峰会的消息，网易 AI Lab 利用人工智能取代部分初级执行类型的美术工作，利用 AI 的方案效率普遍比传统方案高5~10 倍，成本也有一定程度的缩减。

AIGC 还能覆盖技术密集和人力密集的拍摄与制作环节，包括美术（概念设计）、数字化场景、动画、特效、剪辑、灯光渲染 / 合成 / 调试等部门。除了在游戏行业已经应用相对广泛的概念设计外，AIGC 在数字化场景建模方面还可以避免转场和高成本真实置景，在真人动画拍摄方面能省去复杂的人工动作捕捉和细节调整并提高准确性。后期制作成本拆分后，占比最大的支出是技术团队平均薪酬和制作周期。目前 Runway 发布的 Gen-2 可通过文本、图片或二者结合生成视频片段，完全打破了传统视频制作流程，此类 AIGC 应用能压缩团队规模、缩短制作周期，最终削减在影视预算中占比较高的后期成本。

（三）AIGC 改变文化企业组织结构和工作流程

AIGC 大范围应用之后，文化内容创作生产企业的一些工作岗位将被替代，工作流程因而发生重大变化，组织结构自然也会发生重大调整。新元智库预测一般性内容编辑、文案撰写、平面设计、美工等岗位将大量消失，很多细分领域企业内部运作流程和价值体系将被重塑。

移动互联网时代产生的数以千万计的 UGC、PGC 内容生产群体将面临严重危机，AIGC 更有利于专业化内容生产组织，更多的应用场景是面向 B 端（Business，商家或企业）而不是 C 端（Consumer，消费者或个人用户），未来兴起的内容创作群体可能是 PAIGC，即专业化的人工智能内容生成机构。在这种模式下，原有的短视频、直播等 MCN（Multi-Channel Network，多频道网络）机构有可能从个人 IP 的运营转向 PAIGC 的运营模式，文化产业的产业结构和产业链有可能发生较大变化。

第四节　数字文化产业激发文化创新活力

数字技术工具让文化创作走向大众化、实时化、移动化，数字文化的发展为数量庞大的人群提供了就业或兼职获得收入的机会，数字文化消费让大众增强了愉悦感和满足感，提升了大众的获得感和幸福感，数字文化产业的发展带动了实体经济和文旅产业的发展，为国民经济和社会发展作出了巨大贡献。

一 数字文化产业创造大量就业机会

2020 年 9 月，习近平总书记视察湖南省长沙市马栏山视频文创产业园时指示，文化和科技融合，既催生了新的文化业态、延伸了文化产业链，又集聚了大量创新人才，是朝阳产业，大有前途。

数字文化产业在人才就业方面展现了巨大的吸引力和集聚力，在稳就业方面贡献巨大，成为社会稳定的重要力量之一。

（一）数字文化产业直接或间接带动就业机会高达数千万个

截至 2022 年，主播账号累计开通超过 1.5 亿个，同比增长 7.1%；内容创作者账号（指账号曾有过短视频内容创作发布行为）累计超过 10 亿个，直播、短视频行业直接或间接带动的就业机会超过 1 亿个，成为青年群体的就业新选择。[①] 主要直播、短视频企业吸引求职者约 50 万人。

2022 年，中国社会科学院文学研究所发布《2022 中国网络文学发展研究报告》。其中显示，我国网络文学作家数量累计超过 2278 万人。

根据《中国网络游戏人才报告》，截至 2021 年，中国游戏行业从业人数已经达到 320 万人。其中，游戏开发人员占比达 40%。

这些数据都表明数字文化产业的主要领域创造出大量的就业和兼职获取收入的机会，对社会整体就业和带动收入增加的作用与重要性凸显。

---

① 中国演出行业协会：《中国网络表演（直播与短视频）行业发展报告（2022—2023）》，2023 年 5 月 11 日。

2021 年中国人民大学中国就业研究所发布的《数字文化产业就业报告（2020）》显示，数字文化产业正在创造大量的就业岗位，持续为"稳就业"作出重要贡献，游戏、电竞、直播、网络文学四个领域涉及全职和兼职就业人数约 3000 万人，其中全职就业大约 1145 万人。

中国劳动和社会保障科学研究院课题组发布的《2023 数字生态青年就业创业发展报告》显示，2022 年，由微信公众号、小程序、视频号、微信支付、企业微信等构成的数字生态，共催生就业机会达到 5017.3 万个，较上年增长 8.6%。其中，视频号衍生的就业机会达到 1894 万个，同比增长 41.2%；小程序衍生的就业机会达到 1163 万个，同比增长 38.5%。

（二）数字文化产业促进年轻人就业

数据显示，2018 年，全国高校毕业生人数达到 820 万人。2018 年之后高校毕业生的规模逐年攀升，增长较快，5 年时间增加了 365 万人，这给高校毕业生就业带来了巨大的压力，就业形势十分严峻。而数字文化产业快速发展，吸纳了大量高校毕业生就业，为提高年轻人就业率发挥了巨大的作用。

《2022 中国网络文学发展研究报告》显示，"90 后"作家已成创作中坚，"00 后"作家成新增主力。数据显示，以"卖报小郎君""轻泉流响"为代表的"90 后""95 后"作家接连打破网络文学订阅、月票纪录。阅文集团 2022 年新增注册作家中，"00 后"占比高达 60%。2022 作家指数 TOP500 的新面孔中，"00 后"占比提升 10 个百分点。

《中国网络表演（直播与短视频）行业发展报告（2022—2023）》显示，主播群体呈现高学历化、年轻化、职业化趋势。在 2022 年的直播从业者中，18~29 岁年龄段主播最多，占全部主播的 64.2%，30~39 岁的占比为 20.9%，两者总和达 85.1%。

二　数字文化消费提升人民幸福感和获得感

我国转入高质量发展阶段，民众越来越重视文化消费中的精神享受和审美体验，对于数字文化产品和数字文化服务的消费需求不断扩大。数字文化消费有着便捷性高、个性化强、参与度高、愉悦性强、体验感深、移动性强等特征，增强了人们对中华文化的接触感和亲近感，提高了人们对精神文化生活的新鲜体验感和满足感，人们的文化消费获得感和幸福感大大提升。

第一，高度便捷性和个性化激发数字文化消费意愿，增强消费者获得感和愉悦性。大数据和云计算等技术实现了为用户提供个性化的数字内容服务，以更丰富、更优质的内容满足人民精神文化需求。数字时代，文化消费中的定制化消费、互动式消费、体验式消费等新模式层出不穷，带给人们更多新鲜的文化消费乐趣，增强了人们精神生活的获得感。

第二，数字创作工具使人人参与创作，向大众分享乐趣和展示自我，提升了个体的成就感和被认同感。数字文化时代为个人提供了简单易用、高效便捷的创作者技术工具，让人人都能以文本、图片、视频、音频等形式创作属于自己的内容，并向朋友和大众展示自我、分享日常生活乐趣，这成为大众社交行为的重要一环，是人们获得自信、个体成就感的重要模式。

第三，高科技感和虚实融合的数字文化消费场景创造新奇体验，增强消费者的体验感和对美好生活的想象力。消费场景的丰富极大刺激了消费兴趣，带来社会消费水平的提升。数字文化与科技创新深度融合发展，带给消费者高科技感、高品质的数字文化产品。大数据、云计算、人工智能、区块链等新一代数字技术嵌入文化产业创新全链条和全过程，前沿虚拟现实空间技术在文化娱乐、旅游、展览、艺术、体育等消费场景应用，集成全息投影、数字孪生、高逼真、跨时空等新型体验技术，构建出越来越多的在场在线沉浸式数字文化体验新模式，不断开创文化消费新空间，搭建更富想象力、更具智慧的数字文化消费新场景，让数字文化消费创意层出不穷。

第四，数字化智能文化设备和终端延伸人们的视觉和听觉，增强了人们的沉浸感和愉悦感。智能 VR 头盔、智能眼镜、3D 播放设备、立体电影设备、数字光影设备等，打造超出人们想象的虚拟沉浸式体验空间，让人们的听觉和视觉延伸，增强了感官享受和身体触碰的亲历感，增强了文化消费的愉悦感。

党的十八大以来，数字文化消费用户群体规模持续扩大，人们的获得感和幸福感日益增强，中华文化的数字化传播深度和广度显著拓展。根据第 51 次《中国互联网络发展状况统计报告》，截至 2022 年 12 月，我国网民规模为 10.67 亿，互联网普及率达 75.6%，网民中使用手机上网的比例为 99.8%。中国网民的网络文化消费情况为：网络视频（含短视频）用户规模达 10.31 亿，占网民整体的 96.5%；网络直播用户规模达 7.51 亿，占网民整体的 70.3%；网络游戏用户规模达 5.22 亿；网络音乐用户规模达 6.84 亿；网络文学用户规模达 4.92 亿。[①]

三　数字文化产业发展带动实体经济和文旅产业发展

数字文化产业在发展中与实体经济各行业逐步融合，一边是数字文化产业商业模式持续创新，一边是对实体经济的数字化营销转型起到很大的

[①] 《CNNIC 发布第 51 次〈中国互联网络发展状况统计报告〉》，中国互联网络信息中心网站，2023 年 3 月 2 日，https://www.cnnic.net.cn/n4/2023/0302/c199-10755.html。

作用。直播电商、短视频营销就是其中最具代表性的例子。直播电商和短视频营销为各行业提供了新型推广传播平台和产品销售新模式，对诸多行业均产生了一定影响。

（一）直播电商交易额接近 3.5 万亿元，助力实体经济数字化销售

2022 年被称为短视频平台的"电商元年"，直播电商交易额达到 3.43 万亿元，同比增长 34%，在网上零售额中的占比由 2021 年的 19.2% 提高到 25%。[①]

短视频平台也成为国货品牌获得销售增长的新兴渠道。短视频平台抖音发布的《2022 抖音电商国货发展年度报告》显示，抖音 2022 年电商交易总额达 1.41 万亿元，较 2021 年增长了 76%。2022 年，抖音电商上的国货品牌销量同比增长 110%。在平台助力下，国货品牌不断升级和创新，老字号品牌销量同比增长 156%。

（二）直播助力农产品走向全国，助力乡村振兴

直播电商有力地赋能农产品上行，平台大数据策略让传统电商卖农产品的被动式等待搜索，转变为农产品主动营销"走向"潜在客户，实现消费场景扩容和产销匹配效率提升；生动的短视频和直播展示，拓展了消费宽度，促进了乡土文化传播和农文旅融合发展。

2022 年 11 月 18 日，国家乡村振兴局公布了首批社会帮扶典型案例。其中，抖音乡村计划入选企业和社会组织帮扶案例。

字节跳动基于新媒体产业优势，依托抖音、今日头条等数字平台，实施"山货上头条""山里 DOU 是好风光""新农人培训"项目，开展消费

---

① 胡正荣、黄楚新主编《中国新媒体发展报告 No.14（2023）》，社会科学文献出版社，2023，第 158 页。

帮扶、乡村旅游开发、人才培训、公益救助等活动，将有特色、高品质的"山货"带出乡村，将乡村风土人情、乡村风貌带出山区，将农民培养成新媒体达人。[①]

"山货上头条"是抖音乡村计划的重点助农项目之一，由抖音电商和抖音公益合力打造。2021 年，"山货上头条"推动 179.3 万款[②]农特产品通过抖音电商销往全国。

2022 年 9 月，抖音电商发布的《2022 丰收节抖音电商助力乡村发展报告》显示，过去一年共有 28.3 亿单农特产品通过抖音电商出村进城、卖向大江南北。该平台"三农"电商达人数量同比增长 252%，农货商家数量同比增长 152%，成为连接品质农特产品和全国消费者的重要纽带。

（三）短视频平台助力旅游营销，"跟着短视频去旅游"成为风潮

在短视频的助力下，各地文旅部门、旅游景区纷纷开始"牵手"短视频，积极探索"短视频 + 文旅"的推广模式，实现了文旅产业的全方位传播。

2023 年，字节跳动发起了"美好乡村等你来"乡村旅游数字提升行动，计划实施数字新媒体培育、建设 100 个美好乡村打卡点、千亿流量补贴、万场县域直播等四大乡村旅游数字化提升措施，旨在助力乡村文旅发展。

另外，抖音公益联合抖音生活服务发起"山里 DOU 是好风光"公益项目，旨在助力乡村文旅发展，提升村民收入，带动产业可持续发展。2022 年，项目落地贵州、广西、四川等 10 个省份，覆盖 400 多个县，助力 2000 余个乡村文旅商家销售乡村文旅产品超 4 亿元。全年直接为乡村吸引游客

---

① 黄昱扬：《［企业和社会组织帮扶典型案例］北京字节跳动科技有限公司数字平台助力乡村产业发展》，国家乡村振兴局官网，2023 年 4 月 24 日，https://nrra.gov.cn/2023/04/24/ARTI1aNXsMExbnUXKmIwMI7m230424.shtml。

② 《"山货上头条"支持新农人发展，179.3 万款农特借抖音电商出山》，中国青年网，2022 年 2 月 19 日，http://d.youth.cn/xw360/202202/t20220219_13462980.htm。

411 万人次，带动旅游综合消费 43 亿元，带动农民通过文旅就业 5.89 万人，就业收入增加 9.74 亿元。短视频让"文旅数字化"更普惠。抖音上的乡村文旅打卡地点已超 15.17 万个，抖音上累计出现了 6046 万个打卡内容。[①]

通过短视频传播，那些原本沉寂的乡野景致被"唤醒"，一同被激活的还有无数人的好奇心。一旦好奇心转化为行动力，"乡村游"便成为时尚。

四　建设面向 2035 年的数字文化产业强国

面向 2035 年，我国数字文化产业将迎来重大发展机遇期，内容生产模式、传播模式和消费模式都将发生重大变化，数字文化新业态将进一步走向智能化、沉浸化、3D 实时化、虚拟交互化，数字文化产业的规模将进一步扩大，在文化产业中的占比将进一步提高。

面向 2035 年，我国数字文化产业的增长将来自以下五个方面。

（1）内容形态从平面视频向 3D 虚拟影像演变催生出新兴内容创作生产者群体，形成庞大的新兴内容市场。

（2）AIGC 推动海量内容生产，成为新兴内容市场的核心支撑，产生巨大的市场价值。

（3）数字文化艺术品成为新兴数字文化消费品，形成庞大的新兴消费市场，数字文化资产形成一定规模的交易市场。

（4）新兴交互设备和终端消费设备将从启动期走向普及期，带动巨大内容消费需求，并催生大量新型沉浸式消费体验。

（5）我国数字文化产业国际化进程持续，数字音乐、网络游戏、网络

---

① 《抖音启动乡村旅游数字提升行动　千亿流量、万场县域直播打造 100 个乡村打卡点》，新华网，2023 年 4 月 18 日，http://www.xinhuanet.com/tech/20230418/35b0a05715a041ec87c df42ec55f9410/c.html。

视频、网络文学等领域国际市场进一步拓展。

从数字技术在文化产业的应用成熟度来看，未来数字文化产业有着极大的增长潜力。

（1）人工智能技术目前处于应用早期成长阶段，从现在至 2035 年，将进入快速发展期和成熟期，带动数字文化产业相关领域的增长。

（2）3D 实时虚拟技术目前处于早期阶段，从现在至 2035 年，将进入快速发展期和成熟期，带动数字文化产业相关领域的增长。

（3）数字人技术目前处于快速发展期，从现在至 2035 年将进入成熟期。

课题组基于对关键数字技术应用成熟度和数字文化产业带动性的分析，对数字文化产业的增长作出如下预测。

（1）2024~2026 年数字文化产业将保持稳步增长态势，年平均增长率可能与 2023 年持平。2022 年文化及相关产业中文化新业态增长率为 6.7%，2023 年第一季度规模以上文化新业态增长率为 11.1%，2023 年上半年，文化新业态特征较为明显的 16 个行业小类实现营业收入 23588 亿元，比上年同期增长 15.0%，快于全部规模以上文化企业 7.7 个百分点。[①] 课题组预测，2023 年全年数字文化产业增长率为 10%，2024~2026 年数字文化产业年平均增长率为 8% 左右。

（2）2027~2032 年数字文化产业可能呈现高速增长态势，2018~2021 年是我国基于移动互联网的数字文化新业态高速增长期，文化新业态的年平均增长率保持在 20% 以上，课题组认为，2027~2032 年的数字文化产业有可能重现 2018~2021 年的增长态势，年平均增长率达到 15% 左右。

（3）2033~2035 年将进入相对成熟期，年平均增长率可能在 8% 左右。

以前面分析过的 2022 年数字文化产业整体营收规模在 67000 亿元左右

---

① 《2023 年上半年全国规模以上文化及相关产业企业营业收入增长 7.3%》，国家统计局网站，2023 年 7 月 30 日，http://www.stats.gov.cn/sj/zxfb/202307/t20230728_1941597.html。

为基数，课题组对未来数字文化产业的营收规模预测如下。

（1）2026年数字文化产业整体营收规模可能达到92841亿元。

（2）2032年数字文化产业整体营收规模可能达到214746亿元。

（3）2035年数字文化产业整体营收规模可能达到270519亿元。

国家统计局数据显示，2023年第一季度文化及相关产业规模以上文化企业营收增长率为4.0%，预计全年在5.0%左右。预计从现在至2026年，文化产业将保持稳定增长态势，假设年平均增长率为5%，2027~2032年年平均增长率上升到7%，2033~2035年年平均增长率为5%，则2035年文化产业整体营收规模将达到349483亿元（见图5-8）。

按照上述推算，2035年数字文化产业营收在文化产业总营收中的占比将超过77%。

需要指出的是，2035年，我国将建成数字文化强国，数字文化产业将成为文化产业的核心支撑，我国数字文化产业将在国际上崛起。数字文化产业将承担起增强文化自信的使命，成为推动我国社会主义文化繁荣兴盛的重要力量。

党的十八大以来，我国文化和科技融合战略层层推进、逐步深入，文化领域发生了深刻的数字化转型和变革，文化事业和文化产业的结构和形态都发生巨变。

在文化强国建设中把握数字时代发展的战略主动权，把握文化和科技融合发展的前沿方向，抢占文化创新的战略制高点，推动国家文化大数据体系建设，从数字化迈向高质量数字化新征程，我国文化数字化体系将实现质的飞跃，社会主义现代文化生产体系将日趋完善，文化产业核心竞争力将大幅提升，数字文化必将走向繁荣发展，我国将在2035年成为数字时代的文化强国。

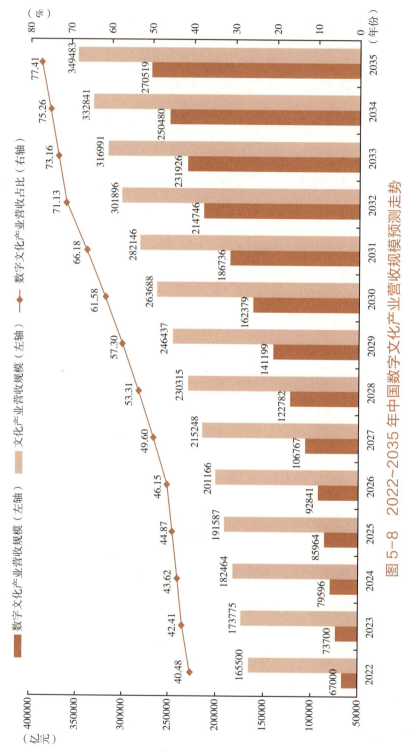

图 5-8 2022~2035 年中国数字文化产业营收规模预测走势

资料来源：课题组测算。

第六章

时代华章：
人民文化实践的主旋律与新交响

时代华章：
人民文化实践的主旋律与新交响

　　人民性是习近平文化思想的重要品质，体现了"以人民为中心"的核心理念和价值导向，为建设社会主义文化强国、提高人民群众的文化生活水平和丰富人民群众精神世界提供了有力支撑。

　　在新时代中国，"人民文化实践"已经成为重要的社会话题和研究方向。这是一种源自深厚历史和传统的文化现象，广大人民群众在日常生活中进行的文化创造、传承和交流活动，都是这一概念的具体体现。这一概念整合了"群众文化""大众文化""民族民间文化"等细分概念，展现了现代社会中文化的多重面貌。在这背后，是以人民为中心的发展思想和价值导向在起作用，这种指导思想为构建社会主义文化强国打下了坚实基础。

　　随着技术的发展和全球化的推进，文化实践的方式和载体也发生了变化。网络文学、影视作品、新媒介、乡土文化资源等领域的发展都反映出人民文化实践的活力和创新性。而从网络热词热度的研究可以看出，这种文化实践在社会中的影响力和认可度正在逐年增加。这不仅代表了社会的发展趋势，也体现了文化与人民日常生活的紧密联系。这种联系不仅是文化在人们日常生活中的体现，更重要的是它反映了人民群众的文化需求和价值观念。因此，深入研究"人民文化实践"不仅有利于更好地理解社会的文化现象，还有利于为政策制定和文化发展提供智力支持。

第一节　以人民为中心的新时代文化实践

全心全意为人民服务是中国共产党的根本宗旨。党的十八大以来，以习近平同志为核心的党中央坚持以人民为中心的发展思想，高度重视文化建设，深化文化改革发展，深入推进文化领域供给侧结构性改革，人民文化生活日益丰富、多姿多彩。"以人民为中心"是习近平文化思想最鲜明的立场，也是习近平文化思想最为鲜明的特点之一。在文化创作领域，"以人民为中心"的理念主要体现为"从热爱人民、表现人民、服务人民到反映时代、歌唱祖国、礼赞英雄、写出时代新史诗，再到以人民作为文艺工作的评判者、鉴赏家"①。在文化实践领域，最主要和最重要的表现形式就是党领导下的人民文化实践，体现出鲜明的中国特色社会主义的文化特征。

一　人民文化实践唱响时代乐章

当代中国文化是在中国特色社会主义建设时期，以广大人民群众为主体，反映其价值观、生活观和情感体验的文化实践和产出。它既汲取和继承了中华民族几千年的历史文化传统，也融入了全球化时代的新元素和新思想。

"人民文化实践"指广大人民群众在历史、传统和社会经验的基础上，

---

① 丁国旗：《如何实现"以人民为中心"的创作导向》，《人民日报》2018年2月2日，第24版。

在日常生活中开展的文化创造、传承和交流活动，包括各种传统文艺、民间艺术、手工艺、节庆活动、习俗、传统食品、口头传统、自媒体以及其他与人民日常生活密切相关的文化表达形式。这种实践反映了人民的生活方式、价值观、观念和情感，也是他们与外部世界互动和自我认知的途径。"人民文化实践"中的"实践"特别强调了文化不仅是一种抽象的观念或制度，更是人们在日常生活中的真实体验和活动。这种实践既包括传统文化的维持和传承，也包括了新的文化形式和内容的创造与发展。人民性和时代性是它的主要特征。

人民性贯穿了当代中国文化的每一个层面，强调文化必须由人民群众参与、创造并为其服务。首先，人民性的"主体性"突出了人民群众在文化创造、传承和发展中的核心地位。这种文化不止关注人民的精神需求和文化素养的提高，更真实地反映他们的生活和情感体验。其次，当代中国文化的"民族性"深深扎根于中华文化的核心价值观和传统中。这种价值观和传统在文艺作品、日常生活乃至公共空间设计中都得到了体现和尊重。此外，强调"以人民为中心"的文化发展理念意味着所有文化实践和产品都应该满足人民的精神文化需求，并秉持以人民为文化的主要创作者和受益者的原则。这种文化的发展方向是由人民的日常生活和需求所决定的，而创造的文化成果也应由人民共享，从而更好地服务于社会主义现代化建设的大局。

当代中国文化在社会高速发展和变革的背景下，鲜明地展现出了其"时代性"。这首先体现在文化对于现实社会变迁、科技进步和人民生活方式变化的敏锐捕捉与反映。这种反映不仅记录了时代的变迁，也为人们提供了对于当下社会现象的深入理解。其次，全球化和开放性已经成为当代中国文化的显著特点。随着国际交往的日益深化，中国文化更加开放地吸收和融合世界性元素，展现出一种积极的、包容的态度。同时，面对新的社会挑战和文化需求，无论是在文化形式、内容还是在传播方式上，"创新性"也成为当代文化的标志。

二　人民文化实践的内涵

"人民文化实践"与"群众文化""大众文化""民族民间文化"等词语，在中文语境中都与广大的人民群众及其文化实践有关，但侧重点和背景有所不同，涉及如今我们所言的公共文化服务、文化创意产业及非物质文化遗产保护等多个领域。

"群众文化"在中国公共文化服务的语境中主要代表基层的文化活动。群众文化通常指广大人民群众创造、参与和实践的文化形式和内容，主要包括民间艺术、传统节庆、地方习俗等。其特点是自发的、基于日常生活和实践的，往往反映一个特定社区或群体的价值观、娱乐观和审美观。

"大众文化"在中国文化创意产业发展语境中代表着由市场主导的文化活动，这是大众文化与群众文化的不同之处。大众文化通常是以大众传播媒介为手段，旨在满足人民大众的精神文化需要，能使普通居民获得感性愉悦的一种日常文化形态，是由大多数人来生产和消费的文化产品形式，如流行音乐、电影、电视节目、网络文化等，往往与商业性、娱乐性和普及性相关，常常受到市场需求的影响，与消费文化相结合，并有强烈的流行性和时效性。

"民族民间文化"是中国加入联合国教科文组织《保护非物质文化遗产公约》之前对于这一类文化的称谓，如今仍然在多数场合使用。民族民间文化通常指的是在一个特定的民族或种族群体中，代代相传并在日常生活中体现出来的文化现象。这种文化现象是民众在与自然和社会的相互作用中形成并传承下来的，它有别于正式的、官方的文化制度，更加接近人们的实际生活。民族民间文化不仅包括传统的艺术形式，如歌曲、舞蹈、故事、神话和传说，还包括生活方式、习惯、信仰、节庆、工艺和其他与日常生活相关的社会实践。

人民文化实践则兼顾了上述三类文化的内涵。联合国教科文组织在2019年对"非正式"文化活动展开过讨论，相关成果对本书界定"人民文化实践"也提供了一定参考。

（一）基于活态文化周期的人民文化实践构成

人民文化实践的活态生命力体现在其持续的生长、演变和创新中。人民文化实践，源于广大人民群众的生活经验和创造力。随着社会、经济和技术的发展，人民的生活方式和思维方式也不断变化，人民文化实践也与时俱进，反映出时代的精神和特征。在传承的过程中，人民文化实践不仅保存了传统元素，还融入新的现代元素，展现出独特的创新力；在保留核心价值的同时，接纳外来文化，形成新的文化现象。人民文化通过人民在家庭、社区、城市乃至更广泛的区域口口相传，以及人民在实践中以学习的方式实现文化代代相传，得以持续、活跃地存在于人民之中。同时，人民文化实践来源于各种不同的社区、民族和地区，具有丰富的多样性和天然的包容性，能够不断地自我更新和扩展。

人民文化实践包括如下环节：

（1）创造：产生并创作出非重复性的物质或非物质文化表现形式；

（2）生产：创造可重复生产的文化表现形式；

（3）传播：通过数字化的媒介直接传播，或者经由媒体、第三方传播，将文化以各种表现形式传递到接受者；

（4）传承：文化场所、文化活动，以及包括非物质文化遗产在内的各种文化表现形式的代代相传；

（5）参与：文化接受者参与文化活动和体验。

人民文化实践蕴含着两个维度，即人民自发地创造各种文化表现形式、各种文化表现形式为全民共享。

人民文化实践的活态文化周期如图 6-1 所示。

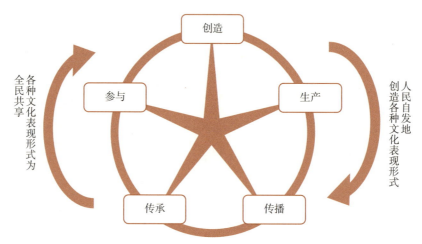

图 6-1　人民文化实践的活态文化周期

在这个周期里，强调人民文化实践的网状模型，尽可能涵盖经济、非经济、空间维度。不同于一般经济产品和文化产品，人民文化实践不必遵循传统文化产业链的经济模式，而是扎根于社会领域。每一种人民文化实践方式可能参与这一周期的一个或多个领域，受到社会、市场、空间、媒介、技术等多种因素的综合影响。

（二）基于文化领域的人民文化实践构成

基于对"文化"的不同理解，人民文化实践有众多的分类标准，业界尚未达成共识。联合国教科文组织《世界文化多样性宣言》中对文化的定义是，"某一社会或社会群体所具有的一整套独特的精神、物质、智力和情感特征，除了艺术和文学以外，还包括生活方式、聚居方式、价值体系、传统和信仰"①，这为本书提供了分类参考。

（1）物质遗产：包括民居、民间博物馆、民间风物遗迹；

（2）演出及节庆活动：包括线下及线上的音乐、演出、节日、仪式；

（3）工艺美术：包括手工艺、美术、摄影及数字艺术；

（4）文学及新文艺：包括文学爱好者的传统文学创作、网络文学及自媒体；

（5）文化旅游：包括民俗文化、文化民宿及文化旅游服务；

（6）文化体育：包括全民健身、民间体育活动。

人民文化实践的文化领域如表 6-1 所示。

表 6-1　人民文化实践的文化领域

文化领域	物质遗产	演出及节庆活动	工艺美术	文学及新文艺	文化旅游	文化体育
具体内容	·民居 ·民间博物馆 ·民间风物遗迹	线下及线上： ·音乐 ·演出 ·节日 ·仪式	·手工艺 ·美术 ·摄影 ·数字艺术	·文学爱好者的传统文学创作 ·网络文学 ·自媒体	·民俗文化 ·文化民宿 ·文化旅游服务	·全民健身 ·民间体育活动

三　人民文化实践增强"四个认同"

2019 年 9 月 20 日，习近平总书记在中央政协工作会议暨庆祝中国人民政治协商会议成立 70 周年大会上，第一次完整提出"对中国共产党和中国特色社会主义的政治认同、思想认同、理论认同、情感认同"②。在 2021 年和 2023 年与党外人士的见面中，习近平总书记都提到这四个认同，这也成

---

① 　UNESCO(2001).*UNESCO Universal Declaration on Cultural Diversity*.Paris: UNESCO.

② 　习近平：《在中央政协工作会议暨庆祝中国人民政治协商会议成立 70 周年大会上的讲话》，《人民日报》2019 年 9 月 21 日，第 2 版。

为 2023 年学习贯彻习近平新时代中国特色社会主义思想主题教育的重要关键词。

党的十八大以来，人民文化实践在增进人民群众的政治认同、思想认同、理论认同和情感认同方面都起到了重要推动作用。

（一）人民文化实践以文培元，增进了人民群众的政治认同

人民文化实践不仅是艺术和娱乐的载体，更是党的路线方针政策和中国特色社会主义的传播工具。在各种文化活动、节目和项目中，政治观念和理念得以广泛传播，并以更易于接受的形式深入人心。在共同参与文化活动的过程中，凝聚力得以增强，广大人民群众深切感受到了党和政府的关心与支持，从而进一步加深了认同感和归属感。人民文化实践不是一种单向传播，它也为群众提供了反馈和交流的平台，使各级党组织和政府能够直接听取基层的声音和需求。

2019 年新中国成立 70 周年阅兵仪式全国总收视率超过 20%，全国有超 4 亿观众观看。据不完全统计，央视新闻发起的微博话题"国庆阅兵"阅读量仅数个小时就超过 33.8 亿次，讨论超过 370 万次。央视新闻和抖音合作的庆祝大会直播，播放量超过 5.5 亿次，粉丝数达 2400 万，点赞数近6000 万次。[1] 可以看出，为庆祝新中国成立 70 周年举行的一系列盛大庆典，成为生动鲜活的爱国主义集中教育。

（二）人民文化实践以文铸魂，增进人民群众的思想认同

人民文化实践在传播正面价值观、社会观念和思想道德方面起到了积极作用。群众通过参与这些活动，对正确的社会行为、价值观和思想观念

---

[1]　李康跃、果凤春：《国庆 70 周年阅兵媒介事件的宣传报道分析》，《新闻研究导刊》2019 年第 10 期。

有了更深入的了解和认同。文化内容经过精心策划和选择，可以帮助民众认识事物的多面性，引导他们形成正确的世界观、人生观和价值观。文化活动为大众提供了与他人分享、交流和探讨思想的机会，这有助于丰富他们的思维、拓展他们的视野。

参与中华优秀传统文化的传承保护与当代阐释，一定程度上能提升人民的思想认同程度。党的十八大以来，文化类综艺节目发生如下变化：从通识类节目到专业垂直类节目，从文化宣传到自发的国潮众创，从最初的政府推动走向市场自主参与。《中国汉字听写大会》《汉字英雄》等节目，在引进节目模式的基础上呈现原创内容，开创了文化类节目的 1.0 时代；《朗读者》《国家宝藏》等积极进行节目形态创新，开创了文化类节目的 2.0 时代；《典籍里的中国》、河南卫视"中国节日"系列节目等，运用前沿科技手段，对中华优秀传统文化进行全新表达，开创了文化类节目的 3.0 时代。[①]

（三）人民文化实践以文弘业，增进人民群众的理论认同

文化实践活动为大众提供了获取和理解新知识、新理论的机会，使他们能够更好地理解和应用这些理论来指导自己的行为。通过参与文化实践活动，人民群众有机会亲身体验和实践某些理论，从而更加深入地理解和认同这些理论。同时，文化实践活动鼓励人民群众参与和贡献，他们的反馈和建议为理论的创新和完善提供了宝贵的启示和方向。

新时代以来，中国的红色旅游逐渐以中青年为主力。据飞猪、途牛等平台统计，"90 后""00 后"是红色旅游的主力军。2023 年上半年，18~35 岁的中青年旅游者占比达到 50%；亲子家庭出游比例逐步提升，占比为 36%，并且出现了"红色旅游＋研学""红色旅游＋休闲度假""红色旅游＋

[①] 尔雅：《文化类节目：迭代升级助力优秀传统文化"破圈"传播》，《光明日报》2023 年 6 月 7 日，第 13 版。

乡村旅游"等体验形式。北京、南京、长沙、上海、延安、韶山、遵义、井冈山、宜昌、嘉兴等地成为最受游客喜爱的红色旅游目的地。在全国12个重点红色旅游景区中，京津冀红色旅游区、鲁苏皖红色旅游区、沪浙红色旅游区、湘赣闽红色旅游区、陕甘宁红色旅游区等景区热度很高。此外，天安门广场、延安革命纪念地系列景区、韶山毛泽东故居和纪念馆、遵义会议纪念馆、井冈山红色旅游系列景区等红色景点热度也颇高。①

（四）人民文化实践以文立心，增进人民群众的情感认同

文化实践活动常常引起人民群众的深沉共鸣，他们找到了与他人共享情感、经验和记忆的机会，从而加强了他们与社会的情感联系。参与文化活动让民众感受到自己是这个大家庭、这个社会的一部分，从而增强了归属感和自豪感。文化实践为大众创造了情感沟通和交流的空间，使他们能够更好地理解他人的情感和借鉴经验，建立更深厚的情感纽带。

党的十八大以来，主旋律影视作品质量越来越高，在市场上越来越受到人民群众的喜爱。据清华大学影视传播中心对主旋律视听作品的青年影响力调查结果，超过68%的青年喜欢看主旋律电影，66%的青年爱看主旋律电视剧，绝大部分青年看过主旋律作品，其中《人世间》《觉醒年代》《长津湖》等较受青年欢迎，同时青年更倾向于通过互联网收视平台获取、观看主旋律作品。在互联网"视频＋社交"平台生态的助力下，原本小众的词语"YYDS"（永远的神）借势出圈，打破舆论对主旋律电视剧的刻板印象，话题"觉醒年代YYDS"阅读量突破11亿次，《觉醒年代》成为2021年最受瞩目的电视剧之一。

---

① 郎楚楚：《浙江：红色旅游传承红色基因》，《人民日报》（海外版）2023年7月17日，第12版。

第二节　新时代大众新文艺高度繁荣

党的十八大以来，习近平总书记关于文化与文艺的一系列重要论述，高度重视中华优秀传统文化，始终强调以人民为中心的创作理念。人民大众的文化主体性空前高扬，大众新文艺全面发展、高度繁荣。

一　大众新文艺高扬人民文化主体性

党的二十大报告指出，新时代的文化建设目标，是"发展面向现代化、面向世界、面向未来的，民族的科学的大众的社会主义文化，激发全民族文化创新创造活力，增强实现中华民族伟大复兴的精神力量"[1]。本章的"大众"概念等同于"人民""群众"或"民众"等概念。新时代大众文艺是通过报刊书籍、影视网络新媒体等大众媒介传播，并为人民群众喜闻乐见的文学、影视及创意文化等多种文艺产品。

新时代以来，大众文艺迅猛发展，全民族文化创新活力与人民文化主体性得到空前解放和充分调动，广大人民群众在文化创造、文化选择及文化实践中的主体地位得到充分彰显。

当然，需要指出的是，在促进当代社会进步和文化多元发展的同时，大众文艺领域也存在过度娱乐、个人膨胀、拜金享乐等方面的问题。但近年来，我们从包括网络文学、类型小说与科幻文艺在内的蓬勃发展的大众新文学，积极向主流文化靠拢的大众影视产品，以及在"新国潮"消费热

①《习近平著作选读》第一卷，人民出版社，2023，第 35 页。

潮中强势崛起的创意舞台剧等文艺形式中惊喜地看到，新时代的大众文艺高扬大众文化主体性，以精品文化意识提升其人文精神，呈现繁荣发展的良好态势。

二 大众新文学彰显人民群众文学创造力

21 世纪以来，大众新文学的发展势头极为迅猛。在传统的"纯文学"之外，大众对于网络及类型文学的参与热情尤其引人瞩目，新的热潮所积极构建的文艺版图正在悄然形成，并不断改写着既有的文学面貌。

值得注意的是网络文学。中国网络文学只用了大约 20 年的时间，就从"野蛮生长"的民间形态发展为文化产业中的重要组成部分，并创造了"扬帆出海"的世界文化奇迹。第 51 次《中国互联网络发展状况统计报告》显示，截至 2022 年 12 月，我国网络文学用户总规模已经达到 4.92 亿，占网民总数的 46.1%。报告指出，网络文学题材日渐丰富，海外受众进一步扩大，如《大国重工》等 16 部网络文学作品首次被收录到大英图书馆的中文馆藏书目中。①

自 2014 年起，国家相关部门建立健全管理规范和评价机制，推动网络文学健康有序发展。从 2015 年开始，国家新闻出版广电总局大力推介现实题材网络文艺作品，在新中国成立 70 周年、建党百年等重大时间节点，涌现出《复兴之路》《大江东去》《朝阳警事》等一大批反映新中国伟大成就的优秀作品，代表了网络文学在现实题材创作上的突出成就。网络文学构成了颇具新时代特征的文化现象。

在大众文学中，类型小说也是值得关注的文化现象。类型小说繁荣发

---

① 中国互联网络信息中心（CNNIC）：第 51 次《中国互联网络发展状况统计报告》，2023 年 3 月。

展的根本动力在于大众的阅读需求。近年来，类型小说在当代文学中的席卷之势有目共睹。《杜拉拉升职记》《裸婚》《失恋33天》《解密》等"爆款"之作，都揭示了大众"喜闻乐见"的"悦读"趣味，这意味着一个新的大众文化形态的真正到来。此外，类型小说与影视改编之间的天然联系，也吸引着更加广泛的社会受众。在大众阅读的引领之下，"纯文学"作家开始不断借鉴类型小说的流行元素，呈现"纯文学"与类型小说互相借鉴、互为参照的局面。

在类型小说的创作热潮中，特别值得一提的是刘慈欣的《三体》。这部三卷本长篇小说依靠大众阅读口碑不断掀起群众性文学热潮，成为蓬勃发展的大众新文学的重要代表。《三体》第一部《地球往事》斩获了有着世界科幻界的诺贝尔奖之称的"雨果奖"。刘慈欣的作品因其宏伟的格调和绚丽的想象，创造出一种具有中国特色的科幻文学样式。

三　大众影视产品"主流化"体现新时代文化自信

随着大众对美好生活的需求日益增长，对文艺作品的精神高度、文化内涵和艺术价值的要求日益提高，新时代以来，大众影视产品积极向主流文化靠拢，呈现一种"主流化"的文化自觉。

近年来，我国越来越多的国产电视剧开始带着精彩的中国故事走出国门，成为传播中国声音、展现中国风貌的重要媒介。围绕党的百年华诞，电视剧的主题创作引人注目，相继涌现了如《山海情》《觉醒年代》等"爆款"作品。这些制作精良的文艺作品甫一放映，便获得广大观众尤其是年轻观众的"热捧"。此外，《我和我的家乡》《理想照耀中国》《功勋》《我们的新时代》等作品也广受欢迎。这些都是党的十八大以来影视创作高速发展的缩影。

党的十八大以来，我国电影行业迅猛发展。尤其是 2017 年 3 月发布《中华人民共和国电影产业促进法》，国家从顶层设计出发对电影创作进行了科学调整，有力地促进了国产电影砥砺奋进、硕果累累的生动局面的形成，相继涌现了《流浪地球》《长津湖》等票房和口碑双丰收的重要作品。研究报告显示，2020 年中国电影市场获得 204 亿元票房，跃居全球第一，2021 年更是被视为对中国电影产业而言具有里程碑意义的一年，这一年"中国电影市场以超过 70 亿美元的票房产出，再次超过北美地区，蝉联全球第一"①，其中，国产电影票房为 399.27 亿元，占总票房的 84.49%②，这无疑显示了国产电影发展的强劲势头。2021 年，在举国欢庆中国共产党百年华诞之际，《革命者》《1921》《悬崖之上》等一大批重大题材电影所产生的社会反响显然超越了影视艺术领域，而成为全社会讨论的公共话题。在此，"主旋律"电影的商业化，以及商业电影的"主流化"，已然成为热议的话题。在中国当代的历史语境中，"主流化"被视为一种中国特色的大众化，这种文化自觉的背后，体现了大众文艺更为深远的文化意义。

除了电视剧和电影外，综艺和纪录片等大众文艺产品，同样在娱乐性之外，着力捕捉主流叙事中关于传统文化方面的宣传与呈现，这也是大众文艺在新时代文化自觉的生动体现。比如《中国汉字听写大会》《如果国宝会说话》《我在故宫修文物》等纪录片、综艺节目，不断引发"汉字热""文博热"等社会热潮，由此将大众的关注目光引导至传统文化和中国式审美的文化自觉之中。这些节目令普通观众耳目一新，巧妙地打开了优秀传统文化宝盒，成功地将新的时代特质和审美风范融入其中。

---

① 刘汉文：《2021 年中国电影产业发展分析报告》，《当代电影》2022 年第 2 期。
② 北京市文学艺术界联合会编《2021 北京文艺发展报告》，北京出版社，2022，第 358 页。

四 "新国潮"高度融合中华优秀传统文化与审美时尚

以国货品牌为载体的"新国潮"在赢得大众青睐的同时，也塑造了一种文化习惯和审美时尚。第一财经商业数据中心（CBN Data）发布的《2019中国互联网消费生态大数据报告》显示："2019年国潮品牌可谓'全面开花'，新国潮乘着传统文化复兴和潮流追随者聚集的东风，在新生代消费者中不断流行。"[①] "新国潮"代表着大众文化领域中传统文化与消费时尚高度融合的趋势。

首先，就传统文化而言，"新国潮"的"文化感"来自大众从文化消费中获得一种身份认同感、仪式感。中华优秀传统文化正是这种文化认同的重要内容。其次，"时尚感"也成为"新国潮"最重要的特征之一，"时尚感"的灵魂在于广大年轻人的追捧。《国潮粤造·广东国潮产业发展报告》显示："在国潮之风的拥簇中，年轻人扮演了重要角色。在国潮消费人群中，以'90后'占比最多，达35%，其次是'80后'，占33%，'70后'占25%。"[②] "新国潮"产品以青年为主要目标群体，在他们的支持下，"新国潮"文化蓬勃发展。

党的十九大报告提出深入挖掘中华优秀传统文化当代价值的新要求，越来越多文化类节目开始成为传播传统文化的新载体，有力地推动了"新国潮"的生产与消费。影视产品当之无愧地成为"新国潮"试验的重要阵地，《西游记之大圣归来》《哪吒之魔童降世》《长安三万里》等丰富了中国

---

① 第一财经商业数据中心（CBN Data）《2019中国互联网消费生态大数据报告》，2019年12月20日发布。

② 南方产业智库：《国潮粤造·广东国潮产业发展报告》，《南方日报》2019年11月1日，第T02版。

电影的样态。"新国潮"也具有一种融入全球对话的中国审美立场。融入传统文化的歌舞表演、国风音乐、国创动漫、手机游戏以及各类纪录片，在大众文化传播中广受好评。

尤其值得讨论的是"新国潮"风尚之下各类创意舞台剧的重要文化意义。2021年，河南卫视的《唐宫夜宴》提供了一个有关"新国潮"与创意舞台剧结合讨论的切入点。作品采用了"3D+5G+AR"的数字技术，将《簪花仕女图》《千里江山图》等名画的虚拟场景和现实舞台有机融合，令舞台演员化身为被赋予生命的唐俑，而舞台则在现代技术的"加持"下幻化为博物馆，这种"人在画中游"的沉浸式体验，令观众不再是单纯的舞台表演的观看者，同时也是历史文化的欣赏者，让尘封的历史文物"活"了起来，栩栩如生的"大唐盛世"得以在舞台上重现。河南卫视趁势推出了《元宵奇妙夜》，以及水下舞蹈节目《洛神水赋》，都引起了广泛的追捧和网络热议。

此外，由中国东方演艺集团与故宫博物院联合出品，根据北宋画家王希孟的《千里江山图》创作而成的舞蹈诗剧《只此青绿》，同样是引起关注热潮的"现象级"作品。从《唐宫夜宴》到《只此青绿》，再到此后的《五星出东方》等，舞蹈艺术不再满足于单纯的舞台表演，而是试图从国宝文物中寻求创意灵感，以持续出圈的艺术魄力，努力践行艺术审美上的"新国潮"。由此，"国宝带国风，国风造国潮"①的沉浸式体验，加之高科技、传统文化、历史文物与精湛舞蹈的有机融合，共同成就了由视觉奇观积极建构的民族"审美想象"。这既是对中华优秀传统文化的创造性转化与创新性发展，也以文化创意的方式，显示了人民群众日益增长的精神文化需求，以及在这种需求之中，大众的文化选择与文化创造。

---

① 翟濯：《"王炸"背后，亦有"好牌"——2021河南省春晚缘何被赞"出圈"？》，《新华每日电讯》2021年2月18日，第5版。

第三节　人民文化实践蓬勃发展

党的十八大以来，习近平总书记对新时代文化建设作出一系列重要指示，要求我们"把马克思主义思想精髓同中华优秀传统文化精华贯通起来"[①]，为民间文化事业的发展作出战略指引，民间文化事业获得蓬勃发展。各级政府在做好指导与服务的基础上，放手发动群众，基层文化工作者则充分发挥自身的能动性，催生了一系列立足当下、创新传统的新民俗与新实践，极大满足了人民群众的生活与娱乐需要。

一　传统表演艺术获得新发展

我国的戏曲、曲艺、杂技等传统表演艺术扎根人民，为人民群众所喜闻乐见。新时代以来，我国的传统表演艺术获得了新的发展机遇，一方面，党和国家高度重视传统文化，为推动传统表演艺术参与中国故事的讲述提供了广阔的空间；另一方面，在都市化和媒介化的新语境下，传统艺术的生存环境发生剧烈变化，而文化体制的改革也强化了艺术团体与市场的关系，推动了传统表演艺术的商业化转型。传统的表演艺术获得了全新的发展空间，从业者们积极参与到对中国式现代化的记录和讴歌中，采取多元的实践，开辟多种艺术经营与生产模式，表现出了蓬勃的活力。

表演艺术一直承载着积极的审美与教育功能，这正是中华传统艺术"文以载道""以文化人"的核心要义。新时代文艺工作者坚持以人民为中

---

① 《习近平著作选读》第一卷，人民出版社，2023，第 15 页。

心，把满足人民精神文化需求作为工作的出发点和落脚点，坚持深入生活，用传统的形式承载起现代价值观的传输，创造出积极的艺术内容与丰富的艺术形式。

综观近年来在舞台上绽放光彩的优秀表演艺术，如《李大钊》《石评梅》《赵佗》（京剧）、《青衫红袍》《秋色渐浓》（越剧）、《傅山进京》（晋剧）、《绍兴师爷》（绍剧）、《绣虎》（潮剧）等戏曲作品，《好汉金汉》《帕米尔雄鹰》（评书）、《糊涂圈儿》（相声）、《战·无硝烟》（苏州评弹）、《冰山上的守候》（绍兴莲花落）、《第三者》（数来宝）、《美丽的红马甲》（杭州摊簧）等曲艺作品，《天山雪》《战上海》《涿鹿之战》《春望·小萝卜头》等杂技和杂技剧，无一不是深入生活、扎根人民的代表性成果。创编者把目光投向生活的最深处，淋漓尽致地表现了人民群众的喜怒哀乐。传统舞台艺术积极参与和见证了国家建设、民族振兴、时代发展，乃至于人民生活喜乐忧愁的方方面面。

在坚持服务人民的过程中，戏曲、曲艺等艺术将文艺轻骑兵的优势发挥得淋漓尽致。众多表演艺术工作者继续服务民众，展开基层采风，深入民众中，通过文艺进社区、进校园等实践，以地为台，以天为幕，将演出送到全国各地。这些实践无负于习近平总书记在 2017 年复信内蒙古苏尼特右旗乌兰牧骑队员时的期待——"扎根生活沃土，服务牧民群众，推动文艺创新，努力创作更多接地气、传得开、留得下的优秀作品，永远做草原上的'红色文艺轻骑兵'"①。

在挖掘传统上，新时代的文艺工作者也获得了可观的成绩。借助非物质文化遗产保护等契机，各地展开传统艺术的抢救工作，挖掘了一系列传统作品。以北京京剧院为例，近年来该院积极展开传统剧目挖掘整理工作，

---

① 高平、王潇：《内蒙古：草原"红色文艺轻骑兵"迸发新活力》，《光明日报》2021 年 11 月 22 日，第 3 版。

对部分曲目进行再次发掘，使之成为焕然一新的好戏。至今已复排了《除三害》《砟痕记》《蝴蝶杯》等几十部传统剧目。不仅增加了演出的剧目，也通过"传帮带"，培养了后继人才，为京剧艺术的传承起到积极推动作用。[①] 在挖掘传统的过程中，创编者并没有机械地照搬传统，而是积极地发挥了创新意识，他们以新的时代性主题来整合传统资源，为传统注入时代精神，使其获得在当下的生命力。如被越剧、瓯剧、花鼓戏等多个剧种搬演的《洗心记》，它虽改编自传统故事，但并未沿用传统的性别观念，而是以平等和民主意识为中心，关注婚姻中的女性处境和心理，符合当下民众关心的话题。

在创新思维和传统形式的碰撞中，新技术扮演了重要的角色。传统表演艺术与现代技术的融合也渐成趋势。诸多艺术家在保持表演艺术本体特征与核心价值的同时，大胆引入现代媒介技术展开创新，这在近年来的曲艺艺术方面表现得尤为突出。曲艺工作者积极探索新的艺术表现形式，将传统曲艺与新技术相结合，创造了一系列舞台化的新形式，如情境鼓曲《京·韵》、曲艺剧《盐阜往事》《玉石调羹》、相声剧《"有家"客栈》等。这些作品通过传统艺术与声光电等舞台技术的融合，凸显表演的视觉效应和娱乐效果，令人耳目一新。

此外，借助新媒体积极开展线上展演也成为表演艺术的新方向，如北京曲艺团近年来的《奋进新时代》《三国风云》《曲艺繁花》等专场演出充分借助新媒体技术，北京宣南书馆则与中华书局合作展开直播。线下演出与线上直播相结合，极大扩展了中华优秀传统文化的影响力，把演出传播到千里之外，还为观众带来了面对面的"现场感"，有效地拉近了观演之间

---

① 尚丹、郜庆龙：《掸尘拂埃明珠现 骨子老戏得承传——北京京剧院隆重举行挖掘整理复排剧目展演》，北京京剧院官方微信公众号，2023 年 3 月 2 日，https://mp.weixin.qq.com/s/r6H0E6zNS9sJ9eNKOSke9g。

的距离，推动了传统与当下的融合。

创新意识、传统艺术与新技术碰撞催生了一大批优秀作品。如由北京杂技团编排的杂技剧《春望·小萝卜头》，表现的是家喻户晓的革命烈士小萝卜头的英勇事迹，将杂技融入剧情叙事，以戏剧化的手法创编出了一部既反映革命先烈的斗争精神又充满童趣的精品杂技剧。杂技剧这一艺术形式对传统杂技加以主旋律化的提升、戏剧化的编排，以积极的主题和舞台化的呈现将杂技的精彩进一步放大，使其具备更高水准的文化内涵和视觉效果，为杂技在新媒体时代展开创造性转化和创新性发展、讲好中国故事作出了有益的探索。①

二 地方文化实现创造性转化

地方文化是根植于民族土壤的活态文化，由广大民众结合日常生活集体创作、世代传承发展而来，其中既体现了强烈的中华文明统一性的特征，又展示了五彩缤纷的多样性。新时代以来，在党和国家的高度重视下，各级政府充分挖掘、整合各地丰富的民间文化资源，有力推动地方文化的产业化转化，初步建构起了政府、开发者、专门从业者、学校、公共文化机构、研究机构，以及社会组织或个人广泛参与的多方面、全方位的地方文化产业化体系，以展开地方文化的创造性转化。地方文化呈现生机勃勃、百花齐放的繁荣局面。

近年来，在发展文化产业的浪潮中，文化和旅游部与中国民间文艺家协会等机构协作配合，认定了一系列"中国民间文化艺术之乡"和"中国民间文艺之乡"。各相关地区政府借机成立了大量地方文化产业基地和民间

---

① 祝鹏程：《从〈春望·小萝卜头〉看新媒体时代杂技艺术的突围之路》，《中国艺术报》2023年2月1日，第2版。

文艺产业园，全力打造民间文化艺术品牌，推动民间文艺资源与其他产业相融合，促进了区域经济和文化的协调发展。

仅以 2021~2023 年度的"中国民间文化艺术之乡"认定为例，我国共命名 183 个县（县级市、区）的乡镇（街道）为"中国民间文化艺术之乡"[①]。基于此，河北井陉（拉花）、上海金山（农民画）、广东石湾（陶艺）、陕西榆林（陕北民歌）等地结合各自的文化传统，进一步扩大影响，在推动文旅结合、整合地方资源服务经济、丰富地方群众文化生活等方面取得了良好成效。

我国地域广阔，各地区民俗众多，为发展文化旅游提供了丰富资源，而旅游业也为民间文化带来了在当代社会获得发展的新机遇。通过旅游，地方文化能获得更多的影响力和发展资源，进而形成更持久的生命力。一部分表演性的文化活动，如民歌、民族节庆等，逐渐与其他产业相融合，成为民众谋生致富的重要手段，如河南淮阳、浙江宁海、陕西安塞等地，依托民间庙会、"十里红妆"婚俗、腰鼓表演等地方文化资源，大力发展旅游业；另一部分物质性的艺术，如剪纸、雕塑、年画、风筝等，改变了过去小作坊式的生产方式，开展创新研发，走上了规模化、产业化的道路，相关产品也成为发展地方文化与地方经济的重要资源。以天津杨柳青为例，当地围绕年画发展上下游产业，建立大运河国家文化公园、建设特色文旅小镇，打造地域文化与民间工艺相结合的发展模式，仅 2023 年春节假期，当地就接待游客 139.45 万人次，综合收入达 1.25 亿元。[②]

与此同时，各地充分发挥地方优势，实现跨地区合作，通过强强联合实现地域文化与经济共同发展。如北京与张家口两地借共同举办第 24 届冬

[①] 公共服务司：《关于 2021-2023 年度"中国民间文化艺术之乡"拟命名名单的公示》，中华人民共和国文化和旅游部网站，2021 年 10 月 19 日，https://zwgk.mct.gov.cn/zfxxgkml/ggfw/202110/t20211019_928426.html。

[②] 李灵娜：《新春走基层｜年画绘出新景来》，中央纪委国家监委网站，2023 年 2 月 4 日，http://m.ccdi.gov.cn/content/c9/3b/99640.html。

奥会的东风，进一步推进京津冀协同发展，对两地的自然旅游资源和人文资源展开整合，形成"京张体育文化旅游带"，将冰雪运动、文化体验、户外休闲、生态康养、旅居度假融为一体，让广大体育旅游爱好者能够充分领略京张文化的风采。北京延庆区在 2022 年冰雪欢乐季共接待游客 228.7 万人次，2023 年"五一"假期相关收入 1.1 亿元[①]，实现地方文化保护、景观打造和经济发展的共赢。

在地方文化的建设中，政府、企业、媒体、民间团体、乡贤能人和广大民众基于既定的社区传统展开文化创新，推进地方文化的创造性转化，实现地方传统与地方经济、文化保护与社区发展、行政性的保护开发与民间实践的良性互动。如地方宣传部门和各综艺节目、直播平台对接，积极宣传各地文化，为中国地方文化实现大众化传播、进入流行文化视野提供了可能。

近年来诸多得到复兴的传统节日，如上巳节、花朝节、社日节、寒食节等，更是各地民众基于社区传统展开的创造性挖掘。他们将传统节日与当下民众的经济、文化、心理需求结合起来，通过设置公共纪念日、旅游节、节日研讨会、商贸会等方式，将传统的地方性民间信俗节日，打造成兼具娱乐休闲、旅游休闲、集市商贸等功能的综合性、世俗化的节日，在极大丰富人民生活的同时，也有效推动了中华优秀传统文化的创新性发展、创造性转化。2023 年端午节期间，全国国内旅游出行人数达到 1.06 亿人次，国内旅游收入达 373.1 亿元。[②] 可见相关举措有效刺激了地方经济的发展，推动了优秀传统文化的传承，强化了民众对于中华优秀传统文化的认同。

在地方文化的创造性转化过程中，相关从业者发掘民间文艺品牌的价

---

① 崔立勇：《京张体育文化旅游带建设驶上"快车道"》，《中国改革报》2023 年 8 月 4 日，第 5 版。

② 文化和旅游部：《2023 年端午节假期文化和旅游市场情况》，中华人民共和国中央人民政府网站，2023 年 6 月 26 日，https://www.gov.cn/lianbo/bumen/202306/content_6888420.htm。

值和效应，努力探索品牌打造的良性机制，大力开展对民间资源的合理利用与创新，满足了民众的多元化需求。以民间文化赋能地方文化产业培育，两者协调发展，激活了地方文化的生命力，这意味着我国民间文化已成为繁荣社会主义文化、构建和美新农村、满足人民群众文化需求的重要力量。

三　群众文化活动成为基层文化建设主体内容

新中国成立后，群众文化因关涉人民群众主体地位的强化与文化权益的保障等基本问题，一直得到党和国家的高度重视，成为社会主义基层文化建设的重要组成部分。

从 2014 年开始，中宣部会同各部门在全国范围内广泛开展"我们的中国梦——文化进万家"活动，动员组织广大文化文艺工作者开展面向基层的文艺演出、文艺培训、文化服务等。目前已组织数万支文化文艺小分队开展了万余场文化文艺活动，受到基层群众热烈欢迎。从 2021 年开始，文化进万家活动扩展为全年常态化开展，以线上线下相结合的方式创新开展各项文化活动，不断满足基层群众精神文化需求，不断增强基层群众文化自信、精神力量。

群众文化活动方式分单位组织和群众自发两类。新时代以来，我国在群众文化的单位组织上取得了可观的成就。2022 年末，全国群众文化机构达到 45623 个，其中乡镇综合文化站达到 33932 个，全国群众文化机构实际使用房屋建筑面积达到 5298 万平方米，平均每万人群众文化设施建筑面积 375.25 平方米。[①] 通过完善群众文化馆、基层文艺团体等群众文

---

① 文化和旅游部：《中华人民共和国文化和旅游部 2022 年文化和旅游发展统计公报》，中华人民共和国中央人民政府网站，2023 年 7 月 13 日，https://www.gov.cn/govweb/lianbo/bumen/202307/content_6891772.htm。

化机构，构建了从国家到社区的六级文化设施，推动了群众文化事业蓬勃发展。

近年来，国家一方面不断完善公共文化设施，另一方面强化了各类基层文化馆在地方群众文化活动中的组织作用，通过深入基层的活动，如举办各类展览、讲座、培训等，为群众提供科学文化知识普及、文化和娱乐服务。以河北唐山为例，自 2022 年 9 月以来，该市积极拓展城乡公共文化空间建设，以强化市、县两级的文化场馆建设为契机，建设了一系列涉及多种文化展示、手工体验、演艺的"名家工作室"，通过在群众家门口开展文化展示、驻场表演、工艺体验等各类文化活动，推广多种演出样式，在深入基层中形成普惠城乡的网状格局。[①] 这类新时代文明实践不仅极大地丰富了民众的文化生活，也通过面对面的培训，实现了由"送文化"到"种文化"的转变，有效提升了群众参与文化活动的质量与频次。

人民是文化工作的主体，人民群众的自发组织成为当下开展群众文化工作的重要方式。新时代以来，群众自发组织了一系列丰富多彩、人们喜闻乐见的文化活动，且这些活动充分激发了基层群众的主体性，充满了创新性。广场舞、太极拳展演、群众合唱、书法展演、摄影展、诗词吟诵、戏迷擂台赛等成为当下群众运动的新形式。

以广场舞为例，这一由人民群众自发组织的活动，让人民群众从文化的观众变成参与的主角，从文化的被动受惠者变成文化的主动创造者。十余年来，我国群众跳广场舞的人数不断上升，参与者的热情不断高涨，到如今全国广场舞的参与人数超过 1 亿人次[②]，广场舞已成为人民群众日常休

---

① 耿建扩、陈元秋、孙国岭：《河北唐山：打造群众家门口的公共文化空间》，澎湃新闻·澎湃号·唐山发布，2023 年 7 月 27 日，https://www.thepaper.cn/newsDetail_forward_24008107。

② 杨君、陈冬梅：《广场舞的演变历史与城市大众文化属性分析》，《城市观察》2021 年第 5 期。

闲和农村乡风文明建设的有机组成部分。广场舞简单易学，不仅可起到强身健体的作用，还呈现鲜明的集体主义色彩。在文化和旅游部全国公共文化发展中心等机构的支持下，广场舞逐渐克服"扰民"的缺陷，起到了弘扬主旋律、提振精气神、舞出正能量的作用。各地的广场舞也结合地域特色，朝着多元化的方向发展，形成四川德阳、山东威海、湖南郴州、河南郑州、山西大同、天津滨海、贵州贵阳多个示范性的品牌地，多角度展示各地民众老有所养、老有所乐的风采。

在各类群众文化运动的发展中，无论是广场舞表演中的关系协调，还是戏迷擂台赛的组织，都包含了多元的参与主体：以社区中的普通民众为参与的核心，各级宣传部门牵头，文化局（馆）、协会、商家共同协作，这些多元行动方在众声喧哗中激活了当下群众文化的生命力，凸显了民间群体在文化生产、活动组织中的重要性。同时，民众充分发挥自身的智慧，创造出了一系列新的文化活动，并将它们打造成为现代生活中的公共文化，以亲身参与建构了一个全新的公共空间。

为了适应新的生活情境、创造出更有益于身心的大众娱乐与运动，近年来，我国的相关部门组织启动了"戏曲进乡村""送欢乐下基层""四季村晚""大地欢歌"全国乡村文化年等文化品牌活动。在这一过程中，贵州省黔东南州榕江县的"村超"与贵州省台盘村的"村BA"等一系列由村民自己组织、以村民为办赛主体的群众性赛事火爆"出圈"。截至2023年8月底，"贵州村超"在抖音平台的阅读量就已超80亿次。① 这些活动充分发挥民众的主体性，挖掘地方资源，采取了"大众体育＋民族文化"的组合形式，将身着各民族服饰的群众汇聚在一起，不仅展开了群众体育活动，还吸引了线上线下、国内国外的观众，将地方文化推广开去。

① 李国：《多元、潮流、理性的体育消费成为新亮点，体育及其衍生产品日益丰富——持续火爆的体育市场折射消费升级新活力》，《工人日报》2023年8月22日，第7版。

上述的群众文化活动之所以能够成功，是因为贯彻了我们党的"以人民为中心"的发展思想，让群众成为群众文化活动的主体，政府则做好引导、支持和保障服务。相关活动的组织者不再仅仅是政府和"文化专家"，还包括社区中的每一个有参与意识的普通人。这不仅能够直接激发社区成员的责任感和自豪感，为群众文化的良性运行奠定更广泛深厚的基础，同时也为地方文化的发展、乡村的振兴提供了更加有效、更加科学的指南，从而使相关实践在更加全面地理解文化的基础上、以更符合文化自身传承规律的方式来进行。

第四节　大众新媒介文化进一步彰显人民主体性

1994 年，我国正式接入国际互联网，依托全新的媒介环境与技术环境，一系列丰富多样的大众新媒介文化形式，如网络视频、社交网站等，也陆续出现并发展壮大。自 2012 年以来，随着互联网基础设施建设的稳步推进以及相关政策法规的逐年完善，我国网民人数大幅增长，由此带来的规模效应与 Web2.0[①] 时代"用户生产内容"[②] 的特殊机制完美契合，无形之中将来自五湖四海的广大人民群众纳入社会主义文艺工作者的队伍中来，谱写着大众创作、全民共享的新篇章，探索出一条践行人民文艺路线的新道路，进一步巩固了人民群众在社会主义文化实践与文化建设中的主体地位。

---

① Web 2.0：字面含义为"第二代互联网"。相比 Web1.0（第一代互联网）时的网站只能由具备管理权限的人员对页面信息进行维护修订，Web 2.0 网站则允许普通用户利用网站提供的编辑工具自行上传文章或图片。

② 赵宇翔、范哲、朱庆华：《用户生成内容（UGC）概念解析及研究进展》，《中国图书馆学报》2012 年第 5 期。

一 互联网新媒介造就大众创作、全民分享的文化形态

党的十八大以来，我国的互联网文化建设在网络强国战略、"互联网+"行动计划、文化数字化战略等一系列政策的推动下，取得了长足的发展和举世瞩目的成就。多家主营互联网文化娱乐业务的公司，如腾讯、字节跳动等，迅速成长为全球知名的行业巨头。大批优秀的网络游戏、网络影视剧、网络文学作品不仅在国内广受好评，更扬帆出海，极大地提升了中国文化在国际舞台上的影响力。

得益于互联网基础设施建设的稳步推进（如5G基站建设、"村村通"工程等）和智能手机（也包括平板电脑等移动终端）普及率的节节攀升，一系列人民群众广泛参与的网络文化活动，如网络游戏、网络直播等，也在蓬勃发展的繁荣景象中达到了前所未有的规模。根据中国互联网络信息中心发布的第52次《中国互联网络发展状况统计报告》，截至2022年12月，我国的网民人数已从2012年6月的5.38亿（移动端用户3.88亿）增长至10.79亿（移动端用户10.76亿）。具体到网络游戏、网络视频等细分领域，用户规模则分别从3.21亿、3.50亿增长为5.5亿和10.44亿。①

这意味着，在过去的十年间，"网民"这个称谓所指代的范围，正逐渐地和"人民群众"趋于一致。对网络服务及互联网文化娱乐产品的使用，也从部分人参与的、相对小众的文化现象，一跃成为广泛流行（覆盖率高达75%）的生活方式。无论城市乡村、男女老幼，只要拥有一部智能手机，就能利用它所搭载的联网功能和文本编辑器、摄像头等创作工具，将生活

---

① 中国互联网络信息中心：第30次《中国互联网络发展状况统计报告》，https://www.cnnic.net.cn/NMediaFile/old_attach/P020120723477451202474.pdf。中国互联网络信息中心：第52次《中国互联网络发展状况统计报告》。

中的点滴所得记录下来，分享到视频网站或社交平台上。这类主要由网站用户而非网站所有者及其雇员创作的内容以维持网站更新的模式，通常被称为"用户生产内容"（User Generated Content，UGC）。不仅是对 Web 2.0 时代互联网技术规范与商业逻辑的贯彻，更由此探索出一条践行人民文艺路线的全新方案。

人民文艺路线是社会主义文艺的底色与根本方向。毛泽东在延安文艺座谈会上发表的讲话中就曾指出，"我们的文学艺术都是为人民大众的，首先是为工农兵的"[①]。习近平总书记出席中国文联十一大、中国作协十大开幕式时也强调："只有深入人民群众、了解人民的辛勤劳动、感知人民的喜怒哀乐，才能洞悉生活本质，才能把握时代脉动，才能领悟人民心声，才能使文艺创作具有深沉的力量和隽永的魅力。"[②]

文艺工作者在党的指导下深入群众、体验生活，以塑造出更为深刻、贴切的劳动人民形象，满足人民群众的文化需求，或对既有的民间文本加以提炼改造，是实践人民文艺路线的传统方案。而网络视频、网络直播以及博客文章等大众新媒介文化的创作主体，却是来自五湖四海、各行各业的普通劳动者。借助互联网和智能手机，他们越过曾经高不可攀的创作、发表门槛，随时随地化身为网络文艺工作者，不仅记录自己的日常生活，更记录山川壮丽美景、时代变迁画卷。以"大众创作、全民分享"的新气象，将"作为创作者的文艺工作者"和"作为描写对象与接受者的人民群众"从相互割裂的状态，转变为"你中有我、我中有你"的文化共同体，从而有效激发了全民族文化创新创造力，并使广大民众的文化主体性得到了前所未有的张扬。

---

① 《毛泽东选集》第三卷，人民出版社，1991，第 863 页。

② 习近平：《在中国文联十一大、中国作协十大开幕式上的讲话》，《人民日报》2021 年 12 月 15 日，第 2 版。

Web 2.0 时代"用户生产内容"的特殊机制和信息技术革命所缔造的媒介环境，决定了大众新媒介文化来自人民、依靠人民的根本属性及其创作主体"去职业化"的基本特征。

二　原创视频平台：当代中国的"全息影像"

新时代是我国网络视频行业蓬勃发展、高速崛起的关键时期：从初具雏形，到建立技术标准（如 4K 传输、直播推流等）、完善交互功能（如弹幕评论、社区互动等）、探索可行的商业模式（如付费会员、广告分成等），直至形成一整套足够覆盖不同市场需求的产品体系。其中，以"用户生产内容"为主要生产模式的原创视频网站，大致可以分为以下两类：一类是短视频（5 分钟以内）社交网站，如抖音（2016 年上线）、快手（2012 年上线）等；另一类则是主打中长视频（5 分钟以上乃至数小时）的综合视频网站，如哔哩哔哩弹幕视频网（2009 年上线，以下简称"B 站"）、西瓜视频（2017 年上线）等。此外，上述两类网站所运营的网络直播[①]内容，也可以被视为广义上的原创视频。

遵循 2016 年 4 月 19 日习近平总书记在网络安全和信息化工作座谈会上的重要讲话中提出的"网信事业要发展，必须贯彻以人民为中心的发展思想"的重要指示[②]，各级党委政府为推进信息化服务的普及工作付出了巨大的努力。无论是对国产智能手机（作为观看、拍摄、剪辑视频的重要工具）等制造业的支持，还是全国各地区互联网基础设施建设的稳步推进，

---

① 网络直播：借助电脑、手机、摄像头等信号采集设备，依托网络直播平台将采集到的直播信号分享到特定网页上，可实时观看并与直播者进行互动的一种互联网文化服务。

② 习近平：《在网络安全和信息化工作座谈会上的讲话》，《人民日报》2016 年 4 月 26 日，第 2 版。

都为原创视频网站的发展创造了绝佳的历史机遇。如今，各类原创视频网站已成为我国文化创意领域用户规模最大、商业价值最高的产品类型。根据快手公布的财务报告 [1]，其 2022 年度总营收共计 941.83 亿元，平均日活跃用户数 [2] 高达 3.58 亿，同期 B 站的年度总营收则为 218.99 亿元，平均日活跃用户数 8650 万。[3]

原创视频网站以"用户生产内容"的独特架构和简洁易用的内容编辑页面，开辟出充满创意与可能性的虚拟空间，为不同地域、不同职业背景的普通人提供了绝佳的创作工具与发表平台，帮助他们充分调用自身的经验、灵感以及日常中的偶然所得，随时随地记录生活、分享感受，将各种细致入微的体悟或观点转化为生动的、可供分享的视频内容。无论何时何地，只要登录这些视频网站，人们便能穿越时空，以前所未有的广阔视角，看见正在讲授成人扫盲课程的退休教师、刚刚端起一份盒饭的挖掘机驾驶员、装货卸货的跑船人、打谷场上扬麦的农民，看见外滩的霓虹、楼兰的落日，看见精心制作的美食、新近发售的游戏与犀利精准的体育赛事点评，或在线参与一场民族风情的婚礼、与海捕归来的渔民共享丰收的喜悦，甚至还能在心血来潮想要学习一样新技能的时候，毫不费力地找到成百上千份教学视频……人们进入了一个无比丰富多彩的视频世界。

如此充满创意与活力的生态系统所孕育出的内容广博、形式新颖、体量巨大的原创作品序列，既是视频格式的自传体非虚构写作，也是集体创意与集体智慧的共享空间。当无数点滴汇聚成湍流，这些遍布大江南北、

---

① 参见香港交易所官方网站公布的财务报告，https://www.hkex.com.hk/Market-Data/Securities-Prices/Equities/Equities-Quote?sym=1024&sc_lang=zh-hk。

② 日活跃用户数，指一个统计日内，登录或使用了某个产品的用户总数（去除重复登录的用户）。

③ 参见纳斯达克官方网站公布的财务报告，https://www.nasdaq.com/market-activity/stocks/bili。

连接城市乡村、跨越虚实之境的影像画面，便裹挟着时代的脉动与创作者的呼吸感悟，在影视剧、纪录片制作团队的专业镜头之外，映照出一整幅记录当代中国山川湖海、风土人情的立体、动态而又多元的"全息影像"，成为全国各族人民乃至全世界人民了解中国历史文化与真实现状的最佳窗口。

三 动漫游戏文化：青少年网络粉丝社群的"中心文本"

动漫、游戏无疑是近年来我国文化产业领域最引人瞩目的两个增长点。其中，动漫行业在过去的十年里，逐步摆脱了一味模仿、引进国外作品的被动局面，大批优秀的国产动画电影、剧集相继问世，既取得了不俗的票房成绩，更展现出题材、风格上的多样化与原创性，如《哪吒之魔童降世》（2019 年上映，总票房 50.35 亿元）、《熊出没》（系列电影，2013 年起陆续上映，单部最高总票房 14.95 亿元）、《长安三万里》（2023 年上映，总票房 18.24 亿元）等。随着技术的进步和市场的大幅扩张，我国游戏产业的内容研发与销售推广能力稳步提升，不仅在国内市场占据绝对的优势地位，更在全球范围内展现出强大的竞争力。根据中国音数协游戏工委发布的《中国游戏产业报告》，我国游戏市场的实际销售收入从 2012 年的 602.8 亿元（移动游戏市场为 32.4 亿元）增长至 2022 年的 2658.84 亿元（移动游戏市场为 1930.58 亿元），2022 年度自研游戏海外市场的实际销售收入则高达 173.46 亿美元。[1]

---

[1] 中国版协游戏工委、国际数据公司、中新游戏：《2012 年中国游戏产业报告》，游戏产业网，http://www.cgigc.com.cn/details.html?id=08da8036-749f-41eb-8c1d-95478246d4c0&tp=report。《〈2022 年中国游戏产业报告〉正式发布》，游戏产业网，http://www.cgigc.com.cn/details.html?id=08db0f16-2eca-4e7e-849d-89087a240576&tp=report。

　　然而，仅从产业和市场的角度评价动漫、游戏作品，难免会忽视其作为构建青少年群体（也包括部分青年）网络文化生活和线上社交的纽带所发挥的重要社会功能。通常情况下，任何一部广受欢迎的动画电影或多人在线游戏，都会在它长达数年乃至数十年的生命周期里，源源不断地激发受众的分享欲和创作欲。当这些碎片化的表达在垂直兴趣社区或社交网站（例如百度贴吧、QQ 空间、微博等）形成一定规模，一个活跃、有创造力且归属感极强的网络粉丝社群便会随之形成，进而以此为基础，更为频繁地引发线上讨论、二次创作等活动，如发布评论文章、绘制同人漫画等。这类粉丝社群，往往会成为相当一部分年轻人心目中最重要的精神家园和除学校、职场外不可多得的人际交往渠道。而他们所喜爱的动漫、游戏作品，即粉丝社群的"中心文本"，也因此被嵌入某种特殊的文化结构和传播机制之中。"中心文本"只要出现任何一点更新变化，都会被无限放大，并在粉丝社群内部产生难以估量的巨大影响。

　　近年来，许多国内的动画制作公司和游戏公司开始正视自身的影响力，主动承担起相应的社会责任，在作品中融入更多积极向上且富有文化内涵的元素。以知名游戏企业米哈游旗下的游戏作品《原神》（2019 年正式发行）为例，该游戏虚构了一个以古代中国为原型的国家"璃月"，场景设计力求还原中式建筑、美食以及节庆习俗等要素，对中华优秀传统文化进行了大量创造性的转化。2022 年春节期间，《原神》更新了全新的任务剧情，并以过场动画的形式，将游戏中的原创人物——戏曲名角"云堇"（由著名京剧演员杨扬配唱）的一段舞台表演呈现在全球玩家面前，引发了现象级的关注[①]、讨论与二次创作。无论是并不熟悉京剧的中国年轻玩家，还是从

[①]　该戏曲唱段的标题为《神女劈观》，截至本文写作时，米哈游官方在哔哩哔哩弹幕视频网上发布的《神女劈观》片段总播放量已达到 3000 万次，其海外官方账号在 YouTube 上发布的视频片段，播放量则突破了 2000 万次。

未接触过京剧的外国人，都纷纷开始模仿游戏中的唱段，将其改编为钢琴曲目甚至摇滚乐，或扮上游戏中的舞台造型学习花枪技巧等。

除此之外，腾讯游戏旗下的《王者荣耀》《天涯明月刀》等游戏作品，也将多种非遗内容，如舞狮、龙舟、版画、古琴以及皮影戏等，转化为游戏内的道具、场景，让玩家在享受游玩乐趣的同时，不断地接触传统文化元素，以更加生动感性的方式，加深年轻玩家对我国非遗传承现状的了解。2023 年暑期上映的动画电影《长安三万里》，系统性地描绘了盛唐时期一大批知名诗人的群像，将语文书、历史书中的必背篇目以充满动感与色彩的视觉风格加以呈现，为古典文化注入了新的活力。

动漫、游戏作品与我国优秀传统文化的有机结合，不仅可以提升整个行业的文化品位与艺术水准，更是对相关网络粉丝社群的回馈与引导。动漫游戏文化与广大青年、青少年群体之间的关系，也由此步入了相互激励、共同成长的正向循环。

四　社交网站：美好生活方式的"在线景观"

社交网站不仅是粉丝社群开展互动交流、发表二次创作的重要平台，也是不同垂直领域的内容创作者分享生活经验、旅行见闻或美食心得，将自己打造成某种生活方式的代言人，以获得广告商青睐、实现影响力变现的核心渠道。作为当前社会的消费主力，我国中青年一代网民普遍成长于经济飞速发展、科技日新月异、制造业产能屡创新高的黄金时代，从观念到物质层面，都具备超越他们父辈、祖辈或多或少保留的勤俭节约习惯的主客观条件。因此，探索某种既符合自身收入水平、生活理念与审美趣味，又能最大限度享受科技进步和制造业发展带来的时代红利，在多维度中达到平衡状态的个性化生活方式，便成为摆在他们面前的一项不容回避的课题。

在这个过程中，以促进用户之间交往互动、信息共享与内容创作见长的社交网站（如小红书、微博等），自然而然地成为人们记录探索心得、发布经验总结的理想平台。从最初网友们完全自发的思考、分享与互助，到一批优秀博主从中脱颖而出，成为垂直领域的意见领袖，并受到广告商的关注，一个成熟的商业模式就此成型。变现渠道一旦打通，既有的因果秩序也逐渐开始重构：与其粗放地、漫无目的地从自身需求出发摸索某种生活方式的可能性，倒不如持续地、有计划地发布特定垂直领域的笔记文章，甚至不惜制造争议与话题，将自己打造成具有广告投放价值的博主。

以深度依赖后一种运营模式的社交网站小红书为例。该网站的主流用户，通常热衷于发布购物经验、生活经验分享等内容，是广大网民展示理想生活方式、寻求消费决策参考的重要平台。从 2016 年起，小红书运用大数据和人工智能技术，对站内的海量内容进行分析归类，既提升了个性化推送的精确度，也提升了用户的搜索体验。这使得该网站已成为"生活方式"这个细分领域内最有价值的搜索引擎之一。例如，当你在小红书上搜索"跑步路线"，就会出现 140 万条以上的笔记，每一条都是由"健身博主"精心整理的适合各种不同强度与体能水平的跑步路线规划，当然，也会附带几条运动服、跑鞋或运动手环等商品推荐。

当前各大社交网站上较为常见的垂直领域博主，除健身博主之外，还有美妆博主、科技博主（主要推广消费电子产品）、穿搭博主、美食博主、旅游博主、母婴博主、展览博主、读书博主等，几乎囊括日常生活的方方面面，甚至凭空制造人们对某种生活方式的需求。一方面垂直领域博主以丰富的经验、独到的见解为想要深入了解特定生活方式的网友提供合理的参考方案，满足他们对美好生活的追求与向往，于潜移默化之中影响他们的消费习惯、行为模式与价值观；另一方面，大多数具有一定影响力的垂直领域博主，也不免在自己亲手打造的社交媒体形象面前变成"傀儡"，为维护一个容不得半点瑕疵与懈怠的、精致而又纯粹的景观模型疲于奔命。

总体而言，以社交网站为主阵地的垂直领域博主，在探索与塑造一种理想化的生活方式的过程中，赋予抽象的生活理念以生动的物质形态，既对他们的粉丝群体产生了深远的影响，也在客观上起到扩大内需、推动消费升级的功能。社交网站这个平台本身，也因此成为某种虽略显失真却也不失完备的、现代生活方式的全景展示厅，深刻影响着当代社会的文化风貌与价值取向。

第五节　新时代民族民间文化繁荣发展

根据《中国民族民间文化保护工程实施方案》，民族民间文化指的是56 个民族在长期的历史发展进程中，创造的丰富的无形文化遗产，包括各种神话、史诗、音乐、舞蹈、戏曲、曲艺、皮影、剪纸、绘画、雕刻、刺绣、印染等艺术和技艺及各种礼仪、节日、民族体育活动等。[①] 在 2004 年中国加入联合国教科文组织《保护非物质文化遗产公约》后，民族民间文化的主要内容逐渐被纳入非遗保护体系。经过近 20 年的工作，中国建立了非遗保护政策法规体系，国家、省、市、县四级非遗代表性项目名录和代表性传承人体系，非遗传播推广体系。截至 2023 年，中国共认定了 1557项国家级非物质文化遗产代表性项目，共有 43 个项目列入联合国教科文组织非物质文化遗产名录、名册，位居世界第一。

相较于非遗，民族民间文化术语的使用，强调了中华民族 56 个民族的共同体属性和文化的民间属性。党的十八大以来，中国民族民间文化繁荣

[①] 《文化部财政部关于实施中国民族民间文化保护工程的通知》，2004 年 4 月 8 日。

发展，在传统文化传承创新、铸牢中华民族共同体意识、推动富民增收与乡村振兴等方面都起到了积极作用。

一　文化传统的仪式性回归

2023 年 6 月 2 日，在文化传承发展座谈会讲话中，习近平总书记指出："只有全面深入了解中华文明的历史，才能更有效地推动中华优秀传统文化创造性转化、创新性发展，更有力地推进中国特色社会主义文化建设，建设中华民族现代文明。"[①] 中国传统节日是中国各民族人民在漫长的生产生活过程中形成的仪式性传统文化，指的是中国各民族、各地区的民间传统节日、庆典、祭会等，是具有群体性、周期性，以及相对稳定的内容和程式的特殊时日。传统节日是一个国家或民族的历史文化长期积淀的产物，是民族文化、民族精神的重要传承载体。它不仅具有凝聚人心、增强民族文化认同和民族之间相互了解的重要作用，而且在传播社会主流价值方面具有独特优势。

（一）中国传统节日的建档、保护与研究取得丰硕成果

文化和旅游部民族民间文艺发展中心推动实施"中国节日志"项目，用《中国节日志》（文本）、"中国节日影像志"、中国节日文化数据库三部分系统地记录与拍摄传统节日。它动员和发动了全国文化和教育系统的 250 余个单位约 1500 人次参与项目实施，其中具有正高职称、硕士博士导师资格的达到 700 余人，涉及社会学、人类学、民族学、民俗学、音乐学、艺术学等专业领域的专家学者和硕士博士研究生，他们在以往研究的基础上，

---

① 《习近平在文化传承发展座谈会上强调：担负起新的文化使命 努力建设中华民族现代文明》，《人民日报》2023 年 6 月 3 日，第 1 版。

进一步实施广泛深入的现状调查，对中国现存的各地区、各民族传统节日（包括庙会、歌会、祭典等）进行了一次全面、深入、科学的研究、整理和记录。

截至 2023 年 6 月，《中国节日志》（文本）已立项 154 项子课题、结项 128 项子课题，其中的 107 项子课题的结项成果由光明日报出版社出版。该部分的研究成果搜集到 3000 余万字，图片资料数万张。截至 2023 年 6 月，"中国节日影像志"已立项 201 项，召开结项评审会 100 余项，搜集到高清视频素材 2000 余小时，已立项目涵盖了 32 个省、自治区、直辖市和特别行政区 46 个民族的传统节日。中国节日文化数据库于 2019 年启动一期建设，配合四期的数字化整备工作，数据库已汇入 60 余万笔数据条目。

根据文旅部"中国节日志"项目的统计，共立项全国除港澳台外其他省区市涵盖 53 个民族的 197 个节日。截至 2023 年，一共有 60 个节日被列入国家级非物质文化遗产，其中有全国性节日、地方性节日和少数民族节日，有 31 个少数民族的节日被列入国家级非遗。

（二）文创手段推动地方节日差异化传播

地方性节日通常需要前往当地参与才能有切身感受。一些庆祝活动的表演形式和主题内容往往雷同，除非专业研究者，一般游客很难对具体的细节差异进行辨析。为了吸引游客和增加经济效益，一些节日忽略了自身的文化价值，过度追求商业化，如商品化的纪念品、游乐园式的庆祝活动等。地方性节日原本蕴藏着丰富的历史、传统文化价值，但在同质化的过程中，这些核心价值可能被淡化甚至遗忘。近年来，文化创意（即文创）大量参与地方性节日的创造性转化与创新性发展，为各地提炼总结了与别处不同的文化特征，增强了文化价值传播，提高了经济效益，丰富了民众的生活体验。

以舞龙为例。在国家级非遗项目中，舞龙从南到北分布在多个省份，涵盖一年中的多个时间点，所舞的龙的材质也各有不同。为了从众多舞龙中脱颖而出，也有多种文创参与转化与传播。"宾阳炮龙节"作为国家级非遗项目，每逢农历正月十一盛大举办。其独特的"炸龙"环节最为引人注目，当炮龙游行经过，沿途的居民纷纷拿出事先备好的鞭炮，投向炮龙，形成了"炮声不绝，龙舞持续"的壮观景象，因此得名"炮龙"。在 2023 年，宾阳县创新推出了"楷弟"形象，这一名称源于宾阳方言中长辈对晚辈的昵称，寓意"机智活泼的少年"。这一形象汲取了炮龙和舞龙的核心元素，并巧妙结合了近些年炮龙节中流行的"鞭炮挂身"的网红潮流，以此加速了炮龙节文化的广泛传播。围绕"楷弟"，宾阳推出了一系列相关产品和内容，如"宾阳炮龙楷弟 2/3"表情包、全媒体"楷弟日记"、数字藏品（NFT）及伴手礼、手机游戏"楷弟炮龙大作战"和"楷弟炮龙宴"等。这些创新产品不仅丰富了炮龙节的文化内涵，还将传统与现代完美结合，助推了地方的经济和文化振兴。

（三）视听媒介与新媒体提高节日核心价值到达率

视听媒介与新媒体在提高节日核心价值到达率方面扮演了重要的角色。各家媒体都在深入探索如何有效地传播和宣传节日文化。河南卫视 2021~2022 年的几个成功出圈的节目，成为这方面重要的案例。从 2021 年河南春晚中的《唐宫夜宴》到《2022 重阳奇妙游》，这期间电视台陆续推出的关于元宵、清明、端午、七夕、重阳等传统节日系列节目，不仅展示了中华文化的博大精深，而且充分利用了奇观化的视听效果，从而更加深入地触及观众的心灵，使他们对传统节日的核心价值有了更加深入的认识和感受。[1] 从河南卫视的案例中，可以总结出一些基本的创新经验。

---

[1] 冷淞：《在跨界与融合中实现中华优秀传统文化的创造性转化、创新性发展》，光明网，2022 年 11 月 9 日，https://m.gmw.cn/baijia/2022-11/09/36147748.html。

1. 视觉奇观化效果

《洛神水赋》的"水下舞蹈"艺术形式，在与中华文化元素的结合下，成为一种新的、能够吸引观众关注的表现方式。与此类似，通过实景拍摄地点如洛阳的龙门石窟，节目可以更加真实地展现文化背景和传统价值。

2. 不同的叙事结构

与之前快节奏、简单的节目相比，现在更多的节目试图融合剧情、戏剧和纪实感，从而使观众更容易深入了解并体验传统节日的核心价值。例如，以"仁义礼智信"为文化内涵的《少年奇妙游》，就充分展示了如何深入传递中华传统文化的精髓。

3. 跨界融合和多方联动

将电视节目、综艺、电影和话剧等融为一体，也是提高节日核心价值到达率的一种方法。更重要的是，新媒体的参与使节目可以通过网络和电视双渠道播放，满足了不同群体的观看需求，从而大大提高了节目的触达率。

4. 深度挖掘、解读和传播

河南省文艺评论界在节目播出时，会从文化、科研、美学、音乐、戏曲、舞蹈等多个领域进行深度解读与挖掘，配合精选关键词和图文链接，积极点评。在他们不懈的努力下，新媒体获得了高质量的内容资源，极大增强了节目的影响力。这些点评内容被广电全媒体的 500 个官方账号同步推广，确保信息迅速、广泛地传递给大众，仅微博的浏览量就超过 100 万次，从而成功地使相关节目在短时间内获得了广大网友的广泛关注和讨论，实现了超出原有受众圈子的广泛传播。

二　民族民间文艺铸牢中华民族共同体意识

党的十八大以来，我国的民族文艺与民间文艺取得了长足发展。随着全社会文化自信的增强，民众逐渐认识到博大精深的中华文明是当代中国文化的根基、创新的宝藏。民族文艺与民间文艺作为党的文艺事业和民族团结进步事业的重要组成部分，在增强中华文化认同、构筑中华民族共有精神家园、铸牢中华民族共同体意识方面发挥着重要作用。

（一）民族民间文艺凝结各民族共同的中华文化记忆

民族民间文艺如同璀璨的星辰，照亮了各民族的共同记忆。这些文化记忆不仅是各个民族特有的，更是各民族对中华文化整体传统的共同认知与认同。

在各民族史诗和叙事诗中，有很多围绕民族共同记忆的情节。比如藏族英雄史诗《格萨尔》中，就有对格萨尔英勇助中央王朝除妖、赞颂汉藏友情的章节，既体现了民族特色，也弘扬了大中华精神。再如土族长篇叙事诗《祁家延西》，描述了土族英雄在维护国家统一方面的无私奉献，彰显了深沉的民族团结意识。

各民族的民间故事、神话传说和颂词，作为民族文化的载体，更是与中华文化精神紧密相连。如青海土族的"纳顿节"仪式，通过从古代中央王朝到新中国的颂词，展现了对国家的深厚忠诚和爱国意识；而撒拉族的"骆驼泉传说"也向我们诉说了撒拉族融入中华大家庭的历程。

各民族的谚语、民歌等则为我们提供了更直接、生动的民族与中华文化的融合画面。例如，"跟太阳不受冻，跟党没有忧愁"以及"没有泉哪里会有河流，没有党哪里会有幸福"等谚语，不仅显示了土族对中国共产党的深深感激之情，还表达了对党和国家的坚定认同。

（二）民族民间文艺见证了各民族的交往交流交融

民族民间文艺不仅是各民族文化传统的承载，更是见证了各民族间深入的交往、交流和交融。这种文化交融不仅反映了各民族之间的相互尊重与理解，更成为各民族共同的文化记忆和情感纽带。

刘三姐故事、牛郎织女故事、济公传说、白蛇传说等被广泛地在各民族之间传播，不仅成为传承民族文化和凝聚族群精神的重要纽带，同时也体现了各民族之间的文化交流与理解。在蜡染艺术和刺绣艺术的发展中，我们同样可以看到多民族的合作与共鸣，它们被各族群共同弘扬，如同京剧、黄梅戏、昆曲一样也受到多民族的喜爱。而泼水节、三月三等多民族的盛大节庆，则成为各民族通过民俗文化、艺术深度交往的重要载体。

在具体的项目和个体身上，各民族的交流与合作尤为明显。刺绣是中国重要的非遗项目。被誉为"苏绣皇后"的姚建萍来自江苏苏州，她积极走访全国各民族地区，助推当地刺绣业的发展。她六次踏足新疆伊犁，不仅教授当地妇女刺绣技艺，还多次带领新疆的学员前往苏州和北京进行学习和交流，从而让苏绣与伊犁绣的艺术家建立了深厚的友情。此外，她还进入贵州册亨，作为特聘教师，为当地村民讲授"绣文化和而不同"的主题课程。她鼓舞布依族的刺绣师傅在继承传统的基础上勇于创新。现在，布依族刺绣已经成为当地妇女提高收入的关键项目之一。在受邀访问内蒙古科右中旗时，她为蒙绣的进一步发展提出了宝贵的指导意见，还建立了专门的培训基地，旨在提高蒙绣工艺人的技艺，并帮助他们研发更适应市场的产品，这展现了各民族在艺术传承与发展中的互助合作精神。

近年来，在新疆维吾尔自治区推进"文化润疆"过程中，文化建设多角度全方位构建展现中华文化共同性、各民族交往交流交融历史的话语体系和有效载体，加强各民族优秀传统文化保护和传承，繁荣发展文化事业和文化产业，实施文艺精品战略，创作推出专题片《中国新疆之历史印记》、电影《平凡英雄》、大型音舞诗画《掀起你的盖头来——新疆是个好地方》、歌曲《可可托海的牧羊人》等一批深受各族群众欢迎的优秀文艺作品，积极推动木卡姆、玛纳斯等非物质文化遗产走向世界。

（三）新时代民族民间文艺以铸牢中华民族共同体意识为主线

进入新时代，作为各族人民智慧精华的民族民间文艺发挥了铸牢中华民族共同体意识的重要作用。

民族文艺要坚持大历史观。这意味着要把握中华民族的历史脉络，与现代社会发展相结合，紧密跟随时代的步伐。每一个民族都是中华民族大家庭的一分子，因此，通过民族文艺讲述的故事，应该是关于这个大家庭的共同经历、共同情感和共同价值的故事。

在创作层面，文艺工作者要深化对中华文化符号的研究与探索，这些符号不仅具有深厚的历史底蕴，而且是各族人民共同的精神标识。新时代的民族文艺作品，更应该强调中华民族共同体的核心价值观，它们应该是深入人心、具有广泛接受度的作品，反映各族群众的现代化追求。

要实现上述目标，就离不开一批具有高度责任心和使命感的文艺人才。他们不仅要对中华民族共同体建设有深入的理解，还要具备坚定的行动力、真挚的群众感情、深厚的文化修养和专业的艺术本领。为此，需要进一步完善相关体制机制，为各族文艺人才提供更好的培养和发展环境。

三　民族民间文化推动乡村振兴

2022 年 4 月，文化和旅游部等部门联合印发《关于推动文化产业赋能乡村振兴的意见》，提出到 2025 年文化产业赋能乡村振兴的有效机制基本建立、优秀传统乡土文化得到有效激活、乡村文化业态丰富发展的目标。在乡村发展文化产业必须立足于乡村的特点和实际，准确认识本土本乡的文化资源禀赋，挖掘其独特性和唯一性，凸显其稀缺性。民族民间文化就是乡土文化中最富表现形式、传播力和可转化价值的文化资源。这一部分以二十四节气、非物质文化遗产手工艺和文化旅游为三个视角，全面观察民族民间文化在新时代推动富民增收与乡村振兴过程中起到的作用。

（一）二十四节气文化助力乡村生态振兴

二十四节气作为中国人特有的时间知识体系，是古人根据太阳在一年中对地球产生的影响而概括总结出的一套气象历法，用于指导农事活动。它是中华优秀农耕文明的结晶，蕴含着尊重自然、顺应自然、与自然和谐相处的中国智慧。二十四节气将天文、物候、农事和民俗完美结合，千百年来一直被我国人民所沿用。2016 年，中国的"二十四节气"被正式列入联合国教科文组织人类非物质文化遗产代表作名录。

农业生产中气候和其他自然因素始终是必须要考虑的关键。二十四节气所蕴含的农业气候知识和生产经验，在现代农业中仍具有指导意义。2018 年，中共中央和国务院批准将每年的秋分日定为"中国农民丰收节"，这一节日成为农民庆祝和享受丰收的大日子。各地充分挖掘节气文化，以二十四节气为载体，展示农业技术进步，普及科学农作和智慧农业的理念，并组织各种文化和旅游活动，如浙江的"跟着二十四节气游乡村"活动。

二十四节气作为一项内涵丰富的非物质文化遗产，大多与乡村紧密相关，是乡村发展的宝贵文化资源。结合节令特色的食品、生活仪式和娱乐活动，各地开展乡村四季美食节。春、夏、秋、冬，各季节的饮食都与相应的节气相呼应，各地提供的生态、健康、安全的乡村美食，吸引着人们走进乡村，体验乡村的魅力，推动了乡村旅游的繁荣。这不仅拉近了乡村与城市的距离，也让乡村在每个季节都焕发出新的活力。例如，浙江衢州市柯城区的九华乡每年都会在立春日举办盛大的"九华立春祭"。尽管九华乡地处偏远，但这样的活动每年都吸引了众多的专家和游客，带动了当地的农产品销售和民宿业，使农民的收入有了显著提高，成为利用节气文化促进乡村发展的范例。

（二）绣娘助力乡村女性增加收入、促进社会公平

传统的刺绣技艺一直是我国民间文化的瑰宝。我国目前确定有 75 项国家级刺绣非遗项目（含扩展项目），涵盖十几个民族，遍布中国各地。它对于绣娘而言，不仅是技艺传承的载体，更是一个创业、就业和增收的重要手段。各地的绣娘，通过这门传统艺术，为家庭带来经济收入的同时，也在助推社会公平和乡村振兴。

在乡村，对绣娘的培训与其自我就业相结合，塑造经济新格局。在凉山州，各县为彝族妇女提供了彝绣培训。在 84 期培训中，共培训了 10600 多名妇女，其中初级绣娘 6000 多人，中级绣娘达到 100 多人。这样的培训不仅促使大量妇女投身于彝绣手工艺术创业和就业，更在 22 个彝绣居家灵活就业基地为其提供了实际工作场所。通过东西部协作，20 种彝绣产品被纳入《东西部消费帮扶产品名录》，这确保了绣娘们的产出得到市场的认可和订单保障。[1]

在发达地区，产业兴旺的背后是乡村的共同繁荣。苏州被誉为"苏绣之乡"，这里的绣娘文化根植于 2200 多年的历史沉淀中。随着时间的推移，这里不仅孕育了 3 位中国工艺美术大师、2 位国家级非遗代表性传承人，还培养出一支庞大的文化产业队伍。苏绣小镇，拥有 8000 余名绣娘和 400 余家绣坊，年均产值高达 20 亿元。乡村振兴与产业繁荣是分不开的，而苏绣的发展确保了这里 75% 的家庭收入来自刺绣。农民在家门口就可以通过刺

---

[1] 四川省委党校课题组：《关于完善绣娘培养机制 助力凉山彝区乡村振兴的建议》，《四川党校报》2022 年 4 月 15 日，第 7 版。

绣赚取收入，确保了乡村的繁荣和农民的幸福生活。

在四川汶川，刺绣为灾后重建贡献了重要力量。志愿者帮助灾民于
2010年12月成立了"汶川县草坡乡红姐羌绣专业合作社"，为绣娘们提供
了就业平台，根据绣品的质量和针法难易度，绣娘们可以获得从十几元到
上百元不等的报酬。经过与义乌市的合作，羌绣不再局限于艺术品的销售，
还进军来料加工业。此后，绵虒镇的7个扶贫车间在农闲时吸纳了858人
参与来料加工，其中吸纳了36名贫困户和15名残疾人。工人最高月收入
可以达到3000元，平均月工资也维持在1800余元。而如今，汶川已经拥
有31个这样的来料加工车间。

（三）文化旅游直接参与乡村振兴建设

随着乡村文化旅游热潮的兴起，传统手工制品如"扎染"、"陶罐"和
"苗绣"等越来越受欢迎，而"乡村音乐节"和"乡村故事会"这样的文化
体验活动更是给游客带来了全新的体验。这些项目不仅赋予了传统乡村新
的生产动力，更为乡村振兴构建了新型、有实际操作性的路径。

我国丰富多彩的乡村景观，包括自然美景和人文风情，为游客提供了
一个完美的结合点，让游客既能体验生态农业，又能享受文化休闲活动。
众多的区域都借助其特有的自然和民族文化资源吸引着大量游客，使文旅
融合成为乡村振兴的关键要素。

深度挖掘乡村的文化和民俗特点，并将其与非物质文化遗产结合，可
以诠释每一个乡村的独特魅力，助力乡村振兴和持续发展。例如，一些少
数民族地区依托其传统文化，成功开发了一系列各具特色的旅游产品，如
云南的泼水节、新疆的哈密瓜美食、贵州的苗族文化体验等。这些特色乡
村旅游项目不仅助力当地乡村发展，也使游客深入体验并理解各民族的传
统文化，从而有助于传统文化的传承和保护。

第七章

有容乃大：
在文明交流互鉴中丰富发展中华民族现代文明

有容乃大：
在文明交流互鉴中丰富发展中华民族现代文明

世界是座文明百花园。文明因多样而交流，因交流而互鉴，因互鉴而丰富。文明交流互鉴，是增进各国人民友谊的桥梁，是推动社会进步的动力，是促进世界和平的纽带。中华文明因始终与世界其他文明保持交流互鉴而充满生机活力。

世界是幅民族融汇图。在风云变幻的历史中，民族交融、宗教融合、文明汇通，永未停歇。中华文明始终坚持有容乃大的博大信念，坚守和而不同的包容精神，在兼收并蓄中历久弥新。

突出的包容性是中华文明深层而久远的文化基因。习近平主席 2013 年提出"构建人类命运共同体"、2023 年提出"全球文明倡议"，对文明交流互鉴进行了深刻论述，是习近平文化思想的重要组成部分，是中华文明包容性这一文化基因在新时代的回响。

新时代新征程上，中国式现代化扎实推进，中国与更多文明交流互鉴、共同发展进步，开创出既发展自身又造福世界的人类文明新形态。在以习近平同志为核心的党中央为深化文明交流互鉴、推进中华民族现代文明建设所做的顶层设计的指导下，我国紧抓数字技术重塑全球文明贸易生态系统的契机，创新优秀传统文化的内容表达，搭建文明交流新平台，扩大文化贸易进出口市场，形成文化交流互鉴新格局，推动中华民族现代文明的丰富发展。

第一节　人类命运共同体是构建全球文明新秩序的新理念

构建人类命运共同体是构建全球文明新秩序的新理念，是习近平新时代中国特色社会主义思想的重要组成部分。这一理念承载着中华民族自古至今对人类社会的美好憧憬，也呼应了当今世界各国人民的共同关切，得到国际社会的广泛认同和支持。我们要践行习近平文化思想，以弘扬全人类共同价值为遵循、以文明交流互鉴和全球文明倡议为引领，倡导合作共赢、命运与共，以中国式现代化创造人类文明新形态，与世界文明交流互鉴，建设一个开放包容、共同繁荣的世界。人类命运共同体的构建已经从理念转化为行动，正在从愿景转变为现实。

一　文明交流互鉴引领中华民族现代文明走向世界

中华文明历经上下五千多年的传承与演变，始终一脉相承、充满生机活力。开放包容是中华文明发展的动力，交流互鉴是中华文明兴旺的关键。文明交流互鉴是中华民族现代文明的内在需求，也是世界文明发展的重要动力。在文明交流互鉴中，我们应立足中华民族伟大的历史实践和当代实践，吸纳与融通人类一切文明成果，光大中华文明的当代价值与世界意义，弘扬中华优秀传统文化。在着力赓续中华文脉、推动中华优秀传统文化创造性转化和创新性发展中，推动文化事业和文化产业繁荣发展，助力加强国际传播能力建设、促进文明交流互鉴。以守正创新的正气和锐气、以开放包容的胸襟和气魄走向世界，谱写中华民族现代文明的华彩乐章。

（一）人类命运共同体理念成为引领人类文明进步潮流的旗帜

人类命运共同体理念着眼全人类的福祉和人类长远发展，为世界贡献了中国智慧和中国方案，已成为引领人类文明进步潮流的旗帜。

2013 年 3 月 23 日，习近平主席在莫斯科国际关系学院发表重要演讲，首次提出人类命运共同体的理念。2017 年 1 月 18 日，习近平主席在联合国日内瓦总部发表主旨演讲，系统阐述构建人类命运共同体重要理念，站在历史和哲学高度回答了"世界怎么了、我们怎么办"的问题，为人类应对全球挑战、实现和平发展、迈向繁荣进步指明前行方向。这一理念在国际上引起热烈反响，受到各方普遍欢迎和高度评价，并接连被写入多个国际决议。

2017 年 2~11 月，"构建人类命运共同体"理念分别被写入联合国社会发展委员会第 55 届会议通过的"非洲发展新伙伴关系的社会层面"决议、联合国安理会通过的关于阿富汗问题的第 2344 号决议、联合国人权理事会第 34 次会议通过的关于"经济、社会、文化权利"和"粮食权"两个决议、第 72 届联合国大会裁军与国际安全委员会通过的"防止外空军备竞赛的进一步切实措施"和"不首先在外空部署武器"两份安全决议等联合国 6 份决议中，体现了国际社会的共识，彰显了中国理念和中国方案对全球治理的重要贡献。2022 年 11 月 2 日，第 77 届联合国大会裁军与国际安全委员会（联大一委）表决通过"不首先在外空部署武器"和"防止外空军备竞赛的进一步切实措施"决议，中国倡导的人类命运共同体理念再次被写入。这是人类命运共同体理念连续第 6 年被写入联大外空安全领域决议。

人类命运共同体理念以全人类共同价值为遵循，以各国人民对美好生活的向往为宗旨，蕴含着对人类文明形态的前瞻性思考和对世界历史发展大势的准确把握，既体现出理论的原创性，又具有鲜明的时代性。

十年来，"构建人类命运共同体"不断推进，寄予当代中国对美好未来的不懈追求，也反映了各国人民对世界新秩序的美好期待。

（二）"一带一路"建设是构建人类命运共同体的重要途径

自 2013 年习近平主席提出共建"一带一路"倡议以来，"一带一路"建设不断扎实推进并迈向高质量发展阶段，取得显著成果。"一带一路"倡议及其核心理念已被收入联合国、二十国集团、亚太经合组织以及其他区域组织等有关文件，并写进中国共产党的二十大报告，成为实现中华民族伟大复兴中国梦的顶层设计。

共建"一带一路"的初心，是借鉴古丝绸之路，以互联互通为主线，同各国加强政策沟通、设施联通、贸易畅通、资金融通、民心相通，为世界经济增长注入新动能，为全球发展开辟新空间，为国际经济合作打造新平台。"一带一路"倡议的内容非常丰富，其文化内涵以"和平与发展"为主题，重在加强不同文明之间的交流互鉴，加强政策沟通和人文交流，弘扬和平合作、开放包容、互学互鉴、互利共赢的"丝路精神"，倡导"共商、共建、共享"的治理理念。"一带一路"倡议所体现的精神指引、价值准则和目标追求与人类命运共同体理念相契合，承载着当代中国对构建人类命运共同体、人类文明新形态的探索和尝试，是对人类命运共同体理念的成功实践。

中华民族向来崇尚"天下为公"，共建"一带一路"、构建"人类命运共同体"堪为中国古代智慧的现代呈现。"一带一路"倡议作为中国智慧及中国方案的精粹，蕴含着中华文明的历史积淀和时代需求的人类共同价值。文明交流互鉴深化为"一带一路"实践路径，成为国之交、民相亲、心相通的行动纲领；人类命运共同体理念契合各国人民的美好精神追求，创造了人类文明新形态。

作为推动构建人类命运共同体的重要实践平台，"一带一路"建设具有包容性和开放性，促进经济发展和人文交流。通过共商共建共享的原则，"一带一路"建设为全球文明的未来展示了美好愿景，为世界大变局提供应对之道；共建"一带一路"追求的是发展，崇尚的是共赢，传递的是希望。

2023 年 10 月 18 日第三届"一带一路"国际合作高峰论坛开幕。十年来，"一带一路"合作在民生、交通、能源、绿色发展、经济、文化、医疗等方面通过一系列项目落地生根，取得丰硕成果。事实证明，共建"一带一路"是文明发展创新之路，是维护世界和平秩序之路，是尊重多样文明、推动人类进步的繁荣之路，是开放与可持续发展之路，是文明交流互鉴之路。"一带一路"建设行稳致远，必将促进世界迈向更加美好的未来。

（三）文明交流互鉴与全球文明倡议是构建人类命运共同体行动方案

2014 年 3 月 27 日，习近平主席在联合国教科文组织总部发表精彩演讲，首次面向世界系统论述文明交流互鉴，将中华文明与世界文明发展进程相融合，揭示了文明交流互鉴是推动人类文明进步和世界和平发展的重要动力。2017 年 10 月，习近平同志在党的十九大报告中指出，"要尊重世界文明多样性，以文明交流超越文明隔阂、文明互鉴超越文明冲突、文明共存超越文明优越"[①]。

文明交流互鉴彰显了中华文明独特的精神内核和文化特质，是"天下一家""和衷共济"等中国理念的现实内涵。文明交流互鉴是人类发展的趋势，是人心所向。历史和现实表明，傲慢和偏见是文明交流互鉴的最大障

---

① 习近平：《决胜全面建成小康社会 夺取新时代中国特色社会主义伟大胜利——在中国共产党第十九次全国代表大会上的报告》，人民出版社，2017，第 59 页。

碍，平等和尊重才是文明交流互鉴的前提。只有从不同文明中汲取营养，在差异中寻求共性，携手解决人类面临的各种挑战，推进人类多种文明交流交融、互学互鉴，才能让世界变得更加美好。

文明交流互鉴的论述得到国际社会的积极回应，获得世界的高度认同。中国外文局当代中国与世界研究院发布的《中国国家形象全球调查报告2019》表明，六成以上的海外民众认可人类命运共同体理念对个人、国家、全球治理具有积极意义。超过七成的海外受访者认为，中国提出的文明交流互鉴主张有助于构建和平安宁、共同繁荣、开放融通的美好世界。[①]

继人类命运共同体理念、全人类共同价值、共建"一带一路"倡议、全球发展倡议和全球安全倡议之后，2023年3月15日在中国共产党与世界政党高层对话会上，习近平总书记提出全球文明倡议，为应对世界之变、时代之变、历史之变再次贡献中国智慧、提供中国方案。

习近平主席在"全球文明倡议"中提出，要共同倡导尊重世界文明多样性，共同倡导弘扬全人类共同价值，共同倡导重视文明传承和创新，共同倡导加强国际人文交流合作。[②]"尊重世界文明多样性"是不同文明包容共存、交流互鉴的前提条件；"弘扬全人类共同价值"为各方提供了根本遵循；"重视文明传承和创新"是文明发展进步的动力源泉；"加强国际人文交流合作"为不同文明交流互鉴的方法路径。作为构建全球文明新秩序的新理念新思维，这四个"共同倡导"环环相扣、相辅相成，共同构成了"全球文明倡议"这一具有清晰文明尺度、高度建设性与可操作性的重大倡议。

当今世界正处在百年变局加速演进、新一轮科技革命和产业变革迭代升级期。推动全球文明倡议落地，需要世界各国以开放包容的博大胸怀构

---

① 李曾骙：《〈中国国家形象全球调查报告2019〉在京发布——世界对中国整体形象的好感度继续上升》，《光明日报》2020年9月16日，第12版。

② 《习近平出席中国共产党与世界政党高层对话会并发表主旨讲话》，《人民日报》2023年3月16日，第1版。

建和而不同的精神家园，深化文明交流互鉴，开展文明交流和对话，加强国际人文交流合作，弘扬全人类共同价值。

开放包容是中华文明的活力来源和文化自信的显著标志，是中华民族独特的精神标识和当代中国文化的根基，也是维系全世界华人的精神纽带。

交流互鉴是中华文明的精神特质，是中华文明持久兴旺的关键，是中华文明魅力永恒的支撑。中华文明的创新性来源于与其他优秀文明的交流与融合。交流孕育融合，融合产生进步。新时代，在坚定文化自信和文化主体性的基础上，积极推动中华文明与全球其他文明交流互鉴，打破"西方中心主义""零和博弈""文明冲突论"等意识形态陷阱，追求和而不同、美美与共的文明愿景。

文化软实力是增强中华文明传播力、影响力的保障，人文交流在国际局势日益复杂背景下发挥了重要的桥梁纽带作用。国际人文交流与合作有助于促进不同文明的发展，有助于夯实我国同共建"一带一路"国家合作的民意基础。全球文明倡议倡导与世界各国加强人文交流与合作，为此，我国不断加强国际传播能力建设，丰富交流内容，拓展合作渠道，持续创新中国话语和中国叙事体系，促进民心相通。积极发展对外文化贸易，开拓海外市场，推进优秀传统文化产品和数字文化产品"走出去"。

在世界多极化、经济全球化、文化多元化的背景下，以文明价值为尺度，在文明交流互鉴中走向世界的中华民族现代文明，必将伴随着中国"知行合一"的实践探索，深刻改变世界文明格局，构建全球文明新秩序，推动中华文明重焕荣光。

二　践行全球文明倡议，创造人类文明新形态

当今世界，全球化进程将世界整合为一个一荣俱荣、一损俱损的命运

共同体。各国相互依存，全球命运与共。

与此同时，现代化发展的困境与人类生存依赖的环境以及和平安全面临的威胁交织叠加，人类需要齐心协力、共同应对层出不穷的严峻挑战。这既需要经济和科技的力量，也需要文明与文化的力量。

为此，我们要努力探索和创造人类文明新形态，推动全球文明倡议的践行与落实，为共同解决全球性的危机与问题贡献中国智慧和中国方案。

（一）人类文明新形态是中国式现代化的文明范式

2021 年 7 月 1 日，在庆祝中国共产党成立 100 周年大会的重要讲话中，习近平总书记指出："我们坚持和发展中国特色社会主义，推动物质文明、政治文明、精神文明、社会文明、生态文明协调发展，创造了中国式现代化新道路，创造了人类文明新形态。"[①]

创造人类文明新形态，是我们党阐释中华民族现代文明发展的重要观点，蕴含着我们党对人类文明史的深刻理解和把握，表明了中国式现代化的价值取向和实践路径。

文明范式是人类发展方式的有效性与可持续性、适应性与超越性的统一体。历史的跃迁表明，世界多元文明的形成，源于各个国家和民族独具特质的文明创造，并呈现不同的文明实践范式。

中华民族现代文明是中国式现代化整体协调与全面发展的人类文明新形态。人类文明新形态的产生，表征着中华民族在探索中国式现代化的文明实践中，创造了独具特色的文明形态与文明范式。

人类文明新形态是我们回应当今世界面临的挑战与危机、落实全球文明倡议、携手共建美好世界的根本力量和基石。中国式现代化作为人类文

---

① 习近平：《在庆祝中国共产党成立 100 周年大会上的讲话》，人民出版社，2021，第 13~14 页。

明新形态，与全球其他文明相互借鉴，必将极大丰富世界文明，为人类的现代化发展作出新的贡献。

（二）践行全球文明倡议是人类命运共同体的实现路径

习近平主席提出的全球文明倡议，为推进人类文明发展夯实了文化根基，提供了文明的力量支撑，也为人类命运共同体的构建提出了整体性、系统性和具体性的中国方案与实现路径。

文明立世，文化兴邦。文化是一个国家、一个民族发展中最基本、最深沉、最持久的力量。践行全球文明倡议，我们首先要坚定文化自信，担负起建设中华民族现代文明的文化使命。

我们既要共同倡导重视历史文化遗产的保护与传承，充分挖掘各国各民族的历史文化传统底蕴，又要鉴往知来，深刻认识世界各文明的时代价值；推动中华优秀传统文化的创造性转化与创新性发展，推进中华文明的传播和中国优秀文化走向世界。

人类历史是一部多元文明共生并进的历史，每种文明都有其独特魅力，并跨越时空、超越国界，共同为人类社会现代化进程作出了重要贡献。落实全球文明倡议，就要共同尊重世界文明多样性、共同倡导弘扬全人类共同价值，实现文明多元与文明共通的辩证统一。

世界各民族创造的具有自身文化特质和精神标识的文明，都是人类共同的精神瑰宝。不同文明之间平等交流、互学互鉴，将为破解时代难题、实现共同发展提供强大的文明力量。

落实全球文明倡议，要秉持开放包容原则，促进外来文化本土化，大力推进世界文明交流互鉴，特别是共同加强国际人文交流合作。同国际社会一道，共同探讨构建全球文明对话合作网络的行动方案，拓展全球文明合作渠道，创新全球文明交往形式，努力开创世界各国人文交流、文化交融、民心相通的新局面。

总而言之，践行与落实全球文明倡议，要以习近平文化思想为行动指南，在文化精神的独立自主性与文明实践的包容开放性的统一中，光大中华优秀文化，创造人类文明新形态，与世界各国人民携手共行天下大道，共同探求构建人类命运共同体的实现路径，推动世界文明走向生机勃勃、共生共享共荣的美好未来。

第二节　以新话语新形式助推中华文化走向世界

党的十八大以来，中华优秀传统文化正在以全新的表达方式、以技术助推的革新形式走向世界。我国的非物质文化遗产保护工作取得了显著成就，迈入以融入现代生活为导向、提高传承实践能力的新阶段；在中国共产党的对外宣传阐释、革命文化和红色文化"走出去"过程中，《习近平谈治国理政》面向海外发行引发热烈反响，政党外交持续发力，红色文艺作品海外走红引发海内外观众热议；互联网技术进一步发挥赋能作用，助推中医、博物馆、美食、武术等在全球线上流行。

一　非遗传播助力中国非物质文化遗产走向世界

党的十八大以来，我国非遗保护事业以习近平文化思想为引领，在非物质文化遗产传承发展工程的国家战略推动下，通过系统性地保护与提高传承实践能力，迈入以融入现代生活为导向、促进发展振兴的新阶段。

非遗传播是非遗保护传承的文化传播实践，也是我们建构文化记忆、激活文化遗产价值的重要方式。以习近平文化思想为引领，我国非遗的海外传播以推进中华优秀传统文化走向世界、参与世界不同文明与文化的交流互鉴为宗旨，积极主动拓展多样化的传播路径，助力中华优秀文化"走出去"战略的实施成效显著。

十多年来，我国各类媒体广泛设立了非物质文化遗产专题、专栏等，拍摄制作了大量非遗题材的电影电视纪录片及多样化的新媒体文化产品。目前，我国的非遗传播还迅速广泛地利用新媒体网络平台与社交媒体平台市场化、品牌化与国际化的发展趋势，增扩传播空间，提升中国非遗的全球性影响，拓展中华优秀文化传播的广度和深度。

从《舌尖上的中国》《国家宝藏》《传承者》，到《非遗里的中国》《我的中国年》《了不起的匠人》《穿越时空的古籍》《手艺中国》《草本中国》，越来越多的电视文化节目和纪录片以非遗的保护传承为主题，深耕优秀传统文化资源，助推非遗文化的"活态化"传承，通过细腻具象的记录与讲述，将博大精深的中华文明与独具匠心的非遗传承故事，生动呈现在观众面前，让中国文化全球共享，让中国故事感动世界，展现出中国文化绚丽多彩的魅力。

《舌尖上的中国》播出后在各国社交网络上引发热烈讨论和广泛关注，被迅速译成多国语言，销往 80 多个国家和地区，成为发行国家和地区最多的中国纪录片之一，中国美食也自此备受关注。中国美食（#Chinesefood）在海外短视频平台 TikTok 上的热度不断攀升，视频累计播放量达 16 亿次。[①]中英团队联合创作的纪录片《中国的宝藏》以国际视角展现中华文化，让中国的文物考古故事走进了不同国家和地区几亿户收视家庭，让海外观众享受到中国的文化盛宴[②]；中国互联网新闻中心出品的中英文系列短纪录片

---

① 杜迈南：《［观察］国产美食影视内容"飘香"海外》，中国联合展台微信公众号，2022 年 11 月 25 日，https://mp.weixin.qq.com/s/37N8CvtKd2SPiSId8YMePw。

② 梁君健、施星言：《文化遗产借影视传播获得新生》，《光明日报》2023 年 4 月 12 日，第 15 版。

《万象中国》，从丰富的中华文明宝库中选择了 100 个代表性元素，以小见大，展现了中国文化独特的内涵和精神品质，第一季国内总播放量达 8000 万次以上，海外总接触量达 1200 万次以上。①

2023 年 7 月，在共建"一带一路"提出十周年之际，由中国外文局等机构主办的首届"海丝国际纪录片大会"吸引了法国、英国、加拿大、日本、韩国、柬埔寨等 40 多个国家和地区的 400 多名纪录片导演、制作人、制播机构代表及享誉全球的纪录片专家学者参加大会②，共倡弘扬丝路精神，共创共享影像传承文化的社会价值。大会聚焦国际交流与合作，讲述海上丝路与中国故事的展映丰富、提案与创意迭出，为世界打开了通过影像观察中国、认识中国的"双向通道"。

跨入网络时代，数字化新媒体已成为我国非遗传播的重要力量。2021年 8 月，中共中央办公厅、国务院办公厅印发的《关于进一步加强非物质文化遗产保护工作的意见》，明确提出了我国要加大非遗传播普及力度，适应媒体融合趋势，丰富传播手段，拓展传播渠道。借助大众媒体与网络技术的深度融合，我国非遗传播以更开放的姿态，通过讲好中国非遗故事，塑造可信、可爱、可敬的中国形象，不断增强中华民族凝聚力和中华优秀文化的世界影响力。

中国社会科学院中国舆情调查实验室与中国旅游报社等机构联合主办的文旅产业指数实验室 2022 年 6 月发布的有关非遗传播影响力报告显示，在海外短视频平台 TikTok 上，中国非遗相关内容的视频播放总量已逾 308亿次。该报告显示，通过非遗传播，武术、春节、木兰传说、中医针灸、京剧、景德镇制瓷技艺、传统木结构营造技艺、竹编、皮影戏、二胡艺术

---

① 颜诗桐、苗春：《展现中国非遗的非凡魅力——记第三届中国非遗传承发展与创新高峰论坛》，《人民日报》（海外版）2023 年 8 月 4 日，第 7 版。

② 郑娜：《携手共建文明百花园——2023 海丝国际纪录片大会侧记》，《人民日报》（海外版）2023 年 7 月 17 日，第 7 版。

等成为在全球最具热度的 10 项中国非遗文化。另外，有着浓郁乡土气息的中国传统民俗表演——龙舞也大受欢迎，在 TikTok 上，龙舞相关视频播放量超 3000 万次。①

同时，一些非遗传承人、文化机构、非遗爱好者等也在海外许多社交平台分享中国非遗的相关内容，这些社交媒体用户参与度高、互动性强，使非遗视频产生的影响呈指数级增长。如具有高超技艺的江西景德镇陶艺师傅王文化走红海外，相关视频的海外累计播放量已超过 1 亿次。"以非物质文化遗产为主题的视频产品热度居高不下。千万级的播放量、百万级的点赞数体现了中国非遗的影响力。评论区里，各国网友用不同语言参与互动，表达对中国非遗的热爱。"②

随着元宇宙时代的到来，非遗传播的数字化、科技化趋势日趋明显。通过文物追溯中国历史与文明的微纪录片《如果国宝会说话》在讲述国宝文物故事中，运用三维图像技术呈现文物细节，受到海外观众的喜爱和追捧。③5G、VR、AR 等技术的普及与广泛应用，使数字传播科技与古老技艺相互碰撞，赋予了非遗传播更多元、时尚的表达方式，让历史悠久的中国非遗在走向世界时焕发出更加蓬勃的生机。

在走向世界的非遗传播中，我国举办的非物质文化遗产博览会、国际非物质文化遗产节等活动，吸引了世界各国的关注与参与，并通过在海外举办各类传播中华文化的非遗文化展，以及中国年、"欢乐春节"、"文化中国"等非遗主题活动与非遗传承人技艺表演，参加国际性非遗文化节、非

① 李庆禹：《中国非物质文化遗产海外短视频平台影响力研究报告发布》，中国旅游新闻网，http://www.ctnews.com.cn/news/content/2022-06/09/content_125205.html，2022 年 6 月 9 日。
② 屈佩、谢亚宏、崔琦：《增强了民族自豪感，坚定了文化自信——中国非遗走向海外，深化文明交流互鉴》，《人民日报》2023 年 6 月 13 日，第 18 版。
③ 陆敏：《从"佐味"到"正餐"，从"走出去"到"融进去"，从单向输出到双向交流——中国纪录片海外传播"加速度"》，《光明日报》2022 年 11 月 2 日，第 15 版。

遗学术论坛和相关的电影节等，让非遗成为中国文化与世界文化对话的一个平台，促进中华文化与世界文化的交流融合，提升中国非遗文化的国际知名度和国际话语权。

新时代以来，伴随着全球传播渠道的自主创建和中华文明价值传播推广体系的创新，尤其是传播理念与传播方式的创新开拓，走向世界的非遗传播继续以"共护文化遗产，推动文明互鉴"为宗旨，国际传播的话语亲和力、感召力与表达力不断增强，文明传播效果更加显著。非遗传播成为中华文化展现永恒魅力与新时代风采、增强中国文化软实力建设的重要组成部分，也成为践行全球文明倡议、推动全球文明新秩序与全球传播新格局形成的坚实力量。

故宫博物院前任院长单霁翔说："文化遗产的大众化传播应当以自信为根本，爱国为灵魂，国风为底色，时尚为韵味。"①我国非遗的海外传播遵循把古老的内容现代化、把中国的内容国际化的理念，努力更新历史叙事形态，让拥有辉煌历史的中国文化遗产有尊严地"活"在当下，更多地抒写中国与世界文明交流互鉴的文化记忆。

今天，勇于追赶世界文化潮流与审美品位、利用数字科技前沿成果、呈现多形态多样化表达的中国非遗传播，将继续以追求创新的姿态面向未来，推进中华优秀文化的全球传播，推动中国与各国的人文交流和民心相通，向世界展示一个古老而现代、生动而立体的文明中国，与各国人民携手共建世界文明的非遗百花园。

二 创新方式加强对中国共产党的宣传阐释

习近平总书记在主持十九届中央政治局第三十次集体学习时明确要求，

---

① 李韵：《电视片、纪录片、综艺片、融媒体产品……文化遗产传播有多少种可能》，《光明日报》2021年11月15日，第9版。

"要加强对中国共产党的宣传阐释，帮助国外民众认识到中国共产党真正为中国人民谋幸福而奋斗，了解中国共产党为什么能、马克思主义为什么行、中国特色社会主义为什么好"①。加强对中国共产党的宣传阐释，利用好红色资源，事关中国共产党国际形象、国际传播能力和中国文化软实力的提升，意义重大。

（一）习近平新时代中国特色社会主义思想海外传播影响力显著提升

习近平新时代中国特色社会主义思想是当代中国马克思主义、21世纪马克思主义，是中华文化和中国精神的时代精华。加强习近平新时代中国特色社会主义思想的海外传播，是对外讲好中国共产党故事的重要内容。

《习近平谈治国理政》面向海外发行引发热烈反响。《习近平谈治国理政》汇集了以习近平同志为核心的党中央治国理政新理念新思想新战略的重要文献，回应了国际社会对中国未来发展路径和方向的重大关注，是认识了解当代中国的一把钥匙。2014年10月，该书多语种版本在德国法兰克福国际书展首发后，受到国际社会持续关注，引起热烈反响。两年时间，该书发行超过620万册，海外发行逾60万册，创造近年来我国政治类图书在海外发行量的最高纪录，也创造了中国图书单品种在美国亚马逊网站的销售纪录。② 在对外发行推广《习近平谈治国理政》时，中国外文局先后在捷克、希腊、波兰、塞尔维亚、秘鲁等国家开展中国主题图书展销月活动，还在美国、俄罗斯、英国、法国、印度等多个国家的首都或重要城

① 《习近平在中共中央政治局第三十次集体学习时强调 加强和改进国际传播工作 展示真实立体全面的中国》，《人民日报》2021年6月2日，第1版。
② 周明伟：《做好党中央治国理政新理念新思想新战略的对外传播——〈习近平谈治国理政〉海外热销引发的思考》，《求是》2016年第24期。

市举办研讨会、座谈会，显著提升了该书的社会影响力。截至 2018 年底，《习近平谈治国理政》第一卷已经出版 24 个语种 28 个版本，第二卷已经出版 10 个语种 11 个版本。[①]2020 年 6 月 30 日，《习近平谈治国理政》第三卷中英文版在海内外出版发行，在欧美国家销售，德国《华商报》、欧华传媒网络电视、《布拉格时报》等媒体进行了专门报道和重点推介，引发大量关注。2021 年 9 月，《习近平谈治国理政》第三卷法文、俄文、阿拉伯文、西班牙文、葡萄牙文、德文、日文及中文繁体 8 个文版，面向海内外发行。[②]2023 年 6 月，《习近平谈治国理政》第四卷法文、俄文、阿拉伯文、西班牙文、葡萄牙文、德文、日文及中文繁体等 8 个文版，面向海内外发行，引发热烈反响。[③]《习近平谈治国理政》的海外发行，有助于世界各国及时了解习近平新时代中国特色社会主义思想的最新发展、增进对中国共产党治国理政理念和实践的认知。

推动习近平新时代中国特色社会主义思想的海外传播，要打通落地的"最后一公里"。党的十八大以来，我国各大海外传播机构不断加强习近平新时代中国特色社会主义思想海外传播，拓展海外宣介推广渠道，发挥驻外机构作用，加强与对象国翻译、出版、发行等机构的密切合作，推进中国主题图书海外编辑部、中国图书中心、海外中国文化中心等新渠道建设。同时，注重做好人的工作，积极开展人文交流活动，配合重要双多边外交活动、重要时间节点，举办好习近平总书记著作的首发式、研讨会、展销推介，开展以治国理政、全球治理、中华文化等为主题的高层次论坛、展览展示和人文交流活动，举办面向青少年等群体的征文、漫画、书画、新

① 陆彩荣：《扎实推进习近平新时代中国特色社会主义思想国际传播》，《对外传播》2018 年第 10 期。

② 《〈习近平谈治国理政〉第三卷多语种版出版发行》，《人民日报》2021 年 10 月 1 日，第 1 版。

③ 《〈习近平谈治国理政〉第四卷多语种版出版发行》，《人民日报》2023 年 6 月 12 日，第 1 版。

媒体等国际赛事，深入推动中外文明交流互鉴，向国际社会更好地展现习近平主席大国领袖的风范魅力。

（二）政党外交携手世界政党推动构建人类命运共同体

党的十八大以来，习近平主席以大国领袖的责任担当，深入思考"建设一个什么样的世界、如何建设这个世界"等重大课题，提供中国方案，贡献中国力量。围绕这一重要议题，中国共产党与世界政党交流合作的脚步更加坚实有力，举办系列高端论坛，推出系列重要倡议，推动构建人类命运共同体。

一是习近平主席的领袖外交，向世界阐明中国方案。党的十八大到2022年9月30日，习近平主席先后40多次出访，[①] 足迹遍及世界五大洲，在国内外主持和出席一系列重大多边外交活动，接待访华国际政要数百位，同各国社会各界保持广泛接触，引领中国特色大国外交不断开创新局面。习近平主席在一系列重大国际场合深入阐释构建人类命运共同体理念。

二是在全球政党大会回应各国政党对中国共产党的期待。2021年7月6日，中国共产党与世界政党领导人峰会以视频连线方式举行。峰会以"为人民谋幸福：政党的责任"为主题，有160多个国家的500多个政党和政治组织的领导人以及逾万名外国政党代表参会，130多个国家驻华大使和临时代办线下参会，在上海、陕西延安、广东深圳、福建宁德和浙江安吉等在中国共产党百年征程上具有特殊历史意义的地点设立地方分会场。这次峰会是中国共产党迄今主办的规格最高、规模最大的全球性政党峰会，在中国共产党对外交往史和世界政党发展史上具有里程碑式的重要意义。会上，习近平总书记首次面向国际社会，特别是面向全球政党，阐述中国共

---

① 伍岳、成欣：《［中国这十年·系列主题新闻发布］奋力开创中国特色大国外交新局面》，《光明日报》2022年9月30日，第8版。

产党对人类前途命运的关切和关心，积极回应各国政党对中国共产党的期待，并同与会世界主要政党和政治组织领导人一道，共商团结合作与未来发展大计。峰会向国际社会阐述中国共产党的初心使命，宣介习近平新时代中国特色社会主义思想，讲述中国共产党带领人民奋斗圆梦的故事，努力帮助国际社会更好地了解中国、了解中国共产党，努力为中国特色社会主义现代化建设争取更多的支持者、理解者和同行者。

三是推动全球合作，开展系列高端论坛，向世界展示中国立场。党的十八大以来，上海合作组织、亚洲相互协作与信任措施会议（亚信）、中国—东盟、东盟与中日韩、东亚峰会、中日韩合作、澜沧江—湄公河合作等系列合作机制，推动中国在深化区域合作方面积极发挥引领作用，让中国道路为世界熟知。同时，主办亚太经合组织领导人北京会议、二十国集团领导人杭州峰会、"一带一路"国际合作高峰论坛、金砖国家领导人厦门会晤等系列主场外交活动，向世界展示开放、包容、普惠、平衡、共赢的中国立场。

四是推出系列主张，构建人类命运共同体的实践平台。党的十八大以来，从构建人类命运共同体到共建"一带一路"，从弘扬全人类共同价值到提出全球发展倡议、全球安全倡议、全球文明倡议，一项项倡议主张彰显中国作为世界和平建设者、全球发展贡献者、国际秩序维护者的作为和担当，共建"一带一路"成为推动构建人类命运共同体的重要实践平台。截至 2023 年 8 月，中国已同 152 个国家、32 个国际组织签署了 200 多份合作文件。[①] 这些合作有效地向世界展示中国，展现中国共产党的执政理念，让"人类命运共同体"理念更为世界所熟知。

---

① 严赋憬、陈炜伟：《我国已与 152 个国家、32 个国际组织签署 200 多份共建"一带一路"合作文件》，《人民日报》2023 年 8 月 26 日，第 3 版。

（三）红色影视面向世界讲述中国共产党故事

党的十八大以来，红色影视作品不断创新"走出去"的方式方法，让海外观众感受充满现代文明气息、立体、生动的中国，逐步塑造起中国共产党的良好形象。

一是红色纪录片国际传播捷报频传。2021 年，中国国际电视台与国务院扶贫办联合制作的专题纪录片《中国脱贫攻坚》面向世界全面介绍中国的"精准扶贫、精准脱贫"，展现中国共产党关注普通人的生存发展，激起海外观众广泛共鸣。2022 年 10 月 10 日起，俄罗斯红线电视台《今日中国》栏目在晚黄金时段播出中国纪录片《习近平治国方略》，让俄罗斯观众了解中国的发展道路。2022 年 10 月，广东广播电视台和美国探索频道联合摄制的纪录片《预见中国：从大湾区看未来》(*CHINA NEXT: Bridge to New Horizons*) 在探索频道全媒体陆续推出，向全球观众解读粤港澳大湾区的发展动力，这部纪录片通过探索电视频道、欧洲体育台及数字平台，登陆美国、英国、法国、德国、意大利、东南亚等国家和地区。2023 年 6 月，《之江故事》《与丝路打交道的人》《柴米油盐之上》等 30 部纪录片，在乌兹别克斯坦国家电视台、俄罗斯 OKKO 新媒体平台、桑给巴尔广播电视台、英国 SKY 电视台等海外主流媒体和新媒体平台播出。

二是红色影视片"走出去"讲好中国故事。作为一部真实反映中国脱贫攻坚的电视剧，《山海情》面向世界广泛传播，中国减贫方案得到广大观众的关注和肯定。截至 2023 年 6 月，该剧先后被译制为马来语、喀尔喀蒙语、哈萨克语、斯瓦西里语、豪萨语、法语、西班牙语、德语、韩语等 20 多个语种，在北美、东南亚、阿拉伯、非洲等 50 多个国家和地区播出。

三是红色动漫"走出去"展示革命文化魅力。动画"出海"以独创性的风格和题材向国外观众讲述中国共产党故事，展示革命文化魅力。赣州市兴国县作为中国革命的摇篮之一，推出长征 IP《长征先锋》，用动画形式将波澜壮阔的长征搬到荧幕上，再现英雄往事、感人事迹、革命情谊，让革命故事更加鲜活生动。《长征先锋》在共建"一带一路"国家和地区发行，陆续在中国港澳台地区以及南非、SAARC 南盟（印度、尼泊尔、不丹、孟加拉国、巴基斯坦、斯里兰卡、马尔代夫、阿富汗）等 20 多个国家和地区播出。

（四）红色旅游吸引大批海外游客

党的十八大以来，我国入境游客逐年增长，红色旅游地成为海外游客目的地之一。作为全国红色旅游地，江西红色旅游吸引大量海外游客。江西全省建设红色旅游 A 级景区 30 个、全国红色旅游系列经典景区 11 个，并瞄准欧美旅游市场，把更多的海外游客吸引过来，海外游客选择江西红色旅游总人数比例不断提高。同时，陕西延安、湖南韶山、河北西柏坡、贵州遵义、浙江嘉兴等红色旅游胜地，每年也都有大批海外游客前往参观。

随着国内红色文旅的快速发展，红色旅游还延伸至海外。近年来，海外"红色文化热"现象引人瞩目，多国开辟了"红色线路"，吸引中国游客前往，体验海外"红色旅游"的中国游客迅速增加。中国出境游研究所统计显示，中国公民每年进行海外"红色旅游"的人数在 2 万 ~10 万。一些国家也制定相关线路和政策吸引中国游客，俄罗斯、德国、英国、法国及东欧多国以及古巴等都有相应的景点，包括马克思博物馆、恩格斯故居、列宁故居以及中国革命先驱者学习、生活过的地方。德国研究机构中国出境游研究所负责人表示："中国人出国踏上'红色之旅'或许正在成为风尚。"①

---

① 岳菲菲：《中国游客推动海外红色旅游热——多国开设"红色线路"湖南省在法国建立纪念馆》，《北京青年报》2016 年 10 月 2 日，第 4 版。

三 传播技术变革激发传统文化活力

中华优秀传统文化源远流长、博大精深，是中华文明的智慧结晶。中华优秀传统文化走向世界的关键是创新传播路径。中华优秀传统文化的对外传播需要我们融合内力、巧借外力，充分发挥科技创新的特色和优势。过去的十年间，中华优秀传统文化借助新型互联网技术与智能工具，更加适配现代民众的接受习惯，以更加有活力、有朝气的方式走向世界。

（一）数字博物馆实现"云端互联"，尽显东方文化魅力

中国国家博物馆、故宫博物院、敦煌研究院等文化展馆是中国向世界展示自己的重要窗口和载体。传统文化展馆的创造性转化与创新性发展，让传统文化更加适配现代社会的传播需求和沟通特点，以互联网技术赋能对外传播，极大地增强了中华文化的活力和吸引力。

一方面，我国数字化、信息化的云端智能博物馆建设初见成效。互联网、虚拟现实与大数据创造云端互联，打破时空限制，尽显云上东方文化魅力。2020 年 9 月，中国国家博物馆联合全球 16 家顶级博物馆，开办了主题为"手拉手：我们与你同在"的全球博物馆珍藏在线接力展示活动，吸引国内外社会公众广泛的关注和深入的参与。活动采用"跨国双边 / 多边视频连线＋海内外多平台直播＋内外宣联动"的方式，结合"5G 直播环境＋8K 拍摄 / 制作 / 大屏呈现 +AR 动画特效"的新技术手段，累计吸引约 2 亿中外观众在线观看。2022 年，中国国家博物馆进一步联合国内外 33 家顶级博物馆再次共聚云端，以"手拉手：共享世界文明之美"为主题，带领全球观众在线云游，促进了不同文明之间的交流互鉴。①

---

① 赵腾泽：《国博再启全球博物馆珍藏展示在线接力活动》，中华人民共和国文化和旅游部网站，2022 年 7 月 7 日，https://www.mct.gov.cn/whzx/zsdw/zggjbwg/202207/t20220707_934537.html。

另一方面，日益崛起的元宇宙和人工智能再现"造物神话"，"数字文物"的展现更加立体丰富。故宫博物院、中国国家博物馆等众多文博机构积极探索元宇宙与拓展现实技术，积极联合国内外数字平台推出数字藏品系列，以数字化新引擎推动中国文物拓展海内外传播。借助数字技术与虚拟现实等手段，将《千里江山图》《清明上河图》等古代绘画艺术以更加逼真、立体与全景的方式展现给海内外游客，打造了让参观者可触可感、身临其境的文化交流形态。

（二）传统文化的话语体系与叙事方式创新，使传统文化凸显年轻态

中华优秀传统文化正在以不断创新的蓬勃朝气，通过多载体的对话渠道取得更为成功的互鉴效果。由中央广播电视台推出的《国家宝藏》《典籍里的中国》等文化类节目借助海外媒体平台，将文物和典籍以故事化、情景化、娱乐化的方式展现给观众，在海外视频网站收获近 3 亿次点击量[①]，在新旧的碰撞交融中获得海内外观众的跨地域共鸣。

《中国诗词大会》《汉语桥》等节目充分利用海外社交媒体与孔子学院等国际平台，将古典诗词和汉语文化以竞赛、游戏、讲解等方式展现给观众，将中华优秀传统文化的精髓和魅力传播到世界各地，激发各国人民对中华文化的兴趣和热爱。出海的《大圣归来》《哪吒之魔童降世》等动画电影，将中国神话故事与传统美学元素充分融合，迸发出兼具中国特色和国际水准的优秀创造力，获得全世界青年人群对于中国传统文化的喜爱和赞誉。

《中国数字文化出海年度研究报告（2022 年）》的数据显示，我国数字

---

① 《〈典籍里的中国〉"火"到海外 被网友称为"封神之作"》，央视新闻客户端，2021 年 5 月 7 日，http://app.cctv.com/special/cportal/detail/arti/index.html?id=Artioq844ffjgwECUcWM5aYW210507&fromapp=cctvnews&version=807。

文化产业目前融资规模达到 2344.64 亿元[1]，其相关产品也已成为助推传统文化"走出去"的一支重要力量。

（三）中医药、餐饮成为新时代文化表达的新注脚

在全球化背景下，我国与时俱进的文化传播实践也正搭乘新的表达载体，从多个维度不断拓宽影响范围，借助品牌化战略弘扬富有特色的传统。

中医药作为中国传统文化的重要组成部分，以其独特的理论体系、诊疗方法与药物疗效，不断提升其在国际医学体系中的话语权与影响力。国家中医药管理局的数据显示，截至 2021 年，全球已有超过 1/3 的人口接受过中医药相关治疗，中医药传播至 196 个国家和地区，我国开办 17 个国家中医药服务出口基地与 56 个中医药国际合作基地，为共建"一带一路"国家民众提供优质医疗服务，推动中医药的国际认可度和影响力持续提升。[2]第七十二届世界卫生大会审议通过的《国际疾病分类第十一次修订本（ICD-11)》，首次纳入以中医药为主体的传统医学章节，标志着中医药历史性地进入世界主流医学体系。[3]

以中餐、茶饮为代表的传统美食也在创新理念与多元风格中不断创造新的品牌力，在国际市场中传递"新中式"的生活方式与文化理念。世界

---

[1]　当代中国与世界研究院:《我院发布〈中国数字文化出海年度研究报告（2022 年）〉》，当代中国与世界研究院微信公众号，2023 年 2 月 18 日，https://mp.weixin.qq.com/s/ujuWYxhZJaEgvl9J50hzqQ。

[2]　国家中医药管理局推进"一带一路"建设工作领导小组办公室:《国家中医药管理局　推进"一带一路"建设工作领导小组办公室关于印发〈推进中医药高质量融入共建"一带一路"发展规划（2021—2025 年）〉的通知》，中华人民共和国中央人民政府网站，2021 年 12 月 31 日，https://www.gov.cn/zhengce/zhengceku/2022-01/15/content_5668349.htm。

[3]　国家中医药管理局推进"一带一路"建设工作领导小组办公室:《国家中医药管理局　推进"一带一路"建设工作领导小组办公室关于印发〈推进中医药高质量融入共建"一带一路"发展规划（2021—2025 年）〉的通知》，中华人民共和国中央人民政府网站，2021 年 12 月 31 日，https://www.gov.cn/zhengce/zhengceku/2022-01/15/content_5668349.htm。

中餐业联合会的数据显示，海外中餐厅总数约为 60 万家，以火锅、小吃、茶饮为主体的出海中餐企业已达 2500 家，涵盖全球 188 个国家和地区。①在海外广阔的市场中深受消费者的喜爱与欢迎。

中国地大物博，文化样态丰富。我国具有鲜明地方特色的传统文化通过海外视频平台，以国际化的语言和形式广为流传，是展示我国综合实力与文化自信的生动注脚。TikTok 上由外国网友自发聚合的中国旅行（#Chinatravel）热门话题也引发强烈反响。从重庆山城到扬州绿地，从江西上饶到福建平潭，新城市名片在 TikTok 广泛传播，一个富有亲和力与感染力的中国全面呈现在世人眼前。通过文化的交流与创新融合，中华优秀传统文化在世界舞台绽放出绚烂光芒。

第三节　对外文化贸易持续高速度增长、高质量发展

中国对外文化贸易②的高速度增长、高质量发展，关乎国际传播影响力、中华文化感召力、中国形象亲和力、中国话语说服力、国际舆论引导力的提升。过去的 10 余年，我国对外文化贸易活力持续提升。自 2013 年以来，中国文化产品进出口规模稳居世界首位，同时中国保持了全球文化产品最大出口国的地位。依托数字技术所重塑的文化贸易生态系统，数字版权贸易不断释放市场活力，出口规模迅速扩大，版权贸易由逆差转向持平。我国的数字文化新形态成为我国对外文化贸易的迅速增长点，更成为世界数字文化版图中亮丽的风景。

---

① 杜燕、刘文曦：《中国餐饮业"走出去"：海外中餐厅超 60 万家》，中国新闻网，2018 年 5 月 30 日，https://www.chinanews.com.cn/cj/2018/05-30/8526527.shtml。

② 本节中的中国对外文化贸易的相关数据，指的是中国内地（大陆）的数据，不含港澳台数据。为行文方便，不再一一标注说明。

一　对外文化贸易活力日趋提升

党的十八大以来，党中央国务院高度重视推进对外文化贸易高速度增长、高质量发展。在 2014 年国务院印发的《国务院关于加快发展对外文化贸易的意见》（国发〔2014〕13 号）和 2022 年商务部等 27 个部门联合印发的《商务部等 27 部门关于推进对外文化贸易高质量发展的意见》（商服贸发〔2022〕102 号）的持续发力下，中国对外文化贸易取得了显著成就。

（一）中国文化产品进出口规模稳居世界首位

根据商务部发布的数据，2013 年，中国对外文化贸易总额为 369.7 亿美元，其中文化产品进出口总额达 274.1 亿美元，文化服务进出口总额为 95.6 亿美元。2016 年，中国对外文化贸易总额达 1142.1 亿美元，其中文化产品进出口总额为 885.2 亿美元，文化服务进出口总额为 256.9 亿美元。2018 年，我国文化产品和文化服务进出口总额达 1370.1 亿美元，其中文化产品进出口总额为 1023.8 亿美元，文化服务进出口总额为 346.3 亿美元。2021 年，中国对外文化贸易总额为 2000.3 亿美元，同比增长 38.7%，其中文化产品进出口总额为 1558.1 亿美元，文化服务进出口总额为 442.2 亿元。2022 年，对外文化贸易总额高达 2217.0 亿美元，其中文化产品进出口总额为 1803.0 亿美元，文化服务进出口总额为 414.0 亿美元（见图 7-1）。自 2013 年以来，中国文化产品进出口规模稳居世界第一位，同时中国保持了全球文化产品最大出口国的地位。[①]

[①] 应强、尚栩:《联合国教科文组织：中国成全球文化产品最大出口国》，新华网，2016 年 3 月 10 日，http://www.xinhuanet.com//world/2016-03/10/c_1118295939.htm。孟妮:《依托数字化促文化贸易创新发展》，中国服务贸易指南网，2023 年 6 月 14 日，http://tradeinservices.mofcom.gov.cn/article/lingyu/whmaoyi/202306/149576.html。

图7-1 2013~2022年部分年份对外文化贸易、文化产品和文化服务进出口总额

注：2014年、2015年、2019年未查找到权威数据，因此图中未列入这三年。本节的所有图都为课题组绘制。

资料来源：商务部。

（二）对外文化贸易结构日益优化、市场日益多元

我国对外文化贸易结构日益优化，市场日益多元，主要体现在以下几个方面。一是出口结构趋于优化。出口文化产品的技术含量有所提升，如具有较高附加值的游艺器材和娱乐用品、广播电影电视设备出口同比有所增长。二是国际市场更加多元。美国、中国香港、荷兰、英国、日本、德国长期以来是中国文化产品出口（境）前六大市场，但随着"一带一路"建设的开展，与共建国家和金砖国家的进出口额日益增长。三是新兴文化贸易发展势头强劲。随着数字化、网络化技术广泛应用于文化产业，动漫、电影后期加工、数据库服务、网络游戏、网络文学、短视频等新兴文化产品与文化服务占出口总值的比重日益提升，数字文化领域已具备全球竞争力。如我国主导制定的手机动漫标准、数字艺术显示标准等被确立为国际标准。

（三）文化出口基地发挥带动效应，激发文化市场主体的活力

2018年，商务部、中宣部、文化和旅游部、国家广播电视总局共同认定第一批13家国家文化出口基地；2021年9月，又公布第二批16家国家

文化出口基地。《国家文化出口基地发展报告 2022》显示，2021 年 29 家国家文化出口基地的对外文化贸易出口额超 167.7 亿美元，占我国总体对外文化贸易出口额的比重超过 11%。[①] 各基地基于国际视角，深挖在地文化资源，结合新兴科技手段，积极探索对外文化出口新模式，孵化文化出口新业态，在战略创新、业态创新、平台创新、科技创新、故事内容创新和服务创新等六个方面积累了丰富的经验。坚持"一地一策"的发展思路，各基地呈现"聚焦核心""一核多产""多产开花"三种发展模式。厦门自贸片区国家文化出口基地已拥有国家文化出口重点企业 17 家。[②] 根据商务部文化贸易公共信息服务平台上的"国家文化出口重点企业"和"国家文化出口重点项目"栏目统计，至 2022 年，国家文化出口基地推出 369 家重点企业，仅 2021~2022 年，就推出 121 个重点项目。根据商务部发布的数据计算，2018~2021 年，集体、私营及其他企业的文化产品进出口额占比逐年提升，分别是 53%、61%、64%、67%。

二　版权贸易依托数字化创新发展扭转逆差

数字技术、网络技术的发展重塑版权国际贸易生态系统，我国版权对外贸易迎来难得的发展机遇，以游戏、网文为代表的数字版权贸易不断释放市场活力，出口规模迅速扩大，成为化解版权贸易逆差困境的突破口。

（一）版权贸易由逆差转向持平，出口市场多元、广阔

版权进出口总数波动不大，版权贸易由逆差转向持平甚至顺差。党的

① 魏金金：《2021 年 29 家国家文化出口基地出口额超 167.7 亿美元》，中国经济网，2022 年 9 月 2 日，http://www.ce.cn/culture/gd/202209/02/t20220902_38080208.shtml。

② 刘佳盈、周莹：《厦门文化产品和服务上半年进出口超 46 亿元》，厦门日报官方微信公众号，2023 年 8 月 4 日，https://baijiahao.baidu.com/s?id=1773282163454697494&wfr=spider&for=pc。

十八大以来，中国版权引进数量总体有减少之势，而版权输出数量则有所增大。受新冠疫情的影响，与 2019 年相比，2020 年、2021 年的版权进出口总数递减，且 2021 年出口量略多于进口量（见图 7-2）。

图 7-2　2013~2021 年中国引进 / 输出版权总数

资料来源：国家统计局。

中国版权进口市场总体稳定，主要集中于发达国家和地区。中国版权进口国主要是美国、英国和日本。不过，自 2018 年中美贸易摩擦发生之后，中国引进美国版权的数量由 2017 年的 6645 项下降到 2021 年的 3218 项。其他国家、地区的版权引进数量 10 年来波动幅度较小。

中国版权输出市场多元化、广阔性越发明显。中国版权输出的地区或国家主要是中国台湾、中国香港、美国。中美贸易摩擦同样使中国对美国的版权输出数量锐减。自 2019 年以来，对俄罗斯的版权输出数量急剧增长，至 2021 年，其市场份额在单一国家或地区中已跃居第一位。版权输出至其他区域占比由 2013 年的 26.1% 快速提升到 2017 年的 45.0%，2021 年再上升到 48.8%，几近市场总额的一半。

（二）图书在版权和印刷品的进出口市场中占超大份额

版权引进的文化产品包括图书、录音制品、录像制品和电子出版物。在引进的文化产品版权项目总数中，图书版权引进占超大份额，其占比从 2013 年的 92% 攀升到 2021 年的 98%；录音制品、录像制品和电子出版物三者的版权引进仅占 2%~8%。进口图书主要来自美国、英国和日本，占据了中国进口图书的 60% 左右（见图 7-3）。

图 7-3　2013~2021 年引进美国、英国、日本的当年图书版权占全年引进图书比重

资料来源：根据国家统计局数据计算。

中国图书进口总量持续增长。新时代以来，中国进口图书、期刊、报纸的总数量和总金额总体上增加，总金额年均增长率为 3.8%，进口图书的数量增长更为显著，年均增长率高达 19.8%（见图 7-4、图 7-5）。进口图书在进口纸质出版物（即印刷品）中的市场份额由 2013 年的 36% 升至 2021 年的 82%。由于数字媒体的影响，人们对纸质期刊和报纸的需求萎缩，在纸质出版物进口总量增长的情况下，期刊、报纸的进口总量不升反降，尤其是报纸萎缩更为严重，其份额由 2013 年的 47% 跌至 2021 年的 13%。在进口图书中，少儿读物类图书增长显著，在图书进口市场的份额由 2013 年的 12% 增长到 2019 年的 37%，新冠疫情期间虽有回落，但仍占据最大份额。

图 7-4　2013~2021 年中国图书、期刊、报纸进出口总数量

资料来源：国家统计局。

图 7-5　2013~2021 年中国图书、期刊、报纸进出口总金额

资料来源：国家统计局。

　　中国图书出口市场广阔，在版权输出市场中同样具有绝对优势。中国图书出口占版权出口市场份额从 2013 年的 70% 攀升至 2021 年的 92%。但与进口市场显著不同，中国图书版权主要销往其他区域①、中国台湾和美国。2016 年及以前，销往中国台湾的图书占市场总额的 20% 以上，之后逐年递减，至 2021 年，仅占 7% 的市场份额。销往俄罗斯的图书版权所占市场份

---

① 其他区域指除美国、英国、德国、法国、俄罗斯、加拿大、新加坡、日本、韩国、中国香港、中国澳门、中国台湾之外的区域。下同。

额有较为明显的提升，由 2013 年的 2% 上升到 2021 年的 8%。销往其他区域的图书份额由 2013 年的 28% 大幅提升到 2021 年的 51%，这说明我国图书出口市场广阔（见图 7-6）。

图 7-6　2013~2021 年销往美国、俄罗斯、中国台湾和其他区域的图书版权总数的占比变化

资料来源：根据国家统计局数据计算。

在纸质出版物出口市场中，图书所占比例为 80% 左右。在出口图书市场中，少儿读物类所占份额最大，自然科技类占比最小。

（三）数字出版物在电子媒介类出版物进出口中占绝对优势

录音制品、录像制品、电子出版物和数字出版物在文化产品进出口的统计中，同属电子媒介类出版物。在整个电子媒介类出版物进口市场中，数字出版物占 98.9%~99.8% 的份额；在整个电子媒介类出版物出口总额中，数字出版物的份额同样高居 70%~83%。2013~2020 年，数字出版物的进口总额持续增长，出口总额波动变化，但总体变动幅度不大（见图 7-7、图 7-8）。

图 7-7　2013~2021 年数字出版物与整个电子媒介类出版物的进口总额

资料来源：国家统计局。

图 7-8　2013~2021 年数字出版物与整个电子媒介类出版物的出口总额

资料来源：国家统计局。

　　2013~2021 年，音像产品进口市场有波动，且以录音产品为主。出口录音和录像产品的总量波动不大（见图 7-9、图 7-10）。①

---

① 国家统计局 2013 年进口的电子媒介类出版物的数据是 285070 张 / 盒，其中包括电子出版物 103619 张 / 盒，但 2014~2021 年的数据都缺少电子出版物的数据。因此此处进口总量减去了电子出版物。同时，国家统计局的电子媒介类出版物进出口金额既包含电子出版物的金额，又包含数字出版物的金额。除了 2013 年，电子出版物的进口数据处于缺失状态。电子出版物的出口也只有 2013 年、2015 年、2020 年、2021 年有数据。因此，此处的数量和金额仅指录音与录像产品的进出口数量和金额。

图 7-9　2013~2021 年录音、录像产品进出口数量

资料来源：国家统计局。

图 7-10　2013~2021 年录音、录像产品的进口数量

资料来源：国家统计局。

三　休闲娱乐类文化产品与服务进出口市场多元、广阔

　　休闲娱乐类文化产品，作为最常见、最为人们喜闻乐见的文明交流载体，最具民心相通的内容与形式，对于深化文明交流互鉴具有重要意义。尤其是被誉为"第九艺术"的游戏，是一种具有跨越国界和共享发展的内驱力的新型文化载体，同可直接促进境内外物流、资金流、信息流交流的出入境旅游一样，皆能真正发挥促进"民相亲"的民间外交作用。

（一）亚洲是中国电视节目最大进口市场，动画片最受欢迎

近年来，电视节目引进总金额呈下降趋势，亚洲是中国电视节目的最大进口市场。由于文化接近，中国最倾向于从日本、韩国、东南亚、中国香港和中国台湾引进电视节目，其中日本是中国在亚洲最大的电视节目进口市场。美洲是中国的第二大电视节目进口市场。

引进的电视节目主要包括电视剧、动画片和纪录片，其中，动画片引进额占比增长较为迅速，从 2013 年的 8% 增长到 2018 年的 70%，后虽逐渐下滑，但 2021 年仍占 43%。引进纪录片的金额占比 2016 年起较为稳定（见图 7-11）。2013~2021 年，动画片的引进总金额在电视节目的引进总金额中占比最大，为 47%；其次是电视剧，占 40%；纪录片仅占 4%。①

图 7-11　2013~2021 年不同电视节目引进额在进口电视节目市场中的占比

资料来源：根据国家统计局数据计算。

纪录片的进口市场多元。中国电视剧、动画片的进口市场为亚洲、美洲、欧洲。纪录片的进口市场主要是欧洲，2013~2021 年，欧洲整体占据

---

① 引进的电视节目除电视剧、动画片和纪录片之外，还有其他节目类型，数据库未统计，因此，此处百分比相加不等于 100%。

46% 的市场份额，亚洲和美洲的占比则分别是 27%、22%，大洋洲也有 5% 的份额，非洲的份额仅为 0.3%。因此，尽管纪录片占进口市场份额最少，但市场也体现出多元特征。

从电视节目进口市场整体看，从亚洲、美洲、欧洲进口的电视剧金额分别占进口电视剧市场总额的 70%、26%、4%；从亚洲、欧洲、美洲进口的动画片金额在整个进口动画片市场中的份额分别是 65%、23%、12%。在我国的电视节目进口市场中，从亚洲进口的电视剧、动画片占据最大市场份额。

从亚洲进口的电视节目中，日本在动画片进口市场中占 93%，在电视剧市场中也占 24%；中国香港则在纪录片和电视剧进口市场中占据最大份额，分别是 88%、37%；韩国在电视剧进口市场中占 22%；东南亚在电视剧和纪录片进口市场分别仅占 10%、5%；中国台湾在电视剧、动画片进口市场分别只占 6%、2%。

（二）中国进口电影中美国占比较大，但市场多元

中国进口电影来源广。2021 年，中国共引进 67 部电影，其中美国电影有 25 部，其票房收入为 52.4 亿元，占进口电影票房总收入的 77.9%，且进口票房前 10 名中有 8 部是美国电影。从日本、中国香港、中国台湾、法国、意大利、俄罗斯、加拿大引进多部电影，从英国、爱尔兰、巴基斯坦、德国、挪威、韩国、荷兰、波兰、西班牙、匈牙利、丹麦、斯洛伐克、保加利亚、塞尔维亚、罗马尼亚、泰国、墨西哥等众多国家各引进 1 部电影。这说明中国电影进口市场多元。[①]

中国电影地位开始上升。2013~2017 年，进口电影票房收入持续上升，

---

① 李小牧、李嘉珊主编《中国国际文化贸易发展报告（2022）》，社会科学文献出版社，2022，第 64~65 页。

2017 年后开始下降。2020 年、2021 年进口电影票房收入迅速下挫，可能与新冠疫情、中美贸易摩擦有较大关系。进口电影票房收入在中国电影总票房收入中的占比由 2017 年的 46% 下降到 2020 年、2021 年的 16% 和 16%（见图 7-12），说明中国电影的地位上升非常迅速。

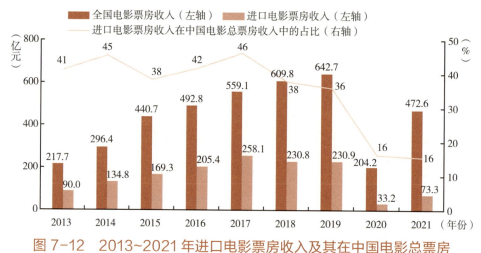

图 7-12 2013~2021 年进口电影票房收入及其在中国电影总票房收入中的比例

资料来源：《中国文化及相关产业统计年鉴 2022》，2022，第 122 页。

（三）中国自主研发的游戏海外市场广阔，收入增长迅速

中国自主研发的游戏海外市场规模持续扩大。根据中国音数协游戏工委官网发布的年度中国游戏产业报告计算，2013~2021 年，中国自主研发的游戏海外市场年度收入持续增长，从 2013 年的 18.20 亿美元增长到 2021 年的 180.13 亿美元，收入增长了近 9 倍（见图 7-13），年均增长率高达 33.2%。在根据内容细分的移动游戏中，2020 年、2021 年，最受欢迎的游戏类型是策略类，其收入占比分别为 37.18%、41.40%；其次是角色扮演类和射击类。这三者共占收入的 2/3。2018 年、2019 年，策略类、角色扮演类、射击类三种类型占据的市场份额更高，分别为 83.6% 和 73.4%。

图 7-13　2013~2021 年中国自主研发的游戏海外市场年度收入及增长率

资料来源：根据中国音数协游戏工委年度报告汇总。

中国游戏海外市场广阔，美国是最大市场。2019~2021 年，在中国自主研发的移动游戏海外收入中，美国市场分别以 30.90%、27.55%、32.58% 的比重蝉联第一；日本、韩国则分别稳居中国自主研发游戏海外市场的第二、三位。出口这三个地区的中国自主研发的移动游戏总收入占比由 2019 年的 67.6% 下降到 2021 年的 58.31%，出口其他地区的收入占比逐年上升，说明我国游戏产业正不断探索新兴市场，拓展海外市场的广度和深度。

（四）中国出入境人次和来华外国人入境游人次持续增长

中国出入境人次有明显上升趋势。根据公安部的数据，由 2013 年的 6.73 亿人次上升到 2019 年的 10.14 亿人次；内地（大陆）居民、港澳台居民的出入境人次都有增加之势，不过，内地（大陆）居民增加更为明显。在港澳台居民中，香港居民的出入境人次占比虽然从 75% 下降到 71%，但数量有所增长；澳门居民出入境人次数量与占比都有增长趋势；台湾居民出入境人次数量有所增加，占比保持稳定。

来华外国人入境游人次持续增长。2013~2018 年，除 2015 年外，外国人来华入境游人次持续增长。在来华入境游的外国人中，亚洲人最多，占比在 61%~64%，其次是欧洲人和北美洲人，占比分别是 19%~22%、11%。来华入境过夜旅游者的人次同样逐年递增，由 2013 年的 5568.59 万人次增长到 2021 年的 6573.00 万人次。

中国国内居民出境人数持续增长。2013~2019 年，中国国内居民出境人数持续增长，且因私出境人数的占比从 94% 增长到 96%。

中国国际旅游外汇收入持续增长，商品销售成为该外汇收入重要来源。新冠疫情前，随着出入境人次的持续增多，2015~2019 年中国的国际旅游外汇收入逐年递增（见图 7-14）。国际旅游的外汇收入主要来源于长途交通，其占比从 2015 年的 39% 下降到 2019 年的 31%；其次来源于商品销售，其份额由 2015 年的 18% 提升到 2019 年的 23%。按照份额大小，2015~2019 年的国际旅游外汇总收入构成依次是长途交通、商品销售、住宿、餐饮、其他服务、娱乐、市内交通、邮电通信。

图 7-14　2015~2019 年中国国际旅游外汇收入年度总额

资料来源：国家统计局。

四　文化产品加工制造贸易及文化产业投资优势显著

我国是文化产品加工制造和进出口贸易全球领先的大国，也是全球文化产业投资的大国。这对于进一步推动我国与全球国家的文明互鉴，对于扩大对外开放、加强民心相通、加快人类命运共同体建构，有着重要的推动作用。

（一）工艺品、加工制造及文化设备附加值显著提升

工艺美术品与收藏品贸易是文化贸易的传统大类，具有悠久的历史，在我国对外贸易格局中也占据重要地位。2014~2019 年，我国工艺美术品与收藏品受中美贸易摩擦影响，贸易额有所波动，但是每年仍然保持贸易顺差；2020~2021 年，虽然受到新冠疫情影响，进出口总额反而由 2018 年前后的低谷转向回升态势，在 2021 年创造了进出口总额 489 亿美元、贸易顺差 309.2 亿美元的佳绩。[①]

文化用品的进出口贸易，受中美贸易摩擦及新冠疫情的影响较小。文化用品类目下的文具、乐器、玩具、游艺器材及娱乐用具等主要类项，无论是进出口总额、出口额、进口额和贸易差额，基本实现了大幅增长。截至 2021 年，文化用品进出口总额达到 824.6 亿美元，贸易顺差 770.4 亿美元，与 2014 年相比分别实现了 172% 和 181% 的增长（见表 7-1）。

---

① 国家统计局社会科技和文化产业统计司、中宣部文化体制改革和发展办公室编《中国文化及相关产业统计年鉴》（2015~2022），中国统计出版社，2015~2022。

表 7-1　2014 年、2021 年文化用品进出口情况

单位：亿美元

项目	2014 年				2021 年			
	进出口总额	出口额	进口额	贸易顺差	进出口总额	出口额	进口额	贸易顺差
文化用品	303.4	288.9	14.5	274.4	824.6	797.5	27.1	770.4
文具	1.4	1.4	0.0	1.4	2.3	2.3	0.0	2.3
乐器	20.3	17.1	3.2	13.9	29.1	23.4	5.7	17.7
玩具	145.2	141.4	3.8	137.6	471.5	461.2	10.3	450.9
游艺器材及娱乐用具	136.8	129.1	7.7	121.4	321.7	310.6	11.1	299.5

资料来源：《中国文化及相关产业统计年鉴》（2015、2022）。

文化专用设备进出口情况则体现了我国文化产业的另一个重要进展。受中美贸易摩擦及新冠疫情影响，文化专用设备进出口总额有所下降，从 2014 年的 221.45 亿美元缩减为 2021 年的 187 亿美元，下降幅度约为 16%。但与此同时，贸易顺差从 14.7 亿美元扩大为 124.7 亿美元，迅猛增长了 748%。这说明中国制造的工业附加值急速提升。[①]

（二）文化产业投资彰显我国持续开放决心

文化产业投资是文化贸易的重要组成部分。其中，文化产业对外直接投资与国外文化产业对华直接投资，是我国持续扩大开放的重要体现。近年来，我国文化产业投资虽然受到中美贸易摩擦、新冠疫情等影响，但总体上仍然保持了较高的增长速度，这深刻表明了我国坚持同世界共享发展机遇，坚持推动经济全球化朝着更加开放、包容、普惠、平衡、共赢方向发展，着力推动全球文明文化共享互鉴、民心相通。

党的十八大以来，文化交流、文化贸易和文化投资并举，推动中华文化走向世界的新格局已形成。其中，越来越多具有规模和实力的文化企业

① 国家统计局社会科技和文化产业统计司、中宣部文化体制改革和发展办公室编《中国文化及相关产业统计年鉴》（2015~2022），中国统计出版社，2015~2022。

积极加大在海外的投资，已成为我国文化"走出去"的重要力量。自 2015年以来，我国文化、体育和娱乐业对外直接投资增长迅速，2015 年、2016年的直接投资额分别达到 17.47 亿美元、36.86 亿美元。2020 年受新冠疫情等因素影响，我国文化、体育和娱乐业对外投资有所回落；但 2021 年已经恢复了正向增长。截至 2021 年，我国对外直接投资存量达到 120 亿美元，比 2016 年增长了 52%。[①]

国外文化产业对华投资是体现我国对外开放水平的重要内容。国外文化产业对华投资在拉动中国经济增长、增加就业、贡献税收、扩大进出口贸易、改善国际收支、满足市场需求、提升企业治理水平、促进技术进步和经济结构升级、推动中外交流等方面有着正面的推进作用。自 2015 年以来，文化、体育和娱乐业使用外资合计超过 34 亿美元，在新冠疫情期间的2020 年、2021 年仍然分别保持了 4 亿美元和 4.4 亿美元的外资使用量，显示了中国文化市场的强大吸引力。[②]

第四节　数字技术全方位创新中外文化交流内容与形式

数字技术深刻改变文明交流互鉴的语境、场景与形式。当下中国的数字技术正在全方位创新中外文化交流方式。我国的网游、网剧、网文、音乐海外关注度和认同度较高，传播范围遍布六大洲。截至 2022 年底，中国网络文学已向海外输出作品 1.6 万余部，海外用户超过 1.5 亿人。中国游戏

---

① 资料来源：商务部网站"'走出去'公共服务平台"之"统计数据"栏目，http://fec.mofcom.gov.cn/article/tjsj/tjgb/。

② 国家统计局社会科技和文化产业统计司、中宣部文化体制改革和发展办公室编《中国文化及相关产业统计年鉴》（2016~2022），中国统计出版社，2016~2022。

产业已经成为数字内容出海的中坚力量。2021 年，我国自主研发游戏海外市场销售收入达 180.13 亿美元，同比增长 16.59%。

一　数智化推动中外文化交流全面创新

数字技术不断发展，对中外文明交流互鉴的语境和方式产生了深刻影响。从传统的笔墨纸砚到新时代各种各样的数字产品，技术在发展，文化交流也以数字形式展开。数字传播技术创造出丰富的数据储备、智能的实时分析和便捷的对话空间，能够为中外文明交流互鉴提供便捷的技术条件。[①]

新时代以来，随着数字文化建设的推进，我国同各国一道，通过数字传播技术推动文明交流互鉴。比如，通过 AR 技术的应用在视觉效果、内容呈现、互动体验等方面助推优秀传统文化走向世界，更好地推动我国与世界各国的文化交流。

数字技术改变传播关系，人人传播中国故事的时代已经到来。"李子柒""阿木爷爷""滇西小哥"……越来越多的普通中国人，正在以海外受众易于接受的方式讲述中国故事、传播中国文化，受到海外用户的欢迎。新一代年轻人热爱传统文化并且勇于创新；在互联网技术、通信技术的加持下，喜欢汉服、古风歌曲等中国文化的年轻人在社交媒体中相遇，正在创造属于他们也属于世界的中国潮流。

数字媒介创新文化产业形态，为文化"走出去"带来新变量。网络视听、直播、网络文学等新兴数字内容产业开始兴起并初具规模，其中蕴含着人文交流的丰富机遇。数字平台成为全球信息分配的"新贵"，同样也影

---

① 胡正荣：《倡导平等、互鉴、对话、包容的文明观——推进中外文明交流互鉴（新知新觉）》，《人民日报》2022 年 9 月 7 日，第 9 版。

响中国文化在海外的流量走向。中国数字平台不仅向发达国家扩散，BIGO LIVE、Yalla 等中国各类数字平台也在东南亚、中东等地区发展壮大。

元宇宙和人工智能等新兴技术将持续给全球文化交流带来新变化。区块链、人工智能（AI）、交互传感等技术的融合有可能解决长期制约国际传播有效性的三大障碍——体验缺失、身份模糊与语言不通。[①] 大数据、人工智能、云计算等智能技术正在开启新赛道，以 5G 为代表的通信基础设施以及以数据中心为代表的算力基础设施等数字技术成为文化交流互鉴的媒介基础设施，这些媒介技术的推广将为全球文化交流创造出新应用、新业态、新模式。

二　数字技术架起通向世界各国文化的桥梁

文明因互鉴而发展，世界各国文化成果搭乘数字技术进入中国，推动了文化间的交流互动。世界优秀文化"引进来"离不开政策支持和相关企业的努力。全球数字文化的发展也对中国的数字文化生态产生了影响。

（一）世界文化"引进来"，丰富人民文化娱乐生活

习近平主席指出，"中华文明始终在兼收并蓄中历久弥新"[②]。新时代以来，中国的数字化进程加快，海外文化利用数字技术与各类数字平台在中国传播，满足了人民群众多样化的文化需求，丰富了中国人民的文化生活，中外文化交流互鉴持续深入发展。日本动漫产品通过"B 站"等网络平台得

---

① 胡正荣、蒋东旭：《元宇宙国际传播：虚实融合空间中的交往行动》，《对外传播》2022 年第 4 期。

② 《习近平：深化文明交流互鉴　共建亚洲命运共同体——在亚洲文明对话大会开幕式上的主旨演讲》，《人民日报》2019 年 5 月 16 日。

到传播，受到中国年轻人的关注和喜爱。与此同时，"B 站"也积极展开海外版权合作，参与内容的联合出品与制作。网络同样已经成为海外影视剧在中国传播的重要途径。2014 年初，《来自星星的你》风靡中国大江南北，大量网民通过爱奇艺等文娱平台观看韩剧。继韩剧之后，泰剧在中国网络掀起热潮，进一步满足中国观众多元化的观影需求。优酷、腾讯、"B 站"等视频门户网站均设立泰剧分区，供喜欢泰剧的观众搜索观看。通过观看泰剧感受泰国国情和文化，成为国人了解泰国文化的重要途径。

《英雄联盟》《炉石传说》《地下城与勇士》《我的世界》等进口游戏在中国受到玩家瞩目。由美国拳头游戏开发的《英雄联盟》2017 全球总决赛落户中国，备受关注。多元文化的交流也促进了中国游戏的创作。[1] 新时代以来，根据国家新闻出版署公布的"国产网络游戏审批信息"与"进口网络游戏审批信息"，获得网游版号的国产游戏多达 2 万余款，是进口网游版号数量（1000 余款）的 10 多倍。[2] 中国在借鉴海外游戏的基础上融入国风元素，创造了独特的中国风格。

（二）打造文化交流平台，推动数字文化合作

引进海外优秀文化成果、推动文明交流互鉴离不开各国政府和相关企业的努力。中国政府在构建"网络空间命运共同体"以及"深化网络文化交流互鉴"等方面提出一系列主张。2015 年 12 月 16 日，习近平主席在第二届世界互联网大会开幕式上发表主旨演讲，提出要打造网上文化交流共享平台，促进交流互鉴，并表示愿同各国一道，发挥互联网传播平台优势，

---

① 李小牧主编《中国国际文化贸易发展报告（2017）》，社会科学文献出版社，2018，第 128 页。
② 国家新闻出版署："国产网络游戏审批信息"和"进口网络游戏审批信息"，https://www.nppa.gov.cn/bsfw/jggs/yxspjg/gcwlyxspxx/。

让各国人民了解中华优秀文化，让中国人民了解各国优秀文化，共同推动网络文化繁荣发展，丰富人们精神世界，促进人类文明进步。[1]2017 年外交部和国家互联网信息办公室共同发布了《网络空间国际合作战略》，提出要"深化网络文化交流互鉴，让互联网发展成果惠及全球，更好造福各国人民"。[2]

2021 年举办的中英互联网圆桌会议、中坦网络文化交流会等一系列活动促进了中外文化交流。2023 年 6 月，世界互联网大会选择在山东尼山——孔子的诞生地、儒家思想的发源地——举办数字文明对话，探索如何在数字时代更好挖掘中华传统文化与智慧的时代价值，构建交流、互鉴、包容的数字世界。这一个个推动网络空间合作的活动，是中国以互联网为桥梁促进文明互鉴的见证。

（三）吸纳世界数字文化成果，中国数字文化产业创新发展

习近平总书记提出："要秉持开放包容，坚持马克思主义中国化时代化，传承发展中华优秀传统文化，促进外来文化本土化，不断培育和创造新时代中国特色社会主义文化。"[3]文明因互鉴而发展，正是各国政府、市场以及互联网的推动，促进了世界优秀文化在中国落地开花，中国新时代的数字文化能够吸收世界文化的精华，书写属于中国的故事并向世界回馈独具特色的中国数字文化。

互联网的畅通让中国人民能够大量接触世界各地的新数字模式，许多

---

① 习近平：《在第二届世界互联网大会开幕式上的讲话》，《人民日报》2015 年 12 月 17 日，第 2 版。

② 新华社：《中国发布〈网络空间国际合作战略〉》，中华人民共和国中央人民政府网站，2017 年 3 月 1 日，https://www.gov.cn/xinwen/2017-03/01/content_5172262.htm。

③ 《习近平在文化传承发展座谈会上强调：担负起新的文化使命 努力建设中华民族现代文明》，《人民日报》2023 年 6 月 3 日，第 2 版。

中国有志青年在互联网创业浪潮中，创造新的数字产业生态。腾讯公司于2011年推出了微信，中国人语音聊天有了新的方式。2016年抖音一上线，就红遍了大江南北，带动短视频行业的升值。游戏直播等新业态不断涌现。根据中国音像与数字出版协会游戏出版工作委员会发布的《2021年中国游戏产业报告》，2021年，中国游戏市场实际销售收入2965.13亿元，用户规模达到6.66亿。

三 数字文化出海提升中华文化传播力影响力

中国数字平台在国际市场上的发展，扩展了文明互鉴交流的渠道，进一步扩大了中华文明影响力。中国文化出海屡创佳绩，与相关政策的支持以及中国企业的运营智慧息息相关。

（一）中国数字文化走向全球，展现灿烂数字文化

《中国数字文化出海年度研究报告（2022年）》的数据显示，游戏、影视剧、音乐海外关注度和认同度都较高，传播范围遍布六大洲。其中，爱奇艺视频和腾讯视频海外版WeTV作为自建平台，扩展了中国影视海外发行的渠道。《中国网络文学在亚洲地区传播发展报告》显示，截至2022年底，中国网络文学已向海外输出作品1.6万余部，海外用户超过1.5亿人。STARY的Dreame、腾讯的Webnovel、字节跳动的Fizzo、小米的Wonderfic，成为中国网络文学"走出去"的助推器。经过多年发展，中国游戏产业已经成为数字内容出海的中坚力量。2021年，我国自主研发的游戏海外市场销售收入达180.13亿美元，同比增长16.59%。[1]米哈游、莉莉丝、网易、

---

[1] 中华人民共和国商务部服务贸易和商贸服务业司：《中国数字贸易发展报告2021》，中华人民共和国商务部网站，http://images.mofcom.gov.cn/fms/202301/20230117111616854.pdf。

完美世界等中国游戏公司成为行业领军者。中国的社交平台已经在国际上掀起了浪潮，数字文化超越国界，为文化互鉴建立了广阔的网络舞台。

这些文化产品利用精品化运营和传播，利用数字技术传承中国文化，通过不断融合中国历史文化底蕴，打造原创文化精品，充分彰显了中国特色。例如，游戏《原神》中的 3D 世界"璃月"就以中国为原型，山石奇景均有中国五湖四海美景的影子。2022 年 9 月，16 部中国网络文学作品首次被收录至大英图书馆的中文馆藏书目之中，这些作品涉及多个题材，从不同面向展现了中华文化。同时，自媒体行业成为中国文化"走出去"的重要力量。截至 2023 年 4 月，李子柒在 YouTube 上拥有 1740 万粉丝，她通过社交媒体平台把关于中国的景观、田园生活和人情故事成功传播到世界各地。

科技日新月异，各类新兴技术影响着社会生产生活，也影响着文化传播的形态与效率。近年来，国家博物馆的"艾雯雯"，以"敦煌飞天"为蓝本打造的"天妤"等虚拟数字人的出现，让中华文化国际传播有了新的形式。2023 年，ChatGPT 技术引发了极大关注，给数字文化内容创作带来深刻影响，比如，在降低网络文学的翻译成本等方面发挥了一定作用。

（二）政策推动合作共赢，中国智慧深耕本土

中国文化出海屡创佳绩、硕果累累，离不开新时代以来相关政策的支持以及中国企业摸索出来的运营模式。为了推动文化贸易出海，2014 年 3 月，《国务院关于加快发展对外文化贸易的意见》出台，从明确支持重点、加大财税支持、强化金融服务以及完善服务保障等四个方面提出了支持对外文化贸易发展的政策措施。为推进对外文化贸易创新发展，商务部等 27 个部门于 2022 年 7 月出台了《关于推进对外文化贸易高质量发展的意见》，具体任务举措包括扩大优质文化产品和服务进口、大力发展数字文化贸易、

扩大出版物出口和版权贸易、鼓励优秀广播影视节目出口、加强国家文化出口基地建设、加强知识产权保护等 28 项。

为引领和服务企业开拓海外市场、推动数字文化产业高质量发展，自 2011 年起，上海、北京、深圳 3 家国家对外文化贸易基地先后获准命名。国家对外文化贸易基地（上海）还发布了"千帆计划"，为中国精品游戏出海提供了政策支持、版权服务、出海保障、贸易渠道等有利的出海环境和条件。[①] 此后，为打造一批具有中国特色、中国风格、中国气派的优势文化产品和服务，2023 年文化和旅游部产业发展司确定了 12 家国家对外文化贸易基地[②]，目的在于提升文化产品和服务的影响力。

与此同时，爱奇艺以及赤子城科技等出海公司通过与当地品牌推广机构合作，结合当地的市场环境以及用户需求策划不同活动以推进渠道运营与品牌管理，在深耕全球化市场中发挥重要作用。

（三）交流互鉴共创价值，彰显中国文化魅力

中国文化"走出去"能够让世界人民感受中国文化的魅力，并在本土化过程中赋能当地的文化发展与社会发展，构建人类命运共同体。

中国社交媒体平台立足于全球各地人民的生活需求，洞察生活细节，让科技促进人与人之间的连接，为当地人民和产业发展创造价值。全球直播视频社交平台 Bigo Live 自 2016 年上线以来，为近 4 亿月活量的用户提供直播机会。不仅如此，Bigo Live 在印度创建和推广免费的在线教育频道，让当地人获得语言练习和技能培训的机会。作为中东当地市场领

---

① 陈宇曦：《国家对外文化贸易基地在沪推"千帆计划"：数字文化内容出海》，澎湃新闻，2020 年 7 月 29 日，https://www.thepaper.cn/newsDetail_forward_8485082。

② 中华人民共和国文化和旅游部：《关于国家对外文化贸易基地名单的公示》，中华人民共和国文化和旅游部网站，2023 年 6 月 1 日，https://zwgk.mct.gov.cn/zfxxgkml/cyfz/202306/t20230601_944176.html。

先的互联网社交企业，赤子城科技通过在 YoHo 中上线慈善房间（Charity Room），邀请志愿者向平台用户普及儿童癌症的预防措施，号召用户向埃及慈善医院捐款。数字技术让世界人民彼此联通，在交互过程中实现价值共创。

中国数字文化以人们喜闻乐见的方式让世界人民感受到中华文化的魅力。人类命运共同体的构建离不开文明之间的对话，中国数字文化出海不仅肩负着讲好中国故事的使命，更肩负着利用科技打破跨文化交流障碍、促进多文明对话沟通的使命。全球市场是多种文明交织的复杂体，中国数字文化产业能否适应全球市场并且可持续发展？这不仅是对企业竞争力的考验，也是对中国文化创新力的考验，这些议题都值得深入研究。

第五节　文明交流互鉴渐开新局

国之交在于民相亲，民相亲在于心相通。目前我国已与 160 多个国家和地区建立了科技合作关系，与 157 个国家签署文化和旅游合作政府间文件，成功举办 30 余个大型旅游年（节），成功举办冬奥会等重大体育赛事。同时，全社会参与民间人文交流的热情不断高涨，"五个文明"协调发展，参与主体日益多元，内容形态日渐丰富，方式方法推陈出新，全方位、多层次、宽领域的文明交流互鉴新格局正在形成。

一　双边多边交往渠道日益拓展

强大的组织优势和强有力的执行能力，是中国打开文明交流互鉴新局面的"金钥匙"。

（一）元首外交，传递中国声音

早在 2014 年 3 月，习近平主席在联合国教科文组织总部发表演讲时就提出，文明因交流而多彩，文明因互鉴而丰富。此后，在 2014 年 9 月纪念孔子诞辰 2565 周年国际学术研讨会、2017 年 1 月联合国日内瓦总部演讲、2019 年亚洲文明对话大会等众多重大场合上，这一理念经由习近平主席多次阐释，不断丰富和深化。时值百年未有之大变局，化解人类社会共同面临的矛盾症结，不仅要依靠物质力量攻坚克难，也要依靠精神力量团结共进，特别是要慎重考量道路、文明与命运的关系。2023 年 3 月 15 日，习近平总书记在中国共产党与世界政党高层对话会上提出了"全球文明倡议"，这是继"全球发展倡议"和"全球安全倡议"后，紧紧围绕构建人类命运共同体的重大命题提出的又一全球性质的倡议，影响深远。这些相关表述成为中国进行对外交往的重要理念，为世界文明交流互鉴指明了方向。

（二）与国际组织合作，彰显负责任大国形象

中国特色社会主义进入新时代以来，我国始终尊重并维护联合国的权威和地位，加强与"文明联盟"等机制的沟通对接，与各方共同推动落实《不同文明对话全球议程》《和平文化宣言和行动纲领》重要文件，同时持续深化与联合国教科文组织、联合国世界旅游组织、国际奥林匹克委员会、世界卫生组织、红十字国际委员会等组织的战略合作，积极参与人文交流领域国际公约事务，推动人文交流国际规则朝着更加公平、正义、多元、开放的方向发展，成为维护多边主义的中流砥柱。中国还积极开展对外援助，通过人力资源联合培训，为广大发展中国家培养一批从事文化保护、文物修复、文旅产业、旅游管理、卫生医疗、体育培训的专业人才，带动了各国文化事业共同进步，展现出积极的负责任大国形象。

（三）新闻媒体是传播的主阵地

2016年党的新闻舆论工作座谈会提出支持中央主要媒体"走出去"，打造具有较强国际影响的旗舰媒体。同年底中国环球电视网（CGTN）正式开播，在《人民日报》、新华社等其他承担对外传播职能的中央媒体协同下，国际传播矩阵初现规模。截至2023年，CGTN已建立6个电视频道、58个广播频率、1个国际视频通讯社、21个海内外新媒体平台、332个社交媒体账号传播集群，社交媒体海外粉丝数超3亿，每天24小时以英语、西班牙语、法语、阿拉伯语、俄语五种语言进行报道，电视频道拥有6.7亿海外用户，覆盖全球160多个国家和地区。推出的《经典里的中国智慧》《千年调·宋代人物画谱》《大师列传》《寻找小行家》等作品都取得了不俗成绩。

（四）企业递出海外民众认知中国的"黄金名片"

企业是共建"一带一路"的重要推动力量，其提供的产品和服务是海外民众感知中国风貌、认识中国文化的直观载体。根据国务院国资委和中国社会科学院联合发布的《中央企业海外社会责任蓝皮书（2021）》，践行"一带一路"倡议十年来，中国企业在高水平对外开放新格局中勇担责任，不仅完成了中欧班列、中巴经济走廊、雅万高铁、亚吉铁路等标杆性基础设施建设项目，带动共建国家和地区经济生态迸发生机；还切实承担在产业、经贸、科技创新、公共卫生、生态保护、信息披露和社会沟通等领域的社会责任，始终将当地人民的现实需求放在首位，致力于消除贫困、增加就业、改善民生，让民心相通的果实更加丰硕，真正让"一带一路"共建成果惠及民众。根据中国外文局发布的《中国企业形象全球调查报告2021》，一半受访者认为共建"一带一路"成效超出预期，83%的18~35岁受访者对中国企业履行社会责任取得的效果给予好评。

（五）智库、高校推动国际交流高质量发展

相较于其他官方机构，智库和高校具有推动国际人文交流的双重优势，扮演着思想提供者、人才培养者、效能提升者的角色：一是依托学科齐全、人才集中、资料丰富的优势，形成了国际交往的便利条件；二是提供的意见建议更具中立性，因而有着更高的可信度。中国社会科学院作为马克思主义的理论研究阵地、为党中央和国家决策服务的思想库智囊团、中国哲学社会科学研究的最高学术机构和全国哲学社会科学综合研究中心，始终将广泛开展对外学术交流作为长期坚持的方针。通过互派学者考察访问、开展合作研究、互派长期留学进修生、举办双边或多边学术研讨会、互邀学者讲学等多种形式，已与众多国外研究机构、学术团体、高等院校、基金会和政府有关部门建立了交流关系。2023 年 7 月 5 日，中国社会科学院主办"中国与世界：携手构建人类命运共同体"国际研讨会，来自国外政界、国际组织、社会科学领域 200 余名专家学者与会，这反映了智库以专业动能为支撑，具有汇聚国际社会各方力量的优势。

二　人文交流引发全球情感共鸣

新时代以来，对外民间人文交流蓬勃发展，涌现出一批新的文化代言人，他们善于发挥个人身份特质和行业专长，推动文化交流互鉴再结新果。

（一）中外青年正走向文明交流互鉴的舞台中央

青年是全社会最富活力、最具有创造能力的群体，青年如何看待、思考和应对全球性挑战，将决定未来国际社会的发展面貌。近年来，中外青年通过学习深造等形式，在交流中见证中国和世界的发展，加深对全

球多元文明的了解。不少来华留学生也积极讲述中国故事，帮助世界更好地读懂中国。他们逐渐成为弘扬全人类共同价值的生力军、推动构建人类命运共同体的重要力量。习近平主席曾多次给中外青年代表回信：2020年5月17日，在给北京科技大学全体巴基斯坦留学生的回信中，对各国优秀青年来华学习深造表示欢迎，鼓励他们多同中国青年交流，同世界各国青年一道，携手为促进民心相通、推动构建人类命运共同体贡献力量；2021年6月21日，在给北京大学留学生的回信中，鼓励他们更加深入地了解真实的中国，把想法和体会介绍给更多的人，为促进各国人民民心相通发挥积极作用。2023年7月28日，第三十一届世界大学生夏季运动会在成都开幕，来自113个国家和地区的大学生体育代表团入场，成为青年弘扬体育精神、展示青春风采、铸就团结友谊的又一有力注脚。

（二）以华人华侨为纽带不断发展壮大海外友好力量

根据2023年《国务院关于新时代侨务工作情况的报告》，当前我国海外侨胞总数逾6000万人，分布在世界近200个国家和地区。中国特色社会主义进入新时代以来，侨胞的经济科技实力、融入主流社会意识、中华民族和文化认同都得到了不断增强。海外侨胞具有融通中外的独特优势，是促进世界和平与中外友好的重要桥梁和纽带。一方面，新时代以来我国取得的历史性成就，极大激发了海外侨胞的民族认同、国家认同和文化认同，他们以春节、中秋等中华传统节庆为载体自发举办各类文化活动，成为所在地民众了解中华文化魅力的独特窗口；另一方面，海外侨胞一直是中餐、中医、华文教育等中华优秀传统文化在海外传承和传播的主力军，也是国产电影电视、综艺节目"走出去"的热心观众，为增强中华文化亲和力、感染力、吸引力和影响力作出了积极贡献。

（三）全社会参与民间人文交流的热情不断高涨

信息技术产业的蓬勃发展，使中国拥有多元的线上平台、庞大的数字用户体量、较为成熟的网络生态社群，为民间人文交流提供了重要依托。中国互联网络信息中心发布的第 52 次《中国互联网络发展状况统计报告》显示，截至 2023 年 6 月，我国网民规模达 10.79 亿人，较 2022 年 12 月增长 1109 万人，互联网普及率达 76.4%，各类互联网应用持续发展，其中最热门的即时通信、网络视频和短视频用户量都在 10 亿以上。大批掌握数字媒介素养、关心人类文明进程的网民自愿加入线上交往中，他们以日常生活为切入点，以润物细无声的方式，成为中国文化"走出去"和世界文化"引进来"的亮丽风景线。其中，一批掌握跨文化沟通资源的用户，依托自媒体平台进行轻松活泼、民众喜闻乐见的图文创作和音视频发布，吸引并凝聚起一批特定跨国受众，已成为最佳的"民间代言人"。

三　科教文卫体对外交流全面繁荣

科技、教育、文化、卫生和体育等公共事业是满足人民精神文化需求、发展社会主义先进文化的途径，其开放交流的深度和广度，直接关系文明交流互鉴大局。新时代以来，中国加大力度支持科教文卫体事业发展，"走出去"和"引进来"双线并举，创造了全面繁荣局面。

（一）国际科技交流合作广度和深度明显拓展

科学技术具有时代性和世界性。加强科技开放合作是中国政府一贯坚持的原则，科技开放始终走在改革开放各领域前列。中国既是国际前沿创新的重要参与者，也是共同解决全人类问题的重要贡献者。据科技部 2023 年"权威部门话开局"系列主题新闻发布会，我国已与 160 多个国家和地区建立了科技合作关系，签订了 116 个政府间科技合作协定，近年来在科技抗疫、生物多样性、气候变化和清洁能源等多个领域开展了务实合作，在科技扶贫、创新创业、技术转移和空间信息服务等多方面惠及共建"一带一路"众多国家，培养了一批具有显著国际声誉的大师、战略科学家、一流科技领军人才和创新团队、青年科技人才、卓越工程师、大国工匠、高技能人才，有力地带动了我国科技国际声誉的整体提升。同时，我国正进一步加大科技对外开放，营造良好开放创新生态。试点设立了面向全球的科学研究基金，支持外籍科学家领衔和参与国家科技计划，通过联合研究增强应对全人类共同问题的能力，为来华工作的外国人才开通更加便捷高效的政策通道。

（二）国际教育合作打开全新局面

加强同共建国家教育领域互联互通，是厚植民意根基的必要步骤，对于创新人才培养路径，强化教育链、人才链和产业链的有机衔接，进一步服务国际交往大局具有关键作用。根据教育部 2022 年"教育这十年"新闻发布会，新时代以来，中国教育以更加开放自信主动的姿态走向世界舞台，已与 181 个建交国普遍开展教育合作交流，与 159 个国家和地区合作成立孔子学院或开设孔子课堂，并与 58 个国家和地区签署了学历学位互认协议。其中，深入实施共建"一带一路"教育行动成为工作重点。目前已建设 23 个鲁班工坊，启动海外中国学校建设试点，成立了"中国—东盟职业教育联合会"、中国上海合作组织经贸学院，制订了"未来非洲—中非职业教育合作计划"，深化中国—中东欧教育交流合作，点面结合的区域教育合作机制不断完善。与此同时，鼓励更多青年学子参与到国际教育交流中去，以信息化手段支撑全链条留学服务体系，开通"国家留学人才回国就业服务平台"，各类出国留学人员中超过八成完成学业后选择回国发展，中外合作办学蓬勃开展，审批、管理、评估、退出机制不断完善。

（三）中外文化和旅游交流合作基础全面夯实

文化和旅游是最为普遍和广受欢迎的民间交往形式。新时代以来，文旅领域不断壮大，已经形成覆盖全球的政府间和民间交流网络。文化和旅游部统计显示，中外文化和旅游交流合作呈现如下特点。一是双边、多边合作机制不断扩展。我国已与157个国家签署文化和旅游合作政府间文件，上海合作组织成员国文化部长会晤、金砖国家文化部长会议、文明古国论坛部长级会议等16个多边机制稳步运行，海外中国文化中心和驻外旅游办事处建设加快推进。二是大型交流活动多点开花。亚洲文明对话大会、"相约北京"奥林匹克文化节等文化盛会异彩纷呈，中意文化和旅游年、中卡文化年等30余个大型旅游年（节）成功举办，丝绸之路国际剧院联盟、博物馆联盟、艺术节联盟、图书馆联盟等纷纷成立，丝绸之路国际艺术节、敦煌国际文化博览会、长城国际民间文化艺术节等备受欢迎，"欢乐春节""美丽中国"等全球化品牌和"艺汇丝路""丝绸之路文化之旅"等品牌建设精准发力。同时，我国文旅项目"引进来"的数量和质量也不断攀升，北京国际音乐节、中国上海国际艺术节、中国成都国际非物质文化遗产节，为增进中国民众参与世界文化、推动文化交融搭建了高规格平台。

（四）共建人类卫生健康共同体成效显著

中国始终坚持推进卫生健康国际交流合作，积极参与全球卫生治理，主动分享中国健康卫生治理的实践经验，坚定支持世界卫生组织在全球卫生事务中发挥领导协调作用，以实际行动推动构建人类卫生健康共同体，赢得了相关国家的高度赞扬。根据2023年5月国家卫生健康委员会关于参加第 76 届世界卫生大会的新闻发布会，中国积极推动建设"健康丝绸之路"，打造援外医疗新亮点，60 年来向全球 76 个国家和地区累计派出 3 万人次的中国医疗队队员，诊治患者超过 2.9 亿人次。中国在与国际社会携手抗击传染病疫情、守护人类共同健康方面发挥着领先作用。特别是全球新冠疫情发生以来，中国在做好自身防疫工作的同时，与世界卫生组织及有关国家保持密切联系，累计向 153 个国家和 15 个国际组织提供抗疫物资，与全球 180 多个国家和地区、10 多个国际组织共同举办疫情防控、医疗救治等技术交流活动 300 余场。中国还率先支持疫苗研发和知识产权的豁免，最早承诺将新冠疫苗作为全球公共产品，并向 120 多个国家和国际组织供应超过 22 亿剂次的新冠疫苗。

（五）体育外交传递中国魅力

体育事业具有超越种族、肤色、语言、性别等界限的独特魅力，有益于突破冷战思维和集团思维，帮助人类回归到更高、更快、更强、更团结的共同愿景中。体育在当前文明交流互鉴中发挥着越来越独特的作用，具体表现在以下方面。其一，体育活动成为开展元首外交的新兴亮点。2014 年 2 月，习近平主席出席俄罗斯索契冬奥会，这是中国国家元首首次出席在境外举办的大型国际体育赛事。2017 年 1 月，习近平主席到访瑞士洛桑国际奥委会总部，这是历史上第一位到访国际奥委会的中国最高领导人。国家体育总局积极落实领导人会晤成果，出台了《"一带一路"体育旅游发展行动方案》，重点指导开展了"丝绸之路国际汽车拉力赛""中国武术丝路行"等代表性国际交流项目。其二，以重大国际体育赛事为舞台，弘扬中华体育精神和奥林匹克精神。2022 年北京冬季奥运会和冬季残奥会相继举行，在"一起向未来"的主题引领下，来自 91 个国家和地区的代表团参加了冬奥会，来自 48 个国家和地区的运动员参加了冬残奥会。两场运动会的成功举办不仅在疫情期间保障了国际运动员的技能切磋，还带动了冰雪运动的全球普及，雪花汇聚一处的开幕场面更是成功传递出中国与世界携手并进的人文理念。除此之外，南京青年奥林匹克运动会、成都世界大学生夏季运动会、杭州亚洲运动会等都让体育精神与文化内涵相得益彰。其三，推动中华优秀传统体育文化"走出去"。加大实施《中华优秀传统体育文化"走出去"工程》，鼓励太极拳、武术、围棋、龙舟等体育项目在海外推广，更好地服务于追求健康的全球习练群众。

文明交流互鉴始终是增进各国人民友谊的桥梁、推动人类社会进步的动力、维护世界和平的纽带。新时代以来，在构建人类命运共同体的顶层设计理念引领下，中华民族现代文明在走向世界的过程中不断兼收并蓄并繁荣壮大，话语形态推陈出新，国际文化贸易高质量、创新性发展，数字技术破壁搭台、赋能增效，全方位、多层次、宽领域的全新交流格局正在形成，可谓理论与实践硕果累累。2023年10月18日习近平主席在第三届"一带一路"国际合作高峰论坛开幕式上的主旨演讲指出，中方将同共建"一带一路"各国加强能源、税收、金融、绿色发展、减灾、反腐败、智库、媒体、文化等领域的多边合作平台建设，并强调共建"一带一路"源自中国，成果和机遇属于世界。在各国前途命运紧密相连的今天，中华民族现代文明在交流互鉴中将坚持彰显自主性、和平性、包容性精神底色，为推动人类社会现代化进程、繁荣世界文明百花园持续助力！

专题报告一

2023 年
中国居民文化发展满意度报告

2023 年
中国居民文化发展满意度报告

一　中国居民文化发展满意度研究概述

文化是一个国家、一个民族的灵魂。文化兴国运兴，文化强民族强。本报告立足新时代"推动文化繁荣、建设文化强国、建设中华民族现代文明"文化使命，旨在全面系统分析我国文化发展现状以及居民对文化发展的满意程度。

（一）中国居民文化发展满意度研究背景

基于中国式现代化和当前文化发展决策部署、全球化语境和各国文化发展战略，本报告对中国居民文化发展满意度进行研究，目的是更好地发挥文化功能，让人民享有更加充实、更为丰富、更高质量的精神文化生活，推动建设社会主义现代化强国，推动中华民族现代文明走向全面繁荣。

1. 谋篇布局：开启文化发展的新征程

文化关乎国本、国运。没有高度的文化自信，没有文化的繁荣兴盛，就没有中华民族伟大复兴。习近平总书记在新时代文化建设方面的新思想新观点新论断，内涵十分丰富、论述极为深刻，是新时代党领导文化建设实践经验的理论总结，丰富和发展了马克思主义文化理论，构成了习近平新时代中国特色社会主义思想的文化篇，形成了习近平文化思想。[①]《中共中央关于制定国民经济和社会发展第十四个五年规划和二〇三五年远景目标的建议》明确把"促进满足人民文化需求和增强人民精神力量相统一，推进社会主义文化强国建设"列为文化发展的战略任务。新时代社会主要矛盾的历史性转变，深刻表明人民精神文化需求的时代新特点。[②]党的二十大报告从强国建设、民族复兴高度，提出"推进文化自信自强，铸就社会主义文化新辉煌"的重大任务，就"繁荣发展文化事业和文化产业"作出部署安排，为做好新时代文化工作提供了根本遵循、指明了前进方向。党的二十大报告还强调，要坚持中国特色社会主义文化发展道路，大力发展文化事业、文化产业，不断激发全民族文化创新创造活力，增强实现中华民族伟大复兴的精神力量。[③]

2. 守正创新：新时代文化发展的旗帜和根本遵循

2023 年 6 月 2 日，习近平总书记在北京出席文化传承发展座谈会并发表重要讲话，对中华文明的突出特性和中国文化事业发展的要求及意义作出进一步指示。他强调，中华文明具有的"连续性、创新性、统一性、包容性、和平性"五大突出特性，是支撑中国式现代化的深厚底蕴，是确立中华民族文化自信和历史自信的基础；推动中华优秀传统文化创造性转化和创新性发展，是建设中华民族现代文明、巩固中华文化主体性的重要任

---

① 新华社：《深入学习贯彻习近平文化思想》，中国人大网，2023 年 10 月 12 日，http://www.npc.gov.cn/c2/c30834/202310/t20231012_432055.html。

② 新华社：《中共中央关于制定国民经济和社会发展第十四个五年规划和二〇三五年远景目标的建议》，中华人民共和国中央人民政府网站，2020 年 11 月 3 日，https://www.gov.cn/zhengce/2020-11/03/content_5556991.htm。

③ 《习近平著作选读》第一卷，人民出版社，2023，第 35 页。

务。在五千多年中华文明深厚的基础上，把马克思主义基本原理同中国具体实际相结合、同中华优秀传统文化相结合是必由之路。这是我们在探索中国特色社会主义道路中得出的规律性认识，是我们取得成功的最大法宝。在新的历史起点上继续推动文化繁荣、建设文化强国、建设中华民族现代文明，要坚定文化自信，坚持走自己的路，立足中华民族伟大历史实践和当代实践，用中国道理总结好中国经验，把中国经验提升为中国理论，实现精神上的独立自主；要秉持开放包容原则，坚持马克思主义中国化时代化，传承发展中华优秀传统文化，促进外来文化本土化，不断培育和创造新时代中国特色社会主义文化；要坚持守正创新，以守正创新的正气和锐气，赓续历史文脉、谱写当代华章。[①]

3. 立身国际：在变局中开辟文化发展新格局

从全球范围来看，许多发达国家针对目前世界发展的新形势、新特点，纷纷制定相应的文化战略。美国始终坚持以文化输出战略来维持自身的世界霸权。针对美国文化商品的倾销态势，法国倡导文化多样性，德国着力推进跨文化对话，英国主张通过市场机制和自由环境来保护文化创造力，日韩两国实施"文化立国"战略，各国均将发展文化产业、让文化产业走出去、扩大文化产业的国际影响力，上升到国家战略的高度。

在我国，繁荣发展文化事业，目的是更好地满足人民文化需求和增强人民精神力量，实现人民对美好生活新期待，促进人的全面发展，培育弘扬社会主义核心价值观，传承中华文明，提高国家文化软实力，提升中华文化影响力，发展人类文明新形态。要坚持为人民服务、为社会主义服务的方向，坚持百花齐放、百家争鸣的方针；要优化城乡文化资源配置，缩小城乡公共文化服务差距；要深化文化体制改革，完善文化产业规划和政

[①] 《习近平在文化传承发展座谈会上强调：担负起新的文化使命 努力建设中华民族现代文明》，《人民日报》2023 年 6 月 3 日，第 1 版。

策，不断扩大优质文化产品供给；要顺应数字产业化和产业数字化发展趋势，加快发展新型文化业态；要围绕国家重大区域发展战略，把握文化产业发展特点规律和资源要素条件，促进形成文化发展新格局。

（二）文化发展满意度的基本内涵

衡量文化发展现状和居民文化发展满意度，要确认文化的主体内容和供给情况，要坚持人民至上，把社会效益放在首位。本报告坚持以习近平文化思想为指导，深入学习贯彻习近平总书记的重要讲话精神和中央文件精神，以文化发展相关理论为基础，力图厘清中国当代文化的构成要素、供给体系，明确文化发展满意度的基本内涵，构建文化发展满意度指标体系。

1. 中国式现代化的文化形态是有机统一的新的文化生命体

中国特色社会主义文化由马克思主义文化（包括革命文化和社会主义先进文化）、中华优秀传统文化和外来文化优秀成果三大要素构成，如专题图 1-1 所示。中华民族现代文明是中华民族传统文化融入马克思主义这个思想内核的复杂"质变"。中华民族传统文明必须注入马克思主义之"魂"，才能实现凤凰涅槃、浴火重生，进而发展为中华民族现代文明。中华优秀传统文化是中华民族现代文化的深厚底蕴，建设中华民族现代文明必须从中华优秀传统文化中汲取丰厚滋养，不断推动中华优秀传统文化创造性转化、创新性发展，最大限度地发挥其建设性作用。中华民族现代文明需要批判地借鉴和吸收一切外来文化的优秀成果，这要求我们必须在保持文化上的自我主体性和自主地位的前提下，坚持文化上的开放姿态，充分吸收和借鉴外来文化的优秀成果，在对话和交往中不断实现自我发展、自我超越。

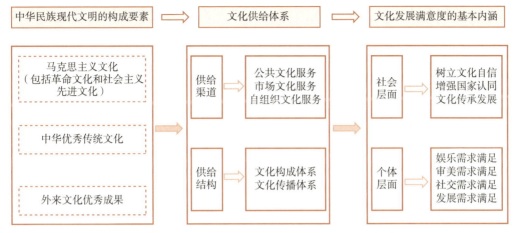

专题图 1-1 文化发展满意度测量的理论框架

2. 中国当代文化发展需要丰富文化供给

繁荣发展文化事业和文化产业需要促进形成文化供给与文化需求平衡发展、繁荣有序的良好局面。关于文化供给，本报告主要从供给渠道和供给结构两方面分析。在供给渠道方面，我国的文化供给主要包括公共文化服务、市场文化服务和自组织文化服务。公共文化服务指以政府为主体提供或组织的文化设施、服务和活动。市场文化服务指以企业为主体提供或组织的文化产品、服务和活动。自组织文化服务指以社会层面力量为主体（包括社会组织、居民等）提供或组织的文化产品、服务和活动。在供给结构方面，本报告主要从文化构成体系和文化传播体系两方面对文化供给进行分析。本报告关注的文化类型主要包括主旋律文化、中华优秀传统文化、群众文化、流行文化、专业文化和网络文化等，本报告也将重点分析这些文化内容的发展现状和居民满意度。此外，本报告将从国内传播和国际传播两方面分析我国当前的文化传播结构。

3. 中国当代文化发展需要满足个体和社会的需求

《中共中央关于制定国民经济和社会发展第十四个五年规划和二〇三五年远景目标的建议》明确把"促进满足人民文化需求和增强人民精神力量

相统一，推进社会主义文化强国建设"列为文化建设的战略任务。文化发展不仅要坚持以人民为中心的工作导向，满足人民日益增长的精神文化需求，而且要打造和巩固全党全国各族人民团结奋斗的共同思想基础，同时对标国际文化发展，不断提升国家文化软实力和中华文化影响力。文化发展需要满足个体层面和社会层面的需求，即文化功能具有个体功能和社会功能二重性。在个体层面，本报告的文化功能主要指文化发展能否满足居民的娱乐需求、审美需求、社交需求、发展需求。在社会层面，本报告的文化功能主要指文化发展是否有助于增强文化自信和国家认同，促进文化传承发展。

（三）文化发展满意度指标体系的具体构建

在上述理论框架下，本报告构建文化发展满意度指标体系。

如专题表 1-1 所示，本报告文化发展满意度指标体系中一级指标有 3 个，分别为供给渠道满意度、供给结构满意度和文化功能满意度，旨在从供给侧和需求侧不同维度衡量居民对文化发展的满意度，进而反映我国文化发展的优势与存在的问题。其中，供给渠道满意度衡量供给是否充分、文化产品服务是否丰富和可及，即居民能否便利参与文化活动、安心进行文化消费。该指标下有 3 个二级指标，分别衡量公共文化服务满意度、市场文化服务满意度和自组织文化服务满意度。供给结构满意度衡量供给是否均衡，即居民对文化供给内容的多样性评价。该指标下有 2 个二级指标，分别衡量文化构成满意度和文化传播满意度。文化功能满意度衡量供给能否满足居民和社会发展需求。该指标下有 4 个二级指标，分别为需求满足、价值引领、文化认同与未来预期、文化传承发展，其中需求满足衡量文化发展能否满足居民需求，价值引领衡量文化发展能否起到引导居民、推动社会发展的作用，文化认同与未来预期则衡量结合了个体和社会发展需求的文化发展能否得到居民认同，文化传承发展则从更宏观层面衡量文化发展是否推动了文明发展。

专题表 1-1　文化发展满意度指标体系	
一级指标	二级指标
指标 1：供给渠道满意度	公共文化服务满意度
	市场文化服务满意度
	自组织文化服务满意度
指标 2：供给结构满意度	文化构成满意度
	文化传播满意度
指标 3：文化功能满意度	需求满足
	价值引领
	文化认同与未来预期
	文化传承发展

（四）本报告的核心观点

本报告基于全国大规模抽样的居民问卷调查数据、农村调研数据以及文化作品评论的大数据进行了分析。研究发现：我国居民高度评价和认可党的十八大以来我国文化发展成果，文化自信不断提升，高学历、高收入群体和年轻世代的文化自信度更高；以中华优秀传统文化和主旋律文化为底色和内容的文化作品是我国居民最喜爱的文化作品形式，我国居民热爱中华优秀传统文化，同时高度认同中华文化包容性特征。多数居民认为当前我国文化发展能够满足不同维度的个体需求，也认可其在弘扬社会主义核心价值观和中华优秀传统文化方面的积极作用，尤其体现在文化展览、群众性文体活动和文化旅游等文化产品上，居民对文化发展的满意度整体较高。此外，从信息获取渠道来看，居民最经常用来获取文化产品信息的渠道是抖音或快手这样的短视频平台，其次是微信，新媒体在当前我国文化传播中尤为重要；有关文化创作，内容和价值观是居民对于文化作品最看重的方面；关于公共文化服务，居民对硬件条件较为满意，但对信息化建设满意度相对较低，社区休闲文化场所和传统文化活动丰富性与居民满意度的相关性最高；针对文化消费市场，多数居民对发展现状表示满意，不满意的主要原因在于文化消费市场秩序还有待完善。

二　资料来源与研究方法

本报告主要基于全国大规模双潜 PPS 抽样的居民问卷调查数据，同时结合了课题组在中部和西部农村的调研，以及课题组收集的来自豆瓣平台的影评大数据。

本次文化发展满意度问卷调查采用网络推送方式，针对 18~70 岁且在抽样区域居住了半年及以上的中国居民开展。调查采用第七次全国人口普查县级市及以上抽样框，共包括全国 31 个省（区、市）的 1366 个县级市及以上区县，使用双潜 PPS 抽样法抽取 248 个区县，每个区县抽取 125 个城乡样本，共 3.1 万个城乡样本。PPS 抽样指的是概率比例抽样，本次调查中按区县总人口数进行成比例的概率抽样，PPS 抽样的优点是可以保证样本的代表性，尤其适用于不同抽样单元的样本规模差异较大的情况，因较大规模的单元在抽样中有更高的概率被选中，从而可以更好地反映总体的特征。

本次调查使用的双潜 PPS 抽样法，是在 PPS 抽样的基础上，按省级和第一财经的城市分级进行双潜分层，可以更准确地选择样本，提高样本的代表性，并且保证抽样后的样本量，无须加权即可在省级和城市分级两个层面都具有一定的代表性。

在此基础上，为保证获得足够下沉的农村样本，另通过机会抽样追加县级市以下农村样本 4000 余份，并根据各省级和城市分级分年龄段和性别的农村人口比例进行配额，以保证追加的农村样本量在省级和城市分级层面上有一定代表性。因此，一共抽取 3.5 万余份城乡样本。最后，向抽样城乡地区的居民推送调查问卷，由居民自填并点击提交回收数据，内设陷阱题和逻辑检验题，以保证问卷质量。

经过数据清洗之后，本次调查最终获得有效样本 35668 份。样本特征详见专题表 1–2[1]。其中，常住地（居住时间在半年及以上）在农村的样本共 14976 份，占 41.99%；常住地在城镇的样本共 20692 份，占 58.01%。女性样本 17380 份，占 48.73%；男性样本 18288 份，占 51.27%。样本平均年龄为 41 岁，各年龄段分布在 20%~33%，较为均衡。

本报告将全国城市分为北上广深 4 个一线城市（8.88%），成都、重庆等新一线城市（17.87%），和其他二、三、四、五线城市，分别占比 18.48%、24.18%、18.00% 和 12.58%[2]。地区的划分使用的是国家统计局根据不同区域的社会经济发展状况进行的划分方法[3]，分为东部地区、中部地

---

[1] 专题表 1-2 中，有部分变量有缺失值，缺失值的情况未列出。

[2] 《2022 新一线城市名单官宣：沈阳跌出，合肥重归新一线！（附最新 1-5 线城市完整名单）》，第一财经，2022 年 6 月 1 日，https://www.datayicai.com/report/detail/286。

[3] 国家统计局：《东西中部和东北地区划分方法》，国家统计局网站，2011 年 6 月 13 日，http://www.stats.gov.cn/zt_18555/zthd/sjtjr/dejtjkfr/tjkp/202302/t20230216_1909741.htm。为科学反映我国不同区域的社会经济发展状况，为党中央、国务院制定区域发展政策提供依据，根据《中共中央、国务院关于促进中部地区崛起的若干意见》《国务院发布关于西部大开发若干政策措施的实施意见》以及党的十六大报告的精神，国家统计局于 2011 年将我国的经济区域划分为东部、中部、西部和东北四大地区。东部包括：北京、天津、河北、上海、江苏、浙江、福建、山东、广东和海南。中部包括：山西、安徽、江西、河南、湖北和湖南。西部包括：内蒙古、广西、重庆、四川、贵州、云南、西藏、陕西、甘肃、青海、宁夏和新疆。东北包括：辽宁、吉林和黑龙江。

区、西部地区和东北地区四个区域，分别占 45.90%、21.96%、24.11% 和 8.04%。经比对，各级城市和四大区域分性别和年龄段的样本所占比例与第七次全国人口普查数据基本一致。

除全日制学生、一直无工作人员和仅务农人员外，还询问了其他居民曾经或现在是否从事体制内的工作，其中体制内工作者占 18.6%。也询问了他们是否曾经或正在从事文化相关工作，包括但不限于艺术表演、文化创意设计、文化活动策划、文化遗产保护、数字媒体与影视制作、媒体、主播、自媒体等，曾经或现在的文化从业者占比为 16.25%。

本地、外地的区分标准是户口与常住地是否一致，若户口在本地则为本地居民（87.03%），户口在外地则为外地居民（12.97%）。受教育程度分为初中及以下、高中/中专/职高、大专及以上三个类别。其中，高中/中专/职高约占一半，另外两个类别各占 25% 左右。婚姻状况中，未婚指的是未处于婚姻状况，包括未婚、同居、丧偶、离异，占 21.97%；已婚指的是处于婚姻状况，包括初婚和再婚，占 78.03%。是否有未成年子女指的是目前是否有 18 岁以下子女，有未成年子女的比例为 42.24%。收入群体的划分按照国家统计局人均收入五等份分类标准，将全部样本中家庭人均收入的最低 20% 人群定义为"低收入群体"（0~3000 元），最高 20% 人群定义为"高收入群体"（7001 元及以上），剩余中间的 60% 人群定义为"中等收入群体"（3001~7000 元）。对于主观阶层，采用阶梯法，请被试者对自己所处阶层进行主观的 1~10 分评分，将自评 1~3 分者定义为低主观阶层、自评 4~7 分者定义为中主观阶层、自评 8~10 分者定义为高主观阶层，三个阶层样本分别占 22.65%、67.01% 和 10.33%。

专题表 1-2 样本特征

单位：份，%

变量	数量	占比	变量	数量	占比
农村	14976	41.99	体制外	23535	81.40
城镇	20692	58.01	体制内	5377	18.60
女性	17380	48.73	初中及以下	8602	24.12
男性	18288	51.27	高中／中专／职高	17877	50.12
"90后""00后"	11455	32.12	大专及以上	9187	25.76
"80后"	7265	20.37	未婚	7648	21.97
"70后"	9617	26.96	已婚	27162	78.03
"50后""60后"	7331	20.55	无未成年子女	20603	57.76
一线城市	3169	8.88	有未成年子女	15065	42.24
新一线城市	6373	17.87	非文化从业者	24215	83.75
二线城市	6593	18.48	文化从业者	4697	16.25
三线城市	8625	24.18	低收入群体	7127	19.98
四线城市	6420	18.00	中等收入群体	21028	58.95
五线城市	4488	12.58	高收入群体	7513	21.06
东部地区	16370	45.90	低主观阶层	8080	22.65
中部地区	7832	21.96	中主观阶层	23902	67.01
西部地区	8599	24.11	高主观阶层	3686	10.33
东北地区	2867	8.04			
外地	4624	12.97	总体	35668	100.00
本地	31038	87.03			

三　中国居民的文化价值观与文化内容偏好

居民文化价值观与文化内容偏好体现了居民的文化品位和社会主义意识形态。本报告将针对居民文化自信、中华优秀传统文化和文化偏好等方面内容进行翔实地分析，以剖析如何更好构筑中国精神、中国价值、中国力量。

（一）中国居民的文化价值观特点

传承发展中华文化，推动文化繁荣、建设文化强国、建设中华民族现代文明离不开正确的文化价值观指引，本报告从居民文化自信、中华优秀传统文化认同和中外文化关系三个维度测量了中国城镇居民的文化价值观。

1. 我国民众高度评价党的十八大以来文化发展成果，对未来文化发展充满信心

党的十八大以来，我国扎实推进社会主义文化强国建设，文化发展取得了历史性成就，得到广大民众高度评价和认可。专题图 1-2 显示，近八成居民（79.55%）认为党的十八大以来中国文化发展整体水平持续提升；仅 6.55% 的受访者认为文化发展整体水平有所下降。

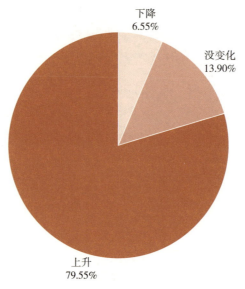

专题图 1-2　对党的十八大以来中国文化发展整体状况评价

党的十八大以来，以习近平同志为核心的党中央提出坚定文化自信的重要论断，将文化自信纳入中国特色社会主义"四个自信"，阐明文化建设的地位作用。正是在我们党对文化建设工作的坚强领导下，中国人民的文化自信更加坚定。专题图 1-3 表明，八成以上居民（84.28%）同意"为中国文化感到骄傲和自豪"。

专题图 1-4 对中国文化发展在世界上水平的评价进一步说明了我国居

民文化自信不断提升：近七成居民认为中国的文化发展在世界上属于"高水平"，27.32% 的受访者认为中国的文化发展在世界上属于"中等水平"，仅 5.37% 的居民文化自信相对缺乏，认为中国的文化发展在世界上水平仍较低。

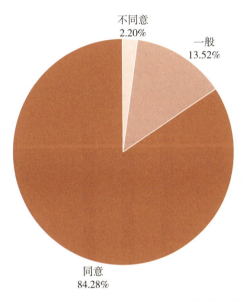

专题图 1-3　是否同意"为中国文化感到骄傲和自豪"

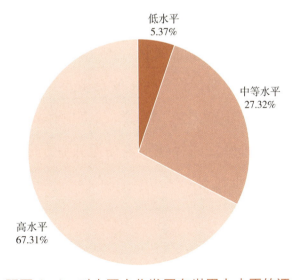

专题图 1-4　对中国文化发展在世界上水平的评价

此外，中国人民的文化自信更加坚定还体现在对未来中国文化发展的预期方面。调查询问了中国居民对未来十年"中国人的文化自信程度"和"中国文化的国际影响力"的态度。八成以上中国居民认为未来十年中国人的文化自信程度会进一步提升；仅 2.73% 的受访者对中国人的文化自信程度提升持消极态度。专题图 1-5 进一步显示，高学历、高收入群体和年轻世代对文化自信的未来预期更加积极。

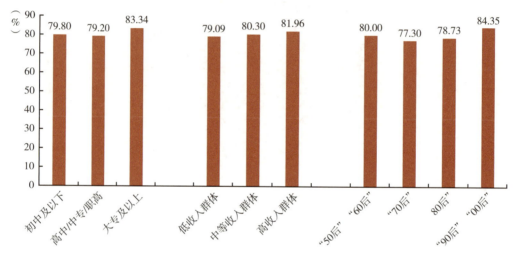

专题图 1-5　不同特征居民同意未来十年中国人的文化自信程度上升的比例

有关居民对未来十年"中国文化的国际影响力"的发展预期方面，84.96% 的受访者持积极预期，仅 2.49% 的受访者持消极预期。整体而言，我国居民普遍认为未来中国文化在国际舞台上的影响力会持续上升。同样，关于这一预期，不同居民之间存在一定的差异。专题图 1-6 显示，高学历、高收入群体和年轻世代对未来十年中国文化的国际影响力的预期更加积极。

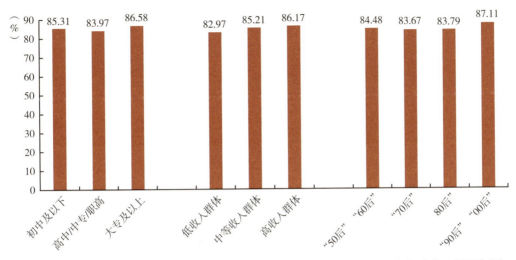

专题图 1-6　不同特征居民同意未来十年中国文化的国际影响力会提升的比例

2. 我国民众热爱并认同中华优秀传统文化，但对其创新形式满意度较低

中华优秀传统文化是中华民族的"根"和"魂"。当前，传承发展中华优秀传统文化，守住中华民族的"根"和"魂"成为中国民众的普遍共识。数据显示，84.05% 的居民认为，比起发展流行文化，我们更应该弘扬中华优秀传统文化，仅有 2.30% 的城镇居民不认可这一说法。在具体形式方面，八成以上（84.05%）的居民认为应该从娃娃抓起做好中华优秀传统文化的传承工作，同意应该将中华优秀传统文化的经典作为儿童基础教育读物。

受教育程度越高的居民，对中华优秀传统文化认同度越高，也更加支持从儿童抓起做好中华优秀传统文化的传承。专题图 1-7 显示，与初中及以下（84.41% 和 81.32%）、高中 / 中专 / 职高（83.05% 和 81.53%）的居民相比，大专及以上学历居民（85.66% 和 83.67%）赞同弘扬中华优秀传统文化和将中华优秀传统文化的经典作为儿童基础教育读物的比例最高。

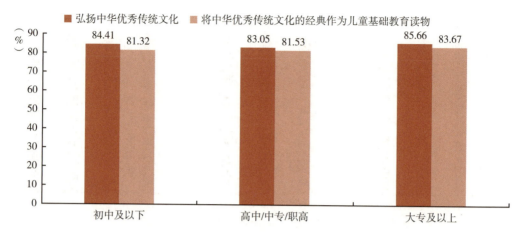

专题图 1-7　不同受教育程度居民赞同需要弘扬中华优秀传统文化的比例

与此同时，收入越高的居民，对中华优秀传统文化认同度越高，赞成"将中华优秀传统文化的经典作为儿童基础教育读物"的比例更高。专题图1-8描述了不同收入群体居民对弘扬中华优秀传统文化的态度。可以发现，高收入群体对弘扬中华优秀传统文化的态度最为积极。

年轻世代对弘扬中华优秀传统文化持更加积极的态度。专题图1-9显示，与其他世代相比，"90后""00后"赞成"比起发展流行文化，我们更应该弘扬中华优秀传统文化"这一说法的比例最高（85.21%）。可见，我国年轻世代高度认同中华优秀传统文化，认同中华优秀传统文化的基本价值。

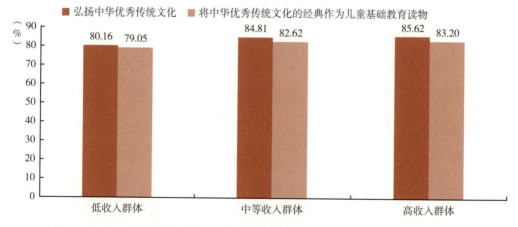

专题图 1-8　不同收入群体居民赞同需要弘扬中华优秀传统文化的比例

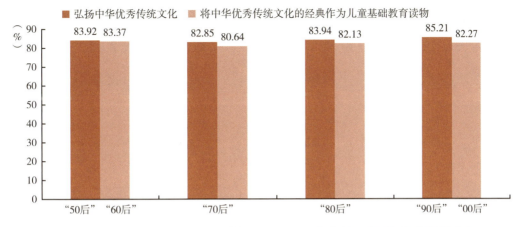

专题图 1-9　不同世代居民赞同需要弘扬中华优秀传统文化的比例

中华优秀传统文化需要创新的时代表达，这样才能真正贯通古今、沟通时代，不断增强中华优秀传统文化的生命力和影响力。我国居民普遍认可，需要通过创新以发展中华优秀传统文化。数据显示，约八成（77.71%）居民同意需要通过文化创新才能更好地传承发展中华优秀传统文化。然而，当前我国居民对中华优秀传统文化的创新形式满意度较低。75.96% 的受访者表示，"有些文化创新过于追求时尚和潮流，忽视对中国传统文化的延续"，而且这一比例在高学历、高收入群体和年轻世代中更高（见专题图1-10）。可见，创新发展中华优秀传统文化既要在中华优秀传统文化的创新表达形式上下功夫，以人们喜闻乐见的形式把中华优秀传统文化推广开来、传承下去，同时要避免一味求新求变导致中华优秀传统文化"走样"。

3.我国民众高度认同中华文化包容性特征

习近平总书记指出："中华文明具有突出的包容性，从根本上决定了中华民族交往交流交融的历史取向，决定了中国各宗教信仰多元并存的和谐格局，决定了中华文化对世界文明兼收并蓄的开放胸怀。"[1] 文化的繁

---

[1] 《习近平在文化传承发展座谈会上强调：担负起新的文化使命 努力建设中华民族现代文明》，《人民日报》2023 年 6 月 3 日，第 1 版。

盛、人类的进步，离不开求同存异、开放包容，离不开文明交流、互学互鉴。居民比较认同世界各国文化没有高低贵贱之分（70.72%）。此外，学历越高、收入越高、越年轻的世代，对这一说法的认可度越高（见专题图1-11）。

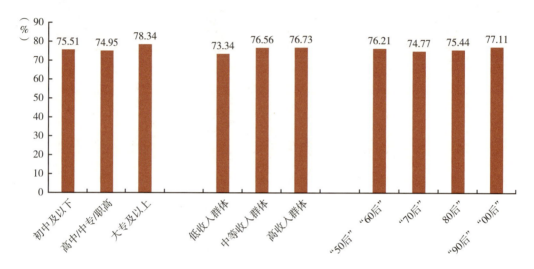

专题图 1-10 不同特征居民认为有些文化的创新"走样"了的比例

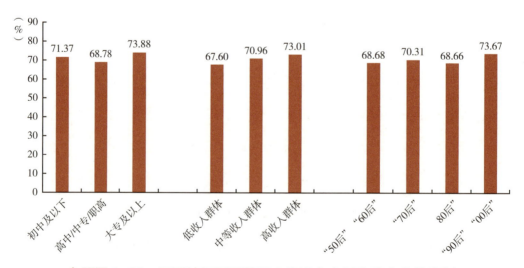

专题图 1-11 不同特征居民赞同文化没有高低贵贱之分的比例

本报告关于中华文化与外来文化关系的具体测量结果进一步佐证了中国居民认同中华文化的包容性特征。数据显示，七成以上（72.25%）的受访者同意中华文化与外来文化可以兼容并蓄这一说法，仅 4.42% 的受访者不认同这一说法；此外，我们也发现高学历、高收入群体和年轻世代对中华文化与外来文化可以兼容并蓄的认可程度更高（见专题图 1–12）。在中国提倡构建人类命运共同体的背景下，我国居民普遍认可中华文化的包容性特征，这为中国文化乃至中华文明兼收并蓄、开放包容发展奠定了良好的社会基础。

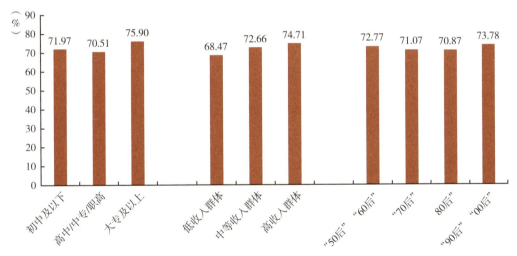

专题图 1–12　不同特征居民认同中华文化与外来文化可以兼容并蓄的比例

（二）中国居民文化内容偏好分析

居民的文化选择日益多样化，可以选择中国内地（大陆）、港台及日韩、欧美等各地区的文化作品，本报告对居民的文化选择偏好进行了分析。

1. 居民整体上偏好中华文化底色的文艺作品

分析居民对影、音、图书作品的文化选择偏好发现（见专题表 1–3~1–5），整体上，居民对影视剧或综艺、音乐、图书和文学作品的选择，还是偏好中华文化底色的作品，超过七成的居民都表示最喜欢的是中国内地（大陆）作品，其次是中国港台作品。在影视剧或综艺作品方面，日韩或欧美影视剧或综艺作品存在一定受众，分别有 22.88% 和 21.69% 的居民喜欢。在音乐、图书和文学作品方面，除了中国内地（大陆）和港台作品外，居民依次喜欢欧美和日韩作品。

专题表 1-3 居民对影视剧或综艺作品的选择偏好

单位：%

序号	文化活动	占比
1	中国内地（大陆）影视剧或综艺作品	74.23
2	中国港台影视剧或综艺作品	34.71
3	日韩影视剧或综艺作品	22.88
4	欧美影视剧或综艺作品	21.69
5	东南亚、南亚（如泰国、印度等）影视剧或综艺作品	8.00
6	其他国家或地区的影视剧或综艺作品	0.09
7	不喜欢看影视剧或综艺作品	3.91

注：此题为多选题，故所有选项比例相加大于100%。

专题表 1-4 居民对音乐作品的选择偏好

单位：%

序号	文化活动	占比
1	中国内地（大陆）音乐	76.34
2	中国港台音乐	38.43
3	日韩音乐	17.90
4	欧美音乐	21.97
5	东南亚、南亚（如泰国、印度等）音乐	4.99
6	其他国家或地区的音乐	0.10
7	不喜欢听音乐	4.12

注：此题为多选题，故所有选项比例相加大于100%。

专题表 1-5　居民对图书和文学作品的选择偏好

单位：%

序号	文化活动	占比
1	中国内地（大陆）图书和文学作品	73.22
2	中国港台图书和文学作品	21.92
3	日韩图书和文学作品	13.77
4	欧美图书和文学作品	16.02
5	东南亚、南亚（如泰国、印度等）图书和文学作品	4.65
6	其他国家或地区的图书和文学作品	0.11
7	不喜欢看图书和文学作品	10.37

注：此题为多选题，故所有选项比例相加大于 100%。

2. 居民文化选择偏好存在明显的年代特征

分析居民文化选择偏好的群体特征发现了一些典型差异，包括居民的偏好具有鲜明的年代特征，与社会经济地位相关以及存在城乡差异。

首先，居民文化选择偏好存在明显的年代特征，"70 后"和"80 后"在影视剧或综艺作品、音乐作品、图书和文学作品选择上，都会有更高比例的人喜欢中国港台作品，而回溯"70 后"和"80 后"的成长，正是处于港台文化较为流行的时期。"90 后"和"00 后"既有更高比例的人喜欢中国内地（大陆）的文化作品，又有更高比例的人喜欢欧美和日韩音乐，这也反映了其成长的时代特色，一方面，近些年，国潮文化兴起，中华优秀传统文化日益受到青年的喜爱；另一方面，伴随着互联网的迅速发展，青年接触外来文化渠道增多，多元文化碰撞激烈，音乐作品更易打破文化界限，为青年所接受。上述结果表明文化选择偏好是时代发展的反映，"90 后"和"00 后"青年的文化选择偏好从侧面印证了我国当前的文化发展既有对中华优秀传统文化的传承，又有对外来文化优秀成果的吸纳和本土化（见专题图 1-13）。

其次，居民文化选择偏好与其社会经济地位有一定关联。受教育程度较高、收入较高的居民对外来的欧美和日韩文化作品的接受程度较高，对

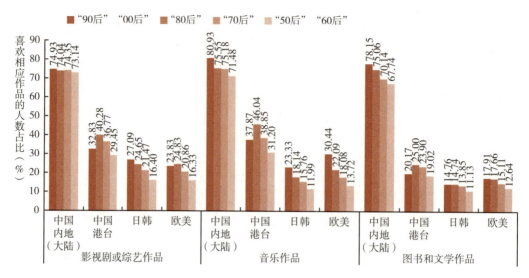

专题图 1-13　不同年龄居民的文化作品选择偏好对比

注：此处仅列出前述分析中居民较关注的中国内地（大陆）、中国港台及日韩和欧美的文化作品，下同。

中国内地（大陆）的文化作品，特别是影视剧或综艺作品更具有审视性，如受教育程度较高的居民对中国内地（大陆）影视综艺作品的喜爱度相对较低，收入较高的居民对此的喜爱度也较低，但其喜爱中国内地（大陆）的图书和文学作品的人数比例则较高（见专题图 1-14、1-15）。

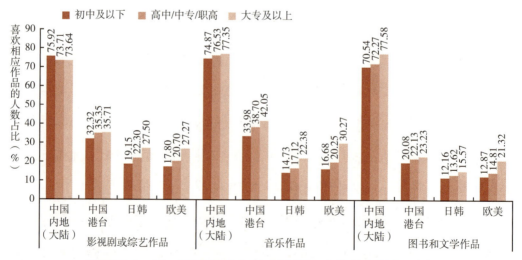

专题图 1-14　不同受教育程度居民的文化作品偏好对比

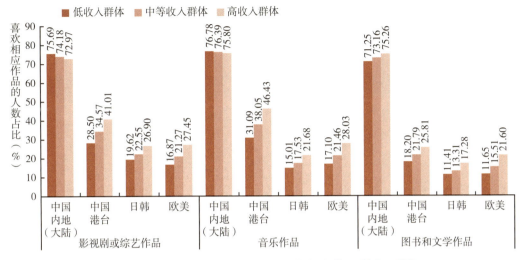

专题图 1-15　不同收入居民的文化作品偏好对比

　　最后，居民文化选择偏好存在城乡差异。城镇居民对各地区文化作品的喜爱度都要高于农村居民。在内地（大陆）作品上，两者在图书和文学作品上的喜爱度差异最明显，在音乐作品上的差异最小。在海外作品上，两者在欧美音乐的喜爱度上差异较大，在日韩影视剧或综艺作品、图书和文学作品上的差异较小（见专题图 1-16）。

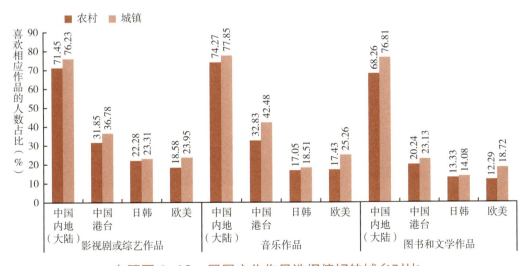

专题图 1-16　居民文化作品选择偏好的城乡对比

总体上，居民在文化选择偏好上，主要还是喜欢本土化〔中国内地（大陆）、港台〕的文化作品，对海外文化作品也具有一定包容性。对文化作品的偏好可以反映出时代特征，不同世代的居民文化选择偏好有所差异。受教育程度高、收入较高和居住于城镇的居民对外来文化的接受度更高。

四 中国居民的文化活动参与现状与特点

居民对文化活动的参与情况体现的是文化发展的大众趋势，既能反映居民的精神文化需要，又能反映文化发展的群体特征。本报告将对居民文化活动参与的整体特点进行分析，并针对网络文化日益流行的趋势，重点分析居民参与网络文化活动的特征。

（一）中国居民整体文化活动参与的现状与特点

随着物质生活水平的提高，居民的精神文化需要也日趋多样化，精神文化生活亦不断丰富。从观看文艺作品到参与文体活动，从艺术赏析到娱乐参与，从演出观赏到旅游体验，哪些文化活动最流行？不同群体喜欢的文化活动又有哪些差异？本报告将逐一对此进行分析，探讨居民最常参与的文化活动类型以及不同人群参与文化活动的基本特征。

1. 看影视剧或综艺最流行，参与网络文化活动渐成日常，群众参与文体活动充满活力

本次调查中，居民当前经常参与的文化活动排在前五位的依次是看影视剧或综艺节目、进行网络文化活动、参加群众文体活动、去文化场馆和旅游。具体而言，居民文化活动参与的积极性很高，只有 2.41% 的居民从未参与过任何形式的文化活动，超过半数的居民最常进行的文化活动是看影视剧或综艺节目；45.22% 的居民经常参与的文化活动是以网络为媒介进

行的，包括看直播、短视频、演出等；居民参加群众文体活动仍然充满活力，近四成居民经常参加广场舞、群众体育、歌咏绘画摄影比赛等活动；超过 1/3 的居民经常参观文化馆、美术馆、博物馆等文化场馆或是外出旅游。从上述结果看，居民当前的文化参与表现出如下特点。第一，文化活动类型较为丰富，居民主动参与性较强，除作为观众去观看影视节目、短视频、直播和演出之外，居民会积极投入各种参与性较强的文化活动中，如群众文体活动、旅游等。第二，文化活动参与形式日益丰富，线上与线下渠道均具有吸引力。网络成为居民参与文化活动的重要渠道，看影视剧、短视频、直播等都可以通过网络渠道。但与此同时，线下活动仍具有影响力，如线下参观文化场馆、旅游、看演出和比赛在居民文化生活中仍占据了相当的比例，不过广播等传统文化参与媒介的流行度排名相对靠后（见专题表 1-6）。

专题表 1-6 居民经常参与的文化活动

单位：%

序号	文化活动	占比
1	看影视剧或综艺节目（包括线下和线上）	52.42
2	进行网络文化活动（如看直播、短视频、演出等，不含游戏）	45.22
3	参加群众文体活动（如广场舞、群众体育、歌咏绘画摄影比赛等）	39.09
4	去文化场馆（文化馆、美术馆、博物馆等）	34.28
5	旅游	34.26
6	现场观看文艺演出和体育赛事（如音乐会、歌剧、戏剧、舞蹈、相声、脱口秀等）	30.46
7	看图书、报刊（含纸版或电子版，不含漫画）	29.32
8	玩游戏（主机和网络游戏）	26.68
9	参与娱乐活动（KTV、酒吧、游乐园、剧本杀等）	26.21
10	听广播（含线下和线上）	20.34
11	购买工艺美术品、收藏品、文创产品	19.14
12	看动漫	15.93
13	其他	0.11
14	都没参加过	2.41

注：此题为多选题，故所有选项比例相加大于 100%。

2. 女性更经常看影视剧或综艺节目、参加群众文体活动等，"90后"和"00后"更经常玩游戏、看动漫以及参与娱乐活动

比较不同群体的文化参与活动发现（见专题图1-17、1-18），居民的文化活动参与具有鲜明的群体特点，表现为个体特征鲜明、能体现不同人生发展阶段的需求、与社会经济地位相关和存在区域差异。

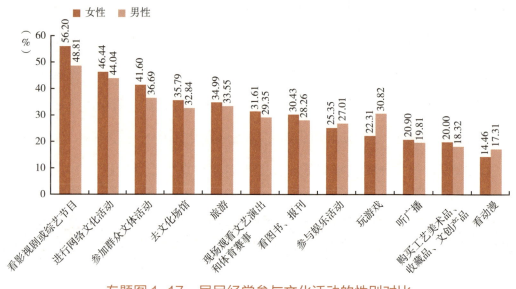

专题图 1-17 居民经常参与文化活动的性别对比

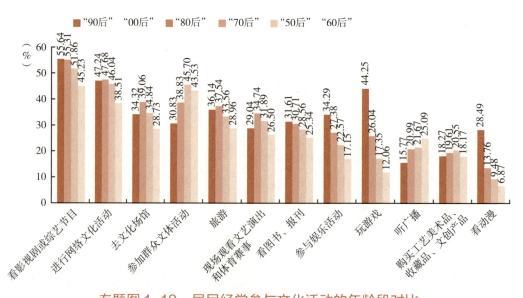

专题图 1-18 居民经常参与文化活动的年龄段对比

居民文化活动参与的第一个特点是，文化活动参与模式具有鲜明的个体特征，性别和年龄差异明显。女性更经常看影视剧或综艺节目、参加群众文体活动等，而男性则更偏爱玩游戏、看动漫、参与娱乐活动。不同年龄段群体参与文化活动的差异更为明显，"90 后"和"00 后"中有更多的人经常玩游戏、看动漫、参与娱乐活动；"50 后"和"60 后"则有更多人热衷听广播；"70 后"和"80 后"去文化场馆、现场观看文艺演出和体育赛事等的人数比例会更高。

3. 有未成年子女的居民参与各项文化活动的比例更高

居民文化活动参与的第二个特点是，文化活动参与模式表现出人生发展阶段的需求差异性。未婚居民会明显更多地玩游戏、看动漫、参与娱乐活动（如到 KTV、酒吧、游乐园、剧本杀场馆等娱乐场所活动），已婚居民则更多地会去文化场馆、参加群众文体活动、现场观看文艺演出和体育赛事。进一步分析显示，上述这些差异在各年龄段群体中都是一致的，表明这种差异更多的是婚姻状态而非年龄差异所致。与此同时，居民有无未成年子女，其文化参与特点也呈现较大差异。有未成年子女的居民，整体上参与各项文化活动的比例都会更高，特别是去文化场馆、现场观看文艺演出和体育赛事、参加群众文体活动的比例，要比没有未成年子女的居民高出约 9 个百分点，这可能与其陪伴子女参与这些文化活动的需求较高有关。而没有未成年子女的居民，只是在玩游戏和看动漫这两项文化活动上的参与比例高于有未成年子女的居民。上述结果都表明，随着居民进入结婚、养育子女的人生状态，其文化参与模式也发生变化，会更多地参与到知识性、视听沉浸感较强、社交和参与性较强的文化活动中，而更少参与个体化娱乐活动（见专题图 1-19、1-20）。

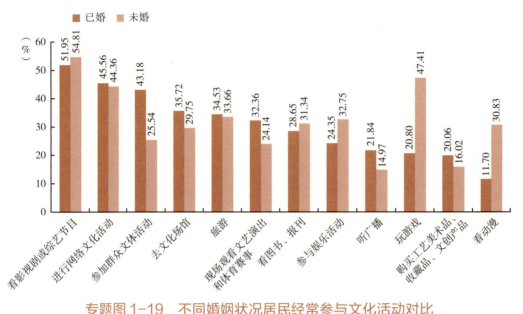

专题图 1-19　不同婚姻状况居民经常参与文化活动对比

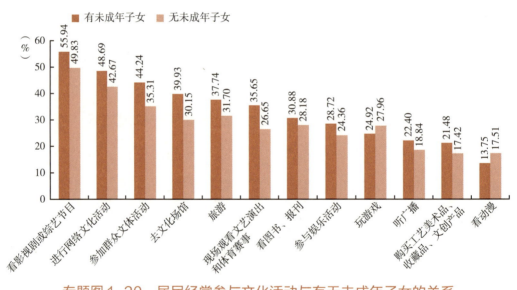

专题图 1-20　居民经常参与文化活动与有无未成年子女的关系

4. 受教育程度较高、收入较高的居民文化活动参与更积极，更高比例的农村居民参与群众文体活动

居民文化活动参与的第三个特征是，文化参与频率与其社会经济地位存在一定相关性。整体上，受教育程度越高、收入越高的居民，其参与多

项文化活动的比例都会更高。按受教育程度划分，大专及以上受教育程度的居民参与绝大多数文化活动的比例最高，而初中及以下受教育程度的居民多数文化活动参与比例为最低。收入方面，高收入群体参与绝大多数文化活动的比例最高，低收入群体参与绝大多数文化活动的比例最低（见专题图 1–21、1–22）。

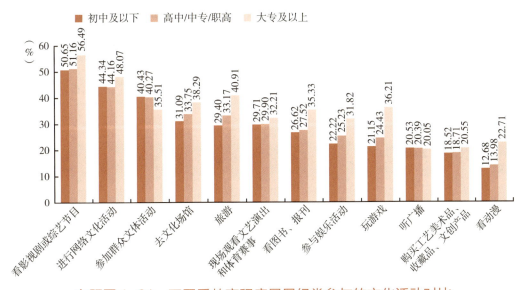

专题图 1–21　不同受教育程度居民经常参与的文化活动对比

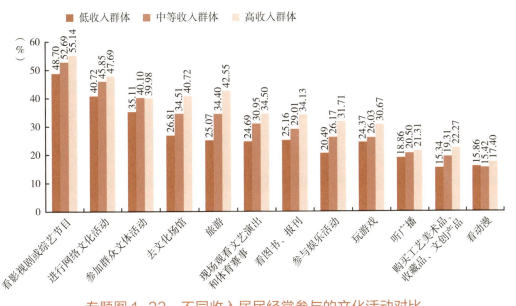

专题图 1–22　不同收入居民经常参与的文化活动对比

居民文化活动参与的第四个特征是文化活动参与模式因地区发展和建设的不同而存在差异。

首先，城镇和农村居民参与的文化活动存在不同。整体上，城镇居民的文化活动参与比例普遍高于农村居民，特别是在旅游、看图书/报刊、去文化场馆等方面的比例明显更高；而农村居民则在参加群众文体活动上的比例高于城镇居民。相对而言，城镇和农村居民听广播、现场观看文艺演出和体育赛事、进行网络文化活动的比例差异较小，这与课题组前期在农村地区的访谈发现一致。在农村文化发展中，群众自组织文体活动、乡村文艺演出和随网络媒介发展而来的文化活动已经融入农村日常文化活动（见专题图1-23）。

课题组在中部和西部地区农村的调研显示，随着收入提高、闲暇时间增多，村民对精神文化活动的需求也在增加，农村文化活动逐渐成为村民日常生活的一部分。与此同时，互联网在农村普及，也为村民日常参与文化活动创造了条件。比如，西部某地村民提到，平常喜欢在快手听秦腔，在网上能看到更高水平的秦腔表演，比之前在村里听到的都好。目前来看，村民的文化参与活动以互联网渠道为主，电视、广播等传统媒介逐步退出村民的休闲生活。此外，丰富多彩的乡村文体活动越来越多由"网络红人"组织和主导，本地网红对村民的文化消费具有重要影响。如受到村民广泛关注的A村某网红，将村民家常伦理故事拍成短视频，视频内容丰富、有趣，受到村民欢迎；也有较多网络红人转型为带货主播，为自己创造了经济效益。B县文旅部门积极与网络红人沟通，提升了网红群体的职业认同感，网络红人应邀参与县文旅部门组织的活动，积极参与消暑晚会演出，对当地文化事业有提升作用，网络红人已成为县域文化传播的名片。

其次，不同线级城市的居民文化活动参与也存在不同。整体上，一线城市居民文化参与更为积极，各种文化活动（群众文体活动除外）的参与比例都是最高的。从新一线、二线、三线、四线到五线城市，居民各种文化活动的参与度多逐渐下降，但是在群众文体活动方面，三线、四线和五线城市居民参与得更为积极，一线城市居民则参与得最少。由此来看，在经济、城市建设等方面发展得越好的城市，其居民的公共文化和市场文化活动参与度也越高（见专题图 1–24）。

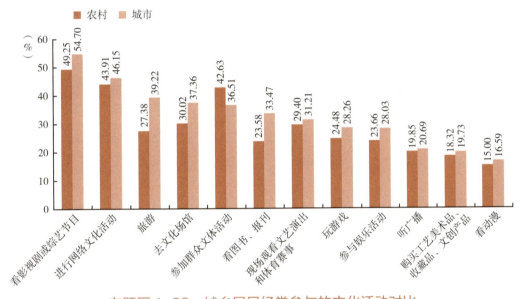

专题图 1–23　城乡居民经常参与的文化活动对比

　　总的来说，当前我国居民参与的文化活动丰富多样，线下和线上的文化活动参与热情都较高。居民文化活动参与模式多样而且存在群体差异（见专题图 1–25），文化活动参与既具有个体鲜明特色，又能体现不同人生发展阶段的需求特点；既与个人社会经济地位相关，又与地区发展相适应。

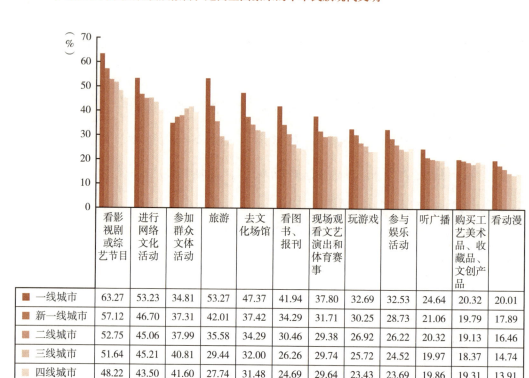

	看影视剧或综艺节目	进行网络文化活动	参加群众文体活动	旅游	去文化场馆	看图书、报刊	现场观看文艺演出和体育赛事	玩游戏	参与娱乐活动	听广播	购买工艺美术品、收藏品、文创产品	看动漫
■ 一线城市	63.27	53.23	34.81	53.27	47.37	41.94	37.80	32.69	32.53	24.64	20.32	20.01
■ 新一线城市	57.12	46.70	37.31	42.01	37.42	34.29	31.71	30.25	28.73	21.06	19.79	17.89
■ 二线城市	52.75	45.06	37.99	35.58	34.29	30.46	29.38	26.92	26.22	20.32	19.13	16.46
□ 三线城市	51.64	45.21	40.81	29.44	32.00	26.26	29.74	25.72	24.52	19.97	18.37	14.74
□ 四线城市	48.22	43.50	41.60	27.74	31.48	24.69	29.64	23.43	23.69	19.86	19.31	13.91
□ 五线城市	45.03	40.11	39.26	26.43	28.92	24.18	27.56	23.46	24.91	17.71	18.63	14.62

专题图 1-24 不同线级城市居民经常参与的文化活动对比

专题图 1-25 居民参与代表性文化活动的群体特征总结

（二）中国居民网络文化活动参与的现状与特点

前述分析已表明，线上文化活动已成为居民文化活动参与的重要组成部分。本报告将基于网络的文化活动划分为两种，一种被称为体验式网络文化活动，在这些文化活动中，人们更多的是观赏和体验文化产品，如线上看影视剧、看短视频、看演出、阅读等，较少参与文化产品生产；另一种被称为参与式网络文化活动，在这些文化活动中，人们往往在一定程度上参与到文化生产中，通过评论、发表观点、发起话题、记录生活、网络创作等形式参与形成网络文化。

1. 居民的体验式网络文化活动参与比例高于参与式网络文化活动参与比例

在本次调查中，居民上网最常进行的体验式网络文化活动前五位依次是刷短视频、使用社交媒体平台、上网看影视剧或综艺节目、上网看新闻和上网听音乐。具体而言，对于近些年来基于互联网发展而形成的新兴的短视频文化，有近六成的居民表示上网会经常刷短视频，有超过半数的居民上网从事的文化活动是使用微博、微信、小红书等社交媒体平台，近五成的居民会经常上网看影视剧或综艺节目，超过四成的居民上网看新闻和听音乐。此外，约 1/3 的居民会在网上看直播或文体演出、上网看书。玩网络游戏是近三成居民常上网从事的文化活动，近两成居民在网上会常看动漫、常听广播（剧）或播客。一成多的居民会经常在网上体验云观展等活动（见专题表 1–7）。

在参与式网络文化活动方面，居民上网最常进行的前五位活动依次是点赞／评论／转发、记录和分享生活、参加全民 K 歌或抖音挑战等网络互动活动、在论坛／社区／话题小组发表看法、参加网络评选活动，但整体上，这些参与式网络文化活动的参与比例要低于体验式网络文化活动的参与比例。居民最常参与的网络文化活动是点赞／评论／转发，有 57.57% 的居民经常如此；其次，44.79% 的居民会在网上记录和分享生活。有两成多的居民会经常参加网络互动活动、在网上发表看法、参加网络评选活动和参加网络文化节日活动。还有不到两成的居民会在网上为博主或偶像投票、打赏，发起话题、组织活动，进行网络创作（见专题表 1–8）。

专题表 1-7　居民最常参与的体验式网络文化活动

单位：%

序号	体验式网络文化活动	占比
1	刷短视频	58.34
2	使用社交媒体平台（如微博、微信、小红书等）	51.12
3	上网看影视剧或综艺节目	49.58
4	上网看新闻	43.12
5	上网听音乐	41.85
6	看直播（如真人秀、体育/游戏直播等）	33.61
7	上网看文体演出（如音乐会、歌剧、戏剧、舞蹈等）	33.26
8	上网看书	31.31
9	玩网络游戏	28.40
10	上网看动漫	18.51
11	听网络广播（剧）或播客	17.54
12	云观展、VR旅游	12.16
13	其他	0.06
14	都没做过	1.35

注：此题为多选题，故所有选项比例相加大于100%。

专题表 1-8　居民最常进行的参与式网络文化活动

单位：%

序号	参与式网络文化活动	占比
1	点赞、评论、转发	57.57
2	记录和分享生活	44.79
3	参加网络互动活动（如全民K歌、抖音挑战等）	25.54
4	在论坛、社区、话题小组发表看法	24.85
5	参加网络评选活动	22.49
6	参加网络文化节日（如网络情人节、网络音乐节等）活动	22.39
7	在网上为博主或偶像投票、打赏	19.23
8	发起话题、组织活动（如发起微博话题、建立兴趣小组等）	19.08
9	进行网络创作	17.01
10	其他	0.06
11	都没参加过	5.67

注：此题为多选题，故所有选项比例相加大于100%。

2. 女性和"90后"有更高比例经常评论转发以及网上记录和分享生活，"50后"和"60后"的体验式和参与式网络文化活动参与度都较低

网络文化活动参与是居民文化活动参与的重要组成部分，比较不同居民参与不同类型的网络文化活动发现（见专题图 1-26~1-29），居民的网络文化活动参与模式与一般性的文化活动参与类似，表现出一定的群体特色，具体表现为性别和年龄段特征鲜明、适应居民不同人生发展阶段的需求、与社会经济地位相关、存在区域差异。

居民网络文化活动参与的第一个特点是，因性别和年龄段不同而有不同的模式，特别是表现在体验式网络文化活动上。从性别看，对于体验式网络文化活动，女性上网看影视剧或综艺节目、刷短视频和使用社交媒体平台的比例要明显高于男性；而男性则有更高比例玩网络游戏。对于参与式网络文化活动，男性和女性的最大差异是女性会有更高比例的人常在网上记录和分享生活。

从年龄段看，对于体验式网络文化活动，不同年龄段群体有不同的参与偏好。"90后"和"00后"玩网络游戏、上网看动漫和上网听音乐的比例远高于其他年龄段群体；"70后"和"80后"则有更高比例的人会上网看新闻，"90后"和"00后"上网看新闻的比例则最低；此外，"70后"和"80后"上网看文体演出的比例也较高。对于参与式网络文化活动，"90后"和"00后"会有更多的人进行点赞/评论/转发、记录和分享生活；"80后"有更多的人会在网上发表自己的看法，"70后"和"80后"参加网络评选活动的比例较高。无论是体验式还是参与式文化活动，除了上网看新闻外，"50后"和"60后"的参与比例都低于其他年龄段群体。

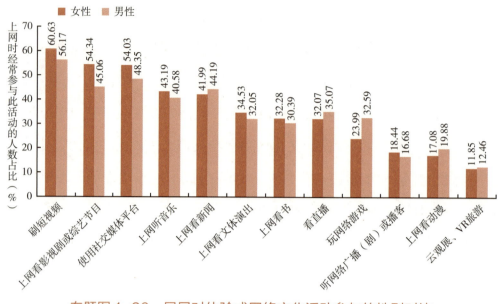

专题图 1-26　居民对体验式网络文化活动参与的性别对比

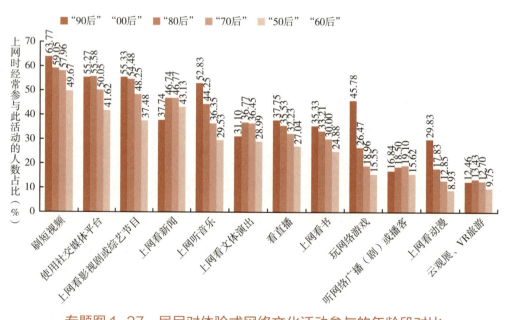

专题图 1-27　居民对体验式网络文化活动参与的年龄段对比

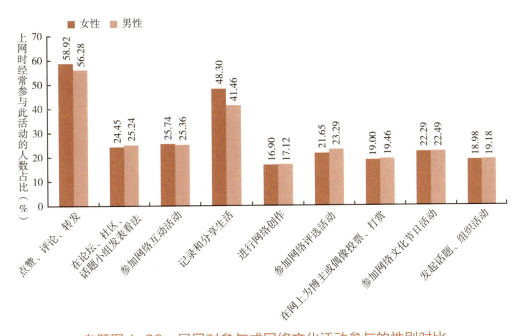

专题图 1-28　居民对参与式网络文化活动参与的性别对比

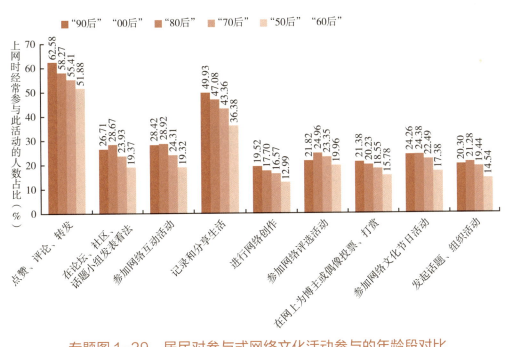

专题图 1-29　居民对参与式网络文化活动参与的年龄段对比

3. 有未成年子女居民更高比例参加参与式网络文化活动

居民网络文化参与的第二个特点是，其在网上的文化参与模式体现出人生不同发展阶段的不同需求。在体验式网络文化活动上，未婚居民的参与度大多高于已婚居民，特别是在玩网络游戏、上网看动漫、上网听音乐、刷短视频等活动上。已婚居民则在上网看新闻、上网看文体演出、听网络广播（剧）或播客、云观展/VR旅游等活动上的参与比例更高。有未成年子女的居民，参加各种体验式网络文化活动的需求要普遍比无未成年子女的居民更强，后者只在玩网络游戏和上网看动漫的参与比例上更高一些（见专题图 1-30、1-31）。

在参与式网络文化活动上，未婚居民参与点赞、评论、转发的比例要高于已婚居民，已婚居民则有更高比例的人参加网络评选活动，可能与其社会网络中有更多亲人或朋友有评选需求有关，如有未成年子女的居民参加网络评选活动的比例也更高，表明可能是孩子参与评选活动的需求较高。此外，有未成年子女的居民整体上的网络深度参与程度都会更高，会有更高比例的人去网上发表看法、发起话题或组织活动、参加网络文化节日活动、记录和分享生活（见专题图 1-32、1-33）。

上述结果都表明，居民的网络文化参与也与其人生发展阶段的需求相关，进入结婚、养育子女阶段的居民，整体上在网上参与文化活动的比例更高、参与程度更深。

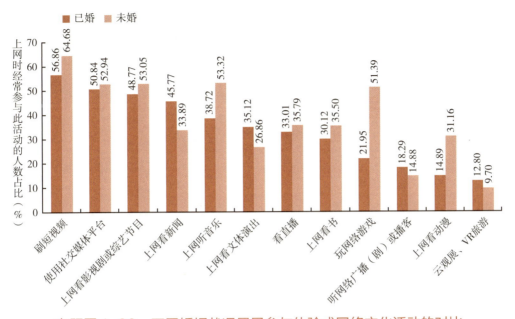

专题图 1-30　不同婚姻状况居民参与体验式网络文化活动的对比

专题图 1-31　居民参与体验式网络文化活动与有无未成年子女的关系

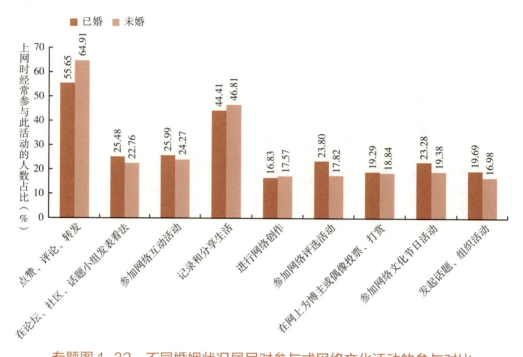

专题图 1-32　不同婚姻状况居民对参与式网络文化活动的参与对比

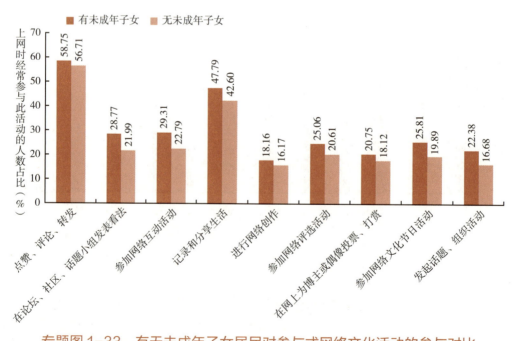

专题图 1-33　有无未成年子女居民对参与式网络文化活动的参与对比

4. 农村和中小城市居民的参与式网络文化活动参与比例与城镇和一线城市居民差异不大

居民网络文化参与的第三个特征同样是文化活动的参与频率与其社会经济地位相关。整体上，受教育程度越高、收入越高的居民，无论是体验式还是参与式网络文化活动，参与比例都会更高（见专题图 1-34~1-37）。

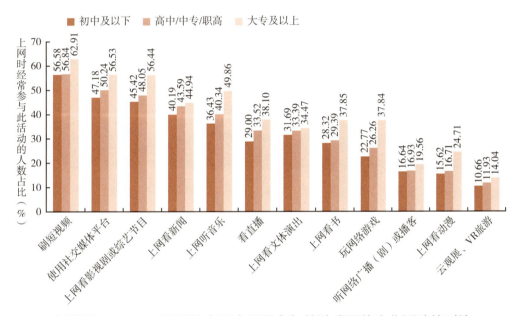

专题图 1-34　不同受教育程度居民参与体验式网络文化活动的对比

专题图 1-35　不同收入居民参与体验式网络文化活动的对比

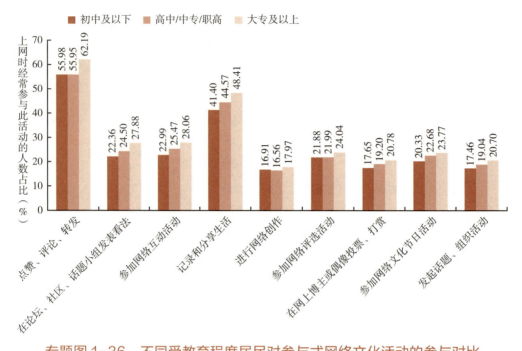

专题图 1-36　不同受教育程度居民对参与式网络文化活动的参与对比

专题图 1-37　不同收入居民对参与式网络文化活动的参与对比

　　居民网络文化参与的第四个特征是虽然网络活动本身没有地域限制，但其参与模式仍然存在地域差异。对于体验式网络文化活动，城镇居民各类活动的参与率大多高于农村居民，特别是上网看书和上网看新闻，城镇居民参与的比例要比农村居民高出近 10 个百分点。一线城市居民对各种文化活动的参与比例明显更高，从一线城市到五线城市，体验式网络文化活动的参与积极性总体上逐渐下降。对于参与式网络文化活动的参与，城乡差异、城市线级差异都相对较小，最主要的差异体现在城镇居民比农村居民更多地点赞、评论和转发。一线城市居民总体上要比其他城市居民更多地点赞、评论和转发，更多地记录和分享生活；从一线城市到五线城市，除了进行网络创作、投票 / 打赏外，其他活动的参与比例总体上下降（见专题图 1-38~1-41）。由此来看，城市经济发展等因素可能会较多地影响居民对体验式网络文化活动的类型选择，对参与式网络文化活动的影响相对较少。

　　我们的调研可以对参与式网络文化活动的城乡差异不显著作出进一步的解释。调研发现，农村居民的网络文化活动参与方式从被动接受逐渐转向主动生产。在互联网影响下，村民有了自己的微信账号、短视频平台账号，可以随手上传自己的作品。在短视频流行初期，有村民 Q 通过火山视频 App，有近 200 元收入，这段经历使他非常有成就感，也乐于与熟人分享；有村民 X 喜欢看快手上的农用器械的视频，也将自己开大型拖拉机的视频上传平台，由此收获了周围人的点赞而感到开心；村民 W 在全民 K 歌 App 中与网友对唱秦腔，并将作品分享于朋友圈，收获亲朋好友的点赞。此类案例还有很多，农村居民在互联网中建构了独特的文化活动场域，同样享有内容生产与分享文化产品的机会。

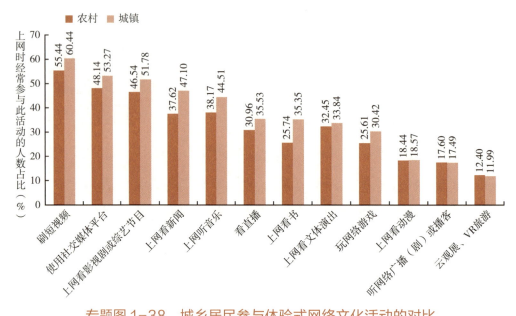

专题图 1-38　城乡居民参与体验式网络文化活动的对比

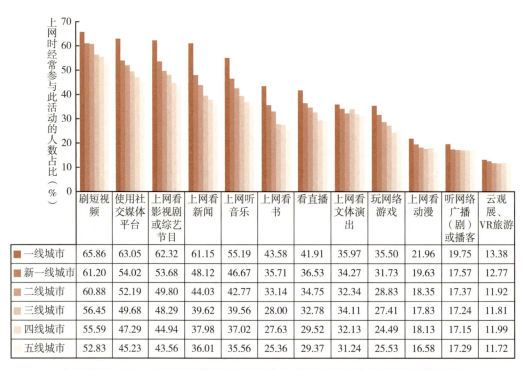

	刷短视频	使用社交媒体平台	上网看影视剧或综艺节目	上网看新闻	上网听音乐	上网看书	看直播	上网看文体演出	玩网络游戏	上网看动漫	听网络广播（剧）或播客	云观展、VR旅游
一线城市	65.86	63.05	62.32	61.15	55.19	43.58	41.91	35.97	35.50	21.96	19.75	13.38
新一线城市	61.20	54.02	53.68	48.12	46.67	35.71	36.53	34.27	31.73	19.63	17.57	12.77
二线城市	60.88	52.19	49.80	44.03	42.77	33.14	34.75	32.34	28.83	18.35	17.37	11.92
三线城市	56.45	49.68	48.29	39.62	39.56	28.00	32.78	34.11	27.41	17.83	17.24	11.81
四线城市	55.59	47.29	44.94	37.98	37.02	27.63	29.52	32.13	24.49	18.13	17.15	11.99
五线城市	52.83	45.23	43.56	36.01	35.56	25.36	29.37	31.24	25.53	16.58	17.29	11.72

专题图 1-39　不同线级城市居民参与体验式网络文化活动的对比

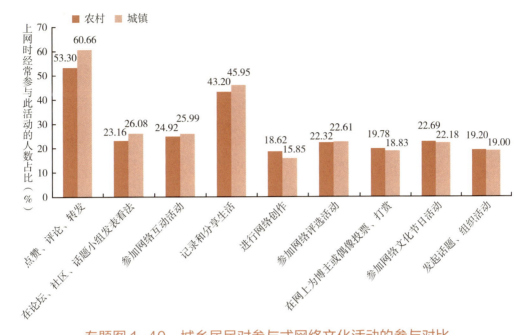

专题图 1-40　城乡居民对参与式网络文化活动的参与对比

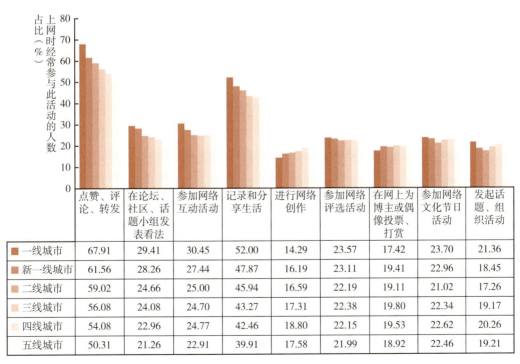

	点赞、评论、转发	在论坛、社区、话题小组发表看法	参加网络互动活动	记录和分享生活	进行网络创作	参加网络评选活动	在网上为博主或偶像投票、打赏	参加网络文化节日活动	发起话题、组织活动
一线城市	67.91	29.41	30.45	52.00	14.29	23.57	17.42	23.70	21.36
新一线城市	61.56	28.26	27.44	47.87	16.19	23.11	19.41	22.96	18.45
二线城市	59.02	24.66	25.00	45.94	16.59	22.19	19.11	21.02	17.26
三线城市	56.08	24.08	24.70	43.27	17.31	22.38	19.80	22.34	19.17
四线城市	54.08	22.96	24.77	42.46	18.80	22.15	19.53	22.62	20.26
五线城市	50.31	21.26	22.91	39.91	17.58	21.99	18.92	22.46	19.21

专题图 1-41　不同线级城市居民对参与式网络文化活动的参与对比

五　中国居民对文化供给渠道的满意度

居民生活周边有哪些文化设施和文化活动？居民对这些文化设施和活动的丰富性与可及性是否满意？本报告聚焦居民对文化供给渠道的满意度分析，将文化供给渠道分成公共文化服务、市场文化服务和自组织文化服务三个方面，分别进行分析。

（一）中国居民对社区公共文化场所和活动的满意度

对于城乡居民而言，所在社区／村的公共文化场所和活动的丰富性、可及性如何？本部分首先对居民所感知到的社区／村公共文化场所和活动的丰富性与可及性进行了分析。

1. 居民认为社区／村休闲文化场所和活动较丰富，专业文化场所和活动较少

对于居民来说（见专题图 1–42、1–43），休闲文化场所的可及性较高，56.81% 的居民所在社区／村就有休闲运动广场（或公共体育场馆），49.28% 的居民所在社区／村有综合性文化服务中心（如社区活动中心和老年大学等），但是新型文化空间可及性相对较低，仅 28.80% 的居民所在社区／村有流动阅读亭、流动展览馆、文化市集等新型文化空间。尽管《文化和旅游部　国家发展改革委　财政部关于推动公共文化服务高质量发展的意见》提出，鼓励创新打造一批融合图书阅读、艺术展览、文化沙龙、轻食餐饮等服务的"城市书房""文化驿站"等新型文化业态，营造小而美的公共阅读和艺术空间[①]，但是其覆盖率和可及性还有待提高。除此之外，休闲文化活动的可及性也较高，47.89% 的居民所在社区／村有群众文体活动或比赛，31.37% 的居民所在社区／村有电影放映。

---

① 《文化和旅游部　国家发展改革委　财政部关于推动公共文化服务高质量发展的意见》，中华人民共和国中央人民政府网站，2021 年 3 月 8 日，https://www.gov.cn/zhengce/zhengceku/2021-03/23/content_5595153.htm。

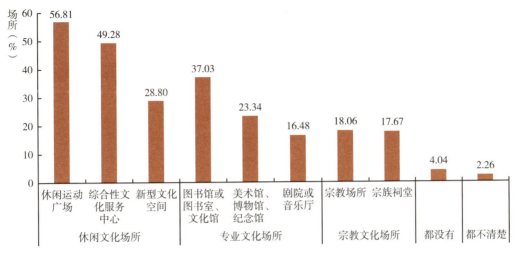

专题图 1-42　居民所在社区 / 村所设的公共文化场所情况

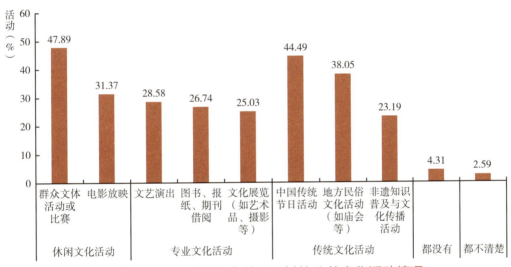

专题图 1-43　居民所在社区 / 村的公共文化活动情况

　　休闲文化场所以外的文化场所整体的可及性较低，其中可及性相对较高的是图书馆或图书室、文化馆，但是也仅约 1/3（37.03%）的居民所在社区 / 村有这些场所。《中国统计年鉴 2022》显示，全国共有 2791 个县市级公共图书馆[①]，但是它们对于大多数居民来说可及性还有待提高。而更低

[①]　国家统计局编《中国统计年鉴 2022》，中国统计出版社，2022。

比例居民表示所在社区或村有美术馆、博物馆、纪念馆、剧院或音乐厅等专业文化场所。此外，调查中所在社区或村有专业文化活动的比例都低于30%，相关机构在提供文化设施和文化活动满足居民休闲娱乐需求的同时，也应注重对居民更高层次精神文化需求的培育和引导。

2. 社区 / 村公共文化活动呈现对传统文化的传承，但社区 / 村非遗文化传承活动较少

调查显示，44.49%的居民所在社区 / 村有中国传统节日活动，38.05%的居民所在社区 / 村有地方民俗文化活动，呈现对传统文化的传承。然而，非物质文化遗产（以下简称"非遗"）知识普及与文化传播活动比例较低（23.19%）。未来可以更大力度地推进"非遗"相关活动进社区 / 村，促进对"非遗"文化的传承和普及。

3. 农村、五线城市、中部和东北地区居民认为社区公共文化的可及性相对较低

调查显示，农村居民在休闲文化场所和专业文化场所可及性上都低于城镇居民。例如，61.24%的城镇居民报告所在社区有休闲运动广场，但是仅50.69%的农村居民所在村有休闲运动广场；27.75%的城镇居民所在社区有美术馆、博物馆、纪念馆，而仅17.25%的农村居民报告所在村有这些专业文化场所。宗教文化场所和地方民俗文化活动对于农村居民的可及性较高，而农村社区休闲文化场所和专业文化场所及活动的比例均低于城镇。

我们调研中发现，村民对所在地的公共文化设施的认知局限在庙宇、戏台等传统露天场地，近几年公共文化活动的组织者少，参与人员也少，村一级开展公共文化活动的频率较低。对于如何解决这一痛点，调研中某县文旅局负责人认为，"硬件设施是开展文化活动的有力保障，但在服务效能方面还有待进一步提升，下一步工作就是要提升场馆建设在村民中的普

及度，提高场馆的利用率"。值得注意的是，现有公共文化活动在村民的需求满足层面还有待进一步加强，文化下乡是多年来各地文旅部门广泛开展的活动，如各地宣传部门组织的电影下乡或流动电影放映活动，现今多是有人放而无人看。在文化活动的适用性与参与性上，各地文旅部门还需进一步研究，以调整策略，更好地满足村民的文化需求。

在城市分级上，从专题表 1–9 可以看到，基本上都是城市越小，社区公共文化场所和活动越少。但是在宗教文化场所和地方民俗文化活动等传统公共文化上，三、四线城市的比例最高；而在非遗文化活动方面，一线城市和四线城市的比例较高。说明地方民俗活动还未在一线城市有较多发展，但是非遗文化活动已经开始深入一线城市。此外，虽然一些地方民俗活动和非遗文化活动等传统公共文化活动可以下沉到三、四线城市，但无论是休闲文化活动、专业文化活动还是传统文化活动，五线城市的可及性均较低。

在四大区域上，东部地区居民的社区公共文化场所和活动更多，其他三个区域的差异不明显，但相对而言，中部地区的专业文化场所和活动较少，而东北地区的休闲文化场所和活动，以及传统文化活动较少。

4. 收入越高的居民，认为所在社区专业文化场所和活动越多

被访者收入越高，感知到所在社区的公共文化场所和活动基本上就越多，如专题表 1–10 所示。在主观阶层方面，认为主观阶层在中间的居民所在社区休闲文化场所和活动较多，但是较多高主观阶层居民所在社区新型文化空间、专业文化场所和活动以及非遗文化活动更多。

（二）中国居民对城市公共文化设施和服务的满意度

前面分析了居民感知到的社区公共文化场所与活动的可及性，本部分将分析视角扩大，调查居民对所在城市的公共文化设施和服务的满意度。

专题表 1—9 调查中社区公共文化场所和活动的区域差异

单位：%

场所/活动	分类	项目	城乡		城市分级						四大区域			
			农村	城镇	一线城市	新一线城市	二线城市	三线城市	四线城市	五线城市	东部地区	中部地区	西部地区	东北地区
社区公共文化场所	休闲文化场所	休闲运动广场	50.69	61.24	69.23	61.42	58.36	54.54	52.43	49.82	59.44	54.47	54.49	55.11
		综合性文化服务中心	44.89	52.46	60.24	54.78	49.10	47.65	46.26	41.44	51.38	48.80	48.02	42.38
		新型文化空间	27.46	29.76	33.07	31.45	28.33	28.00	26.92	26.92	29.40	27.55	29.68	26.12
	专业文化场所	图书馆或图书室、文化馆	27.34	44.04	53.83	43.86	38.56	33.07	31.06	29.37	40.49	32.66	35.31	34.32
		美术馆、博物馆、纪念馆	17.25	27.75	31.84	26.38	25.24	21.10	20.14	19.14	24.78	20.82	22.83	23.54
	宗教文化场所	剧院或音乐厅	12.98	19.01	22.34	18.17	17.12	14.91	14.39	14.97	18.13	14.19	15.62	15.87
		宗教场所	18.08	18.05	16.54	17.35	17.76	18.83	19.36	17.27	18.66	17.42	17.68	17.61
		宗族祠堂	21.11	15.18	16.28	14.48	15.77	20.00	20.61	17.29	18.84	18.90	15.97	12.77
		都没有	5.34	3.10	2.93	3.09	3.97	4.00	4.14	6.22	3.21	4.38	4.65	6.03
		都不清楚	2.32	2.21	2.11	2.04	2.49	2.70	1.73	2.23	2.35	2.06	2.13	2.65
社区公共文化活动	休闲文化活动	群众文体活动或比赛	43.41	51.13	56.14	51.72	47.28	47.32	45.78	41.64	49.69	46.64	46.83	44.19
		电影放映	29.85	32.47	33.80	33.17	32.75	32.00	29.78	26.14	33.58	31.35	28.89	26.26
		文艺演出	25.34	30.92	33.23	30.72	30.05	27.51	26.07	25.71	30.29	27.39	27.03	26.68
	专业文化活动	图书、报纸、期刊借阅	20.91	30.96	38.94	31.07	28.24	23.41	22.63	22.06	28.66	24.55	25.58	25.22
		文化展览	21.85	27.33	31.97	28.21	24.48	22.74	23.72	22.70	25.85	22.83	25.83	24.00
	传统文化活动	中国传统节日活动	41.23	46.85	52.13	48.75	45.26	42.78	42.57	37.95	46.26	43.30	44.92	36.34
		地方民俗文化活动	41.57	35.49	33.48	36.70	36.92	41.17	39.94	36.12	38.48	39.29	38.41	31.08
		非遗知识普及与文化传播	22.71	23.54	25.59	23.57	22.21	22.74	24.13	21.95	23.50	22.34	24.03	21.24
		都没有	4.47	4.20	4.61	3.70	4.57	3.97	3.93	5.84	3.74	4.43	4.48	6.80
		都不清楚	1.84	3.13	3.53	2.95	2.85	2.85	1.64	1.87	2.89	2.20	2.23	3.00

专题表1-10　不同收入居民所感知的社区公共文化场所和活动

单位：%

场所/活动	分类	项目	家庭人均收入			主观阶层		
			低	中	高	低	中	高
社区公共文化场所	休闲文化场所	休闲运动广场	48.98	57.78	61.49	51.72	59.60	49.86
		综合性文化服务中心	41.56	50.10	54.32	42.77	51.85	46.85
		新型文化空间	22.16	29.65	32.72	17.75	31.31	36.71
	专业文化场所	图书馆或图书室、文化馆	28.97	37.38	43.68	28.16	39.85	38.17
		美术馆、博物馆、纪念馆	17.61	23.44	28.51	14.58	25.42	29.06
		剧院或音乐厅	12.53	16.53	20.09	10.19	17.53	23.41
	宗教文化场所	宗教场所	16.63	17.95	19.75	15.99	18.57	19.32
		宗族祠堂	16.58	17.85	18.21	16.46	18.14	17.28
		都没有	7.20	7.20	3.58	2.34	9.33	2.36
		都不清楚	4.24	4.24	1.98	1.16	5.25	1.38
社区公共文化活动	休闲文化活动	群众文体活动或比赛	40.73	49.02	51.51	41.67	50.62	43.79
		电影放映	28.54	31.34	34.14	29.58	32.25	29.60
	专业文化活动	文艺演出	25.06	28.89	31.03	23.58	30.11	29.60
		图书、报纸、期刊借阅	21.02	26.73	32.20	20.46	28.45	29.41
		文化展览	19.53	25.29	29.52	15.79	27.32	30.41
	传统文化活动	中国传统节日活动	39.48	44.62	48.88	39.81	46.69	40.48
		地方民俗文化活动	33.56	39.27	38.87	35.87	38.90	37.30
		非遗知识普及与文化传播	18.80	23.34	26.95	15.52	24.61	30.82
		都没有	7.03	7.03	3.91	2.86	9.38	2.77
		都不清楚	3.79	3.79	2.35	2.12	5.37	1.82

1. 居民对本市公共文化设施和服务总体较满意，但对信息化建设满意度最低

居民对公共文化设施和服务总体而言较为满意，满意度均值为3.87，

显著高于量表中值3[①]。其中，68.72%的居民选择了满意，22.85%选择了中立，仅7.08%选择不满意，另有1.35%的居民选择了不了解（见专题图1-44）。

居民对公共文化服务最满意的方面是硬件条件，其中73.68%的居民对交通满意，73.02%对设施环境满意，对工作人员的服务水平69.26%的居民选择了满意。除此之外，在场所数量、时间安排、特殊群体、活动质量、意见反馈渠道等方面，居民满意度也较高，但还有提升空间。满意度相对较低的两个都与信息化建设有关，65.93%的居民对公共文化场馆的网络条件表示满意，63.92%的居民满意其数字化程度。

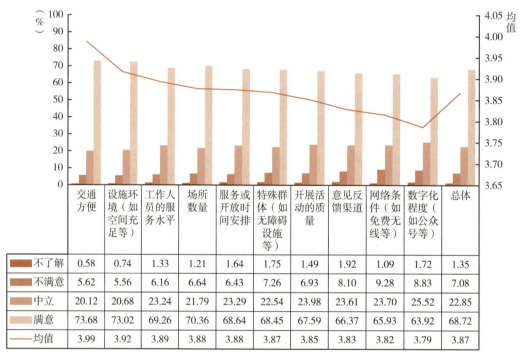

	交通方便	设施环境（如空间充足等）	工作人员的服务水平	场所数量	服务或开放时间安排	特殊群体（如无障碍设施等）	开展活动的质量	意见反馈渠道	网络条件（如免费无线等）	数字化程度（如公众号等）	总体
不了解	0.58	0.74	1.33	1.21	1.64	1.75	1.49	1.92	1.09	1.72	1.35
不满意	5.62	5.56	6.16	6.64	6.43	7.26	6.93	8.10	9.28	8.83	7.08
中立	20.12	20.68	23.24	21.79	23.29	22.54	23.98	23.61	23.70	25.52	22.85
满意	73.68	73.02	69.26	70.36	68.64	68.45	67.59	66.37	65.93	63.92	68.72
均值	3.99	3.92	3.89	3.88	3.88	3.87	3.85	3.83	3.82	3.79	3.87

专题图1-44　居民对本市公共文化设施和服务的满意度

2. 提高意见反馈渠道畅通性有利于提高总体满意度

对公共文化设施和服务的总体满意度与各分项目进行相关分析，结果发

[①] 量表范围为1~5，1表示非常不满意，5表示非常满意。

现（见专题图 1-45），意见反馈渠道畅通与总体满意度的相关程度最高；其次是设施环境，而场所数量等的相关性相同；但是服务或开放时间安排、网络条件和交通方便与总体满意度的相关程度较低。这可能是因为在网络和交通较为畅通的时代，人们对它们的需求有所降低，但更为关注意见能否得到有效反馈。因此，应更关注提高公共文化服务中的互动性和反馈畅通性。

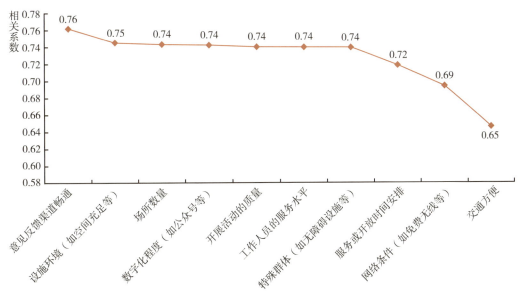

专题图 1-45　公共文化设施和服务的总体满意度与各分项目间的相关度

3. 农村、四线城市、西部地区以及高收入群体居民对所在市的公共文化设施和服务较满意

总体而言，农村居民对所在市的公共文化设施和服务满意度高于城镇，如专题表 1-11 所示。只有在交通方便程度和设施环境上，农村居民的满意度低于城镇居民，这可能是因为所在市的公共文化设施往往位于城镇，离农村较远。

调研发现，城乡交通运输一体化的相关举措，在客观上促进了村民向县域商圈流动，尽管在现阶段，村民接触图书馆、文化馆、博物馆等公共文化设施存在空间距离大这个问题，但道路建设水平的提高与交通工具的普及，使远距离消费成为可能。如很多村民在夏天骑摩托车或开车到县体育场馆观看足球比赛，或携家人到县城观看消暑文艺晚会，村中部分年轻人也会到县电影院看电影。县域文化圈持续释放活力，带动农村居民的文化消费生活。

在不同线级城市上，一线城市居民在交通方便、设施环境满意度上最高，而在场所数量、时间安排、工作人员服务水平、特殊群体服务和意见反馈渠道上，一线城市居民的满意度都是最低的，这可能与一线城市居民对这些服务的高需求和高要求有关。调查显示，目前我国城市公共文化设施建设和服务水平，尚不能满足大城市居民的更高要求。相对而言，四线城市居民反而在多数项目上的满意度都是最高的，这可能是因为他们的需求没有大城市居民那么高，但是一些公共文化设施和服务又能下沉到四线城市。

在四大区域差异上，仍然是中部和东北地区居民的满意度较低，西部地区居民满意度总体较高。

专题表1-11　居民对城市公共文化设施和服务满意度的区域差异

单位：%

项目	城乡		城市分级						四大区域			
	农村	城镇	一线城市	新一线城市	二线城市	三线城市	四线城市	五线城市	东部地区	中部地区	西部地区	东北地区
场所数量	72.40	68.89	69.01	70.27	69.39	70.37	71.79	70.83	70.36	70.02	71.78	67.07
交通方便	70.34	76.09	79.99	77.33	74.49	72.17	71.54	68.78	75.14	71.21	73.68	72.03
服务或开放时间安排	69.70	67.86	67.40	69.18	68.50	68.80	68.66	68.58	69.21	65.50	70.57	68.12
开展活动的质量	70.13	65.76	66.74	66.55	66.60	67.57	69.41	68.58	67.31	66.16	69.46	67.49
工作人员的服务水平	70.37	68.46	67.81	68.90	69.15	69.11	71.32	68.32	69.54	67.70	70.80	67.35
设施环境	72.88	73.12	75.83	74.55	72.96	71.85	72.82	71.48	73.65	71.77	73.53	71.29
网络条件	66.97	65.18	65.64	67.02	65.83	65.21	65.76	66.40	65.91	64.39	67.59	65.29
数字化程度	64.86	63.23	64.94	63.85	63.73	63.11	64.98	63.59	64.49	61.33	65.79	62.12
特殊群体	70.73	66.79	67.06	67.94	67.24	69.09	70.37	67.91	68.50	67.91	69.45	66.55
意见反馈渠道畅通	69.56	64.06	62.92	64.87	65.34	67.08	68.74	67.67	66.00	65.25	68.36	65.57

在大多数测量指标上，收入越高或主观阶层越高的居民总体上对所在市的公共文化设施和服务越满意（见专题表 1-12）。计算公共文化设施和服务所有项目的平均分，得到居民对公共文化的满意度均值，对其进行收入和主观阶层与城市分级的交叉分析，结果发现（见专题图 1-46），除了在三、四、五线城市的高收入群体对所在市的公共文化设施和服务满意度等于或略低于中等收入群体外，无论是在哪线城市，均是收入或主观阶层越高，对所在市的公共文化设施和服务越满意。这可能是因为四、五线城市高收入群体对所在市的公共文化设施和服务有更高的需求，而所在的城市难以满足。

专题表 1-12　不同收入和主观阶层居民对城市公共文化设施和服务的满意度

单位：%

项目	家庭人均收入			主观阶层		
	低	中	高	低	中	高
场所数量	66.58	71.13	71.80	60.71	71.48	84.32
交通方便	69.44	74.21	76.21	66.86	74.52	83.18
服务或开放时间安排	65.47	69.23	69.99	59.86	69.63	81.44
开展活动的质量	64.12	68.34	68.80	56.99	68.95	82.04
工作人员的服务水平	65.67	69.86	71.00	59.58	70.58	81.99
设施环境	68.65	73.41	76.07	64.50	73.96	85.54
网络条件	63.24	66.45	67.04	59.39	65.92	80.36
数字化程度	60.70	64.16	66.30	55.07	64.40	80.20
特殊群体	65.72	68.98	69.52	59.27	69.42	82.26
意见反馈渠道畅通	63.93	67.05	66.78	56.60	67.12	82.88

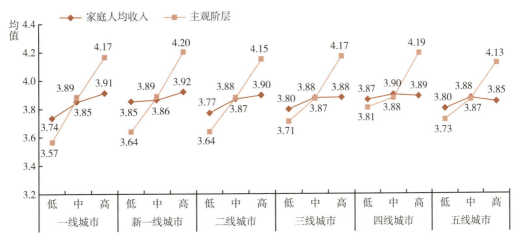

专题图 1-46　收入和城市分组在公共文化满意度上的交叉分析结果

4. 社区休闲文化场所和传统文化活动与居民满意度最相关

对城市公共文化满意度和社区公共文化可及性进行相关性分析发现，满意度与社区公共文化场所和社区公共文化活动均呈显著正相关，社区公共文化场所越多，居民满意度越高（$r=0.17$，$P<0.001$）；社区公共文化活动越多，居民满意度也越高（$r=0.19$，$P<0.001$）。在具体场所上，休闲文化场所与居民满意度的相关性最高（$r=0.14$，$P<0.001$），其次是专业文化场所（$r=0.12$，$P<0.001$），相关性最低的是宗教文化场所（$r=0.04$，$P<0.001$）。在具体活动类型上，传统文化活动与居民满意度的相关性最高（$r=0.15$，$P<0.001$），其次是专业文化活动（$r=0.14$，$P<0.001$），相关性最低的是休闲文化活动（$r=0.09$，$P<0.001$）。可见，提高居民对城市公共文化设施和服务的满意度，最有效的可能是增加社区休闲文化场所和传统文化活动。

（三）中国居民对市场文化服务供给的满意度

在前面分析公共文化服务供给满意度的基础上，本部分的重点是分析居民对我国市场化文化服务供给的满意度，即文化消费市场的满意度。

1. 居民对文化消费市场总体较为满意，"黄牛"扰乱了文化消费市场秩序是存在的主要问题

总体而言（见专题图 1-47），居民对文化消费市场较为满意，均值为 3.74，高于中值 3，68.15% 的居民选择了非常满意和比较满意，25.34% 的居民选择了一般，而选择不太满意的仅占 5.32%，选择非常不满意的仅占 1.19%。

在文化消费市场存在的问题方面（见专题图 1-48），居民认为最严重的方面是"黄牛"扰乱了文化消费市场秩序，72.09% 的居民选择了符合。此外，票价太高或门票难买也是六成以上居民选择的文化消费市场存在的问题。

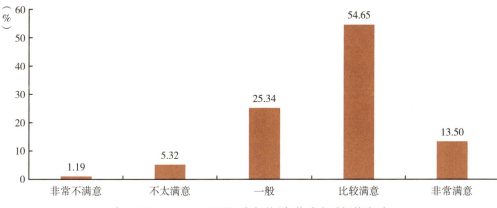

专题图 1-47　居民对文化消费市场的满意度

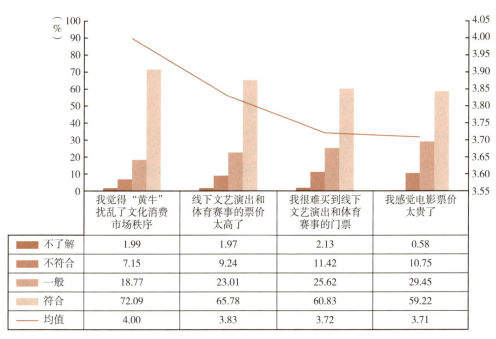

	我觉得"黄牛"扰乱了文化消费市场秩序	线下文艺演出和体育赛事的票价太高了	我很难买到线下文艺演出和体育赛事的门票	我感觉电影票价太贵了
不了解	1.99	1.97	2.13	0.58
不符合	7.15	9.24	11.42	10.75
一般	18.77	23.01	25.62	29.45
符合	72.09	65.78	60.83	59.22
均值	4.00	3.83	3.72	3.71

专题图 1-48　居民认为文化消费市场存在的问题

2. 农村、四线城市、西部地区居民对文化消费市场的满意度最高

如专题图 1-49 所示，农村居民对文化消费市场的满意度高于城镇居民；从四线城市到一线城市，总体上城市越大，居民对文化消费市场越不满意，满意度最高的是四线城市居民。在四大区域上，西部地区居民对文化消费市场的满意度最高。

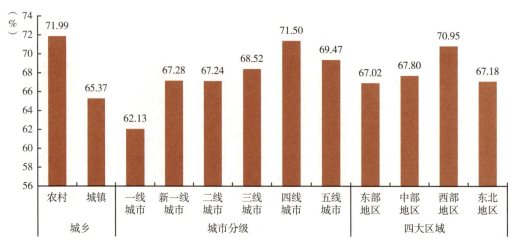

专题图 1-49　居民对文化消费市场满意的区域差异

3. 青年群体、外地居民和低收入群体居民对文化消费市场的满意度较低

从年龄段来看，年龄越大的居民对文化消费市场满意度越高，如专题图 1-50 所示。"90 后"和"00 后"，对文化消费市场的满意度最低。青年群体作为文化消费市场的新的主力军①，其较低的满意度应引起重视。此外，外地居民的文化消费市场满意度低于本地居民；低收入群体对文化消费市场的满意度低于中、高收入群体，而中、高收入群体间的差异不明显；在主观阶层方面，主观阶层越低，对文化消费市场的满意度越低。

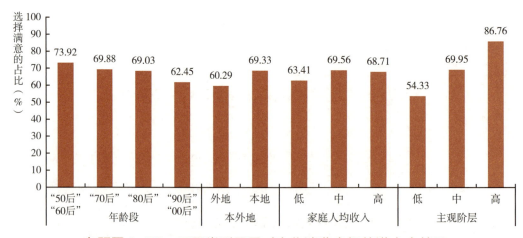

专题图 1-50　不同类型居民对文化消费市场的满意度差异

① 中国传媒大学北京深化文化消费领域供给侧结构性改革研究课题组：《消费新力量 年轻新态度——Z 世代消费行为分析与思考》，《光明日报》2022 年 2 月 21 日，第 11 版。

（四）中国居民对自组织文化服务的满意度

本部分分析居民对第三类文化供给渠道，即自组织文化服务的满意程度。自组织文化服务指以社会层面力量（包括社会组织、居民等）为主体提供或组织的文化产品、服务和活动。

1. 居民认为本地自组织文化活动较为丰富和方便

总体而言，居民认为本地自组织文化活动较为丰富和方便（见专题图 1-51）。丰富性评价均值为 3.96，高于中值 3，72.60% 的居民认为非常丰富或比较丰富。方便性评价均值为 3.98，也高于中值 3，73.29% 的居民选择了非常方便或比较方便。

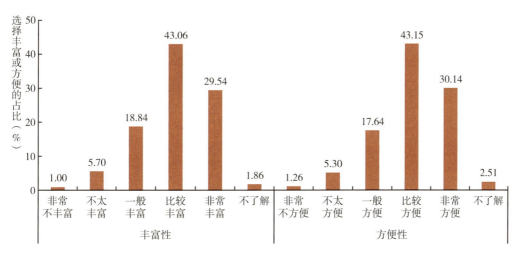

专题图 1-51 居民对本地自组织文化活动的满意度

2. 农村、本地、高收入群体居民对自组织文化活动较满意

相比城镇居民，农村居民对自组织文化活动的丰富性和方便性评价均较高（见专题图 1-52）。随着社会经济文化发展，村民自组织的文化活动在形式与内容上都有较大变化。之前以社火、庙会等为主，如今以广场舞、文艺表演、体育赛事等为主。2023 年 3 月，文化和旅游部为全面推进乡村文化振兴，推动公共文化服务高质量发展，鼓励引导各地开展村民自编自

导、自赏自演的"村晚"活动。调研发现，县级文旅部门已开展村晚的相关工作，而这类活动恰能迎合村民文化消费需求、激发乡村文化活力，还有最近兴起的"村超""村BA"等，都是村民喜闻乐见的自组织文化活动。反观城镇，除了广场舞以外，能够出圈和有较大影响力的自组织文体娱乐活动较少，很多都仅是社区少部分居民参与。这与城镇"陌生人社会"的特点分不开，城镇社区应发挥居民的作用、提高居民的自发性、吸引居民的注意力，应考虑更多新的文化活动内容与形式。

从四线城市到一线城市，城市越大，居民对本地自组织文化活动的丰富性和方便性评价总体上也越低。五线城市居民认为其活动丰富性较高，但方便性不足。在四大区域上，东部地区居民认为本地自组织文化活动丰富和方便的比例都是最低的，这可能与这些地区较高的城镇化率有关。使用2021年末国家统计局分省份的人口数据，采用分层线性模型，将省份作为层二变量进行分析发现，省份城镇化率越高，所在省份的居民对自组织文化的丰富性（β =-0.62，$P<0.001$）和方便性（β =-0.37，$P=0.013$）均越不满意。

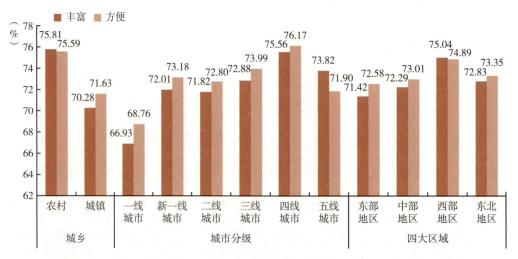

专题图 1-52　居民认为本地自组织文化活动丰富和方便的区域差异

相比"90 后""00 后",中年和老年世代的居民认为本地自组织文化活动的丰富性和方便性较高,如专题图 1-53 所示。相比外地居民,本地居民认为自组织文化活动的丰富性和方便性较高。总体而言,家庭人均收入和主观阶层越高,认为自组织文化活动的丰富性和方便性越高,这与文化消费市场满意度的群体性差异一致。可见,中年和老年群体、本地居民和高收入群体居民无论对自组织文化活动,还是对文化消费市场的满意度都较高。

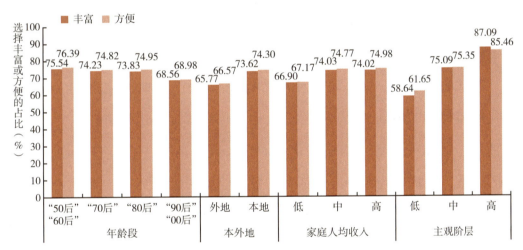

专题图 1-53　居民认为本地自组织文化活动丰富和方便的类型差异

六　中国居民对文化供给结构的满意度

为持续推动中华民族现代文明建设、获得文化的繁荣发展,在文化建设上,要坚持百花齐放、百家争鸣,文化供给要能满足居民日趋多样化的精神文化需要。本报告分析了居民对我国几种常见的文化供给类型的喜好和满意程度,并对传播这些文化的媒介特点进行了探讨。

（一）中国居民对当前文化构成的满意度分析

当前，我国社会文化供给丰富多样，既有弘扬社会主义核心价值观的主旋律题材的创作，又有蕴含丰富文化底蕴的中华优秀传统文化产品；既有不同风格的流行音乐、舞蹈，又有古典音乐、歌剧、舞台剧。本报告将分析居民对当前我国社会这些常见的文化类型的喜好以及对其发展的满意度评价，由此了解居民对当前文化供给的满意程度。

1. 主旋律文化和中华优秀传统文化是发展主色调

本报告所分析的常见的文化类型包括主旋律文化、中华优秀传统文化、群众文化、流行文化、专业文化和网络文化。其中，主旋律文化主要指具有社会主义核心价值观导向的文化；中华优秀传统文化指各个民族或文化群体特有的传统文化，包括弘扬中华优秀传统文化和精神的文化作品或活动、非遗文化等；群众文化指源于民间、由社区成员自发创造和传播的文化，包括广场舞、群众体育、歌咏绘画摄影比赛等；流行文化指公众广泛接受的、通常通过媒体和商业渠道传播的文化，包括流行音乐、舞蹈、国潮、跑酷等潮流文化作品或活动；专业文化指需要特定知识或技能才能理解和欣赏的文化，包括古典音乐、歌舞剧、哲学社会科学作品等；网络文化指通过互联网提供的文化，包括相关产品、服务和活动，尤其是在数字技术影响下形成的新型文化形式，包括短视频、网络文学、网剧、直播等。

分析结果表明，居民对当前常见的各种文化构成整体上都比较熟悉和喜爱，不了解和明确表示不喜欢的人占比较少。最受居民喜爱的是中华优秀传统文化（81.13%）和主旋律文化（77.51%），其次是网络文化，七成以上居民表示喜欢。群众文化、流行文化和专业文化也都有六成以上居民表示喜欢（见专题表1-13）。

专题表 1-13　居民对不同类型文化产品的喜爱程度

单位：%

类型	不喜欢	一般	喜欢	不了解
主旋律文化	4.27	16.66	77.51	1.56
中华优秀传统文化	3.30	13.89	81.13	1.67
群众文化	5.73	24.20	67.73	2.34
流行文化	6.19	23.88	66.94	3.00
专业文化	6.35	25.49	64.33	3.83
网络文化	5.26	21.55	70.25	2.94

在对这些文化发展现状的满意度评价上，满意度最高的是主旋律文化，其次是中华优秀传统文化，不过对其发展表示满意的人数占比要低于喜欢传统文化的人数占比，提示在中华优秀传统文化的弘扬上，还需要努力提高居民满意度。再次，居民对群众文化和网络文化的满意度也较高。最后是对流行文化和专业文化表示满意（见专题表 1-14）。

专题表 1-14　居民对当前不同类型文化发展现状的满意程度

单位：%

类型	不满意	一般	满意	不了解
主旋律文化	4.22	17.18	77.61	0.99
中华优秀传统文化	4.93	16.61	77.28	1.17
群众文化	5.43	23.89	69.33	1.35
流行文化	6.00	26.21	65.71	2.07
专业文化	6.31	26.71	64.56	2.42
网络文化	5.75	22.88	69.63	1.74

2. 收入较高居民对中华优秀传统文化、流行文化和专业文化等的喜爱度更高，农村居民对群众文化、流行文化和网络文化等的发展更为满意

本报告分析了居民在文化构成喜爱度上的群体特点，发现文化构成的喜爱度及满意度与月收入、城乡经济发展程度存在关联。

首先，收入较高的居民对各种文化都比较喜欢，对中华优秀传统文化、流行文化和专业文化的喜爱度要明显比低收入居民高。同时，中等收入和高收入居民对主旋律文化、中华优秀传统文化和专业文化发展等的满意度也明显比低收入居民更高（见专题图 1-54）。

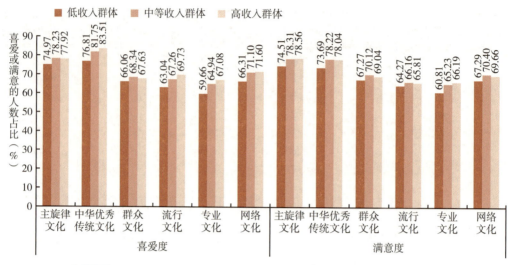

专题图1-54　居民文化构成喜爱度和满意度上的月收入对比

注：为清晰呈现分析结果，此处只列出喜欢或满意的人数比例，下同。

　　其次，农村居民对不同类型文化的喜爱度和满意度大多要高于城镇居民，尤其对于群众文化、流行文化、专业文化和网络文化的喜爱度与对相应文化发展的满意度都较高。这主要是因为农村群众文体活动举行较多，网络文化参与也较多，因此喜爱度和满意度都更高。此外，在对中华优秀传统文化的喜爱上，城镇居民略高于农村居民，但满意度上则还是农村居民略高于城镇居民（见专题图1-55）。

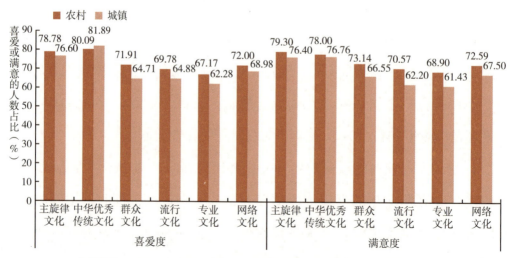

专题图1-55　居民文化构成喜爱度和满意度上的城乡对比

最后，经济发展程度不同的地区，居民对不同类型文化的喜爱度和满意度也不同。喜爱度上，三线、四线等城市居民对于群众文化、流行文化和专业文化比较喜欢，一线和新一线城市对中华优秀传统文化更加喜欢。满意度方面，三线、四线和五线城市居民对于群众文化、流行文化、专业文化和网络文化的满意度更高（见专题图 1–56）。

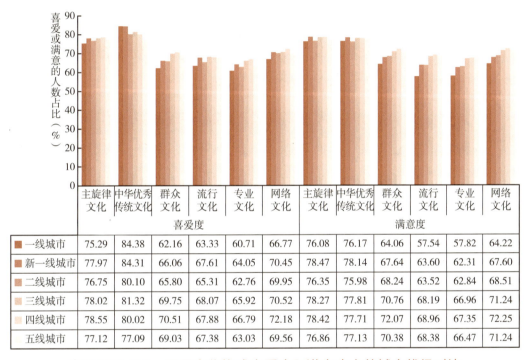

	主旋律文化	中华优秀传统文化	群众文化	流行文化	专业文化	网络文化	主旋律文化	中华优秀传统文化	群众文化	流行文化	专业文化	网络文化
			喜爱度						满意度			
■一线城市	75.29	84.38	62.16	63.33	60.71	66.77	76.08	76.17	64.06	57.54	57.82	64.22
■新一线城市	77.97	84.31	66.06	67.61	64.05	70.45	78.47	78.14	67.64	63.60	62.31	67.60
■二线城市	76.75	80.10	65.80	65.31	62.76	69.95	76.35	75.98	68.24	63.52	62.84	68.51
■三线城市	78.02	81.32	69.75	68.07	65.92	70.52	78.27	77.81	70.76	68.19	66.96	71.24
□四线城市	78.55	80.02	70.51	67.88	66.79	72.18	78.42	77.71	72.07	68.96	67.35	72.25
□五线城市	77.12	77.09	69.03	67.38	63.03	69.56	76.86	77.13	70.38	68.38	66.47	71.24

专题图 1–56　居民文化构成喜爱度和满意度上的城市线级对比

总体上，当前我国社会文化构成多样，居民对各类文化产品和活动的满意度也较高，对中华优秀传统文化和主旋律文化尤其喜爱和满意。不同特征居民对不同文化构成的满意度不同，月收入较高的居民对中华优秀传统文化、流行文化和专业文化的喜爱度更高；居住在农村的居民对其接触较多的群众文化、流行文化和网络文化的发展满意度较高；三线、四线、五线城市的居民也对其接触较多的群众文化、流行文化、专业文化和网络文化的发展满意度相对更高。

（二）中国居民对当前文化传播的满意度分析

如前所述，我国当前文化供给类型丰富，可满足居民多样化的精神文化需要。而丰富的文化类型的发展离不开文化传播，要让居民能够及时、便捷地了解各种文化产品或文化活动的相关信息，才能满足居民的不同需要。而文化传播又不局限于让我国居民获取文化产品或活动相关信息的对内传播，还包括对外宣传中国形象的国际传播，居民对此也有自己的观点和态度。本报告首先分析居民当前获取文化相关信息的媒介渠道的特点，再分析居民对于中国文化国际传播能力的评价。

1. 居民使用的文化传播媒介多样化，新媒介表现尤为突出

分析我国居民了解文化产品和文化活动的媒介途径，结果显示（见专题表1-15），人们最常用来获取信息的传播媒介是抖音或快手这样的短视频平台，有超过半数的人经常从这里获取文化产品和活动的信息；其次是微信，有超过四成的人使用，以上两种使用率最高的获取文化信息的媒介都是新媒介；传统的电视和广播排在了第三位，占比将近三成；紧随其后的是小红书和微博这样的社交媒体平台。至此，居民最常使用的获取文化产品和活动信息的前五名的媒介中，4个都是新媒介，只有电视和广播是传统媒介。而熟人告知、社区宣传等传统的人际传播方式也占据一定比例，都有超过两成的人经常使用。书籍报刊的使用率相对最低。总体上，可以看出，我国当前的文化传播媒介具有新媒介和传统媒介相结合的特点，其中新媒介的表现尤为突出，短视频成为传播文化信息的重要媒介。微信、小红书、微博等新媒介也逐步取代了传统的传播媒介，成为人们获取文化产品和活动相关信息的重要途径。

专题表 1-15　居民了解文化产品和活动信息的常用媒介

单位：%

序号	传播媒介	占比
1	抖音或快手	54.14
2	微信	43.55
3	电视、广播	29.28
4	小红书	27.46
5	微博	23.12
6	熟人告知	22.06
7	社区宣传	21.81
8	门户网站（如新浪、凤凰、网易等）	21.51
9	B 站	19.24
10	知乎、豆瓣等社区平台	16.39
11	现场宣传（展板、易拉宝等）	13.65
12	书籍报刊	12.66
13	其他	0.07

注：此题为多选题，故所有选项比例相加大于 100%。

　　文化传播媒介的使用存在群体差异，媒介使用模式具有鲜明的个性特点和地区差异。

　　首先，个性特点主要体现在性别和年龄上。女性会比男性更多地使用小红书、微博这样的社交媒体作为文化传播媒介，同时，女性对于传统的人际传播媒介，如熟人告知和社区宣传的使用率也会更高。"90 后"和"00 后"使用短视频平台、小红书、B 站等新媒介获取文化产品和活动信息的比例明显高于其他年龄段群体，同时，他们会更少地采用熟人告知、社区宣传的人际媒介。"70 后"和"80 后"相比其他年龄段的群体，使用门户网站、参加现场宣传获取相关信息的比例更高些。"50 后"和"60 后"使用电视和广播的比例会更高，虽然其使用社区平台、微博、小红书和 B 站的比例要远低于其他群体，但其使用微信获取相关信息的比例与其他群体相差较小，短视频也是其获取文化相关信息的最常用渠道（见专题图 1-57、1-58）。

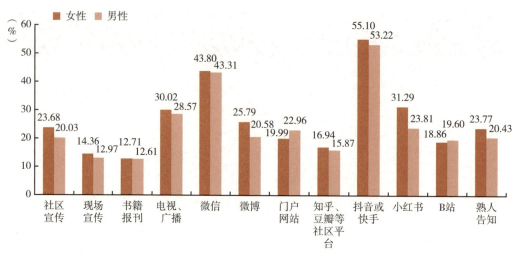

专题图 1-57　居民使用文化传播媒介的性别对比

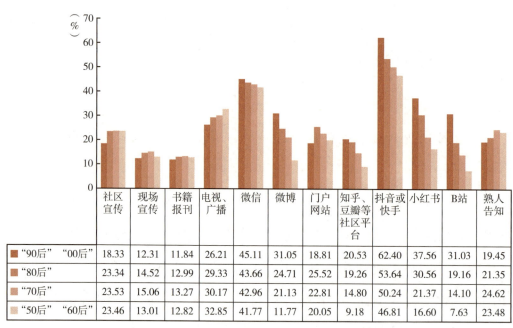

	社区宣传	现场宣传	书籍报刊	电视、广播	微信	微博	门户网站	知乎、豆瓣等社区平台	抖音或快手	小红书	B站	熟人告知
"90后""00后"	18.33	12.31	11.84	26.21	45.11	31.05	18.81	20.53	62.40	37.56	31.03	19.45
"80后"	23.34	14.52	12.99	29.33	43.66	24.71	25.52	19.26	53.64	30.56	19.16	21.35
"70后"	23.53	15.06	13.27	30.17	42.96	21.13	22.81	14.80	50.24	21.37	14.10	24.62
"50后""60后"	23.46	13.01	12.82	32.85	41.77	11.77	20.05	9.18	46.81	16.60	7.63	23.48

专题图 1-58　居民使用文化传播媒介的年龄对比

　　其次，城乡和经济发展程度不同区域的居民文化传播媒介使用也存在差异。城镇居民获取文化相关信息时使用各种媒介的比例大多比较高，媒介使用更体现多元化特点，农村居民使用熟人告知的比例要高于城镇居民。整体上，一线城市居民使用各种媒介获取文化相关信息的比例都比较高，特别是在微信、电视/广播和社区宣传媒介的使用上，使用比例与其他城市的差异更明显；熟人告知的文化传播媒介则在三线、四线、五线城市中比例较高（见专题图 1-59、1-60）。

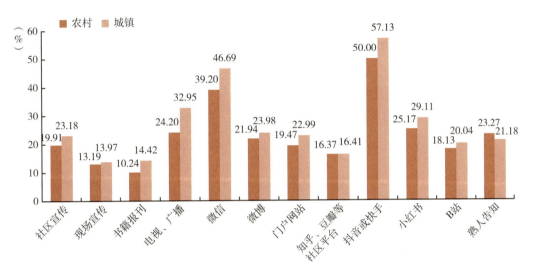

专题图 1-59　居民使用文化传播媒介的城乡对比

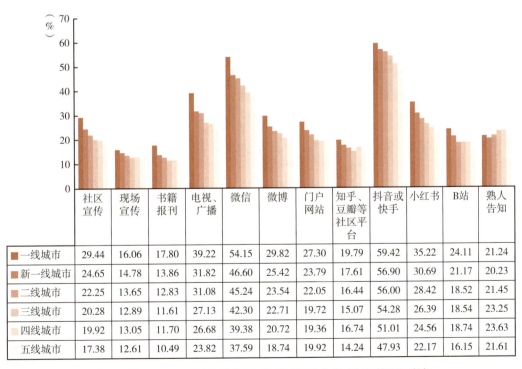

	社区宣传	现场宣传	书籍报刊	电视、广播	微信	微博	门户网站	知乎、豆瓣等社区平台	抖音或快手	小红书	B站	熟人告知
一线城市	29.44	16.06	17.80	39.22	54.15	29.82	27.30	19.79	59.42	35.22	24.11	21.24
新一线城市	24.65	14.78	13.86	31.82	46.60	25.42	23.79	17.61	56.90	30.69	21.17	20.23
二线城市	22.25	13.65	12.83	31.08	45.24	23.54	22.05	16.44	56.00	28.42	18.52	21.45
三线城市	20.28	12.89	11.61	27.13	42.30	22.71	19.72	15.07	54.28	26.39	18.54	23.25
四线城市	19.92	13.05	11.70	26.68	39.38	20.72	19.36	16.74	51.01	24.56	18.74	23.63
五线城市	17.38	12.61	10.49	23.82	37.59	18.74	19.92	14.24	47.93	22.17	16.15	21.61

专题图 1-60　居民使用文化传播媒介的城市线级对比

总体上，我国居民获取文化产品和活动相关信息的传播媒介丰富多样，新媒介使用率在各群体中都比较突出，短视频和微信成为获取文化信息的最重要途径。女性偏向于使用社交化媒介，"90后"和"00后"青年偏向于使用新媒介而较少采用人际媒介，"70后"和"80后"使用传统网络媒介的比例更高，"50后"和"60后"在使用传统媒介的同时，也在适应新媒介的使用。经济发达地区居民对于文化传播媒介的使用更加多元。

2. 居民获取信息的渠道以主流媒体为主，自媒体使用比例有上升趋势

在媒介多样化的背景下，不同媒体会通过多种媒介发布信息，居民在选择媒介的同时对发布信息的媒体也会进行选择。对此，报告分析了居民经常获取信息和资讯的媒体，结果表明（见专题表1-16），居民最常获取信息的渠道还是主流媒体，如超过半数的居民会常从中央媒体了解信息，超过四成居民会从商业平台、地方官方新闻媒体获取信息。但与此同时，自媒体日渐成为人们了解信息的一种常用渠道，此次调查中，居民经常使用自媒体的比例已经接近地方官方新闻媒体，超过传统的市场化新闻媒体。

专题表1-16　居民获取信息和资讯的常用媒体

单位：%

序号	传播媒介	占比
1	中央媒体（如央视、新华社、人民日报等）	54.21
2	商业平台（如新浪网、网易网、今日头条等）	47.51
3	地方官方新闻媒体	40.85
4	自媒体	39.16
5	市场化新闻媒体（如南方报业、财新等）	27.50
6	海外媒体（如CNN、BBC、纽约时报等）	4.74
7	其他	0.16

居民对媒体的选择也存在群体差异，呈现个性化和区域化的特点。

第一，居民的媒体选择存在性别和年龄差异。女性比男性使用自媒体、商业平台等了解信息的比例会更高些，而男性比女性使用市场化新闻媒体等的比例则更高些。年龄方面，不同年龄段的居民媒体选择呈现不同的模式。"90后"和

"00 后"选择自媒体来了解信息和资讯的比例要远高于其他年龄段的居民，自媒体成为其继中央媒体之后第二常用的媒体。但是，他们会更少地选择地方官方新闻媒体和市场化新闻媒体，少部分人会通过海外媒体了解信息。"70 后"和"80 后"的媒体选择模式类似，相较于其他年龄群体，他们选择商业平台和市场化新闻媒体的比例会更高，其中"80 后"尤其依赖门户网站、今日头条等商业平台来获取信息。"50 后"和"60 后"在媒体选择上以中央媒体和地方官方新闻媒体为主，对自媒体和商业平台的选择比例都是最低的（见专题图 1–61、1–62）。

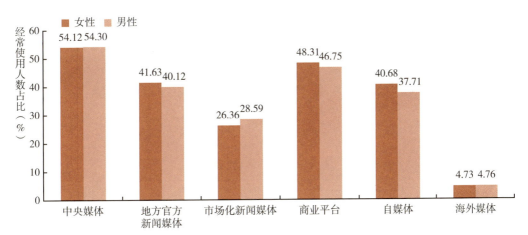

专题图 1–61　居民获取信息媒体选择的性别对比

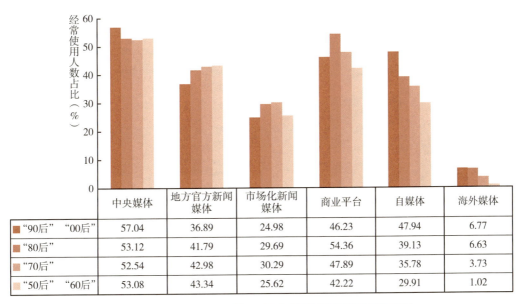

	中央媒体	地方官方新闻媒体	市场化新闻媒体	商业平台	自媒体	海外媒体
"90 后""00 后"	57.04	36.89	24.98	46.23	47.94	6.77
"80 后"	53.12	41.79	29.69	54.36	39.13	6.63
"70 后"	52.54	42.98	30.29	47.89	35.78	3.73
"50 后""60 后"	53.08	43.34	25.62	42.22	29.91	1.02

专题图 1–62　居民获取信息媒体选择的年龄对比

第二，媒体选择在不同区域存在差异。不同线级城市的居民在媒体选择上也存在差异。虽然各城市居民最常用的媒体都是中央媒体和商业平台，但是一线城市居民选择这两种媒体获取信息的比例明显更高，而三线、四线和五线城市的居民选择这两个媒体的比例相对较低，其选择市场化新闻媒体的比例相对较高。城镇居民选择中央媒体和商业平台获取信息的比例比农村居民更高。而农村居民最常用的媒体也是中央媒体和商业平台，但其选择市场化新闻媒体的比例要高于城镇居民（见专题图1-63、1-64）。

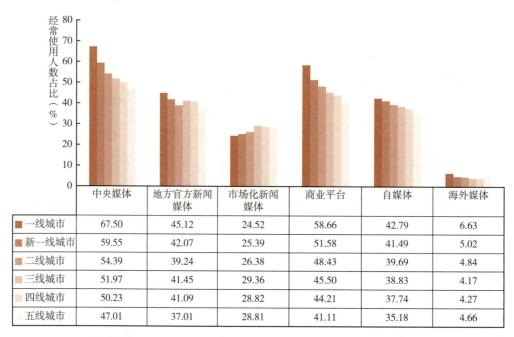

	中央媒体	地方官方新闻媒体	市场化新闻媒体	商业平台	自媒体	海外媒体
一线城市	67.50	45.12	24.52	58.66	42.79	6.63
新一线城市	59.55	42.07	25.39	51.58	41.49	5.02
二线城市	54.39	39.24	26.38	48.43	39.69	4.84
三线城市	51.97	41.45	29.36	45.50	38.83	4.17
四线城市	50.23	41.09	28.82	44.21	37.74	4.27
五线城市	47.01	37.01	28.81	41.11	35.18	4.66

专题图1-63　居民获取信息媒体选择的城市线级对比

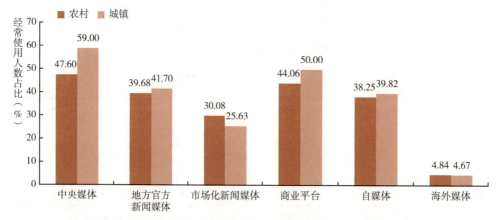

专题图1-64　居民获取信息媒体选择的城乡对比

总体上，在媒介多样化的同时，居民的媒体选择也日趋多样化，虽然中央媒体和地方官方新闻媒体等主流媒体仍然占据主导地位，但选择自媒体获取信息已然有了一定的发展趋势，特别是在"90 后"和"00 后"群体中。

3. 超七成居民对中华文化的国际传播能力表示满意

提升中华文化的国际影响力、促进中外文化交流、传递积极的中国形象，是中华民族现代文明构建的重要任务之一。本报告分析了居民对中华优秀传统文化、中国对外媒体（如《人民日报》海外版、CGTN 等）和中国文化产品（如书籍、影视、游戏等）的国际传播能力的满意度评价，结果如专题表 1–17 所示。居民对当前我国文化的国际传播能力评价整体较好，其中对中华优秀传统文化在国际上的传播能力评价最高，其次是对中国文化产品的国际传播能力的认可，对于中国对外媒体的国际传播能力的评价略低于前述两项，但也有超过七成的居民对其表示赞许。

专题表 1–17　居民对当前中华文化国际传播能力的评价

单位：%

项目	差	一般	好	不了解
中华优秀传统文化的国际传播能力	3.95	16.56	78.74	0.76
中国对外媒体的国际传播能力	4.82	21.97	70.64	2.57
中国文化产品的国际传播能力	4.74	19.91	74.22	1.13

七　中国居民对文化功能的满意度与发展建议分析

2019 年 3 月 4 日，习近平总书记在看望参加全国政协十三届二次会议的文化艺术界、社会科学界委员时发表重要讲话指出："人民是创作的源头活水，只有扎根人民，创作才能获得取之不尽、用之不竭的源泉。文化文艺工作者要走进实践深处，观照人民生活，表达人民心声，用心用情用功抒写人民、描绘人民、歌唱人民。"[1] 文化发展的目的是服务广大人民群众，需要满足个体层面和社会层面的需求，即文化发展功能具有个体功能和社会功能二重性。

（一）中国居民对文化功能的满意度分析

本报告集中分析了居民对我国文化发展满足个体层面和社会层面的需求的状况。个体层面的文化功能主要包括娱乐需求满足、审美需求满足、社交需求满足、发展需求满足；社会层面的文化功能主要包括构建文化自信和增强国家认同，促进文化传承发展。此外，在此基础上，本报告还结合问卷开放性问题对居民的发展建议进行了分析。

1. 从悦耳悦目到悦心悦情：居民对各类文化产品满足个体需求评价较高

文化发展需要满足人民群众不同层次的文化需求，首先是满足居民对各类文化产品的个体需求。本报告从五个方面分析当前我国的文化产品、服务和活动满足居民个体文化需求的程度。专题图 1-65 显示，整体而言，七成左右居民认可当前我国文化发展能够满足不同维度的个体需求，反映了居民对文化发展的满意度整体较高。具体而言，认为文化产品能够满足休闲、放松需求的比例最高（76.14%），其次为提升文化素养的需求（71.36%），再次为社交需求（69.70%）、视听觉享受（69.36%）、审美和鉴赏需求（68.29%）。

---

[1] 新华社：《习近平看望参加政协会议的文艺界社科界委员》，求是网，2019 年 3 月 4 日，http://www.qstheory.cn/2019-03/07/c_1124205972.htm。

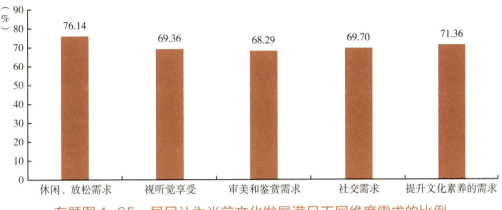

专题图 1-65　居民认为当前文化发展满足不同维度需求的比例

随着居民物质条件日益丰富，不同居民的文化需求也相应地有量的扩大和质的提升，对文化需求也有新的期盼。专题图 1-66 显示，出于社会经济条件相对较高、文化需求层次更高等原因，城镇居民认为当前文化发展满足其需求的比例整体上低于农村居民。了解人民群众文化需求的发展趋势，不断满足人民群众日益增长的精神文化生活需求，是文化发展的重要任务。

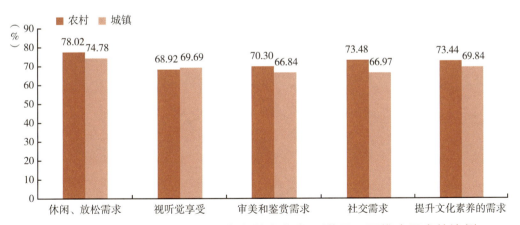

专题图 1-66　分城乡居民认为当前文化发展满足不同维度需求的比例

2. 深入生活、扎根人民：内容和价值观是民众对于文化作品最看重的方面

文化产品终究是为广大人民群众服务的。文化创作，无论有多么丰富的想象力，脱离了生活、脱离了人民群众，也会黯然失色。本报告以影视类作品为代表，进一步分析居民对文化产品满意与不满意的具体原因。分析显示，能否深入生活、扎根人民也是决定我国居民对文化作品是否满意的关键性因素。如专题图 1-67 所示，对影视类作品满意的原因排名依次为：很真实（贴近日常生活）、符合科学和历史常识、弘扬社会主义核心价值观、积极传承中华优秀传统文化等，制作精良等技术层面因素并没有成为主要影响因素。

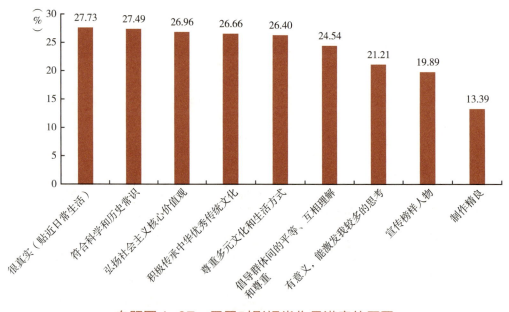

专题图 1-67　居民对影视类作品满意的原因

进一步分析显示，并不是制作因素不重要，如专题图 1-68 所示，精美的制作是影视作品成功的基础条件。在此条件之上，深入生活、扎根人民，

"观照人民生活，表达人民心声，用心用情用功抒写人民、描绘人民、歌唱人民"才能创作出让人民群众满意的文化产品。

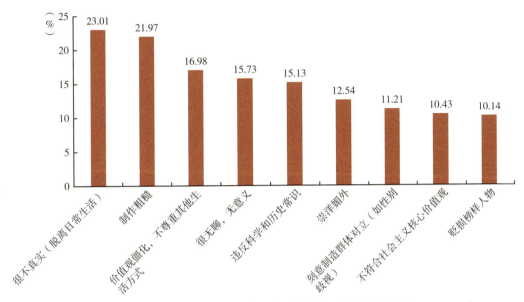

专题图 1-68　居民对影视类作品不满意的原因

此外，本报告还使用来自豆瓣平台的影评大数据信息，分析了《觉醒年代》和《大江大河》两部具有代表性的主旋律影视类作品。两部作品均属于该平台高评分类影视类作品，在社会上具有较高的口碑。本报告基于作品评论的大数据信息，选取了词频最高的 100 个词语，绘制了词频统计图，分析了以上影视作品受欢迎的主要原因。

2021 年是中国共产党成立 100 周年，《觉醒年代》这一历史题材主旋律电视剧在各年龄段尤其是年轻人中引发了强烈反响。本报告基于《觉醒年代》的分析显示，"历史""人物"等内容相关因素和"李大钊""觉醒"等价值观因素是中国居民认可《觉醒年代》的主要原因；但与此同时，"演员""镜头"等制作因素仍非常重要，成为《觉醒年代》受欢迎和获得好评的基础条件（见专题图 1-69）。

专题图 1-69　关于《觉醒年代》评论的词频

　　2018 年是中国改革开放 40 周年，《大江大河》等一批改革开放主题影视作品集中播出，获得了高收视率和好口碑，也引发了相关题材影视创作热议。专题图 1-70 中《大江大河》评论的词频分析显示，《大江大河》的成功与其成功的人物塑造、精彩的故事情节密不可分。精彩的内容和积极正面的价值观是其成功的主要原因。

专题图 1-70　关于《大江大河》评论的词频

　　3. 文化展览和群众文体活动在弘扬社会主义价值观和中华优秀传统文化中发挥重要作用

　　文化的核心价值观是文化产品最深层的内核，决定着文化的性质和方向，体现着一个国家、一个民族的文化理想和精神高度。社会主义核心价值观植根于中华文化沃土，熔铸于我们党领导人民长期奋斗的伟大实践，是社会主义先进文化的精髓，是当代中国精神的集中体现，凝结着全体人民共同的价值追求，昭示着中国特色社会主义发展方向和光明前景。

社会主义核心价值观具有深厚的民族性、鲜明的时代性、内在的先进性、广泛的包容性，决定其在我国文化建设中居于主导和引领地位。文化产品需要把社会主义核心价值观融入产品中，生动形象地反映社会主义核心价值观的深刻内涵和精神实质，让人们潜移默化地接受和认同社会主义核心价值观，并自觉地转化为实际行动。为此，本报告的调查询问了我国城镇居民对不同类别的文化产品在弘扬社会主义核心价值观中的作用，即"哪些文化产品更好地弘扬了社会主义核心价值观"。专题图 1-71 显示，整体而言，博物馆、纪念馆、美术馆展览，群众文体活动，文化旅游等文化产品在弘扬社会主义核心价值观方面的作用更加积极，音乐，动画、漫画、游戏，综艺节目，广播类节目等的作用有待加强。

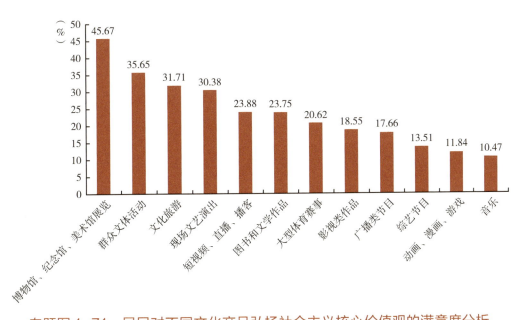

专题图 1-71 居民对不同文化产品弘扬社会主义核心价值观的满意度分析

　　分城乡的分析（见专题图 1-72）发现，农村与城镇居民对不同文化产品弘扬社会主义核心价值观作用的满意度基本相似。无论是城镇居民还是农村居民都认为博物馆、纪念馆和美术馆展览在弘扬社会主义核心价值观方面做得较好；城乡居民也都认为群众文体活动在弘扬社会主义核心价值观方面发挥着重要的作用。可见，需要满足人民群众对展览和群众文体活动的需求，开展丰富多彩的群众文体活动，提供更加符合社会主义核心价值观的高质量展览。

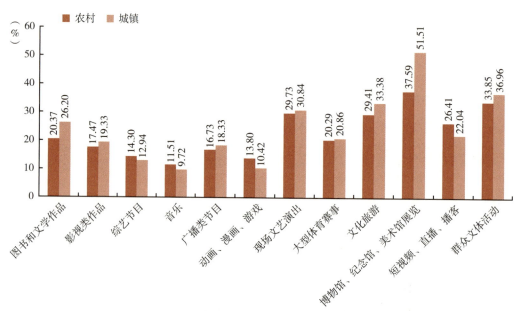

专题图 1-72　分城乡居民对不同文化产品弘扬社会主义核心价值观的满意度

　　分世代的进一步分析（见专题图 1-73）显示，由于对不同类型文化产品的接触度和偏好不同，不同世代居民对不同文化产品在弘扬社会主义核心价值观的作用上存在不同看法。但不同世代均强调博物馆、纪念馆、美术馆展览，群众文体活动，文化旅游在弘扬社会主义核心价值观方面的积极作用。

　　中华优秀传统文化是中华文明的智慧结晶和精华，是我们在世界文化激荡中站稳脚跟的根基。继承和弘扬中华优秀传统文化不仅有利于中国特色社会主义文化的繁荣兴盛，更有利于增强综合国力、提升国际地位、传播中华文化、彰显中国形象。

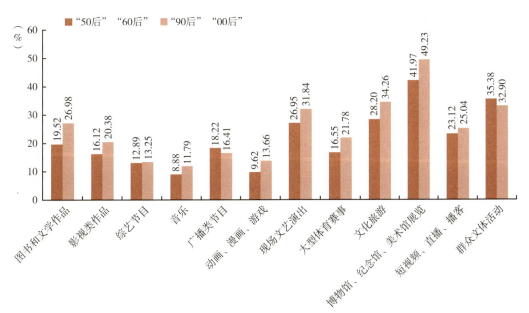

专题图 1-73　分世代居民对不同文化作品弘扬社会主义核心价值观的满意度

本报告分析了居民对不同文化作品宣传中华优秀传统文化作用的看法。专题图 1-74 显示，与弘扬社会主义核心价值观的结果一致，博物馆、纪念馆、美术馆展览，群众文体活动，文化旅游等文化产品宣传中华优秀传统文化的作用更加积极。同样，音乐、动画 / 漫画 / 游戏、综艺节目、广播类节目等的作用有待进一步加强。

专题图 1-75 则进一步分城乡分析了城镇与农村居民对能够宣传中华优秀传统文化的文化产品的看法。农村居民认为博物馆、纪念馆、美术馆展览，群众文体活动和现场文艺演出是宣传中华优秀传统文化的三种主要形式；城镇居民则认为博物馆、纪念馆、美术馆展览，群体文体活动，文化旅游是宣传中华优秀传统文化比较好的文化产品。

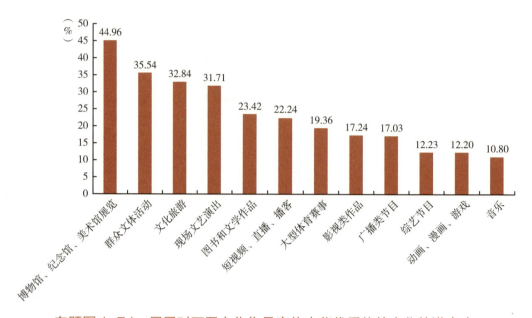

专题图 1-74　居民对不同文化作品宣传中华优秀传统文化的满意度

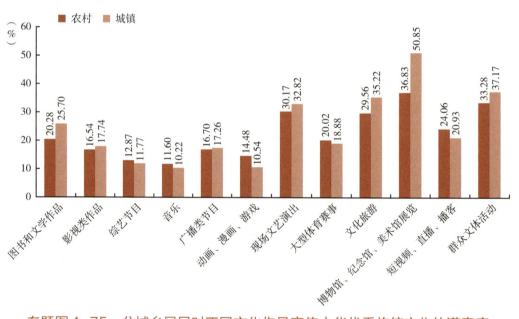

专题图 1-75　分城乡居民对不同文化作品宣传中华优秀传统文化的满意度

可见，博物馆、纪念馆、美术馆展览等在宣传中华优秀传统文化方面发挥着非常重要的作用。近年来，故宫博物院、陕西历史博物馆、上海博物馆等各地博物馆迎来大批参观游客，"博物馆热"体现了人民群众对弘扬和传承中华优秀传统文化的高度热情。博物馆、纪念馆、美术馆需要创新并丰富文化传播的形式，让人们更清晰地触摸历史的脉动、更深入地感知文化的力量。

4. 群众文体活动满足文化娱乐休闲需求并发挥文化传承功能

上文分析显示，居民普遍认为群众文体活动在弘扬社会主义核心价值观和宣传中华优秀传统文化方面发挥着重要作用。本报告以 2023 年贵州出现的"村 BA"（正式名为"美丽乡村"篮球联赛）和"村超"（又名榕江和美乡村足球超级联赛）为案例，分析群众文体活动受到民众关注和喜爱的原因及其文化功能。

其一，群众文体活动满足了群众个体层面需求，即文化娱乐休闲的需求。"村 BA"和"村超"赛事免费对大众开放，虽然场地简陋，但由于参与群众广泛，吸引了大量的观众。场上竞技规则也相对宽松随意，不像职业赛事那般严格规范，而是充满了浓浓的乡土气息和民间节日氛围。在当今我国社会物质生活日益丰富的大背景下，越来越多城里人向往简朴生活、追求返璞归真的精神体验。由民间自发举办的"村 BA"篮球赛和"村超"足球赛就很好地满足了人们这一需求，赛事对所有人开放，免费入场，参与氛围热烈，为人们提供了没有过度商业包装的文化体验。

其二，群众文体活动满足了群众参与和互动的需求。在"村 BA"和"村超"的比赛过程中，主办方设置了丰富多彩的互动环节，让球迷不仅可以观赛，还可以积极参与其中并与球员和其他观众进行充分互动。以台盘村的"村 BA"为例，比赛进行到中场休息时，球迷可以直接走进球场，与村里的球员来一场即兴的友谊赛，在场上尽情展示球技，与偶像零距离接触。球迷也可以与参赛队员合影留念，记录下这难得的与"球星"近距离接触的机会。另外，台盘村的村民还会在中场休息时向球迷们免费派发具有本地特色的小吃，让围观的球迷一边品尝美食，一边继续观看比赛，充分享受比赛作为文化盛会的乐趣。而在榕江县举办的"村超"足球赛中，中场休息时，主办方也设置了丰富的互动环节。观众可以走进球场，与来自各村的民族舞蹈表演队伍一起翩翩起舞，穿插在舞龙舞狮表演之间，感受民族文化的魅力。球迷也可以与表演队伍一起合唱具有乡土韵味的民歌，融入欢乐的氛围中。除此之外，在场外还设立了数百个临时摊点，供球迷们品尝各类地方特色小吃、购买土特产。球场里球迷与球员互动，球场外粉丝们可以一边享用美食，一边交流，场内外互动环环相扣。

尤为重要的是，"村 BA"和"村超"扎根本土特色文化，内核是文化传承，这是群众文体活动发挥的社会层面功能。在"村 BA"和"村超"这些业余体育赛事中，一个重要的亮点就是将本地的民族传统文化与体育活动创造性地进行了融合。以榕江县的"村超"足球赛为例，中场休息时，原本的足球场会瞬间转换成民族文化表演的舞台。观众席上原本围观比赛的球迷，也成为热烈欢迎表演团队的观众。穿着苗族、侗族等少数民族传统服饰的歌舞表演队伍会准时踏入球场，为观众呈现一场视听盛宴。表演者大多是村里历经百年传承的非物质文化遗产的传承人，他们以自己的实际行动在传播和展示民族文化的瑰宝。来自各地的游客也会特意赶来观看表演，感受贵州这片土地上独特的乡土风情。概言之，"村 BA""村超"成功地将体育赛事与乡土文化相融合，赋予赛事更丰富的本土文化内涵。这样的"体育 + 文化"的模式为各地发掘当地独特的民族文化资源、创新体育赛事的文化内核提供了一个鲜活的案例，让体育不仅是竞技，更是展示地方文化风貌的重要窗口。这种融合体育与本土文化的模式不仅展示了地方文化的魅力，还有助于传承和弘扬民族文化，增强了乡村社区大众对于家乡文化的文化自信。

从文化参与度的分析数据来看，我国的青少年群体，特别是"90 后"和"00 后"，在群众文体活动方面的积极性相对较低，他们的兴趣更多地集中在网络游戏、动漫等个体化娱乐活动上。调查中，在 12 项文化活动中，"90 后"

和"00 后"的群众文体活动参与率仅排名第 8，远低于其他年龄段（"50后""60 后"排名第 2，"70 后"排名第 3）（见专题图 1–18）。然而，"村BA""村超"等活动创新性地将体育赛事与乡土民族文化相结合，增强了体育活动的趣味性和参与感，吸引了青少年群体的广泛参与。同时，这类赛事的影响力并不限于乡村社区。通过网络平台的传播，更多城市的青少年得以感受到乡村文化的魅力，甚至有人会到乡村观看这些赛事，以亲身体验乡村文化的魅力。这种群众性体育赛事形式的创新，不仅满足了乡村本土的文化需求，也满足了城市青少年对返璞归真文化体验的需求。特别是在青少年群体中，这种文化体育赛事增进了城乡交流，有效促进了文化共享。

总而言之，这种"体育 + 文化"模式为青少年提供了在娱乐活动中亲身感受、主动学习中华优秀传统文化的机会，使他们在参与的乐趣中增强对中华优秀传统文化和社会主义核心价值观的认同。可以预见，这种创新性文化体育模式会对有针对性地推动我国青少年群体提高文化认同产生积极作用。各地可借鉴"村 BA""村超"的成功经验，积极探索开展形式多样、富有地方特色的群众文体活动，以适应青少年的兴趣特点，使他们在文化娱乐活动中增强文化认同，传承和弘扬中华优秀传统文化。这对推进社会主义文化强国建设、提升国家文化软实力具有长远的社会意义。

5."任重道远"：人民群众对各类文化产品的高质量需求仍难以得到全面满足

影视类作品（电影、电视剧）、综艺节目和文化短视频与直播的受众面广、影响力大，是广大人民群众接触最多的文化产品。但是调查显示，人民群众对各类文化产品的高质量需求仍无法得到充分满足。专题图 1–76 显示，我国城乡居民对影视类作品满意度最高（67.02%）；其次为短视频、直播等文化产品（62.57%）；居民对综艺节目的满意度最低（58.94%）、不满意度最高（12.56%）。

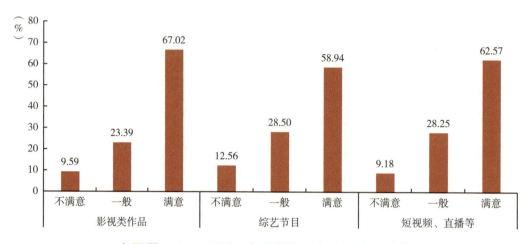

专题图 1-76　居民对不同类型文化产品满意度

进一步分析（见专题图 1-77）发现，农村与城镇居民对各类文化产品满意度存在一定差异。由于城镇居民对文化产品要求较高，其对三类文化产品的满意度都低于农村居民。尤其是对综艺节目的满意度方面，仅有52.75% 的城镇居民对我国综艺节目发展状况表示满意。

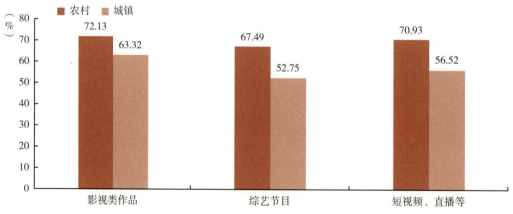

专题图 1-77　分城乡居民对不同类型文化产品满意度

近年来，中国电影、电视剧迎来了发展的黄金时期。从《我和我的祖国》《觉醒年代》《人民的名义》到《长津湖》《流浪地球》《长安三万里》，国产电影、电视剧佳作不断涌现。短视频、直播等是农村居民获得文化产品的重要途径，整体而言，农村居民对这一形式的文化产品满意度较高。然而，一些综艺节目缺乏原创性，靠买国外版权、炒作热点、制造群体对立等问题频发，并且短视频、直播平台同样存在炒作热点、制造对立的风险，城镇居民对这两种文化形式满意度比较低。因此，需要压实平台责任，坚决抵制"唯流量"的畸形文化。

（二）中国居民对未来文化发展的建议

为了征询居民对文化发展问题的建议，调查将最后一题设为开放题，问题为"您对中国文化产品、服务和活动的发展有什么建议"，居民可根据自己的想法自由回答。在回收的 35668 个有效样本中，剔除空缺值与"没有建议"等无效回答后，获取 14872 条有效信息，回收率为 41.70%。本报告使用 Python 3 对开放性建议进行了文本挖掘与分析，对词频和主题进行了提炼分析。专题图 1-78 用词云图的方式展示了提及频率较高的建议内容。

专题图 1-78　开放题聚合词云图

1. 正面评价与建议占比高

词频分析显示，我国居民对文化发展持积极态度，主要表述方式为"很好""很满意""发展得不错"，这类文本的总频次为 290 次，且有 117 次回答"希望越来越好"，具体结果参见专题表 1-18。

专题表 1-18　开放题热词聚合前十位

单位：次，%

序号	表述	频次	比例
1	很好	202	1.36
2	希望越来越好	117	0.79
3	加大宣传力度	113	0.76
4	弘扬传统文化	108	0.73
5	加强创新	60	0.40
6	很满意	59	0.40
7	继续加油	37	0.25
8	多开展文化活动	32	0.22
9	发展得不错	29	0.19
10	多元化发展	18	0.12

2. 建设性意见集中在宣传力度、多样性、创新性，建议大力弘扬中华优秀传统文化

建设性意见能反映民众对文化发展行动方面的期待，通过文本分析可以看出，建设性意见集中在宣传力度、多样性与创新性三个层面。民众认为应该进一步加大对中国文化的宣传力度，有民众建议加强文化的整体发展，也有不少民众强调中国传统文化的发展。民众较为关注文化发展的多样性，有民众直接建议应该"多元化发展"，也有民众认为应该在文化产品、文化服务、活动内容等层面加强文化发展的多元性。此外，民众还希望能够提高文化的创新性。

结合词语在文本中的 TF-IDF 值（词频—逆文件频率值），[1] 提取出文本的关键词，在判断词语出现频率的基础上兼顾词语的重要性。总体而言，文本的词频—逆文件频率值最高的 10 项见专题表 1-19，结合专题表 1-18 的结果可以看出，民众对中国传统文化最为关心，建议用更好的形式传承弘扬中华优秀传统文化。

专题表 1-19　开放题文本关键词及其 TF-IDF 值

序号	关键词	TF-IDF 值
1	文化	0.58
2	传统	0.20
3	宣传	0.16
4	弘扬	0.15
5	中国	0.13
6	活动	0.12
7	希望	0.10
8	产品	0.09
9	发展	0.09
10	传承	0.08

3. 民众对"乡村文化设施""文化产业发展""主流文化"等主题的建议较为集中

对文本语料进行主题建模分析[2] 进一步发现（见专题表 1-20），民众一是希望进一步完善乡村文化设施；二是建议加大文化产业的投入与发展力度，并认为产业形式、政策、人才等较为关键；三是建议发展主流文化，

---

[1]　TF-IDF（Term Frequency-Inverse Document Frequency，词频—逆文件频率），用于评估词语对文集的重要程度。

[2]　使用 LDA 模型（Latent Dirichlet Allocation，隐含狄利克雷分布），该模型假设文本中隐含多个主题，每个主题都有对应的特征分布，分析使用机器无监督学习提炼出 40 个隐含主题。本报告按重要性排序，展示前 10 个主题。

应注重文化与社会主义核心价值观的融合；四是建议加强大众文化的交流与推广；五是要增强传统文化的魅力，提升传统文化的趣味性，还应重视线下活动的方式；六是要提升文化活动的公益性，考虑基层民众的文化消费需求，增加免费文化活动项目；七是要注重文化传播；八是建议发展地方文化，重视地方戏剧等艺术形式；九是要提升文化产品的质量，增加文化产品的种类并提升对文化产品的审美能力；十是要注重社区文化发展，以社区居民为中心提升文化活动的丰富性。

专题表 1-20　开放题文本语料主题建模分析及其关键词

排序	主题	关键词
1	乡村文化设施	建设、文化、图书馆、生产、基础设施
2	文化产业发展	文化产业、形式、政策、人才、类型
3	主流文化	价值观、政府、社会主义、融合、核心
4	大众文化	大众、文化交流、文化、大力推广、本土
5	传统文化	传统节日、魅力、线下、兴趣、文化
6	文化活动公益性	人民、免费、生活、文化、底层
7	文化传播	传播、文化、力度、素养、认同感
8	地方文化	建议、地区、文化、主旋律、戏剧
9	文化产品	产品、文化、质量、种类、审美
10	社区文化	社区、居民、节目、博物馆、互联网

4. 建议加强对网络文化的监管

最后，对文本的整体分析中发现，网络与互联网也是民众讨论较为集中的话题。具体而言，分析配合使用词向量算法[1]提取出与网络相关性最高

---

[1] 使用 Word2vec 词向量算法，Word2vec 是进行文本分类的一种方法，可以用于识别在一个文本中与某个词的相关性高的词。

的 20 个词语，剔除同义词等无效词后，相关性较高的词分别为：审核、低俗、监管、影视、严加、管控、综艺、娱乐圈。进一步分析发现，不少民众认为网络上有的节目质量低，一些短视频内容低俗，民众对整顿网络文化环境、加大对网络内容的监管力度有较高的呼声与期待。

八 研究结论与展望：中华民族现代文明走向全面繁荣

我国居民普遍认为，党的十八大以来，中国文化发展整体水平持续提高，超八成对中国文化感到骄傲和自豪，并认为中国的文化自信未来会进一步提升。居民对公共文化服务的硬件条件较为满意，社区休闲文化场所和传统文化活动丰富性与居民满意度的相关度最高。居民最喜爱的文化内容是主旋律文化和中华优秀传统文化，其次是网络文化；满意度最高的是主旋律文化，其次是中华优秀传统文化。农村居民参与群众文体活动的热情尤其高，对本地群众自组织文体活动也更满意，喜欢群众文化、流行文化和网络文化等的比例较高，对这些文化发展的满意度也较高，主要原因是群众性文体活动能够满足其文化休闲需求并发挥文化传承功能。居民最常获取信息的渠道是主流媒体，但是短视频、社交平台等新媒体在当前我国文化传播中尤为重要。七成左右居民认可当前我国文化发展能够满足不同维度的个体需求，文化展览、群众文体活动、文化旅游等文化产品在弘扬社会主义核心价值观和中华优秀传统文化方面的作用更加积极。

当前，在全面建设社会主义现代化国家新征程中，推进社会主义文化强国建设是我们新时代的重要使命。应进一步推动文化高质量发展，满足人民日益增长的精神文化生活需要，着力建设具有强大凝聚力和引领力的社会主义意识形态、具有强大生命力和创造力的社会主义精神文明、具有强大感召力和影响力的中华文化软实力。

第一，坚持守正创新，建设主流文化占主导的宣传思想文化阵地。调查显示，我国居民对主旋律文化和与传统文化相关的文化发展现状较为满意。在文化文艺创作中，坚持正确政治方向、舆论导向和价值取向，进一步弘扬社会主义核心价值观和中华优秀传统文化，彰显和壮大主流价值、主流舆论、主流文化。同时，调查也显示，居民对中华优秀传统文化的创新形式满意度较低，并建议用更好的形式传承中国传统文化。不断创新主流文化产品，既不能过度创新"走了样"，也不能墨守成规失去竞争力，注重文化的传承与发展，广泛使用影视剧、音乐、动漫游戏、艺术作品、群众文体活动以及文化旅游等针对不同受众和不同场景的文化载体，提升公共文化数字化水平，推出主旋律文化和传统文化的优秀文化产品典型，建设好主流文化占主导的宣传思想文化阵地。

第二，发挥政府、市场、社会多主体力量，完善文化供给体系。发挥政府统筹规划协调、市场配置资源和创新创造、社会组织提供专业灵活服务等多重优势，丰富完善文化供给渠道和供给结构。公共文化服务层面，优化公共文化资源配置，加强各级各类公共文化设施建设，打造新型城乡公共文化空间，提升基本公共文化服务标准化均等化水平，同时加强基层文化建设，缩小城乡和地区之间公共文化服务差距。市场文化服务层面，完善产业规划和政策，强化创新驱动，探索打造"文化+"的产业形态，拓展文化产业发展空间，全面促进文化消费，加快发展新型文化消费模式，把扩大内需与深化供给侧结构性改革结合起来，加快构建统一开放、高效规范、竞争有序的文化市场。自组织文化服务层面，健全支持开展群众性文化活动机制，加大对基层的扶持引导力度，培育一批扎根基层的群众文艺团队，同时鼓励支持社会组织和文化社团参与社区文化建设。

第三，支持新型文化业态，促进文化数字化转型和创新创造。加快文化产业数字化布局，发展数字出版、数字影视、数字演播、数字艺术、数字印刷、数字创意、数字动漫、数字娱乐、高新视频等新型文化业态，改造提升传统文化业态，促进结构调整和优化升级。借助数字化机遇促进文化企业商业模式创新，促进数字技术、互联网技术等高科技在文化创作、生产、传播、消费等各环节的应用。根据《中国新业态与新就业青年调查报告》[①]，相对其他新职业群体，全媒体运营人员和网络文学写手等文化从业者面临的同行抄袭问题较突出。在促进文化数字化转型和鼓励创新创造的同时，应加大知识产权保护力度，切实保护文化从业者的合法权益，让文化从业者安心创作。

第四，创新传播形式，增强主流媒体话语权和国际传播。统筹处理好传统媒体和新兴媒体、中央媒体和地方媒体、主流媒体和商业平台、大众化媒体和专业性媒体的关系，把党管媒体原则贯彻到市场化媒体和新媒体领域，增强主流媒体话语权。创新媒体业态、传播方式和运营模式，加强主流媒体的数字化转型，强化用户连接，打造群众喜闻乐见的新闻报道精品，发挥制度优势和市场作用，增强主流媒体竞争力，发展壮大主流媒体。应进一步发挥对外主流媒体的积极作用，完善创新国际传播内容和形式，从经济、政治、文化、人民生活等各方面更立体展现国家文化软实力。

第五，鼓励居民文化参与，更好满足人民文化需求。数据显示，当前我国居民的文化消费集中在教育消费方面，而休闲娱乐消费偏低，这对于我国文化全面发展、满足居民全方位多层次文化需求以及促进和扩大消费有着不利影响。不断丰富更新文化供给，针对多层次、差异化的精神文化需求，提供个性化、多样化的文化产品和服务，提高科技和创意含量，培育文化消费增长点。积极培育新兴文化消费业态，充分释放垂直化、圈层化的文化消费需求，推动文旅融合发展，打造独具魅力的中华文化旅游体

---

① 李培林、陈光金、王春光主编《2022 年中国社会形势分析与预测》，社会科学文献出版社，2021。

验，推动书店、小型现场演出、娱乐休闲等夜间文化消费以及广场舞、健步走等群众文体活动。鼓励人民参与文化创新创造、依法参与国家文化治理，做到文化发展为了人民、依靠人民、成果由人民共享，促进满足人民文化需求和增强人民精神力量相统一。

第六，发挥文化的社会功能，增强国家认同和文化自信、促进文化传承发展。除了满足居民个体层次需求外，文化发展也应满足社会发展需求。推进文化建设和文化事业发展，努力增强广大党员干部群众的道路自信、理论自信、制度自信、文化自信，为全面建设社会主义现代化国家提供思想保证、舆论支持、精神动力和文化条件。深入实施中华优秀传统文化传承发展工程，加强文物保护利用，加强非物质文化遗产保护传承。特别是在文旅融合发展中，把社会主义先进文化、革命文化、中华优秀传统文化纳入旅游的线路设计、展陈展示、讲解体验，让旅游成为人们感悟中华文化、增强文化自信的过程。在文化事业和文化产业发展建设中，努力推动中华优秀传统文化创造性转化、创新性发展，更有力地推进中国特色社会主义文化建设，建设中华民族现代文明。

专题报告二

中国文化
发展评估指标体系研究

中国文化发展
评估指标体系研究

　　建成文化强国是中国式现代化建设的基本内容，也是实现中华民族伟大复兴的必要条件。进入新时代，以习近平同志为核心的党中央把文化建设摆在治国理政的突出位置，围绕什么是新时代中国特色社会主义文化，如何建设、发展新时代中国特色社会主义文化，提出了一系列新思想新观点新论断，形成了习近平文化思想，明确了社会主义文化建设的新战略新要求新举措，推动中国特色社会主义文化发展取得历史性成就。

　　评估是促建设、谋发展的有效手段。以习近平文化思想为指导，借鉴国内外已有文化评估标准，构建一套合理有效的评估指标体系，运用科学的评估方法，系统化、常态化、周期性、专业性地评估我国文化发展水平，梳理我国文化发展进程，预测未来文化发展态势，对于我们在新的历史起点上继续推动文化繁荣、建设文化强国、铸就中华文明和社会主义文化新辉煌，具有十分重要的意义。

一　指导思想和基本理念

　　党的十八大以来，以习近平同志为核心的党中央坚持把马克思主义基本原理同中国具体实际相结合、同中华优秀传统文化相结合，创立了习近平新时代中国特色社会主义思想，形成了习近平文化思想，实现了马克思主义文化理论的新飞跃，为推进文化自信自强、铸就社会主义文化新辉煌提供了根本遵循。本研究以习近平新时代中国特色社会主义思想为指导，深入学习贯彻习近平文化思想，深刻理解和牢牢把握"两个结合"，秉持"建设中华民族现代文明的行动指南"[①]，对照《"十四五"文化发展规划》，依据党的十八大以来文化发展领域的重要政策文件，遵循涵盖文化发展全流程和全系统的逻辑思路，通过走访调研、深度访谈等方式，结合文献研究、专家评议等方法，科学搭建评估框架、提炼评估维度；在此基础上，研究设计"中国文化发展评估指标体系"，对文化发展开展"进程式"和"程度性"评估，充分体现中华文明"连续性""创新性""统一性""包容性""和平性"的突出特性。

（一）指导思想

习近平总书记在党的二十大报告中提出必须"坚持人民至上、坚持自信自立、坚持守正创新、坚持问题导向、坚持系统观念、坚持胸怀天下"。"六个必须坚持"是我们党创造性推进马克思主义中国化时代化的最新理论成果，为新时代新征程主动回应中国之问、世界之问、人民之问、时代之问提供了科学的世界观与方法论。构建文化发展评估指标体系，以及开展文化发展评估都应以此为基本原则和根本遵循。

1. 坚持人民至上

中国特色社会主义文化由人民创造并且服务人民，在价值导向上坚定地以人民为中心。文化发展评估应始终坚持人民至上，把是否满足人民精

---

① 中共中国社会科学院党组：《建设中华民族现代文明的行动指南（深入学习贯彻习近平新时代中国特色社会主义思想）》，《人民日报》2023 年 6 月 14 日，第 9 版。

神文化需求、以人民为创作主体和服务主体当作检验标准，并由人民来做"评判者"和"鉴赏家"。[①]

2. 坚持自信自立

"文化自信是一个国家、一个民族发展中更基本、更深沉、更持久的力量。"[②]文化发展评估应坚定文化自信自立，用具体指标提炼新时代文化自信自立的要素和表现，不忘本来、吸收外来、面向未来，更好地构筑中国精神、中国价值、中国力量。

3. 坚持守正创新

守正才能把握方向，创新才能引领时代。文化发展评估应坚持以习近平文化思想为指引，积极推动中华优秀传统文化创造性转化、创新性发展，鼓励发展文化新模式、新业态，促进文化与科技融合发展；在弘扬主旋律的前提下，突出对创新能力和发展活力的测度。以守正创新的正气和锐气，赓续历史文脉、谱写当代华章。

4. 坚持问题导向

落实文化建设的战略举措、推动中华文化繁荣发展的时代进程，需要清醒判断可能遇到的障碍和瓶颈，随时破解可能出现的困难和问题。文化发展评估应坚持问题导向，敢于直面制约文化建设和文化发展的难题，敢于应对亟待研究的新情况和新问题，用好指标设计的"增量""规模""程度""效率"等不同测度标准，引导文化繁荣发展。

5. 坚持系统观念

文化发展是一个系统性概念，不仅涵盖古今中外等不同维度，还包括

---

① 意娜：《深刻把握和践行"以人民为中心"的文化发展理念》，中国社会科学网，2023 年 4 月 6 日，https://cssn.cn/skqns/202304/t20230407_5618496.shtml。

② 习近平：《决胜全面建成小康社会 夺取新时代中国特色社会主义伟大胜利——在中国共产党第十九次全国代表大会上的报告》，人民出版社，2017，第 23 页。

文化资源、文化制度、文化机构、文化事业、文化产业、文化产品等不同要素。文化发展评估是一项系统性工程，包括获得文化认同、实现文化引领、推动文化传承、促进文化交融等方面，且彼此间相互作用，共同推动文化发展和进步。

6. 坚持胸怀天下

文明的生命力在于文化交往交流交融。加快培育和发展新时代中国特色社会主义文化，离不开文化的开放包容。文化发展评估既要立足中华民族现代文明，也应胸怀天下，体现并鼓励文化交流、文明互鉴，助力中华文明在与其他文明的交流互鉴中获取丰富文化营养，从而提升中华文明在国际上的传播力、影响力、感召力。

（二）基本理念

党的二十大报告指出，推进文化自信自强，要"坚持马克思主义在意识形态领域指导地位的根本制度，坚持为人民服务、为社会主义服务，坚持百花齐放、百家争鸣，坚持创造性转化、创新性发展，以社会主义核心价值观为引领，发展社会主义先进文化，弘扬革命文化，传承中华优秀传统文化，满足人民日益增长的精神文化需求，巩固全党全国各族人民团结奋斗的共同思想基础，不断提升国家文化软实力和中华文化影响力"。基于此，本研究的指标体系构建及评估工作的开展将重点体现以下三方面理念。

一是传承中华优秀传统文化。本研究将保护、传承、弘扬、发展中华优秀传统文化作为重要目标，将推动中华优秀传统文化创造性转化、创新性发展的实践纳入指标体系。

二是弘扬革命文化和社会主义先进文化。本研究的指标体系在构建过程中坚持将树立正确政治方向、舆论导向和价值取向放在核心位置，在传承红色基因、继承革命文化、弘扬主旋律、宣传正能量的基础上，积极鼓励广大人民群众参与文化创新创造，助力文化和科技深度融合，进而推动社会主义先进文化的发展，推进建设民族的、科学的、大众的中华民族新文化。

三是倡导中外文明交流互鉴。本研究在构建指标体系过程中坚持文化自信的立场、开放包容的方向，倡导文化交流、文明互鉴，积极推动中华文化国际影响力的提升。

二 评估指标体系设计说明

（一）设计依据

1. 政策依据

党的十八大以来，党和国家高度重视社会主义文化建设。从 2012 年将"文化产业成为国民经济支柱性产业"写入党的十八大报告，到 2018 年习近平总书记在全国宣传思想工作会议上的讲话中指出"要推动文化产业高质量发展，健全现代文化产业体系和市场体系，推动各类文化市场主体发展壮大，培育新型文化业态和文化消费模式，以高质量文化供给增强人们的文化获得感、幸福感"，中国文化发展经历了从高速度发展向高质量发展的转型，高质量发展成为新时代以来文化发展的主旋律，文化发展呈现稳步快速与高质量协调发展的新态势。

在党的十九大报告中，习近平总书记在"新时代中国特色社会主义思想和基本方略"中着重论述了社会主义文化问题，足见文化发展对国家建设的重要性。党的十九大报告深刻阐述了文化和文化建设的地位作用，深刻阐明了在新时代以什么样的立场和态度对待文化、用什么样的思路和举措发展文化、朝着什么样的方向和目标推进文化建设等重大问题，为推动社会主义文化繁荣兴盛、建设社会主义文化强国明确了指导方针和发展路径，提供了根本遵循。2020 年，习近平总书记在教育文化卫生体育领域专家代表座谈会上指出："衡量文化产业发展质量和水平，最重要的不是看经济效益，而是看能不能提供更多既能满足人民文化需求、又能增强人民精神力量的文化产品。"

在党的二十大报告中，习近平总书记把"人民精神文化生活更加丰富，中华民族凝聚力和中华文化影响力不断增强"作为未来五年我国发展的主要目标任务之一，并对"推进文化自信自强，铸就社会主义文化新辉煌"作出全面部署。中国特色社会主义文化建设是中国式现代化建设的基本内容，也是中华民族伟大复兴的必要条件。2023 年，习近平总书记在文化传承发展座谈会上强调："担负起新的文化使命，努力建设中华民族现代文明。"

《中共中央关于制定国民经济和社会发展第十四个五年规划和二〇三五年远景目标的建议》指出，到 2035 年要建成文化强国，"繁荣发展文化事业和文化产业，提高国家文化软实力"。中共中央办公厅、国务院办公厅印发的《"十四五"文化发展规划》指出："'十四五'时期是我国在全面建成小康社会基础上开启全面建设社会主义现代化国家新征程的第一个五年，也是推进社会主义文化强国建设、创造光耀时代光耀世界的中华文化的关键时期。""十四五"时期，中共中央、国务院及有关部门制定了一系列有关文化发展的重要政策和法规文件（见专题表 2-1），为文化的高质量发展提供政策依据。

专题表 2-1 "十四五"时期中国文化发展相关重要政策和法规文件		
发布时间	发布机构	名称
2023 年 4 月	文化和旅游部公共服务司	《中央宣传部办公厅 文化和旅游部办公厅关于推动实体书店参与公共文化服务的通知》
2023 年 4 月	文化和旅游部产业发展司	《文化和旅游部关于印发〈国家级文化产业示范园区（基地）管理办法〉的通知》
2023 年 2 月	文化和旅游部科技教育司	《文化和旅游部关于印发〈文化和旅游标准化工作管理办法〉的通知》
2023 年 1 月	文化和旅游部艺术司	《文化和旅游部办公厅关于开展 2022 年度全国美术馆优秀项目评选工作的通知》

续表

发布时间	发布机构	名称
2022 年 12 月	文化和旅游部、自然资源部、住房和城乡建设部	《文化和旅游部 自然资源部 住房和城乡建设部关于开展国家文化产业和旅游产业融合发展示范区建设工作的通知》
2022 年 10 月	文化和旅游部办公厅	《文化和旅游部办公厅关于开展中国非物质文化遗产传承人研修培训计划 2021—2022 年度绩效考核的通知》
2022 年 8 月	中共中央办公厅、国务院办公厅	《"十四五"文化发展规划》
2022 年 7 月	中国人民银行、文化和旅游部	《中国人民银行 文化和旅游部关于金融支持文化和旅游行业恢复发展的通知》
2022 年 4 月	文化和旅游部、教育部	《文化和旅游部 教育部关于印发〈关于促进新时代文化艺术职业教育高质量发展的指导意见〉的通知》
2022 年 2 月	文化和旅游部办公厅、教育部办公厅、国家文物局办公室	《文化和旅游部办公厅 教育部办公厅 国家文物局办公室关于利用文化和旅游资源、文物资源提升青少年精神素养的通知》
2021 年 12 月	文化和旅游部产业发展司	《文化和旅游部关于全面推动国家级文化产业园区高质量发展的意见》
2021 年 11 月	国务院办公厅	《国务院办公厅关于全面加强新时代语言文字工作的意见》
2021 年 11 月	国务院办公厅	《国务院办公厅关于印发"十四五"文物保护和科技创新规划的通知》
2021 年 9 月	中共中央、国务院	《中共中央 国务院印发〈知识产权强国建设纲要（2021—2035 年）〉》
2021 年 9 月	中共中央办公厅、国务院办公厅	《中共中央办公厅 国务院办公厅印发〈关于在城乡建设中加强历史文化保护传承的意见〉》
2021 年 6 月	文化和旅游部公共服务司	《文化和旅游部关于印发〈"十四五"公共文化服务体系建设规划〉的通知》
2021 年 4 月	中共中央办公厅、国务院办公厅	《中共中央办公厅 国务院办公厅印发〈关于加强社会主义法治文化建设的意见〉》

资料来源：课题组整理。

综合梳理党的十八大以来文化领域的政策文件，文化发展突出体现了以下几方面趋势。

文化消费引导从鼓励"居民消费"向释放"社会消费潜力"延伸。为贯彻落实党中央、国务院关于促进文化消费的重要部署，2016 年 4 月，文化部、财政部联合印发《关于开展引导城乡居民扩大文化消费试点工作的通知》，以满足人民群众日益增长、不断升级和个性化精神文化需求为出发点，以弘扬和践行社会主义核心价值观为导向，确定一批试点城市，充分发挥典型示范和辐射作用，以点带面，形成若干行之有效、可持续、可复制推广的促进文化和旅游消费模式。2017 年，"扩大文化消费"被正式写入《文化部"十三五"时期文化发展改革规划》。2018 年 11 月，《文化和旅游部 财政部关于在文化领域推广政府和社会资本合作模式的指导意见》发布，进一步激发了文化创新活力，提高了文化供给质量。2018 年 9 月，中共中央、国务院印发《关于完善促进消费体制机制 进一步激发居民消费潜力的若干意见》，2018 年 10 月，国务院办公厅印发《完善促进消费体制机制实施方案（2018—2020 年）》，均将促进文化消费作为重点强调的内容之一，进一步激发了居民文化消费潜力。

文化发展从重视"文化科技融合"向聚焦"数字化"转变。2012 年 8 月，科技部等六部门发布的《国家文化科技创新工程纲要》提出探索建立文化和科技融合路径，全面提升文化科技创新能力，转变文化产业发展方式，推动文化事业和文化产业更好更快发展，解放和发展文化生产力，不断满足人民群众日益增长的精神文化需求。2016 年"数字创意产业"被纳入《"十三五"国家战略性新兴产业发展规划》。2017 年 4 月，文化部印发《关于推动数字文化产业创新发展的指导意见》，提出培育新型文化业态，满足人民群众高品质、多样化、个性化的数字文化消费需求，提升人民群众幸福感和获得感，增强中华文化在数字化、信息化、网络化时代的国际竞争力、影响力。2019 年 8 月，科技部等六部门印发的《关于促进文化和科技深度融合的指导意见》提出促进文化和科技深度融合，全面提升文化科技创新能力，转变文化发展方式，推动文化事业和文化产业更好更快发展；其中还明确了贯彻国家大数据战略，加强顶层设计，加快国家文化大数据体系建设。从 2020 年提出"推动数字文化产业高质量发展"，到 2021 年"实施文化产业数字化战略"被写入《中华人民共和国国民经济和社会发展第十四个五年规划和 2035 年远景目标纲要》，再到 2022 年提出"推进实施国家文化数字化战略"，以习近平同志为核心的党中央高度重视以数字技术为代表的现代科技创新对文化产业发展的巨大影响，将文化数字化上升为国家战略，大力推动数字文化产业高质量发展。

文化贸易从"产品走出去"向"中华文化走出去"升级。从 2012 年党的十八大报告提出"中华文化走出去迈出更大步伐"的目标，到 2014 年国家提出"加快发展对外文化贸易"，到 2016 年实施"一带一路"文化发展行动计划，再到 2022 年 7 月，商务部等 27 个部门发布的《关于推进对外文化贸易高质量发展的意见》强调"推进对外文化贸易高质量发展""提升国家文化软实力和中华文化影响力"，我国的"文化走出去战略"在对外文化贸易中得到有效落实，文化贸易规模稳步扩大、质量持续提高，对中华文化影响力提升起到十分重要的作用。2014 年 3 月，国务院印发的《关于加快发展对外文化贸易的意见》提出加快发展对外文化贸易，在更大范围、更广领域和更高层次上参与国际文化合作和竞争，把更多具有中国特色的优秀文化产品推向世界。2016 年 12 月，文化部印发《文化部"一带一路"文化发展行动计划（2016—2020 年）》，提出加强与共建"一带一路"国家和地区的文明互鉴与民心相通，切实推动文化交流、文化传播、文化贸易创新发展。2022 年 7 月，商务部等 27 个部门联合发布的《关于推进对外文化贸易高质量发展的意见》提出服务文化强国建设目标，通过文化贸易发展提升文化产业国际竞争力，带动中华文化走出去，提升中华文化亲和力、吸引力、辐射力，为共建"一带一路"和推动构建人类命运共同体作出积极贡献。

本研究以习近平文化思想为指导，深刻理解和把握"两个结合"，以党的十八大以来与文化发展相关的重要政策和法规文件为政策依据，在文化发展评估指标的设计中充分考虑中华文明的五个突出特性：中华文明突出的连续性，根植于中华民族生生不息的历史发展；中华文明突出的创新性，塑造了中华民族革故鼎新的创造精神；中华文明突出的统一性，决定了中华民族始终坚持"大一统"底线共识；中华文明突出的包容性，涵养了中华民族海纳百川的开放格局；中华文明突出的和平性，彰显了中华民族协和万邦的天下情怀。

在当前国际文化竞争日趋激烈的背景下，构建综合化、系统化和科学化的文化发展评估指标体系是提升我国文化软实力、扩大我国文化国际影响力、建设社会主义文化强国的必然要求。文化发展评估指标体系研究应适应中国特色社会主义文化发展新需要，聚焦于推动文化强国建设。

2. 文献依据

本研究以"文化发展评价"或"文化发展评估"为检索关键词，以引文空间分析软件 CiteSpace（6.2.R4）为研究工具，对在中国知网（CNKI）检索到的共计 579 篇文献进行可视化分析。[①] 结合国内外相关文献和文化发展评估时区视图的内容，本研究将党的十八大以来文化发展评估研究演化路径划分为三个历史阶段。我国文化发展评估研究主要包括研究初期（2013~2015 年）、研究增长期（2015~2020 年）和研究平稳期（2020~2023 年）。

选取文化发展评估研究中出现频次最高的 25 个关键词，形成高频关键词表（见专题表 2-2）。[②] 我国文化发展评估研究领域关键词聚类分析显示，

---

① 将以上从 CNKI 收集的 Refworks 数据转换成适用于 CiteSpace 分析的 Web of Science 数据源，导入 CiteSpace 分析工具进行数据统计、生成科学知识图谱并对相关的参数进行设置："时间分隔"（Time Slicing）：2013~2023 年；"最小统计时间"（Years Per Slice）为 1 年；"主题词来源"（Term Source）用于选择主题词提取位置，选择标题（Title）、作者关键词（Author Keywords）以及拓展关键词（Keywords Plus）；"节点来源"（Node Types）为关键词（keyword）、作者（Author）、机构（Institution）；网络剪裁（Pruning）为最小生成树剪裁（MST）。

② 关键词统计和共词分析（Node Types=Keyword；Top25；Time Slices=1）。

共有 262 条连线、230 个网络节点，网络密度为 0.0067。采用对数似然比 LLR 算法，共产生 6 个主要关键词聚类。

专题表 2-2　2013~2023 年文化发展评估研究中高频关键词

序号	关键词	词频（次）	中心性
1	公共政策	79	0.47
2	政策评估	48	0.36
3	评估	17	0.08
4	文化产业	10	0.00
5	绩效评估	8	0.04
6	对策	8	0.02
7	公民参与	6	0.01
8	大数据	5	0.04
9	旅游产业	5	0.00
10	国务院发展研究中心	5	0.00
11	政策	5	0.02
12	国家治理	5	0.08
13	评价体系	5	0.03
14	评估标准	4	0.03
15	价值取向	4	0.02
16	价值	4	0.03
17	乡村振兴	4	0.10
18	事实	3	0.00
19	国家审计	3	0.00
20	公共管理	3	0.00
21	政府智库	3	0.02
22	文旅融合	3	0.00
23	体系	3	0.01
24	网络事件	2	0.00
25	乡村旅游	2	0.00

资料来源：课题组整理。

目前，学界对中国文化发展评估的研究已经取得一定成绩，但我国文化发展评估研究仍处于起步阶段。未来文化发展评估研究的总体发展趋势包含以下几个方面。

一是注重构建中国特色文化发展评估理论。软实力、文化软实力等概念都是由美国学者提出的，并且与美国的霸权主义、文化价值观念等相联系。这些理论与中国特色社会主义的国际关系理论、文化发展战略等有着巨大的差距，如果直接照搬西方理论将会陷入"软实力困境"。应努力科学辨析其合理内容，持续推进马克思主义中国化，形成关于中国特色社会主义文化发展的规律性、原创性、系统性认识，着力构建具有中国特色的文化发展评估理论。

二是重视中华优秀传统文化对文化发展评估的意义。中华文化博大精深、源远流长，文化遗产丰富多样。必须深入挖掘中华优秀传统文化的思想资源，弄清中华优秀传统文化的独特创造、价值理念、鲜明特色，努力推动中华优秀传统文化创造性转化、创新性发展，进一步把中华优秀传统文化蕴含的丰富思想与马克思主义基本原理相融合，不断谱写马克思主义中国化时代新篇章。

三是注意文化发展评估研究的多学科交叉互动。文化发展评估研究涉及马克思主义理论与科学社会主义研究、国际关系与战略问题研究、传统文化研究等多个学科。比如，通过对国际关系与外交政策的研究，将民族精神与时代精神结合起来，从而更好地促进中国文化发展评估的研究。需要注意协调相关学科的研究资源，开展多学科交叉互动的调研活动。

四是聚焦理论指导下文化发展的实践探索。以习近平文化思想为指导，深入系统研究中国式现代化的伟大实践，努力做好"第一个结合"。充分运用中华优秀传统文化的宝贵资源，探索面向未来的理论和制度创新，努力推进"第二个结合"。文化发展评估理论研究必须落实到文化建设的具体实际才有意义，文化发展评估研究需要既符合我国国情，又符合国际规律。

除学术论文之外，国内外已有文化发展综合评估体系也较为丰富，目前比较有影响力的反映文化发展状态和趋势的评估体系主要有：联合国教科文组织（UNESCO）文化统计框架、欧洲创意指数（ECI）、香港创意指数（HKCI）、中国文化现代化指数、中国省市文化产业发展指数等。

（1）联合国教科文组织文化统计框架。不同国家（地区）的文化统计指标体系主要是基于联合国教科文组织文化统计框架发展而来的，各国对于文化的定义与采用的基本统计分类方法大体相同。不同之处在于每个指标体系对于文化研究的视角有所不同，各国在文化的具体分类上有着自身特色。联合国教科文组织文化统计框架在制定文化统计方法和标准的征途上迈出了第一步，也是具有重要意义的一步，它能帮助我们获取具有国际可比性的统计数据（见专题图 2-1）。[①]

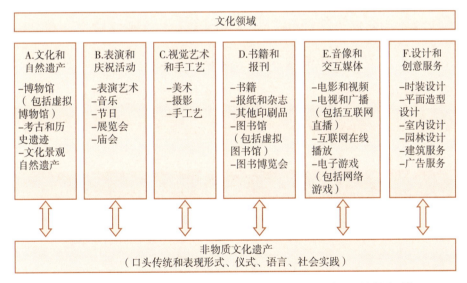

专题图 2-1　联合国教科文组织文化统计框架涵盖的领域

但是，目前各国仍面临文化数据收集结构和操作上的挑战，比如通常只有获得在产业统计分类最为细化的层次上（四位编码或五位编码的分类）

---

① 张毓强、杨晶：《世界文化评估标准略论——以联合国教科文组织文化统计指标体系为例》，《现代传播（中国传媒大学学报）》2010 年第 9 期。

的数据，才能准确地了解文化活动的信息。这是一大难题，因为在许多变量上（比如出口数据），各国统计局只能提供更笼统层次（两位编码或三位编码的分类）上的数据。[①] 如果按照各国统计局收集其他数据时使用的标准来收集文化的社会维度的数据，也会面临许多操作上的难题。

（2）欧洲创意指数。欧洲创意指数主要是基于理查德·佛罗里达（Richard Florida）提出的"3T"框架进行修改建立起来的，"3T"指人才（Talent）、技术（Technology）和包容度（Tolerance）三个关键要素。理查德·佛罗里达等学者将"3T"架构应用于欧洲地区，并在该分析架构的基础上将中欧、北欧的 14 个国家与美国进行了比较，提出了欧洲创意指数。[②] 该指数引发了其他国家和地区跟进研究类似的区域创意指数。

但是，欧洲创意指数等理论也不乏局限之处。该指数研究的样本是以欧美发达国家或地区为基础的，而这些国家大多已经完成工业化，城市化和现代化水平大多比发展中国家高。如果生搬硬套这些标准和指数，统计数据不但可获取性较低，而且无法与发展中国家经济社会发展阶段和实际情况相适应（见专题表 2-3）。

专题表 2-3　欧洲创意指数框架		
	维度	具体内容
欧洲创意指数	人才指数	人才指数：25~64 岁人群中拥有学士或以上学位的人数比例 创意阶层：创意从业人数占全部从业人数的百分比 科学人才：每百万人口中从事研究性工作的科学家与工程师的数量
	技术指数	研发指数：研发支出占 GDP 比重 创新指数：每百万人拥有的专利申请量
	包容度指数	价值观指数：一个国家将传统视为反现代的或世俗的价值观的程度 自我表达指数：代表一个民族对待个人权利和自我实现的重视程度

---

① 联合国教科文组织统计研究所：《2009 年联合国教科文组织文化统计框架》，2009。

② 唐守廉、朱虹：《国际文化创意产业发展指数研究》，《科技进步与对策》2014 年第 2 期。

（3）香港创意指数。香港创意指数建立了衡量创意指数的"5C"模型，从创意成果、结构—制度资本、人力资本、社会资本和文化资本等维度进行量化评测，为研究文化发展提供了一个评估框架。明确提出了结构—制度资本指数，是其区别于其他指数的显著不同点之一。

但是，香港创意指数研究也存在以下值得进一步推敲的方面：如何明确其指标体系的核心要素和先导要素；如何衔接供给、需求和分配等（见专题表 2-4）。[①]

专题表 2-4　香港创意指数框架

	维度	具体内容
香港创意指数	创意成果指数	经济领域的创意活动和非经济收益的创造力三个角度 17 个指标
	结构—制度资本指数	言论自由、社会和文化基础设施等 23 个指标
	人力资本指数	研究发展的支出、教育支出以及知识工作者的可得性等三方面 11 个指标
	社会资本指数	一般性信任、制度信任、社会活动参与度等 21 个指标
	文化资本指数	社会、企业、人们对创意的支持度等三个方面的 16 个指标

（4）中国文化现代化指数。中国科学院中国现代化研究中心（以下简称"中国现代化研究中心"）发布的中国文化现代化研究报告从国际比较视野对文化现代化的定量评价进行了研究，提出了"文化现代化水平评价""文化竞争力评价""文化影响力评价"三大评价指标体系。[②]

但是由于三级指标有交叉，中国现代化研究中心未将三个指数作为文化现代化的一级指标进行综合评价，而是分为三个指标体系分别进行评价（见专题表 2-5）。

① 叶辛、蒯大申主编《上海文化发展蓝皮书（2006）：创意上海》，社会科学文献出版社，2006，第 10~50 页。
② 张凤琦、罗锐华主编《中国文化发展指数研究》，中国社会科学出版社，2018，第 5~60 页。

专题表 2-5　中国文化现代化指数框架

体系	维度	具体指标
文化现代化水平评价	文化生产	文化投资比例、文化就业比例等 8 个指标
	文化传播	人均互联网带宽、广播普及率等 8 个指标
	文化消费	人均文化消费、文化消费比例等 8 个指标
文化竞争力评价	文化市场竞争力	文化出口份额、人均文化出口等 5 个指标
	文化效率竞争力	文化生产效率、人均入境旅游收入等 5 个指标
	文化资源竞争力	世界遗产份额、人均文化投资能力等 5 个指标
文化影响力评价	文化市场影响力	文化贸易、国际旅游人才份额等 5 个指标
	文化资源影响力	世界文化遗产份额、图书种类份额等 5 个指标
	文化环境影响力	民主化程度、劳动生产率等 5 个指标

（5）中国省市文化产业发展指数。由中国人民大学文化创意产业研究中心发布，中国省市文化产业发展指数从产业生产力、产业影响力和产业驱动力三个维度进行建构，反映我国文化产业发展的整体状况。[①] 中国省市文化产业发展指数借鉴亚太区域国际文化产业评价体系理论，以国家重要文化产业政策文本的主要内容为指标体系构建的政策依据，提出了既立足于中国国情，又体现和符合文化产业发展内在规律的理论模型，较为客观、全面、准确地反映了中国文化产业发展状况。

中国省市文化产业发展指数是对各省市之间的比较，在设计指标时，除综合考虑相对数和绝对数形式外，还必须考虑数据的权威性和可获得性，否则可能因资料来源局限、不同省市统计口径不同、某些指标缺失等，无法进行省市之间的横向比较，甚至可能会出现为了能够横向比较而不得不放弃一些重要指标的情况（见专题表 2-6）。

---

① 彭翊主编《中国省市文化产业发展指数报告（2012）》，中国人民大学出版社，2013，第 15~40 页。

专题表 2-6　中国省市文化产业发展指数框架

	维度	具体指标
中国省市文化产业发展指数	产业生产力指数	文化资源 文化资本 人力资源
	产业影响力指数	经济影响 社会影响
	产业驱动力指数	市场环境 公共环境 创新环境

立足国内外相关研究与实践，这些文化发展评估指标体系为推动文化发展评估理论研究的发展起到了较大的作用，但是这些评估指标体系仍存在一些有待完善之处。第一，在全球背景下，由于文化发展评估的复杂性，评估指标体系的普遍适用性较差。尽管目前国际上已有一定数量的基于不同理论框架的评估指标体系，但这些评估指标体系的设计都与各自国家或地区的文化有关。因此，研究文化发展评估指标体系在不同国家和地区的普遍适用性成为新的话题。第二，数据的权威性和可获得性是影响指标体系评估结果是否具有可比性的重要因素。第三，任何单一的评估方法同时存在其自身的缺陷，需要针对所关注的问题采用定性分析和定量测量相结合的综合评估方法才有可能对我国文化发展进行适宜的评估。

通过比较研究欧洲创意指数、香港创意指数、中国文化现代化指数、中国省市文化产业发展指数等（见专题表 2-7），总结已有文化发展评估实践的丰硕成果和有益经验，在此基础上分析现有文化发展评估指标体系的缺点和局限，可以为构建符合新时代中国特色社会主义文化发展要求的文化发展评估指标体系提供借鉴。

专题表 2-7　文化发展评估指标体系比较

项目	欧洲创意指数	香港创意指数	中国文化现代化指数	中国省市文化产业发展指数
一级指标构成	人才、技术、包容度	创意成果、结构—制度资本、人力资本、社会资本、文化资本	文化现代化水平评价、文化竞争力评价、文化影响力评价	产业生产力指数、产业影响力指数、产业驱动力指数
一级指标权重	等权重	等权重	非等权重	等权重
数据来源	国际劳工组织、欧洲国家数据库等部门及"欧洲晴雨表"等调查结果	香港人口普查和统计部门的数据库	联合国有关机构和世界银行统计数据	统计年鉴和政府主管部门工作报告，定性指标通过调研获得
框架理论基础	以"3T"架构为依据	以"5C"架构为依据	借鉴国际竞争力评价体系理论基础	借鉴亚太区域国际文化产业评价体系理论基础
优势	对全球创意比较研究具有指导作用和深远意义	明确提出了结构—制度资本指数，是区别于其他指数的显著不同点之一	从国际比较视野对文化现代化的定量评价进行了研究，提出了三大体系	客观、全面、准确地反映中国文化产业发展状况
局限性	数据以欧美发达国家或地区为基础。如果生搬硬套这些标准和指数，统计数据不但可获取性较低，而且无法与发展中国家经济社会发展阶段和实际情况相适应	评价指标体系对核心要素、先导要素考虑不够充分，运用指标体系需要考虑城市特征	未将三个指数作为文化现代化的一级指标进行综合评价，而是分为三个指标体系分别进行评价	可能因资料来源局限、不同省市统计口径不同、某些指标缺失等，无法进行省市之间的横向比较，甚至可能会出现为了能够横向比较而不得不放弃一些重要指标的情况

资料来源：课题组整理。

（二）设计原则

本研究中评估指标体系的设计遵循以下四方面原则。

1. 普遍性与特殊性相结合

着眼于建设社会主义文化强国、建设中华民族现代文明的目标导向，开展文化发展评估工作。一方面，必须把握普遍规律，评估框架必须统筹设计、整体适用，系统体现新时代党对中华优秀传统文化的继承和弘扬、对马克思主义文化理论的丰富和发展、对新时代中国特色社会主义先进文化的培育和践行，以及增强中华文化国际影响力的成效和经验；另一方面，中国区域差异、城乡差异的基本国情也决定了评估指标的设计需兼顾特殊性，因地制宜地设置指标，避免盲目"一刀切"。这一原则在后续拓展性开展国际比较研究和区域评估时也都有所体现。

2. 全面性与可操作性相结合

为保证评估工作的全面性，本指标体系的设计尽可能全方位、多角度呈现文化发展的主要方面和核心内容，凸显中华文明的"连续性""创新性""统一性""包容性""和平性"五大特性。同时，综合运用主客观评估、定量和定性评估等方法，广泛利用各类统计资料和研究报告来选取评估指标。资料涉及文化和旅游部、财政部、国家统计局、国家汉语国际推广领导小组办公室、联合国教科文组织、世界银行等国内和国际主要机构的统计指标和数据，参考《中国文化文物和旅游统计年鉴》《文化和旅游发展统计公报》《中国文化及相关产业统计年鉴》等文化领域重要统计报告和年鉴，《中国国家形象全球调查报告》《全球创新指数报告》等相关领域代表性行业报告，采用问卷调查、数据平台检索、文献资料整理等多种资料获取方式。力争实现指标的全面性、系统性和完整性，但在具体的评估过程中，因受统计指标的局限性、统计指标及问卷调查的局限性等问题的制约，部分四级指标可根据实际情况进行调整，以保证可操作性。

3. 稳定性与灵活性相结合

文化发展是动态演进的，但又在一定时期内保持相对稳定。本研究的评估指标体系设计聚焦我国新时代的文化使命，综合体现新时代以来我国文化发展的各维度，但也保有灵活调整的空间。因此，指标体系设计的总体思路是保持前三级指标架构基本稳定，呈现内在逻辑的一致性和完整性；同时，保持四级指标和指标说明相对灵活，根据时代环境变化、实际应用需求、政策更新情况等进行动态调整。

4. 结果性评估与过程性评估相结合

党的十九届五中全会对文化建设高度重视，从战略全局上做了规划和设计，明确提出到 2035 年建成文化强国，这也是未来十年我国文化发展最重要的目标方向。"强国"的"强"字目标已然从"凸显增量的过程"和"重视程度的结果"两个维度体现了应有的评估指标体系设计原则。因此，评估指标体系设计需要注意平衡体现过程性的"增量""增速"等评估指标和体现结果性的"存量""强度"等指标之间的关系，做到二者的有机结合。随着我国文化发展向强国目标的迈进，各个指标所占的权重都可以进行适度调整。

（三）设计步骤

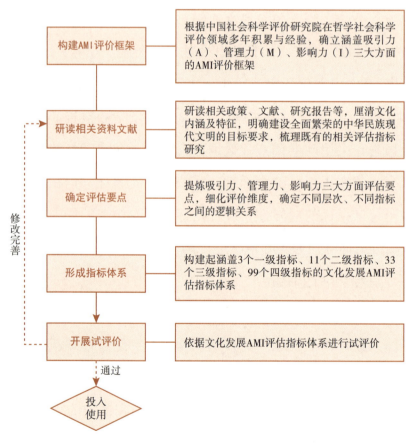

专题图 2-2　文化发展 AMI 评估指标体系设计步骤

（四）评估主体

文化发展评估指标体系的设计应由第三方研究机构在综合征集相关决

策部门、相关领域专家学者、相关文化机构等多方面意见的基础上独立完成，文化发展评估工作也应尽可能由第三方研究机构承担，以保证评估结果的客观公正。

（五）评估对象

评估对象是指本报告中所涉及的文化发展相关内容。

（六）评估范围

本研究将设计一套适用于评估一个国家或地区文化发展水平的指标体系，现阶段重点聚焦于中国的文化发展评估，面向 2035 年建成文化强国的目标，评估文化发展的阶段水平和趋势。在此基础上，下一步的研究拓展方向可以下沉到地方层面，开展全国各区域、各省份的文化建设工作评估研究。待条件成熟，可以在全球范围内选取有文化发展特色的国家和地区，开展国际比较研究。

（七）评估周期

根据目前的发展阶段，建议以年为周期，每年一评。

（八）评估程序

评估程序是指开展文化发展评估所需执行的系统性工作步骤。

1. 评估计划确立

评估方根据文化发展评估工作具体情况编制详细的工作计划。

2. 资料数据采集

根据评估指标多渠道采集相关数据和资料，并对其进行存储。

3. 资料数据清洗

对采集到的数据资料进行核查验证，对问题数据进行二次采集。

4.综合分析评估

根据评估方法和评估指标对收集的数据资料进行归纳、整理和系统计算、分析。

5.形成评估结果

对数据资料分析结果进行综合研判，形成合理的评估结论以及对策建议。

三 评估指标体系内容阐释

（一）评估模型

本研究基于文化的内涵与特征，立足中国文化发展的现状，面向全面繁荣的中华民族现代文明的建设目标，借鉴吸收具有代表性的相关评估指标设计经验，构建起涵盖 3 个一级指标、11 个二级指标、33 个三级指标、99 个四级指标的文化发展 AMI 评估指标体系。

一级指标的设置体现了系统评估一国或一地区文化发展情况的三大方面，即文化的"吸引力"（Attractive Power）、"管理力"（Management Power）和"影响力"（Impact Power）。

"吸引力"，显示一国或一地区凭借文化资源禀赋和特色实践，获得外界认同与美誉，并由此对目标群体产生的"引聚力"。

"管理力"，展示一国或一地区多元主体对文化资源的运作能力与推动文化繁荣发展的能力，体现政府、市场、群众等多元主体共同参与文化治理的能力。

"影响力"，展现一国或一地区文化发展对人们思想行为以及经济社会发展产生的作用，是吸引力和管理力的最终体现。

吸引力、管理力与影响力三者密切关联，构成相互联动、循环攀升、彼此赋能的关系。提升吸引力会集聚更多资源，从而为提升管理力奠定基础；提升管理力能实现文化领域繁荣发展，影响力自然将随之提升；与此同时，影响力也会反作用于吸引力，文化影响力越大，越有可能吸引更多文化资源。

二级指标的设置反映了吸引力、管理力和影响力的内涵逻辑。

三级指标的设置对应于二级指标各个方面的"核心类别"和"重点环节"，坚持抓主要矛盾的原则，凸显文化发展的重点、焦点、亮点。

四级指标的设置并非一成不变，可依据评估目的酌情予以调整。当用于国际比较时，需遴选国际可比的评估指标；当用于国内比较时，则需遴选国内可比的评估指标。

各级指标权重也将依据评估情境动态调整，因地制宜、因时制宜，最大限度保证指标体系的灵活性、包容性。

具体而言，吸引力主要从文化资源、文化体验和文化认同三个方面进行评估。其中，文化资源是吸引力产生的基础条件，文化体验是吸引力发生的关键因素，文化认同是吸引力产生的直观表现。文化资源指标既包括通过报纸、杂志、广播、电视等传统媒体呈现的传统文化形态，也包括数字技术赋能文化发展而带来的以数字化、网络化、智能化为主要特征的数字文化新形态，体现出"百花齐放，百家争鸣"的文化资源供给特征。

管理力主要从制度支撑、机构建设、群众参与、基础保障四个方面进行评估。其中，制度支撑、机构建设、群众参与分别从宏观、中观、微观三个层面评估文化管理力；基础保障用于评估资金与人才资源对文化领域繁荣发展的保障作用，以及宏观、中观、微观三个层面共同作用下的资金与人才资源配置效率。群众参与指标关注群众参与文化活动的渠道、团队和类型，体现出"人民文化人民建，人民文化为人民"的宗旨。

影响力主要从文化引领、文化传承、文化繁荣、文化交融四个方面进行评估。其中，文化引领体现中华文明的统一性，文化传承体现中华文明的连续性，文化繁荣体现中华文明的兴旺发达和创新性，文化交融体现中华文明的和平性和包容性。文化交融指标下的中外文化交融展示了一国或一地区文化对外的辐射力、吸纳力；民族文化融合则展示了一国或一地区文化对内的民族凝聚力（见专题图2-3）。

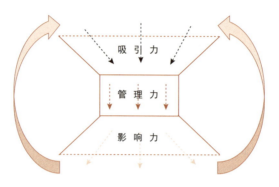

专题图 2-3　文化发展 AMI 评估模型

指标设计过程力图捕捉多维文化发展情况，兼顾中华优秀传统文化、革命文化与社会主义先进文化，群众文化与主流文化，实体文化与数字文化，文化事业与文化产业。

（二）指标解释

1. 吸引力

吸引力是指一个国家或地区凭借文化资源禀赋和特色实践，获得认同与美誉，并由此对目标群体产生的"引聚力"。主要从文化资源、文化体验和文化认同三大方面进行评估。

（1）文化资源

文化资源是从供给角度来反映一个国家或地区能够提供的各类文化资源，主要包括文化遗产、传统媒介文化、数字文化形态等。

a）文化遗产：指珍贵的历史文物、历史遗址、风俗人情等，具体采用文物藏品数、全国重点文物保护单位数、入选国家级非物质文化遗产代表性项目名录数、国家级风景名胜区数四个指标进行评估。

b）传统媒介文化：指通过报纸、杂志、广播、电视等传统媒体呈现的文化资源，具体采用图书报纸期刊总印数、音像制品和电子出版物数量、艺术表演团体演出场次三个指标进行评估。

c）数字文化形态：指数字技术赋能文化发展而带来的以数字化、网络化、智能化为主要特征的数字文化资源。具体采用数字博物馆、数字图书馆、数字档案馆建设数量反映文化产业数字化效果，采用中国文化相关在线音频、视频、直播等数量反映原有文化及相关形态受到数字技术进步影响而逐渐转变形成的新形态情况，采用数字沉浸式产业产值反映数字技术进步带来的且被归入文化及相关领域的全新文化形态情况。

d）资源规模：从总量角度反映一个国家或地区为社会公众提供的各类文化资源的总和，具体采用公共文化服务覆盖率反映由政府主导、财政支撑的，以保障人民基本文化权益为目的的公共文化资源供给情况，采用全国经营性文化产业规模来衡量市场组织提供的文化产品和服务总量。

（2）文化体验

文化体验反映一个国家或地区文化对目标群体的引聚程度，主要从文化关注、文化鉴赏、人员往来三方面进行评估。

a）文化关注：用于反映文化引聚目标群体注意力的能力。具体采用主要搜索引擎对中国文化的搜索热度、主要视频及社交软件对中国文化主题的订阅量、中国文化相关领域学术论文发表量以及民众对中国文化的关注度四个指标进行评估。

b）文化鉴赏：用于反映文化通过各种传播渠道吸引目标群体进行观赏的情况。具体采用文物参观人次、旅游人次、艺术表演团体演出观众人次三个指标评估线下观众引聚情况，采用数字博物馆、数字图书馆、数字档案馆浏览量和中国文化相关在线音频、短视频、直播等的播放量/点击量两个指标评估线上观众引聚情况。

c）人员往来：用于反映文化引聚目标群体来中国进行深层次学习、体验和生活的情况。具体采用入境移民数、外国留学生数、汉语水平考试（简称 HSK）考生人数、中华文化专项课题海外申报人数四个指标进行评估。

（3）文化认同

文化认同是指文化受众群体、权威评价机构、文化领域专家学者、相关管理部门等利益相关主体对一国或地区文化形象的评价及认可程度，主要从对传统文化的认同程度和对主流文化的认同程度两大方面进行评估。

a）对传统文化的认同程度：用于反映受众群体、权威评价机构等利益相关主体对该国或地区传统文化的认可程度。具体采用入选《世界遗产名录》的文化和自然遗产项目数和入选《人类非物质文化遗产代表作名录》的项目数反映权威评价机构对传统文化的认可程度，邀请国内外民众对传统文化进行主观评价来反映文化受众群体对传统文化的认可程度。

b）对主流文化的认同程度：用于反映受众群体、权威评价机构等利益相关主体对该国或地区主流文化的认可程度。具体采用国际权威文化（文学、电影、新闻、设计等）奖项获奖数反映权威评价机构对主流文化的认可程度，邀请国内外民众对主流文化进行主观评价来反映文化受众群体对主流文化的认可程度。

2. 管理力

管理力是指多元主体对文化资源的运作能力与推进文化领域繁荣发展的能力。主要从制度支撑、机构建设、群众参与、基础保障等四个方面进行评估。

（1）制度支撑

制度支撑从宏观层面反映一个国家或地区对文化领域提供的体制、机制和政策等方面的支撑，是文化发展的顶层设计。主要从体制机制、文化政策、文化工程、制度活力四个方面进行评估。

a）体制机制：用于反映文化管理体制灵活统筹和管理机制协调运行的

程度。用体制健全、机制协调两个指标分别进行评估。具体地，分别从文化发展制度框架与社会组织机构的健全程度评估文化体制健全程度，从政府与市场机制协调程度、文化产业与文化事业机制协调程度、文化生产与文化传播机制协调程度评估文化体制机制协调程度。

b）文化政策：用于反映为实现文化领域发展任务和战略而制定的制度性规定、行动根据、行动策略等是否健全有效。用政策健全、政策强度、政策协同三个指标分别进行评估。具体地，分别从供给类政策、需求类政策和环境类政策评估政策健全程度，从颁布政策部门级别、效力级别和时效性评估政策强度，采用协同度公式测度供给类、需求类和环境类等三类文化政策的政策协同程度。

c）文化工程：用于反映推进重大文化项目建设的相关制度是否健全有效。文化工程是推进文化领域繁荣发展的重要抓手，单独设置文化工程这一指标具有重要意义，用总体规划、协调机制、保障性政策三个指标分别进行评估。具体地，采用总体规划评估文化工程总体规划的科学性和领先性，采用协调机制评估新型举国体制下重大文化工程的联动协调机制是否健全高效，采用保障性政策评估推进工程落实的各类保障性政策是否健全高效。

d）制度活力：用于反映文化制度和文化政策在解放和发展生产力、推动文化领域持续健康发展等方面展现出的生命力。用文化安全、环境宽松两个指标分别进行评估。

（2）机构建设

机构建设从中观层面反映为文化活动提供专业场所和专业服务的文化机构的建设现状，是文化发展的产业基础。主要从文化机构、公共文化服务两个方面进行评估。

a）文化机构：用于反映公共服务类和经营性文化单位的基本建设情况。从每万人艺术创作机构数量、每万人公共文化服务机构数量、每万人文化市场机构数量、每万人文物机构数量四个指标分别进行评估。整体而言，这四类机构涵盖了文化领域核心产业的主要业务，对此开展评估能够反映出文化领域核心产业的建设现状。

b）公共文化服务：用于反映公共文化服务体系提供的服务质量。采用标准化程度、均等化程度、服务效能这三个指标分别进行评估，具体地，采用标准化程度指标评估公共文化服务标准体系是否有机统一、相互衔接，采用均等化程度指标评估城乡间、地区间基本公共文化服务的均等化建设情况，采用服务效能指标评估公共文化服务的效率、效果与效益。

（3）群众参与

群众参与从微观层面反映群众发起和参与文化活动的基本情况，是文化发展的强大推动力。主要从参与文化活动渠道、基层群众文化团队、群众文化活动类型三个方面进行评估。

a）参与文化活动渠道：用于反映可供群众参与文化活动的渠道建设情况。用全民艺术普及渠道数量、群众文化活动开展渠道数量、群众文艺创作精品展示渠道数量、群众自发供给民间文化资源渠道数量四个指标分别进行评估。具体而言，全民艺术普及渠道数量、群众文化活动开展渠道数量和群众文艺创作精品展示渠道数量三个指标用于评估政府及社会提供给群众参与文化活动的渠道是否丰富便捷；群众自发供给民间文化资源渠道用于评估群众参与文化共治共建并自发提供文化资源的渠道是否丰富便捷。

b）基层群众文化团队：用于反映群众自发组建文化团队的积极性和主动性。用团队数量、团队成员人数两个指标进行评估，反映群众参与文化活动的意愿和能力。

c）群众文化活动类型：用于反映群众发动和参与的艺术节、文化晚会、摄影展等不同文化活动类型的丰富程度和活力。以活动类型、活动创新两个指标分别进行评估。具体而言，采用活动类型指标评估群众文化活动是否丰富多彩，采用活动创新指标评估活动类型与活动内容是否具有创新性，反映群众参与文化活动的活力。

（4）基础保障

基础保障是对文化领域建设提供资金与人才的保障。从资金投入、人才队伍、配置效率三个方面进行评估。

a）资金投入：用于反映保障文化领域建设而投入的各类资金情况。用财政资金投入、社会资金投入两个指标分别进行评估，反映了多元主体共同投入资金参与文化领域建设的基本情况。具体而言，采用财政资金投入评估政府部门等向文化领域投入资金的情况，采用社会资金投入评估非财政类的企业、非财政全额拨款的事业单位、民间个人等向文化领域投入资金的情况。

b）人才队伍：用于反映开展文化领域建设的人才队伍的基本情况。从每万人文化类专业人才数量、每万人管理人才数量、每万人基层人才数量三个指标分别进行评估。具体而言，采用每万人中创新型、应用型、技能型专业人才数量评估每万人文化类专业人才数量，采用每万人中行政事业管理人才和企业经营管理人才数量评估每万人管理人才数量，采用每万人中扎根基层的乡土文化能人、民族民间文化传承人、乡村文化和旅游能人、基层文化设施和文物管理人员数量评估每万人基层人才数量。

c）配置效率：用于反映文化领域多元主体通过资金、人才优化组合和有效配置实现文化产品与文化服务产出最大化的程度。配置效率是宏观、中观、微观三个层面共同作用下文化领域资金与人才的配置结果，是反映文化资源统筹能力的重要指标。用资金配置效率、人才配置效率两个指标分别进行评估，采用数据包络分析（DEA）方法开展测度。

3.影响力

影响力是指一个国家或地区的文化发展影响人们思想、行为及经济社会发展的能力，是文化吸引力和文化管理力的最终体现。主要从文化引领、文化传承、文化繁荣、文化交融四个方面进行评估，是文化实力的直接表现。

（1）文化引领

文化引领用于反映文化发展对思想舆论的影响。从价值引领、舆论引导两个方面评估。

a）价值引领：用于反映文化发展中指导思想、价值观、文化观的影响效果。用马克思主义指导地位、社会主义核心价值观两个指标进行评估。

b）舆论引导：用于反映主流文化对社会舆论思潮的引导效果。用主流媒体话语权、自媒体主旋律内容占比、网络空间生态三个指标进行评估。

（2）文化传承

文化传承体现文化发展的历史连续性。从优秀传统文化传承、革命文化弘扬和社会主义先进文化发展三个方面进行评估。

a）优秀传统文化传承：用于反映受众群体对中华优秀传统文化的熟知、认可和热爱程度。用历史文化机构接待观众数量及增长率、传统文化主题的纸媒和音像制品销售额及增长率、青少年对优秀传统文化的认知与继承程度三个指标进行评估。

b）革命文化弘扬：用于反映受众群体对革命历史、红色文化的熟知、认同和发扬光大的积极程度。用红色文化单位参观数量及增长率、革命文化主题的纸媒和音像制品销售额及增长率、红色文化融入"大思政课"情况三个指标进行评估。

c）社会主义先进文化发展：用于反映受众群体对社会主义先进文化的熟知和认同，以及推动社会主义先进文化发展的积极程度。用弘扬社会主义先进文化文艺创作的观众数量及增长率和弘扬社会主义先进文化积极程度两个指标进行评估。

（3）文化繁荣

文化繁荣体现文化发展的兴旺发达程度和创新水平。从文化消费、文化产业、文化事业、群众文化、文化创新五个方面评估。

a）文化消费：用于反映文化发展对受众群体生活质量提高的直接作用。用居民人均文化及旅游消费支出占比及增长率、农村居民人均文化娱乐消费支出、城镇居民人均文化娱乐消费支出三个指标进行评估。

b）文化产业：用于反映文化产业高质量发展情况。从文化及相关产业增加值占 GDP 比重、文化及相关产业增加值增长率、文化及相关产业从业人员数占比及增长率三个方面评估。

c）文化事业：用于反映公共文化事业高质量发展情况。从全国公共文化场馆服务数量及增长率、广播电视综合人口覆盖率及增长率、互联网覆盖率及增长率三个方面评估。

d）群众文化：用于反映群众文化活动的活跃程度和影响效果。从群众文化活动参与数量及增长率、自媒体平台作品数量及增长率两个方面评估。

e）文化创新：用于反映文化发展的创新性和创造力。从文化产业研发投入及增长率、文化产业专利授权数增长率、数字文化产业增加值及增长率、文化新业态营业收入占全部文化产业营业收入比重四个方面评估。

（4）文化交融

文化交融体现文化发展的包容性、和平性。从中外文化交融和民族文化融合两个方面评估。

a）中外文化交融：用于反映中华文化与国外其他文化交流互鉴所产生的吸纳和辐射效果，是中华文化包容性与和平性的体现。用海外中国文化中心数量、中国文化海外形象、文化产品和服务进出口总额及增长率、政府和民间文化交流项目数及增长率四个指标进行评估。

b）民族文化融合：用于反映各族人民对中华文化的认同、共情和热爱，是中华文化内部凝聚力的体现。用共同历史认知、共同文化符号、共同理想未来三个指标进行评估。文化发展 AMI 评估指标体系见专题表 2-8。

专题表 2-8 文化发展 AMI 评估指标体系

一级指标	二级指标	三级指标	四级指标	指标说明	资料来源
吸引力	文化资源	文化遗产	文物藏品数（件/套）	统计指标	《中国文化文物和旅游统计年鉴》
			全国重点文物保护单位数（个）	统计指标	中华人民共和国中央人民政府网站
			入选国家级非物质文化遗产代表性项目名录数（项）	统计指标	中华人民共和国中央人民政府网站
			国家级风景名胜区数（个）	统计指标	中华人民共和国中央人民政府网站
		传统媒介文化	图书、报纸、期刊总印数（亿册/亿份）	统计指标	《中国文化及相关产业统计年鉴》
			音像制品和电子出版物数量（万盒/万张）	统计指标	《中国文化及相关产业统计年鉴》
			艺术表演团体演出场次（万场次）	统计指标	《中国文化文物和旅游统计年鉴》
		数字文化形态	数字博物馆、数字图书馆、数字档案馆建设数量（个）	文化产业数字化	根据公开资料，自行收集整理
			中国文化相关在线音频、视频、直播等数量（个）	原有文化及相关形态受到数字技术进步影响而逐渐转变形成的新形态	选取中国文化相关关键词，自行统计整理
			数字沉浸式产业产值（亿元）	数字技术进步带来的目被归入文化及相关领域的全新文化形态	《沉浸式文旅新业态年度发展报告》
		资源规模	公共文化服务覆盖率（%）	由政府主导、财政支撑，以保障人民基本文化权益为目的的公共文化资源供给情况	《中国文化及相关产业统计年鉴》
			全国经营性文化产业规模（亿元）	市场组织提供的文化产品和服务总量，采用全国经营性文化产业资产总量或营业收入衡量	《中国文化及相关产业统计年鉴》

续表

一级指标	二级指标	三级指标	四级指标	指标说明	资料来源
吸引力	文化体验	文化关注	主要搜索引擎对中国文化的搜索热度（次）	中国文化在谷歌、百度等国内外主要搜索引擎的搜索频次	选取中国文化相关关键词，统计其在谷歌、百度等搜索引擎的搜索次数
			主要视频、社交软件对中国文化主题的订阅量（人次）	中国文化主题在YouTube、抖音等国内外主要视频、社交软件上的订阅量	选取中国文化相关关键词，统计其在YouTube、抖音等视频、社交软件的订阅量
			中国文化相关领域学术论文发表量（篇）	学术界对中国文化的关注度	选取中国文化相关关键词，统计Web of Science、中国知网等国内外学术资源平台于上述主题发文量
			民众对中国文化的关注度（分）	全球民众对中国文化关注程度	问卷调查
		文化鉴赏	文物参观人次（万人次）	统计指标	《中国文化文物和旅游统计年鉴》
			旅游人次（亿人次）	统计指标	《中国文化文物和旅游统计年鉴》
			艺术表演团体演出观众人次（万人次）	统计指标	《中国文化文物和旅游统计年鉴》
			数字博物馆、数字图书馆、数字档案馆浏览量（人次）	中国文化对新媒体用户吸引情况	根据公开资料，自行收集整理
			中国文化相关在线音频、短视频、直播等的播放量/点击量（人次）	中国文化对自媒体用户吸引情况	根据公开资料，自行收集整理
		人员往来	入境移民数（人）	统计指标	世界银行
			外国留学生数（人）	统计指标	联合国教科文组织
			汉语水平考试（简称HSK）考生人数（人）	统计指标	国家汉办
			中华文化专项课题海外申报人数（人）	统计指标	根据教育部公开资料，自行收集整理

续表

一级指标	二级指标	三级指标	四级指标	指标说明	资料来源
吸引力	文化认同	传统文化	入选"世界遗产名录"的文化和自然遗产项目数（个）	统计指标	联合国教科文组织
			入选"人类非物质文化遗产代表作名录"的项目数（个）	统计指标	联合国教科文组织
			国外民众对中国传统文化的美誉度（分）	国外民众对中国传统文化的知晓度、认可度、好评度等	问卷调查
			国内民众对中国传统文化的美誉度（分）	国内民众对中国传统文化的知晓度、认可度、好评度等	问卷调查
		主流文化	国际权威文化奖项获奖数（项）	国际权威文化（文学、电影、新闻、设计等）奖项获奖数量	根据公开资料，自行收集整理
			国外民众对中国主流文化的美誉度（分）	国外民众对中国主流文化的知晓度、认可度、好评度等	问卷调查
			国内民众对中国主流文化的美誉度（分）	国内民众对中国主流文化的知晓度、认可度、好评度等	问卷调查
管理力	制度支撑	体制机制	体制健全（分）	文化体制机制的健全程度	问卷调查
			机制协调（分）	政府与市场机制协调程度、文化产业与文化事业机制协调程度、文化生产与文化传播机制协调程度	问卷调查
		文化政策	政策健全（分）	供给类政策健全程度、需求类政策健全程度、环境类政策健全程度	根据公开资料，自行收集整理
			政策强度（分）	颁布政策的部门级别、效力级别、时效性等	根据公开资料，自行收集整理
			政策协同（分）	供给类、需求类、环境类等三类文化政策的协同程度	根据公开资料，自行收集整理

续表

一级指标	二级指标	三级指标	四级指标	指标说明	资料来源
管理力	制度支撑	文化工程	总体规划（分）	总体规划的科学性、领先性	问卷调查
			协调机制（分）	重大文化工程的联动协调机制是否健全高效	问卷调查
			保障性政策（分）	推进工程落实的保障性政策是否健全高效	问卷调查
		制度活力	文化安全（分）	意识形态、公共文化的安全水平	问卷调查
			环境宽松（分）	文化发展环境是否适度宽松	问卷调查
	机构建设	文化机构	每万人艺术创作机构数量（个/万人）	统计指标	《中国文化文物和旅游统计年鉴》
			每万人公共文化服务机构数量（个/万人）	统计指标	《中国文化文物和旅游统计年鉴》
			每万人文化市场机构数量（个/万人）	统计指标	《中国文化文物和旅游统计年鉴》
			每万人文物机构数量（个/万人）	统计指标	《中国文化文物和旅游统计年鉴》
		公共文化服务	标准化程度（分）	公共文化服务标准化建设	问卷调查
			均等化程度（分）	城乡间、地区间的基本公共文化服务均等化建设情况	统计年鉴
			服务效能（分）	公共文化服务的效率、效果、效益	统计整理
	群众参与	参与文化活动渠道	全民艺术普及渠道数量（个）	全民艺术普及的主要渠道数量	统计整理
			群众文化活动开展渠道数量（个）	群众文化活动开展的主要渠道数量	统计整理
			群众文艺创作精品展示渠道数量（个）	群众文艺创作精品展示的主要渠道数量	统计整理
			群众自发供给民间文化资源渠道数量（个）	群众自发供给民间文化资源的主要渠道数量	统计整理

续表

一级指标	二级指标	三级指标	四级指标	指标说明	资料来源
管理力	群众参与	基层群众文化团队	团队数量（万个）	具备一定规模并持续开展文化活动的基层群众文化团队数量	统计整理
			团队成员人数（万人）	具备一定规模并持续开展文化活动的基层群众文化团队的成员数量	统计整理
		群众文化活动类型	活动类型（个）	艺术节、文艺晚会、摄影展等文化活动的类型	统计整理
			活动创新（分）	文化活动创新类型的数量、活动内容的创新水平与可持续性等	问卷调查
	基础保障	资金投入	财政资金投入（万元）	统计指标	《中国文化及相关产业统计年鉴》
			社会资金投入（万元）	非财政类的企业、非财政全额拨款的事业单位、民间个人等资金投入	统计整理
		人才队伍	每万人文化类专业人才数量（人/万人）	创新型、应用型、技能型专业人才数量	问卷调查，《中国文化文物和旅游统计年鉴》
			每万人管理人才数量（人/万人）	行政事业、企业经营管理人才数量	问卷调查，《中国文化文物和旅游统计年鉴》
			每万人基层人才数量（人/万人）	乡土文化能人、民族民间文化传承人、乡村文化和旅游能人、基层文化设施和文物管理人员数量	问卷调查，《中国文化文物和旅游统计年鉴》
		配置效率	资金配置效率（%）	通过资金有效配置实现文化产品与文化服务产出最大化的程度	《文化和旅游发展统计公报》《中国文化及相关产业统计年鉴》
			人才配置效率（%）	通过人才有效配置实现文化产品与文化服务产出最大化的程度	《文化和旅游发展统计公报》《中国文化及相关产业统计年鉴》

续表

一级指标	二级指标	三级指标	四级指标	指标说明	资料来源
影响力	文化引领	价值引领	马克思主义指导地位（分）	人民群众对马克思主义指导地位在思想上的认同程度和在行动上的贯彻度	问卷调查
			社会主义核心价值观（分）	人民群众对社会主义核心价值观的了解和认同程度，以及日常行为的遵守程度	问卷调查
		舆论引导	主流媒体话语权（分）	主流媒体的传播力、引导力、影响力、公信力，以大众对主流媒体的平均接触时长和接触频次及其增长率反映	网络统计
			自媒体主旋律内容占比（%）	自媒体作品体现主旋律内容的作品占比	通过各类主要自媒体平台或应用程序，自行收集整理
			网络空间生态（分）	网络空间环境健康有序、风清气正的程度	问卷调查
	文化传承	优秀传统文化传承	历史文化机构接待观众数量（人次）及增长率（%）	文物机构、国有博物馆、A级风景区等参观人次及年增长率	《文化和旅游发展统计公报》
			传统文化主题的纸媒和音像制品销售额（亿元）及增长率（%）	各类以宣传介绍中华优秀传统文化为主题的图书、期刊、报纸及电子音像制品年销售额及增长率	通过出版社、网络销售平台等公开信息，自行收集整理
			青少年对优秀传统文化的认知与继承程度（分）	青少年对传统文学艺术、语言文化、风情习俗、传统节日等的了解、认同及传承程度	问卷调查

续表

一级指标	二级指标	三级指标	四级指标	指标说明	资料来源
影响力	文化传承	革命文化弘扬	红色文化单位参观数量（人次）及增长率（%）	革命纪念馆、博物馆、文化保护单位等红色文化单位的参观人次及年增长率	通过文化管理部门、相关文化单位等，自行收集整理
			革命文化主题纸媒和音像制品销售额（亿元）及增长率（%）	革命文化主题的纸质图书、期刊、报纸及电子音像制品年销售额及增长率	通过出版社、网络销售平台等公开信息，自行收集整理
			红色文化融入"大思政课"情况（分）	红色文化贯穿到思政教学、思政管理、教材编写等全领域、各环节情况	问卷调查
		社会主义先进文化发展	弘扬社会主义先进文化文艺创作的观众数量（人次）及增长率（%）	以弘扬社会主义先进文化为主题的文化作品包括诗词、文章、小说、歌曲、舞蹈、话剧等数量及年增长率	根据各类文化作品创作机构、出版社、演出机构、售票应用软件信息，自行收集整理
			弘扬社会主义先进文化积极程度（分）	以弘扬社会主义先进文化为主题的文化作品的网络转发频次、深度访问率	选取社会主义先进文化相关关键词，统计其网络转发和访问情况
	文化繁荣	文化消费	居民人均文化及旅游消费支出占比（%）及增长率（个百分点）	统计指标	《中国文化及相关产业统计年鉴》
			农村居民人均文化娱乐消费支出（元）	统计指标	《中国文化及相关产业统计年鉴》
			城镇居民人均文化娱乐消费支出（元）	统计指标	《中国文化及相关产业统计年鉴》
		文化产业	文化及相关产业增加值占GDP比重（%）	统计指标	《中国文化及相关产业统计年鉴》
			文化及相关产业增加值增长率（%）	统计指标	《中国文化及相关产业统计年鉴》
			文化及相关产业从业人员数占比（%）及增长率（个百分点）	统计指标	《中国文化及相关产业统计年鉴》

续表

一级指标	二级指标	三级指标	四级指标	指标说明	资料来源
影响力	文化繁荣	文化事业	全国公共文化馆服务数量（人次）及增长率（%）	公共图书馆、文化馆（站）、美术馆、博物馆等公共文化场馆接待参观人次及年增长率	《中国文化文物和旅游统计年鉴》
			广播电视综合人口覆盖率（%）及增长率（个百分点）	统计指标	《中国文化及相关产业统计年鉴》
			互联网覆盖率（%）及增长长率（%）	统计指标	《中国文化及相关产业统计年鉴》
		群众文化	群众文化活动参与数量（人次）及增长率（%）	主要群众性文化活动，例如"村超"、"村BA"、"村晚"、广场舞、节日日文化活动等参与人数及其年增长率	根据农村城镇主要群众性文化活动参与人数，自行收集整理
		文化创新	自媒体平台作品数量（种）及增长率（%）	主要自媒体平台作品数量及年增长率	通过自媒体平台网站、应用程序等，自行收集数据
			文化产业研发投入及增长率（%）	统计指标	从文化产业企业公开经营数据中自行收集整理
			文化产业专利授权数增长率（%）	统计指标	《中国文化及相关产业统计年鉴》
			数字文化产业增加值（亿元）及增长率（%）	统计指标	从数字文化产业公开信息中自行收集整理
			文化新业态营业收入占全部文化产业营业收入比重（%）	统计指标	国家统计局
	文化交融	中外文化交融	海外中国文化中心数量（个）	统计指标	《文化和旅游发展统计公报》
			中国文化海外形象（分）	统计指标	《中国国家形象全球调查报告》
			文化产品和服务进出口总额（亿元）及增长率（%）	统计指标	《中国文化和相关产业统计年鉴》
			政府和民间文化交流项目数（个）及增长率（%）	统计指标	《中国文化和相关产业统计年鉴》

续表

一级指标	二级指标	三级指标	四级指标	指标说明	资料来源
影响力	文化交融	民族文化融合	共同历史认知（分）	人民群众对国家疆域演变、历史延续、文明发展历程的熟知和认同程度	问卷调查
			共同文化符号（分）	人民群众对中华文化符号，例如语言文字、文物古迹、文化遗产、文化习俗、英雄模范、大好河山等的熟知和热爱程度	问卷调查
			共同理想未来（分）	人民群众对中华民族伟大复兴和美好发展未来向往和追求的热烈程度	问卷调查

四　评估指标体系说明及展望

（一）指标说明

1.关于旅游指标的说明

从国内看，无论是文化和旅游部的机构设置，抑或《中国文化文物和旅游统计年鉴》《文化和旅游发展统计公报》的统计口径，均表明文化与旅游高度相关，有必要统筹规划文化事业、文化产业和旅游业发展，推进文化和旅游融合发展。从国际看，联合国教科文组织认为，游客通过旅游和游览文化场所，可以了解代表价值观念和历史背景的人民生活方式、文化遗产和艺术，也可以体验其中的差异性。[①] 同时，文化可以通过旅游等形式产生经济效益，推动国家或地区的可持续发展。[②] 因而联合国教科文组织在文化统计框架中将旅游作为文化的相关领域。鉴于文化与旅游的密切关联，文化发展评估指标体系在文化吸引力部分纳入"旅游人次"指标，在文化影响力部分纳入"居民人均文化及旅游消费支出占比及增长率"指标，背后的逻辑是丰富的文化资源能够吸引目标群体前来旅游，游客在旅游过程中产生的消费又是文化影响力的体现。

2.关于指标测算的说明

文化发展评估指标的计算主要包括三个步骤。第一步，指标赋权。初期采用逐级等权法，后期根据评估客体采取德尔菲法灵活调整各级指标权重。第二步，指标无量纲化。对各级指标数据进行无量纲化处理。第三步，计算文化发展指数。各级指标根据评估模型加权汇总后得到文化发展指数。

---

① 联合国教科文组织统计研究所：《2009 年联合国教科文组织文化统计框架》，2009，第 27 页。

② 联合国教科文组织统计研究所：《2009 年联合国教科文组织文化统计框架》，2009，第 11 页。

3. 关于指标数据获取方式的说明

文化发展评估指标体系的数据主要通过三种方式获取。一是自行设计调查问卷或测量量表，开展调查，获取一手调查数据。二是检索国内外相关统计年鉴、统计公报、研究报告、数据库等，获取二手统计数据。三是根据公开资料，自行收集整理并经过结构化处理后，得到所需数据。

（二）未来展望

第一，区别于既有将数据可得性作为指标选取主要原则的"数据驱动"的文化发展相关评估指数，如文化发展指数、文化产业发展指数、全球创意指数等，本研究中的文化发展评估指标体系坚持"目标驱动"，为实现2035年我国建成文化强国的战略目标，指标选取力图做到既具有世界先进文化的普遍特征，又具有中国特色社会主义的鲜明指向。未来将重点研究此部分指标的测量方式，并基于指标体系计算文化发展指数。

第二，物质文明与精神文明相协调的现代化是中国式现代化的五大特征之一，随着中国式现代化进程的加速推进，人民群众的物质文化生活水平显著提升，相应地丰富其精神文化生活成为时代所需。可以预见的是，未来我国各类文化主体将创作出更多无愧于时代、无愧于人民、无愧于民族的精品力作，公共文化服务标准化均等化水平将大幅提高，人民群众的精神文化需求将得到极大满足。届时，评估指标也需更加凸显高质量导向。

第三，关于评估结果的应用，未来将根据数据分析结果，结合评估目的，编制评估报告，发布评估结果。评估报告包括但不限于评估背景、评估目的、评估意义、评估方法、评估过程、评估结果等。评估主体可适时发布评估结果，发布时间、地点、公开范围等由评估主体根据评估目的决定，并跟踪反馈评估结果发布的影响，以进一步优化指标体系。

专题报告三

新时代人民文化实践
网络热词热度研究报告

新时代人民文化实践
网络热词热度研究报告

　　习近平总书记指出:"中国特色社会主义是全面发展、全面进步的伟大事业,没有社会主义文化繁荣发展,就没有社会主义现代化。"①习近平新时代中国特色社会主义思想源于人民的智慧、人民的探索、人民的创造。党的二十大报告立足中华民族发展全局的高度,明确指出要发展面向现代化、面向世界、面向未来的,民族的科学的大众的社会主义文化,激发全民族文化创新创造活力,增强实现中华民族伟大复兴的精神力量。

　　人民文化实践是中国特色社会主义文化实践的生动呈现。党的十八大以来,在习近平文化思想的引领下,我国在人民文化实践方面所取得的显著成就,集中体现了"以人民为中心""增进人民群众在文化上的获得感和满意度,提升人民群众在文化上的创造力和精神力量"的文化发展宗旨,增强了人民的归属感和认同感,为建设社会主义文化强国、提高人民群众的文化生活水平和丰富人民群众的精神世界提供了有力支撑。

---

① 习近平:《在教育文化卫生体育领域专家代表座谈会上的讲话》,《人民日报》2020年9月23日,第2版。

一 研究意义

（一）新时代中国文化在人民维度的发展轨迹

网络热词热度可以反映党的十八大以来，习近平文化思想的形成以及被广大人民群众接受和践行的过程。通过"热词"指数化研究，我们可以对这一过程进行精准测度，以体现习近平文化思想对人民文化实践的引领和塑造作用。

人民文化实践的突出特征是人民性和时代性。人民不只是文化变迁的接受者，更是这一进程的主动参与者和塑造者。网络热词热度研究框架致力于提供相对客观的数据佐证，给文化政策的制定提供有力参考和有效根据，而且在全球化背景下，也可以直观展现新时代中国文化的深度、广度和温度，促进国际文化交流对话，让世界更好地了解中国。通过对历史趋势和现实状态的综合评估，我们能更好地把握和引导文化发展方向，继承历史传统，适应时代要求，推动人民文化实践健康发展。

（二）数字化时代人民文化实践的影响因素和内在逻辑

数字化时代的人民文化实践，不仅受到文化传统、社会经济和政策导向的影响，还与数字化传播、网络互动等因素密切相关。网络热词热度研究旨在深入挖掘人民文化实践在网络环境下的塑造、传播和接受过程，对把握这一过程的关键动力和潜在规律具有重要作用。本报告对2013~2022年数据的测算，有助于我们全面了解新时代以来我国人民文化实践的发展轨迹。

文化以人民群众为主体，是反映其价值观、生活观和情感体验的实践和产出。新时代的人民文化实践既继承转化了中华优秀传统文化，又融入消化了全球化时代的新元素。十年跨度使我们能够观察到人民文化实践中的变迁和趋势。这不仅能够揭示文化实践中的长期演变规律，也有助于我们识别那些暂时性、短期性的波动与变化。

（三）彰显人民文化实践主体的活力度和创新性

人民文化实践的人民性贯穿当代中国文化。它强调文化必须由人民群众参与和创造，并反过来为其服务。人民性突出了人民群众在文化创造、传承和发展中的核心地位，不仅关注人民的精神需求和文化素养的提高，更能真实反映他们的生活和情感体验。强调"以人民为中心"的文化发展理念意味着所有文化实践和产品都应该满足人民的精神文化需求，并秉持人民作为文化的主要创造者和受益者的原则。这种文化的发展方向是由人民的日常生活和需求所决定的，其所创造的文化成果也应由人民共享，从而更好地服务于社会主义文化建设的大局。

新时代十年具有足够的历史纵深，使我们能够宏观地审视人民文化实践主体在数字媒体环境中的行为模式和演变趋势。这有助于我们全面捕捉文化实践主体的多样性和复杂性，还有助于揭示其活力度和创新性。同时，本报告致力于描述人民文化实践主体在网络空间的具体行为和互动逻辑，并试图通过精细的数据分析和模型建构，识别出影响人民文化实践主体活力度和创新性的关键因素。

二 "人民文化实践"热词筛选方法

"热词"的筛选是本报告的核心任务之一，以期揭示与新时代人民文化实践相关的趋势、变迁和公众关注焦点。由于数字信息的爆炸性增长，传统的词语筛选方法在处理如此庞大且复杂的数据集时面临着巨大挑战。因此，本报告从人民文化实践的内涵与构成出发，圈定"热词"选择范畴，从海量热搜数据中建立词库，从中统计并筛选本报告重点分析的"热词"。

（一）依据人民文化实践的内涵与构成圈定范围

人民文化实践是指广大人民群众在历史、传统和社会经验的基础上，在日常生活中开展的文化创造、传承和交流等实践活动。这包括了各种传统文艺、民间艺术、手工艺、节庆活动、习俗、传统食品、口头传统、自媒体以及其他与民众日常生活密切相关的文化表达形式。这种实践反映了人民的生活方式、价值观、观念和情感，也是他们与外部世界互动和展开自我认知的途径。"人民文化实践"中的"实践"特别强调了文化不仅是一种抽象的观念或制度，更是人们在日常生活中的真实体验和活动。

"人民文化实践"与"群众文化""大众文化""民族民间文化"等词语在中文语境中均与广大的人民群众及其文化实践有关，但前者与后三者侧重点和背景有所不同。这种不同涉及如今我们所言的公共文化服务、文化创意产业及非物质文化遗产保护等多个领域。

1. "人民文化实践"的两个维度

"人民文化实践"的两个维度即"各种文化表现形式被全民共享"，以及"人民自发地创造的各种文化表现形式"。

"各种文化表现形式被全民共享"，意在说明文化的公共性和包容性。在现代社会中，尤其是在数字化和全球化的背景下，文化内容可以迅速地跨越地域、种族和社会阶层的界限，被广泛地传播和接受。人们能通过各种平台（如社交媒体、在线社区、公共艺术节等）交流分享、参与创造，促进文化的互动、融合与创新。

"人民自发地创造各种文化表现形式"，主要强调人民文化实践的主动性、自发性特征。人民不仅是文化的消费者，更是文化的主动创造者。他们在日常生活中，通过个人或集体的努力，创造出各种文化符号、仪式、故事和艺术形式等，这种创造过程往往不受行政机构、传统规范或商业逻辑的直接约束，展现出更为多样的文化特质。这些自发的文化创造行为在通常情况下都代表了一个社区、一个群体或一个时代的声音，反映了其创造者的价值观、信仰和情感。

2．"人民文化实践"的活态网状结构

人民文化实践的活态生命力体现在它的持续性生长、演变和创新中。人民文化实践包括创造、生产、传播、传承、参与等环节，构成一个网状模型。该模型尽可能涵盖经济与非经济维度，以及空间维度。不同于一般经济产品和文化产品，人民文化实践不必遵循传统文化产业链的经济模式，而是扎根于社会领域。每一种人民文化实践可能参与这一周期的一个或多个领域，受到社会、市场、空间、媒介、技术等多种因素的综合影响。

3．"人民文化实践"的相关文化领域

基于对"文化"的不同理解，人民文化实践有众多的分类可能，难以形成共识。但就所涉及文化领域而言，本报告关注的主要领域有：物质遗产（包括民居、民间博物馆、民间风物遗迹等），演出及节庆活动（包括线下及线上的音乐、演出、节日、仪式等），工艺美术（包括手工艺、美术、摄影及数字艺术等），文学及新文艺（包括文学爱好者的传统文学创作、网络文学及自媒体等），文化旅游（包括民俗文化、文化民宿及私营的文化旅游服务等），文化体育（包括全民健身、民间体育活动等），等等。

（二）以各平台热搜和热度数据切入"热词"收集

随着互联网技术的快速发展和广泛普及，各种与文化相关的"热词"，很大程度上直接反映了人民文化实践的热门话题。"热词"是一段时期内网络热门话题的集中反映。"热词"对应的资料来源是主要网络平台的热度和

热搜数据。网络热度是指某个事件、新闻、文章等被主要（重要）媒体转载或主流搜索引擎搜索频率综合起来得到的一个评估指数，其中转载数量越多或搜索频率越高，影响力越大。"热搜榜"指的是主要网络平台根据访问流量而确定出来的以日、周、月、季、年等不同时长为周期的热门事件排行榜。

（三）"热词"数据库构建与词频分析

如前所述，"人民文化实践"包含两个维度："各种文化表现形式被全民共享"和"人民自发地创造各种文化表现形式"。前者的外化表现为新时代重要理念在多大程度上得到民众认可，后者的外化表现为主旋律文化与人民日常生活的融合程度。

1. 新时代重要理念相关"热词"

党的十八大以来，在立足中华民族伟大复兴战略全局，在对世界面临百年未有之大变局作出准确判断的基础上，习近平总书记提出并深刻阐释了新发展理念，党中央确立了"到 2035 年建成文化强国"的远景目标。按照习近平文化思想的总体要求，本报告筛选的"热词"主要来源于 10 年来党和政府关于人民文化实践的相关政策文件，以及对国家主流媒体相关报道的词频分析。

分析步骤和"热词"确定过程如下。

（1）选取了党的十八大以来与人民文化实践相关的政策文件和重要文献共 115 篇，以及《人民日报》《光明日报》《经济日报》《学习时报》《中国社会科学报》《社会科学报》《中国文化报》《文艺报》8 个文化领域主流媒体中标题含有"文化"的所有文章，合计 8829 篇（去重后），作为新时代重要理念的"热词"数据库。采集的时间范围为 2013 年 1 月 1 日至 2022 年 12 月 31 日（见专题表 3-1）。

专题表 3-1　新时代重要理念相关"热词"来源数据库

单位：篇

文件来源	数量
党的十八大以来与人民文化实践相关的政策文件和重要文献	115
《人民日报》	579
《光明日报》	843
《经济日报》	168
《学习时报》	107
《中国社会科学报》	1446
《社会科学报》	87
《中国文化报》	4203
《文艺报》	1281
合计	8829

（2）对上述 8829 篇文献进行词频分析并输出结果，去掉名词以外的其他动词、形容词、助词、量词等，得到词频大于等于 10 次（平均一年至少出现一次）的名词共计 664 个。

（3）该 664 个相对高频名词均出自以"文化"为主题的相关文章，因此可假定这些词是 2013 年 1 月 1 日至 2022 年 12 月 31 日新时代重要理念的相关"热词"。课题组逐一核实上述相对高频名词在"百度指数"和"360 趋势"同一时间范围内的数据记录情况。需要说明的是，"百度指数"与"360 趋势"是以关键词为搜索方式的大数据库，分为"免费关键词"和"付费定制关键词"。免费关键词是日常搜索量较大，且在一定范围内有较多关注的公共词语。本报告关注广大互联网用户真实意志的网络反映，对词语的核实是以"百度指数"与"360 趋势"提供的免费关键词数据为数据可获得性的标准，剔除相对高频名词中无免费关键词数据的条目。据此标准筛选，截取前 100 个有明确数据的"热词"。

（4）采用专家德尔菲法对该 100 个"热词"进行二次总结和归纳，选择其中词频最高的前 30 个词语，形成四个实践分类及其对应的公共"热词"，每个分类下包含若干下位"热词"，共同构成新时代重要理念相关"热词"体系，如专题表 3-2 所示。

专题表 3-2　新时代重要理念相关"热词"

实践分类	对应公共"热词"	下位"热词"
国家目标与战略愿景	文化强国	民族复兴 新发展理念 中国式现代化 小康社会 新时代 创新型国家 文化建设
文化观念与价值取向	文化自信	文化使命 中华民族 社会主义文化 中华文化 中华文明 传统文化 创造性转化与创新性发展 社会主义核心价值观
国际合作与全球观念	人类文明	一带一路 新型国际关系 全面开放新格局 全球治理观 文化交流 文化出海
政治理论与思想指导	马克思主义	中国特色社会主义 以人民为中心 初心使命 以人为本

2. 与人民日常生活相关的主旋律文化"热词"

本报告认为，主旋律文化与人民日常生活的融合度，能够体现人民文化实践的发展水平。这种融合指的是让主旋律文化成为人们生活的一部分，从而影响和塑造人们的价值观和行为方式。因此，本报告筛选了与人民日常生活相关的主旋律文化相关"热词"。

基于上述考虑，课题组采用了热搜榜数据来分析讨论相关"热词"。

（1）选择有热搜设置的"百度热搜""360热搜""抖音热搜""头条热搜""网易热榜""搜狐新闻热搜"等6个主流大众媒体平台进行数据搜集。

（2）由于各热搜榜的数据长短不一致，但多以30条/日为标准，故本报告连续观测六大平台热搜事件20天，合并处理得到3600条数据，构成原始数据库（见专题表3-3）。为了使每个"热词"覆盖尽量多的内容，课题组采用专家德尔菲法对这3600条数据所对应具体事件进行分类、总结和归纳，按照本部分研究主旨归入三大类，即主旋律文化与人民日常生活结合的三种方式："各种文化形式与载体的传播与融合""文化遗产保护与传承""文化设施与机构的作用"。

专题表3-3　与人民日常生活相关的主旋律文化"热词"的资料来源

单位：条

平台名称	数据量
百度热搜	600
360热搜	600
抖音热搜	600
头条热搜	600
网易热榜	600
搜狐新闻热搜	600
合计	3600

（3）课题组对初筛出的目标词同样通过"百度指数"或"360趋势"免费关键词数据进行有效性筛选，按照前述三大类进行归类。然后，在每一个类别中选择前10个词频最高的词为该类的代表性"热词"。得到的与人民日常生活相关的主旋律文化"热词"如专题表3-4所示。

专题表 3-4　与人民日常生活相关的主旋律文化"热词"	
融合方式	"热词"
各种文化形式与载体的传播与融合	主旋律
	国潮
	数字文化
	中国故事
	文学名著
	文化旅游
	文化节
	文博会
	文化产业
	创意设计
文化遗产保护与传承	非物质文化遗产
	红色文化
	世界文化遗产
	文物保护
	史诗
	古城
	四大发明
	汉字
	中华神话
	黄河文化
文化设施与机构的作用	博物馆
	美术馆
	电影院
	音乐剧
	话剧
	演唱会
	文化公园
	动物园
	文化论坛
	纪念馆

需要说明的是，由于首次开展该项研究，受限于数据可获得性，与人民日常生活相关的主旋律文化"热词"主要来源于对当下人民文化实践热点和焦点领域的回溯，是"以当下观照历史"的研究进路。研究所呈现的是当下较为热门的人民文化实践词语的历史关注变化趋势，并不是对2013~2022 年所有人民文化实践领域的全样本抽样分析。本报告认为，人民文化实践具有相对稳定的延续性，是具有清晰的历史脉络并在当下仍然具有鲜活生命力的实践，是非常值得关注的研究分析对象。

三 热词热度的构建与分析方法

人民文化实践"热词"没有现成的统计数据可以直接使用，暂无统一的测量指标。由于其含有大量即兴、临时或流动性的活动，测量具有难度。同时，受经济、社交媒体等主观性因素的影响，相关数据也难以完成采集。因此，需要我们根据"热词"的数据特征构建相对应的指数测算指标体系。

（一）"热词"测评资料来源

"热词"反映的是具有互联网热度的关键词，对于互联网热度，有多个平台提供相应的指数数据。课题组选择以全网热度来测评"热词"。资料来源包括"学习强国""百度""抖音""头条""微信""360"等国内六大头部互联网传播平台，并以谷歌趋势数据作为海外传播的参考指标进行对比。

1. 以"百度指数"和"360 趋势"数据为基础

在目前国内主要的几个指数平台中，只有"百度指数"和"360 趋势"能够提供自 2011 年以来以历史搜索数据和热门事件为核心的指数数据。因此，本报告以"热词"的"百度指数"或"360 趋势"指数数据为热度计数的基础。如某一"热词"同时拥有"百度指数"和"360 趋势"的数据值，则对两个数据进行加权拟合得到一个指数值。

2. 利用国内头部移动互联网平台的指数数据进行修正

本报告力图避免的互联网平台数据局限性之一，就是每一个平台都有自己特定的用户群体，单一平台数据无法代表网络全貌。作为基础计数的"百度指数"和"360 趋势"正存在这样的两个局限：一是由于各平台相互之间的数据孤立存在，两个平台很难反映其他平台的热度数据，不能代表全部互联网内容；二是从用户习惯上来说，"百度指数"和"360 趋势"的数据更多来源于计算机端（PC 端），对移动互联网用户的数据反映远远不够，而移动互联网恰恰是新时代互联网新增用户的主要来源。

课题组基于移动互联网人口占全部互联网人口数量的比例，根据其他参照平台的数据不同特征，对热度数据进行了修正。"学习强国""抖音""头条""微信"等国内四个移动互联网传播平台都推出了自己的关键词指数，从中可找到某一"热词"在过去一段时间反映关注度和影响力的指数数据，不同平台的时间跨度亦不一致。本报告主要以热搜事件在各平台的指数值对相关"热词"进行加权修正。数据指标如专题表 3-5 所示。

专题表 3-5 "热词"的移动互联网数据修正指标体系	
平台名称	数据指标
学习强国	一级平台文章数量
微信	微信指数实时值
	微信指数 24 小时值
	7 日内首发文章阅读量
	7 日内首发文章点赞量
抖音	抖音指数实时值
	抖音指数 24 小时值
	7 日内首发短视频点赞量
头条	头条指数实时值
	头条指数 24 小时值
	7 日内首发文章点赞量

3. 以谷歌趋势数据作为海外传播参考指标

反映全球互联网数据情况的谷歌趋势（Google Trends）会分析一部分网络搜索数据，用以计算用户输入的字词被搜索次数，并将其与谷歌上随时间推移形成的搜索总量相比较。本报告将相关"热词"的谷歌趋势也作为重要资料来源进行指数的加权计算。

（二）热词热度指标体系

根据网络热词热度的数据来源特征，本报告建构的指标体系主要包括指向数据来源的指标体系和各指标对应的权重。

1. 指标体系

（1）本报告中"热词"的提取，来源于文化领域的相关政策文件、重要讲话、媒体文章和热搜事件等，因此所有得到的"热词"均被视为文化领域的高相关度词。

（2）某一高相关度词自 2013 年 1 月 1 日至 2022 年 12 月 31 日的年度平均热度数据，以"百度指数"或"360 趋势"为主。

（3）本报告关注到观测时间段内（2013~2022 年）中国互联网用户向移动互联网用户的迁移趋势，利用主要移动互联网媒体平台的指数和关注量、点击量、评价数、点赞数等评价数据对热词热度进行修正。

（4）本报告采用专家德尔菲法确定"热词"的上下位关系，并根据实际情况赋予各数据指标权重。

（5）本报告引入谷歌趋势数据作为"热词"的海外传播参考数据（见专题表 3-6）。

专题表 3-6　网络热词热度指标模块及资料来源

指标模块	数据源
"热词"的年度平均数据	学习强国
	百度
"热词"的热搜相关数据	360
	微信
"热词"的互联网用户数量变化修正数据	抖音
	头条
"热词"的专家德尔菲数据	谷歌趋势

2. 各指标权重确定

本报告采用专家德尔菲法和层次分析法对各数据指标进行赋权。课题组采用层次分析法把复杂问题分解成各个组成元素，按支配关系将这些元素分组、分层，形成有序的递阶层次结构，在此基础上通过两两比较方式判断各层次中诸元素的重要性，最后利用判断矩阵，确定诸元素在决策中的权重。具体实施方式如下。

（1）组成专家小组。按照"热词"所涉及的知识领域，确定专家。同时，为保证研究的科学性，专家的背景通常需要具有一定的综合性。根据本报告所需，专家背景如下：

文化学者、文化产业专家与区域文化专家；

政府文化职能部门的职能领导和业务骨干；

文化产业领域知名企业主要负责人。

（2）向所有专家提出"热词"需要测评的指标及有关要求，并附上有关该指标的已掌握背景材料，同时鼓励专家提出还需要定制化的材料需求，并根据专家的要求持续完善指标系统。

（3）各个专家根据他们所收到的材料，提出自己的测评结果，说明自己是怎样利用这些材料并提出权重赋值的。

（4）将各位专家第一次判断意见汇总，列成图表进行对比并二次分发，让每位专家比较自己同他人意见的异同，修改自己的赋值。

（5）将所有专家的修改意见收集起来，汇总，再次分发给各位专家，以便作第二次修改。这一过程重复进行，直到每一个专家不再改变自己的意见为止，并最终形成测算结果。在本报告经过三轮收集意见和反馈后，各位专家的测评结果已趋近一致。

（三）热词热度拟合方法

"热词"的资料来源于多个平台，且计算口径和输出单位都不一致，需要进行必要的数据处理后再加权拟合，同时需要将移动互联网平台的指数数据转化为系数对网络热词热度进行科学修正。

1. 各平台数据无量纲化

对于多指标综合评价体系，在处理不同性质的指标值时，就要涉及指标的无量纲化（也称数据的标准化，即通过数学变换来消除原始变量量纲影响），以便指标之间展开比较。本报告采用了较为普遍的无量纲化处理方法——log 函数标准化法。经去量纲后，消除了量纲和数量级影响。

2. 数据加权汇总公式

$$H_i = \sum_{i,j} \left[\log\left(O_i + P_i + \cdots + Z_i\right) \times W_j \right] \times E$$

无量纲化原始数据：$N_i = \log\left(O_i + P_i + \cdots + Z_i\right)$

对每一个处理过的观测值进行加权求和：$M_i = \sum_{i,j}(N_i \times W_j)$

将求和结果乘以经验系数得出最终的指数值：$H_i = M_i \times E$

说明：

i：用来标识每一个"热词"；

H_i：某"热词"的指数值；

$O_i + P_i + \cdots + Z_i$：多个指数和原始数据的初始值；

W_j：权重；

E：基于互联网平台数据的"热词"修正系数。

四　从数据中发现的人民文化实践发展启示

中国共产党根基在人民、血脉在人民。坚持以人民为中心的发展思想，体现了党的理想信念、性质宗旨、初心使命，也是对党的奋斗历程和实践经验的深刻总结。习近平新时代中国特色社会主义思想源于人民的智慧、人民的探索、人民的创造。党的十八大以来，在习近平文化思想的引领下，我国在人民文化实践方面所取得的显著成就，生动地体现了"以人民为中心""增进人民群众在文化上的获得感和满意度，提升人民群众在文化上的创造力和精神力量"的文化发展宗旨。

党的十八大以来，国家目标愿景、文化价值、全球观念、思想理论方面的新时代重要理念都得到民众认可，热度逐年攀升。网络热词热度同样显示，主旋律文化通过各种文化载体的传播、文化遗产保护传承、文化设施机构等与人民的日常生活有机融合，成为新媒介条件下人民文化实践的一项重要特征。网络热词热度充分显示了中国的文化发展深深植根于中华优秀传统文化，历史上人民自己创造的形式多样的文化表现形式深受民众欢迎，这恰恰是"以人民为中心"这一文化发展理念最为生动的呈现。

（一）民众对新时代重要文化理念的认可总体呈现日益上升的发展态势

围绕新时代以来的各种理念与目标，课题组依据以下标准，甄选了四组"热词"，根据数据初筛结果确定了每一类对应的公共"热词"及下位"热词"。

1. "国家目标与战略愿景"网络热词热度分析

代表性关键词的选择兼顾了国家整体发展的目标战略与国家文化发展的目标战略，以"文化强国"作为公共"热词"，其下位"热词"为"民族复兴""新发展理念""中国式现代化""小康社会""新时代""创新型国家""文化建设"等，最终得出指数数据如专题表 3-7、专题图 3-1 所示。

热词	2013 年	2014 年	2015 年	2016 年	2017 年	2018 年	2019 年	2020 年	2021 年	2022 年
专题表 3-7 "国家目标与战略愿景"相关网络热词热度										
文化强国	245.79	214.92	220.68	235.79	232.22	241.66	240.14	247.86	264.05	266.09
民族复兴	117.26	112.29	98.19	111.89	116.57	117.83	155.90	179.66	220.24	220.33
新发展理念	0.00	0.00	0.00	0.00	0.00	281.76	297.77	311.23	332.61	349.83
中国式现代化	0.00	0.00	0.00	0.00	0.00	0.00	0.00	0.00	0.00	349.83
小康社会	244.87	226.25	257.29	250.92	263.55	259.88	264.44	279.59	296.28	277.89
新时代	288.20	294.10	293.85	299.56	294.74	319.59	318.84	317.87	326.51	325.16
创新型国家	223.55	217.90	225.29	227.65	237.66	243.30	237.47	245.18	238.92	264.44
文化建设	257.29	253.28	256.47	257.52	260.96	261.60	259.99	263.14	261.49	261.38

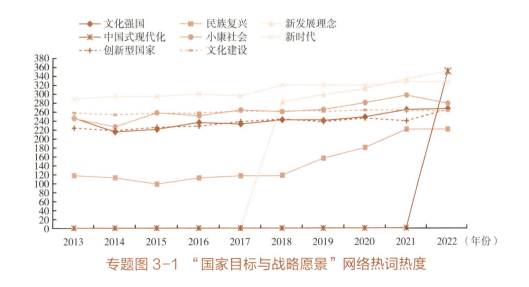

专题图 3-1 "国家目标与战略愿景"网络热词热度

"文化强国"在2011年被提出以后，在网络上保持着一定的关注度，热度稳中有升，随着建设"社会主义文化强国"发展口号的提出，并在党的十九届五中全会首次明确了建成文化强国的具体时间表，为建成文化强国提供了行动指南，为我们深刻认识新时代文化建设新使命、创造中华文化新辉煌明确了前进方向。自此，"文化强国"一词在民众当中的关注热度持续稳定在较高的水平。

"新发展理念"和"中国式现代化"自提出以来迅速在网络上形成了显著热度。"新发展理念"强调必须充分认识、深刻把握文化建设在全面建成小康社会中的重要意义，深刻认识文化建设是发展中国特色社会主义的内在要求，文化繁荣发展是衡量民生改善程度及社会幸福指数的重要指标，文化建设为经济社会发展提供了良好氛围和深厚土壤。"热词"的数据显示出新发展理念在文化领域得到了很好的贯彻。党的二十大报告提出了"中国式现代化"的发展要求，并强调要大力发展社会主义先进文化。文化是现代化内涵中更远渊源、更深层次、更宽领域的部分，是更本质、更浑厚、更耐久的构件。中国式现代化必然遵循中华文化的逻辑规定，体现中华文化的身份标志，汲取中华文化的精神力量，从而成为一种开创人类历史新境界的文明形态。

"民族复兴""小康社会""新时代""创新型国家""文化建设"等词的热度在十年中略有起伏，但总体都有增长，尤其"民族复兴"的热度增长了87.9%，说明有关民族、有关经济社会发展、有关国家整体进步等相关的人民文化实践，在提升民族自信、让人民对国家发展与民族复兴充满积极态度等方面起到了显著的引导作用。其他热词的热度也说明在国家经济规模、综合实力、社会治理能力等稳步提升的基础上，国家文化建设正在步入精细化的发展阶段，对人民文化实践的总体要求和战略举措日益进入更为具体和细化的发展格局。

2. "文化观念与价值取向"网络热词热度分析

关键词选取兼顾了民众的文化观念与国家在文化建设上的价值取向。这一组包括公共"热词""文化自信"及其下位"热词""文化使命""中华民族""社会主义文化""中华文化""中华文明""传统文化""创造性转化与创新性发展""社会主义核心价值观"等。网络热词热度见专题表 3-8、专题图 3-2。

专题表 3-8 "文化观念与价值取向"相关网络热词热度									
热词	2013 年	2014 年	2015 年	2016 年	2017 年	2018 年	2019 年	2020 年	2021 年	2022 年
文化自信	212.39	232.43	224.05	306.15	333.97	325.94	336.02	333.16	337.80	344.06
文化使命	219.31	229.45	240.82	244.56	255.14	257.63	266.84	269.02	272.51	276.27
中华民族	261.91	273.08	274.51	278.53	292.58	292.94	305.61	312.65	294.74	304.53
社会主义文化	254.03	259.99	261.91	264.15	268.93	272.18	274.04	277.60	278.03	280.00
中华文化	262.43	271.26	275.97	277.52	277.89	282.02	277.01	278.39	283.95	286.63
中华文明	239.45	242.49	243.14	239.62	245.64	249.83	252.11	243.78	259.99	258.77
传统文化	300.95	321.27	320.09	318.04	324.40	309.80	313.26	313.55	322.99	327.46
创造性转化与创新性发展	249.97	257.86	265.80	271.85	276.42	280.41	285.06	290.42	294.50	297.03
社会主义核心价值观	315.20	419.90	426.76	424.22	367.37	450.72	452.58	451.97	448.96	436.20

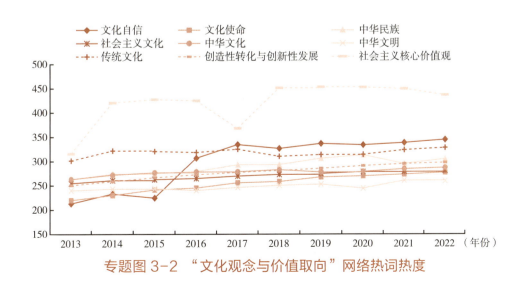

专题图 3-2 "文化观念与价值取向"网络热词热度

"文化自信"一词的热度在 2016 年陡升，并持续保持在一个较高的位置。这与 2016 年 7 月 1 日习近平总书记在庆祝中国共产党成立 95 周年大会上明确提出中国共产党人"坚持不忘初心、继续前进"，就要坚持"四个自信"即"中国特色社会主义道路自信、理论自信、制度自信、文化自信"①所引起的全社会广泛关注密切相关。文化自信是对中国特色社会主义文化先进性的自信。坚持文化自信就是要激发党和人民对中华优秀传统文化的历史自豪感，在全社会形成对社会主义核心价值观的普遍共识和价值认同。其网络热词热度表明，党中央对文化自信一以贯之的坚持，已经在人民文化实践中取得较为显著的成果，引起了民众对文化自信相关理论阐释的持续关注。

"中华民族"热度趋势的高位上扬，说明以中华民族为核心的人民文化实践正在成为文化建设越来越重要的内容。"中华文化""中华文明""社会主义文化""传统文化""创造性转化与创新性发展"等热词 10 年以来保持整体上升的变化趋势，说明了我国的人民文化实践是以根植于中华民族的深厚文化积淀为重心的。"中华文明源远流长、博大精深，是中华民族独特的精神标识，是当代中国文化的根基，是维系全世界华人的精神纽带，也是中国文化创新的宝藏。"②党的十八大以来，习近平总书记深刻把握新时代历史方位，以坚定的文化自觉、宏阔的历史视野、深远的战略考量，就文化建设提出了一系列新理念、新思想、新战略，坚持把马克思主义基本原理同中国具体实际相结合、同中华优秀传统文化相结合，引领推动中华优秀传统文化创造性转化、创新性发展，在波澜壮阔的伟大实践中，以时代

---

① 习近平：《在庆祝中国共产党成立 95 周年大会上的讲话》，《人民日报》2016 年 7 月 2 日，第 1 版。
② 《习近平在中共中央政治局第三十九次集体学习时强调——把中国文明历史研究引向深入 推动增强历史自觉坚定文化自信》，《人民日报》2022 年 5 月 29 日，第 1 版。

精神激活中华优秀传统文化的生命力，铸就中华文化新的辉煌。

3."国际合作与全球观念"网络热词热度分析

这一组关键词包括公共"热词""人类文明"及其下位"热词""一带一路""新型国际关系""全面开放新格局""全球治理观""文化交流""文化出海"等。其中，"一带一路"提出于 2013 年，"新型国际关系"提出于 2015 年，"全面开放新格局""全球治理观"提出于 2017 年（见专题表 3-9、专题图 3-3）。

专题表 3-9 "国际合作与全球观念"相关网络热词热度									
热词	2013 年	2014 年	2015 年	2016 年	2017 年	2018 年	2019 年	2020 年	2021 年	2022 年
人类文明	224.55	235.22	238.02	235.02	235.41	240.14	254.41	256.35	250.79	248.57
"一带一路"	0.00	341.13	394.48	394.96	407.48	379.78	402.76	363.70	385.08	374.32
新型国际关系	0.00	0.00	219.31	225.29	240.82	244.25	256.35	259.11	263.45	268.03
全面开放新格局	0.00	0.00	0.00	0.00	287.10	287.51	301.62	309.27	289.54	300.43
全球治理观	0.00	0.00	0.00	0.00	258.99	263.04	265.32	269.64	270.16	272.51
文化交流	217.03	222.01	223.04	217.32	226.95	233.24	236.55	224.05	247.42	245.79
文化出海	219.31	225.04	239.27	256.47	265.22	272.18	279.31	288.82	292.01	295.47

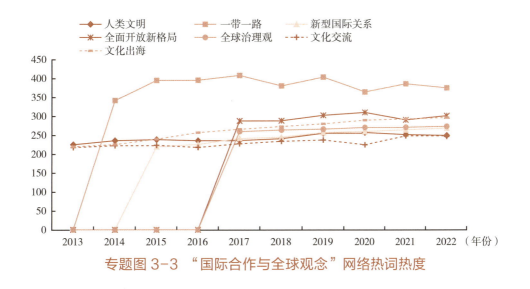

专题图 3-3 "国际合作与全球观念"网络热词热度

由于本组其他词提出较晚，热度指数以几个关键节点为界，可分为不同的时间阶段。

"人类文明""文化交流""文化出海"是出现时间相对较早且持续获得关注的三个热词。近年来，习近平总书记对探寻中华文明起源多次作出重要指示，关于人类文明和中华文明的人民文化实践热度也随之有了较为明显的上升。对中华文明探源这一重大工程的关注，蕴含着习近平总书记对推动文化繁荣、建设文化强国、建设中华民族现代文明的深刻思考。他强调："一个民族、一个国家，必须知道自己是谁，是从哪里来的，要到哪里去，想明白了、想对了，就要坚定不移朝着目标前进。"[1] 新时代以来，中华文明探源工程为认识中华文明突出的连续性提供了科学依据，为增强历史自觉、坚定文化自信提供了坚强支撑。在推动讲好中国故事、传播好中国声音，加强文明交流互鉴的大背景下，"文化交流"和"文化出海"也保持着较为稳定的热度。习近平总书记曾指出，要向全世界讲好中国历史故事，"要运用我国考古成果和历史研究成果，通过对外宣传、交流研讨等方式，向国际社会展示博大精深的中华文明，讲清楚中华文明的灿烂成就和对人类文明的重大贡献，让世界了解中国历史、了解中华民族精神，从而不断加深对当今中国的认知和理解，营造良好国际舆论氛围"。[2]

课题组同时根据数据可达程度，对 2014~2022 年"一带一路"（The Belt and Road Initiative）在英文互联网的热度进行了密切追踪（见专题图 3-4）。

---

[1] 习近平：《青年要自觉践行社会主义核心价值观——在北京大学师生座谈会上的讲话（2014年5月4日）》，《人民日报》2014年5月5日。

[2] 习近平：《建设中国特色中国风格中国气派的考古学 更好认识源远流长博大精深的中华文明》，《求是》2020年第23期。

专题图 3-4 "一带一路"英文网络"热词"指数趋势变化曲线

从专题图 3-4 可以看出，与国内网络语境不同，在英文网络中我们文化理念的传播力与国际政治、经济发展关系更为密切。"一带一路"倡议的提出，在国际上产生较大影响。然而，自 2019 年以来，尤其是 2020 年以来受国际局势剧烈变化、新冠疫情影响，这一"热词"热度指数出现明显下降，与国内该指数趋势大体上保持一致。

4."政治理论与思想指导"网络热词热度分析

这一组关键词包括公共"热词""马克思主义"及其相关"热词""中国特色社会主义""以人民为中心""初心使命""以人为本"。网络热词热度测算如专题表 3-10、专题图 3-5 所示。

专题表 3-10 "政治理论与思想指导"相关网络热词热度

热词	2013 年	2014 年	2015 年	2016 年	2017 年	2018 年	2019 年	2020 年	2021 年	2022 年
马克思主义	310.65	313.16	317.52	315.72	321.11	333.49	336.68	353.21	375.94	378.98
中国特色社会主义	301.75	300.86	308.46	341.65	343.68	335.79	341.25	342.24	355.52	374.20
以人民为中心	270.33	267.30	273.00	270.33	272.84	277.01	283.44	295.62	295.09	298.14
初心使命	292.48	291.38	300.65	338.18	340.38	331.81	337.75	338.83	353.03	372.60
以人为本	278.18	275.66	280.41	278.18	280.28	283.82	289.38	300.17	299.69	302.45

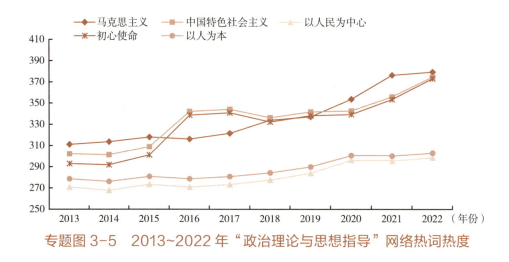

专题图 3-5 2013~2022 年"政治理论与思想指导"网络热词热度

"马克思主义"与"中国特色社会主义"在中国网络平台的热度显示出明显的同步性，近年来在 6 个平台都显示出强劲的增长势头。这与当代中国正在经历人类历史上最为宏大而独特的实践创新、与大力推进马克思主义中国化时代化的努力密切相关。新时代以来，习近平总书记提出了一系列标志性概念，例如，新发展理念、中国式现代化理论、"两个结合"、"六个必须坚持"等，习近平新时代中国特色社会主义思想不断丰富发展，构成科学体系，以原创性贡献标注了马克思主义发展的新高度，在这个背景下，"马克思主义"这样抽象的理论概念才成为从中央到民众都热捧的词语。

"以人民为中心"和"以人为本"则反映出党的二十大报告关于"坚持以人民为中心的创作导向，推出更多增强人民精神力量的优秀作品"的要求一直以来在民众当中引发的共鸣。这为我们深刻把握和更好践行"以人民为中心"的文化发展理念，繁荣发展文化事业和文化产业，满足人民日益增长的精神文化需求，提供了遵循，指明了方向。人民是推动历史前进的真正动力，是历史的主人。人民的意愿、人民的思想、人民的艺术创造和文化创新，永远是我们伟大时代的主旋律。新时代新征程，以人民为中心的文化建设，就是要真正关注人民，他们既是文化发展的推动者，也是发展动力的来源。一方面，发展文化要满足人民的精神文化需求，创造的文化成果由人民来共享，由人民来作评判者和鉴赏家；另一方面，要从古今中外人民的精神花园里吸收养分，广泛地采集"花粉"，要关注人民直接创造的丰富多彩的精神文化成果，并且把它们作为文化创作取之不竭的灵感和素材来源。

（二）主旋律文化深入人心，与日常生活有机融合形成新时代高品质文化生活

人民的生产生活是文化创作取之不竭的灵感和素材来源。人民既是文化发展的推动者，也是文化发展动力的来源。创造的文化成果由人民来共享，是社会主义文化建设的题中应有之义，能有效激发人民群众进一步参与文化建设事业的热情。

1. "各种文化形式与载体的传播与融合"网络热词热度分析

该类型关键词组的公共"热词"为"主旋律""国潮""数字文化""中国故事""文学名著""文化旅游""文化节""文博会""文化产业""创意设计"等 10 个。网络热词热度见专题表 3-11、专题图 3-6。

热词	2013 年	2014 年	2015 年	2016 年	2017 年	2018 年	2019 年	2020 年	2021 年	2022 年
主旋律	258.66	246.24	239.45	234.83	241.83	234.83	238.56	237.11	242.32	246.09
国潮	0.00	0.00	0.00	0.00	0.00	269.37	303.98	306.07	312.97	298.90
数字文化	258.99	265.42	272.26	280.55	286.03	291.33	296.85	302.90	305.50	309.27
中国故事	245.18	248.57	244.56	260.21	249.14	258.77	256.47	261.38	261.38	266.28
文学名著	266.75	262.43	273.32	272.35	269.46	260.53	246.09	233.45	228.10	229.67
文化旅游	225.04	228.56	233.24	237.66	242.98	245.33	243.30	240.31	240.31	237.66
文化节	226.25	225.53	225.77	224.80	226.95	222.79	219.87	218.47	218.47	217.61
文博会	256.70	256.58	256.47	269.98	255.75	255.75	254.65	236.17	234.64	227.18

专题表 3-11 "各种文化形式与载体的传播与融合"相关网络热词热度

续表

热词	2013年	2014年	2015年	2016年	2017年	2018年	2019年	2020年	2021年	2022年
文化产业	280.82	280.28	283.95	279.03	278.10	270.33	267.39	266.09	263.14	260.21
创意设计	288.25	299.91	306.93	293.40	283.38	264.44	251.98	255.39	267.76	253.15

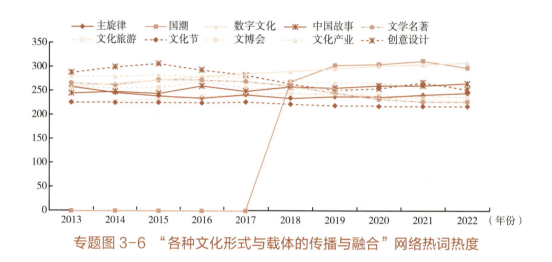

专题图3-6　"各种文化形式与载体的传播与融合"网络热词热度

　　"国潮"与"数字文化"明显有着其他文化形式所不具备的优势。伴随着故宫文创的火爆，国潮以一种流行的形式让年轻一代更好地理解和接受本土文化。2018年被称为"国潮元年"，网络热度指数的确也显示出与"国潮"强关联的各网络"热词"，其数据也是在2018年才开始出现可检测热度的。而且在2018年以后，"国潮"网络热度的增长非常迅速，由于国潮与互联网用户中活跃度较高的中青年群体联系更密切，因此相关热度不仅增长快，数据量也更为庞大。"数字文化"在近年来深受关注是全球的普遍趋势。尤其是2020年以来，数字技术在文化领域的应用加速了。

　　"主旋律"热词本身的指数变化相对比较稳定，这与我国一直以来人民群众文化生活习惯有较为直接的关系。近年来，一大批优秀的主旋律作品通过内容和形式创新实现了破圈传播，在坚持正面导向的前提下，创作手法也发生了巨大改变，受到大众青睐。主旋律影视作品的受众面逐渐扩大，其所承载的主流价值理念也深入人心，这为"主旋律""热词"的稳定提供了较为坚实的流量基础。

"中国故事""文化旅游"热度整体有所上升。相比之下，代表着传统载体形式的"文学名著""文化节""文博会""文化产业"等热度变化则稍显疲态，其关注度呈现缓慢下降的趋势。这对于传统形态的文化实践提出了内容创新和形式创新的时代要求。当前传统文化行业主要呈现发展速度减缓、产业内部出现重大结构性变化，导致生产效率不高、跟不上文化消费市场结构快速转型变化等明显问题。《中华人民共和国国民经济和社会发展第十四个五年规划和 2035 年远景目标纲要》明确提出，要实施文化产业数字化战略，加快发展新型文化企业、文化业态、文化消费模式，壮大数字创意、网络视听、数字出版、数字娱乐、线上演播等产业。此后，中共中央、国务院印发的《数字中国建设整体布局规划》，进一步强调了这一发展理念，整体上从国民经济全局谋划层面和长期规划维度，确定了发展文化新业态的战略意图。随着国家文化数字化战略的深入实施，以数字化、网络化、智能化为主要特征的文化新业态正在快速发展，不仅进一步丰富了大众的精神文化生活、增强了人们的文化幸福感，也深刻改变着文化的生产、传播和消费方式，为文化产业的转型升级和结构优化注入新活力，成为推动我国文化产业高质量发展的重要支撑。未来，可能出现全新的概念取代代表传统业态的"热词"，以指代前所未有的产品创新、技术创新、业态创新、模式创新等。

2. "文化遗产保护与传承"网络热词热度分析

该组关键词包括"非物质文化遗产""红色文化""世界文化遗产""文物保护""史诗""古城""四大发明""汉字""中华神话""黄河文化"等10个"热词"。网络热词热度分析如专题表 3–12、专题图 3–7 所示。

热词	2013年	2014年	2015年	2016年	2017年	2018年	2019年	2020年	2021年	2022年
专题表 3-12 "文化遗产保护与传承"相关网络热词热度										
非物质文化遗产	276.64	279.03	289.87	296.94	303.62	308.96	309.76	306.78	310.35	312.16
红色文化	222.53	228.10	235.41	241.33	248.29	260.85	275.89	278.03	299.65	294.74
世界文化遗产	264.25	267.02	274.04	271.93	273.40	272.18	273.88	286.57	289.98	297.31
文物保护	219.87	218.47	221.75	222.27	227.42	231.18	228.33	227.18	226.95	226.95
史诗	263.25	262.01	266.18	267.85	264.15	262.32	263.75	264.05	269.90	268.93
古城	282.93	286.98	290.36	289.54	288.20	285.13	287.39	283.82	285.06	279.73
四大发明	325.53	322.58	323.50	321.06	344.26	343.39	346.48	351.24	359.69	364.88
汉字	303.94	310.24	312.35	308.96	316.82	312.06	311.03	315.69	313.74	312.52
中华神话	344.25	359.34	372.22	416.23	375.80	411.78	421.92	392.09	394.08	411.62
黄河文化	211.73	206.82	210.38	210.72	213.03	214.92	218.47	242.16	238.92	246.24

专题图 3-7 "文化遗产保护与传承"网络热词热度

"非物质文化遗产"（以下简称"非遗"）和"红色文化"在过去10年中，都保持着稳定的较高热度，两者在近5年的增长，有着相似的原因。"非遗"中一些有影响力的项目是在近年才被纳入其中的，如"茶""二十四节气"等，而"红色文化"的热度则随着建党100周年等时政事件得以推高。同时，两个词都因为近几年中国文化强国目标和时间表的确定，以及对于优秀传统文化的传承发展的呼吁和引导，在互联网上获得了全面积极的回应。同为文化遗产，"世界文化遗产"在近三年的热度指数也总体上升，显示出互联网与数字技术的加速应用带给线下文旅行业的变化。尽管世界文化遗产的线下参观者数量在全球都因为新冠疫情影响大幅下降，游客却能在互联网上云游，享受各类相关数字产品，购买实物文创衍生品，使包括"世界文化遗产"在内的线下旅游目的地也能在网络上保持较高热度。

对"红色文化"的关注度近年来有较为显著的增长。随着其逐渐大众化、常态化，红色文化获得了越来越多年轻群体的主动拥抱。红色景点、红色主题展、红色舞剧、红色戏曲等，已成为主流"打卡"项目，"红色文化"持续圈粉。一些制作精良的影视剧进一步推高了红色文化相关实践的关注度和参与度，红色文化早已从最基础的文字、展板、绘画、物品，升级为小视频、小剧场、故事会，甚至是动画、微电影、电影、电视剧、舞剧、话剧等。近年来，因数字科技的发展以及VR等技术设备的加持，红色文化更以多样化和智慧化的新面貌，将那些有时间跨度、历史厚度和现实深度的人物、故事带给大家，潜移默化地影响着每一个人。

黄河文化是中华文明的重要组成部分，是中华民族的根和魂。2019年9月，习近平总书记在河南考察时，强调要深入挖掘黄河文化蕴含的时代价值，讲好"黄河故事"，延续历史文脉，坚定文化自信，为实现中华民族伟大复兴的中国梦凝聚精神力量。[1] 随着黄河沿线城市对黄河文化保护传承弘

---

① 习近平：《共同抓好大保护协同推进大治理 让黄河成为造福人民的幸福河》，《人民日报》2019年9月20日，第1版。

扬的重视，相关的实践越来越得到民众的认可与参与。

代表着中华文明的"中华神话""四大发明""汉字"等热度趋势的变化显示出代表中华文明的核心元素在文化实践中的彰显度越来越高。面对西方资本与各种文化、思潮的强力冲击，无论是学界还是民众、政府都始终存在保护、复兴优秀传统文化的强烈愿望和推动力量，近年来，这种保护和复兴又被提升到增强民族自信的高度，因此整个社会都对相关问题有着很高的关注度。可以说，探索中华文明起源、中华优秀传统文化的"两创"有着超出一般学术意义的更深层的需要。

3."文化设施与机构的作用"网络热词热度分析

该组"热词"包括"博物馆""美术馆""电影院""音乐剧""话剧""演唱会""文化公园""动物园""文化论坛""纪念馆"等10个"热词"。相关指数如专题表3-13、专题图3-8所示。

专题表3-13 "文化设施与机构的作用"相关网络热词热度

热词	2013年	2014年	2015年	2016年	2017年	2018年	2019年	2020年	2021年	2022年
博物馆	299.17	305.08	319.70	316.82	315.90	315.96	315.47	312.02	314.92	314.43
美术馆	261.07	262.43	269.98	265.71	262.53	264.25	263.14	258.43	261.70	256.58
电影院	369.34	364.84	374.57	368.23	348.14	348.73	353.57	347.97	344.86	307.59
音乐剧	290.04	289.87	293.20	291.38	290.25	290.25	301.75	291.49	290.63	291.65
话剧	315.20	316.52	318.81	312.39	311.89	306.78	305.88	294.84	297.31	294.15
演唱会	336.98	336.85	337.14	336.10	330.64	330.86	342.60	296.94	298.41	289.15
文化公园	235.22	244.56	247.13	246.83	243.78	242.49	237.11	230.75	230.96	228.33
动物园	318.21	326.72	331.39	336.19	335.35	333.28	322.35	323.30	320.49	317.41
文化论坛	196.85	186.92	183.25	173.24	174.82	174.04	169.02	155.63	144.72	159.11
纪念馆	223.30	225.53	226.48	226.01	225.77	229.67	234.24	234.83	243.78	237.47

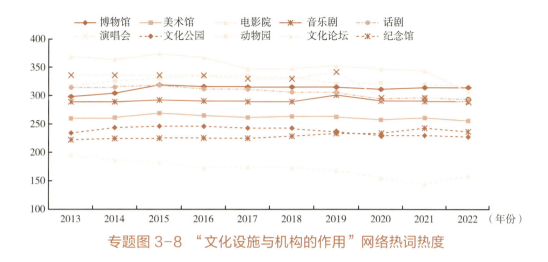

专题图 3-8 "文化设施与机构的作用"网络热词热度

　　"博物馆""美术馆""音乐剧""话剧""文化公园""动物园""纪念馆"等"热词"在过去 10 年均保持着较为稳定的关注度。这些"热词"所代表的各类文化机构或文化设施让文化活动深入公众的日常生活，为中华文化的展示和传播提供了平台。"博物馆"热度在 2015 年跃升到了一个新高度并能保持，与近年来博物馆展陈内容和形式的不断创新息息相关。习近平总书记指出，"让收藏在博物馆里的文物、陈列在广阔大地上的遗产、书写在古籍里的文字都活起来"[①]。各地博物馆在加强文物保护利用和文化遗产保护传承的基础上，注重文物价值的挖掘阐释，力求讲好中国故事，让文物活起来。国内多个博物馆文创和数字化交互装置的兴起，让博物馆重新得到年轻群体的喜爱和追捧。博物馆作为传承和保护人类文明的重要殿堂，在推进中华优秀传统文化创造性转化和创新性发展方面具有独特作用。

　　"电影院"、"演唱会"和"文化论坛"热度在 2019 年以后呈现大幅下滑的趋势。究其原因可能是近几年的社会生活改变了电影院和演唱会等文

---

① 习近平:《建设中国特色中国风格中国气派的考古学 更好认识源远流长博大精深的中华文明》,《求是》2020 年第 23 期。

化活动的实践方式，网络大电影、线上演唱会等新业态的出现是对传统业态的重要补充。

（三）热词热度映射下新时代人民文化实践的新变化

热词热度源于相对应的人民文化实践在互联网的热度，集中反映了一段时期内人民文化实践的焦点与亮点。热词热度依托互联网数据对人民文化实践实现了初步的量化评价，对于在更高维度和更深层次把握人民文化实践的时代性和主体性有着非常重要的意义。

1. 文化实践"大词"的数据可得性说明了人民群众对习近平文化思想的认可

与"新时代重要理念"相关的"热词"主要来源于政策文件、领导讲话和官方媒体文章，这些内容通常都不会指向非常具体的文化实践，然而这些"大词""泛词"却能在"百度指数""360 趋势"等面向大众的信息获取平台成为关键检索词并形成数据积累，本身就说明了这些重要理念正在通过文化实践深入人心，成为人们日常生活很重要的组成部分。由此也进一步说明了人民是历史的创造者和见证者，是当之无愧的历史书写者与主角，也是文化强国建设的主要依靠力量。中国特色社会主义文化由人民创造并且服务于人民，在价值导向上坚定地以人民为中心。

2. 人民文化实践在诸多领域取得突出成就并呈现生机勃勃的多元发展格局

大众新文艺领域的变革。在当今的社会中，新文艺领域已经迅速适应全媒体传播环境，并对中国特色社会主义新时代产生了深远的影响。比如，网络文学和类型小说的兴盛映射出人民的巨大创造力；影视作品则开始更加深入地探索文化自觉，从纯娱乐转向更有深度的主流化发展。这其中，"新国潮"成为传统文化与消费时尚的结合标志。

民间文化事业的繁荣。过去 10 多年，戏曲、曲艺、杂技等传统艺术都获得了新的发展机会，通过将传统艺术形式与现代价值观相融合，诞生了各种创新的艺术内容和形式。在这一过程中，地方文化也得到了飞速发展。由政府、开发者、学校和研究机构共同推动，地方文化产业体系日渐形成。

新媒介文化的崛起。新媒介文化如"抖音""快手""B 站"等，已经在大众中产生了广泛影响。它们为大众提供了自由创作和自我展示的平台，提供了进一步凸显文化主体性的机会。尤其值得注意的是，中国的动漫和游戏产业不仅在市场上取得了巨大成功，还与传统文化产生了有机融合，为青少年搭建了文化交流的平台。

民族民间文化的传承与创新。在优秀传统文化传承和创新中，民族民间文化起到了核心作用，文创和新媒体为这一过程注入了新的活力。这不仅有助于铸牢中华民族共同体意识，而且在乡村振兴等方面也起到了积极作用。

3. 人民文化实践是人民群众从文化接受者向创造者传播者转变的重要途径

热词热度是互联网思维在人民文化实践中的生动体现。"互联网+"从内涵上看，是通过新一代信息技术与数字化、智能化平台，将互联网通信技术与不同行业进行深度融合的过程，同时也是通过技术创新、模式创新形成产业发展的新业态，继而推动社会资源集成优化的过程。互联网经济具有生产消费信息化、业态界限模糊化、市场主体多元化、销售网络平台化与市场驱动终端化的特征，意味着参与到互联网的主体既是消费者，同时也是生产者，这与人民文化实践的本质要求是一脉相承的。

专题报告四

北京全国文化中心建设
发展报告

北京全国文化中心建设
发展报告

序　言

　　党的十八大以来，习近平总书记11次视察北京、21次对北京发表重要讲话，深刻回答了"建设一个什么样的首都、怎样建设首都"这一重大时代课题。2023年9月14日，习近平总书记向2023北京文化论坛致贺信指出，"北京历史悠久，文脉绵长，是中华文明连续性、创新性、统一性、包容性、和平性的有力见证"。[①]2014年，习近平总书记考察北京时要求，明确城市战略定位，坚持和强化首都全国政治中心、文化中心、国际交往中心、科技创新中心的核心功能，努力把北京建设成为国际一流的和谐宜居之都。建设全国文化中心，是以习近平同志为核心的党中央赋予北京的重要职责，在建设中华民族现代文明和社会主义文化强国中承担着重要使命。

　　习近平总书记高度重视首都文化建设，从历史文化名城保护到城市副中心文化建设，从赓续红色血脉到培养时代新人，从讲好冬奥故事到推

---

① 《习近平向2023北京文化论坛致贺信》，《人民日报》2023年9月15日，第1版。

动文明交流互鉴，对建设全国文化中心作出系统阐述，既深刻回答怎样建设首都这一重大时代课题，又有力指导新时代文化建设，构成习近平文化思想的有机组成部分，为担负起首都新的文化使命提供了根本遵循和行动指南。

北京市坚持以习近平新时代中国特色社会主义思想为指导，深入学习贯彻习近平文化思想，坚持高位推进，成立由市委主要领导挂帅、市委宣传部牵头、市委市政府相关部门共同参与的推进全国文化中心建设领导小组。坚持规划引领，以首善标准为全国文化中心建设搭梁立柱。立足建设伟大社会主义祖国的首都、迈向中华民族伟大复兴的大国首都、国际一流和谐宜居之都，创新推出《北京市推进全国文化中心建设中长期规划（2019年—2035年）》。聚焦源远流长的古都文化、丰富厚重的红色文化、特色鲜明的京味文化、蓬勃兴起的创新文化，以"一核一城三带两区"为框架，即坚持以社会主义核心价值观引领文化建设，以历史文化名城保护为根基，以大运河文化带、长城文化带、西山永定河文化带为抓手，推动公共文化服务体系示范区和文化产业发展引领区建设，充分发挥凝聚荟萃、辐射带动、创新引领、传播交流、服务保障五大功能，不断强化"首都风范、古都风韵、时代风貌"的城市特色，全力做好首都文化这篇大文章。

新时代以来，在以习近平同志为核心的党中央坚强领导下，在中央宣传部和中央宣传文化单位的支持指导下，北京以新时代首都发展为统领，充分发挥示范引领作用，全国文化中心建设迈出坚定步伐。

始终高举思想旗帜，习近平新时代中国特色社会主义思想在京华大地落地生根，形成生动实践。习近平新时代中国特色社会主义思想宣传研究阐释走在全国前列，市民公共文明行为指数连续10年攀升，458万名注册志愿者成为城市一道亮丽风景，46万"北京榜样"遍布城乡，中国共产党历史展览馆、北大红楼、香山革命纪念馆成为红色文化新地标，全国爱国主义教育示范基地数量位居全国第一，中国精神已经成为首都城市的鲜明底色。

不断加强熔铸古今，具有首都风范、古都风韵、时代风貌的世界历史文化名城魅力更加彰显。北京是全国拥有世界文化遗产最多的城市，严格落实"老城不能再拆了"的要求，以中轴线申遗保护为牵引，启动百余项文物修缮工程，"一轴贯通南北"的历史景观得以再现。京杭大运河京冀段 62 公里实现全线旅游通航，400 公里"京畿长城"国家风景道主线发布，大运河、长城、西山永定河三条文化带构建历史文脉和生态环境交融的整体空间结构，守住北京千年古都的"城市之魂"。"老北京新气象，老胡同新生活"成为今天北京的生动写照，传承弘扬中华优秀传统文化成为全社会自觉行动。

坚持推动以文化人，为实现人民精神生活共同富裕作出首都贡献。中国国家版本馆中央总馆、中央歌剧院、北京艺术中心、北京城市图书馆、北京大运河博物馆等重大文化设施相继落成，博物馆之城建设成效凸显，年均接待观众超过 5000 万人次，书香京城建设让全民阅读形成风尚，公共文化服务水平领跑全国。京产佳作频频斩获国家级奖项，精神文明建设"五个一工程"连续三届获奖作品数量居各省区市首位，勇攀新时代文艺高峰。

持续强化创新驱动，文化产业提质增效赋能新时代首都发展。文化产业支柱性地位持续巩固，文化产业增加值占 GDP 比重从 2013 年的 8.1% 提升至 2021 年的 11.0%，始终居全国首位。文化产业核心竞争力不断增强，文化领域独角兽企业 42 家，约占全国一半。文化新业态领跑全国，2023 年上半年，北京文化新业态企业实现营业收入 6420.8 亿元，占全国文化新业态企业营业收入的比重超 1/4，坐拥 11 家国家文化和科技融合示范基地，数量居全国首位。

着力建设首要窗口，秉承全球首个"双奥之城"优势推进文明交流互鉴。北京充分利用中国特色大国外交核心承载地优势，高水平服务保障"一带一路"国际合作高峰论坛、亚洲文明对话大会等重大主场外交活动，发挥"双奥之城"品牌魅力，讲好中国故事、讲好北京故事，向世界阐释推介当代中国价值，展示新时代自信包容的大国风范。积极培育北京国际电影节等品牌性国际文化活动60余个，不断构建讲好中国故事的全球性平台。在京落户各类国际组织总部和代表机构数量均居全国首位，市区两级国际友好城市和友好交流城市达260个，国际文化交流合作网络节点城市作用不断凸显，大国首都文化影响力日益扩大。

文化领时代风气之先，首都文化在社会主义文化强国建设中勇立潮头，充分体现了传承中华优秀传统文化、弘扬革命文化、繁荣社会主义先进文化的历史担当，为激发全民族文化创新创造活力、更好担负起新时代新的文化使命、谱写新时代社会主义文化强国新篇章作出了首都贡献。

站在新的历史起点上，北京市将更加深刻领悟"两个确立"的决定性意义，从做到"两个维护"的政治高度，推动习近平文化思想的学习贯彻持续走深走实，在推进全国文化中心建设的征程上砥砺前行，奋楫扬帆，凝聚时代的磅礴之力，不断朝着世界历史文化名城、世界文脉标志阔步迈进。

一　凝心铸魂：以习近平新时代中国特色社会主义思想指引全国文化中心建设

习近平新时代中国特色社会主义思想是当代中国马克思主义、二十一世纪马克思主义，是中华文化和中国精神的时代精华，为推进强国建设、实现民族复兴提供了科学行动指南。北京始终坚持以习近平新时代中国特色社会主义思想为指导，以社会主义核心价值观为引领，把全国文化中心建设摆在全局工作的突出位置，全力做好首都文化这篇大文章，展现中国特色社会主义先进文化在京华大地的生动实践，着力打造社会风气和道德风尚的首善之城。

（一）高举思想旗帜，当代中国马克思主义研究传播中心地位更加彰显

拥有马克思主义科学理论指导是我们党坚定信仰信念、把握历史主动的根本所在。坚持不懈用习近平新时代中国特色社会主义思想凝心铸魂，是新时代新征程开创事业发展新局面的根本要求。北京市始终高扬这面新时代的思想旗帜，健全用党的创新理论武装全党、教育人民、指导实践工作体系，统筹推进理论学习教育、研究阐释、宣传普及等各项工作，推动思想理论建设和理论武装工作迈上新台阶。

1. 深刻感悟习近平新时代中国特色社会主义思想的真理力量和实践伟力

理论创新每前进一步，理论武装就要跟进一步。北京市推动党的创新理论学习教育不断走深走实，坚持原原本本学、及时跟进学、融会贯通学，从理论和实践的辩证关系中，把握习近平新时代中国特色社会主义思想的科学性和先进性；从科学社会主义在当代中国焕发的强大生机活力中，感悟这一重要思想的真理力量和实践伟力。学习中坚持以上率下抓"关键少数"，充分发挥市委理论学习中心组"龙头"作用，采取"解读""互动""体验"等形式，形成"扩大会'联学'、到基层'研学'、融媒体'共学'"有机融合的学习制度；坚持及时跟进抓"第一时间"，严格落实"第一议题"制度，建立"第一主题"培训制度和"第一课题"调研制度；坚

持发扬理论联系实际的优良学风，及时把思想上的所思所悟、所得所获落实到具体的实践当中，努力使习近平新时代中国特色社会主义思想成为改造主观世界和客观世界的强大思想武器。全市各级党组织着力构建覆盖广泛的全员学习体系，通过"三会一课"、主题党日等形式积极开展学习，将理论学习融入日常、抓在经常。广大党员干部带着深厚感情学，深切感受到，首都工作每前进一步，京华大地每个领域的发展变化，都凝结着习近平总书记的亲切关怀和谆谆教诲，都是习近平新时代中国特色社会主义思想落地生根结出的硕果；深切感悟到，"两个确立"是新时代首都北京发生深刻转型、实现历史性变化的根本原因所在，也是新征程上应对一切风险挑战的最大信心、最大底气和最大保证。理论学习教育取得显著成效，把"两个确立"的决定性意义写在了新时代新征程上、写在了干部群众心坎上，全市上下"四个意识"不断增强，"四个自信"更加坚定，"两个维护"成为行动自觉。

2. 着力打造党的创新理论研究阐释高地

学深悟透习近平新时代中国特色社会主义思想，做到既知其言也知其义，既知其然也知其所以然，要求不断深化理论研究阐释，深刻揭示蕴含其中的道理学理哲理。北京市充分发挥首都政治优势和思想理论建设优势，持续完善理论研究阐释常态化制度机制，坚决扛起谱写马克思主义中国化时代化新篇章的首都担当。发挥北京市习近平新时代中国特色社会主义思想研究中心在理论研究中的示范引领作用，深入研究阐释习近平总书记一系列原创性的治国理政新理念新思想新战略，深入研究阐释新时代的战略性举措、变革性实践、突破性进展、标志性成果，深入研究阐释习近平新时代中国特色社会主义思想指引下的北京生动实践，在体系化研究、学理化阐释方面取得阶段性进展，推出一大批代表首都水准、体现北京特色的高质量研究成果，在中央"三报一刊"发表理论文章 1400 余篇，连续多年居全国首位。加强新时代马克思主义学院建设，先后支持建设三批共26家重点马克思主义学院，努力打造全国一流的马克思主义理论教育教学、研究宣传和人才培养的坚强阵地。中国特色哲学社会科学学科体系、学术体系、话语体系建设全面推进，北京市社会科学基金项目、北京市哲学社会科学优秀成果奖等激励导向作用不断强化，涌现出一批具有中国特色、中国风格、中国气派的学术精品。深入推进首都高端智库建设，初步构建形成了包括14家首都高端智库试点单位和82家北京市哲学社会科学研究基地在内的首都新型智库体系，智库决策影响力不断增强。打造高端学术交流品牌，先后举办三届"世界马克思主义大会"，开启马克思主义研究全球协作的新阶段；以"北京论坛""首都当代中国马克思主义论坛""学术前沿论坛""两界联席会议高峰论坛""百人工程学者论坛"等重大品牌为牵引，组织高规格学术研讨，为推进理论创新和学术繁荣提供新动能。

3. 持续推动党的创新理论"飞入寻常百姓家"

马克思主义通俗化大众化，是群众掌握科学理论的宝贵经验。北京市切实走好理论宣传的群众路线，结合群众接受特点，创新理论话语表达，坚持广宣传、巧宣讲，努力做到入脑入心全覆盖。建立健全领导干部讲政策、专家学者讲理论、身边百姓讲故事的全方位立体化理论宣传格局，开展"理论＋百姓＋文艺"轻骑兵式宣讲，将理论宣讲与百姓宣讲有机结合、接续推进，用百姓话语，讲百姓故事，推动党的创新理论直抵人心。以进机关、进农村、进校园、进社区、进企业、进家庭、进网络的"七进"巡讲为抓手，分层分众开展面对面宣讲，多讲与当下话语体系对接的"新话"，多讲简洁明了、通俗易懂的"白话"，多讲直奔问题、有理有据的"实话"，多讲信息量大、思想性强的"金句"，受到听众的广泛欢迎。充分发挥"两中心一平台"在思想理论传播中的作用，加强新时代文明实践中心和各级融媒体中心建设，建好用好"学习强国"等学习平台，截至 2022 年底，"学习强国"首都地区活跃用户数达 1369.7 万人。统筹建立电视理论节目创新发展、党报党刊理论版建设、理论创新传播新媒体平台培育等理论传播新机制，打造多样化多层次的理论传播产品，《北京日报·理论周刊》、《前线》、"宣讲家网"等坚持"大家写小文""小故事展现大时代"，把厚重、精深的理论体系讲清讲透；建设有影响力的主流媒体矩阵，运用好报、刊、台、网、端、微、屏等渠道，让理论传播变得更加鲜明、生动、可爱，有力提升全社会思想理论素养。

（二）弘扬中国精神，社会主义核心价值观首善之区建设取得重大进展

实现中华民族伟大复兴的中国梦，必须弘扬中国精神。从北大红楼开中国共产党人领导革命事业先河，到新中国成立为实现中华民族伟大复兴创造根本社会条件，从庆祝新中国成立 70 周年和建党 100 周年重大活动，到成功筹办冬奥盛会彰显中国特色社会主义的制度优势，充分彰显了以爱国主义为核心的民族精神和以改革创新为核心的时代精神，为首都北京培育和践行社会主义核心价值观提供了丰厚滋养。

1. 在服务保障党和国家工作大局中展现首都担当

北京因"都"而立，因"都"而兴，最大市情就在于是首都，同党和国家的使命紧密相连。做好重大活动服务保障，是党和国家交给北京的光荣政治任务，是必须全力以赴履行好的首都职责，也是对"四个服务"能力水平的全面检验。北京始终坚持把政治中心服务保障摆在首位，全力营造安全优良有序的政务环境，大力推进全国文化中心建设，全面提高服务保障新时代中国特色大国外交的设施和能力水平，新时代首都功能不断优化提升。京津冀协同发展是习近平总书记亲自谋划、亲自部署、亲自推动的重大国家战略，北京紧紧抓住疏解非首都功能这个"牛鼻子"，充分

发挥"一核"辐射带动作用，推动构建更加紧密的协同发展格局。首都安全关系党和国家工作全局，关系国家长治久安。北京始终坚持首善标准，强化大局意识和责任担当，积极构建体系全覆盖、方案全流程、细节全要素、调动动态化的组织工作体系，全面抓好城市运行保障，全方位筑牢安全屏障。圆满完成新中国成立 70 周年、建党 100 周年等盛大庆祝活动，成功举办北京冬奥盛会、"一带一路"高峰论坛、APEC 会议等重大国际活动，盛大举行庆祝中国共产党成立 100 周年文艺演出《伟大征程》等。重视做好群众思想动员工作，举办"奋进新时代"主题成就展、"永远跟党走""强国复兴有我"群众性主题宣传教育和伟大抗疫精神宣讲等活动，共同营造良好的社会舆论氛围，展现大国首都的红色底蕴和综合实力。

2. 建党、抗战、新中国成立三大主题片区塑造首都红色文化建设新格局

红色是中国共产党、中华人民共和国最鲜亮的底色。习近平总书记先后视察中国人民抗日战争纪念馆、香山革命纪念馆和北大红楼，多次强调要把红色基因传承下去，确保红色江山后继有人、代代相传。北京市高度重视挖掘首都特色红色资源，加强革命文物保护利用，构建立体革命文物保护体系，持续推动建党、抗日战争、新中国成立三大红色文化主题片区发展。2019 年，以庆祝新中国成立 70 周年为契机，高质量完成新中国成立主题片区保护工程，成功打造中共中央北京香山革命纪念地，顺利完成香山公园内 8 处革命旧址保护修缮和香山革命纪念馆规划设计建设。2023 年 3 月，完成清华园车站旧址、颐和园益寿堂保护提升，实现"进京赶考之路（北京段）"全貌亮相。2021 年，以庆祝建党 100 周年为契机，实施中国共产党早期北京革命活动主题片区保护工程，顺利完成北大红楼为代表的 31 处相关遗迹遗址的疏解腾退和保护修缮利用，推出"1+9"系列展览。2023 年 3 月，蒙藏学校旧址完成保护提升，实现对社会开放。持续开展抗

日战争主题片区保护工程，以中国人民抗日战争纪念馆、宛平城、卢沟桥等为重点，聚焦抗战主题深挖历史资源，精心保护修缮抗战遗址，高水平服务保障抗战胜利纪念活动，精心举办全民族抗战爆发周年纪念仪式活动，大力弘扬伟大抗战精神和爱国主义精神。北京市分两批公布革命文物名录，包括北京大学红楼、毛主席纪念堂、双清别墅等188处不可移动革命文物，出版物、个人用品、信件等2646件/套可移动革命文物，革命文物名录完整地涵盖了北京革命历史各个时期的各类文物，全面反映了北京革命文物资源的丰富与厚重，为三大红色文化主题片区建设提供了强力支撑。突出内涵挖掘，立足完善中国共产党革命精神谱系，打造"为新中国奠基——中共中央在香山""光辉伟业 红色序章——北大红楼与中国共产党早期北京革命活动主题展"等一批精品展览，出版"北京文化书系·红色文化丛书"等系列党史丛书。创新宣传手段，深入实施红色文化立体传播工程，开展香山革命精神"十个一"等系列活动，综合运用影视作品、歌曲戏剧、融媒体产品等形式讲述革命故事，将五四运动、中国共产党成立、抗日战争、新中国成立的革命记忆转变为人民群众心中的红色烙印。建强用好42家全国爱国主义教育示范基地、165家市级基地，使红色资源成为党史学习教育和主题教育的实景课堂，成为全社会理想信念教育、革命传统教育的生动教材。

3. 奋进新征程的主流思想舆论不断巩固壮大

国家和民族的兴盛离不开正确的思想引领和积极的舆论引导。北京始终高举思想旗帜，坚持正面宣传，壮大主流思想舆论，深入贯彻落实习近平总书记重要指示批示精神和党中央决策部署，坚定不移推进媒体融合发展，为新时代首都发展提供坚强舆论支持。加强全媒体传播体系建设，初步形成"1+3+17+N"的媒体融合发展格局，市属媒体五大客户端总下载量达1.89亿，全网用户数达8.7亿，主力军挺进主战场形成高度自觉。北京市充分发挥首都网络平台资源、流量优势，用好新闻策划机制，加强协同合作、联动传播，守正创新做好理论宣传、政策宣传、成就宣传、典型宣传，鲜活展现习近平新时代中国特色社会主义思想的真理力量、实践力量。围绕重大主题和重要节点创新叙事与传播方式，推出"新时代首都发展巡礼"重大主题宣传，探索形成重大主题宣传新范式。积极打造宣传文化品牌，先后推出《壮丽70年 时间都知道》《全面小康 全面解码》等通俗理论电视节目，主流媒体融合报道优势凸显，传播力、影响力显著增强。加强舆论引导，参与社会民生治理，营造良好舆论氛围。深化专项整治，紧盯重点平台、重点服务类型和重要环节，聚焦网民反映的突出问题，联合开展"清朗""清风""净网"等系列专项行动，督导平台完善社区规则。持续开展"京·彩"北京文化网络传播活动、"网络中国节"主题活动、"京彩"网络正能量精品评选等，弘扬社会主义先进文化，汇聚向上向善网络力量，引导亿万网民共建网上美好精神家园。

4. "'京'彩文化 青春绽放"行动计划探索时代新人培育新路径

培养担当民族复兴大任的时代新人，是党和人民赋予的重大战略任务。北京市充分发挥高校学科和人才优势，聚焦培育时代新人的根本任务，制定实施《"'京'彩文化 青春绽放"行动计划》。与北京大学、清华大学、中国人民大学等16所在京高校签订合作共建协议，以信仰行、红色行、古都行、文艺行、志愿行、园区行六大机制14个具体项目为抓手，整合优质文化资源力量，推动首都高校人才培育和全国文化中心建设双向互动、相互赋能。"'理'赞青春"等项目邀请首都社科理论专家走进校园，聚焦大学生关注的理论热点解疑释惑，把创新理论送进学生心坎。高校师生走进北大红楼、香山革命纪念馆等红色文化主题片区重要点位，参与《新青年》杂志"等研学课题、亲身讲解红色故事、拍摄红色短视频，把红色基因注入血脉，涵养爱国情、树立报国志。高校师生在"慧眼识文物 文脉心中传"活动中走进首都博物馆库房观摩文物细节，近距离感受古都文化魅力。学生志愿者通过"青春与志愿同行"项目在京报馆旧址开展志愿讲解服务，将中国红色报业发展的历史画卷向大众展开。北京人民艺术剧院经典名作《雷雨》、北京交响乐团《人民的非遗》音乐会、北京京剧院京剧《吝啬鬼》等经由"文艺行"的"戏聚高校佳作有约"项目点亮高校学生文化生活。行动计划是涵盖理论宣讲、红色教育、文艺熏陶、社会实践、文化传播、志愿服务等全方位、多层次、宽领域的育人模式，坚持学生视角、创新路径方式，开辟了一条在高校学生中培育践行社会主义核心价值观的新路径，把培养时代新人使命担当融入学生成长成才的生活日常，正打造成为以文化人、立德树人的全国性品牌。

（三）提升文明程度，建设社会风气和道德风尚最好的城市取得显著成效

文明是城市最亮的底色，也是城市最暖的名片，体现着城市内在的气质和温度。首都精神文明建设始终坚持市民群众的主体地位，统筹推进文明培育、文明实践、文明创建，全力打造全国精神文明建设示范区，推动形成共建共治共享的城市治理格局。

1. 道德典型和身边榜样感动中国

伟大时代呼唤伟大精神，崇高事业需要榜样引领。"北京榜样"是首都地区培育和践行社会主义核心价值观的重要载体和品牌。新时代以来，"北京榜样"坚持以道德典型选树学习宣传为重点，通过层层举荐、周周上榜、月月公示、全媒宣传，选树了一大批榜样人物。"国企楷模""最美警察""北京青年榜样"等行业先进典范的选树与培育，有效推动了见贤思

齐、争当先进生动局面的形成。截至 2023 年 6 月，北京市各级举荐的身边榜样已达 46 万人，层层遴选进入市级"榜样库"的榜样候选人接近 1.6 万人，累计推选产生近 1400 组榜样，在各领域各行业实现了全覆盖。榜样精神渐成群体效应，人人参与公共文明行动成为城市新时尚，社会文明程度实现新提升。2019 年 2 月，中共中央宣传部向全社会发布了 50 名北京榜样优秀群体的先进事迹，授予这一群体"时代楷模"称号。参加索马里护航扬国威的"90 后"北大女生宋玺、把爱献给听障孩子的特教学校校长周晔等榜样的感人事迹，通过网络、宣讲等多种方式走进百所高校、走近百万大学生，用鲜活的事例展现新时代首都北京的新作为新气象。B 超神探贾立群、抗战史义务讲解员郑福来、警察爷爷高宝来、世界著名麻风病专家李桓英等来自首都的"时代楷模"，将道德的旗帜高高擎起，让学习楷模、争当榜样在首都蔚然成风。

2. 精神文明创建实现共建共治共享

北京以文明城区创建为引领，带动文明村镇创建、文明单位创建、文明家庭创建和文明校园创建工作，在各区全面部署新时代文明实践中心建设，推动群众性精神文明创建活动全覆盖。深入实施新时代公民道德建设工程，努力建设社会风气和道德风尚最好城市。积极推动新时代文明实践与"接诉即办"机制对接，通过新时代文明实践中心与政务服务中心深度融合，全时段接收群众诉求和反馈服务。以社会主义核心价值观引领网络文化建设，培养文明自律网络行为，创新网上精神文明实践，营造良好网络道德环境，画好线上线下同心圆。广泛推进《北京市文明行为促进条例》宣传与实施，着力营造"学文明条例，守文明规则，建美丽北京"的浓厚氛围，积极开展"光盘行动""V 蓝北京""文明驾车 礼让行人"等主题活动，北京市民公共文明行为指数逐年提升（见专题图 4-1），城市文明风尚日益浓厚。北京市现有全国文明城区 6 个、全国文明村镇 72 个、全国文明单位 276 个、全国文明家庭 22 户、全国文明校园 15 所，形成了助力文明城区创建的鲜活经验和有效做法。

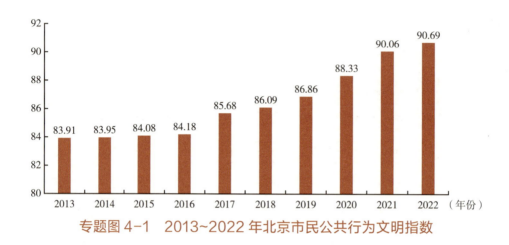

专题图 4-1　2013~2022 年北京市民公共行为文明指数

3. 志愿服务在京华大地蔚然成风

志愿服务是北京的一张"金名片"，不断提升着城市的文明指数。新时代以来，北京建立市、区、街（乡）、社区（村）四级志愿服务组织体系，广大志愿者在服务保障、城市治理、民生需求等方面大显身手。创新社会动员机制，统筹首都志愿者、公共文明引导员和"朝阳群众""西城大妈""海淀网友""石景山老街坊"等社会群体力量，拓宽志愿服务领域。走进社区，开展"青春伴夕阳"助老志愿服务品牌项目，帮助老人跨越"数字鸿沟"。走进医院门诊这一医疗工作的第一道"窗口"，提供便民服务。走进街道，为形成良好的道路交通秩序贡献力量。截至 2022 年底，"志愿北京"信息平台累计注册志愿者 458.1 万人，志愿服务组织（团体）7.7 万个，累计发布志愿服务项目 61 万个，形成了 50 多个市级示范项目。以"柠檬黄""志愿蓝""平安红"等为代表的首都志愿者，遍布城乡基层，奉献、友爱、互助、进步的志愿精神在服务保障中落地生根，为提高人民群众生活质量发挥了积极作用，为社会文明进步凝聚起向上向善的磅礴力量。

二　熔铸古今：打造具有首都风范、古都风韵、时代风貌的历史文化名城

北京是世界著名古都，有着3000多年建城史、870年建都史，丰富的历史文化是一张金名片，传承保护好这份宝贵的历史文化遗产是首都的职责。党的十八大以来，北京以中轴线申遗为抓手，严格落实"老城不能再拆了"的指示要求，统筹推进三条文化带保护与发展，构建涵盖老城、中心城区、市域和京津冀的历史文化名城保护体系，不断强化"首都风范、古都风韵、时代风貌"的城市特色。

（一）中轴线申遗保护生动诠释中华文明独特气韵

北京中轴线代表了中华文明在城市规划建设上的伟大创造与杰出才能，集中展现了大国首都形象和中华文化魅力。2011年，北京加强中轴线文化遗产保护，延续历史文脉，重塑展示传统文化精髓的历史轴线，同时促进有机更新，打造体现现代文明魅力的发展轴线。

1. 重现独特壮美的空间秩序

北京中轴线南起永定门，北至钟鼓楼，全长7.8公里，形塑了北京独有的壮美秩序，被誉为古都的灵魂与脊梁。2011年以来，北京相继出台了与中轴线保护相关的条例、规划、意见等文件20余部，在市级层面成立中轴线申遗办公室，组建中轴线申遗保护中心，统筹协调各方资源。先后完成皇史宬、贤良祠等文物内的住户腾退，有序推进太庙、天坛、先农坛等文物腾退工作。北海医院、东天意市场、积水潭医院新北楼完成降层，蒙藏

学校旧址完成腾退修缮，并作为全国首个中华民族共同体体验馆对外开放。百余项文物修复工程相继启动，钟鼓楼、社稷坛、正阳门箭楼等文物古建陆续修缮完成。实景三维技术"复刻"古都脊梁，数字资源库建设稳步推进。景观照明提升项目"点亮中轴线"，向全世界展现了华美壮观、大气磅礴的首都形象。

2. 中轴线历史文化价值充分展现

阐释遗产背后的历史价值，创新遗产展示方式，是深挖中轴线文化内涵的重要举措。北京紧紧围绕遗产价值，探索完整阐释与展示中轴线遗产价值的恰当方式（见专题表 4-1）。通过举办丰富的宣传活动，吸引更多公众走近中轴线，通过活化展示中轴线内涵，让文物说话、让历史说话、让文化说话，发挥文化遗产引导社会、启迪思想、推动发展的作用。

专题表 4-1　中轴线遗产价值展示方式与阐释主题

中轴线段落	展陈方式	展示、阐释主题
北段	以钟鼓楼、万宁桥以及居中道路临街功能的原貌展示展陈为主	展现古代城市规划和管理理念，以及延续至今的传统商业街市文化
中段北部	以景山、故宫、端门、太庙、社稷坛的空间格局、建筑序列和各专题展览为主	阐释《考工记》中国理想都城范式，解读中国传统都城对礼仪秩序传统的空间表达，展示近现代公众化演进过程
中段南部	以天安门、外金水桥、天安门广场及建筑群的空间格局、建筑序列为核心	通过中国国家博物馆专题展览展示天安门广场及建筑群建设历史、设计理念和艺术价值，突出新中国成立以来对传统中轴线空间格局的尊重与延续，强化天安门广场作为重大活动见证的重要性
南段	以正阳门、天坛、先农坛、中轴线南段道路遗存、永定门为主	展现古代皇家祭祀礼仪传统及祭祀路线，突出天坛和先农坛对称布局的特点，同时兼顾天桥地区的市井文化与绿色生态的城市景观

大力建设中轴线价值阐释与展示体系，形成北京老城文化景观网络系统。北京以首都博物馆为中轴线综合展示中心，全面阐释中轴线遗产价值

及申遗保护工作。以钟鼓楼、故宫、天坛等各遗产构成要素为专题展示中心，以遗产空间体验和创新利用为特色，通过个体价值阐释，支撑中轴线整体价值呈现。推出自钟鼓楼至永定门的文化探访线路，利用中轴线沿线的社区微展厅，以点串线、以点带面，让公众充分感受北京中轴线的多元文化魅力。

（二）坚持"老城不能再拆了"，实现老城整体保护与复兴

北京老城是中华优秀传统文化的精华所在，具有无与伦比的历史、文化和社会价值，也是北京历史文化名城保护的重点区域。北京严格落实"老城不能再拆了"的要求，精心保护历史文化遗产，提升城市品质，让历史文化与现代生活融为一体，使老城成为纲维有序、运行高效的国家中枢，古今辉映、礼乐交融的千年古都，疏朗庄重、蓝绿环抱的文化名城，和谐宁静、雅韵东方的宜居城区。

1. 恢复老城特有风貌

北京老城是中国悠久城市建设历史的伟大见证，也是中国传统营城理念和建造手法的集大成者。北京围绕老城保护，不断强化文化遗产的真实性与完整性原则，让老城不再长高、胡同不再拓宽，让古都风韵成为首都功能核心区的风貌基调，在新时代彰显更加丰厚的价值内涵。

胡同是北京老城的"血脉"，是最能体现北京传统文化特色的符号之一。北京以渐进式的"微改造"取代了大拆大建，以背街小巷为重点实施"一街一策"，以绣花功夫推动胡同街巷恢复肌理。严控建筑高度，保持老城平缓开阔的空间形态，打通银锭观山景观视廊。北京市分三批次将1056栋历史建筑纳入历史文化名城保护范围。保护老城传统建筑色彩，钟鼓楼周边第五立面原始风貌得以恢复。实施"一院一树"增绿工程，"老巷幽宅静树依"的古都记忆悄然重现。精心修护换来了老城的精致蜕变，精品街

巷不断涌现。古今交融、壮美有序的城市画卷正在新时代大国之都的建设中铺展开来。

2. 激发老城内生活力

"活化"是对老城最好的保护。北京创新推动老城更新，积极探索"共生院"等发展模式，聚焦腾退之后的院落空间，关注留住户的需求，将现代基础设施融入古风建筑，并引入新住户和新业态，让传统风貌与时尚元素在四合院里共生共存。截至 2023 年，北京老城已打造前门街道草厂头条 3 号院、东中胡同 22 号院等 100 余个"美丽院落"和"最美院落"，曾经私搭乱建的"大杂院"蜕变为宽敞整洁的"美丽院"。打造京报馆、京华印书局、湖广会馆、临汾会馆等一批富有老城文化内涵的主题博物馆、纪念馆、展览馆等，结合非遗传承、老字号保护，开展文化体验活动，打造富有北京特色的文化标识。建设什刹海—南锣鼓巷、雍和宫—国子监等13 片文化精华区，实施大栅栏、皇城等历史文化街区保护更新，推出"漫步北京"系列主题线路、红色精品旅游线路等特色鲜明的文化探访线路，发展传统文化传承、时尚创意等业态，打造历史与现代交融辉映的文化空间。

（三）统筹推进三条文化带建设，形成历史文化遗产连片成线的整体保护格局

大运河文化带、长城文化带、西山永定河文化带承载了北京"山水相依、刚柔并济"的自然文化资源和城市发展记忆，历史悠久、内涵丰富、底蕴丰厚，是北京文化脉络乃至中华文明的精华所在。《北京城市总体规划（2016 年—2035 年）》将三条文化带写入北京历史文化名城保护体系，以整体保护为基础，以国家文化公园建设等重点工程为牵引，为打造北京历史文化金名片增添了亮丽色彩。

1. 大运河文化带建设续写"千年运河"时代华章

传承千年的大运河见证了城市的沧桑巨变，承载着古都的文化记忆，铸就了包容、大气、通达、聚合的首都品格，具有无可替代的现实意义和特殊价值。延续运河千年文脉，将从源头、中间重要节点到通州全线的各级各类文物纳入保护范围，沿线 50 余处水源、闸、桥梁、古遗址、古建筑等遗产点位经过摸底修缮，成为"文化明珠"持续点亮运河沿线。进行大运河全面考古挖掘，2021 年以来开展考古发掘项目 140 余项，发掘面积约 13 万平方米。汉代路县故城遗址及其周边系列考古成果，入选 2016 年度"全国十大考古新发现"。持续完善大运河沿线文化遗产保护清单，推进大运河源头遗址公园建设，完成白浮泉遗址及周边考古发掘，考古勘探面积 1.03 万平方米。整体塑造大运河沿线风貌，2019 年 10 月 3 日大运河通州城市段通航，2021 年 6 月 26 日大运河北京段通航，2022 年 6 月 24 日京杭大运河京冀段 62 公里实现全线通航。依托运河水系资源和景观空间，建设全线滨河绿道及重点游船通航河道，焕发大运河都市亲水空间魅力。全力推进副中心三大建筑建设，打造城市新地标，构建城市活力组团，延续壮美运河千年神韵。

2. 长城文化带建设擦亮中华民族文化符号

加强文物本体保护，建立三级长城遗产保护管理体系，形成全覆盖、无盲区的长城遗产保护网络。充分运用科技手段，创新引入考古力量，自 2016 年以来，先后开展四期箭扣长城修缮工程，形成"研究性修缮"的北京经验。坚持最小干预原则，每年实施 10 余项长城抢险加固工程，截至 2022 年 6 月已组织实施 50 项抢险加固工程，持续有效改善长城保护状况。2021 年联合国教科文组织第 44 届世界遗产大会上，长城被世界遗产委员会评为保护管理示范案例，为世界线性文化遗产保护贡献了"中国经验"。全面推进"一线五片多点"的整体保护格局，统筹开发慕田峪、箭扣、古北口、司马台长城国际精品旅游线，打造精华核心展示组团。2022 年，北京发布 400 公里"京畿长城"国家风景道主线，辐射联动 8 个国家级长城重要点段，在国内首次实现长城开放景区设置多视角解读长城展示阐释标识系统。

3. 西山永定河文化带建设构筑山水相拥的生态文化长廊

推动遗产整体环境风貌整治，有序进行万寿寺文物保护修缮工程，对 700 年皇家琉璃窑厂持续开展文化拯救活动。三山五园国家文物保护利用示范区将在 2023 年完成创建，颐和园文化遗产保护、圆明园考古及展示成效显著，建成北坞等 13 个公园和一条绿道，形成"一道十三园"格局，呈现山水交融、大气恢宏的景观风貌。有效联结永定河流域各省区市力量，从生态补水、大尺度造林绿化等措施入手，通过综合治理和生态修复打造西山永定河生态屏障。2020 年永定河北京段贯通，实施春秋两次补水，实现 25 年来北京境内 170 公里全线有水目标。2021 年至今连续统筹引黄河水、再生水、南水北调等多种水源，永定河 865 公里河道全线通水；贯通后平原段水面和湿地面积增加近 1 倍，并将于 2035 年全面建成永定河绿色生态河流廊道。延庆区、石景山区、门头沟区等多地共同推动西山永定河文化带森林覆盖率提升工程，延庆区率先在 2019 年被授予国家森林城市称号，2022 年石景山区、门头沟区实现创森目标，西山永定河文化带生态环境质量整体稳定提升。

三　以文化人：为实现人民精神生活共同富裕作出首都贡献

建设全国文化中心，必然要与增进人民群众文化福祉相结合，丰富的文艺生活是其题中应有之义。北京文艺资源丰厚，在立体多维的政策体系保障下，涌现了一批代表国家形象和首都水准的优秀文化成果。这些成果丰富了首都的文化供给，并承载着城市文化软实力和文化影响力。新时代以来，首都公共文化服务体系建设更加健全，公共文化服务体系示范区建设成果丰硕，形成了公共文化服务示范区建设的北京经验，整体建设水平领跑全国，对"十四五"时期全国文化中心建设起到了良好助推作用。

（一）"大戏看北京""演艺之都"引领精品创作，勇攀新时代文艺高峰

北京有深厚的文化基础，演出市场与创作态势一直处于全国领先地位。北京提出建设"演艺之都"，打造"大戏看北京"文化名片，取得了显著而广泛的成效。在"演艺之都"建设过程中，国家大剧院、保利剧院、天桥艺术中心等全市197家演出场所共同构建了演艺市场的场域与平台，中国国家话剧院等16家央属院团、北京京剧院等13家市属院团、风雷京剧团等3家区属院团以及668家民营表演团体则构成了市场主体。颜料会馆、正乙祠戏楼、三里屯爱乐汇、小柯剧场、花花世界等演艺新空间更是结合演出空间、场景和氛围强化了戏曲的传统美、会馆的文化美和北京的地域美，成为首都演艺市场的一大亮点。

1. 京产佳作频频斩获国家级奖项

"五个一工程"是引领文艺精品创作、促进文化强国建设的示范性工程。北京市连续三届获奖作品数量和总分名列各省区市首位。第十六届精神文明建设"五个一工程"奖中，北京推出的电影《长津湖》、电视剧《觉醒年代》、舞剧《五星出东方》、长篇小说《远去的白马》等文艺精品，集中彰显了全国文化中心的影响力。文华奖是中国舞台艺术政府最高奖项，北京市连续四届四部剧目摘取此奖项，具体包括昆曲《红楼梦》、评剧《母亲》、舞剧《天路》和舞剧《五星出东方》。茅盾文学奖是中国具有最高荣誉的文学奖项之一，北京市十年两届榜上有名，包括徐则臣的《北上》、乔

叶的《宝水》、刘亮程的《本巴》和在京中央单位推荐作品如梁晓声的《人世间》、陈彦的《主角》、杨志军的《雪山大地》等。总之，在京产佳作频出的状态下，北京文学品牌、北京影视品牌和北京戏剧品牌均渐趋形成。特别是"大戏看北京"文化品牌的打造，更是集合了优秀舞台艺术和强势影视艺术于一体而辐射全国乃至海内外。

2. "会馆有戏"系列演出激活演艺新空间

会馆是北京几百年来历史变迁的见证者和参与者，也是首都历史文化遗产的重要组成部分。北京现存会馆 252 个，被列入国家级、市级和区级文物保护名录的会馆有 30 个。但随着时代的变迁，很多会馆很难再和老百姓的日常生活产生联系。如何激活这些文化空间，成为摆在城市发展规划者和管理者面前的一道难题。北京市自从探索了"会馆有戏"的演出方式，便找到了让遗产"活起来、火起来"的有效途径。颜料会馆、正乙祠（银号会馆）、湖广会馆、临汾会馆、台湾会馆、安徽会馆、福州新馆等小而精、小而美的演艺空间，既促进了文化内容资源和文化空间资源的有效对接，又让历史文化遗产的保护和利用找到了平衡点，真正激活了古都文脉。北京"会馆有戏"之"戏"采取的是"一馆一策"的方式，集合了昆曲、京剧、评剧、北京曲剧、相声、民乐、话剧等艺术形式，点亮了传统文化融入现代生活的载体，开启了老会馆活化利用的焕新之旅。用文化激活百年会馆资源，是首都北京演艺新空间的独特探索。

3. 出精品出人才的创作环境不断优化

统筹使用各类基金，激发文艺创作活力。北京将"四个一批人才"培养工程、宣传文化引导基金、文化艺术基金、广播电视网络视听发展基金、中轴线保护公益基金、文化援建资金等进行统筹使用，以扶持重点项目、引导创作方向和人才建设。自 2016 年设立起，北京文化艺术基金每年投入 1 亿元，重点围绕舞台艺术创作、文化传播交流推广和艺术人才培养三大方向开展资助，基金累计资助 737 个项目，累计支持推出 280 余部大型舞台艺术原创作品。围绕重大主题活动，进行系列文艺精品创作。新时代以来，纪念抗战胜利 70 周年、庆祝新中国成立 70 周年和建党百年、迎接冬奥等重大活动是首都北京的大事要事。围绕这些重大主题，相关部门精心组织了各类主题文艺创作，现实题材文艺创作取得了突出的成绩。文学方面，围绕建党百年，梁晓声、刘庆邦、柳建伟、邱华栋、徐坤、周晓枫等一批国内文学名家均进行了深入书写和深情表达。徐贵祥的《英雄山》、朱秀海的《远去的白马》、董保存的《天火映红墙》均是为建党百年华诞献礼的文艺创作。为迎接北京冬奥会，大批优秀文艺作品也如雨后春笋般诞生，如张海飞的长篇报告文学《冬奥，雪场上空的鹰》、孙晶岩的长篇纪实文学《中国冬奥》等，都生动呈现了作为"双奥之城"的北京献给全世界的中国方案。影视方面，《战狼》《流浪地球》《觉醒年代》《长津湖》等获得好评的影视作品更是全方位彰显了北京实力。这些优秀的北京文艺作品，共同构成了不可忽视的"北京声音"。舞台剧方面，聚焦新中国成立 70 周年、建党百年等重要时点，结合重大革命历史题材、脱贫攻坚题材等，创作推出话剧《香山之夜》、京剧《李大钊》、河北梆子《人民英雄纪念碑》、音乐剧《觉醒年代》、歌剧《山海情》等一批重点作品，唱响时代主旋律。取得这些优异的成绩，与政策扶持、人才队伍建设和文艺生态构建有着密不可分的联系。

（二）坚持高标准建设，公共文化服务水平引领全国

公共文化服务水平标志着一个城市的文化普惠程度，北京多年来在这一领域坚持高标准建设，建立了较为完善的公共文化服务体系，在重大文化设施落地、书香京城和博物馆之城建设、惠民活动开展等多方面起到了明显的引领和示范作用。

1. 重大文化设施落地北京

重大文化设施建设是文化发展的基础与保障。2023 年 7 月 30 日，国家版本馆中央总馆举行开馆仪式，该馆将成为新时代标志性文化传世工程，永久保藏具有重要历史文化传承价值的各类版本资源，建设目标是赓续中华文脉、坚定文化自信、展示大国形象、推进文明对话。地处北京中轴线北延长线上的中国工艺美术馆（中国非物质文化遗产馆）于 2022 年 2 月 5 日开馆，填补了我国工艺美术和非物质文化遗产国家级博物馆的空白。2022 年 5 月，中央歌剧院剧场落成启用，彰显出为人民创作、为时代讴歌，吹响奋进新时代、新征程号角的国家级院团的使命担当。北京本地一系列重大文化设施项目也相继落成。2021 年 9 月 20 日，北京环球度假区正式开园，不仅成为世界第五个、亚洲第三个、中国第一个环球影城项目，也是迄今为止面积最大的环球影城项目，同时还是北京文化旅游新地标，为千年古都北京增添了别样的魅力与韵味。此外，即将投入使用的北京市文化馆剧院和位于城市副中心的北京艺术中心、北京大运河博物馆、北京城市图书馆"三大建筑"等重大文化设施也将迎来崭新的天地。

2. 公共文化服务体系日趋完善

在市委、市政府高度重视和"1+3"公共文化政策文件的指导下，北京高水平建设重大功能性文化设施，推进首都物质和精神文明建设，激发北京文化创意产业创新和创造活力。北京国际戏剧中心、中央歌剧院、北京艺术中心、北京市文化馆剧院等相继落成，不仅实现了人均公共文化设施面积处于全国领先水平，而且通过创建各类文化资源载体，搭建起多种类多层次的文化展示平台。截至 2023 年 3 月，全市共有图书馆室 6135 个，室外文化广场 5616 个，群众艺术馆、文化馆和文化站合计 356 个，档案馆 18 个，市民享受公共文化服务的便捷度大幅提升，此外全市新型公共文化空间渐多，全市共有备案博物馆 215 个，实体书店超过 2000 家。过去 5 年，全市文化馆、街道（乡镇）综合文化中心的建筑面积增长了 14.25%，达到 98.25 万平方米；社区（村）综合文化室面积增长了 150.94%，达到 445.42 万平方米；公共图书馆面积增长了 14.43%，达到 34 万平方米，全市公共文化服务正朝着高质量的趋势不断发展。截至 2023 年 3 月，全市建有市、区、街乡镇和社区四级公共文化设施 7110 个，覆盖率超过 98%，市区两级覆盖率达 100%，基本形成"15 分钟公共文化服务圈"，设施全部实现免费开放。根据《关于政府向社会力量购买公共文化服务的实施意见》，截至 2023 年 3 月，全市采取社会化专业化运营的公共文化设施有 266 家，在政府主导、社会参与的理念指导下，精细化公共文化服务创新方式不断呈现（见专题表 4–2）。

专题表 4–2　2019 年以来北京具有代表性的新建文化设施			
地区	项目	类型	建成年份
城市副中心	副中心剧院、博物馆、图书馆	公共文化基础设施	2022
	北京环球度假区	主题公园	2020
昌平区	回龙观体育公园南部场馆	体育文化设施	2020
	坝河文化公园	城市文化公园	2020
	回龙观街道综合文化中心、史各庄街道综合文化活动中心、天通苑北街道综合文化中心	公共文化基础设施	2022
	天通苑文化艺术中心	公共文化基础设施	2021
	大运河源头遗址公园一期	城市文化公园	2023
朝阳区	中央歌剧院	公共文化基础设施	2022
	朝阳区档案馆新馆	公共文化基础设施	2022
	香文化传习所	公共文化基础设施	2023
	国家科技传播中心	公共文化基础设施	2023
顺义区	国家残疾人冰上运动比赛训练馆	体育文化设施	2020
	顺义区大剧院	公共文化基础设施	2019
	城南体育中心	体育文化设施	2019

地区	项目	类型	建成年份
延庆区	冬奥森林公园、冰上项目训练基地	体育文化设施	2020
	世界园艺博览会园区	主题公园	2019
门头沟区	门头沟体育文化中心	体育文化设施	2020
	绿海运动公园	体育文化设施	2020
平谷区	世界休闲大会主场馆	会展中心	2019
	中国乐谷音乐休闲公园工程	主题公园	2020
	温泉儿童生态体验园	主题乐园	2019
东城区	北京国际戏剧中心	公共文化基础设施	2021
	北京吉祥戏院	公共文化基础设施	2021
西城区	老舍剧场	公共文化基础设施	2022
石景山区	石景山区文化中心	公共文化基础设施	2022
	重美术馆	公共文化基础设施	2023
	冬奥城市文化广场	体育文化设施	2023

3. 书香京城建设让全民阅读形成风尚

北京市以建设书香京城为目标，深入开展全民阅读活动，初步构建15分钟阅读圈，并形成全民阅读的城市风尚。党的十八大以来，北京市以"北京阅读季"为品牌举办了形式多样的全民阅读主题活动，作为统筹推进全民阅读的重要抓手和载体，形成了全民阅读的北京经验，取得了良好的社会效果。2018年7月，北京市印发了《关于支持实体书店发展的实施意见》，积极推动首都公共文化服务体系示范区和文化产业发展引领区的"两区"建设。2022年11月，北京市推进全国文化中心建设领导小组印发了《北京市关于深入推进新时代书香京城建设的实施意见》，发挥全民阅读工作对全国文化中心建设的赋能作用。经过多年发展，北京已经形成统一部署、分级实施，以"政府引导、业界支持、社会参与、群众受益"推广体系为基础，凝聚社会各界资源，富有首都特色的全民阅读模式，并拥有中国"网络文学+"大会、北京十月文学月等一批全民阅读品牌活动，每年举办各类阅读活动上万场，影响和覆盖人群超过千万人次。截至 2022 年底，全市实体书店超过 2000 家，每万人拥有书店超过 0.94 个，长期居全国首位。2022 年，创新建立分类分级评价指标体系，着力建设品牌知名度高、创新发展能力强、主营业务突出、具有竞争力的实体书店。在各类阅读空间建设的推动下，北京已初步构建起以公共图书馆、综合书城、特色书店、社区书店等为支撑的公共阅读服务体系，较好地满足了人民群众的文化需求。

4. 博物馆之城建设成效凸显

建设博物馆之城是北京贯彻新发展理念的生动体现。北京于 2020 年正式提出建设博物馆之城的城市发展战略，2023 年正式发布《北京博物馆之城建设发展规划（2023—2035）》。博物馆之城建设规划方案的不断完善推进北京文博事业制度环境的持续优化和文化服务供给水平的持续提升。北京是全世界博物馆资源最多的城市之一，2021 年全市备案博物馆达 204 个，相较于 2020 年的 197 个，增长 3.55%；2022 年全市备案博物馆达 214 个，同比增长 4.90%（见专题图 4-2），截至 2023 年 3 月全市拥有备案博物馆 215 家，年均接待观众超过 5000 万人次，国家一级博物馆达 18 家，从博物馆数量、密度、布局、办馆水平、发挥公共服务效能上看，已经形成了全国规模最大、实力最强的城市博物馆集群。2021 年，北京市按行业管理登记的博物馆的参观人次有 2000.3 万，约占全国博物馆同年接待观众量的 2.57%，其中文物局系统内博物馆及文物保护机构的参观人次为 1019 万。2022 年，全市博物馆共举办展览和活动近 500 项。

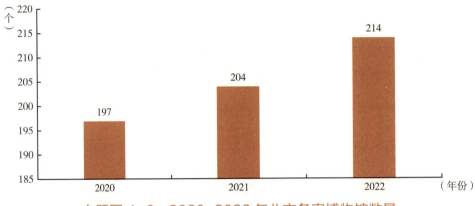

专题图 4-2　2020~2022 年北京备案博物馆数量

（三）彰显人民主体性，着力提升全民文化获得感幸福感

落实以人民为中心的发展思想，不断满足广大群众对精神文化生活的新需求、新期待，不仅需要供给侧提供精品佳作，也需要需求侧参与共创共享。北京的系列文化品牌活动、惠民活动和生机勃勃的人民文化创造，从不同维度展现了首都文化的丰富多彩。

1. 全国性文化品牌活动增添城市文化魅力

持续举办各种文化品牌活动是北京的一个优良传统，也是人民参与文艺创作的生动体现。特别是近五年来，北京举办了第十三届中国艺术节、"相约北京"国际艺术节、中国戏曲文化周、中国京剧艺术节等各类艺术节展135 个，形成了演艺精品聚集高地。其中，在京常态化举办的著名品牌活动有北京国际电影节、北京国际音乐节、"相约北京"国际艺术节、中国戏曲文化周、"大戏看北京"展演季等。首都市民系列文化活动年均开展 2 万场，其中节庆展演活动最是活跃。以 2022 年为例，共有大戏东望·2022 南锣鼓巷戏剧展演季、第十三届中国艺术节、第六届老舍戏剧节、第九届当代小剧场戏曲艺术节、大戏东望·2022 全国话剧展演季、"春苗行动"北京市优秀少儿题材剧目展演、海峡两岸暨港澳地区校园戏剧展演、纪念中国小剧场戏剧 40 周年系列活动、第六届北京大学生魔术交流大会和 2022 年"北京故事"优秀小剧场剧目展演等十多个系列文化活动渐次举办。其中，很多活动对全国也有较强的辐射作用。这些品牌活动对北京建设全国文化中心贡献了重要力量。

2. 惠民文化活动丰富多彩

公共文化服务的公共性体现了人民的主体性。公共文化服务的重要内容之一，是推出大量高质量的文化惠民活动。近年来，北京群众性文化活动蓬勃开展，文化惠民效果持续扩大。其中"歌唱北京""舞动北京""戏聚北京""艺韵北京""影像北京"等首都市民系列文化活动，展现了首都市民积极参与文化建设的时代风貌。这些群众文化活动的标杆，目前已覆盖全市、贯穿全年，获得巨大群众基础，体现了首都群众文化繁荣发展的局面。北京市还举办各类文化节、艺术节，推动群众文化活动开展。全市范围内持续开展了农村"百姓周末大舞台""文艺演出星火工程""周末场演出计划""戏曲进乡村""公益电影放映"等惠民文化活动。2023 年 1~7月，全市开展营业性演出 2.6 万场，观众 615.6 万人次，票房 13.3 亿元，与2019 年同期相比，分别增长 92.3%、3.5%、46.8%。同年，大兴区完成了1352 场惠民演出，服务群众 32 万人次。与常规惠民活动相呼应的还有北京惠民文化消费季（见专题表 4-3），2022 年共举办活动 27.84 万场次，累计消费人次达 5.25 亿，带动消费金额 120 亿元，联动开展北京文化消费促进行动，配套 5000 万元财政资金直达市场主体。

专题表 4-3　2017~2022 年北京惠民文化消费季情况一览

时间	届次	活动 （万场次）	消费 （亿人次）	带动消费 （亿元）	线上消费 （亿元）	线上消费 占比（%）
2017	第五届	1.22	0.78	162.00	93.04	57.43
2018	第六届	0.87	0.54	132.97	83.12	62.51
2019	第七届	0.78	0.62	118.46	78.07	65.90
2020	第八届	1.13	0.35	79.30	47.86	60.35
2021	第九届	3.13	0.32	89.50	68.20	76.20
2022	第十届	27.84	5.25	120.00	93.00	77.50

3. 人民文化实践生机勃勃

全民参与赋予文化活动浓厚氛围，不仅推动中华优秀传统文化创造性转化、创新性发展，而且有助于深化文明交流互鉴、讲好中华优秀传统文化故事、推动中华文化更好走向世界。群星奖是群众文艺领域政府最高奖，北京共有100多部作品获奖，实现了"届届获奖"。特别是2022年舞蹈作品《两室一厅》、北京市文化馆选送的广场舞作品《一起向未来》、北京市第四中学选送的群众合唱团队北京四中金帆合唱团荣获第十九届群星奖，获奖数量位居全国第一。

四 创新驱动：文化产业提质增效赋能新时代首都发展

文化产业不仅是保障人民群众有格调、有品质生活的基础，更是全国文化中心建设的重要支撑。北京秉持"科技赋能文化、文化赋能城市"的文化产业发展思路，以文化领域供给侧结构性改革为牵引，突出高品质、服务性、融合化，加快构建高精尖文化产业体系。2021年，全市实现文化产业增加值4509.2亿元，占GDP的比重为11%，是比重达到两位数的唯一省份。2016~2022年，北京市已连续七年在中国省市文化产业发展指数排名中保持第一。

（一）"双向赋能"激发产业活力，数字新兴业态实力雄厚

文化与科技之间的"双向赋能"是当前数字文化产业高质量发展的重要趋势，有利于推动文化产业的高质量发展，能够不断催生出新产品、新业态和新模式，延伸文化产业的链条。

1. 政策规划整体布局，系统推进数字新兴业态发展

文化与科技之间的"双向赋能"是数字新兴业态发展的重要支撑。为深入推动文化与科技在北京文化产业发展中的实践，北京相继出台《北京

市国民经济和社会发展第十四个五年规划和二〇三五年远景目标纲要》《北京市"十四五"时期文化产业发展规划》等规划，明确将推动文化与科技、金融、旅游等领域融合发展，实施文化产业数字化战略，在顶层设计层面为"双向赋能"的实现奠定了基础。北京相继推出一批促进文化与科技"双向赋能"的政策，统筹规划文化发展的多个领域，所涉及文件多具有部门联合性质。2020 年 12 月北京市文化改革和发展领导小组办公室发布的《关于应对新冠肺炎疫情影响促进文化企业健康发展的若干措施》，2021 年 12 月北京市促进中小企业发展工作领导小组办公室发布的《北京市关于促进"专精特新"中小企业高质量发展的若干措施》等，彰显出文化与科技融合是一个跨越多个领域的系统性工程。北京 11 家企业入选国家级文化和科技融合示范基地，数量居全国领先地位（见专题表 4-4）。出台《北京市文化和科技融合示范基地认定管理办法（试行）》，积极开展北京市级文化和科技融合示范基地评审认定，加快建设一批示范带动作用明显的市级文化和科技融合示范基地。

专题表 4-4　北京国家级文化和科技融合示范基地

入选年份	基地名称
2012	北京中关村国家级文化和科技融合示范基地
2019	北京四达时代软件技术股份有限公司国家文化和科技融合示范基地 利亚德光电股份有限公司国家文化和科技融合示范基地 掌阅科技股份有限公司国家文化和科技融合示范基地 北京蓝色光标数据科技股份有限公司国家文化和科技融合示范基地
2021	故宫博物院国家文化和科技融合示范基地 北京北大方正电子有限公司国家文化和科技融合示范基地 完美世界（北京）软件科技发展有限公司国家文化和科技融合示范基地 北京影谱科技股份有限公司国家文化和科技融合示范基地 中文在线数字出版集团股份有限公司国家文化和科技融合示范基地 新维畅想数字科技（北京）有限公司国家文化和科技融合示范基地

2. 突出新业态发展导向，培育文化经济新增长点

北京在全国范围内初步构建起具有独特内涵和价值体系的文化新业态发展体系，数字创意和内容版权成为新业态的两大发展方向。重点聚焦创意设计、媒体融合、广播影视、出版发行、动漫游戏、演艺娱乐、文博非遗、艺术品交易和文创智库等领域，以科技创新和内容价值为引领，创意设计、媒体融合、广播影视、出版发行等重点领域环节发展均居全国领先地位，动漫游戏、视频直播、数字出版等"互联网＋文化"新业态保持强劲增长态势。为深入推动新业态发展，2020 年 6 月，北京市出台《关于加快培育壮大新业态新模式促进北京经济高质量发展的若干意见》，突出数字赋能和传统文化产业升级，推动互联网、大数据、人工智能与文化业态的融合。2023 年 1~6 月，全市文化新业态企业实现营业收入 6420.8 亿元，同比增长 19.2%，较全国平均水平高 4.2 个百分点；占全市文化企业营业收入的比重为 68.8%，同比提高 2.0 个百分点，高于全国文化新业态企业营业收入占全国文化企业营业收入比重 29.1 个百分点，占全国文化新业态企业营业收入的比重为 27.2%，占比居全国首位。

3. 打造新业态应用场景，构建沉浸式新型文化空间

构筑多元的文化新业态应用场景，是推动和促进新业态发展的重要保证。在新业态发展中注重以元宇宙为导向的场景应用。北京作为国际科技创新中心和全国文化中心，把发展元宇宙作为推动文化建设的重要内容，启动筹建北京市元宇宙产业创新中心，各区充分发挥自身产业优势，进行决策部署。《关于加快北京城市副中心元宇宙创新引领发展的若干措施》（2022）成为北京市第一个区级推动元宇宙发展的文件。《朝阳区互联网 3.0 创新发展三年行动计划（2023 年—2025 年）》（2023）将探索建立文旅元宇宙数字应用场景作为重要任务之一。《东城区加快元宇宙产业高质量发展行动计划（2023—2025 年）》（2023）构建北二环沿线元宇宙产业聚集区。推

动传统业态向"云端"转型发展。5G、VR、AR、人工智能、多媒体等技术与传统业态相结合，推出"云看展""云演艺""云视听""云旅游"等应用场景，故宫推出将近 90 个云上展览；中国国家博物馆推出"国博邀您云看展"；中央广播电视总台 8K 超高清频道开播，承担北京冬奥会超高清转播任务，实现了全球首次"5G+8K"超高清直播。以数字技术为引擎，打造各具特色的文化科技新空间。"故宫以东·城市盲盒"数字沉浸式体验空间落地，当红齐天和首钢合作开发建设"一高炉·SoReal 元宇宙乐园"，CBD 核心区打造北京首家超大型全景沉浸宴会空间，建设北京"红色马栏"全景沉浸式爱国主义教育体验基地等，在空间构建中促进多元要素的融合。

（二）打造文化产业园区品牌，实现产城联动发展

文化产业园区是文化产业发展的重要载体，在集聚区域文化资源、辐射带动区域文化产业发展、提升地区文化发展水平等方面具有重要作用。近年来，北京形成了一大批特色鲜明的文化产业园区，成为推动文化产业集聚发展、激活产业生态的重要载体。

1. 以专业化提升发展质量，增强文化产业园区示范效应

北京市以文化产业园区为载体，不断提升文化产业规模化、集约化、专业化水平，推动文化产业高质量发展，制定出台了《北京市推进文化产业园区高质量发展的若干措施》，确立了文化产业园区发展的 20 项重点举措。目前，北京已初步形成特色鲜明、错位发展、优势互补、多层次的文化产业发展空间。拥有 97 家市级文化产业示范园区和一批国家文化产业创新实验区、国家文化和科技融合示范基地、国家文化与金融合作示范区，引领全市文化产业的高质量发展。重视市级文化产业园区和示范园区的规范化建设，出台认定和规范管理办法，形成市级示范园区、示范园区（提名）、市级园区三类市级园区管理体系，对相应园区予以政策扶持。推出

了一系列促进园区高质量发展的政策措施。做好园区服务，优化营商环境。以"服务包"助力龙头企业，以"投贷奖"支持成长型企业，以"房租通"扶持小微初创企业，正在形成全链条、多层次的园区服务政策体系。

2. 活化利用工业遗产，以园区业态实现产城联动效应

北京在城市更新过程中一直重视疏解腾退空间的改造利用，在老旧厂房拓展为文化空间方面走在全国前列。首钢园在冬奥会筹办过程中改造升级，重视文化产业的业态更新，聚焦发展"体育＋科幻""体育＋电竞"等创新产业，建设了首钢遗址公园、冬奥广场、首钢滑雪大跳台、电竞综合大厅等文化设施，先后承接冬奥会比赛、服贸会展览等重大活动，使百年工业园区焕发创新活力。国际奥委会主席巴赫盛赞首钢园成为奥林匹克运动推动城市发展的典范、世界工业遗产再利用和工业区复兴的典范。目前，全市七成以上的市级文化产业园区由老旧厂房改造而成，为文化产业发展提供了新空间和特色资源。注重工业遗产保护利用的规范化发展，在全国范围率先给出系统方案。除 798 艺术区、郎园、天宁 1 号、77 文创园等园区外，近年来又成功推出了隆福寺文创园、咏园、北化机爱工场等项目。

3. 重视京津冀园区联动，放大区域协同效应

签署《京津冀三地文化领域协同发展战略框架协议》《京津冀文化和旅游协同发展战略合作框架协议》等文件，为文化产业的区域协同以及产业园区的跨区域合作提供了政策保障。北京以社会组织为载体，整合京津冀文化产业资源，搭建文化产业园区协同发展的服务平台。推动北京的文化产业园区品牌向京津冀地区、环渤海地区输出。东郎、竞园、锦珑、北服创新园等园区在北京城市副中心、雄安新区等地设立分园；郎园、北京电影学院文创园等在天津等地建立了连锁园区。举办冰雪文化产业峰会等各类推动文化产业协同发展的会议活动，帮助文化产业园区与各地对接

"政、产、学、研、资"等方面资源，促成京津冀地区多个文旅项目深度合作。

（三）创新生产供给，场景化、体验式消费渐成主流

创新是文化产业高质量发展的重要保证。北京通过不断的文化产品创新和生产供给，增加场景式、体验式、休闲式消费内容，增强消费体验性、娱乐性和趣味性，满足人民群众日益增长的精神文化需求。

1.培育发展"独角兽"企业，打造产业发展新高地

独角兽企业被视为新经济发展的重要风向标，也是一座城市创新能力和创业环境的集中体现之一，文化科技型"独角兽"企业发展迅速。北京成立中关村独角兽企业发展联盟，出台《关于加强中关村独角兽企业培育和服务的若干措施（征求意见稿）》，强化独角兽企业在业态创新中的主体地位。截至2022年9月，文化领域独角兽企业42家，约占全国一半。5家京企入选第十五届"全国文化企业30强"及提名，集中反映出北京在积极推动文化产业高质量发展过程中，文化与科技深度融合、文化新业态蓬勃发展、原创内容生产百花齐放的突出特点。这些独角兽企业和知名龙头企业推动了新业态形成，促进内容生产从文化与科技的简单叠加向文化与科技裂变倍增转变。

2.打造沉浸式体验空间，搭建城市文化新场景

沉浸式是文化新业态的重要特征，在文化体验中充分融入虚拟现实、人工智能、大数据等数字科技，打造集展示、体验、传播、互动于一体的文化新产品、消费新场景。北京以智慧城市、"演艺之都"和国际消费中心城市建设为依托，培育沉浸式、互动式等演出业态，打造沉浸式体验新空间，推出全国首个数字兵马俑沉浸展、"互联网+中华文明"数字体验展等。2023年8月，文化和旅游部公布的首批24个全国智慧旅游沉浸式体验新空

间培育试点名单中，北京的无相艺术空间、亮马河国际风情水岸等三个项目入选，成为入选项目最多的（省）市之一。推出的"网红打卡地"，如中关村壹号、中国移动咪咕·咖啡场景空间、北京汽车博物馆 5G+MR 数字全息体验馆、"元宇宙时光隧道"等，凸显数字经济与人文要素的融合，发展为集多功能于一体的立体化场所，成为城市文化新场景。

3. 深挖特色资源潜力，提振城市文化新消费

数字信息消费是提振城市文化消费的重要内容支撑，为充分发挥北京数字经济和信息消费领先优势，北京市制定出台促进数字消费的系列政策，强化数字技术赋能消费创新引领作用。培育壮大"互联网+"消费新模式，构建数字文化消费生态圈。推动限额以上商业企业触网、发布数字经济体验场景地图、开展多领域直播消费体验活动、打造信息消费体验中心小程序在线平台，促进电商、直播经济、在线文娱等数字消费新模式规范持续健康发展。全市数字经济增加值由 2017 年的 1.09 万亿元提高至 2022 年的 1.73 万亿元，占 GDP 的比重由 36.3% 提高到 41.6%（见专题图 4-3），呈现良好发展态势。2022 年，在全市居民文化消费中，数字文化消费金额和消费频次均位居前三，数字化成为北京市民文化消费明显特征。

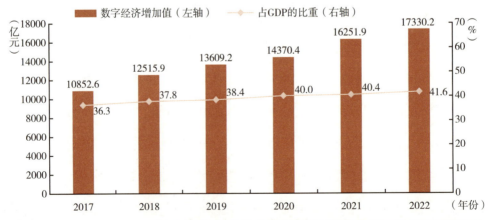

专题图 4-3　2017~2022 年北京市数字经济增加值及占地区生产总值比重

　　同时，北京深挖特色资源潜力，激发夜间消费新动能，创造夜间消费新供给，打造"夜京城"城市名片，增强城市文化消费活力。建设夜间文化和旅游消费集聚区，探索新时代背景下夜游产业高质量发展路径。前门大街、王府井等 11 个街区（园区）入选国家级夜间文化和旅游消费集聚区（见专题表 4-5）。这些集聚区立足区位和产业优势，重点培育餐饮、娱乐、旅游、休闲等适应市民夜间消费需求的新场景。丰富新型消费业态，将文化、时尚、体育、科技等元素融入夜间经济消费内容。如以南中轴·夜天桥艺术推广活动为代表的"夜经济 + 文化"、以"亮马河国际风情水岸时尚秀典"为代表的"夜经济 + 时尚"、以华熙 LIVE·五棵松为代表的"夜经济 + 体育"、以北京园博园为代表的"夜经济 + 科普"等，极大丰富了消费内容供给。

专题表 4-5　北京入选国家级夜间文化和旅游消费集聚区名单

入选年份	街区 / 园区
2021	东城区前门大街；西城区天桥演艺区 朝阳区 798-751 艺术街区；朝阳区亮马河风情水岸 海淀区华熙 LIVE·五棵松；密云区古北水镇
2022	东城区王府井；朝阳区北京欢乐谷 朝阳区大悦城；通州区北京环球城市大道 昌平区乐多港假日广场

（四）文旅深度融合，赋能旅游产业高质量发展

　　北京市坚持"以文塑旅、以旅彰文"，促进文化、商业、旅游、体育等领域深度融合发展。打造"漫步北京""北京礼物""畅游京郊""最美乡村民宿"等文旅融合发展精品，推出 100 个新晋北京网红打卡地和 100 个提名推荐打卡地，发布 21 条文旅骑行线路，在全国率先推出 400 公里"京畿长城"国家风景道主线，促进文化旅游产业高质量发展。

1. 传统文化资源与创意产业融合发展，历史文化资源焕发新活力

北京紧扣古都文化主题，促进传统文化资源与创意产业融合发展。《上新了·故宫》《遇见天坛》《了不起的长城》《我在颐和园等你》等节目通过真人秀的形式，活化展现北京历史名胜的文化内涵，成功实现从线上到线下的引流。故宫"紫禁城上元之夜""张灯结彩——故宫博物院藏宫廷灯具珍品展"、鼓楼"时间的故事"数字沉浸展等活动，以场景表演和光影科技打造沉浸式游览、观展体验，历史文化资源焕发崭新活力。近年来，以博物馆、展览馆为目的地的文化旅游越来越受欢迎，文创产品成为我国旅游消费市场的重要内容。北京牢牢把握发展趋势，推动文化创意产品开发。近5年来，全市文博资源市场转化经济效益近4亿元，已初步形成馆藏文物资源与多行业IP双向赋能。北大红楼、李大钊故居、《新青年》编辑部旧址、北京鲁迅博物馆推出一系列将新国潮风格和主旋律元素巧妙结合的文创产品，既体现出北京的历史文化和红色资源特色，又满足了市民及游客的高品质文旅消费需求。

2. 新兴文化旅游项目逐渐成型，推动北京文化旅游资源转化

北京市积极引入新兴文化旅游项目，丰富全市文化旅游资源。北京环球度假区2021年9月开园，迅速成为北京文化旅游新地标、区域性的文化产业增长极、最热门的网红打卡地。北京环球度假区作为数字化、故事化、沉浸式体验的旅游项目，完善了北京的文旅消费结构，弥补了缺少国际化、现代化主题游乐园的短板。据北京城市副中心文化和旅游区管理局统计，截至2022年9月20日，北京环球度假区开园一周年累计接待游客1380万人次，为游客提供6.8万场次演出。依托环球度假区打造的北京环球城市大道，是北京"首店经济"最具规模化的商圈之一，包括15家各具特色的餐厅、7家主题零售店铺、1家多功能影院、1家金融服务网点，成功入选第二批国家夜间文化和旅游消费聚集区。文旅商融合发展的北京环球度假区

对通州区经济起到了带动作用，2022 年第一季度通州区文化、体育、娱乐业收入同比增长 532.7%；另据通州区统计局的数据，2021 年 10 月至 2022 年 8 月，通州区规模以上文旅及相关产业五大主要行业营业收入同比增长超 40%。目前，北京仍持续发力，积极推动一批标志性新兴文旅项目尽快落地。

3. 京张体育文化旅游带建设提速，"双奥文化"赋能冬季旅游

京张体育文化旅游带建设工作在冬奥会结束之后加速推进，北京市积极响应相关政策规划，推动深化区域合作，促进区域体育、文化、旅游融合发展。在京张体育文化旅游带建设引领下，延庆海陀滑雪旅游度假地获评国家级滑雪旅游度假地、延庆北京世园公园获评国家体育旅游示范基地，长城主题国家级旅游线路"长城冬奥冰雪运动之旅"串联起冬奥场馆和京张两地的长城景区。北京冬奥场馆在赛后向公众开放，为游客提供冬奥遗产观光和冰雪运动场地，让游客亲身体验冬奥文化，参与冬季运动（见专题表 4-6）。借助冬奥会带来的冰雪运动热潮，北京市连续多年成功开展市属公园冰雪游园会、市民快乐冰雪季等活动，单季活动参与人次超过 3100 万，冬季旅游成为北京旅游新亮点。

专题表 4-6　北京冬奥会部分场馆赛后开放情况	
场馆	赛后开放情况
国家高山滑雪中心	利用回村雪道打造大众滑雪场地并向公众开放
国家速滑馆	保留大量冬奥元素，向公众提供观光、滑冰等活动内容
首钢滑雪大跳台	举办"首钢园冰雪汇"大众冰雪嘉年华活动，提供雪圈冲浪、雪上 CS、雪地平衡车等活动内容

4. 乡村旅游逐渐兴起，成为北京文化旅游新热点

北京大力打造精品民宿，促进乡村旅游，评定认证了 24 家乡村旅游特

色业态、105 家五星级民俗户、1 个四星级民俗旅游村、3 个五星级民俗旅游村。积极鼓励相关村、镇申报国家级乡村旅游重点村、镇（乡），截至 2022 年底，全市共有 44 个自然村入选全国乡村旅游重点村、6 个镇入选全国乡村旅游重点镇（乡）。全市乡村民宿发展到 5168 家，"长城人家""冬奥人家"等区域民宿品牌更加响亮。持续加大对乡村旅游项目的金融支持力度，累计通过京郊旅游政策性保险为 2835 家乡村旅游企业承保，承担风险金额 28.92 亿元，提高了京郊小微旅游企业抗风险能力。从市民出游选择来看，市民郊区游比重从 2019 年的 53.6% 上升到 2022 年的 59.9%（见专题图 4-4）。2022 年，北京市先后分三批向社会累计发放京郊住宿消费券 2945.3 万元，带动京郊旅游消费 3.6 亿元,9150 家住宿企业平均每家增收 3.9 万元，带来 5600~8000 个间接就业机会。

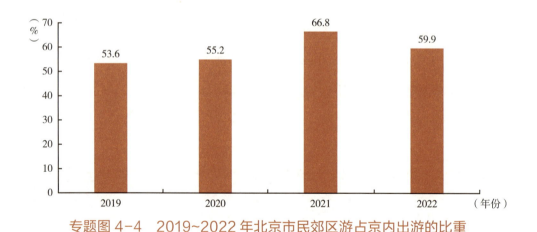

专题图 4-4　2019~2022 年北京市民郊区游占京内出游的比重

五　首要窗口：发挥"双奥之城"优势推进文明交流互鉴

随着中国国际地位的日益提高，面对世界百年未有之大变局，以坚定的历史自信和文化自信推进文化交流的重要性日益凸显。北京作为全国文化中心，积极对接国际交往中心建设，充分利用中国特色大国外交核心承载地优势，努力彰显全球首个"双奥之城"的品牌魅力，着力把讲好北京故事、展示大国首都良好国际形象，讲好中国故事、阐释推介当代中国价值的重要使命，贯穿于文化交流、文化传播和文化贸易的方方面面，努力把北京建设成为文明交流互鉴的首要窗口。

（一）充分利用中国特色大国外交核心承载地优势，向世界展示新时代自信包容的大国风范

北京作为首都，是中国特色大国外交和国际交往活动的核心承载地，承担着"主场传播"的重要使命，在服务国家总体外交、提升国家形象、向世界阐释推介当代中国价值等方面发挥着独特作用。

1. 利用"主场传播"优势，以高水平文化服务保障展示国家形象

北京文化"走出去"以大国关系为重要背景，积极借助各类主场传播平台，全方位、多角度展示全面、立体、真实的北京。随着我国日益走近世界舞台中央，在京举办主场外交活动、主场国际赛事、主场国际活动、主场重大政治活动、主场重大庆典等日益频繁。各类主场外交平台是开展各项文化对外交流活动、积极践行交流互鉴文明观的重要依托。在过去五年，北京共接待来访外国元首和政府首脑100余位，成功举办了两届"一带一路"国际合作高峰论坛、亚洲文明对话大会、中非合作论坛北京峰会、北京世园会等10余场重大主场外交活动。北京始终坚持在重大国事活动中注入传统文化精髓、当代文化成就和先进文化理念。在"一带一路"国际合作高峰论坛、亚洲文明对话大会、北京世界园艺博览会等主场外交活动中，组织高水准的文艺演出及文化展示活动，全景化展示了中华文明的深厚底蕴和大国崛起的发展成就（见表专题4-7）。

专题表 4-7   2014~2022 年在京举办的国家重大主场外交活动

时间	主场外交活动
2014 年 11 月	APEC 峰会
2015 年 1 月	中国—拉共体部长级会议
2015 年 9 月	中国人民抗日战争暨世界反法西斯战争胜利 70 周年
2016 年 1 月	亚投行成立仪式
2017 年 5 月	第一届"一带一路"国际合作高峰论坛
2017 年 12 月	中国共产党与世界政党高层对话会
2018 年 9 月	中非合作论坛北京峰会
2019 年 4 月	第二届"一带一路"国际合作高峰论坛
2019 年 4 月	2019 中国北京世界园艺博览会
2019 年 5 月	亚洲文明对话大会
2020 年 9 月	中国国际服务贸易交易会
2021 年 9 月	中关村论坛
2022 年 2 月	北京冬奥会和冬残奥会

2. 放大"冬奥效应"，交出冬奥筹办和本地发展两份优异答卷

北京是全球首个"双奥之城"，北京冬奥会期间成为近年来国际舆论正面客观讲述中国故事最集中的一段时期。冬奥会为北京展现自身更全面、更真实的形象，塑造世界城市名片提供了世界舞台。北京抓住筹办举办冬奥会重大机遇，推动科技创新、绿色可持续发展、开放合作、命运共同体等中国理念走向世界。冬奥会期间，世界媒体齐聚北京，北京冬奥会主媒体中心组织召开了 22 场例行新闻发布会，竞赛场馆和非竞赛场馆组织 200余场新闻发布会；北京冬奥组委受理近 1.5 万件采访申请，累计为 2.2 万余人次中外媒体记者提供信息和新闻服务；策划举办 22 场形式灵活、氛围轻松的媒体吹风会，通过小切口、小主题讲述冬奥大故事，释放正面信息；创新设立闭环外发布厅、创新组织 70 场云采访活动，实现闭环内外联动，确保权威发布、回应关切、答疑释惑。同时，2022 北京新闻中心围绕

冬奥城市运行、生态环境保护、推动科技创新、助力"带动三亿人参与冰雪运动"等记者关注的热点，策划组织开展 15 场新闻发布会，吸引了 800 余家次媒体的上千名记者参加。围绕"双奥之城"叙事，设置九大展览展示活动板块，多形式生动展示大美中华、奋进北京、绿色冬奥、幸福民生等美好景象，服务中外媒体记者 17785 人次，系列直播活动观看量和报道访问量累计 1.44783 亿人次，形象展示品累计发放 8.19 万件。组织"'双奥之城'新气象——2022 中外媒体北京行"等主题活动 62 场，累计 1570 家次 2480 人次中外媒体及记者参加。吉祥物"冰墩墩""雪容融"更是出圈走红，成为海外社交媒体顶流明星。冬奥会赛后，北京市注重用好冬奥遗产，稳步释放北京冬奥"后效应"，积极谋划冬奥场馆赛后利用，将举办重大赛事同服务全民健身结合起来，创新利用奥运资源，持续放大"奥运效应"。

3. 发挥"节点作用"，着力探索构建国际文化交流合作网络

北京充分发挥全球文明对话合作网络节点城市作用，搭建开放、共享、公平、活力的国际性文化交流互鉴机制平台，积极参与国际议题设置和标准规则制定，不断塑造"北京影响力"。截至 2023 年 6 月，共有 113 家国际组织在京落户，各类国际组织总部和代表机构数量均居全国首位。其中不乏文化和旅游类国际组织，在增强国际话语权和行业引导力、促进东西方文化交流互鉴等方面发挥着越来越重要的作用。如世界旅游城市联合会、世界剧院联盟、全球音乐教育联盟、联合国教科文组织国际创意与可持续发展中心等国际组织和联盟先后落户。其中，世界旅游城市联合会是首个总部设立在北京的国际旅游组织，现今会员城市和机构达到 237 个，遍及全球 83 个国家和地区，成为引导世界旅游发展的风向标。市区两级国际友好城市和友好交流城市达 260 个，形成覆盖全球的对外合作国际网络，成为推动文化交流与合作的重要保障。

（二）搭建讲好中国故事的全球性平台，让世界更好感知和读懂中国

北京积极构建讲好中国故事的全球性平台，以多层次的国际人文交流机制，向世界阐释推介具有中国特色、体现中国精神、蕴藏中国智慧的优秀文化。以多样化的国际展示交流平台，增强全球高端文化资源要素的吸引力和配置能力。

1. 加强品牌塑造与创新，努力实现从"走出去"到"走进去"

北京用好传统节日等载体，积极配合党和国家领导人重要外事活动，持续打造对外文化交流活动品牌，不断创新文化交流活动形式手段，努力实现从"走出去"到"走进去"的转变。如持续打造"欢乐春节"节庆活动品牌，连续 16 年在芬兰首都赫尔辛基、连续 6 年在希腊首都雅典举办"欢乐春节"活动。精心培育"北京之夜"文艺演出品牌，至今已连续举办9 届，先后在四大洲 13 个国家成功演出，成为北京对外文化交流的金字招牌。做好"魅力北京"优质纪录片海外播出项目、"中国梦 365 个故事"多语种版海外传播项目，持续对外讲好中国故事、北京故事。做好"北京优秀影视剧非洲展播季"京影走出去品牌，将 132 部以"北京出品"为主的优秀中国影视剧用 7 种语言在非播出，覆盖 46 个国家。北京文化论坛已经成为具有国际影响力的国家级论坛，以"传承·创新·互鉴"为永久主题，致力于交流文化建设经验，推动文化合作发展，促进文明交流互鉴，塑造具有中国风韵、国际影响的文化品牌。

2. 加强内外开放相互促进，形成"引进来、走出去"双向互动格局

北京积极吸引国内外高端文化要素集聚，对国际文化文艺领域新潮流引领能力不断提升，体现中国价值的品牌新概念不断推出。积极培育品牌性国际文化活动 60 余个，北京国际图书博览会、北京国际电影节、北京国际设计周等品牌呈现多领域、市场化、专业化的特点，国际影响力不断提

升。同时，以"让外国人讲北京故事"的思路，持续发力入境旅游市场推广。自 2016 年起，北京连续开展"长城好汉"系列全球营销推广活动，已成为海外文旅达人体验、分享、传播最新最美最好北京的重要平台。招募 30 个国家 1600 余人举办推介会，国内外 100 多家媒体进行报道，覆盖超过 8000 万网络受众。

3. 加强国际传播能力建设，提升国际传播效能

在多个国际机构发布的权威全球城市排行榜中，北京均处于前五位（见专题表 4-8），从城市国际传播影响力来看，据市政府新闻办及环球网统计，2022 年境外英文主流媒体、境外社交媒体报道北京总量分别跃升至世界第 2 和第 3，北京跃居世界城市影响力第一方阵前列。在推动国际传播举措上，一方面做强在场传播，发挥来京外国主流人群数量多、层级高、影响大的优势，吸引各国主流人群成为北京城市形象的传播者。北京持续打造 4 届"爱上北京的 100 个理由"短视频大赛，3 届中国大运河文化带京杭对话，4 届国际青年、国际城市媒体北京论坛，8 届丝路大 V 北京行，炫彩世界共建"一带一路"国家特色文化展示，外交官感知北京一区一品活动等一批首都外宣精品项目、活动品牌。其中，8 届丝路大 V 北京行活动，累计 44 个共建"一带一路"国家 100 位国家前政要、智库学者、主流媒体记者、知名导演和博主网红来到北京，国际社交媒体平台分享浏览量达 1.6 亿人次。另一方面，适应国际传播领域移动化、社交化、可视化趋势，加强新媒体传播。在全国文旅新媒体国际传播力指数榜单中，北京多次位居综合排名第一。据北京市政府新闻办及环球网统计，目前，北京市境外社交媒体矩阵账号近 2000 个，境外粉丝量 3200 万个，北京故事全球传播量阅读量达 21 亿人次。北京推出《"40 年回眸，我们和北京一起绽放"——纪念改革开放 40 周年 40 位外籍专家评北京巨变微纪录片》《外国领导人登长城》《京味》等系列中英双语国际传播微视频精品。其中，《"40 年回眸，

我们和北京一起绽放"——纪念改革开放 40 周年 40 位外籍专家评北京巨变微纪录片》荣获中国新闻奖等 7 项国家级奖项。

专题表 4-8　2022 年北京在国际权威全球城市排行榜中排名情况		
发布单位	权威全球城市排行榜	名次
英国《自然》周刊网站发布	《2022 自然指数 - 科研城市》	1
科尔尼联合全球顶级学术机构和商业咨询机构共同发起	《全球城市指数（2022）》	5
《经济学人》杂志	《首届数字城市指数报告 2022》（DCI）	3
施普林格·自然集团同清华大学产业发展与环境治理研究中心共同发布	《2022 国际科技创新中心指数》	3
世界知识产权组织	《2022 年全球创新指数报告》（GII）	3
创业基因国际咨询机构（Startup Genome）和全球创业网络（GEN）	《2022 年全球创业生态系统报告》	5

（三）提升文化贸易质量和水平，提高文化交流的广度与深度

北京积极构建更大范围、更宽领域、更深层次的对外文化开放格局，着力提升文化贸易质量和水平，对外文化贸易规模稳步增长，结构持续优化，行业优势明显，文化出口重点企业引领文化贸易高质量发展。

1. 对外文化贸易规模不断扩大，文化出口竞争优势不断增强

北京对外文化贸易规模不断扩大，文化贸易总额由 2013 年的 35.3 亿美元增长至 2019 年的 72.8 亿美元，增长幅度达 106.2%，年均增长率为 12.8%。2019 年，北京文化贸易进出口额同比增长 20.9%，其中文化产品进出口总额达 34.6 亿美元，同比增长 54.5%，创历史最高增速。北京文化产品进出口总额由 2013 年的 9.1 亿美元增长至 2021 年的 61.3 亿美元，增长幅度达 574%，年均增长率达 26.9%（见专题图 4-5）。

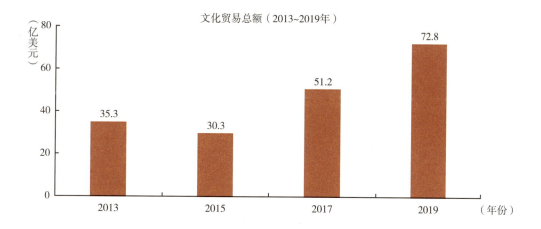

专题图 4-5　北京市文化贸易总额、文化产品进出口总额增长情况

与此同时，北京市重点文化行业出口竞争优势不断增强。动漫游戏方面，北京市作为全国动漫游戏行业重要的研发中心和最大出口地，行业出口规模由 2014 年的 42 亿元增长到 2021 年的 575 亿元，增幅为 1269.05%。2021 年北京动漫游戏产业年度总产值为 1203.09 亿元，同比增长 11.64%；出口产值大幅增长，达到 575.33 亿元，与 2020 年的 419.29 亿元相比增长了 37.22%。艺术品贸易方面，2021 年北京市艺术品进出口总额为 51.81 亿元，相较于 2020 年，进出口总额增长了 629%，进口额增长了 716%，出口额增长了 581%，进出口比率也从 2 下降至 1.5，数据表明，2021 年北京艺术品市场进出口需求规模飞速增大，贸易逆差也有了较大改观。

2. 做强龙头企业，引领文化贸易高质量发展

北京市文化出口重点企业在人力资源、企业规模、出口增速以及海外市场拓展等方面都处于全国领先地位，具备强劲的发展潜力和竞争力。其中，文化服务业是北京重点企业的主要文化出口类型，新闻出版、广播影视、动漫网游和文化科技成为北京重点企业的主要文化出口行业，引领北京文化贸易高质量发展，对我国文化产品和文化服务市场的对外拓展起到了很好的示范作用。北京企业四达时代集团在译制基地已累计翻译影视剧45000集、配音33000集，基地译制配音的中国影视剧占总量的73.3%。2013~2022年，北京市国家文化出口重点企业名单和重点项目名单入围数量始终居全国第一。

3. 搭建高端平台，推动文化贸易与合作

北京市借助国家服务业扩大开放综合示范区和自由贸易试验区"两区"建设优势，加快建设国家文化出口基地等平台。在组织、政策、资金、人才、平台、服务等各方面建立有效的"走出去"保障体系，探索促进文化"走出去"和"引进来"的优惠政策，完善"走出去"促进政策体系。北京市共有3家国家文化出口基地，分别为北京天竺综合保税区、北京市东城区国家文化出口基地、北京市朝阳区国家文化出口基地。北京天竺综合保税区，即国家对外文化贸易基地（北京），着力打造国际文物艺术品保税贸易平台、国际文物回流平台、国际文化装备贸易平台等三大产业服务平台，保税艺术品在全国占比已接近1/3，文物进口数量占全国一半，北京已成为国际文物艺术品交流的重要窗口、海外文物回流的主要口岸。北京市朝阳区国家文化出口基地已经汇集全市90%的国际传媒机构，80%的国际组织、国际商会，70%以上的跨国公司地区总部，65%以上的外资金融机构，50%以上的国际性会展。

创造新时代新文化，
建设中华民族现代文明

在新时代新征程新的历史起点，我们向社会奉献这部《新时代中国文化发展报告：走向全面繁荣的中华民族现代文明》，这是国内首部全面展示新时代以来我国文化发展历史性成就的研究成果。

理论总结虽然在时间上总是滞后于生动鲜活的社会实践，其优势却在于可以凭借深入的思考来探寻实践的发展规律，这决定了本书的立意：关注经验性的事实数据，更注重揭示事实数据所体现、所支撑的理论逻辑和政策逻辑；总结已然取得的文化成就，更致力于阐释这些成就与我国继续推动文化繁荣、建设文化强国、建设中华民族现代文明这一新的文化使命，与新时代文化建设的路线图和任务书之间的内在联系。总之，将实证的文化研究上升为文化哲学，践行文化自信，用中国道理总结好中国经验，把中国经验升华为中国理论，这是本书的写作宗旨。

党的十八大以来，我国文化建设领域的首要成就，是形成了习近平文化思想。2023 年 10 月，全国宣传思想文化工作会议提出，习近平总书记在新时代文化建设方面的新思想新观点新论断，丰富和发展了马克思主义文化理论，构成了习近平新时代中国特色社会主义思想的文化篇，形成了习近平文化思想。深入学习、研究和阐释习近平文化思想的丰富内涵，是我国哲学社会科学工作者的重要使命。本书绪论、第一章、第二章和第三章为理论部分，围绕习近平文化思想这一具有很强的政治性、思想性、指导性，不断展开的和开放式的思想体系展开了论述。

新时代以来，习近平总书记准确把握世界范围内思想文化相互激荡、我国社会思想观念深刻变化的趋势，举旗定向、谋篇布局，正本清源、守正创新，围绕宣传思想文化工作，围绕文艺工作、党的新闻舆论工作、网络安全和信息化工作、哲学社会科学工作、高校思想政治工作、文化传承发展、全球文化、文明发展和交流互鉴等提出了一系列新思想新观点新论断。在2018年8月的全国宣传思想工作会议上，习近平总书记用"九个坚持"高度概括了我们党对宣传思想工作的规律性认识；在2023年6月的文化传承发展座谈会上，明确了文化建设方面的"十四个强调"，鲜明提出坚持党的文化领导权、深刻理解"两个结合"、担负新的文化使命等重大创新观点，提出建设中华民族现代文明的重大任务；在2023年10月全国宣传思想文化工作会议召开之际，又对宣传思想文化工作提出了"七个着力"的重要指示。这些关于新时代文化建设的新思想新观点新论断，其丰富系统、深刻厚重的程度在党的历史上是不多见的，是新时代党领导文化建设实践经验的理论总结，丰富和发展了马克思主义文化理论。

本书认为，习近平文化思想解决了新时代文化发展的旗帜问题、道路问题、方向问题和途径问题，为牢固确立以马克思主义为指导的根本制度、为加强党对文化工作的全面领导、为中华优秀传统文化的现代性"激活"、为广大人民坚定"四个自信"、为我国应对国内外出现的新的挑战、为中华民族以新的精神风貌屹立于世界民族之林提供了坚实的理论依据和清晰的行动指南。为国家立心，为民族立魂，为当今世界贡献新文明，展现了习近平文化思想的全新天下情怀。

习近平文化思想明体达用，体用贯通，为新时代我国文化建设提供了根本遵循。从创造中华民族现代文明的目标指向和历史使命的高度，回顾总结新时代以来我国各主要文化建设领域的辉煌成就，构成了本书第三章实证研究部分、第四章至第七章，以及四个专题报告的基本主题。

本书认为，在习近平文化思想引领下，10余年来我国历史学、考古学、文物和文化相关部门在中华文明探源、历史遗产保护与传承等方面取得了重大成就。作为学术项目，"中华文明探源工程"实施已有20余载，习近平文化思想赋予这项工作以全新的意义：探寻根脉、赓续文脉，以考古工作的扎实材料实证我国有百万年的人类史、一万年的文化史、五千多年的文明史，印证中华文明源远流长且从未中断，揭示中华文明具有突出的连续性、创新性、统一性、包容性、和平性，为中华民族树立历史自信、文化自信提供了丰富的科学依据。第三章还设专节描述了红色文化的保护与传承成就，这是本书的亮点，更是新时代文化建设的亮点。红色文化所代表的革命传统已融入中华优秀文化传统的整体，在唱响主旋律、振奋精气神方面具有不可替代的意义。

本书认为，在习近平文化思想引领下，10余年来我国在文化事业发展、公共文化服务和文化产业发展、"数字文化中国"建设方面成就斐然。习近平文化思想将坚持以马克思主义为指导、加强党对意识形态工作的全面领导作为新时代文化事业发展、文化体制改革的根本遵循，将"把社会效益放在首位，社会效益和经济效益相统一"作为衡量公共文化服务、文化产业发展的准则，为文化事业和文化产业全面服务于社会主义精神文明建设提供了指南。本书还强调指出，习近平总书记近年来关于推进"文化与科技融合"、加快"数字中国"建设的重要论述，内在包含着"数字文化中国"建设的时代课题，是习近平文化思想的重要组成部分，推动了我国公共文化服务和文化产业的数字化浪潮，并给传统的公共文化服务、传统的文化产业及相关产业带来日益深刻的结构性变化。为此，本书第五章专章讨论"数字文化中国"建设。本书相信，2035 年建成的文化强国必然蕴含着数字文化强国的内容，中华民族现代文明必定蕴含着数字中华文明的内涵，"数字文化中国"建设必将引领我们迈入"数字文明新时代"。

本书认为，"人民文化实践"成为新时代文化发展的鲜明特色，第六章提出这一概念并对此进行探讨具有重要意义。在习近平文化思想的引领下，我国的人民文化实践取得伟大成就，生动体现了"以人民为中心"、增进人民群众的文化获得感和幸福感、提升人民群众的文化创造力和精神力量的文化发展宗旨。文化发展为了人民，文化创造以人民为主体、以人民为主题，文化发展成果为人民所共享，这都体现了中国式现代化的文化优势。

本书认为，新时代以来，我国在文明交流互鉴领域取得了历史性成就，实现了历史性突破，第七章对此进行了系统论述。习近平总书记关于文明交流互鉴的重要论述，集中体现了五千多年中华文明一以贯之的包容性、和平性特征；关于"人类命运共同体""全人类共同价值""全球文明倡议"等重要理念，针对当今被实力政治、霸权政治扰动的国际社会提出了中国特色的道义目标和解决方案；关于相互尊重、和谐相处、平等包容、和而不同、反对文化霸权等重要论断，概括了当今世界文明交流互鉴的伦理准则。

本书还包括四个专题报告。专题报告一《2023 年中国居民文化发展满意度报告》和专题报告三《新时代人民文化实践网络热词热度研究报告》以丰富翔实的调查数据，展现了人民群众对新时代文化建设的较高满意度和认可度。专题报告二《中国文化发展评估指标体系研究》为我国文化发展状况提供了探索性的指标测量方案。专题报告四《北京全国文化中心建设发展报告》全方位展示了新时代我国首都文化建设的创新实践和突出成就。

2012 年 11 月，习近平总书记参观《复兴之路》展览时首次提出，"实现中华民族伟大复兴，就是中华民族近代以来最伟大的梦想"。什么是中华民族伟大复兴？实现这一伟大复兴需要承担怎样的文化使命？对这个使命之问的探索和解答构成了习近平文化思想形成发展的主导线索。本书认为，中国共产党团结带领中国人民经过百年探索和奋斗，迎来了从"站起来""富起来"到"强起来"的伟大飞跃，为中华民族伟大复兴提供了坚实的历史基础。这个伟大飞跃从文化意义来看意味着要成就中国式现代化的文化形态，从文明意义来看则意味着要为当今世界贡献一种"不言而善应，不召而自来"的文明典范。

一个以中国式现代化道路开创的、由当代中国物质成就和精神成就支撑的、在当今世界具有典范效应的、全面繁荣的中华民族现代文明已经展现在我们面前！

后 记

　　在中国社会科学院党组、中华民族现代文明研究阐释工程领导小组的部署和指导下，中国社会科学院、北京市社会科学院等单位的数十位学者勠力同心、协同创作，完成了这部研究成果。有关本书的体例以及各章主要论点在"结语"里已有说明，兹不赘述。

　　本书开题之初，中国社会科学院党组确定了明确的撰写宗旨：用中国道理总结好中国经验，把中国经验升华为中国理论。秉持这一宗旨，课题组成员认真学习贯彻习近平总书记在新时代文化建设方面的新思想新观点新论断，深入学习贯彻习近平文化思想，梳理概括党和国家10余年来出台的推进文化建设的指导性政策，汇集总结我国新时代以来主要文化建设领域取得的辉煌成就，并将这些理论、政策和实践成就与我国建设中国式现代化的文化形态、建设中华民族现代文明的伟大目标任务联系起来。报告的撰写本身就是坚定"四个自信"、研究中国道理、总结中国经验、探索中国理论的文本实践。如今本书完成，我们将它交给学界同行批评指正，交给历史检验。

　　本书分工如下：绪论和第一章由中国社会科学院马克思主义研究院、世界历史研究所课题组撰写，第二章由中国社会科学院哲学研究所课题组撰写，第三章由中国社会科学院近代史研究所、考古研究所、古代史研究所、地方志联合课题组撰写，第四章由中国社会科学院文化研究中心课题组撰写，第五章由中国社会科学院文化研究中心、北京新元智库课题组撰写，第六章由中国社会科学院民族文学研究所、文学研究所课题组撰写，第七章由中国社会科学院新闻与传播研究所课题组撰写。专题报告一由中国社会科学院社会学研究所课题组完成，专题报告二由中国社会科学院中国社会科学评价研究院课题组完成，专题报告三由中国社会科学院民族文学研究所、中央财经大学文化经济研究院、北京市社会科学院首都文化发展研究中心课题组完成，专题报告四由北京市社会科学院文化研究所、史志学研究所、马克思主义研究所、传媒与舆情研究所、城市文化研究所课题组完成。参加本书编写的课题组成员有（按姓名笔画排序）：丁国旗、马一栋、马茹、王英、王林生、王京、王波、王淑娇、云庆、尤国珍、方正、龙涌霖、叶俊、邢科、朱迪、刘永强、刘须宽、刘德良、刘毅、安德明、阮飞、孙海科、孙萍、杜宏巍、杜继东、李闯、李河、杨传张、杨典、杨佳乐、杨浩、杨彬彬、杨瑞明、吴田、辛向阳、宋洋、张丹、张志强、张凯、张衍、张洪亮、张晓明、陈光金、陈时龙、陈建波、陈镭、罗文东、季芳芳、金民卿、周丹、赵继敏、胡正荣、胡乐明、胡海忠、施劲松、祖春明、祝鹏程、贾志杰、晏晨、徐刚、高文珺、高寒凝、高福美、黄仲山、黄燕华、龚顺、常怀颖、崔乃文、屠音鞘、惠鸣、景俊美、景嘉伊、曾庆香、曾国华、意娜、蔡媛青、冀祥德。本书总课题组对上述学者的辛勤努力表示崇高的敬意。

由 20 余家研究所、研究中心共同参与研究工作，是一项复杂的系统工程。中国社会科学院科研局作为本课题的总体协调机构发挥了高效的领导组织和服务保障功能，中国社会科学院哲学研究所作为课题的责任单位在课题设计和实施方面发挥了重要的学术组织作用。在这里，还要特别致谢中国社会科学院所属的社会科学文献出版社，他们以高度负责的态度，从出版角度提供了大量专业性的建议。

　　盛世修文。能够将我们对时代的鲜活记录和理论探索汇入新时代的文化发展大潮，课题组成员无比自豪，与有荣焉。同时我们也深感责任重大，新时代召唤我们更好地担负起新的文化使命，推动建设文化强国，奋力建设全面繁荣的中华民族现代文明。

中国社会科学院课题组

2024 年 1 月

图书在版编目（CIP）数据

新时代中国文化发展报告：走向全面繁荣的中华民
族现代文明 / 中国社会科学院课题组著. -- 北京：社
会科学文献出版社, 2024.1（2024.3重印）
ISBN 978-7-5228-2466-6

Ⅰ. ①新… Ⅱ. ①中… Ⅲ. ①文化事业－研究报告－
中国 Ⅳ. ①G12

中国国家版本馆CIP数据核字（2023）第163669号

新时代中国文化发展报告：走向全面繁荣的中华民族现代文明

著　　者 / 中国社会科学院课题组

出 版 人 / 冀祥德
责任编辑 / 邓泳红　陈　颖　桂　芳　宋　静
责任印制 / 王京美

出　　版 / 社会科学文献出版社·皮书出版分社（010）59367127
　　　　　　地址：北京市北三环中路甲29号院华龙大厦　邮编：100029
　　　　　　网址：www.ssap.com.cn
发　　行 / 社会科学文献出版社（010）59367028
印　　装 / 三河市东方印刷有限公司

规　　格 / 开　本：787mm×1092mm 1/16
　　　　　　印　张：41.25　字　数：535千字
版　　次 / 2024年1月第1版　2024年3月第2次印刷
书　　号 / ISBN 978-7-5228-2466-6
定　　价 / 128.00元

读者服务电话：4008918866